PESCH · DOGMATIK IM FRAGMENT

OTTO HERMANN PESCH

Dogmatik im Fragment

Gesammelte Studien

MATTHIAS-GRÜNEWALD-VERLAG · MAINZ

CIP-Kurztitelaufnahme der Deutschen Bibliothek
Pesch, Otto Hermann:
Dogmatik im Fragment: ges. Studien / Otto Hermann Pesch. –
Mainz: Matthias-Grünewald-Verl., 1987.
ISBN 3-7867-1305-7

Umschlag: Peter Offenberg Grafik
Gesamtherstellung: Clausen & Bosse, Leck

ISBN 3-7867-1305-7

Herrn Verleger
Dr. Jakob Laubach
im Rückblick auf mehr als zwei Jahrzehnte
ungetrübter Zusammenarbeit
dankbar zugeeignet

INHALT

VORWORT

Der Gründe, warum ein Theologe und überhaupt ein Wissenschaftler »Gesammelte Studien« vorlegt, gibt es keine besseren, als sie Karl Rahner im 1. Band seiner »Schriften zur Theologie« geltend macht: In der noch anschwellenden Flut der Fachzeitschriften und der noch reißenderen Flut der sog. Sammelwerke einen Beitrag zu »veröffentlichen«, heißt heute eher, ihn vor der »Öffentlichkeit« zu verstecken. Es gibt also keinen Anlaß zu irgendwelcher Heuchelei, zur Versicherung von gehörigem Selbstzweifel. Meine Selbstzweifel sind in der Tat heute so stark, wie sie immer waren. Wann dürfte es auch je anders sein! Wann wird man denn je sagen können – angesichts des Reichtums und der Vielfalt des theologischen Nachdenkens in allen Disziplinen –, man habe alles gebührend berücksichtigt, was zu berücksichtigen ist? (Wie gern würde ich bei meinen heutigen Kollegen noch einmal vom Nullpunkt an Theologie studieren – in *allen* Fächern!) Vor allem: Wann dürfte ein Theologe, der u. a. bei Thomas von Aquin, Karl Barth und Karl Rahner gelernt hat, daß er vom Unsagbaren zu reden wagt, je das Gefühl verdrängen, daß all sein Gerede und Geschreibsel letztlich nur Scharlatanerie sind, »Stroh«, wie Thomas sagt? Auch für die Theologie gelten Luthers letzte Worte: »Wir sind Bettler, das ist wahr.« Nein, ich kann meine Studien nicht für so wichtig halten, daß sie unter allen Umständen vor dem Vergessen bewahrt werden müßten. Nur: Wenn ein Theologe trotzdem überhaupt berechtigt ist, Ergebnisse seiner Gehversuche im denkenden Glauben anderen gedruckt mitzuteilen, dann hat er auch das Recht, seine Arbeiten »in einer Weise zu publizieren, die die Wahrscheinlichkeit vermehrt, daß sie gelesen werden« (Rahner). Einen anderen Grund für dieses Buch gibt es nicht.

Einer Begründung indes scheint der Titel zu bedürfen: »Dogmatik im Fragment«. Er war ein spontaner Einfall, natürlich assoziativ ausgelöst durch den bekannten Buchtitel von Hans Urs von Balthasar: »Das Ganze im Fragment« und stieß beim Verleger auf Gegenliebe. Je mehr ich über den Einfall nachdachte, um so mehr zeigten sich gleich mehrere gute Gründe für ihn.

1. Ein armer Theologe, scheint mir – vor allem, wenn er das Fach Systematische Theologie vertritt –, den nie die Versuchung packte, eine »Dogmatik« zu schreiben! Auch mich hat sie schon gepackt – bis jetzt habe ich ihr widerstanden. Vielleicht hätte man ein paar Fündlein anzubieten, von einer vielleicht originellen Disposition bis zu aus dem Rahmen fallenden Einzelthesen. Daneben aber wird in einer Dogmatik – wenn sie eine gute Dogmatik sein, also auch den Studenten zum Erwerb des Grundwissens dienen soll – stets eine riesige Fülle von Wissensstoff auszubreiten sein, zu dem einem nichts Neues einfällt und der in vielen anderen Dogmatiken mustergültig vermittelt wird. Kann man es da verantworten, gutwillige Leserinnen und Leser wegen weniger eigener Fündlein gleich mit einem ganzen, womöglich mehrbändigen Werk zu belästigen?

2. Dogmatik kann man heute ohnehin nur »im Fragment« treiben und schreiben. Die Gründe, die ich dafür zu sehen glaube, finden sich gleich im nachfolgenden ersten Beitrag dieses Bandes.

3. In den vergangenen 25 Jahren seit meiner ersten selbständigen theologischen

Veröffentlichung (1962) haben sich aus verschiedensten Anlässen Beiträge zu fast allen Themenbereichen der Dogmatik ergeben – zugespitzt auf bestimmte Problemstellungen, oft in ihrer ursprünglichen Form als Vorträge vor unterschiedlichstem Publikum. Wenn überhaupt, dann müßte sich in ihnen anzeigen, was ich in einer ausgewachsenen Dogmatik eventuell an Eigenem vorzutragen hätte. Da kann denn der Gedanke nicht abwegig sein, diese Fragmente einer Dogmatik zusammenzustellen – im Aufriß einer »Normaldogmatik« – und den übrigen »Stoff« an *dieser* Stelle den Leserinnen und Lesern zu ersparen.
4. Im Durchgang durch die Beiträge aus mehr als zwei Jahrzehnten beobachte ich bei mir eine Neigung, eine gezielte und spezielle Fragestellung durch Ausflüge (»Exkurse«) und Nebenbemerkungen quer durch den Stoff der Dogmatik zu veranschaulichen und an Einzelthemen gleichsam durchzudeklinieren. In den Beiträgen könnte also auch mehr an »materialer Dogmatik« stecken, als der jeweilige Titel vermuten läßt.
In diesem Sinne und in diesen Grenzen lege ich also hier eine »Dogmatik im Fragment« vor. Sie mag dem Leser wie ein unfertiges Mosaik erscheinen, in dem einige Kompositionsstücke fertig sind – so daß der Betrachter sich den Rest denken kann. Gerade so wäre es mir recht. Sollte mich dann doch noch einmal ein Schwächeanfall packen (oder ein Teufelchen reiten), meine theologische Arbeit durch eine volle Dogmatik abzuschließen, dann mag dieses Buch als Sammlung von Vorstudien dienen, die darum auch mehr ins Detail (und in die Detailauseinandersetzung) gehen können, als es in einer den ganzen Stoff darstellenden Dogmatik heute noch möglich ist.

Ein Wort zur Auswahl. Nicht in Frage kamen Studien, die wenig mehr sind als aktuelle Wortmeldungen – und deren gibt es unter meinen Veröffentlichungen, wie ich im Rückblick halb betreten, halb guten Gewissens feststelle, eine ziemlich große Zahl. Kein Kriterium war freilich, ob ein Beitrag eher im strengen Sinne fachwissenschaftlich ist oder die Grenze zur Allgemeinverständlichkeit überschreitet. Wenn *eine* theologische Disziplin das Recht beanspruchen kann, diese Grenzüberschreitung leichten Herzens zu vollziehen, dann die Systematische Theologie. Denn sie hat die aktuelle Verstehbarkeit und den aktuellen Wahrheitsanspruch der alten Botschaft zur Fachfrage und ist darum in gesteigerter Weise das, was alle Theologie (auch) zu sein hat: Gewissen der Verkündigung und des denkenden Glaubens. Mit wenigen Ausnahmen – die aus dem beigefügten Verzeichnis der Erstveröffentlichungen hervorgehen – gehen alle Beiträge auf ursprünglich mündlich Vorgetragenes zurück: Gastvorlesungen an Universitäten und sogar »ordentliche« Vorlesungen, Referate vor Fachtagungen, Vorträge vor Fortbildungskursen für Priester und Religionslehrer, Vorträge vor kirchlichen Akademien. Selten ist die hier gebotene Fassung identisch mit dem Redemanuskript, zumindest mußte für den Vortrag stark gekürzt werden. Stets aber scheint die mitunter etwas »angespitzte« Redeform unverändert durch. Fürs Hören ist man dies dem Publikum schuldig – fürs Lesen wird man es hoffentlich auch zu schätzen wissen. Wo steht geschrieben, daß Dogmatik immer nur mausgrau-seriös daherkommen darf? Immerhin verhindert auch der Redestil eine allzu trockene Fachsimpelei. Notfalls muß die »Zünftigkeit« durch die Anmerkungen gewährleistet werden.

In diesem Band sind »dogmatische« Beiträge im engeren Sinne des Wortes gesammelt. Das ökumenische Interesse ist dabei für mich ebenso selbstverständlich wie konstitutiv für die Argumentation. Ohne ständigen Rückblick in die reformatorische Theologie an ihrem Ursprung, vor allem bei Martin Luther, ohne ständigen lernbereiten Seitenblick in die evangelische Theologie der Gegenwart ist mir systematisch-theologische Arbeit heute noch weniger denkbar als in der Zeit meiner Anfänge, als ich das Glück hatte, jahrelang über Thomas von Aquin und Martin Luther sitzen zu können. Dennoch sind hier die direkten und thematischen Beiträge zu Thomas und Luther im Vergleich sowie die zu Thomas und Luther je für sich ausgespart. Ich erwäge, eine Auswahl von ihnen zu einem späteren Zeitpunkt folgen zu lassen. Gleiches gilt für Beiträge, die im engeren Sinne des Wortes Verkündigungs- und Meditationstexte sind.
Die Absicht, eine »Dogmatik im Fragment« zusammenzustellen, hat natürlich zur Folge, daß die zeitliche Reihenfolge der Erstveröffentlichungen durcheinander gerät. Und daß darüber hinaus zwischen den einzelnen Beiträgen äußerliche, aber zum Teil auch sachliche und gewissermaßen »atmosphärische« Unterschiede deutlicher zutage treten als bei einer chronologischen Anordnung. Etwa hinsichtlich größerer Ängstlichkeit bei dem Bemühen um »Absicherung« bei den älteren Beiträgen und größerem Mut zu »ungeschützter« Formulierung bei den jüngeren. Dies durfte in Kauf genommen werden, weil mir an der Retrospektive auf irgendeinen »Denkweg« nichts liegt und hier nur Beiträge neu abgedruckt sind, zu denen ich in der Sache auch heute noch stehe. A propos »äußerliche Unterschiede«: In den älteren Beiträgen glaubte ich noch, ein Verfasser wissenschaftlicher Beiträge dürfe von sich selbst nur im »Wir«-Stil reden. Diesen Krampf habe ich seit etlichen Jahren überwunden.
Gleich vier Beiträge dieses Bandes beschäftigen sich mit Fragen der Ekklesiologie – und das sind keineswegs alle, die ich erneut vorlegen könnte. Die allmählich beträchtlich werdende Zahl meiner ekklesiologischen Orientierungsversuche wundert mich nicht nur selbst, sie ist eigentlich gegen meinen Willen. Denn an sich hatte ich, der ich mich eher für konfliktscheu halte, mir vorgenommen, das konfliktbeladene Thema »Kirche« möglichst zu vermeiden und mich lieber auf das Thema zu konzentrieren, das mich seit Beginn meiner theologischen Arbeit, ja eigentlich seit meiner religiösen Prägung im Elternhaus umtreibt: Was heißt »glauben«, wie »macht man das«, und wie sieht man daraufhin die Welt? Aber mit der ekklesiologischen Abstinenz war es spätestens 1968 vorbei. So hoffe ich, meine ekklesiologischen Versuche möchten den Lesern das vermitteln, was ich ihnen mitzugeben wünschte: daß es auch bei Fragen zur Theologie der Kirche um den Glauben und nichts als den Glauben geht. Denn das Thema »Kirche« ist zwar ein Thema mit eigenen Problemen, aber kein Thema eigenen Rechts.

Die zugunsten eines »dogmatischen« Aufrisses durcheinandergebrachte chronologische Folge der Beiträge stellt verstärkt die Frage nach sinnvoller Aktualisierung. Im Prinzip sind die Beiträge wieder abgedruckt, wie sie bei der Erstveröffentlichung lauteten – nicht, weil ich sie für ein keiner Revision bedürftiges letztes Wort zur Sache halte, sondern weil ich kein Recht habe, diejenigen, die die Erstveröffentlichung kennen, dadurch zu verärgern, daß sie sich gezwungen

sehen könnten, ständig Erst- und Neuveröffentlichung zu vergleichen. Nur Fehler wurden stillschweigend korrigiert, notwendige oder sinnvolle redaktionelle Umgestaltungen durchgeführt, z. B. Nachweis von neuem Fundort, wenn eine herangezogene Veröffentlichung inzwischen in einer Ausgabe gesammelter Aufsätze vorliegt. Dank der Mühe von Lektorat und Druckerei sind sogar die Anmerkungen neu durchgezählt, Nachtragsanmerkungen also nicht länger an einem verräterischen »a« oder »b« usw. zu erkennen. Den ursprünglichen Gedanken, jedem Beitrag ein «Nachwort» mit weiteren Literaturangaben und eventuell zusätzlichen Bemerkungen zur Sache anzufügen, habe ich – bis auf zwei Ausnahmen – wieder aufgegeben. Statt dessen werden sinnvolle Zusätze jeweils an Ort und Stelle in eckigen Klammern gemacht, hauptsächlich in den Anmerkungen. Diese Zusätze enthalten a) Hinweise auf inzwischen mir wichtig gewordene neuere Arbeiten (also keine erschöpfende Bibliographie auf dem neuesten Stand!), b) Hinweise auf spätere eigene Äußerungen zur Sache, und c) auch gelegentlich eine kleine «retractatio» oder eine notwendige Differenzierung des früher Gesagten.
Es wurde auch auf eine *totale* Vereinheitlichung der Zitationsweise (Abkürzungen!) in den Anmerkungen verzichtet. In der deutschen theologischen Publizistik gibt es weder geschriebene noch ungeschriebene Gesetze zur Gestaltung von Anmerkungen und Bibliographien – anders als etwa in den USA. Die Folge: Jeder Verlag, jede Redaktion, ja jeder Autor kann es halten, wie es ihnen gut scheint. Demnach waren meine Beiträge immer (und gelegentlich gegen meine massiven Bedenken) nach den jeweils gerade geltenden Regeln technisch ausgestaltet. Eine völlige Vereinheitlichung würde einen Aufwand erfordern, der dem Sinn dieses Buches nicht angemessen ist. Eine Liste der tatsächlich, aber nicht immer gebrauchten Abkürzungen folgt am Ende des Bandes. Im übrigen gilt: Hauptsache, es ist alles klar und eindeutig – und *darauf* wurde in der Tat alles noch einmal durchgesehen.

Frau Frauke Jacobsen, der Sekretärin der Abteilung Dogmatik an unserem Fachbereich, danke ich herzlich für die Reinschrift des Christologie-Kapitels sowie für die – nach den Zetteln! – ins Reine geschriebenen Verzeichnisse.
Ganz gegen meine heiligen Grundsätze, die Familie nicht als Sekretariat zu mißbrauchen, hat diese am Schluß, nämlich bei den Verzeichnissen, sich meiner erbarmt. Insbesondere unsere 11jährige Tochter Anja hat sich beim Ordnen der Zettelwirtschaft zu den Verzeichnissen ihre ersten wissenschaftlichen Sporen und den Dank der Wissenschaft verdient.
Verfasser und Verlag danken dem Verlag Herder, Freiburg i. Br., für die großzügig gewährte Genehmigung eines vorzeitigen Neuabdrucks des Beitrags »Gott – die Freiheit des Menschen«.

Die Widmung an Herrn Dr. Laubach, »meinen« Verleger, soll den Dank für eine jahrzehntelange nicht nur geschäftliche, sondern gemeinsam der Sache verpflichtete Zusammenarbeit ausdrücken. Die Verleger sind selten geworden, mit denen man nicht nur über die verlegerischen, sondern zuerst einmal über theologische und gar kirchenpolitische Aspekte einer geplanten Veröffent-

lichung diskutieren kann. Dr. Laubach ist einer von ihnen. Manche meiner Publikationen im Matthias-Grünewald-Verlag, nicht zuletzt in der Reihe der Topos-Taschenbücher, verdanken sich seiner theologischen Anregung und wären ohne diese nicht geschrieben worden. In die Widmung und den Dank ist seine verehrte Frau Gemahlin eingeschlossen, deren Gastfreundschaft ich vielmals genießen durfte.
Und nun kann ich mir, siehe oben, nur noch Leserinnen und Leser wünschen – neugierige, problembewußte, problembereite, kritisch-sympathisierende Leserinnen und Leser.

Hamburg, Pfingsten 1987,
am Fest des Glaubens,
und darum am Fest der Kirche

Otto Hermann Pesch

FUNDAMENTALTHEOLOGIE UND DOGMATIK

Erwägungen zu einer unvermeidlichen, aber problematischen Unterscheidung (1980)

Methodologische Probleme sind für einen Vollbluttheologen selten eine reine Freude – so wenig wie die Musikwissenschaft für den ausübenden Musiker. Man verzeihe gleich zu Beginn den in dieser Behauptung beschlossenen Verdacht gegen Theologen, die solche Probleme zu einem besonderen und gar exklusiven Schwerpunkt ihrer Arbeit machen. Es wird noch Gelegenheit sein, etwas zur Begründung dieses Verdachtes zu sagen. Was würde es nützen, wenn wir am Ende ganz genau wissen, *wie* wir Theologie zu treiben haben, aber keine *Theologie* mehr treiben? Und selbst wenn wir bei der Bemühung um die methodologischen Fragen mit Erfolg gesegnet sind und uns nun nach sauberen Programmen an die Arbeit machen, wie oft verdünnen sich dann nicht die Ideale in der Wirklichkeit des akademischen Lehrbetriebs und der theologischen Publizistik, wie oft müssen nicht die am Schreibtisch gezogenen methodologischen Grenzen überschritten werden?

Andererseits: Nach Jahren inhaltlich-theologischer Arbeit kann der Wert einer methodologischen Besinnung nicht bestritten werden, schon deshalb nicht, weil sie Gelegenheit zur Selbstkritik bietet, ob die inhaltliche Arbeit auf einem sachgemäßen Weg ist. Zudem ist die Unterscheidung zwischen Fundamentaltheologie und Dogmatik nicht nur ein abstrakt-methodologisches Unternehmen, sondern verweist auf eine Geschichte und die Entwicklung einer Praxis, die durch jüngste Untersuchungen[1] besser denn je überblickbar ist. Es ist zumindest an der Zeit, sich Konsequenzen zu überlegen.

Hier ist allerdings sogleich eine Einschränkung zu machen. Der verehrte Kollege und Freund, dem dieser Beitrag im Rahmen einer Festschrift zum 60. Geburtstag gewidmet ist, hat selber jüngst in einem ungemein materialreichen und profunden Aufsatz »Erwägungen zur Fundamentaltheologie« angestellt[2] und damit fürs erste das lähmende Gefühl provoziert: Was soll man jetzt noch sagen? Schon aus diesem Grunde, und auch ganz abgesehen von den eingangs angemeldeten Zweifeln, werde ich im folgenden nicht den Versuch machen, den vorhandenen wissenschaftstheoretischen Statuten und methodologischen Entwürfen einer heute sachgemäßen Fundamentaltheologie einen weiteren Entwurf hinzuzufügen. Es soll mir direkt überhaupt nicht um die Fundamentaltheologie gehen.

[1] Liste der im folgenden herangezogenen Literatur [sowie der Nachträge 1987], alphabetisch nach Autoren geordnet, am Schluß dieses Beitrags. In den Anmerkungen wird daher nur mit Name und gegebenenfalls dem in eckigen Klammern angegebenen Kurztitel zitiert.

[2] Stirnimann: Fundamentaltheologie; dort 316 Anm. 126 weitere Arbeiten von Stirnimann zum Thema. Ergänzend inzwischen Stirnimann: Sprache.

Insofern sind die nachfolgenden Bemerkungen zu Geschichte und gegenwärtiger Situation der Fundamentaltheologie keine Ergänzung oder gar absichtliche Korrektur zu den in der jüngsten Diskussion ans Licht gehobenen Tatbeständen, sondern der Versuch, das, was Stirnimann (und seine Diskussionspartner) anhand der gedanklichen Entwicklungen in der einschlägigen Literatur verdeutlichen, durch ein Stück »erlebte Theologie«, wie ich es in Anspielung auf das autobiographische Buch von Walther von Loewenich nennen möchte, zu veranschaulichen. In einer Festschrift scheint das nicht unangemessen, denn an einem Fest darf man auch »in Erinnerungen schwelgen«.

Direkt soll hier die Dogmatik Thema sein – in ihrem Gegenüber zu einer neu verstandenen und konzipierten Fundamentaltheologie. Dankenswerterweise hat Stirnimann selbst die »in jeder Theologie implizierte fundamentaltheologische Problematik«[3] ausgeklammert und damit angedeutet, wo weitere Überlegungen angebracht und notwendig sind. In der Tat springt den Leser von Stirnimanns »Erwägungen« auf jeder Seite die Frage an: »Was wird daraufhin aus der Dogmatik?« Unsere Überlegungen müssen freilich unvermeidlich noch einmal Rückwirkungen auf die Aufgabenbestimmung der Fundamentaltheologie haben. Ja, es könnte am Ende auch eine indirekte Kritik an den Untersuchungen von Stirnimann sein, eine gewisse Desorientierung der methodologischen Bewußtheit und eine Art »Wehrkraftzersetzung« der Fundamentaltheologie selbst. All dies kann sein Recht nur finden in den Faktizitäten der theologischen Arbeit. Und die über ein Jahrzehnt währende Freundschaft des Jubilars bewahrt vor der Befürchtung, daß »übel genommen wird«. In diesem Sinne möchte ich zunächst einige veranschaulichende Nachbemerkungen zur Geschichte des Verhältnisses von Fundamentaltheologie und Dogmatik machen (I.), sodann das Verhältnis von Fundamentaltheologie und Dogmatik in der gegenwärtigen theologischen Arbeit beleuchten und dabei eine bestimmte These skizzieren (II.) und abschließend diese These am Beispiel zweier »typisch dogmatischer« Lehrstücke konkretisieren, nämlich an der Trinitätslehre und an der Eucharistielehre.

I. Historische Nachbemerkungen

1. *Eine antireformatorische Unterscheidung*

In einem privaten Gespräch, bei einem guten Glas Wein – und daher leider nicht belegbar[4] – hat Karl Rahner die herkömmliche Verhältnisbestimmung von Fundamentaltheologie und Dogmatik folgendermaßen beschrieben: Die Theologie ist wie ein großer, zugebundener Sack. Die Fundamentaltheologie nimmt diesen Sack in die Hand, interessiert sich aber gar nicht für seinen Inhalt, sondern nur für den Absender und für die richtige Art und Weise, den Sack zu öffnen. Ihn wirklich zu öffnen, daran denkt sie nicht. Dazu reicht sie ihn an die Dogmatik

[3] Stirnimann: Fundamentaltheologie, 308; vgl. 321; 351f.

[4] Vgl. aber Ebeling: Glaube, 15; Fundamentaltheologie, 518 [Rahner, Schriften XII, 18f; XV, 82f].

weiter. Diese packt den Inhalt aus und interessiert sich ihrerseits in keiner Weise mehr für den Sack, für den Absender, und für die Art und Weise, wie man den Sack öffnen konnte. Ohne Bild: Als Aufgabe der *Fundamentaltheologie* wurde es lange Zeit angesehen, nachzuweisen, oder genauer: es als glaubwürdig und damit glaubenspflichtig zu erweisen, *daß* Gott sich den Menschen offenbart, daß er gesprochen, sich in Jesus Christus unüberbietbar kundgemacht hat, und daß diese Offenbarung Gottes der Kirche – der römisch-katholischen! – und ihrem Lehramt zur Verkündigung und Auslegung anvertraut ist. Wer sich davon überzeugen läßt und daraufhin zum Glauben kommt, der wird ohne Verrat an seiner Vernunft alles für gewisse Wahrheit nehmen, *was* Gott im einzelnen geoffenbart hat und durch die Kirche zu glauben vorstellt, auch wenn er das mit den Kräften seiner Vernunft nicht einsehen, sondern höchstens ahnen kann. Denn dem Gott, der sich da offenbart, kann ja weder Irrtum noch Täuschung noch Lüge zugetraut werden, und ebensowenig dem Lehramt dieser Kirche, wenn es vollmächtig als Träger und Sachwalter dieser geoffenbarten Gotteswahrheit spricht. Die einzelnen Inhalte zu entfalten, nachzuweisen, daß sie in den »Offenbarungsquellen« und in der Lehrverkündigung der Kirche enthalten sind, ihre Zusammenhänge untereinander deutlich zu machen, das ist Aufgabe der *Dogmatik*, die demgemäß den Glauben an die *Tatsache* der Offenbarung Gottes als solche *voraussetzen* kann, mithin bei den Einzelinhalten nicht mehr sachnotwendig jeweils die Frage stellen muß, ob er auch *als dieser Einzelinhalt* glaubwürdig und glaubenspflichtig sei.

Diese Charakterisierung des Verhältnisses von Fundamentaltheologie und Dogmatik ist leider nicht bloß ungerechte Ironie. Genauso sind bis tief hinein in die Zeit, in der meine Generation theologisch ausgebildet wurde, Fundamentaltheologie und Dogmatik betrieben worden. Um sich davon zu überzeugen, genügt ein Blick in die älteren einschlägigen Handbücher, etwa in die Fundamentaltheologien von Johannes Brinktrine und Albert Lang, oder in die Lehrbücher der Dogmatik von Pohle-Gummersbach oder Diekamp-Jüssen und sogar noch – wenngleich mit wichtigen Einschränkungen – von Michael Schmaus. Natürlich war die »Fundamentaltheologie« längst nicht (mehr) diejenige, um deren Herkunft, Benennung und wissenschaftstheoretische Ortsbestimmung der hübsche interkonfessionelle Kollegenstreit zwischen Gerhard Ebeling und Heinrich Stirnimann entstanden ist[5], sondern sie war »Apologetik«, und zuweilen hatte man auch den Mut, sie offen so zu nennen.[6] In einer klassisch gewordenen Formulierung hatte diese »Fundamentaltheologie« die dreifache Aufgabe der *demonstratio religiosa*, der *demonstratio christiana* und der *demonstratio catholica.*[7] *Die demonstratio religiosa* weist in religionsgeschichtlicher und religions-

[5] Ebeling: Fundamentaltheologie, 484–509; Stirnimann: aaO. 293–301.

[6] Ich selbst habe in den Jahren 1955/56 die Fundamentaltheologie unter dem Namen »Apologetik« gehört. Die Problematisierung des Konzeptes besorgten die Dogmatiker, vor allem mein verehrter Lehrer Mannes Dominikus Koster.

[7] Zur Herkunft der Formulierung vgl. Stirnimann: aaO. 296f. Fries: Glaube, 154–171 (Zum heutigen Stand der Fundamentaltheologie), bes. 155, macht deutlich, daß diese dreifache Aufgabe der Fundamentaltheologie auch heute noch selbstverständlich ist. [Auch das neue Handbuch der Fundamentaltheologie ist in seinem Aufriß deutlich von dieser

philosophischer Bemühung nach, daß es einen Gott als Schöpfer und Herrn aller Dinge und insonderheit aller Menschen gibt, und daß er sich offenbaren *kann*. Die *demonstratio christiana* zeigt aufgrund der verschiedenartigen Zeichen (Qualität der Lehre, Prophetie, Wunder, Persönlichkeit Jesu, Auferstehung, Ausbreitungsgeschichte der Kirche), daß diese Offenbarung Gottes, vorbereitet in der Geschichte Israels und dem Alten Testament, in Jesus Christus tatsächlich und unüberbietbar geschehen *ist*. Die *demonstratio catholica* schließlich legt dar, daß die römisch-katholische Kirche und keine andere die von Jesus Christus als dem Offenbarer Gottes gewollte und gestiftete Kirche ist, die darum konkret gegenüber dem einzelnen Menschen für die Wahrheit der Gottesoffenbarung bürgt. Jeder Mensch, der sich dies klarmacht und nicht böswillig verschlossen oder schuldlos uneinsichtig ist, kann daraufhin verantwortlich den Glauben ergreifen, ja sogar die ethische Pflicht dazu erkennen. Fachintern umstritten ist in diesem Zusammenhang nur, ob der erste Fragenkomplex, die *demonstratio religiosa*, eine spezifische Aufgabe der Fundamentaltheologie sei oder nicht vielmehr der Philosophie, näherhin der metaphysischen Gotteslehre, und damit den rationalen »Voraussetzungen des Glaubens« (praeambula fidei) zugerechnet werden müsse.[8] Im faktischen Lehrbetrieb, den ich selbst in meiner Studienzeit noch erlebt habe, wurde es in der Regel so gehandhabt, daß die metaphysische Gotteslehre im strengen Sinn tatsächlich in der Philosophie abgehandelt wurde, während die Fundamentaltheologie in diesem Zusammenhang mehr den religionsgeschichtlichen und religionswissenschaftlichen Aspekt behandelte und die philosophische Gotteslehre summarisch rekapitulierte.[9]
Die Dogmatik verfuhr demgegenüber in ihren Lehrbüchern stets so, daß die Einzelinhalte der Offenbarung in die Form von Lehrsätzen (mit unterschiedlicher theologischer Qualifikation) gebracht werden, die anschließend durch Überprüfung anhand der Heiligen Schrift, der lehramtlichen Verkündigung, der Tradition und mittels der sog. »spekulativen Durchdringung« als zum Glaubensgut gehörig erwiesen werden. Die so vollzogene Abgrenzung der Dogmatik gegen die Fundamentaltheologie brachte es mit sich, daß der Theologiestudent von zentralen Sachverhalten der Glaubenslehre unter den verschiedenen Aspekten der beiden Fächer in seinem Studium tatsächlich zweimal hörte: von Gott unter dem Aspekt seiner Wirklichkeit, seines Wesens und seiner möglichen Offenbarung in der Fundamentaltheologie, unter dem Aspekt seiner Drei-Einigkeit und seiner Werke in Schöpfung und Erlösung in der Dogmatik; von Jesus als dem glaubwürdigen Offenbarer Gottes in der Fundamentaltheologie, von ihm als wesensgleichem Sohn Gottes und Erlöser der Menschen in der Dogmatik; von der Kirche als bevollmächtigter Verkünderin der Offenbarung und im Zusammenhang damit auch als hierarchisch strukturierter Gesellschaft in der

Aufgabenstellung bestimmt; ebenso Fries, Fundamentaltheologie; zum Ganzen vgl. Wagner, 17–24 mit 50–68].

[8] Vgl. Söhngen, bes. 452–455.

[9] So auch noch in MySal; vgl. I 13–238 (Adolf Darlapp, Heinrich Fries); 940–948 (Gottlieb Söhngen); II 15–45 (Hans Urs von Balthasar); 226–315 (Alfons Deissler, Josef Pfammatter, Magnus Löhrer). Anders (endlich!) jetzt Göllner / Görtz / Kienzler, 143–159; und Knauer, 38–52.

Fundamentaltheologie, von ihr als Gemeinschaft der Erlösten, als Volk Gottes und Leib Christi in der Dogmatik. [10]

Es kann kein Zweifel sein, daß die Fragestellungen und Aufgaben, von denen hier die Rede ist, immer zum Geschäft der christlichen Theologie gehört haben und gehören werden, in welcher Form und nach welchen wissenschaftstheoretischen Regeln man sie auch immer anpackt. Auch kann man im gekennzeichneten Sinne die spezifisch fundamentaltheologisch-apologetische und die spezifisch dogmatische Methode in ihren Ansätzen bis in die Heilige Schrift selbst zurückverfolgen – sie zeigen sich dort, wo die urchristlichen Verkünder und Schriftsteller bald im Blick auf zu missionierende Nicht-Christen, bald im Blick auf glaubende Gemeinden reden. Und in Thomas von Aquin, unstreitig einem der größten »Dogmatiker« im hier skizzierten Sinne, hat auch die fundamentaltheologische Fragestellung und Methode ihren großen Zeugen, wenn er erklärt, bei der Diskussion um Glaubensfragen müsse man auf die Voraussetzungen beim Gesprächspartner achten: Mit dem Heiden, der keine göttliche Offenbarung zugibt, muß man zunächst auf der Basis der Vernunft diskutieren, mit dem Juden auf der Basis des Alten Testamentes, mit dem innerkirchlichen Häretiker auf der Basis des Neuen Testamentes und der kirchlichen Lehrüberlieferung. [11]

Allerdings wurde bis an die Schwelle der Neuzeit die spezifisch fundamentaltheologische Aufgabe – ebenso wie etwa die exegetische oder die moraltheologische – im Rahmen der *einen sacra doctrina* durchgeführt. Daß sich diese Einheit in immer mehr Teildisziplinen auflöste, hat den inhaltlichen Erkenntnisfortschritt und die Ausdifferenzierung der wissenschaftlichen Methoden in der Neuzeit zur Ursache. [12] Daß sich insonderheit Fundamentaltheologie und Dogmatik als Fächer getrennt und dann auch immer subtiler ihre verschiedenen Methoden entwickelt haben, hängt nun zwar nicht ausschließlich, aber betont mit der Reformation zusammen.

Mit dieser nämlich beginnt für die katholische Theologie die Zeit, in der sie zunehmend zur Verteidigung gegen Widerspruch aus verschiedensten Richtungen gezwungen wird, zunächst gegen den Widerspruch der reformatorischen Bewegungen und später der Reformationskirchen – ihnen gegenüber war der Anspruch der römisch-katholischen Kirche auf alleinige Legitimität auszuweisen [13] –, sodann gegenüber Gegnern des christlichen Glaubens überhaupt – ihnen gegenüber war die Tatsache der entscheidenden Offenbarung Gottes in Jesus Christus zu verteidigen; und schließlich gegen den neuzeitlichen Atheismus aller Spielarten – ihm gegenüber war die Wirklichkeit Gottes und der Gottesbezug

[10] Es ist bezeichnend, daß Stirnimann auch für sein neues Verständnis von der Aufgabe der Fundamentaltheologie die Beschäftigung mit bestimmten dogmatischen Inhalten rechtfertigen zu müssen meint: aaO. 351 f.

[11] CG I 2; STh I 1,8.

[12] Überblick bei Pannenberg: Wissenschaftstheorie, 349–442.

[13] Der Traktat »De ecclesia« hat zwar, wie Stirnimann (aaO. 326 f) mit Recht hervorhebt, seine Wurzeln nicht erst in der antireformatorischen Defensive, sondern in den spätmittelalterlichen Auseinandersetzungen um den Konziliarismus. Aber hat er nicht doch seit der Reformation eine andere Stoßrichtung und daher auch eine andere Argumentationsweise – ist er also nicht doch seit der Reformation ein anderer und neuer Traktat?

des Menschen im radikalen Sinne zu rechtfertigen. Es ist darum nicht unsachgemäß, wenn die Fundamentaltheologie bis in unser Jahrhundert hinein unbefangen auch »Apologetik« heißt. Und es ist nicht wenig bezeichnend, daß die antireformatorische »Verteidigung« der katholischen Kirche als solche noch nicht zur Trennung der Fächer geführt hat, sondern erst die beiden anderen, historisch späteren »Verteidigungslinien«, an der denn auch reformatorische und katholische Theologie über ein Jahrhundert lang zusammenstanden und zusammen »kämpften«. Auch ist heute die Zeit vorbei, wo das Stichwort »Apologetik« *nur* zur Abqualifizierung verwendet wird – es gibt in jüngster Zeit betonte Versuche einer Aufwertung.[14] Wenn es also der evangelische Theologe Ebeling nicht verwunderlich findet, daß nach seinen Erhebungen die Anfänge einer apologetischen Fundamentaltheologie im *katholischen* Raum zu suchen sind, und wenn der katholische Theologe Stirnimann demgegenüber mit Genugtuung nachweisen kann, daß *protestantische* Theologen ihre »Erfinder« sind, so spiegelt diese (friedliche) Kontroverse weniger die ursprünglichen Gesichtspunkte zur Ausbildung des Faches als vielmehr ein heutiges, je verschiedenes Grundgefühl gegenüber dem Fach »Fundamentaltheologie«, ein Grundgefühl, das nachweislich existiert.[15] Zugespitzt kann man sagen: Die Unterscheidung von Fundamentaltheologie und Dogmatik ist eine anti-reformatorische Unterscheidung, aber sie ist es erst seit der zweiten Hälfte des 19. Jahrhunderts geworden, als die katholische Theologie immer »konservativer« und die evangelische immer »liberaler« wurde. Die katholische Theologie provozierte den sog. »Modernismus«, der eine verschärfte kirchenamtliche und theologische Festigung der Neuscholastik zur unmittelbaren Folge hatte. Die liberale Theologie provozierte »dialektische Theologie« und »Lutherrenaissance«. Erst zwischen diesen beiderseitigen Endergebnissen der Theologie des 19. Jahrhunderts bekommt die anti-reformatorische Spitze des Faches Fundamentaltheologie ihre Schärfe, bekommt der Konfessionsgegensatz in dieser Sache seine Plausibilität.

2. Eine evangelische Reaktion

Denn dies ist etwa um 1920 die Lage: Die Art, wie in der katholischen Theologie das Fach »Apologetik« wahrgenommen wird, enthüllt theologische Voraussetzungen, die es der evangelischen Theologie gerade unmöglich machen, ein Ähnliches zu tun. Nach durchschnittlichem und gerade wieder erneuertem evangelischem Verständnis ist die alleinige Grundlage des christlichen Glaubens und der christlichen Kirche die Heilige Schrift. Deren Wahrheit bezeugt sich selbst dem Gewissen des Hörenden, indem der Geist Gottes durch das äußere Wort das Herz der Menschen »trifft«, seinen Geist »überführt« und ihn zum Glauben bewegt. Der Glaube ist damit reine Gnade nicht nur insoweit, als Gott allein ihn in der Seele des Menschen wirkt und der Mensch keinen autonomen Beitrag im Sinne einer Mitwirkung dazu leistet (so schon Luther), sondern auch insoweit, als jeder Versuch, den Glauben von außerhalb seiner selbst zu stützen oder gar

[14] Vgl. Aland; L'apologetique; Kern/Stachel; auch Metz: Glaube, 3–12; Schaeffler: Religionskritik [Rahner, Schriften XII, 17f].
[15] Nachweise bei Stirnimann: aaO. 291f.

zu begründen, das Wesen des Glaubens zerstört. Die als Apologetik betriebene katholische Fundamentaltheologie aber geht nun gerade von dieser Voraussetzung aus, daß man, und zwar auf der ganzen Linie ihrer Fragestellung, zur Stützung und Begründung des Glaubens etwas sagen könne, ohne den Glauben selbst dabei schon vorauszusetzen; daß man gegen Skepsis und rationalistischen Einspruch Gründe anführen könne, die den Glauben als verantwortliches menschliches Tun erscheinen lassen, noch ganz unabhängig von seinen einzelnen Inhalten. Ob das eine »Mitwirkung« des Menschen beim Glauben in dem Sinne ist, den die reformatorische Theologie für den Ursündenfall der vorreformatorischen Kirche hält, kann füglich bezweifelt werden. Dennoch sehen es die Repräsentanten von reformatorischer Theologie so – weithin bis heute –, und kein Geringerer als Rudolf Bultmann hat ausdrücklich formuliert, seine »existentiale Interpretation«, die das »Kerygma« des Neuen Testamentes aus den mythologischen Verkleidungen der biblischen Denkweise herauslöse und als Frage an einen Glauben hinstellt, der prinzipiell keiner Stützung und Begründung fähig und bedürftig sei, bedeute nichts anderes als die letzte Konsequenz aus dem reformatorischen »allein aus Gnade« und »allein aus Glauben« für den Bereich des Erkennens.[16]

So gerät die Unterscheidung von Fundamentaltheologie und Dogmatik mitten in die Grunddifferenz zwischen katholischer und evangelischer Heilslehre auf ihrem jeweiligen heutigen theologischen Reflexionsstand hinein. Weil der Glaube nicht nur unbegründbar, sondern begründungsfeindlich ist, kann es nach evangelischer Auffassung keine »Fundamentaltheologie« und schon gar keine »Apologetik« geben. Weil der Glaube als *rationale obsequium* des vielfältigen Aufweises seiner »Vernünftigkeit« fähig und bedürftig ist, wie das Erste Vatikanische Konzil dargetan hatte[17], muß es nach katholischer Auffassung Fundamentaltheologie und Apologetik geben. Deren Fragestellungen erscheinen somit als typisch katholisch und damit als von vornherein unter dem Verdikt des reformatorischen Grundansatzes. Die ganze, von Ebeling und Stirnimann wieder aufgearbeitete auch evangelische Vorgeschichte des Faches wird entweder übersehen oder, wo man ihrer ansichtig wird – z. B. in Person und Werk Friedrich Schleiermachers – bis an die Schwelle unseres Jahrzehnts in der evangelischen Theologie niedergeknüppelt und zum Buhmann gestempelt. Insonderheit kann man die »dialektische Theologie« auch noch in ihren sich gegeneinander abgrenzenden späteren Verzweigungen (Karl Barth gegen Emil Brunner, gegen Friedrich Gogarten, gegen Rudolf Bultmann, und jeder gegen jeden) der Sache nach als einen aufs Ganze gehenden Großangriff gegen das katholische Konzept einer Fundamentaltheologie verstehen, insofern es allemal gegen die Idee irgendeines menschlichen »Anknüpfungspunktes« für die Botschaft des Glaubens geht, der diesem im Kontext des menschlichen Lebens gewissermaßen einen Ort der Verstehbarkeit anweist, und insofern andererseits die Suche nach einem solchen »Anknüpfungspunkt« in dieser oder jener Form immer das Grundthema der Fundamentaltheologie war und ist.

In den letzten zehn Jahren nun bahnt sich in der evangelischen Theologie ein

[16] Bultmann, 99f.

[17] Vgl. DS 3009; NR 32.

staunenerregender Wandel in bezug auf das Thema »Fundamentaltheologie« an. Daß hier als erster und vor allem Gerhard Ebeling zu nennen ist, ist inzwischen schon eine Binsenwahrheit. Sachlich weiß er sich von den Anfängen seines theologischen Denkens an dem Thema der Fundamentaltheologie verpflichtet – und wurde dafür von der übrigen evangelischen Theologie, vor allem von der Schule Karl Barths, in geradezu instinktsicherer Witterung mit Warnleuchten umstellt. Schließlich, vor reichlich zehn Jahren, »ließ er die Katze aus dem Sack«, indem er 1968 einen eigens für ihn geschaffenen Lehrstuhl »für Fundamentaltheologie und Hermeneutik« in Zürich übernahm und zwei Jahre später in einem großen Aufsatz »Erwägungen zu einer evangelischen Fundamentaltheologie« anstellte. Ihm folgten bald Wilfried Joest mit einem ausdrücklich so betitelten Buch, der ersten »Fundamentaltheologie« aus evangelischer Feder in diesem Jahrhundert, und Gerhard Sauter sowie Wolfhart Pannenberg, die das gleiche Thema unter dem Stichwort »Wissenschaftstheorie« in ihrer Rückwirkung auf die Theologie abhandeln.[18] Nun ist allerdings bezeichnend, daß in diesen evangelischen Äußerungen als Aufgabe der Fundamentaltheologie *nicht* so etwas wie »Glaubensbegründung« angegeben wird – insofern bleibt man auf der Linie, die seit Beginn des Jahrhunderts in der evangelischen Theologie selbstverständlich ist. Man spricht statt dessen von der »Konzentration des Christlichen auf seinen Grund«[19], von der »Lokalisation des Glaubens im natürlichen Leben«[20], und bei Joest und Sauter wird der Fundamentaltheologie die Aufgabe, der inneren und äußeren Rationalität des Glaubens nachzuspüren, ausdrücklich verwehrt und ihre Aufgabe auf die reine »Explikation« des Glaubensgrundes reduziert[21] – was auf katholischer Seite die berechtigte Kritik provoziert hat, damit beraube man die Fundamentaltheologie ihrer eigentlichen und interessantesten Aufgabe und mache sie von vornherein flügellahm, ja gegenstandslos.[22] In voller und schrankenloser Offenheit hat bisher nur Pannenberg der Sache nach die katholische Leitvorstellung akzeptiert, indem er fordert, daß die Theologie sich im Konzert der wissenschaftlichen Reflexion dem Gespräch mit der gesamten Weltwirklichkeit stellen müsse und getrost darauf bauen dürfe, daß sich eben in diesem Gespräch die innere Glaubhaftigkeit des christlichen Glaubens und sein Vorsprung an wahrer menschlicher Rationalität herausstellen werde.[23] In jedem Fall *müsse* die Theologie es auf dieses Gespräch ankommen lassen, wenn sie den Anspruch von Wissenschaftlichkeit erhebe. Insofern alle katholische Suche nach Glaubensbegründung zumindest in der gegenwärtigen katholischen Fundamentaltheologie auf nichts anderes hinausläuft, kann hier voller Konsens zwischen der katholischen Position und Pannenberg konstatiert werden, und es bleibt nur abzuwarten, wie die evangelische Theologie fürderhin auf diesen unbestreitbaren Konsens reagiert.

[18] Alle Titel im Literaturverzeichnis am Schluß.

[19] Ebeling: Fundamentaltheologie, 522, vgl. 509–518.

[20] AaO. 523.

[21] Vgl. Joest, 25–27; 50; 131 u. ö.; Sauter: Kritik, 214; 217; 222f; 231; Pannenberg/Sauter: Grundlagen, 67ff [vgl. Wagner, 109–124].

[22] Seckler: Fundamentaltheologie, 288; 290; 292; 295f.

[23] Pannenberg: Wissenschaftstheorie, 303–348; 361–374; 419–425; vgl. dazu Seckler, 296–299 [vgl. auch Pannenberg, Anthropologie, 11–23].

3. Wandel unter bleibenden Formen

Bis es zu diesem jüngsten schönen Konsens zwischen katholischer Fundamentaltheologie und wenigstens einigen Stimmen aus der evangelischen Theologie kommen konnte, hat auch die katholische Fundamentaltheologie Wandlungen durchgemacht – und damit geraten wir unmittelbar in den Bereich »erlebter Theologie«. Herrschte bis tief in die erste Hälfte unseres Jahrhunderts hinein der Optimismus, zumindest die menschliche und ethische Pflicht des Glaubens so wasserdicht erweisen zu können, daß nur ein böswilliger oder ein bornierter oder eben ein Mensch, der schuldlos nie mit dem Evangelium in Berührung kam, nicht zum Glauben finden konnte, mit der Folge, daß die wirkliche Freiheit, die Unerzwingbarkeit und der Entscheidungscharakter des Glaubens eine bloße Behauptung blieben, so ist eben dies letztere in der gegenwärtigen katholischen Fundamentaltheologie unumstritten. Es steht heute außerhalb jeder Diskussion, daß niemand sich die unwiderrufliche heilvolle Hinkehr Gottes zum Menschen, seine »Offenbarung« selber sagen und mit rein denkerischen Mitteln beweisen kann.[24] Wenn es hier noch einen Unterschied zur evangelischen Auffassung gibt, dann liegt er im wesentlichen darin, daß der katholische Theologe nach wie vor überzeugt ist, die rationale Unerschwinglichkeit des Glaubens stehe dem nachträglichen Aufweis seiner inneren Rationalität, will sagen: dem nachträglichen Aufweis seiner Stimmigkeit mit den Strukturen des Menschseins keineswegs im Wege, während die evangelische Theologie darin bis zur Stunde bereits den Ansatz zu einer »Begründung« des Glaubens argwöhnt, der seiner Grundgestalt als reinem Empfangen widerstreite. Aber diese Differenz ist kaum noch von großem Gewicht, denn unbeschadet aller Grundsatzerklärungen verfährt die evangelische Theologie wie in einer glücklichen Inkonsequenz dann auf den Spuren des katholischen Konzeptes, wenn sie sich auf Einzelfragen einläßt, das zeigt sich am deutlichsten einerseits bei Äußerungen zur Thematik theologischer Anthropologie und andererseits in der zunehmenden Selbstverständlichkeit, mit der in evangelischen Gesamtdarstellungen des christlichen Glaubens eine anthropologische Reflexion an den Anfang gestellt wird.[25] Es dürfte sachlich einerlei sein, ob ich das Ganze der Wirklichkeit und insonderheit des menschlichen Daseins als Frage entfalte, um den christlichen Glauben als Antwortangebot aufzuweisen, oder ob ich den christlichen Glauben in seinen Sachaussagen expliziere, um ihn auf das Ganze der Wirklichkeit als deren Bezugspunkt hin zu reflektieren.

Der Wandel auf der katholischen Seite, der schließlich den evangelischen Grundverdacht gegen die katholische Fundamentaltheologie zunehmend gegenstandslos machte, vollzog sich zunächst unter den alten Formen der »Apologetik«, und zwar dadurch, daß sich das Arbeitsfeld im Bereich der drei früher

[24] Vgl. pars pro toto Fries: Prüfstand, 9–111 (Zur Glaubensproblematik heute); MySal I, 791–903 (Josef Trütsch, Josef Pfammatter); auch Pesch: Rechenschaft, 12–66; 126–152.

[25] Für die Anthropologie vgl. Pannenberg: Mensch; Moltmann: Mensch; Thielicke: Mensch sein. Für Gesamtdarstellungen des Glaubens vgl. Baden; Evangelischer Erwachsenenkatechismus; Zink; und schon Ebeling: Glaube [Überblick bei Pesch, Glaubensbegriff].

genannten *demonstrationes* quantitativ ungeheuer erweiterte und qualitativ zu Neubesinnungen zwang. Im Bereich der Gottesfrage wuchs der Fundamentaltheologie die Aufgabe zu, die philosophische (und empirisch-humanwissenschaftliche) Religionskritik zu bearbeiten (Ludwig Feuerbach, Karl Marx, Sigmund Freud seien hier stellvertretend für viele genannt), und die jüngst angelaufene Auseinandersetzung mit einer religionskritischen Sprachphilosophie ist deren konsequente Fortsetzung.[26] Im Bereich der Christusfrage hatte sich die Fundamentaltheologie fortschreitend mit den Resultaten der modernen historisch-kritischen Exegese auseinanderzusetzen. Für die Frage nach der Kirche erwuchsen ihr die stärksten Herausforderungen von innen: durch den Fortschritt der Kirchen- und Dogmengeschichte, in jüngster Zeit aber auch durch die Humanwissenschaften, insofern z. B. bestimmte soziologische und sozialpsychologische Erkenntnisse über die Mechanismen im Leben einer Gemeinschaft, einer Großgesellschaft, einer Institution selbstverständlich auch bestimmte Phänomene des kirchlichen Lebens und insbesondere seiner Konfliktsituationen in einem neuen Licht erscheinen lassen, zu deren Bewältigung vorher lediglich die Appelle der theologischen Ethik und in gewissem Ausmaß eine theologisch fundierte prophetische Kritik in Anschlag zu bringen waren.[27] All diese neuen Fragestellungen wurden, da sie im Zusammenhang mit der Frage nach der Rechenschaft des Glaubens von sich selbst standen, den Fundamentaltheologen aufgehalst, deren Arbeitsgebiet daraufhin unabsehbar anschwoll und vom einzelnen Fachvertreter schon nur noch schwerpunktmäßig bearbeitet werden konnte. Der Dogmatiker dagegen konnte im »Windschutz« des Fundamentaltheologen zunächst weiterarbeiten wie bisher. Die Fundamentaltheologie wurde dadurch gewiß zum interessantesten theologischen Fach, und sie ist es, wie man mit guten Gründen sagen kann, auch heute noch.[28] Andererseits wird man zugestehen müssen, daß die Fundamentaltheologie auch gewissermaßen zum »Abfalleimer« für all jene Fragestellungen wurde, mit denen sich die klassischen anderen Disziplinen nicht zu beschäftigen pflegen, es sei denn aus speziellem Interesse des einzelnen Theologen. Mit Fug und Recht konnte jeder Exeget, jeder Dogmatiker, jeder Moraltheologe, jeder praktische Theologe seinen Hörern bei der Berührung mit außertheologischen wissenschaftlichen Provokationen erklären: »Das werden Sie in der Fundamentaltheologie hören«, bzw.: »Das kann ich aus der Fundamentaltheologie als geklärt voraussetzen.« Nach wie vor behandelt der katholische Fundamentaltheologe also heute seine schon genannten klassischen Traktate in einem drei- oder viersemestrigen Turnus.[29] De facto aber zeichnet er verantwortlich für die Bearbeitung der gesamten Grundlagenkrise des Glaubens in der modernen Welt und ihrer unvorstellbar groß gewordenen wissenschaftlichen Herausforderungen.

[26] Die wichtigsten Titel bei Stirnimann: aaO. 315f.

[27] Vgl. Kaufmann [Schaeffler, Wahrheit].

[28] Vgl. Fries: Glaube, 154.

[29] Vgl. Fries: aaO. 154f – zur *heutigen* Lage der Fundamentaltheologie [und HFTh (s. Anm. 7)].

4. *Das Gewicht der Ökumene*

Die quantitative Anreicherung des Arbeitsgebietes verstärkte sich noch einmal unabsehbar dadurch, daß das ökumenische Gespräch mit der evangelischen Theologie für die katholische Theologie seit dem Zweiten Weltkrieg ungeahnte Bedeutung gewann. Nun gehörte schon immer die Auseinandersetzung mit dem gegen die katholische Kirche gerichteten Kirchenverständnis in der reformatorischen Theologie und ihr gegenüber die Verteidigung der katholischen Kirche als der allein durch das neutestamentliche Zeugnis legitimierten Kirche Jesu Christi zum Arbeitsgebiet der Fundamentaltheologie. Kein Wunder also, daß die Wahrnehmung des ökumenischen Gespräches institutionell dem Fundamentaltheologen zuwuchs – während zu gleicher Zeit nachweislich, von Ausnahmen abgesehen, die Vertreter der reformatorischen Theologie in den Lehrbüchern der Dogmatik nach wie vor hauptsächlich als *adversarii* auftraten.[30] Einmal mehr war der Fundamentaltheologe, auch er ein Mensch, der in Zeit und Raum lebt, eigentlich überfordert und darum gezwungen, Schwerpunkte zu setzen und auch Vorlieben zu entwickeln. Dies um so mehr, als in zunehmendem Maß das Gespräch mit der evangelischen Theologie sich keineswegs nur auf die Kirchenfrage beschränken ließ, sondern bald auch alle anderen strittigen Themen aufgriff mit der Folge, daß das traditionelle Arbeitsgebiet der Fundamentaltheologie sich auf die gesamte Auseinandersetzung mit den Positionen der evangelischen Theologie ausdehnte. Meine eigene wissenschaftliche Biographie ist ein anschauliches Beispiel für diese Situation: Meine Dissertation über die *Rechtfertigungslehre bei Luther und Thomas von Aquin*[31] begann ich und schloß ich ab bei Heinrich Fries, dem Münchner Fundamentaltheologen.

Entlastung in dieser Überforderung wurde erst dann möglich, als an mehreren theologischen Fakultäten des deutschen Sprachraums besondere »Institute für ökumenische Theologie« geschaffen wurden. Zunächst, und hier nur lose an die Universität angebunden, am Institut für Europäische Geschichte in Mainz, dann an der theologischen Fakultät in Paderborn das Johann-Adam-Möhler-Institut, schließlich die Institute an den theologischen Fakultäten in Münster, München, Tübingen und Fribourg in der Schweiz. Ähnliche Institute wurden gleichzeitig an mehreren evangelischen Fakultäten gegründet, so in Heidelberg, Bochum, München und jüngstens in Bonn. Aber: In München und Fribourg unterstehen bzw. unterstanden diese Institute in Personalunion dem Fundamentaltheologen (Fries, Stirnimann, Döring), in Tübingen dem Dogmatiker (Küng), in Mainz und zeitweilig in Münster dem Kirchengeschichtler (Lortz †, Meinhold †, Iserloh); nur das Institut in Paderborn (Stakemeier †, Brandenburg †, Bläser, Scheele, Schütte [A. Klein]) und heute das Institut in Münster (Lengsfeld) unterstehen sozusagen »reinen« Ökumenikern. So durchgreifend ist also die Entlastung nicht, und auch ohne Ökumenisches Institut bleibt dem Fundamentaltheologen eine Aufgabenfülle, die sich nach wie vor nicht verringert, sondern noch steigert.

[30] Vgl. Hasler, 54.

[31] Vgl. Literaturverzeichnis.

II. Fundamentaltheologie und Dogmatik heute

1. *Wandlungen in der Dogmatik*

Ernsthafte Entlastung ergab und ergibt sich für den Fundamentaltheologen erst dadurch, daß sich, angebahnt seit langem, fühlbar seit gut 15 Jahren, nun auch in der Dogmatik Wandlungen begeben, die etwas vereinfacht auf die Formel gebracht werden können: Die Dogmatik übernimmt zunehmend typisch fundamentaltheologische Fragestellungen und gelegentlich geradezu mit Vorzug die fundamentaltheologische Methode. Es gibt dafür zunächst eine Menge äußerer Gründe. Mancher heute lehrende Dogmatiker war zunächst Fundamentaltheologe und nahm seine Frageweise mit auf den neuen Lehrstuhl. Mancher heute lehrende Dogmatiker hat Dissertation oder Habilitationsschrift über Themen verfaßt, die in das Gebiet der Fundamentaltheologie zumindest hineinragen. Mancher heute lehrende (oder gar schon emeritierte) Dogmatiker ist auf der Höhe seiner Arbeit aufgrund seines fachlichen Ansehens zum Gesprächspartner für katholische und fortschreitend auch nicht-katholische Vertreter anderer Wissenschaften geworden und wurde dadurch zwangsläufig hineingedrängt in jene Grundfragen- und Grundlagenproblematik, die wissenschaftstheoretisch und wissenschaftsorganisatorisch in das Arbeitsgebiet des Fundamentaltheologen fällt.

Wichtiger aber sind die inneren, mit der Entwicklung der fachlichen Fragestellungen unlösbar verbundenen Gründe. Zunächst: Nachdem die katholische Exegese, erst zögernd, dann, ermutigt sogar durch Äußerungen von höchster lehramtlicher Autorität, die historisch-kritische Methode in der Erforschung des biblischen Textes übernommen hatte, war es nur eine Frage der Zeit, daß die Dogmatik in der Bearbeitung ihrer eigenen Lehrüberlieferung diese Methode der historischen Kritik ebenfalls anwandte. Zwar ließe sich zeigen, daß eine ältere Generation katholischer historisch-kritisch arbeitender Exegeten den Mut dazu nur fand, weil sie sich in ihrer kirchlichen Glaubensgewißheit durch die Dogmatik als Repräsentantin der kirchlich verbindlichen Lehre geschützt glaubte und darum gewissermaßen auf ihrem eigenen Fachgebiet sich unbekümmert kritisches Fragen erlauben konnte. Große Erregung war darum die notwendige Folge, wenn solche Exegeten bemerkten, daß eine jüngere katholische Dogmatik ebenfalls historisch selbstkritisch wurde.[32] Jüngere Exegeten teilen diese Sorge nicht mehr, und schon gar nicht fühlen sich jüngere Dogmatiker verpflichtet, den Exegeten gewissermaßen Windschutz zu geben. Wenn also für den Dogmatiker schon die Heilige Schrift heute nicht mehr einfach ein Arsenal von Beweisgründen für dogmatische Lehrsätze sein kann, wenn der Dogmatiker vielmehr genötigt ist, die biblischen Texte aus ihren historischen Problemspannungen heraus zu verstehen und nur durch deren Vermittlung in aller Vorsicht aus ihnen bleibende, lehrhaft formulierbare Wahrheiten gewinnen kann, die günstigstenfalls einer Tendenz nach, selten aber direkt spätere kirchliche Lehre einfach decken, dann kann derselbe Dogmatiker nicht andererseits den Befund

[32] Vgl. pars pro toto Schnackenburg; Kuss: 3. Lieferung, Vorbemerkung.

der theologischen Tradition, ja nicht einmal den Bestand lehramtlicher Äußerungen einfach nach alter Art als Arsenal für Argumente benutzen, er wird auch diese Äußerungen aus ihrer historischen Problemspannung heraus verstehen und sie *so* allein in Bezug zu seinem Lehrsatz oder zu seiner aktuellen Fragestellung setzen.[33] Dogmatik ist heute ohne historisch-kritische Dogmengeschichte ebensowenig möglich wie ohne historisch-kritische Exegese. Eben damit aber steht der Dogmatiker in ganz anderer Weise als früher unter einer grundsätzlichen Legitimationsnötigung für seine Aussagen, und damit unter dem natürlichen Zwang, Methoden anzuwenden, die traditionell als fundamentaltheologisch bezeichnet werden.

Außerdem: Mehr denn je hat die Dogmatik heute ihren Auftrag verstanden, im Dienst der Verkündigung zu stehen, ja deren theologisches Gewissen zu sein. Die in den dreißiger Jahren aufgekommene Idee, neben der »wissenschaftlichen« Theologie – und das bedeutete damals: neben einer neuscholastisch vorgehenden Theologie, der heute keiner mehr etwas abgewinnen kann – müsse es eine Art »Verkündigungstheologie« geben, wenn nicht Verkündigung und Theologie sich vollständig auseinanderleben sollten, diese Idee war eine heilsame Warnung und hat gottlob nicht zu einer Verkündigungstheologie, sondern zu einer selbstkritischen Rückbesinnung der wissenschaftlichen Theologie auf ihren Dienst an der Verkündigung geführt. Auch in diesem entscheidenden Punkt ist bekanntlich die große Dogmatik von Michael Schmaus die aktenkundige Abkehr von der Neuscholastik.[34] Die Folge: Auch der Dogmatiker steht auf seine Weise bewußt ständig vor der Frage, vor der die Verkündigung tagaus tagein steht, nämlich: Wie kann man zeigen, daß dieser und jener einzelne Inhalt der kirchlichen Verkündigung tatsächlich glaubbar, lebbar, dem Menschen zum Heile ist – und nicht nur in einem abstrakten Sinne wahr und durch die »Offenbarungsquellen« verbürgt? Nicht umsonst sind die besten Dogmatiker unserer Tage auch gern gehörte Prediger und Vortragsredner.

Weiter: Die bis in die dreißiger Jahre vorherrschende, noch nach dem Krieg in den Handbüchern weiterwirkende neuscholastische Theologie ist heute durch Neuansätze überwunden, die den gesamten »klassischen« Stoff der Dogmatik einerseits neu ordnen und durch diese neue Ordnung neu verstehen lassen, ihn andererseits beträchtlich anreichern. Nun ist es aber gerade die Eigenart dieser Neuansätze, daß sie auf vielfältigen Wegen und zunehmend entschiedener nicht »steil von oben« kommen, von einer gegebenen Offenbarung und ihrem Inhalt, die einfach entfaltet werden müssen, sondern vom fragenden Menschen ausgehen, ja von der Frage, die der Mensch selber ist und die in der Botschaft von der Selbstmitteilung Gottes in Jesus Christus ihre Antwort und ihr Leben bringendes Licht empfängt. Wissenschaftstheoretisch heißt das: Die Dogmatik selbst geht nun fundamentaltheologisch vor. In Karl Rahners »transzendentaler Methode« ist dieser neue Weg der Dogmatik nicht nur exemplarisch vorgezeichnet, sondern zugleich zum Programm erhoben, das auch in allen Abwandlungen durch eine jüngere Generation eine Selbstverständlichkeit geworden und geblie-

[33] Vgl. Kasper: Methoden; Dogma; [Theologie, 25–134].

[34] Vgl. Schmaus: II/1, Vorwort.

ben ist.[35] Dabei muß kein Thema der traditionellen Dogmatik übergangen werden, aber die neue Frageweise setzt andere Akzente und manchmal auch andere Prioritäten, wobei frühere Randthemen in den Mittelpunkt rücken und andere Themen, die den Dogmatiker früher Seite um Seite kosteten, zu Nebenbemerkungen werden. Will man sich diesen Unterschied zu einer Dogmatik älterer Prägung einmal klarmachen, so muß man nur das Inhaltsverzeichnis eines älteren Handbuchs vergleichen etwa mit dem inhaltlichen Aufriß von »Mysterium Salutis« und dem »Grundkurs des Glaubens« von Karl Rahner.[36] Oder man vergleiche einmal den Traktat über die Christologie in einem älteren Handbuch mit den christologischen Entwürfen, die in den letzten Jahren von sich reden gemacht haben, etwa von Hans Küng, Walter Kasper, Edward Schillebeeckx, Karl Rahner, Georg Baudler.[37] Man vergleiche die Sakramentenlehre älterer Prägung mit der Einordnung der Sakramente in »Mysterium Salutis« IV/2 und V oder die Stellung der Mariologie im Vergleich zur Mariologie älterer Prägung, ebendort III/2.

Schließlich: Es ist nicht nur eine Ergänzung, sondern eine Durchdringung, die vielfältig auch von Einfluß ist, daß auch die Dogmatik sich in das ökumenische Gespräch einschaltete und dieses nicht länger als eine Fachfrage des Fundamentaltheologen betrachtete. Zumindest in bezug auf die gegenwärtige evangelische Theologie – wohl weniger in bezug auf die reformatorische Tradition als solche – können heute mindestens so viele Dogmatiker als Experten gelten wie Fundamentaltheologen.

All diese Wandlungen machen es unmöglich, daß selbst konservative Dogmatiker, geschweige denn solche, die neue Wege des Denkens und der Formulierung gehen zu müssen meinen, Dogmatik noch nach alter Art treiben können, indem sie Lehrsätze aufstellen und diese aus der Schrift, aus der kirchlichen Überlieferung und aus der Arbeit der theologischen Vernunft »beweisen«. Es ist auch nicht mehr möglich, nicht einmal rein methodisch möglich, in der Dogmatik den Glauben einfach wie ein Vorzeichen vor der Klammer vorauszusetzen und die Inhalte des Glaubens in sich selbst abzuhandeln. Wie der Prediger sich heute bewußt sein muß, daß er vor partiell Ungläubigen predigt, so muß auch der Dogmatiker sich bewußt sein, daß er auf einen strukturell bedrohten, zweifelnden, fragenden Glauben hinspricht, der nichts weniger als ein Blankoscheck auf jeden möglichen dogmatischen Inhalt sein kann.[38] Auch die Dogmatik muß also ihre Aussagen so formulieren, daß sie nicht nur als inhaltliche Darstellung, sondern zugleich als Glaubensanspruch, Glaubenszumutung und Glaubensmög-

[35] Vgl. Rahner: Schriften IX, 79–126 (Überlegungen zur Methode der Theologie); Fries: Methode [Rahner, Grundkurs 287].

[36] In Verbindung mit Rahner: Schriften I, 9–47 (Über den Versuch eines Aufrisses einer Dogmatik); VI, 139–167 (Über die theoretische Ausbildung künftiger Priester heute); IX, 11–33 (Der Pluralismus in der Theologie und die Einheit des Bekenntnisses in der Kirche).

[37] S. Literaturverzeichnis.

[38] Vgl. Metz: Unglaube; Glaube, 3–12; ferner die Wortmeldungen zum Atheismusproblem: Döring; Ebeling: WuG II, 372–432 (Die Botschaft von Gott an das Zeitalter des Atheismus; Gott und Wort); Figl; Lübbe/Sass; Rohmann; [Rahner, Schriften XII, 17–40].

lichkeit sichtbar werden, kurzum: als Heils- und Vollendungsangebot an den Menschen. Dies widerspricht nicht der Autorität der göttlichen Offenbarung, die den Gehorsam des Geistes verlangen kann, es ist vielmehr deren innerste Intention, denn nicht für sich selbst, sondern zum Heil der Menschen hat Gott sich geoffenbart. Die möglichen Konflikte freilich, die dabei entstehen, wenn die Frage des heutigen Menschen, der Anspruch der kirchlichen und lehramtlichen Überlieferung und der oft mehr tastende als entscheidende Denkversuch des Theologen zusammenkommen, lassen sich unschwer ahnen und sind ja in den Lehrkonflikten einiger Theologen unserer Tage aktenkundig geworden. Das Gesamtresultat ist gleichwohl unwiderruflich: Fundamentaltheologie und Dogmatik durchdringen sich heute nach Inhalt und Methode in einer früher nicht zu ahnenden Weise.

2. »Systematische Theologie«

So hat sich denn auch inzwischen in der katholischen Theologie die in der evangelischen Theologie übliche Sprachregelung zumindest eingebürgert, wenn nicht gar durchgesetzt, die den historischen Fächern der Theologie einfach die eine »Systematische Theologie« gegenüberstellt. Und das ist sachgemäß. Freilich wird in der evangelischen Theologie auch die theologische Ethik (katholisch: die Moraltheologie) der systematischen Theologie zugerechnet. Sachlich hätte das auch in der katholischen Theologie seine Berechtigung. In der evangelischen Theologie hat es aber auch institutionelle Bedeutung, denn der systematische Theologe vertritt an einer evangelisch-theologischen Fakultät immer zugleich die Fächer Dogmatik und Ethik. Dies ist, wie nicht lange bewiesen zu werden braucht, wegen der quantitativen Proportionen des Stoffes auf katholischer Seite nicht nachahmbar, und auch auf evangelischer Seite scheint es nur dadurch möglich, daß der evangelische systematische Theologe noch in aller Regel sowohl im Bereich der Dogmatik als auch in dem der Ethik die 1500 Jahre zwischen dem Neuen Testament und der Reformation mehr oder weniger dem Kirchengeschichtler überlassen kann, sie faktisch aber kaum als seine eigene Tradition berücksichtigen muß. Das ist sachlich zwar bedenklich, wie selbst auf evangelischer Seite eingesehen wird, faktisch aber ist es so, und nur deshalb sind gegenwärtig Dogmatik und Ethik an einer evangelisch-theologischen Fakultät höchstens Schwerpunkte der Arbeit, aber nicht ausschließlich Arbeitsgebiete auf verschiedenen Lehrstühlen.

Das Zusammenwachsen von Fundamentaltheologie und Dogmatik hat freilich auch in der katholischen Theologie keineswegs zur Aufhebung der Trennung zwischen den Lehrstühlen geführt. Es gibt jedoch Schwerpunktsetzungen und Prioritäten, und weil sie der wechselseitigen Entlastung und damit der Ausgewogenheit des Gesamtlehrangebotes dienen, werden sie inzwischen auch bei der Besetzung der jeweiligen Lehrstühle beachtet. Die bleibende organisatorische Trennung von Dogmatik und Fundamentaltheologie wirkt sich gemeinhin so aus, daß der Fundamentaltheologe sein Arbeitsgebiet und sein Lehrveranstaltungsangebot mehr auf außertheologische Disziplinen hin ausweitet, nie aber bestimmte spezifisch dogmatische Themen behandelt – z. B. nicht spezielle Probleme der Sakramentenlehre oder der Trinitätslehre oder der Gnadenlehre. Der

Dogmatiker hingegen wird nicht nur methodisch, sondern gelegentlich auch inhaltlich die Berührung mit dem Arbeitsgebiet des Fundamentaltheologen suchen, sei es, um diesen direkt zu entlasten, sei es, um für den Studenten Verdoppelungen zu vermeiden – etwa im Bereich der Gotteslehre, der Christologie, der Lehre von der Kirche, der theologischen Anthropologie.

3. Dogmatik in fundamentaltheologischer Zuspitzung

Die Lage hat sich also »eingependelt«. Die gern konstatierte sachliche Überforderung der Fundamentaltheologen[39] hat keinen von ihnen umgebracht, und die Öffnung der Dogmatik für fundamentaltheologische Perspektiven brachte den Gewinn, daß auch Dogmatik in ungeahnter Weise wieder ein »interessantes« Fach geworden ist. Das alles ist heute »erlebte« und »erlebbare Theologie«. Aber nun – bevor wir die gegenseitige Durchdringung von Dogmatik und Fundamentaltheologie an zwei Konkretionen veranschaulichen – wird doch noch einmal zu fragen sein, ob es dabei mit rechten Dingen zugeht. Denn die Neubesinnungen auf den Auftrag der Fundamentaltheologie haben bei Stirnimann[40] zu einem geradezu erschöpfenden Aufriß einer künftigen Fundamentaltheologie geführt, der, wie mir scheint, in sich selbst Fragen aufgibt und überdies das Verhältnis zur Dogmatik noch einmal neu zur Debatte stellt.

a) Zunächst zu den immanenten Fragen des Entwurfs. Die geschilderten Fakten sprechen fürs erste nicht zu seinen Gunsten. Wenn es zutrifft, daß der Fundamentaltheologe unter den ihn bedrängenden Aufgaben nur noch Schwerpunkte aus persönlicher Entscheidung und Vorliebe setzen kann, wie will er all das beherrschen, was Stirnimann ihm abverlangt: die Diskussionen um den Offenbarungsbegriff, das Kirchenverständnis (einschl. der ökumenischen Dimension des Problems!), die Fragen einer theologischen Epistemologie (die im evangelischen Lehrbetrieb einen eigenen dogmatischen Traktat bildet: die »Prolegomena«!), die Diskussion um Glaube und Vernunft, die hermeneutische Diskussion, die Theorie-Praxis- und die Glaube-Praxis-Diskussion, die schon in vollem Gang befindliche Diskussion um Glaube und Erfahrung – und dies zuzüglich zu allen philosophischen Grenzfragen im Bereich der Gottesfrage? Dabei ist jetzt noch ganz außer Betracht gelassen, daß die Behandlung der meisten dieser Fragen auf weite Strecken die Vertrautheit mit der fachinternen Diskussion in der Dogmatik verlangt. Kurzum: Wenn die von Stirnimann namhaft gemachten Problemkreise und Grundfragen zum eigentlichen Aufgabengebiet der Fundamentaltheologie gehören, dann ist damit eben jene überfordernde, nach allen Seiten grenzüberschreitende Ausweitung des Arbeitsgebietes des Fundamentaltheologen zum Programm erhoben, die sich bislang nur faktisch, nicht aber mit wissenschaftstheoretischer Begründung auf Menschenmaß eingependelt hat.
Weiter: Es fällt auf, daß bei Stirnimann ebenso wie bei den anderen hier herange-

[39] Vgl. Stirnimann: aaO. 319; 321; 359; Ebeling: Fundamentaltheologie, 521; Fries: Glaube, 158; 164 [Rahner, Schriften XII, 198–202].
[40] Man vergleiche die methodologischen Ausführungen in den Arbeiten von Biser; Knauer; Kolping; Peukert (hier bes. 283–288; 303–323); Grabner-Haider: Theorie 159–161.

zogenen Autoren bei der Aufgabenbestimmung der Fundamentaltheologie immer wieder Wortkompositionen mit »Grund-« auftauchen: Grundlegung, Grundfragen, Grundbedingung, Grunddisziplin... Das ist gewiß sachgemäß und entspricht dem Namen des Faches. Aber es ist weniger klar, als es auf den ersten Blick scheint, wenn man dabei von vornherein jenes apologetische Modell hinter sich gelassen hat, mit dem unsere Überlegungen einsetzten und das heute zur Karikatur geworden ist.[41] Sind die mit »Grund-« zusammengesetzten Worte sachliche, methodologische oder pädagogische Begriffe? Handelt die Fundamentaltheologie von *Sachverhalten*, die ihrerseits der Grund der Möglichkeit für andere Sachverhalte sind? Man könnte es sich etwa im Blick auf die Gottesfrage vorstellen – womit freilich jede Grenze zur Dogmatik vollends undeutlich werden müßte. Oder handelt die Fundamentaltheologie von *Verstehens*grundlagen, ohne die andere Sachverhalte, gleichviel, ob begründend oder begründet, nicht zu verstehen sind? Man könnte hier an die Themen »Offenbarung« und »Überlieferung« denken – müßte sodann aber gleich fragen, ob sie, sekundäre Begriffe, die sie auch nach Stirnimann sind, denn wirklich der unumgängliche Ersteinsatz und damit die »Grundlage« theologischen Verstehens sind. Oder handelt die Fundamentaltheologie »grundlegend« im *pädagogischen* Sinne: etwa als Einführung in die wichtigsten Themen und Aufgaben der Theologie auf einer »ersten Reflexionsstufe« im Sinne von Rahners »Grundkurs des Glaubens«? Dazu würde etwa die von Stirnimann der Fundamentaltheologie zugedachte Einweisung in die Vielfalt der theologischen Disziplinen gehören[42] – aber wird sich die Fundamentaltheologie damit zufrieden geben, bloß theologisches Propädeutikum zu sein, und reicht das aus zur *wissenschaftstheoretischen* Abgrenzung einer theologischen Disziplin?

Man könnte, wenn man wollte, die »grundlegende« Funktion der Fundamentaltheologie noch weiter problematisieren. Doch kommt an dieser Stelle ein neuer Problemaspekt in Sicht, wenn wir darauf achten, daß die Fundamentaltheologie auch als »Einleitungsdisziplin« gekennzeichnet und ihre »einweisende« Funktion unterstrichen wird. Man fühlt sich hier an eine Bemerkung von M.-D. Chenu in der Einleitung seiner bekannten Thomas-Einführung erinnert: »Ohne Frage liegt hier ein Zwiespalt vor, dem sich alle Einführungen in große Werke, sei es des Denkens, sei es der Kunst, gegenübersehen: daß nämlich den Zugang zu diesen Werken erst findet, wer sie zuvor schon ganz durchschritten hat«.[43] Wie soll jemand eine »Einweisung« in die theologischen Disziplinen verstehen, ohne schon in ihnen gearbeitet zu haben? Wie soll also unter diesem Aspekt

[41] Ebeling: Fundamentaltheologie, 510–518; 522, muß denn auch einigen Scharfsinn aufwenden, um die Besinnung auf den Grund des *Glaubens*, die in der Christologie zu geschehen hat, zu unterscheiden von der Besinnung auf den Grund der *Theologie*, die Sache der Fundamentaltheologie ist und in der Reflexion auf jenen Vorgang besteht, in dem Christus der Grund des Glaubens wird, nämlich auf das Überlieferungsgeschehen. Gleichwohl ist es am Schluß *eine* Aufgabe der Fundamentaltheologie, die »Konzentration des Christlichen auf den Grund des *Glaubens*« (Hervorhebung von mir) zu leisten.

[42] So vorzüglich Ebeling: Studium; und weiter ausholend Pannenberg: Wissenschaftstheorie, 349–442; Grabner-Haider: Theorie, 159–209; [Eicher, Theologie].

[43] Chenu, 17f.

Fundamentaltheologie über eine propädeutische Unternehmung hinauskommen? Stirnimann vermerkt denn auch ausdrücklich, daß die Fundamentaltheologie sich weder in einer Einleitung in die Dogmatik erschöpfe noch die speziellen methodischen und sachlichen Einleitungen in den anderen Disziplinen überflüssig mache.[44] Das bedeutet aber im Klartext: Man *kann* eine wirklich wissenschaftliche Einleitung in die theologischen Disziplinen *erst nachher* geben. Man *muß* sie aber *vorher* geben. Dies geschieht entweder auf fachgerechtem wissenschaftlichem Niveau – dann wird es für den Hörer eine Überforderung sein, und der pädagogische Sinn einer »Einleitungswissenschaft« ist verfehlt; oder dieser Sinn wird nicht verfehlt – dann kann die »Einleitung« nur eine vorläufige, fachlich nicht ausreichende sein. Nichts gegen eine derartige Einleitung – ohne sie käme wissenschaftliches Studium nie in Gang! Aber wird Fundamentaltheologie damit nicht fast ein Widerspruch in sich, wenn sie ein eigenes wissenschaftliches Fach und nicht nur eine didaktisch-pädagogische Methode sein will?
Übrigens und endlich: Welcher einzelne (Fundamental-)Theologe könnte denn *nachher* fachgerecht die Einführung in die verschiedenen theologischen Disziplinen geben? Theoretisch müßte dann ja der Fundamentaltheologe z. B. in der Lage sein, eine Einleitung in das Alte Testament zu schreiben. An dieser Stelle scheint noch einmal das nicht behobene Problem der Überforderung des einzelnen Wissenschaftlers durch, zugleich aber auch ein Bild von theologischer Arbeit, das uns zu dem zweiten Komplex von Rückfragen hinüberleitet, die die Abgrenzung der Fundamentaltheologie gegen die Dogmatik betreffen:

b) Je weiter man in den bohrenden Aufsatz von Stirnimann vordringt, um so unabweisbarer wird die Frage: Was von all dem, was hier für die Fundamentaltheologie als spezifische Fachfrage reklamiert wird, betrifft eigentlich die Dogmatik *nicht*? Und zwar, wohlgemerkt, nicht nur in dem Sinne, daß die Fundamentaltheologie das »Vorzeichen vor der Klammer« zeichnet, das da heißt: »Glaubenswahrheit«, sondern im Sinne einer echten Fachfrage? Die Neuorientierungen, die nach dem Zweiten Weltkrieg nach Stirnimann die Fundamentaltheologie verändert haben: anthropologischer Ansatz, heilsgeschichtliches Denken, hermeneutische Problematik, Auseinandersetzung mit der Sprachphilosophie, waren zugleich und teilweise zuerst Bewegungen in der katholischen Dogmatik. Die drei klassischen Problemkreise der Fundamentaltheologie, nämlich Offenbarung, Kirche und Quellen theologischer Erkenntnis, sind schon immer, und selbst um den Preis von Verdoppelungen, auch Gegenstand der Dogmatik gewesen. Und welche dogmatische Theologie könnte heute darauf verzichten, die Grundfrage nach Glaube und Vernunft, Glaube und Verstehen, Glaube und Praxis, Glaube und Erfahrung zu stellen, welcher Dogmatiker könnte in diesem Zusammenhang auf die verschiedenen Sprachebenen des Glaubens und der Theologie verzichten? Es soll ja am Schluß dieses Beitrages noch an zwei Beispielen veranschaulicht werden, wie sehr heute typisch dogmatische Themen von all diesen Fragestellungen »befallen« sind – sofern es sich um Dogmatiker handelt, die nicht nur einfach alte Formeln repetieren.
Steht es aber so, dann stellt sich die Frage, ob nicht gerade solch ein durchdachtes

[44] AaO. 321–323.

Konzept der Fundamentaltheologie wie bei Stirnimann – durchaus entgegen seiner Absicht – im Falle seiner Realisierung wieder auf eine neue Trennung von Fundamentaltheologie und Dogmatik hinausläuft, die im Endergebnis die Dogmatik in den alten, lediglich etwas renovierten Elfenbeinturm zurücktreiben müßte. Denn die genannten Probleme und Fragen könnten ja nur dann abgrenzend das Fach Fundamentaltheologie konstituieren, wenn die Dogmatik darauf verzichtete, die darin angesprochene und abgesteckte Grundlagenkrise des Glaubens in der modernen Welt auch zu ihrer eigenen Sache zu machen. Diesen Verzicht aber wird sie zu ihrem Glück nicht mehr leisten können und dürfen. Also bleibt es bei der geschilderten und sachnotwendigen Verschränkung beider Fächer und bei der Problematik ihrer Unterscheidung, wenn sie auf die beschriebene Weise geschähe.

Indem wir dieses Dilemma hervorheben, tritt vielleicht die tiefste und innerste Problematik des neuen Konzepts einer Fundamentaltheologie heraus. Sie ergibt sich gerade aus seinem wissenschaftstheoretischen Anspruch, eine theologische Disziplin ihrer Aufgabe nach exakt zu bestimmen. Wenn die Fundamentaltheologie im sachlichen und nicht nur pädagogischen Sinne eine grundlegende theologische Einleitungswissenschaft vor der Ausdifferenzierung in die einzelnen theologischen Fächer sein soll – wir sehen jetzt einmal von den bereits gekennzeichneten Unklarheiten in den Begriffen »Grundlegung« und »Einleitung« ab–, dann ist dabei vorausgesetzt, daß es, wenn die Einleitungsdisziplin ihre Aufgabe erfüllt hat, ebenso mit dem weitergeht, worin eingeleitet wurde. Hinter dem Konzept einer Fundamentaltheologie als Einleitungswissenschaft leuchtet das Ideal einer »Summa Theologiae« auf: die Leitidee von einer Einheit der Theologie, die in einer wissenschaftlichen Ansprüchen genügenden Gesamtkonstruktion des theologischen Stoffes darstellbar ist. Natürlich wird heutzutage diese »Summa« nicht mehr von einem einzelnen Theologen geschrieben werden können, aber zumindest als Gemeinschaftsarbeit müßte sie prinzipiell erreichbar sein, andernfalls würde die Einleitungsdisziplin nur in eine unverrechenbare Vielfalt von Einzelfächern einleiten – in ein Chaos. Nun fragt sich allerdings, ob eine »Summa Theologiae« heute noch das Leitbild theologischer Arbeit sein kann. Ja es gilt gelegentlich schon als Binsenwahrheit, daß eine »Summa Theologiae« heute nicht mehr möglich ist – das Auftauchen eines Genies immer ausgenommen. Die Zweifel lassen sich durch nichts besser begründen als durch einen Blick in die jüngsten Versuche einer Gesamtdarstellung der Dogmatik. Entweder gibt man freimütig zu, dies nur auf einer sogenannten »ersten Reflexionsstufe« tun zu können, weil man, gemessen an wissenschaftlichen Ansprüchen, außerhalb des eigenen Spezialgebietes im Ganzen der Theologie notwendig im besten Fall ein »guter Dilettant« bleibe – so mit der ihm eigenen entwaffnenden Ehrlichkeit Karl Rahner in seinem »Grundkurs des Glaubens«[45]. Oder man schreibt eine Dogmatik in der Form reiner Reflexion, sieht sich dann allerdings gezwungen, im Vorwort ausführlich (und mit guten Gründen!) zu rechtfertigen, daß man sowohl auf direkte Auseinandersetzung mit der wissenschaftlichen Specialliteratur als auch auf eine Antwort an die Kritiker der eigenen Position verzichtet – wie Gerhard Ebeling in seiner seit kurzem vorlie-

[45] Vgl. Rahner: Grundkurs, 15–25. [Vgl. dazu Seckler, Das Ganze].

genden bewundernswerten »Dogmatik des christlichen Glaubens«.[46] Oder man muß die Auseinandersetzung mit den Objektivationen des »Überlieferungsgeschehens« fast ganz ausklammern und sich direkt auf die Aktualisierung des neutestamentlichen Kerygmas im heutigen Verstehenskontext beschränken – wie in Hans Küngs »Christsein«, wenn man hier von einer »Dogmatik« sprechen will. Übrigens gilt für Küng Ähnliches wie für Ebeling: Trotz umfangreichen Anmerkungsapparates, der eine arbeitsreiche Beschäftigung mit allen Detailproblemen ausweist, kann nicht diese selbst, sondern nur deren Ergebnis in Form der eigenen Position des Autors zur Darstellung kommen. Oder, endlich, man kommt über Darstellungsform und Stoffkanon einer traditonellen Dogmatik nur unwesentlich hinaus – wie in der hauptsächlich von Johann Auer gestalteten »Kleinen katholischen Dogmatik« von Johann Auer und Joseph Ratzinger. Wo aber doch noch einmal ein einzelner so etwas wie eine Summa Theologiae zustande bringt, wie etwa Helmut Thielicke in seinen drei zusammenhängenden, insgesamt achtbändigen Hauptwerken (Theologische Ethik, Dogmatik, Christliche Anthropologie), da ist es gewiß der Erweis eines schier unglaublichen Arbeitseinsatzes (und einer flüssigen Feder dazu!), aber andererseits nur schwer abzusichern gegen mancherlei Einrede aus allen Ecken der anderen theologischen Fächer. Wo man auch dies zu vermeiden sucht und konsequent eine Dogmatik im interdisziplinären Teamwork erarbeitet, wie in »Mysterium Salutis«, da entsteht gewiß, wie Stirnimann mit Recht vermerkt[47], die gegenwärtig repräsentativste katholische Dogmatik. Aber der Preis ist nicht nur die Unmöglichkeit, eine redaktionelle und gar gedankliche Einheitlichkeit zu sichern[48], sondern vor allem: die Unmöglichkeit, dieses Werk als Ganzes durchzuarbeiten. Selbst der Fachmann, erst recht der Theologiestudent, dem es doch als Handbuch dienen soll, kann es »benutzen«, indem er von Fall zu Fall sich mit den zum großen Teil ausgezeichneten Monographien beschäftigt, die das Werk verbirgt, um nicht zu sagen begräbt. Der zugleich wissenschaftliche *und* didaktische Anspruch einer Summa Theologiae – man vergleiche den Prolog in der Summa des Thomas! – muß dabei notwendig auf der Strecke bleiben.
Kurzum: Wenn heute eine Dogmatik geschrieben wird – vom eigentlich notwendigen Einbezug der theologischen Ethik erst gar nicht zu reden! –, dann muß man entweder sehr viel weglassen, oder sie als *ganze* unlesbar machen. Wohin also soll unter diesen Voraussetzungen eine mit eigenem wissenschaftstheoretischem Anspruch auftretende theologische »Einleitungswissenschaft« nun »einweisen«? Kann sie mehr erreichen als einen geschärften Blick für das »Ganze im Fragment« (H. U. von Balthasar)?
Dies ist nun der Ort, wo auf den im zweiten Satz dieses Beitrags angedeuteten »Verdacht« zurückzukommen ist. Wenn heute insbesondere bei jungen, ja sagen

46 Vgl. Ebeling: Dogmatik I, VIf [Das gilt ähnlich übrigens auch von der »Systematischen Theologie« von Paul Tillich].
47 AaO. 313.
48 Besonders bezeichnend ist hier das Vorwort zu MySal, Bd. V, wo die Herausgeber zugeben, daß eine einheitliche Position in einigen Fragen nicht zu erreichen war. Vgl. auch Geisser, der sich im Blick auf MySal IV/1 und IV/2 darüber wundert, daß nach solch einer Ekklesiologie solch eine Darstellung der Rechtfertigungslehre folgt.

wir getrost: anfangenden Theologen geradezu eine Lust zu bemerken ist, sich mit wissenschaftstheoretischen Problemen der Theologie zu befassen, in Dissertationen und/oder Habilitationsschriften, programmatischen Aufsätzen und Lehrveranstaltungen sich mit den Bedingungen der Theologie als Wissenschaft, mit wissenschaftstheoretischer Kritik der Theologie, mit neuen Entwürfen zum Gesamtaufbau einer theologischen Synthese oder auch nur, bescheidener, eines theologischen Studienganges zu beschäftigen: Wissen sie, wovon sie da reden? Können sie es überhaupt wissen? Können sie bereits tief genug in die abgründige Wirrnis der sachlichen und methodischen Detailfragen aller theologischen Fächer eingedrungen sein, können sie, mit einem Wort, solch problembewußte »Vollbluttheologen« geworden sein, daß ihre wissenschaftstheoretische Reflexion die nötige »Erdschwere« haben kann? Besteht wirklich kein Grund zum »Verdacht«, wenn normalerweise eine Dogmatik erst gegen Ende oder doch in der zweiten Hälfte eines theologischen Lebenswerkes entsteht, man heute aber vielfach schon an dessen Beginn wissen zu können glaubt, wie sie aussehen muß?

Es ist, noch einmal sei es gesagt, *nur* ein »Verdacht«, *nur* eine leise Befürchtung, und über deren Berechtigung entscheidet allein ein Blick in die jeweiligen Einzelheiten. Aber man wird es dem, der noch heute froh darüber ist, daß er in seinen theologischen Lehrjahren wenig über Wissenschaftstheorie nachgedacht hat, dafür aber über zwei großen Quellen theologischen Denkens gesessen ist, nämlich Thomas von Aquin und Luther, nicht verargen, wenn er etwas mißtrauisch ist gegen frühvollendete wissenschaftstheoretische Entwürfe, in denen man sich notfalls zutraut, ganze Epochen der Theologiegeschichte mit einem einzigen Satz in der Fußnote in den Griff bekommen zu können?[49]

Man mag nun mit Fug und Recht, nach soviel Rückfrage, Vorbehalt und Kritik, von mir einen Gegenentwurf zum Verhältnis von Fundamentaltheologie und Dogmatik erwarten. Damit kann ich aber leider gar nicht dienen. Da aber das Leben weitergehen muß, auch im theologischen Lehrbetrieb, möchte ich wenigstens ganz ungeschützt andeuten, wie ich mir in dieser Situation helfe und fürs erste auch weiter zu helfen gedenke: nämlich mit einem

4. Plädoyer für eine pragmatische Lösung

a) *Wissenschaftstheoretisch* gesehen gibt es nur die eine systematische Theologie. Sie ist fachspezifisch abzugrenzen gegenüber den historischen Disziplinen der Theologie, doch ist eine solche fachspezifische Abgrenzung zwischen Fundamentaltheologie und Dogmatik und zwischen beiden und der theologischen Ethik (Moraltheologie) nicht zu begründen – und wenn, dann eher noch eine Abgrenzung zwischen Dogmatik/Fundamentaltheologie und theologischer

[49] Vgl. Grabner-Haider; Theorie; Semiotik; van den Oudenrijn; Peukert; Schupp; Theologie; Hasenhüttl, und manche wissenschaftstheoretische Beiträge in: Studium Katholische Theologie. Parallele Beispiele ließen sich auf evangelischer Seite beibringen. Es bedarf hoffentlich keiner Beteuerung, daß damit nichts gegen wissenschaftstheoretische Reflexionen auf solchem Niveau und mit solchem »Hintergrund« wie bei Pannenberg oder Sauter und, last not least, bei Stirnimann gesagt ist!

Ethik als eine solche zwischen Dogmatik und Fundamentaltheologie: *Diese* Unterscheidung ist *problematisch*.

b) *Wissenschaftsorganisatorisch* kann und wird die traditionelle Unterscheidung der Lehrstühle ebenso bestehen bleiben, wie die Unterscheidung der Lehrstühle für Dogmatik und theologische Ethik: Die Unterscheidung ist *unvermeidlich*. Die Aufgabengebiete unterscheiden sich nach praktisch vorgenommenen Schwerpunktsetzungen.[50] Dabei sollten und werden die Vertreter aller drei Fächer mehr als bisher den Diskussionsstand in den jeweiligen Nachbardisziplinen im Auge behalten und in die Bearbeitung des eigenen fachlichen Schwerpunktes einbeziehen. Es kann nichts schaden, wenn auch ein Dogmatiker etwas von Religionskritik versteht, es kann nichts schaden, wenn ein Fundamentaltheologe zum Nutzen seines *tractatus de ecclesia* sich in den Neubesinnungen zur Sakramentenlehre auskennt. Es kann nichts schaden, wenn der theologische Ethiker sich in der fundamentaltheologischen Problematik von Glaube und Praxis auskennt und der Dogmatiker zum Nutzen seines *tractatus de gratia* etwas von der Problematik der Normenfindung in der gegenwärtigen Ethikdiskussion versteht. Auch dürfte sich der Versuch lohnen, durch genaue Absprache künftig jene Verdoppelungen zu vermeiden, die im herkömmlichen Lehrbetrieb zwischen Fundamentaltheologie und Dogmatik immer noch entstehen.

c) Wenn es die formale Fachfrage der einen systematischen Theologie ist, wie am Schnittpunkt zwischen überlieferter Botschaft und gegenwärtigen Verstehensbedingungen (die nicht nur intellektueller, sondern auch sozialer, sozialpsychologischer, ja auch politischer Natur sind) die damals ergangene und durch die historischen Disziplinen der Theologie aufgearbeitete maßgebende Botschaft heute buchstäblich aktualisiert werden kann, wenn es also, mit anderen Worten, die eigentliche Fachfrage der systematischen Theologie ist, wie aus überlieferter Glaubenserfahrung gegenwärtige Glaubenserfahrung werden kann, dann bestimmen die gegenwärtigen Verstehensbedingungen und damit die reflektierte Selbsterfahrung des heutigen Menschen die theologische Tagesordnung und ihre Prioritätenliste mit. »Die Themen der Fundamentaltheologie«, schreibt Heinrich Fries[51], »[können] nicht zeitlos, in einer Art ›theologia perennis‹ behandelt werden..., die es nur weiterzugeben gilt... Aber nichts ist so veraltet, wie (die) Standardwerke von gestern. Das ist keineswegs deshalb so, weil diese Werke schon gestern nicht viel wert gewesen wären, sondern weil die gestern behandelten Fragen zwar formal als Fragen bleiben, aber heute anders zu behandeln sind. Der Kontext, die Fragestellungen haben sich durch den Gang der Zeit geändert. Viele Fragen von gestern – etwa das Problem der Evolution – sind vielleicht

[50] Scholastisch gesprochen: Sie unterscheiden sich nicht nach dem »Formalobjekt«, sondern nach dem »Materialobjekt« (vgl. Thomas: STh II–II 1,1). In der evangelischen Tradition sind denn auch die »Prolegomena« nichts anderes als der erste Traktat der Dogmatik. [Vgl. dagegen HFTh IV! Eher auf der Linie dieser Überlegungen liegt Seckler, Theologein; und schon Rahner, Schriften XV, 82f; 220].

[51] Fries: Glaube, 154. Die Konsequenzen am entschiedensten wohl bei Metz: Glaube. [Vgl. auch Pesch, Frei sein, 38–46; 105–115].

heute keine mehr, andere Fragen, die heute entstehen und laut werden, waren gestern noch nicht vorhanden.« Diese Sätze gelten nicht nur von der Fundamentaltheologie, sondern von der systematischen Theologie überhaupt. Man könnte sich deren Gang als eine Linie vorstellen, deren Ende unabsehbar ist. Diese Linie besteht aus den immer neuen Fragestellungen, die sich aus der sich wandelnden Erfahrung des Menschen mit sich selbst und mit der Welt ergeben. Bei der Suche nach einer theologischen Antwort schaut man immer wieder nach rechts und links der Linie: Von dort stoßen in allen möglichen Winkelgraden die Aussagen der Glaubensüberlieferung auf die Fragelinie zu, schneiden sie oder verknoten sich mit ihr. Die Reihenfolge, in der sie auf die Fragelinie stoßen, folgt keinem erkennbaren Gesetz; da ist viel Zufall dabei, viel spontane Entdeckung, selbstverständlich aber auch viel kontinuierliche und daher regelmäßig wiederkehrende Glaubensüberlieferung (»Gedächtnis der Kirche«, Dogma, Bekenntnis), und auch gesuchte und neu aufgespürte vergessene Wahrheit. Da jeder Theologe sich an verschiedener Stelle auf die Fragelinie begibt, ist die Reihenfolge, in der er auf die Seitenlinien der Überlieferung trifft, verschieden. Über kurz oder lang wird er sich entschließen, bei diesem oder jenem Seitenlinienbündel zu verweilen – und dann entweder Fundamentaltheologe, Dogmatiker oder Ethiker zu werden. Man wird sich jedoch darauf verlassen können, daß die *wichtigen* Seitenlinien niemals auf Dauer und endgültig aufhören werden, die Fragelinie zu schneiden – dafür bürgt der Geist Gottes und Jesu, der die Kirche nie definitiv aus der überlieferten Wahrheit herausfallen läßt.

d) Und die Einheit der Theologie? Sie kann nie größer sein als die Einheit des Überlieferungsgeschehens in den Objektivationen der Glaubenssprache. Beide aber handeln vom einen und selben, vom ewigen Sinn des zeitlichen Geschickes des Menschen, und sind doch ständigem Wandel unterworfen. Für die Einheit der Theologie bürgt objektiv die Einheit ihrer Sache: die Gemeinschaft Gottes mit dem Menschen in Jesus Christus, und subjektiv deren Annahme im Glauben, der als *vorwissenschaftlicher* Akt in den Objektivationen der Überlieferung und im Kontext gegenwärtiger Menschheitserfahrung den Stoff der theologischen Arbeit, den Impuls zu ihr und die vielfältige Einheit der Antwort sicherstellt[52]. Es ist ein Unrecht, die Einheit der Theologie nur in einer »Summa Theologiae« gewährleistet zu sehen – eine solche kann höchstens »konkrete Utopie« sein, die dazu anhält, die Fachfragen der eigenen theologischen Disziplin auf das Ganze hin transparent zu machen. Luther hat keine Summa Theologiae geschrieben. Fehlt seiner Theologie etwa ihre innere Einheit?

[52] [In der Sprache der theologischen Erkenntnislehre: Die Einheit der Theologie ist verbürgt durch das Wort Gottes als ihr objektives und den Glauben als ihr subjektives Prinzip; vgl. HFTh IV, 1. und 2. Kapitel].

III. Zwei Konkretionen

Nun also zwei Veranschaulichungen aus zwei theologischen Traktaten, die zu behandeln einem Fundamentaltheologen herkömmlicherweise wohl nie einfallen wird und die doch heute fundamentaltheologisch im erläuterten Sinn behandelt werden müssen.

1. *Die Trinitätslehre*

Die Lehre vom drei-einen Geheimnis Gottes darf als *der* klassische Traktat der Dogmatik gelten, in dem geradezu lupenrein herauskommt, was Aufgabe und Leistung der Dogmatik im Unterschied zur Fundamentaltheologie ist. Die entscheidenden Grunddaten dieses Traktates sind rational in keiner Weise erschwinglich: Gott als »Vater« nicht nur gegenüber seinem Volk, gegenüber dem einzelnen Menschen, sondern in sein eigenes, göttliches Wesen hinein; das ewige Wort Gottes nicht nur als Wort an die Schöpfung, an den Menschen, sondern als Wort in Gott, eines Wesens mit dem Vater und doch ihm gegenüber; der Heilige Geist nicht nur als schöpferische und neuschöpferische Gegenwart Gottes in der Welt und bei den Menschen, sondern als das personhafte Zueinander von Vater und Sohn in dem einen göttlichen Wesen selber; das unterschiedene Selbstsein dieser drei, ausgedrückt im Begriff »Person«, ohne Vervielfältigung des einen göttlichen Wesens; Denkbarkeit dieser Drei-Einheit allein im Mittel des undenkbaren Begriffs der »subsistenten Relation«. Und weiter: Nur die drei göttlichen »Personen« als solche sind biblisch bezeugt. Eine Trinitäts*lehre* indes ist erst Ergebnis einer (mehrhundertjährigen) Reflexion der Kirche. Die eigentlichen Grundlagen der Trinitätslehre *als* Lehre finden sich daher in den dogmatischen Bekenntnisaussagen der altkirchlichen Konzilien. Diese ihrerseits haben erst recht die theologische Reflexion in Gang gesetzt und zu jenem dogmatischen Traktat geführt, der unter dem Namen »De Deo trino« sich seit dem 12. Jahrhundert vom Traktat »De Deo uno« abtrennt[53], bei Thomas von Aquin seine wirkungsgeschichtlich entscheidende Durchprägung erfährt[54] und von da an zum festen Bestand der dogmatischen Schulbuchliteratur gehört, so fest, daß er seit dem Spätmittelalter innerkirchlich überhaupt nicht mehr Gegenstand von Auseinandersetzungen wird.[55] Welcher Traktat also könnte »dogmatischer« sein? Nirgendwo ist der klassische Dreischritt der klassischen dogmatischen Methode eindrucksvoller zu verfolgen: Nachweis der Zugehörigkeit zum »depositum fidei« aus den altkirchlichen Symbolen, insofern diese jede fundamentaltheologische Rückfrage hinter sich haben, Rückverfolgung in die Heilige Schrift als Offenbarungsurkunde hinein, spekulative Durchdringung auf der Grundlage der Tradition, zumal der augustinischen und mittelalterlichen.

[53] Vgl. Horst, bes. 81–203. [Schmidt].

[54] Vgl. Thomas: STh I 27–43. [Jorissen].

[55] Letzte Lehrentscheidungen auf dem Konzil von Florenz; vgl. DS 1300–1302; 1330–1333; NR – –; 281–286; 301. In Trient wird die Trinitätslehre nur rekapituliert: DS 1500; NR – –; auf dem Ersten Vatikanum wird sie vorausgesetzt; vgl. DS 3000–3014; NR 27–34; 94–97; 315–317; 384f.

Und doch zeichnet sich seit langem ein Bemühen ab, auch die Trinitätslehre im gekennzeichneten Sinne »fundamentaltheologisch« zu erschließen.

a) Der erste, in dieser Hinsicht noch kaum identifizierbare Impuls dürfte in den Auseinandersetzungen um die christologischen Positionen des sogenannten »Modernismus« liegen. Bekanntlich ging es dabei wesentlich um die Verhältnisbestimmung zwischen dem geschichtlichen Menschen Jesus von Nazareth und dem im Licht des altkirchlichen Dogmas verkündigten Christus, wobei diese Verhältnisbestimmung exemplarisch festgemacht war an der Frage des Wissens und Selbstbewußtseins Jesu.[56] Wenn es bisher als selbstverständlich galt, die christologischen Fragen von der Basis des Trinitätsgeheimnisses her anzugehen und zu beantworten, und im Zweifelsfall der »Schutz« des Trinitätsgeheimnisses den Vorrang hatte vor dem »Schutz« der geschichtlichen Menschlichkeit Jesu[57], so bedeutet es notwendig eine Problematisierung der Trinitätslehre, wenn von den »Modernisten« nachdrücklich gefordert wird, die Wahrheit des geschichtlichen Jesus und die Wahrheit der über diesen aus der Heiligen Schrift erreichbaren historischen Informationen zum Maßstab dessen zu machen, was man über seine Gottheit und damit über sein Verhältnis zum Vater und zum Geist zu sagen hat. Denn die innere »Rationalität« des Trinitätsgeheimnisses steht ja dann zumindest in dem Sinne »fundamentaltheologisch« zur Debatte, als etwa das Verhältnis des Vaters zum Logos und umgekehrt nur insoweit gerechtfertigt werden kann, als es sich am Wissen und Selbstbewußtsein des historischen Jesus aufweisen läßt. Ließe es sich nicht aufweisen, so müßte die Trinitätslehre in diesem Punkte als unverbindliche Spekulation erscheinen. Der Streit ist, wie hinreichend bekannt, zunächst mit dem konzessionslosen Sieg des Dogmas im herkömmlichen Verständnis ausgegangen. Die Fragestellung selbst aber, und mit ihr die indirekte Problematisierung der Trinitätslehre, hat in den Reflexionen um das »psychologische Ich« Christi bei Déodat de Basly und in dem nach ihm benannten »Baslismus« eine neue Artikulation gefunden, die klar dogmenkonform sein wollte, und hat so, vor allem in den Werken von Hermann Diepen[58], noch Jahrzehnte die Theologie beschäftigt bis hin zu (fehlgeschlagenen) Hoffnungen auf eine entsprechende abwehrende Dogmatisierung auf dem Zweiten Vatikanischen Konzil.[59]

b) Ein zweiter Ansatz zu einer fundamentaltheologischen Betrachtung der Trinitätslehre, auch eher indirekt als direkt, ergibt sich im Zusammenhang der seit Jahrzehnten geführten Diskussion um ein neues Verständnis der »ungeschaffenen Gnade«[60]. Deren Kernthema ist der Wandel vom Konzept der sogenannten »intentionalen« Präsenz des drei-einen Gottes in der Seele des Gerechten durch

[56] Hier kann nur summarisch auf die Literatur zum »Modernismus« hingewiesen werden. Vgl. HKG VI/2, 435–500; für unsere Frage ist nach wie vor sehr hilfreich Riedlinger, 101–138. [Vgl. auch die Angaben w. u. S. 234f, Anm. 94].

[57] Man denke an die These von Christus als »simul viator et comprehensor«, vgl. Thomas: STh III 9–12.

[58] Vgl. Diepen; dort sind die weiteren Arbeiten von Diepen verzeichnet.

[59] Vgl. aber die Enzyklika »Sempiternus Rex« von 1951: DS 3905; NR 246.

[60] Vgl. pars pro toto de la Taille; Rahner: Schriften I, 347–375 (Zur scholastischen Begriff-

Erkenntnis und Liebe zu einer »quasi-formalen« Aktuierung der Seele durch die personale Gegenwart des Vaters, des Sohnes und des Geistes. Mit diesem Konzept ist nach Meinung seiner Vertreter zunächst dem Schriftbefund, aber ebenso auch der eigentlichen Intention der scholastischen Theologie in dieser Sache Rechnung getragen. Doch wenn man in dieser Weise nach der personalen Präsenz des drei-einen Gottes beim und im Menschen fragt, dann kann man sie nicht länger, wie in der ersteren Konzeption, als erfahrungsjenseitige, rein intellektuell zu begreifende Realität betrachten, dann ist sie vielmehr auf den Bereich der Glaubenserfahrung transponiert. Wie rechtfertigt es sich also, nicht nur von der Erfahrung *Gottes*, sondern von der Erfahrung des *Vaters*, des *Sohnes* und des *Geistes* zu reden, wenn diese doch »quasi-formal«, also, unter Wahrung der Transzendenz Gottes, quasi-konstitutiv in die menschliche Wirklichkeit eintritt? Nicht von ungefähr wird (auch) in diesem Zusammenhang die Lehre von den »Appropriationen« problematisch.[61] Indem also jetzt und bis heute zunehmend nach Christuserfahrung, nach Geisterfahrung gefragt wird, und nach beiden als Weisen der Erfahrung des unerfahrbaren Gottes,[62] wird zumindest unthematisch fundamentaltheologisch nach der Trinität gefragt.

c) Den vollen Durchbruch dahin bringt die spätestens seit Karl Rahners bekanntem Aufsatz[63] aktenkundige Diskussion um das Verhältnis zwischen »ökonomischer« und »immanenter« Trinität. Man kann nicht, mit Karl Rahner, sagen: »Die ökonomische Trinität *ist* die immanente, und umgekehrt«, ohne die Trinitätslehre der fundamentaltheologischen Betrachtungsweise zu unterziehen. Denn mit der Besinnung auf die »Ökonomie«, also auf das Heilswerk des drei-einen Gottes und seine Durchführung in geschichtlichen Phasen ist die Trinitätslehre bezogen auf die Heilsbedürftigkeit des Menschen in all seinen Dimensionen. Sie ist damit programmgemäß nicht länger ein erhabenes Lehrstück hoch über den Köpfen, sondern soll sich gerade darin bewähren, daß sie allererst umfassend und erschöpfend von den Dimensionen und Zusammenhängen des menschlichen Heils zu reden gestattet. Die Frage nach der Heilsbedeutsamkeit der dogmatischen Wahrheit der Trinitätslehre ist nicht eine nachträglich an sie herangetragene, vielmehr ihre eigene zentrale Fragestellung: Gottes Heilshandeln ist das Handeln des drei-einen Gottes, und nur als Handeln des drei-einen Gottes ist es Heilshandeln. Speziell für die Frage nach dem Heiligen Geist hat Heribert Mühlen diese fundamentaltheologische Zuspitzung in seinen Arbeiten zur Pneumatologie vollzogen.[64]

d) Ist mit all dem unstreitig schon die fundamentaltheologische Sehweise, die einen theologischen Sachverhalt nicht abseits von seiner intellektuellen und exi-

lichkeit der ungeschaffenen Gnade); Pesch: Theol. der Rechtfertigung, 648–659 (Bericht über die Diskussion).

[61] Vgl. Mühlen: Person und Appropriation; Pesch: Gesetz, 485–487 (dort weitere Literatur).

[62] [Siehe auch den folgenden Beitrag].

[63] Rahner: Schriften IV, 103–133; ders.: MySal II, 317–401, bes. 369–397.

[64] Vgl. Literaturverzeichnis [und Congar].

stentiellen Verantwortbarkeit zu betrachten vermag, zur Wirkung gekommen, so wird der letzte Schritt dann getan, wenn auch die typisch fundamentaltheologische Argumentationsweise übernommen wird, also die gleichsam »von unten« ansetzende Frageweise, die die Antwort nicht deduktiv von dogmatischen Gegebenheiten, sondern induktiv vom Weg des Verstehens aus sucht. Dann aber kann die Trinitätslehre nicht, wie in den klassischen mittelalterlichen Summen und in den modernen Handbüchern, als das erste Wort der theologischen Synthese zu stehen kommen, sondern als deren letztes Wort, so wie der Glaube an den drei-einen Gott ja auch das zusammenfassende letzte Wort des Glaubens ist.
In evangelischen Dogmatiken ist es daher schon üblich, die Trinitätslehre an den Schluß zu setzen.[65] In der katholischen Theologie ist dies in repräsentativer Form, soweit ich sehe, zuerst im »Holländischen Katechismus« geschehen. Es spricht sehr vieles dafür und nichts dagegen.[66]

e) In diesem Zusammenhang beobachtet man in jüngsten katholischen Veröffentlichungen schon fast eine Neigung, die Trinität geradezu »beweisen« zu wollen, etwa nach der Denkfigur: Wenn wirklich begriffen werden soll, daß Gott die Liebe ist, und daß sie uns in Jesus Christus durch den Heiligen Geist erreicht, dann kann Gott selbst keine »Monade« sein, dann muß es »Dialog« und Liebeszuwendung auf eine unbegreifliche Weise in ihm selbst geben.[67] Spätestens hier ist somit die Trinitätslehre unter eine eminent fundamentaltheologische Fragestellung gebracht, die ganze Heilssehnsucht des Menschen und die Heilszusage Gottes ist so mit der Trinitätslehre verknüpft, daß das Heil des Menschen mit ihrer Wahrheit steht und fällt. Ich gestehe, ich habe hier meine Bedenken, die ich jetzt aber nicht ausführen kann.[68] Daß das Trinitätsgeheimnis aber nun entschieden in das traditionelle Arbeitsgebiet des Fundamentaltheologen eingebracht ist, oder umgekehrt: daß der Dogmatiker an dieser Stelle zum Fundamentaltheologen werden muß, ist evident. Wie anders sollen denn jetzt die Anschlußfragen nach einer sachgemäßen Analyse der menschlichen Heilssehnsucht, nach den Konsequenzen für das menschliche Handeln, nach den dadurch sich ergebenden neuen Perspektiven (und Belastungen!) für das Gespräch mit dem Judentum und gar nach den bekannten tiefenpsychologischen Ausblikken bei C. G. Jung bestanden werden?

[65] Vgl. z. B. Althaus; Ebeling: Dogmatik; vgl. auch Pesch: Rechenschaft, 123–125.
[66] [Vgl. jetzt auch Kasper, Gott, 285–383].
[67] Vgl. dazu jüngst Greshake, unter Rückverweis auf Kasper: Jesus, 219; Hemmerle; auch Rahner: MySal II, 369–397. Auf evangelischer Seite vgl. etwa Moltmann: Gott, 222–236; Jüngel: Gott, 430–543.
[68] Vgl. aber Pesch: Gesetz, 485–487. Man kann das, was selber nur tastender Versuch analoger Auslegung des *gegebenen* Trinitätsdogmas ist, weder axiomatisch ansetzen noch es zum Gegenstand und Medium einer transzendentalen Rückfrage machen – auch nicht das Wesen der Liebe [vgl. auch w. u. S. 114 Anm. 75].

2. Die Eucharistielehre

a) Auch hier braucht über den ursprünglich rein dogmatischen Charakter dieses Lehrstücks kein Wort verloren zu werden. Bis tief in die Nachkriegstheologie hinein schien jeder Theologe, jeder Christ berechtigt, die Rückfrage eines Nichtchristen nach dem Eucharistieglauben der Christen mit dem Hinweis zu beantworten: Das kann ich dir nicht erklären, zuerst mußt du »überhaupt« glauben, danach wird dir der Eucharistieglaube mühelos einleuchten. Die tiefgreifenden Neubesinnungen in der Eucharistielehre seit Ende der fünfziger Jahre einschließlich der daran entstandenen Konflikte[69] haben dieses Konzept ad absurdum geführt. Die naturwissenschaftlich begründeten Zweifel an der Brauchbarkeit des Substanzbegriffes im Zusammenhang des Glaubens an die eucharistische Realpräsenz, die dogmengeschichtliche Ausschaltung der augustinischen Eucharistielehre und deren Wiederaufleben in der reformierten Tradition (Calvin!), die mehrfache Umfunktionierung der katholischen Transsubstantiationslehre zwischen der Hochscholastik und den antireformatorischen Entscheidungen des Trienter Konzils, die Wiederentdeckung der wahren Dimension des Zeichenbegriffes in der patristischen und mittelalterlichen Theologie und ihre Durchformung zu einer modernen Theologie des Symbols – all dies sind in sich selbst schon Fragen fundamentaltheologischer Natur, insofern sie nicht nur nach sachgemäßer Begrifflichkeit für das überlieferte Glaubenszeugnis fragen, sondern zugleich versuchen, den Ort des Eucharistieglaubens in der Wirklichkeitserfahrung des Menschen zu bestimmen.

b) Die »rein« dogmatische Frage ist spätestens dann verlassen, seit die Eucharistielehre sich einfügen muß in den größeren Zusammenhang einer »Anthropologie des Kultes«[70], von der dann auch unmittelbar praktische Konsequenzen für die Gottesdienstgestaltung in einer ihrer eigenen Zeit verpflichteten Kirche erwartet werden, und seit in all dem sich das Wort des Zweiten Vatikanischen Konzils bewähren muß, die Feier der Eucharistie sei »Quelle und Höhepunkt« des ganzen Tuns der Kirche und des gesamten christlichen Lebens.[71] Der Gedanke wäre jedenfalls gar nicht mehr absurd, daß ein Fundamentaltheologe den Traktat über die Kirche als fundamentaltheologische Besinnung auf die Eucharistie ausarbeitet – wenn anders es zutrifft, daß in der Eucharistie in einem sachlichen (nicht unbedingt psychologischen) Sinne der ganze Glaube nach all seinen Dimensionen beisammen ist.[72]

[69] Vgl. pars pro toto Schillebeeckx: Realpräsenz; Concilium 3 (1967). [Schneider, Deinen Tod].

[70] Vgl. Hahn u. a.; Schaeffler-Hünermann [Schneider, Zeichen, 17–29; Schupp; s. auch w. u. S. 331–339]. Zum Hintergrund der gegenwärtigen Diskussion vgl. Cornehl; einschlägig ist auch, auf seine Weise, Metz: Glaube, 161–211.

[71] Vgl. Liturgiekonstitution Nr. 10.

[72] Vgl. Neues Glaubensbuch, 379–390; Pesch: Eucharistie; ders.: Glaubensbuch, 77–82 [Schneider, aaO., 128–186].

Diese »Konkretionen« dürften für den, der die theologischen Bewegungen der Gegenwart etwas verfolgen konnte, genügen. Darum sei – mit wiederholter Bitte um Vergebung für alle »Wehrkraftzersetzung«, eine Bitte, die ich vor allem an den Freund Heinrich Stirnimann richte – in drei zusammenfassenden Sätzen der Schluß gemacht:

1. Fundamentaltheologie und Dogmatik sind heute nur noch organisatorisch, nicht mehr sachlich zu trennen.
2. Darin spiegelt sich die Tatsache, daß der christliche Glaube und die christliche Kirche heute in der allumfassenden Herausforderung durch Gesprächspartner aus allen Richtungen menschlichen Wissens und menschlichen Selbstverständnisses stehen, und daß sie diese Herausforderungen angenommen haben.
3. Gegen diese Entwicklung kann man nur dann Einspruch erheben, wenn man glaubt, dieses Gespräch abbrechen und sich statt dessen ins Ghetto bloßer Wiederholung überlieferter Formeln zurückziehen zu sollen.

Der Geist Gottes bewahre Kirche und Theologie davor!

Verzeichnis der herangezogenen Literatur

Kurt Aland, Apologie der Apologetik, Berlin 1948.

Paul Althaus, Die christliche Wahrheit, Lehrbuch der Dogmatik, Gütersloh ^{8}1972 = ^{4}1958.

L'apologétique aujourd'hui, mit Beiträgen von B. Reymond, B. Morel, P.-A. Stucki u. a., EThR 47 (1972) 161–218 (Sonderheft).

Johann Auer / Joseph Ratzinger, Kleine katholische Dogmatik, 9 Bde, Regensburg 1970ff (bisher 8 Bde).

Hans Jürgen Baden, Es wird Zeit an Gott zu denken, Hamburg 1970.

Georg Baudler, Wahrer Gott als wahrer Mensch. Entwürfe zu einer narrativen Christologie, München 1977.

Eugen Biser, Glaubensverständnis. Grundriß einer hermeneutischen Fundamentaltheologie, Freiburg 1975.

Johannes Brinktrine, Fundamentaltheologie, 2 Bde., Paderborn ^{2}1947/49.

Rudolf Bultmann, Jesus Christus und die Mythologie. Das Neue Testament im Licht der Bibelkritik, Hamburg 1964.

Marie-Dominique Chenu, Das Werk des heiligen Thomas von Aquin (= Ergänzungsband 2 der Deutschen Thomas-Ausgabe), Heidelberg-Graz 1960 [^{2}1982].

Peter Cornehl, Gottesdienst, in: Ferdinand Klostermann / Rolf Zerfass (Hg.), Praktische Theologie heute, München-Mainz 1974, 449–463 [Gottesdienst].

Peter Cornehl, Theorie des Gottesdienstes – ein Prospekt, ThQ 159 (1979) 178–195.

Franz Diekamp, Katholische Dogmatik, Bd. I Münster ^{10}1949; Bde. II und III neubearbeitet und hg. von Klaudius Jüssen, Münster ^{10}1952 und $^{11-12}$1954 [= Diekamp-Jüssen].

Hermann M. Diepen, La Théologie de L'Emmanuel, Les lignes maîtresses d'une Christologie, Brügge 1960.

Heinrich Döring, Abwesenheit Gottes. Fragen und Antworten heutiger Theologie, Paderborn 1977.

Gerhard Ebeling, Das Wesen des christlichen Glaubens, Tübingen ^{3}1963 [Glaube].

Gerhard Ebeling, Erwägungen zu einer evangelischen Fundamentaltheologie, ZThK 67 (1970) 479–524 [Fundamentaltheologie].

Gerhard Ebeling, Wort und Glaube, Bd. II: Beiträge zur Fundamentaltheologie und zur Lehre von Gott, Tübingen 1969; Bd. III: Beiträge zur Fundamentaltheologie, Soteriologie und Ekklesiologie, Tübingen 1975 [WuG II und III].

Gerhard Ebeling, Studium der Theologie. Eine enzyklopädische Orientierung, Tübingen 1975 [Studium].

Gerhard Ebeling, Dogmatik des christlichen Glaubens, 3 Bde., Tübingen 1979/80.

Evangelischer Erwachsenenkatechismus. Kursbuch des Glaubens. Im Auftrag der Katechismuskommission der Vereinigten Evangelisch-Lutherischen Kirche Deutschlands hg. von W. Jentsch, H. Jetter, M. Kiessig und H. Reller, Gütersloh 1975.

Johann Figl, Atheismus als theologisches Problem. Modelle der Auseinandersetzung in der Theologie der Gegenwart, Mainz 1977.

Heinrich Fries, Glaube und Kirche auf dem Prüfstand. Versuche einer Orientierung, München 1970 [Prüfstand].

Heinrich Fries, Glaube und Kirche als Angebot, Graz 1976 [Glaube].

Heinrich Fries, Theologische Methode bei John Henry Newman und Karl Rahner, Catholica 33 (1979) 109–133 [Methode].

Hans Geisser, Besprechung von Mysterium Salutis (s. u.) IV/1–2, ThZ 32 (1976) 159–166.

Reinhard Göllner/Heinz-Jürgen Görtz/Klaus Kienzler, Einladung zum Glauben. Vom Verstehen des Menschen zum Verstehen des Glaubens, Freiburg 1979.

Anton Grabner-Haider, Semiotik und Theologie, München 1973 [Semiotik].

Anton Grabner-Haider, Theorie der Theologie als Wissenschaft, München 1974 [Theorie].

Gisbert Greshake, Menschsein als Berufung zur Gemeinschaft mit Gott, GuL 50 (1977) 409–426.

Alois Hahn/Peter Hünermann/Heribert Mühlen/Richard Schaeffler/Hubert Tellenbach, Anthropologie des Kults. Die Bedeutung des Kults für das Überleben des Menschen, Freiburg 1977.

Gotthold Hasenhüttl, Kritische Dogmatik, Graz 1979.

August Hasler, Luther in der katholischen Dogmatik. Darstellung seiner Rechtfertigungslehre in den katholischen Dogmatikbüchern, München 1968.

Klaus Hemmerle, Thesen zu einer trinitarischen Ontologie, Einsiedeln 1976.

Ulrich Horst, Die Trinitäts- und Gotteslehre des Robert von Melun, Mainz 1964.

Wilfried Joest, Fundamentaltheologie. Theologische Grundlagen und Methodenprobleme, Stuttgart 1974.

Eberhard Jüngel, Gott als Geheimnis der Welt. Zur Begründung der Theologie des Gekreuzigten im Streit zwischen Theismus und Atheismus, Tübingen 1977.

Walter Kasper, Die Methoden der Dogmatik. Einheit und Vielheit. München 1967 [Methoden].

Walter Kasper, Dogma unter dem Wort Gottes, Mainz 1965 [Dogma].

Walter Kasper, Jesus der Christus, Mainz 1974 [Jesus].

Franz-Xaver Kaufmann, Kirche begreifen. Analysen und Thesen zur gesellschaftlichen Verfassung des Christentums, Freiburg 1979.

Walter Kern/Günter Stachel (Hg.), Warum glauben? Begründung und Verteidigung des Glaubens in einundvierzig Thesen, Würzburg 1967.

Peter Knauer, Der Glaube kommt vom Hören. Ökumenische Fundamentaltheologie, Graz 1978; zitiert nach der 2., überarbeiteten Aufl., als MS gedruckt Frankfurt a. M. 1982.

Adolf Kolping, Fundamentaltheologie, 2 Bde., Münster 1968/74.

Adolf Kolping, Fundamentaltheologie im heutigen Hochschulunterricht. Situation und Vorschläge, ThGl 54 (1964) 115–126.

Adolf Kolping, Zehn Jahre einer neuen Fundamentaltheologie. Grundsätzliche Erwägungen zur Anlage eines fundamentaltheologischen Lehrbuches, MThZ 15 (1964) 62–69.

Hans Küng, Christsein, München 1974 [^{11}1984].
Otto Kuss, Der Römerbrief, 1. und 2. Lieferung (zu Röm 1,1–8,19) Regensburg 1957/59; 3. Lieferung (zu Röm 8,19–11,36) Regensburg 1978.
Albert Lang, Fundamentaltheologie, 2 Bde. ^{4}1967/68.
Hermann Lübbe/Hans Martin Sass (Hg.), Atheismus in der Diskussion. Kontroversen um Ludwig Feuerbach, Mainz-München 1975.
Johann Baptist Metz, Der Unglaube als theologisches Problem, Concilium 1 (1965) 484–492 [Unglaube].
Johann Baptist Metz, Glaube in Geschichte und Gesellschaft. Studien zu einer praktischen Fundamentaltheologie, Mainz 1977 [Glaube].
Jürgen Moltmann, Der gekreuzigte Gott. Das Kreuz Christi als Grund und Kritik christlicher Theologie, München 1972 [Gott].
Jürgen Moltmann, Mensch. Christliche Anthropologie in den Konflikten der Gegenwart, Stuttgart ^{2}1973 [Mensch].
Heribert Mühlen, Der Heilige Geist als Person in der Trinität, bei der Inkarnation und im Gnadenbund: Ich-Du-Wir, Münster ^{3}1968.
Heribert Mühlen, Una mystica Persona. Die Kirche als das Mysterium der heilsgeschichtlichen Identität des Heiligen Geistes in Christus und den Christen: Eine Person in vielen Personen, Paderborn ^{3}1968.
Heribert Mühlen, Das Christusereignis als Tat des Heiligen Geistes, in: MySal (s. u.) III/2, 513–545.
Heribert Mühlen, Person und Appropriation. Zum Verständnis des Axioms: In Deo omnia sunt unum, ubi non obviat relationis oppositio, MThZ 16 (1965) 37–57.
Heribert Mühlen, Soziale Geisterfahrung als Antwort auf eine einseitige Gotteslehre, in: Claus Heitmann/Heribert Mühlen (Hg.): Erfahrung und Theologie des Heiligen Geistes, Hamburg-München 1974, 253–272.
Heribert Mühlen, Der gegenwärtige Aufbruch der Geisterfahrung und die Unterscheidung der Geister, in: Walter Kasper (Hg.): Gegenwart des Geistes, Freiburg 1979, 24–53.
Mysterium Salutis, Grundriß heilsgeschichtlicher Dogmatik, hg. von Johannes Feiner und Magnus Löhrer, 5 Bde. in 7, Zürich 1965–1976 [MySal].
Neues Glaubensbuch, Der gemeinsame christliche Glaube, hg. von Johannes Feiner und Lukas Vischer, Freiburg 1973 [^{17}1984].
Frans van den Oudenrijn, Kritische Theologie als Kritik der Theologie. Theorie und Praxis bei Karl Marx – Herausforderung der Theologie, München-Mainz 1972.
Wolfhart Pannenberg, Was ist der Mensch? Die Anthropologie der Gegenwart im Lichte der Theologie, Göttingen ^{5}1976; [Mensch].
Wolfhart Pannenberg, Wissenschaftstheorie und Theologie, Frankfurt a. M. 1973.
Wolfhart Pannenberg/Gerhard Sauter, Grundlagen der Theologie, München 1973.
Otto Hermann Pesch, Theologie der Rechtfertigung bei Martin Luther und Thomas von Aquin. Versuch eines systematisch-theologischen Dialogs, Mainz 1967 [^{2}1985] [Rechtfertigung].
Otto Hermann Pesch, Rechenschaft über den Glauben, Mainz ^{2}1979 [Rechenschaft].
Otto Hermann Pesch, Kleines Katholisches Glaubensbuch, Mainz ^{11}1984 [Glaubensbuch].
Otto Hermann Pesch, Eucharistie heute. Ehrlicher Versuch eines Rückwegs nach vorn, bibel und kirche 31 (1976) 102–112 [Eucharistie].
Otto Hermann Pesch, Das Gesetz, Kommentar zu Summa Theologiae I–II 90–105 (= Deutsche Thomas-Ausgabe Bd. 13), Heidelberg-Graz 1977 [Gesetz].
Joseph Pohle/Josef Gummersbach, Lehrbuch der Dogmatik, 3 Bde., Paderborn ^{10}1952–1960 [= Pohle-Gummersbach].
Helmut Peukert, Wissenschaftstheorie – Handlungstheorie – Fundamentale Theologie. Analysen zu Ansatz und Status theologischer Theoriebildung, Düsseldorf 1976.

Karl Rahner, Schriften zur Theologie, 16 Bde., Zürich 1953–1984.
Karl Rahner, Grundkurs des Glaubens, Einführung in den Begriff des Christentums, Freiburg 1976.
Helmut Riedlinger, Geschichtlichkeit und Vollendung des Wissens Christi, Freiburg 1966.
Klaus Rohmann, Vollendung im Nichts? Eine Dokumentation der amerikanischen »Gott-ist-tot-Theologie«, Zürich 1977.
Gerhard Sauter, Wissenschaftstheoretische Kritik der Theologie, in: Gerhard Sauter u. a. (Hg.): Die Theologie und die neuere wissenschaftstheoretische Diskussion. Materialien, Analysen, Entwürfe, München 1973, 19–50; 211–232 [Kritik].
Gerhard Sauter (Hg.), Theologie als Wissenschaft. Aufsätze und Thesen, München 1971 [Theologie].
Richard Schaeffler, Die Religionskritik sieht ihren Partner. Thesen zu einer erneuerten Apologetik, Freiburg 1974.
Richard Schaeffler / Peter Hünermann, Ankunft Gottes und Handeln des Menschen. Thesen über Kult und Sakrament, Freiburg 1977.
Edward Schillebeeckx, Die eucharistische Gegenwart. Zur Diskussion über die Realpräsenz, Düsseldorf [2]1968.
Edward Schillebeeckx, Jesus. Die Geschichte von einem Lebenden, Freiburg 1976.
Michael Schmaus, Katholische Dogmatik, 5 Bde. in 8, München [6]1960 ff.
Rudolf Schnackenburg, Konkrete Fragen an den Dogmatiker aus der heutigen exegetischen Diskussion, Catholica 21 (1967) 12–27.
Franz Schupp, Auf dem Weg zu einer kritischen Theologie, Freiburg 1974 [Theologie].
Max Seckler, Evangelische Fundamentaltheologie. Erwägungen zu einem Novum aus katholischer Sicht, ThQ 155 (1975) 281–299 [Fundamentaltheologie].
Gottlieb Söhngen, Fundamentaltheologie, LThK IV (1960) 452–559.
Heinrich Stirnimann, Erwägungen zur Fundamentaltheologie. Problematik, Grundfragen, Konzept, FZPhTh 24 (1977) 291–365 [Fundamentaltheologie].
Heinrich Stirnimann, Sprache, Erfahrung und Offenbarungswiderfahrnis, Concilium 14 (1978) 201–208 [Sprache].
Studium Katholische Theologie. Berichte, Analysen, Vorschläge, hg. von der Kommission »Curricula in Theologie« des Westdeutschen Fakultätentages durch Erich Feifel, 5 Bde., Zürich 1973–1975.
Maurice de la Taille, Actuation créée par l'Acte incréé, RSR (1928) 253–268.
Helmut Thielicke, Theologische Ethik, 3 Bde. in 4, Tübingen [4]1972 ff [Ethik].
Helmut Thielicke, Der evangelische Glaube. Grundzüge der Dogmatik, 3 Bde., Tübingen 1971–1978 [Dogmatik].
Helmut Thielicke, Mensch sein – Mensch werden. Entwurf einer christlichen Anthropologie, München 1976 [Mensch sein].
Jörg Zink, Erfahrung mit Gott. Einübung in den christlichen Glauben, Stuttgart 1974.

Nachträge 1987:

Yves Congar, Der Heilige Geist, Freiburg 1982.
Peter Eicher, Theologie. Eine Einführung in das Studium, München 1980.
Heinrich Fries, Fundamentaltheologie, Graz 1985 [Fundamentaltheologie].
Hans Jorissen, Zur Struktur des Traktates »De Deo« in der Summa theologiae des Thomas von Aquin, in: Michael Böhnke / Hanspeter Heinz (Hg.), Im Gespräch mit dem Dreieinen Gott. Elemente einer trinitarischen Theologie (Festschr. Wilhelm Breuning), Düsseldorf 1985, 231–257.
Walter Kasper, Der Gott Jesu Christi, Mainz 1982 [Gott].

Walter Kasper, Theologie und Kirche, Mainz 1987.
Katholischer Erwachsenenkatechismus. Das Glaubensbekenntnis der Kirche. Hg. von der Deutschen Bischofskonferenz, Kevelaer u. a. 1985.
Walter Kern / Hermann J. Pottmeyer / Max Seckler (Hg.), Handbuch der Fundamentaltheologie, 4 Bde., Freiburg 1985–1987 [HFTh].
Karl Lehmann, Die dogmatische Denkform als hermeneutisches Problem. Prolegomena zu einer Kritik der dogmatischen Vernunft, EvTh 30 (1970) 469–487; abgedruckt in ders., Gegenwart des Glaubens, Mainz 1974, 35–53 [Denkform].
Karl Lehmann, Zum Verhältnis zwischen kirchlichem Amt und Theologie, in: Max Seckler u. a. (Hg.), Begegnung. Beiträge zu einer Hermeneutik des theologischen Gesprächs (Festschrift Heinrich Fries), Graz 1972, 415–430 [Amt und Theologie].
Wolfhart Pannenberg, Anthropologie in theologischer Perspektive, Göttingen 1983 [Anthropologie].
Otto Hermann Pesch, Sachliteratur zur katholischen Theologie, in: Rudolf Radler (Hg.), Kindlers Literaturgeschichte der Gegenwart. Die deutschsprachige Sachliteratur, München-Zürich 1978, 204–242; Taschenbuchausgabe Frankfurt am Main 1980, 399–471 [Sachliteratur].
Otto Hermann Pesch, Frei sein aus Gnade. Theologische Anthropologie, Freiburg 1983 [Frei sein].
Otto Hermann Pesch, Glaube als Lebensweisheit. Zum Glaubensbegriff in der gegenwärtigen katholischen und evangelischen Theologie, in: Walter Baier / Stephan Otto Horn u. a. (Hg.), Weisheit Gottes – Weisheit der Welt (Festschrift Joseph Kard. Ratzinger), St. Ottilien 1987, 453–492 [Glaubensbegriff].
Karl Rahner / Heinrich Fries, Theologie in Freiheit und Verantwortung, München 1981.
Richard Schaeffler, Wahrheit und Institution. Sprachphilosophische Überlegungen zu einem theologischen Thema, in: Walter Kern (Hg.), Die Theologie und das Lehramt, Freiburg 1982, 152–200 [Wahrheit].
Michael Schmaus, Der Glaube der Kirche, 2. neubearbeitete Auflage, 6 Bde. in 13, St. Ottilien 1979–1982 [Glaube der Kirche].
Martin Anton Schmidt, Verstehen des Unbegreiflichen in den beiden ersten Büchern »De Trinitate« des Richard von Saint-Victor, in: Kurt Ruh (Hg.), Abendländische Mystik im Mittelalter. Symposion Kloster Engelberg 1984, Stuttgart 1986, 177–195.
Theodor Schneider, Zeichen der Nähe Gottes. Grundriß der Sakramententheologie, Mainz 1979 [Zeichen].
Theodor Schneider, Deinen Tod verkünden wir. Gesammelte Studien zum erneuerten Eucharistieverständnis, Düsseldorf 1980 [Deinen Tod].
Christian Schütz, Einführung in die Pneumatologie, Darmstadt 1985.
Franz Schupp, Glaube – Kultur – Symbol. Versuch einer kritischen Theorie sakramentaler Praxis, Düsseldorf 1974 [Glaube].
Max Seckler, Theologein. Eine Grundidee in dreifacher Ausgestaltung. Zur Theorie der Theologie und zur Kritik der monokausalen Theologiebegründung, ThQ 163 (1983) 241–264 [Theologein].
Max Seckler, Das eine Ganze und die Theologie. Fundamentaltheologische Überlegungen zum wissenschaftstheoretischen Status der Grundkurs-Idee Karl Rahners, in: Elmar Klinger / Klaus Wittstadt (Hg.), Glaube im Prozeß. Christsein nach dem II. Vatikanum (Festschrift Karl Rahner zum 80. Geburtstag), Freiburg 1984, 826–852 [Das Ganze].
Harald Wagner, Einführung in die Fundamentaltheologie, Darmstadt 1981.
Hans Waldenfels, Kontextuelle Fundamentaltheologie, Düsseldorf 1985.

GOTTESERFAHRUNG HEUTE

(1983)

I. »Gotteserfahrung« – damals

1. Die Frage

»Das Gewicht eines Wortes ist sein Erfahrungsgehalt, und wie steht es darum bei dem Wort ›Gott‹?« – so fragt der Religionsphilosoph Jörg Splett.[1] Damit ist die Bedeutungsschwere unseres Themas, ja seine Bedrohlichkeit angezeigt: Wie, wenn sich mit dem Wort »Gott« *kein* »Erfahrungsgehalt« mehr verbände? In der Tat, obwohl der christliche Glaube seinem Wesen und Anspruch nach immer mit Erfahrung zu tun hat, sich auf den gesamten Umkreis menschlicher Welt- und Lebenserfahrung bezieht, reden Christen, die hellwach ihre Zeit und ihren Glauben in dieser Zeit bedenken, heute mehr von »Gotteserfahrung« als zu früheren Zeiten. Manche tun es ganz schlicht und (fast) problemlos, andere tun es nachdenklich und sprechen vom *Wandel* heutiger Gotteserfahrung im Vergleich zu früher, beklagen gar das »Erfahrungsdefizit« in der heutigen Theologie und Verkündigung und sinnen auf verantwortliche Wege der Abhilfe.[2] Wenn nun der andere Satz stimmt, daß Erfahrungen dann wichtig werden, wenn sie im Schwinden begriffen sind, muß man dann nicht die Lage in Sachen »Gotteserfahrung« tatsächlich für bedrohlich halten?

Man muß es wohl auch oder gerade dann noch, wenn die heute zu hörenden und zu lesenden Äußerungen zu unserem Thema äußerst gegensätzlich und verwirrend sind. Sie reichen von der bangen Frage: »Kann der heutige Mensch Gott überhaupt noch erfahren?«, über den volltönenden Satz: »Wir erfahren Gott heute ganz anders als früher!«, bis zu der nachdrücklichen Feststellung, die uns aus allen Spielarten der »Pfingstbewegung«, der »Charismatischen Erneuerung«, der »Jesus People« entgegentönt: »Wir haben Gott erfahren! Wir haben Jesus erfahren! Wir haben den Geist erfahren! Und jeder andere Christ kann es auch – wenn er nur den Mut hat, sich in Gebet, Bibellesung, Hören nach innen ernsthaft einer solchen Erfahrung zu öffnen!« Dabei zeigt ein genaues Hinhören schon bald, daß hinter solchen Äußerungen jeweils eine ganz unterschiedlich gezielte Frage nach »Gotteserfahrung« wirksam ist und beantwortet wird, so unterschiedlich, daß die Zielrichtung geradezu gegenläufig ist. Die volltönenden Ausrufesätze kommen aus einer Situation, in der Gottes Wirklichkeit und Nähe völlig gewiß sind. Wer solche Sätze sagen und wörtlich so meinen kann, sucht die Gottes*gewißheit* eben in den bislang offenbar vernachlässigten Erfahrungsbezug zu bringen, der ihr wesentlich ist, entweder im Nachdenken, das bisherige Bezugsetzungen korrigiert, oder im Eintritt in das alle Reflexion überschreitende, den ganzen Menschen erfassende Erlebnis, das freilich, wo es mit rechten

[1] J. Splett, Reden aus Glauben. Zum christlichen Sprechen von Gott, Frankfurt 1973, 13.
[2] Einige ausgewählte Wortmeldungen werden im Anhang besprochen.

Dingen zugeht, immer von der Mühe um »Unterscheidung der Geister« begleitet und geprüft werden muß.[3] Die bange Frage dagegen verbindet die Suche nach Gotteserfahrung gerade umgekehrt mit der Suche nach Gewißheit. Um den *Zweifel* an der Wirklichkeit Gottes zu überwinden, fragt man nach der Möglichkeit von Gottes*erfahrung*.

Dieser gegenläufigen Richtung der Fragen entspricht eine unterschiedliche Weise versuchter Antwort. Man muß sich offenbar entscheiden, ob man *von Gott her auf die Erfahrung hin* fragt – was immer darunter zu verstehen ist –, oder *von der Erfahrung auf Gott hin.* »Wissenschaftstheoretisch« betrachtet ist das erste eine Frage der dogmatischen Gotteslehre, das zweite eine Frage der Fundamentaltheologie – wobei man sich im Ergebnis durchaus treffen mag und Grenzüberschreitungen immer einkalkuliert werden müssen.[4] Nun hat man nach einschlägiger Lektüre den Eindruck, daß die Mehrzahl heutiger Äußerungen zum Thema Gotteserfahrung den dogmatischen Weg gehen. Weil *Gottes Gottheit* auf dem Spiel steht, weil seine Wirklichkeit das ganze Leben des Menschen angeht, muß das Wort von ihm aus der Abstraktheit herausgeholt und zur Erfahrung in Bezug gesetzt werden. Weil dies schon mehrfach und gründlich geschehen, zumindest als unausweichliche Aufgabe angemeldet ist, möchte ich mich hier zum Anwalt der »bangen Frage« machen. Weil unsere Welt- und Lebenserfahrung sozusagen scheibchenweise immer »gottloser« geworden ist, muß, wenn das Wort »Gott« überhaupt noch ernst genommen wird, unsere Erfahrung wieder auf Gott hin geöffnet werden, besser: muß ihre Offenheit auf Gott hin deutlich gemacht werden. Damit ergibt sich die Gliederung dieser Überlegungen: Wir müssen erst zu begreifen suchen, was mit der Gotteserfahrung bis zu uns hin geschehen ist (I, II); dann müssen wir fragen, wie »Gott« und »Erfahrung« überhaupt miteinander zu tun bekommen können (III); schließlich ist das Verhältnis von Gottesglaube und Gotteserfahrung zu bestimmen (IV), woraus sich in Form von Nachbemerkungen einige Konsequenzen ergeben (V).

[3] Authentische Information zur Bewegung für charismatische Erneuerung der Kirche bieten – für den deutschen Sprachraum – H. Mühlen, Einübung in die christliche Grunderfahrung: I: Lehre und Zuspruch, Mainz 1976 (^{14}1987); II: Gebet und Erwartung, Mainz 1976 (^{14}1987); Ders. (Hg.) Erfahrungen mit dem Heiligen Geist, Mainz 1979 (^{4}1983). Berichte und theologische Stellungnahmen: E. D. O'Connor, Spontaner Glaube. Ereignis und Erfahrung der charismatischen Erneuerung, Freiburg 1972; H. Mühlen, Die Erneuerung des christlichen Glaubens. Charisma – Geist – Befreiung, München 1974; B. Hilgefort, Kommt Pfingsten zu uns? Katechetische Blätter, 1974, Heft 2; Ders., »Charismatische Erneuerung« der Kirche? Wort und Antwort 15 (1974), 129–135; C. Heitmann, H. Mühlen (Hg.), Erfahrung und Theologie des Heiligen Geistes, Hamburg-München 1974; Concilium 14 (1978) Heft 11: Unterscheidung des Geistes und der Geister; 15 (1979) Heft 10: Der Heilige Geist im Widerstreit; W. Kasper (Hg.), Gegenwart des Geistes. Aspekte der Pneumatologie, Freiburg 1979; Y. Congar, Der Heilige Geist, Freiburg 1982 (vor allem Zweites Buch). [F. A. Sullivan, Die Charismatische Erneuerung. Wirken und Ziele, Graz 1984].

[4] So wie im Verhältnis von Fundamentaltheologie und Dogmatik überhaupt! Vgl. dazu O. H. Pesch, Fundamentaltheologie und Dogmatik. Erwägungen zu einer unvermeidlichen, aber problematischen Unterscheidung, in diesem Band S. 18–50.

2. Der fromme Grieche

Ohne zunächst zu deuten, zu analysieren und zu bewerten, wollen wir anhand einiger historischer Beispiele vor Augen führen, was Menschen auf jener Überlieferungslinie, an deren vorläufigem Ende wir stehen, als »Erfahrung Gottes« erlebt und beurteilt haben.

Der fromme Grieche im Sinne der altgriechischen Volksreligion – wir wählen ihn als Beispiel vorchristlicher und außerchristlicher Gotteserfahrung – sah den Himmel und an ihm die Sonne. Das Geschehen am Himmel bringt durch Wärme und Licht alles Leben in der Natur zum Erwachen, bestimmt den Rhythmus des Lebens, indem es im Wechsel von Tag und Nacht, in der Abfolge der Jahreszeiten Licht und Wärme entzieht und wiedergibt. Wir modernen Menschen wissen gar nicht mehr, was eine wirkliche Nacht ganz ohne Licht und ein Winter nur mit einem Herdfeuer ist. Der fromme Grieche aber erlebte seine völlige Abhängigkeit vom Himmelsgeschehen und verstand, nein: erfuhr den »Himmel« (»Uranos«) und die »Sonne« (»Helios«) als Gottheiten – übrigens im Verwandtschaftsverhältnis von Großvater und Enkel! Und auch als »Zeus« und seine olympischen Götter die »Titanen«, darunter den Vater des »Helios«, besiegt hatten – Homers Epen sorgten dafür, daß das unter die Leute kam! –, änderten sich nur die Namen. Jetzt war »Zeus« der Wettergott, von dem alles Wachstum abhing – aber Tag und Nacht, Sommer und Winter, Regen und Sonnenschein waren weiterhin Erscheinungsweisen der Gottheit.

Der fromme Grieche sah ferner, wie auf den Feldern alles unerklärlich wächst. Ohne die Vervielfältigung des Korns, die sich als solche nicht der Arbeit des Bauern verdankt, sind die Menschen dem Hungertod ausgeliefert. Die Fruchtbarkeit der Erde und die Vervielfältigungskraft des Samens haben göttlichen Charakter, die Erde (»Demeter«) ist eine Muttergottheit. Ebenso ist das unberechenbare, aber für Handel und Wandel unentbehrliche Meer ein übermenschliches Wesen – »Poseidon« heißt der Meeresgott. Gleiches gilt für eine Quelle, einen Fluß, die Kraft der Liebe (»Eros«), die Macht des Rechtes (»Dike«), die Gewalt des Schicksals (»Moira«)...

Der fromme Grieche erlebte seine Gottheit schließlich im Kult, der gewöhnlich der Gottheit des Ortes oder des Gemeinwesens dargebracht wurde: Zeremonien, Feste, Opfer – *vor* dem Tempel, denn der Tempel selbst war der Wohnsitz des Gottes oder der Göttin, wie jeder Besucher der Akropolis in Athen aus dem Fremdenführer weiß.

Wir wollen nun gar nicht fragen, woher die Griechen das alles wußten. Selbstverständlich war ihre »Gotteserfahrung« nicht unmittelbar und unvermittelt – man kennt ja ein wenig die Wege, auf denen solche religiösen Überzeugungen nach Griechenland eingedrungen sind und sich auch miteinander vermischt haben. Man kann sogar herausbringen, daß sie für manche Leute recht nützlich und einträglich waren, welchen »gesellschaftlichen Interessen« sie also dienen. Aber feststellen können wir dies: Solche »Gotteserfahrung« war nicht das Ergebnis gezielten Nachdenkens, nicht Ertrag einer »Reflexion«. Sie lag in der Welt- und Naturerfahrung beschlossen, die eine war so selbstverständlich, so »evident« wie die andere. Wer jeden Tag mit dieser Natur umging und seine Abhängigkeit von ihr erlebte, hatte keinen Anlaß, an jener Gotteserfahrung irre zu werden. Nicht umsonst dachten sich die alten Griechen die »Entstehung der Götter« (»Theogonie«) und die »Entstehung der Welt« (»Kosmogonie«) als gleichzeitigen, ja als ein und denselben Prozeß.

Man kann deshalb auch nicht eigentlich sagen, die Griechen hätten an die Gottheiten in der Natur *geglaubt.* Das griechische Wort, das im Neuen Testament zum Grundwort des Christentums wird, nämlich »pistis«, »Glaube«, hat vor dem Christentum in der griechischen Sprache keinen religiösen Sinn gehabt.[5] Daß es Götter gab, die sich im Naturgeschehen erkennen ließen, das glaubte man nicht, das »wußte« man. Wer, wie es dann in der griechischen Philosophie geschah, sich nach der Gewißheit dieses »Wissens« erkundigte, hatte begonnen, ein kritischer Philosoph zu werden. Er hatte die Gotteserfahrung der Reflexion unterzogen, und wenn er dann diese Gotteserfahrung als Götter*glaube* bezeichnete, wollte er damit sagen: Sie ist *kein* Wissen, sondern *nur* ein »Glaube«, das heißt: eine subjektiv feste, aber unbegründete Meinung. Mit der selbstverständlichen Gewißheit war dann auch die »Gotteserfahrung« zu Ende. Vielleicht trat eine philosophische Gotteserkenntnis an ihre Stelle, eine philosophische »Theologie« – aber diese hatte dann nicht mehr die »Evidenz« einer Erfahrung, sondern die nachträgliche Gewißheit des Nach-Denkens.

3. Der gläubige Israelit

Es ist für alle, die religionsgeschichtlich »vergleichen«, eine ausgemachte Binsenwahrheit, daß Israels Gotteserfahrung »ganz anders« sei als die der Griechen. Was ist »anders«?

Israels Volkwerdung beginnt historisch damit, daß einer größeren Gruppe von Fronarbeitern, die am Hof des Pharao in Ägypten Sklavenarbeit leisten, der Auszug in die Freiheit gelingt.[6] Das Volk wächst aus einer armen Nomadenexistenz schließlich (für kurze Zeit) zu einer Großmacht zusammen – danach erlebt es eine nun schon fast dreitausendjährige Geschichte der Bedrohung, Demütigung, Unterdrückung, Verfolgung, Verachtung.

Diese mühselige Geschichte erfährt Israel als Handeln Gottes, indem es in ihr Gottes Willen und Führung anerkennt und sich darauf verläßt, also »glaubt« in dem Sinne, wie es das entsprechende hebräische Wort besagt. Es ist völlig sinnlos, hier»Ursache« und »Wirkung« auseinanderrechnen zu wollen und zu fragen, was zuerst war, der Jahwe-Glaube oder die Befreiungserfahrung. Die biblischen Zeugnisse, an die allein wir uns halten können, sehen beides zusammen – als Handeln Gottes. »So spricht Jahwe, der Gott Israels: Jenseits des Flusses wohn-

[5] Überblick über die Begriffsgeschichte von pistis bei G. Ebeling, Jesus und Glaube, in: Ders., Wort und Glaube (I), Tübingen 1962, 203–254, bes. 220–228; dort die Forschungsliteratur.

[6] Näheres suche man in einer Darstellung der Geschichte Israels. Vgl. aus jüngster Zeit M. Metzger, Grundzüge der Geschichte Israels, Neukirchen [4]1977. Unüberholt ist ferner G. von Rad, Theologie des Alten Testaments I, München [2]1961, 13–109. Einen Überblick, nicht zuletzt unter dem Aspekt unseres Themas, bietet auch J. Feiner/L. Vischer (Hg.), Neues Glaubensbuch. Der gemeinsame christliche Glaube, Freiburg [16]1980, [[17]1984], 114–131 (C. Westermann).

ten einst eure Vorväter... und dienten anderen Göttern. Da nahm ich euren Vater Abraham von jenseits des Flusses und ließ ihn in das ganze Land Kanaan ziehen... *Ich* habe euch ein Land gegeben, das euch keine Mühe gekostet hat, Städte, die ihr nicht gebaut... Weinberge und Ölbäume, die ihr nicht gepflanzt...« (Jes 24,2–13; vgl. Dtn 26,5–10). Daran kann Jahwe das Volk erinnern, wenn es sich von ihm abwendet: »Jakob, denk an all dies, und daß du mein Knecht bist, Israel! Ich habe dich gebildet. Mein Knecht bist du; du bleibst mir unvergessen, Israel! Ich tilge deine Missetaten wie eine Wolke und deine Sünden wie ein Gewölk. O kehre um zu mir; denn ich habe dich erlöst!« (Jes 44,21 f). Und die Kundgabe des Gotteswillens im Dekalog beginnt denn auch mit den lapidaren Worten: »Ich bin Jahwe, dein Gott, der ich dich aus Ägypten, dem Sklavenhause, herausgeführt habe« (Ex 20,2; Dtn 5,6).

Wie die Befreiung als Segen und Führung, so wird die nationale Katastrophe als Gottes Gericht erfahren. Verdolmetscht durch die Propheten, die Sprecher Gottes, auf denen Gottes »Geist« ruht, läßt sie die vielfältige Schuld begreifen, vom liederlichen Leben der Könige bis zur sozialen Ungerechtigkeit, die die Deportation und das Exil als Gottes gerechte Strafe nach sich ziehen – und Gottes Treue zu seinem treulosen Volk, die Vergebung und Heimkehr möglich macht.

Die Gotteserfahrung in der Natur ist in Israel die Konsequenz aus der Gotteserfahrung in der Geschichte. Sie ist vermittelt diesmal durch die priesterliche Lehre – in der Form, wie sie auf uns gekommen ist, auch historisch später als die Zeugnisse der Gotteserfahrung in der Geschichte. Je länger, desto klarer wird der Herr der Geschichte schließlich als Herr der Elemente, als Herr aller Dinge erfahren. Das Verbindende beider Erfahrungen besteht darin, daß Jahwe beide Male als Redender handelt. Durch sein *Wort* führt Gott das Volk auf seinem Geschichtsweg, auf sein *Wort* hin ziehen aber auch die Gestirne ihre Bahn wie ein gehorsames Heer, kommen Regen, Schnee und Eis wie die gehorsamen Vollstrecker seines Willens.[7]

Offenbar aus diesem Grunde kommt Israels Gotteserfahrung in der Natur ohne Mythos aus. Wo man Gott allererst in der Geschichte erfährt und darum dort auch seine Selbstkundgabe erwartet, begegnet er in Anspruch und Antwort. Gott führt das Volk – und das Volk vertraut sich seiner Führung an oder versagt sich ihr. Gott ruft den Menschen, und dieser hört oder hört nicht. Damit ist die Einbindung des Menschen in die Natur schon grundsätzlich gelockert, dieser erlebt sich selbst nicht zuerst im Gegenüber zur Natur und damit in der ständigen Neigung, dieser Natur göttliche Züge zuzuerkennen, er erlebt sich zuerst im Gegenüber zu Gott, der ihn in die Verantwortung geschichtlichen Handelns stellt. Modern ausgedrückt: er erlebt sich vor Gott von Person zu Person.[8] So

[7] Zum alttestamentlichen Verständnis vom Wort vgl. G. von Rad, aaO. II, München 1960, 93–111; W. Eichrodt, Theologie des Alten Testamentes II, Berlin [4]1961, 40–48; H. Schlier, Wort, II: Biblisch, in: H. Fries (Hg.), Handbuch Theologischer Grundbegriffe II, München 1963, 845–867; L. Scheffczyk, Von der Heilsmacht des Wortes. Grundzüge einer Theologie des Wortes, München 1966, 108–156. [O. H. Pesch, Das Wort Gottes als objektives Prinzip theologischer Erkenntnis in: W. Kern u.a. (Hg.), Handbuch der Fundamentaltheologie, IV. Freiburg 1987, 1. Kapitel].

[8] Nachweislich liegt hier die sachliche Wurzel der Aussage von der Personalität Gottes

führt die Gotteserfahrung in der Geschichte – und hier verläuft unstreitig die Grenze zur griechischen Götterreligion – in Israel zu einer deutlichen Mythoskritik, ohne eine wirkliche Gottbegegnung in der Schöpfung dadurch aufzuheben.[9] Wie wenig die Natur noch vergöttert wird, zeigt drastisch der erste (priesterschriftliche) Schöpfungsbericht (Gen 1): Die Sonne, in den Israel umgebenden Religionen die alles Leben spendende Gottheit, ist für den biblischen Schriftsteller ebenso wie der Mond nur noch eine Lampe, die Gott am Firmament aufhängt. Die Erde ist keine Muttergottheit, sondern das gehorsame Geschöpf, das auf Gottes Geheiß sprießen läßt, was Gott sprießen lassen will...

Aber gerade so, als uneingeschränkten Herrn, erlebt der gläubige Israelit Gott auch in der von ihm geschaffenen Natur. Ein Gewitter ist dann eben nicht mehr nur ein Gewitter, sondern die Stimme des Herrn, der die Zedern des Libanon zerbricht (Ps 29). Und das Leben ist nicht nur einfach das Lebensphänomen, sondern der Atem Gottes, dessen Entzug alles sofort in Todesstarre versetzt (Ps 104).

Eines freilich teilt Israels Gotteserfahrung mit der Erfahrung des Göttlichen in Griechenland: Sie ist wie diese *vor* aller Reflexion, sie ist selbstverständlich. Aber hier wie dort ist sie das nicht für immer. Propheten und andere Gottessprecher können einander widersprechen. Wer hat wirklich das Wort Jahwes, Hananja oder Jeremia (Jer 28)?[10] Wer hat recht, der Gottesknecht oder die, die ihn töteten (Jes 52,13–53, 12)? Oder (der späte und äußerste Fall): Ist Ijobs Leiden Gottes Gericht über seine Sünde, oder was ist, wenn nicht, von Gott zu halten (Ijob 3–29)? Geschichtliche und persönliche Ereignisse unterbrechen die selbstverständliche Deutung der Gotteserfahrung und machen sie mehrdeutig. Aber der gläubige Israelit wird darüber nicht zum skeptischen Philosophen. Seine Antwort ist: »Wahrhaftig, du bist ein verborgener Gott« (Jes 45,15). Die »selbst-verständliche« Gotteserfahrung Israels schließt auch dies als »selbst-verständlich« ein, daß Gott sich in einer Weise zu erkennen gibt, die sich nicht von selbst versteht. Hier schließt die Gotteserfahrung der Christen an.

4. Der Nachfolger Jesu

Wo Israel Gott erfahren hat, war es für die Jünger Jesu selbstverständlich immer die Erfahrung des Vaters Jesu Christi. Diesen Vater-Gott hat Jesus verkündet, an ihn zu glauben angehalten. Nicht sich selbst hat er verkündet und nicht an sich hat er zu glauben aufgefordert. Die nahegekommene Herrschaft Gottes (Mk 1,15) ist die Erfüllung der Hoffnung Israels – für den, der an sie glaubt und »umkehrt«.[11]

sowie des Personenbegriffs überhaupt. Vgl. dazu jetzt G. Greshake, Die theologische Herkunft des Personbegriffs, in: G. Pöltner (Hg.), Personale Freiheit und pluralistische Gesellschaft, Freiburg 1981, 75–86.

[9] Vgl. dazu D. Arenhoevel, Ur-Geschichte. Genesis 1–11 (Stuttgarter Kleiner Kommentar, Altes Testament 1), Stuttgart 1970.

[10] Vgl. Jer 23,9–32; 26,20–24; 29,24–32.

[11] Darüber gibt jedes jüngere Jesus-Buch Aufschluß. Stellvertretend für viele andere sei

Sie ist aber auch eine *neue* Gotteserfahrung. Zunächst dadurch, daß die bisher von ihr als mehr oder weniger ausgeschlossen Geltenden zu ihren Privilegierten werden: die Armen, die »Gesetzlosen«, die Zöllner, Dirnen und Sünder. Da dies durchschnittlich als mit Gott unvereinbar galt, wird die neue Gotteserfahrung zur Erfahrung eines »neuen« Gottes – des Gottes, der bedingungslos die Verlorenen sucht. Jesus selbst mit seinem armen Leben, seiner Freiheit im Umgang mit allen Menschen, seiner buchstäblichen »Vertraulichkeit« mit Gott – »Abba« heißt »Papa«! – steht für diesen »neuen«, ganz »anderen« Gott ein.

Wer an ihn glaubt, sich an ihn hält, erfährt – das ist das zweite – eine Begeisterung und ein neues Leben, die alle alte Hoffnungslosigkeit, Dumpfheit und Trostlosigkeit hinter sich gelassen haben. Sie erfahren den »Geist«, in dem Jesus und der Vater in den Nachfolgern Jesu gegenwärtig sind. Das gilt für die unmittelbaren Jünger Jesu (Apg 2,1–36), es gilt ebenso für die, die auf ihr Wort hin zum Glauben kommen (Apg 2,37–47; Gal 3,2; 5,22f; 1 Kor 12; 14). An diese »Geisterfahrung« knüpft die Pfingstbewegung unserer Tage an.

Die »Gotteserfahrungen« der Heiden sind für die Christen grundsätzlich nur haltlose Mythen (2 Petr 1,16). Doch macht die neue Erfahrung der universalen Liebe Gottes schon bald und je länger, desto mehr, unbefangen auch gegenüber Gotteserfahrungen außerhalb der biblischen Überlieferung. Was die Heiden *wirklich* von Gott erfahren haben, war jedenfalls immer schon der ferne Widerschein jenes Lichtes, das der Glaube der Christen vollends zu sehen bekommt: »Was ihr verehrt, ohne es zu kennen, das verkündige ich euch« (Apg 17,23). Von dort führt ein kurzer Weg zu dem Gedanken der Kirchenväter, Platons philosophische Theologie sei nur verständlich, wenn man annehme, daß er auf irgendeine Weise Kenntnis des mosaischen Gesetzes erlangt habe.[12]

Nun wird es Zeit, wiederum von der »Unterbrechung« dieser neuen und »selbst-verständlichen« Gotteserfahrung zu reden. Sie kommt durch das *Kreuz* – und dann durch das *Wort vom Kreuz*. Jesus verkündete die nahegekommene Herrschaft Gottes – aber so, wie Jesus sie angekündigt hat, ist sie nicht gekommen. Statt dessen hat man ihn umgebracht. Fortan kann man an Gottes nahgekommener Herrschaft nur festhalten *trotz* des Kreuzes und *gegen* das Kreuz, gegen den Augenschein, daß Jesu und seiner Nachfolger »neue« Gotteserfahrung *gescheitert* ist. Wie schwer diese »Unterbrechung« den Christen, die doch so gern an die universale Liebe Gottes glauben wollten, gefallen ist, davon zeugen noch heute die Schwierigkeiten der neutestamentlichen Exegese und der dogmatischen Theologie, die Tatsache, daß Jesus sich bei der Ankündigung der *nahen* Gottesherrschaft »geirrt« hat, richtig zu bewerten.[13]

verwiesen auf O. H. Pesch, Rechenschaft über den Glauben, Mainz [3]1983, 67–125; Feiner/Vischer (Hg.), Neues Glaubensbuch (s. Anm. 6), 131–153; H. Küng, Christsein, München 1974 [[11]1984], 167–331; W. Kasper, Jesus der Christus, Mainz 1974 [[10]1986], 75–144; J. Blank, Jesus von Nazareth. Geschichte und Relevanz, Freiburg 1972; Ders., Der Jesus des Evangeliums. Entwürfe zur biblischen Christologie, München 1982; T. Holtz, Jesus aus Nazareth. Was wissen wir von ihm?, Zürich 1981.

[12] Z. B. Augustinus, De civitate Dei VIII, 11.

[13] Ehrliches Eingeständnis der Schwierigkeiten etwa bei G. Lohfink, Zur Möglichkeit christlicher Naherwartung, in: G. Greshake/G. Lohfink, Naherwartung – Auferstehung

Die »Lösung«, nein: die Möglichkeit, das Kreuz zu ertragen und fortschreitend zu verstehen – in Grenzen, so wie man einen Skandal »verstehen« kann –, war die Erfahrung der Auferweckung des gescheiterten Jesus. Die Jünger haben ihn »gesehen«, und das bedeutete: Gott hat sich hinter den Gescheiterten gestellt, er hat ihn angenommen, er ist also wirklich so, wie Jesus ihn verkündet und geschildert hat: der Gott schrankenloser Liebe. Die Herrschaft Gottes steht zwar für die Welt noch aus, aber in dem Auferweckten hat sie, dem Augenschein zum Trotz, schon begonnen, und in denen, die an ihn glauben, kommt sie verborgen schon zum Vorschein.

Es wäre viel zu sagen, wie sich daraufhin die Gedanken über die Herrschaft Gottes und ihr Kommen gewandelt haben.[14] Für uns ist hier wichtig, daß trotz des Glaubens an die Auferweckung Jesu nicht diese, sondern das *Kreuz* das große Problem der Urchristenheit *blieb*. Die Folge ist – oder bedeutet das eine Überinterpretation? –, daß die neue Gotteserfahrung der Christen von Anfang an von einer vergleichsweise wesentlich höheren Dosis »Reflexion« durchdrungen ist. Daß das Kreuz die Offenbarung der Liebe Gottes ist, sogar ihre höchste und definitive Offenbarung, das versteht sich gar nicht mehr von selbst. Es ist nicht gewiß, sondern fordert Vergewisserung. Darum muß es gegen Juden wie Heiden auch »argumentativ« gedeutet werden – denn die einen betrachten es als Skandal, die anderen als Unsinn (1 Kor 1,17–2,5).

Es hat Jahrhunderte gedauert, und es ergab sich durch soziale Veränderungen und die wachsende politische Bedeutung der Kirche ebenso wie durch die Anstrengung theologischer Reflexion, bis man das Kreuz als Höhepunkt christlicher Gotteserfahrung wirklich »verarbeitet« hatte. Schon im Johannesevangelium fängt es an, wenn das Kreuz Jesu als seine Erhöhung, als Triumph ausgelegt wird (Joh 12,32; 19,30). Aber erst Jahrhunderte später hat man es offen und sozusagen hemmungslos gewagt, nach der »Angemessenheit« (»Konvenienz«) des Kreuzes Jesu im Heilsplan Gottes zu fragen und dadurch zu riskieren, daß das Kreuz schließlich als die vernünftigste Sache von der Welt dastand.[15] Jetzt freilich war für einige Zeit die Selbstverständlichkeit der Gotteserfahrung gewissermaßen auf höherer Ebene zurückgekehrt – als Selbstverständlichkeit der »geschlossenen« christlichen Welt, deren geographische und kulturelle Begrenzung der Durchschnittschrist mehr ahnte als wußte.

5. Der Christ in der »christlichen Zeit«

Die Führung Israels durch Gott setzt sich fort als Führung des neuen Gottesvolkes durch den erhöhten Christus und seine Stellvertreter auf Erden. Dazu gehören der Papst ebenso wie die christlichen Kaiser und Könige, die in der Herr-

– Unsterblichkeit. Untersuchungen zur christlichen Eschatologie, Freiburg 1975, stark erweitert [4]1982, 38–81; H. Küng, Christsein (s. Anm. 11), 205–216.

[14] Vgl. wiederum G. Lohfink, ebd.; und jetzt T. Koch, Gesellschaft und Reich Gottes, in: F. Böckle u. a. (Hg.), Christlicher Glaube in moderner Gesellschaft, Freiburg 1980–1982 (im folgenden: CGG), Bd. 28, 8–60.

[15] Vgl. Thomas von Aquin, Summa Theol. III 46, bes. Art. 4 und 9–11 (Deutsche Thomas-Ausgabe [DThA] Bd. 28, S. 3–59).

scherweihe und Herrschersalbung (die man teilweise noch im 12. Jahrhundert als »Sakrament« verstanden hat!) zum »neuen David« eingesetzt werden, der das Volk Gottes zu führen und zu schützen hat.

Die Gotteserfahrung in der Natur spricht sich aus in einem Text wie dem *Sonnengesang* des Franz von Assisi, der Sonne, Mond, Erde, Luft, Feuer, Wasser und sogar den leiblichen Tod Bruder und Schwester nennt, weil er in ihnen das Antlitz desselben Gottes wiedererkennt, den er im Antlitz des menschgewordenen und gekreuzigten Sohnes erkannt hat. Die Parallele zum Lobpreis der Schöpfung in alttestamentlichen Liedern (Ps 19; 104; 136; 148; Dan 3,51–90) ist unverkennbar.

Vor diesem Hintergrund müssen wir auch die Bemühungen der mittelalterlichen Theologen verstehen, einen »Beweis« für das Dasein Gottes zu führen. Sie hatten, entgegen modernem Mißverständnis,[16] dabei durchaus nicht im Sinn, eingetretenen Zweifel zu beheben und neue Gewißheit zu schaffen. Sie wollten vielmehr die gar nicht zweifelhafte Erfahrung Gottes in der Natur in präziser Form deuten und beschreiben. Dazu fühlten sie sich nicht nur befugt, sondern geradezu verpflichtet durch einen Paulustext wie diesen – übrigens auch ein Beispiel für die verschärfte *Reflexion* in der frühchristlichen Gotteserfahrung –: »Denn das Unschaubare an ihm ist seit der Erschaffung der Welt an den geschaffenen Dingen mit der Vernunft wahrzunehmen: seine ewige Macht und sein Gottsein, so daß sie [die Heiden] unentschuldbar sind; denn obwohl sie Gott erkannten, erwiesen sie ihm nicht als Gott Verehrung und Dank, sondern verfielen in ihren Gedanken auf eitlen Wahn, und verdunkelt wurde ihr unverständiges Herz« (Röm 1,20).[17]

Die Zeit der Reformation im 16. Jahrhundert hat, vor allem in Gestalt der Theologie Luthers, die Frage der Gewißheit Gottes und seiner Nähe ganz neu zur Debatte gestellt, und nicht von ungefähr spielt dabei wieder, wie in urchristlicher Zeit, das Wort vom Kreuz, die »Kreuzestheologie« eine höchst bedeutsame Rolle.[18] Aber um die Wende zum 19. Jahrhundert, als die »christliche Zeit« schon lange vorbei war, hat noch Immanuel Kant, von dem man sagt, er habe die mangelnde Schlüssigkeit der Gottesbeweise aufgedeckt und diese für immer »zerstört«, die Möglichkeit gewißmachender *Erfahrung* Gottes hochgehalten: »Zwei Dinge erfüllen das Gemüt mit immer neuer und zunehmender Bewunderung und Ehrfurcht, je öfter und anhaltender sich das Nachdenken damit beschäftigt: der gestirnte Himmel über mir und das moralische Gesetz in mir.«[19]

[16] Woran die neuscholastische Theologie und Philosophie nicht unschuldig sind. Zur Kritik vgl. O. H. Pesch, Die Frage nach Gott bei Thomas von Aquin und Martin Luther, Luther. Zeitschrift der Luthergesellschaft, 1970, Heft 1, 1–25 = Die Neue Ordnung 24 (1970) 1–20.

[17] Vgl. Thomas von Aquin, Summa Theol. I 2, 2 sed contra (DThA Bd. 1. Neudr. 1982, 41).

[18] Vgl. dazu O. H. Pesch, Hinführung zu Luther, Mainz ^{2}1983, 244–263; dort die Spezialliteratur.

[19] Vgl. H. Küng, Existiert Gott? Antwort auf die Gottesfrage der Neuzeit, München 1978 [^{2}1984], 590–606; dort S. 597 (Anm. 18) auch das Zitat aus Kritik d. prakt. Vernunft, Beschluß.

II. »Gottesfinsternis« – heute

Weit mehr als drei Jahrtausende biblisch-christlichen Glaubens und sogar heidnischer Religiosität – von der Zeit davor wollen wir gar nicht reden – hatten keinen Zweifel, daß man Gott erfahren kann, genauer: Sie haben *Erfahrungen* gemacht, die sie, von keinem Zweifel beirrt, *als Gotteserfahrung verstanden* haben. Nun braucht man kaum lange zu beweisen, daß sich das heute gründlich geändert hat. Drei Stichworte kennzeichnen die Lage: Aufklärung, Religionskritik, Säkularisierung.[20]

1. *»Aufklärung«*

Vorab dies: Es gibt nicht den geringsten Grund für ein Voraus-Ressentiment gegen die »Aufklärung«. Unter ihrem Einfluß sind in unserem Kulturkreis, auch in der Kirche, Entwicklungen in Gang gekommen, ohne die heute niemand von uns mehr leben möchte und deren Förderung der *Kirche* wohl angestanden hätte – z. B. die Abschaffung des Sklavenhandels, die Gleichheit aller vor dem Gesetz, die Gewaltenteilung im Staat usw. An »Ausgang des Menschen aus seiner selbstverschuldeten Unmündigkeit«[21] kann es nie genug geben – auch in der Kirche nicht. Andernfalls riskiert man, Denkgewohnheiten für Wahrheit und Verhal-

[20] Das Folgende kann natürlich nur die Skizze eines Zusammenhangs sein. Gründlicher zum Thema Aufklärung: J. B. Metz/J. Moltmann/W. Oelmueller, Kirche im Prozeß der Aufklärung, München–Mainz 1970; M. Seckler, Aufklärung und Offenbarung, in: CGG Bd. 21 (1980), 6–78. – Zum Thema Religionskritik: R. Schaeffler, Die Religionskritik sucht ihren Partner. Thesen zu einer erneuerten Apologetik, Freiburg 1974; H. Küng, Existiert Gott?, bes. 221–469. – Zum Thema Säkularisierung: J. B. Metz (Hg.), Weltverständnis im Glauben, Mainz 1965 (^{2}1966); Ders., Zur Theologie der Welt, Mainz 1968 (als Topos-Taschenbuch 11 Mainz 1973); E. Schillebeeckx, Gott – die Zukunft des Menschen, Mainz 1969; J. B. Metz, Glaube in Geschichte und Gesellschaft. Studien zu einer praktischen Fundamentaltheologie, Mainz 1977; und jetzt bilanzierend: U. Ruh, Säkularisierung, in: CGG, Bd. 18, 59–100. [G. Ebeling, Gewißheit und Zweifel. Die Situation des Glaubens im Zeitalter nach Luther und Descartes, in: Ders., Wort und Glaube II, Tübingen 1969, 138–183; Ders., Luther und der Anbruch der Neuzeit, in: Ders., Wort und Glaube III, Tübingen 1975, 29–59; K. Lehmann, Prolegomena zur theologischen Bewältigung der Säkularisierungsproblematik, in: Ders., Gegenwart des Glaubens, Mainz 1974, 94–108 (Lit.): W. Kasper, Theologie und Kirche, Mainz 1987, 149–216; H. Thielicke, Glauben und Denken in der Neuzeit, Tübingen 1983. – Gleichsam zum Katalysator der theologischen Reflexion auf die Neuzeit wurde das wichtige Buch von H. Blumenberg, Die Legitimität der Neuzeit, Frankfurt am Main 1966, erw. und überarbeitet in 3 Bden., Frankfurt 1974, ^{2}1983 – obwohl die Theologen ihm durchweg antitheologische Voreingenommenheit und Verzeichnung der historischen Befunde vorwerfen. Thematisch zu Blumenberg vgl. W. Pannenberg, Die christliche Legitimität der Neuzeit, in: Ders., Gottesgedanke und menschliche Freiheit, Göttingen 1972, 114–128. Die Sicht Blumenbergs ist fortgeführt bei W. Jaeschke, Die Suche nach den eschatologischen Wurzeln der Geschichtsphilosophie. Eine historische Kritik der Säkularisierungsthese, München 1976; s. dazu H. Fischer, ThLZ 104 (1979) 760–766. Dokumentation der Diskussion jetzt bei H. H. Schrey (Hg.), Säkularisierung, Darmstadt 1982].

[21] I. Kant, Beantwortung der Frage: Was ist Aufklärung? (1783).

tensweisen für das Gebot Gottes auszugeben, die weder das eine noch das andere sind. Die Kirchen- und Theologiegeschichte der letzten 250 Jahre kennt genug Beispiele, wo »Aufklärung« zu spät, aber kaum eines, wo sie zu früh kam. Wenn man gelegentlich heute angesichts bestimmter Tendenzen der Theologie – und des kulturellen Lebens überhaupt – von einer »zweiten Aufklärung« spricht, so kann das als gerechtes *negatives* Urteil nur gelten, sofern es an der Sachfrage erhärtet wird, aber nicht schon, sofern überhaupt »Aufklärung« verlangt und versucht wird.

So kann man auch der »ersten Aufklärung«, also, grob gesagt, der bestimmenden geistigen Bewegung des 18. Jahrhunderts, alle erdenklichen Vorwürfe machen, nur nicht den, sie sei im Kern »gottlos«. Wenn man zugespitzt formulieren will, kann man sie, was die Gottesfrage ebenso wie andere theologische Fragen anlangt, allerdings eine Art »Notwehrmaßnahme« nennen. Die Parole »Sola Scriptura« (»Die Schrift allein«), ausgegeben von den Reformatoren, hatte die theologischen und institutionellen Verfallserscheinungen der spätmittelalterlichen Kirche nicht zum Besseren wenden können. Im Gegenteil, die Reformationskirchen gerieten durch ihre unterschiedliche Bibelauslegung ihrerseits in neue Gegensätze mit kirchentrennenden Folgen. Auch die im 17. Jahrhundert zur Abhilfe buchstäblich erfundene historisch-kritische Methode der Bibelauslegung[22] war dagegen ohnmächtig. Die Konfessionskirchen waren und blieben gesprächsunfähig. Nun schien nur eins noch zu helfen: Man mußte die dogmatisch verhärteten Konfessionskirchen auf ihren »vernünftigen« gemeinsamen Kern zurückführen. Gelang dies, dann war genügend Versöhnung geschaffen, um die »dogmatischen« Differenzen gegebenenfalls auf sich beruhen lassen zu können. Zu diesem Zweck, etwas anderes blieb ja gar nicht übrig, mußte man die von keinen dogmatischen Bindungen voreingenommene »Vernunft« zur Richterin ernennen: Nur was ihrem Urteil standhielt, was ihr also erschwinglich war, konnte Anspruch auf allgemeine Verbindlichkeit erheben.

Die Kehrseite: Alle Gotteserkenntnis aufgrund von »Offenbarung«, alle Aussagen über Gott, die der *kirchliche* Gottesglaube überlieferte, mußten durchgestrichen werden – soweit sie nicht »vernünftig« ausweisbar waren. Gleichzeitig wurde die *historisch-kritische* Bibel*auslegung*, die bis dahin die Verbindlichkeit der Heiligen Schrift ohne Zweifel unterstellte, zur historischen *Kritik an der Bibel* und ihrer Botschaft selbst. Den Anfang kann man geradezu datieren: Es sind die bibelkritischen Abhandlungen des Hermann Samuel Reimarus (1694–1768), die Gotthold Ephraim Lessing 1774–1778 unter dem Decktitel *Fragmente eines Wolfenbüttelschen Ungenannten* veröffentlichte, und deren 7. »Fragment« zum Ausgangspunkt der radikalen Bibelkritik wurde, die dann im 19. Jahrhundert vor allem die evangelischen Kirchen so sehr verunsicherte.

[22] Vgl. dazu K. Scholder, Ursprünge und Probleme der Bibelkritik im 17. Jahrhundert, München 1966; jetzt auch: H. Graf Reventlow, Richard Simon. In: H. Fries/G. Kretschmar (Hg.), Klassiker der Theologie II, München 1983, 9–21.

2. Erfahrung gegen Glaube

Auch die »vernünftige« Religion der Aufklärung blieb noch von vielen Vorgaben der christlichen Glaubensüberlieferung geprägt, vor allem, wie man heute sieht, unter dem Einfluß der gleichzeitigen innerevangelischen Bewegung des Pietismus. Ob man sich dieser Prägung immer bewußt war, kann dahingestellt bleiben. Wichtiger aber ist dies: Gerade weil man sich vom kirchlichen Offenbarungsglauben unabhängig machen wollte, setzte ein unerhört kraftvolles neues Nachdenken über Gott ein – bis hin zu neuen Versuchen eines vernünftigen Gottesbeweises –, eine »natürliche Theologie«, die, der Kritik Immanuel Kants zum Trotz, bis tief ins 19. Jahrhundert hinein immer imponierendere Gedankengebäude hervorbringt. Gottesgewißheit versteht sich nicht mehr von selbst, und insofern ist die alte Gotteserfahrung zu Ende. Aber Gott kann der Vernunft gewiß werden – ohne Widerspruch zur Erfahrung, im Gegenteil, in Anknüpfung an sie.[23]

Freilich gerät diese »natürliche Theologie« nun in eine das ganze 19. Jahrhundert bestimmende Auseinandersetzung an zwei Fronten. Die eine: Die Kirchen – die katholische nicht anders als die evangelischen – bestehen gegen die Aufklärung nun erst recht auf der Glaubenserkenntnis aus göttlicher Offenbarung. Jetzt erst wird »die Offenbarung« der große Gegenbegriff zur »Vernunft« der Aufklärung: Er umfaßt das Ganze der Glaubenslehre und alle Einzelheiten, insofern sie der »Vernunft« gerade *nicht* zugänglich sind und als solche den Glauben zum Glauben, die Kirche zur Kirche machen.

Die andere Front: Schon im 18. Jahrhundert hatte eine starke Linie der französischen Aufklärung im Unterschied zur deutschen auf direkten Wegen zur grundsätzlichen Bestreitung der Wirklichkeit Gottes geführt. Im 19. Jahrhundert »zieht man« in Deutschland auf neuen Bahnen »nach« in der sogenannten *Religionskritik.* Die Überzeugung von der Wirklichkeit Gottes, so sagt man, hat sich von jeher dort eingestellt, wo der Mensch vor ungelösten Rätseln stand und mit sich selbst und mit der Welt nicht mehr weiter wußte. Er staunt etwa über die unerklärliche Tatsache, daß etwas ist und daß er selbst das, was ist, nicht selbst gemacht hat, einschließlich seiner selbst. So faßt er die Idee von einer universalen Quelle des Seins und nennt diese Idee Gott. Der Mensch will die Tatsache seines Todes nicht akzeptieren, so faßt er die Idee eines absolut lebendigen, keinem Tod verfallenen Wesens und nennt dieses Wesen Gott, der allen Menschen die ersehnte Unsterblichkeit garantiert. Der Mensch stößt im Umgang mit der Welt vor Grenzen seines Kennens und Könnens und setzt die Idee eines allwissenden und allmächtigen Wesens wie einen »Lückenbüßer« ein. Kurzum, der Mensch baut seine Wissenslücken, seine Sehnsüchte, seine Nöte, seine unerfüllten Offenheiten, seine Ausweglosigkeiten (»Aporien«) zu einem Bild zusammen, stellt

[23] Hier ist an die »Erfahrungstheologie« Friedrich Schleiermachers (1768–1834) zu erinnern, die im 20. Jahrhundert im Gefolge Karl Barths lange geradezu als Antityp sachgemäßer christlicher Theologie galt und erst in den letzten beiden Jahrzehnten in ihrer Bedeutung neu entdeckt wird. Vgl. jetzt H. Peiter, Friedrich Schleiermacher, in: Fries/Kretschmar (Hg.), aaO. 74–88; [und die Beiträge von G. Ebeling in: Wort und Glaube III (s. Anm. 20); sowie Thielicke, aaO., 177–257].

dieses vor sich hin, »projiziert« dieses Bild nach außerhalb seiner selbst, hält es für Wirklichkeit und gibt ihm den Namen »Gott«.
Inzwischen aber hat die Wissenschaft auf allen Gebieten diesen »Lückenbüßer Gott«, diese »Hypothese Gott« entbehrlich gemacht – wo das noch nicht der Fall ist, da ist abzusehen, daß es in der Wissenschaft eines Tages dahin kommen wird. Die »Gotteserfahrung« hat sich als bloßer Gottes*glaube* erwiesen – und dieser Gottesglaube ist vor dem Forum der Vernunft unbegründet. In Wahrheit »erfährt« der Mensch nicht einen über ihm waltenden weltüberlegenen Gott, sondern nur sich selbst, den noch nicht hinreichend der Welt mächtigen Menschen. Nicht Gott schuf den Menschen nach seinem Bild, sondern der Mensch schuf Gott nach seinem Bild und Gleichnis – so die berühmt-berüchtigte Formulierung von Ludwig Feuerbach (1804–1872).[24]
Für Nichtchristen ist die Einsicht in diesen Sachverhalt Grund genug, nicht an Gott zu glauben. Der wissenschaftliche Umgang mit allen Bereichen der Weltwirklichkeit ist durch sich selbst religionskritisch. Denn er »entgöttert« die Welt, »vermenschlicht«, »hominisiert«, »säkularisiert« sie – so daß sie nun *nur noch* Welt ist.
Wenn »Gotteserfahrung« nichts als Selbsterfahrung ist, entfällt jeder Wahrheitswert und Wirklichkeitsgehalt des Wortes »Gotteserfahrung«. Die geschwundene Gewißheit Gottes kann dann durch einen vernünftig nicht mehr ausweisbaren »Glauben« auch nicht zurückgeholt werden, und wäre er subjektiv noch so fest. Wenn dann die Wissenschaft auf die verbleibenden »letzten« Fragen nach dem Sinn menschlichen Daseins nur noch halbe oder gar keine Antwort geben kann, so folgt daraus nur, daß der Mensch in Selbstbescheidung solche Fragen tapfer aushalten muß. Daß der Mensch so fragt, gehört gewiß zu seinem Wesen. Aber es gehört zum Wesen dieser Frage, daß sie keine Antwort erhält. Die Antwort jedenfalls, die Religion und Gottesglaube geben, ist nichts als Illusion, ist »Projektion«, (so Ludwig Feuerbach in der Kennzeichnung durch die Forschung), ist »Opium des Volkes« (Karl Marx), ist eine »kollektive Neurose« (Sigmund Freud).

3. Glaube gegen Erfahrung

Christen mögen und müssen gegen diese Konsequenzen angehen. Sie mögen gegen den – auch heute oft noch – schrankenlosen Optimismus der Wissenschaft antreten, alles und jedes abschließend und total erklären zu können, was jahrtausendealte Menschheitserfahrung in unendlich vielen Spielarten immer als die radikalen Rätsel des Daseins und darin als Spur des verborgenen Gottes erlebt hat. Sie mögen vor allem jene Verengung anprangern, in der die neuzeitlichen Naturwissenschaften und diejenigen anderen Wissenschaften, die auf diese oder jene Weise nach dem Modell der Naturwissenschaften ihre Forschung betreiben, als

[24] Speziell zu Feuerbach vgl. M. Xhaufflaire, Feuerbach und die Theologie der Säkularisation, München–Mainz 1972; H. Lübbe/H.-M. Sass (Hg.), Atheismus in der Diskussion. Kontroversen um Ludwig Feuerbach, München–Mainz 1975 [und den instruktiven Überblick bei W. Pannenberg, Typen des Atheismus und ihre theologische Bedeutung, in: Ders., Grundfragen systematischer Theologie (I), Göttingen [2]1971, 347–360].

»wirklich« nur gelten lassen, was sich mit den Sinnen wahrnehmen oder mit der gezielten Methode des Experimentes oder der statistischen Erhebung unter Zuhilfenahme von Instrumenten nachprüfen läßt. In diesem Protest erhalten die Christen heute auch von nichtchristlichen Wissenschaftlern genügend Schützenhilfe.[25]

Längst ist man sich im klaren, daß die »exakten« Wissenschaften ihre methodischen Grenzen haben und jenseits dieser Grenzen keine positiven, aber dann auch keine negativen Aussagen über Wirkliches und Unwirkliches machen können. Mehr noch: Es ist längst klar, daß auch die exakteste Forschung nie in einem einfältigen Sinne »objektiv« ist, als gehe von der Subjektivität des Forschers gar nichts in sie ein. Der Forscher richtet seine Experimente und Verfahren so ein, daß er seinen Gegenstand gewissermaßen »zwingt«, *bestimmte* Antworten zu geben. *Er,* der Forscher ist es also, der die gesuchte Antwort bereits vorprogrammiert, indem er *einen* Aspekt des Gegenstandes heraushebt und nicht gleichzeitig noch alle anderen berücksichtigen kann. Dabei muß er von vornherein künstliche Bedingungen schaffen, die er so in der ganzen Wirklichkeit seines Gegenstandes nicht antrifft. Man hat es bekanntlich zuerst im mikrokosmischen Bereich bemerkt, genauer: im Bereich der Quantenphysik – das ist die schon sprichwörtliche »Unschärferelation« Heisenbergs. Sie besagt, daß ich bei der Beobachtung und Messung atomarer Vorgänge die eine Größe nur messen kann, wenn ich experimentelle Bedingungen schaffe, die gleichzeitig andere Größen in bestimmter Weise beeinflussen – mit verändernden Wirkungen auf die zu messende Größe, so daß das Meßergebnis nie genau, sondern immer nur »unscharf« sein kann. So gewarnt, drängt sich eine ähnliche Einsicht dann auch auf allen möglichen anderen Forschungsgebieten auf. Nie kann man sicher sein, ob nicht das Ergebnis des Verfahrens durch die vom Forscher gestalteten Bedingungen des Verfahrens unscharf und einseitig wird, weil das Verfahren so viele eigentlich zu berücksichtigende Faktoren vernachlässigt.

Hinzu kommt der ehrlich einzuräumende Umstand, daß der Forscher in aller Regel bereits mit einer vorgefaßten Erwartung über das mögliche Ergebnis seine Untersuchung beginnt – und wer kann dann ausschließen, daß er das Ergebnis auch vorschnell als Bestätigung seiner Erwartung liest? Kurzum, mit dem Optimismus der sogenannten »positivistischen« Wissenschaftstheorie, die davon ausgeht, was sich im exakten Verfahren als Faktum bestätige, sich »verifizieren« lasse, sei wissenschaftlich gesichert und in diesem Sinne »rational« – mit diesem Optimismus ist es dahin. Die gegen diesen »Positivismus« gerichtete »bescheidenere« Theorie des sogenannten »kritischen Rationalismus« will denn auch die »Verifikation« durch das Prinzip der »Falsifikation« ersetzen: Eine wissenschaftliche Aussage wird gezielt daraufhin untersucht, ob sich ein Faktum, ein Phänomen finden lasse, das sie aufhebt, als falsch erweist (»falsifiziert«). Wenn

[25] Hier ist auf den Stand der Diskussion um die sog. Wissenschaftstheorie zu verweisen. Vgl. dazu umfassend W. Pannenberg, Wissenschaftstheorie und Theologie, Frankfurt 1974; M. Seckler, Im Spannungsfeld von Wissenschaft und Kirche. Theologie als schöpferische Auslegung der Wirklichkeit, Freiburg 1980; R. Schaeffler, Wissenschaftstheorie und Theologie, in: CGG Bd. 20 (1982), 5–83. Vgl. auch K. Meyer, Glaube und Naturwissenschaft, Wort und Antwort 22 (1981) 37–46 [und den nachfolgenden Beitrag].

nein, dann ist eine solche Aussage wissenschaftlich bewährt – aber nur »bis auf weiteres«, denn eine zukünftige Falsifikation ist grundsätzlich nie ausgeschlossen.

Der schärfste Angriff auf den Optimismus wissenschaftlicher »Objektivität« aber erfolgt durch die einfache Frage, von der man sich wundert, daß man sie nicht früher gestellt hat, nämlich: Wer gibt eigentlich dem Forscher vor, wonach er forschen soll? Und wer bestimmt, was mit den Forschungsergebnissen geschieht? Wer behauptet, er forsche ausschließlich, um zweckfrei die Wahrheit zu erkennen, müßte erklären, warum er gerade dies und nicht jenes erforscht. Er wird vielleicht antworten: Weil es mich »interessiert«. Ein nobles Motiv, denn Neugier um neuer Erkenntnis willen ist das beste Motiv der Wissenschaft überhaupt! Aber wie sicher kann der Forscher ausschließen, daß sein »Interesse« nicht bewußt oder unbewußt gesteuert ist von dem, wofür »man« sich eben interessiert und zu interessieren hat? Deutlicher: daß sein Interesse gesteuert ist von persönlichen und gesellschaftlichen Erwartungen oder beiden zugleich, die ihrerseits gar nicht mehr »wissenschaftlich« hinterfragt werden? Und vollends hat uns das Geschehen unserer Jahre belehrt, daß es auf keinen Fall gleichgültig sein kann, was mit den Ergebnissen der Forschung geschieht – man denke nur an die Atomforschung und an die Genforschung, aber auch inzwischen an die Mikroelektronik. Kein Wissenschaftler kann sich noch länger hinter den Anspruch zweckfreier Wahrheitserkenntnis zurückziehen. Tut er es doch – was wäre dann am Ende »irrationaler« und gar »ideologischer« als die ihre Rationalität beteuernde Wissenschaft?

Angesichts von soviel möglicher und faktischer »Irrationalität« braucht sich also der Glaube, der »alle Vernunft übersteigt«, keine allzu großen Vorwürfe zu machen. *Er* hat jedenfalls die Frage: Was dient es dem Menschen?, *nicht* verdrängt. Trotzdem wirkt, wer spürte es nicht täglich?, diese frühneuzeitliche »Stimmung« bedingungsloser Vernunft- und Wissenschaftsgläubigkeit weiter. Die Lebenswirklichkeit, in der die Menschen Jahrhunderte und Jahrtausende mit der Möglichkeit, Gott zu erfahren, gerechnet haben, ist heute durch Wissenschaft und technische Ausnutzung ihrer Ergebnisse unstreitig anders geworden.

Die *»säkulare« Welt* erscheint uns in Natur und Geschichte nicht mehr als Ort der Begegnung mit Gott, sondern als universale Fabrik, in der die Menschen in der Tat herstellen und auch herstellen zu *sollen* meinen, was *ihrem* Bild und Gleichnis entspricht. Zwar wird uns, und das können erklärte Nichtchristen oft beeindruckender aussprechen als Christen,[26] vor der eigenen Allmacht inzwischen angst und bange. In der Welt der totalen Produktion mit ihren Anpassungszwängen wird die Erfahrung vom Menschsein des Menschen immer schwächer und aussichtsloser. Man wird fragen müssen, ob das Bild des Menschen, das in dieser Welt aufscheint, die Lücke füllt, die früher Gott füllte – und von daher stellt sich wieder ganz neu die Frage nach Erfahrung Gottes.[27] Aber das ändert vorerst nichts daran, daß Gott in unserer an die wissenschaftlich-technische, computergesteuerte Welt gewöhnten Lebenserfahrung nicht mehr

[26] Vgl. als besonders beeindruckendes Beispiel H. E. Richter, Der Gotteskomplex. Die Geburt und die Krise des Glaubens an die Allmacht des Menschen, Reinbek 1979.
[27] Darauf ist w. u. S. 76–84 zurückzukommen.

kommt«. Um Gott ist es »finster« geworden, mit Martin Buber zu reden.[28] Der Glaube kann gegen diese Gott losgewordene Welterfahrung »anglauben«. Wenn er es tut, so nur in einer aktiven Anstrengung. Diese bestätigt den Auseinanderfall von Glaube und Erfahrung auch dann noch, wenn sie ihn am Ende zu überwinden vermag.

4. Flucht nach vorn?

Vor diesem Hintergrund ertönt im letzten Viertel des 20. Jahrhunderts die neue Rede von »Gotteserfahrung«. Am bescheidensten, aber auch am mutlosesten klingt die bange Frage: »Kann man heute noch Gott erfahren?« Wer so fragt, tritt ein in die Solidarität all derer, die den Auseinanderfall von Gottesgewißheit und Lebenserfahrung als brennenden Schmerz erleben. Er hat von der Hoffnung auf Gottesgewißheit und neue Gotteserfahrung noch nicht gelassen, aber er fürchtet doch nichts mehr als große Worte, die keinen »Erfahrungsgehalt« (Jörg Splett) mehr haben.

Andere unternehmen eine Art »Flucht nach vorn« und sagen kühn: »Wir erfahren auch heute Gott, aber ganz anders und an ganz anderen ›Orten‹ als früher.« Sie verordnen dem Glauben und der Theologie neue Erfahrungsbezüge. Es beeindruckt, wie einfach und ohne einen unwidersprechlichen Haftpunkt dafür vorzeigen zu können, sie davon ausgehen, daß auch unsere Welt die Welt Gottes ist und Gott daher in ihr zum Vorschein kommt – man muß nur gründlich genug nach den neuen Orten der Begegnung mit ihm suchen. Aber darf man die bange Frage der ersten Gruppe, ob man *überhaupt* Gott noch erfahren könne, oder ob nicht doch vielleicht alles Einbildung sei, so hurtig überspringen, die Beweislast so hemmungslos umkehren?

Und die dritte Gruppe, die der modernen Charismatiker, beteuert gar, sie wisse, wo man Gott erfahren könne: in der Geisterfahrung, die sich in der zum Hören, Beten, Miteinander-Sprechen zusammenkommenden Gemeinde einstellen werde. Aber ist man wirklich berechtigt und verpflichtet, die moderne Erfahrung – und das ist nun wirklich eine »Erfahrung!« – eines »nicht vorkommenden« Gottes so einfach für ein Irrlicht zu halten, das ein eigentlich gar nicht existierendes Problem anzeigt? Gewiß ist der herzhafte und offensive Widerstand gegen einen Zeitgeist, der die Wirklichkeit auf wissenschaftliche und technische Machbarkeit (und in der Folge die Theologie auf rationale Reflexion!) reduziert, eine heilsame Provokation. Aber Fragen, die man sich nicht selbst ausgesucht hat, die einem modernen Menschen vielmehr aufgezwungen werden, wollen beantwortet, nicht vom Tisch geschoben werden. So kommen wir am Ende des geschichtlichen Durchblicks zu einer

1. These: Die Gotteserfahrung, in der Vergangenheit selbst schon immer sehr vielgestaltig und sogar gelegentlich strittig, hat sich heute, unter den Bedingungen des wissenschaftlich-technischen, des industriellen und gar postindustriellen Zeitalters, so radikal gewandelt, daß sie sich nicht mehr von selbst versteht. Der Glaube an Gott kann die Zweifel an ihrem Wirklichkeitsgehalt nur in einer akti-

[28] Vgl. M. Buber, Gottesfinsternis. Betrachtungen zur Beziehung zwischen Religion und Philosophie, in: Ders., Werke I, München 1962, 501–603.

ven Anstrengung zerstreuen, die eben deshalb ihre frühere Selbstverständlichkeit nicht wieder zurückgewinnen kann.
Damit ist uns ganz neu die Frage aufgenötigt, was denn »Gotteserfahrung« ernsthaft heißen kann, oder anders: Wie bekommt »Erfahrung« mit »Gott« zu tun?

III. »Erfahrung« und »Gott«

1. Das Wort »Erfahrung«

Ein Wort, das in aller Munde ist, hat selten einen eindeutigen Sinn. Das gilt auch für das Wort »Erfahrung«. Wir mußten es schon vermuten bei den ganz verschiedenen Reaktionen auf die geschilderten Wandlungen von damals zu heute: Sie sind ja wohl nicht deswegen so verschieden, weil etwa Gott anders geworden wäre oder sich anders zeigte, sondern weil man jeweils mit »Erfahrung« etwas anderes meint. Das bestätigt sich bei einem Blick in die heutigen Bemühungen, den Begriff »Erfahrung« zu klären. Er gehört, wie man festgestellt hat, zu den »unaufgeklärtesten« Begriffen heutigen Denkens, obgleich man ihn doch gerade als Vorzugswaffe im Kampf um den Sieg von »Aufklärung« einsetzt.[29] Jeder Interpret spitzt seine Analyse auf etwas anderes zu – je nachdem, zu welchem Zwecke er gerade »Erfahrung« in seine Überlegungen einbeziehen möchte. Es steht zu befürchten, daß auch wir diesem Schicksal nicht entgehen. Um es so tragbar wie möglich zu machen, hier zunächst einmal einfach eine Art »Liste« dessen, was man mit diesem Wort »Erfahrung« alles meint und meinen kann.[30]
»Er-fahren« hat ursprünglich mit »fahren« zu tun, also mit reisen. Schon hier durchdringen sich aktives und passives Verhalten. Man kann »fahren«, um absichtsvoll etwas kennenzulernen – ein Land, eine Kultur, fremde Menschen –, aber jeder Urlaubsreisende weiß, daß ihm auch Unerwartetes »widerfahren« kann, und das macht oft nicht den geringsten Reiz einer Reise aus. Von der Reise wird das Wort entsprechend auf alle Gebiete übertragen, wo es sinnlich, ja handgreiflich Wissen und Können zu vermehren gibt. So werden einem Erfahrungen ungefragt, passiv zuteil, aber ebenso kann Erfahrung gezielt »gemacht«, gesammelt, aktiv erstrebt werden. Erfahrung ist die geordnete Summe aus vielen Wahrnehmungen. Erfahrung ist überliefertes, bewährtes Wissen vieler vergangener Generationen (z. B. weitergegebene Berufserfahrung im Handwerk). Erfahrung kann aber auch gerade das *Neue* meinen, das in keiner Überlieferung

[29] Vgl. H.-G. Gadamer, Wahrheit und Methode. Grundzüge einer philosophischen Hermeneutik, Tübingen 1960, ^{3}1972, 329: »Der Begriff der Erfahrung scheint mir – so paradox es klingt – zu den unaufgeklärtesten Begriffen zu gehören, die wir besitzen.« Ähnlich Ch. Wild, in: A. Kessler / A. Schöpf / Ch. Wild, aaO. (s. Anhang), 385.
[30] Vgl. die philosophischen und begriffsgeschichtlichen Überblicke im Anhang, bes. aber D. Mieth, Nach einer Bestimmung des Begriffs »Erfahrung«: Was ist Erfahrung? Concilium 14 (1978) 159–167.

schon mitgegeben ist. Erfahrung ist das auf Tatsachen gegründete, experimentell überprüfte, nachgemessene und durchgerechnete, daher jederzeit reproduzierbare Wissen und steht gegen bloße gedankliche Spekulation. Erfahrung ist das subjektive, unableitbare Erlebnis und steht gegen vernünftige Einsicht. Erfahrung ist das selbstverständliche, den Zweifel beiseite schiebende praktische Engagement und steht gegen Theorie. Erfahrung ist die Summe des nach und nach, höchst persönlich ebenso wie im Kontakt mit der Gemeinschaft erworbenen Wissens und Könnens – die »Tugend« im mittelalterlichen Verständnis –, worin alle Erkenntnisse zur sprichwörtlichen »Weisheit des Alters« integriert sind, und steht so gegen bloße Schulbuchweisheit. Eine Erfahrung kann aber auch als plötzliche, einmalige neue Erkenntnis widerfahren, die alles bisherige Wissen in Frage stellt – sie steht dann gegen eingeschliffene Denkgewohnheiten. Erfahrung ist abgeschlossen oder unabgeschlossen – und gar unabschließbar. Erfahrung macht man mit Personen, und das ist etwas ganz anderes als Erfahrung im Umgang mit Sachen. Erfahrung ist unverfügbar – oder läßt sich auf Abruf zur Verfügung halten. Erfahrung ist, auch wenn sie unverfügbar ist, nie im strengen Sinne unmittelbar, denn sie ist immer sozial vermittelt, und das heißt vor allem: Sie ist sprachlich vermittelt – wie ich sie benenne, so ordne ich sie in einen vorgegebenen Rahmen ein. Erfahrung kann eine »tragende« Erfahrung meinen, die alle Einzelheiten des Lebens prägt – zum Beispiel die Erfahrung einer gelingenden Ehe –, oder sie kann eine flüchtige Allerweltserfahrung sein, die keine Spur hinterläßt – wie etwa die Lektüre eines langweiligen Buches. Erfahrung kann Krisen lösen – und Krisen erzeugen. Erfahrung ist »kategorial«, das heißt, sie richtet sich direkt auf einzelne Dinge und Sachverhalte. Oder sie ist »transzendental«, sie wird verstanden als jene ungegenständliche Selbsterfahrung, die der Grund der Möglichkeit aller Einzelerfahrung, in dieser immer eingeschlossen ist, ohne doch jemals selbst als gegenständliche Einzelerfahrung aufzutreten. Erfahrung interpretiert sich selbst – oder sie wird überhaupt erst Erfahrung durch Interpretation, durch »Deutung«. Erfahrung kann schließlich selber Gegenstand von Erfahrung sein: Ich erfahre, daß ich Erfahrungen mache, ich mache Erfahrungen mit Erfahrungen – das wird für unser Thema noch wichtig werden.
Kann ein so verwirrend vielschichtiger Begriff überhaupt noch hilfreich sein? Man kann es fast bezweifeln. Nicht zu bezweifeln ist, daß alle genannten und im alltäglichen oder wissenschaftlichen Sprachgebrauch vorkommenden Bestimmungen von »Erfahrung« etwas bezeichnen, was es wirklich gibt. Darum brauchen wir auch für unsere Fragestellung nach Gotteserfahrung den Streit um den »richtigen« Erfahrungsbegriff nicht zu schlichten. Wir müssen freilich unterscheiden, etwas ordnen und zusammenziehen.

2. Unterscheidung der »Erfahrungen«

Klammern wir zunächst alle »empiristischen« Begriffsbestimmungen von »Erfahrung« aus, also alle, die mit »Empirie« und darum mit Messen, Zählen, Experimentieren zu tun haben. Es ist ja von vornherein klar – und fast ist es zu banal, es überhaupt zu betonen –: In einem Meßergebnis, im Resultat eines Experimentes kann Gott so wenig vorkommen wie in einer Statistik.

Die verbleibenden anderen Erfahrungen können wir gliedern in persönliche (individuelle) und gemeinschaftliche (kollektive) Erfahrungen. Sie können sich beide noch einmal unterscheiden je nachdem, ob sie sich auf Sachen oder auf Personen beziehen. Doch können wir die sachbezogenen hier vernachlässigen, denn auch wenn sie ohne wissenschaftliches Instrumentarium geschehen, so gehören sie doch grundsätzlich in den Bereich der hier ausgeklammerten »empiristischen« Erfahrungen. Sie können freilich auf die Erfahrungen unter Personen sich prägend auswirken – darauf kommen wir zurück.

Wir meinen also im folgenden Erfahrungen, die Personen miteinander machen. Persönliche Erfahrungen sind darum »personale« Erfahrungen, und kollektive Erfahrungen sind »soziale« Erfahrungen. Betrachten wir die letzteren nicht nur im Querschnitt einer jetzt lebenden Generation, sondern auch im Längsschnitt mehrerer und gar vieler Generationen, so können wir sie geschichtliche Erfahrungen nennen. Bei genauerem Hinsehen sind soziale Erfahrungen immer geschichtliche Erfahrungen, weil eine Gemeinschaft nicht nur durch zufällige aktuelle Interessen zusammengehalten wird wie ein Verein, sondern durch eine gemeinsame Erinnerung, eine gemeinsame Herkunft, eine gemeinsame (angenommene oder abgewiesene) Geschichte. Am deutlichsten zeigt sich das im Phänomen der Sprache.[31] Und eben daran zeigt sich auch noch die soziale Vermittlung noch der persönlichsten Erfahrung, die gerade ihr Persönlichstes nur deutlich machen kann vor dem Hintergrund der sprachlich geschehenden Einbindung in die geschichtlich gewachsene Gemeinschaft.

Machen wir nach dem Modell eines dieser Typen von Erfahrung auch Erfahrung Gottes? Nehmen wir uns, ehe wir zu antworten versuchen, noch einen Augenblick Zeit, solche Erfahrungen zu beschreiben.

Da ist zunächst die persönliche Erfahrung des einzelnen. Sie kann die Summe eines langen Lernens und Übens sein – »Tugend« im mittelalterlichen und schon im griechisch-philosophischen Sinne. Wir sagen etwa von einem Menschen: »Er ist ein erfahrener Menschenkenner (Lehrer, Seelsorger, Beichtvater usw.).« Ein solcher Mensch hat mit anderen Menschen so viel zu tun gehabt, daß er auf niemanden mehr hereinfällt. Er hat gewiß auch viel studiert, vor allem aber hat er viel beobachtet – und er hat wiederholt etwas *getan:* Er ist mit Menschen umgegangen, hat sich mit ihnen auseinandergesetzt. Die dabei gewonnene Menschenkenntnis ist inzwischen längst jenseits gezielter wissenschaftlicher Reflexionen, sie ist gewissermaßen »intuitiv« geworden. Wenn er einen Menschen einzuschätzen hat, zieht er nicht gewissermaßen einen inneren Karteikasten zu Rate, er hört vielmehr einen anderen Menschen reden, sieht sein Mienenspiel, seine Gesten – und weiß Bescheid. Gewiß kann er sich irren – aber er irrt sich selten. Die Summe aus vielen Wahrnehmungen und Resultaten des Handelns befähigen zum zielsicheren Reagieren und eigenen Handeln ohne mühseliges Überlegen.[32]

Persönliche Erfahrung kann aber auch die Form eines einmaligen, zumindest

[31] Vgl. G. Ebeling, Einführung in theologische Sprachlehre, Tübingen 1971, bes. 88–149; 183–201; R. Scherer, aaO. (s. Anhang); B. Casper, Sprache und Theologie. Eine philosophische Hinführung, Freiburg 1975, 58–83.

[32] Zur Vertiefung dieser und der folgenden Überlegungen vgl. Eicher, »Wahrhaftig, Du bist ein verborgener Gott« (s. Anhang), 78–88.

erstmaligen plötzlichen Widerfahrnisses haben, das gerade *keine* Summe aus vielen Wahrnehmungen und Begegnungen zieht, sondern mit einem Schlag die Summe aller bisherigen Erfahrungen durchkreuzen, zumindest in neuem Licht erscheinen lassen kann. Ein junger Mensch etwa macht seine »erste Liebeserfahrung« – und die ganze Welt sieht völlig neu aus. Solche Erfahrung kann man weder durch eine gezielte Methode herbeiführen, noch kann man sie durch lange Übung erwerben. Sie läßt sich auch nicht auf Abruf wiederholen, hat vielmehr die Eigenart eines unerzwingbaren Geschenkes, für das man freilich offen sein muß. Sie entzieht sich auch einer Kontrolle. Schon der Versuch, sie »wissenschaftlich« exakt zu beschreiben, würde sie in ihrer einmaligen Personalität zerstören. Man kann Liebeserfahrungen nur *im allgemeinen* auf ihre gemeinsame Eigenart untersuchen – in engen Grenzen –, nie aber die ganz persönliche Liebeserfahrung dieses einen mit diesem anderen Menschen in ihrer Je-Einmaligkeit. Trotzdem ist es eine Erfahrung von absolut gewissem und selbst-verständlichem Wirklichkeitsgehalt, und die Forderung: Beweise doch einmal, daß der andere dich wirklich liebt und daß du den anderen wirklich liebst!, ist geradezu lächerlich angesichts der höchst wirklichen Veränderungen, die mit einem Menschen vor sich gehen, wenn er eine Liebeserfahrung macht.

Weder die summierenden noch die widerfahrenden persönlichen Erfahrungen müssen immer positiv sein. Wenn ein Mensch viel Böses und viele Enttäuschungen in seinemLeben erlitten hat und zusätzlich noch scharfsinnig all die bösen Möglichkeiten des Menschen überschaut, wird er aus der Summe seiner Erfahrungen mißtrauisch, er wird die ihn umgebende (Menschen-)Welt bis zum Erweis des Gegenteils immer als bedrohlich und feindlich empfinden, im äußersten Fall bis zu krankhaftem Verfolgungswahn und manischer Depression. Ebenso macht der plötzlich widerfahrende Tod eines geliebten Menschen die Welt leer, und weder ihre verlockendsten Angebote noch ein »rationaler Gegenbeweis« können der Erfahrung der Leere ihre Kraft nehmen.

Auch Gemeinschaften gleich welcher Struktur und Größenordnung können Erfahrungen machen. Die Völker Europas, die noch 1914 singend in den Krieg für die als unbezweifelbar gerecht empfundene eigene Sache zogen, haben spätestens seit 1918 – die Kriegsteilnehmer wohl schon seit 1915 – die Erfahrung machen und vertiefen können, daß der Krieg unter den modernen technischen Bedingungen endgültig aufgehört hat, ein gerechtes Mittel auch der gerechtesten Politik zu sein, schon gar nicht einer »national« motivierten Politik. Zwar gibt es gelegentlich immer wieder Anlaß zum Zweifel, ob nicht diese Lektion wieder vergessen wurde. Anderseits sind heute auch noch die finessenreichsten internationalen Abrüstungsverhandlungen von der »Erfahrung« getragen, daß ein dritter Weltkrieg unter keinen Umständen ausbrechen darf, weil auch noch die »gerechteste« Verteidigung das zerstören müßte, was sie schützen will.[33] Und nach den Kriegsereignissen in Vietnam, im Nahen Osten, in Lateinamerika wächst

[33] Dies ist nicht etwa Gegenstand, sondern selbstverständlicher Ausgangspunkt der aktuellen Friedensdiskussion, und zwar in allen ihren »Denkschulen«. Hier stellvertretend für viele nur der Hinweis auf den gerade in seiner Nüchternheit überzeugenden Beitrag von K. W. Deutsch, Der einzelne und der Friede, in: H. J. Schultz (Hg.), Was der Mensch braucht. Anregungen für eine neue Kunst zu leben, Stuttgart 1977, 94–107.

die »Erfahrung«, daß auch die regionalen Auseinandersetzungen (weit über hundert nach dem Zweiten Weltkrieg!) vermieden werden müssen, weil der kleine Funke (»Stellvertreterkriege«) allzuleicht den großen Brand auslösen kann. Kurzum: Allen Verblendungen einzelner Völker und Staatsmänner zum Trotz ist es eine *geschichtliche* Erfahrung unseres Jahrhunderts, daß der Friede die einzige Überlebenschance der Menschheit ist.

An dieser Stelle greifen denn auch die messenden und experimentierenden Erfahrungswissenschaften in die beschriebenen zwischenmenschlichen Erfahrungen ein. Nicht mit ihren Instrumenten und Tabellen, wohl aber mit den menschlichen und ethischen Problemen, die ihnen folgen. Die Fortschritte der Naturwissenschaften selbst haben die Erfahrung vertieft, daß man sie nicht mit sich selbst und ihrer »Eigengesetzlichkeit« allein lassen darf, sondern ihnen Maßstäbe setzen und sogar Arbeitsrichtungen zuweisen muß, die aus andersartigen Erfahrungen stammen als denen, die sie selber machen. Dabei ist es eine völlig nachgeordnete Frage, ob die betroffenen Wissenschaftler selber über diese Maßstäbe nachdenken oder andere, die »Gesellschaft«, oder beide gemeinsam. Daß Forschung nicht mehr als »wertneutral« gelten kann, beginnt sich herumzusprechen.

Bei der Frage nach Krieg und Frieden, das heißt: bei der Waffentechnik und der ihr gewidmeten Forschung ist das mit Händen zu greifen – und erregt auch bei jedem spektakulären »Fortschritt« die nötige öffentliche Aufmerksamkeit. Aber »Krieg und Frieden« ist ja längst nicht mehr das einzige Problemfeld. Heute lacht niemand mehr wie noch vor 20 Jahren über das Fernziel eines »blauen Himmels über der Ruhr«, weil wir inzwischen über jeden Zweifel hinaus »erfahren« haben, daß der Fortschritt von Wissenschaft und Technik, von industriellem Aufschwung und Konsumansprüchen aus einer lästigen, aber ertragbaren Umweltstörung die drohende Gefahr weltweiter Umwelt*zer*störung gemacht hat. Und das vergangene Jahrzehnt brachte uns, als konsequente Fortentwicklung der Errungenschaften des nur noch produzierenden Menschen, die grauenvolle Ahnung eines total computergesteuerten und elektronisch überwachten mitmenschlichen Zusammenlebens, das nur noch findig angepaßte Funktions- und Rollenträger duldet, aber Freiheit, neuen Anfang, Kreativität, Verantwortung, eigenen Lebensentwurf zur schönen Sonntagstheorie herabstuft – ausgenommen die wenigen, die an den Schalthebeln der Computer und Datenträger sitzen. Die Beispiele reichen von der elektronischen Registrierkasse, bei der die Buchungstaste zugleich die Arbeitsgeschwindigkeit der Verkäuferin »bucht«, über den computergerechten, bis in die Intimsphäre vordringenden schulärztlichen Fragebogen des Gesundheitsamtes bis hin zu den Riesendateien des Staates, der Polizei, der Krankenkassen, der Banken, der Industrie, an die immer mehr Menschen immer weniger gehindert herankönnen und denen offenbar kein Datenschutz mehr wirklich gewachsen ist.

Wir müssen ehrlich hinzufügen: Auch der deprimierte Kritiker solcher Entwicklungen und der ihnen folgenden »geschichtlichen Erfahrungen« kann sich diesen nicht entziehen. Ohne Wissenschaft und Technik können die Menschen heute nicht mehr überleben – nein: müßten noch mehr Menschen verhungern, als ohnehin schon zugrunde gehen, weil erarbeiteter Reichtum nicht solidarisch allen zugute kommt. Zudem geht auch der Kritiker in den Supermarkt, wenn er dort billiger und schneller seinen Bedarf decken kann als im vielzitierten »Tante-Emma-Laden«. Der Kritiker ist so mitschuldig wie die Kritisierten. Aber deshalb muß er dennoch sagen, was er glaubt verstanden zu haben. Er muß es vor allem laut sagen zugunsten derer, die unter diesem »System« von immer rationellerer und immer größerer Produktion nicht nur menschlich leiden, weil es Möglichkeiten der Erfahrung von Menschen zunichte macht, sondern buchstäblich zugrundegehen – wie z. B. die älteren und alten Menschen, deren Stadt verödet und die keine Möglichkeit haben, zum Großeinkauf im Großmarkt an den Stadtrand zu fahren... Und er muß dann gegebenenfalls auch Widerstand leisten und andere dazu anstiften – dem Konsumterror widerstehen in der Hoffnung, auch wenn sie vorerst ohnmächtig ist, auf eine wachsende allgemeine Verweigerung, die eine Produktionsvermehrung *nur* um der Vermehrung willen aussichtslos macht.

Zurück zu unserem Ausgangspunkt. Es gibt also gemeinschaftliche geschichtliche Erfahrungen. Gemeinschaften können aber auch, wie Einzelpersonen, einmalige, schockartige, jedoch alles verändernde Erfahrungen machen. Leider sind die negativen Erfahrungen meist die nachhaltigsten. Ein Erdbeben etwa, eine katastrophale Überschwemmung, eine Mißernte mit nachfolgender Hungersnot kann in einem ganzen Volk Prioritäten umstellen, die Wertmaßstäbe verändern, neue gemeinsame Zielsetzungen und Anstrengungen auslösen. Wer weiß, ob *allein* die gewachsene Erfahrung mit den *Möglichkeiten* der Atomwaffen die Ächtung des Krieges schon so tief im allgemeinen Bewußtsein verwurzelt hätte! Aber die *wirkliche* Explosion der ersten beiden Atombomben 1945 hat schlagartig zur allgemeinen Erfahrung gemacht, daß ein Atomkrieg nicht unter Kontrolle zu halten und darum unbedingt zu verhindern ist. Seitdem ruht der Friede vorerst und auf noch nicht absehbare Zeit auf dem Gleichgewicht des Schreckens, das heißt: auf der gegenseitigen Vernichtungsdrohung – und setzt hoffentlich genügend Energien frei, ihn bald auf eine bessere Grundlage zu stellen. Pessimistische Zukunftsforscher wie Carl Friedrich von Weizsäcker sagen heute, daß es schon eines moralischen Wunders an gemeinsamer Anstrengung der Menschheit bedarf, wenn nicht doch noch vor dem Jahre 2000 ein dritter Weltkrieg ausbrechen soll.[34]

3. *»Gott« in der Erfahrung*

Wir haben uns anscheinend weit von der Frage nach Gotteserfahrung entfernt und müssen nun um so schärfer die Frage stellen: Erfahren wir auf eine der beschriebenen Weisen *Gott?* Die Antwort kann nur heißen: Nein! Wir erfahren Gott nicht, wie ein erfahrener Menschenkenner auf Anhieb Menschen durchschaut. Denn das kann man ja, ein wenig Begabung vorausgesetzt, einüben und gezielt perfektionieren. Gott ist aber nicht Gegenstand einer Übung, an deren Ende ich sicher um ihn wüßte und ihn mit Gewißheit besäße.

Man kann Gott auch nicht erfahren, wie ich mit einem anderen Menschen das

[34] Vgl. C. F. von Weizsäcker, Wege in der Gefahr, München–Wien [4]1977, bes. 109 bis 139.

unerzwingbare Erlebnis einer Liebe habe.[35] So sehr auch manche Zeugnisse der Tradition und sogar der Bibel selbst einen solchen Gedanken nahelegen und die Beziehung des Menschen zu Gott nach dem Modell einer Liebeserfahrung beschreiben, so kann doch der trennende Unterschied nicht übersehen werden, daß die Liebeserfahrung und ihre unwidersprechliche Gewißheit nur erwachen, wenn sich die Liebenden von Angesicht zu Angesicht gegenüberstehen. Gott aber steht dem nach ihm Suchenden nicht gegenüber, im Gegenteil, der unwidersprechlichen Erfahrung drängt sich viel eher der Eindruck auf, daß er gar nicht da und eine allfällige Überzeugung von seiner Nähe eine Einbildung ist.

Ähnliches gilt für die geschichtlichen Erfahrungen, besonders die in unserem Jahrhundert. Was wir in gemeinsamem Erlebnis unserer Gegenwart und in gemeinsamer Erinnerung an die Geschichte erfahren, ist entweder die Größe des Menschen und die sinnvolle, Hoffnung weckende Richtung, die er in Gemeinschaft mit seinen Mitmenschen der Geschichte zu geben vermag, oder es ist – und dies offenbar unendlich viel nachhaltiger – die Erfahrung faktischer kollektiver Ohnmacht und faktischer Übermacht des Bösen, die den Verdacht nährt, daß die Geschichte der Menschheit in einem sinnlosen Untergang enden, daß, wie Teilhard de Chardin warnt, das »Experiment Menschheit« auch scheitern,[36] daß der Mensch, mit Jacques Monod zu reden, im Ganzen der Evolution eine zufällige Episode bleiben könnte.[37] Oder wer hätte den Mut, an den geöffneten Toren der von den Alliierten befreiten Konzentrationslager, oder am Morgen nach der Nacht von Hiroshima, oder vor den Mordopfern der jungen und älteren Diktaturen unserer Tage von Gottes erfahrbarer Nähe in der Geschichte zu reden? Und ist in der Gesellschaft des zum Produzenten und *nur* zum Produzenten degradierten Menschen noch ein Ort zu finden, wo das einen Sinn enthüllen könnte, was in der Vorgeschichte unserer Zeit mit »Gott« gemeint war?

So kommen wir zu einer

2. These: Gott ist kein Gegenstand unserer Erfahrung.

Man muß es in der Tat mit solch gnadenloser Härte ausdrücken – und dabei das Wort »unserer« (Erfahrung) betonen. Es gibt keine Gotteserfahrung, wenn wir irgendeinen Begriff von Erfahrung dabei in Anspruch nehmen, wie er im heutigen Sprachgebrauch Verwendung findet. Wer den volltönenden Satz sagt: »Wir erfahren Gott heute ganz anders als früher«, und wer gar sagt: »Ich habe Gott erfahren«, der ist uns zuerst einmal eine Rechenschaft schuldig, was er denn hier mit »Erfahrung« meint, und zwar im Unterschied zu jedem heutigen alltäglichen oder wissenschaftlichen Gebrauch des Wortes »Erfahrung«. Andernfalls müßte er, falls er beim »normalen« Gebrauch des Wortes »Erfahrung« bleibt, den Verdacht zulassen, daß er mit »Gott« etwas ganz anderes meint, als

[35] So auch in aller Klarheit P. Eicher, aaO., 88.

[36] Vgl. P. Teilhard de Chardin, Die Hominisation, in: Ders., Die Schau in die Vergangenheit, Olten–Freiburg 1965 (frz. Paris 1957), 77–117, bes. 99–117; dazu P. Smulders, Theologie und Evolution. Versuch über Teilhard de Chardin, Essen 1963, 179–207.

[37] Vgl. J. Monod, Zufall und Notwendigkeit, München 1975, (^{4}1979) (frz. Paris 1970), 141–157.

man immer mit diesem Wort verbunden hat – nämlich in diesem Fall letztlich ein Weltphänomen, da »Erfahrung« es nach »normalem« Sprachgebrauch immer und ausschließlich mit welthaften Phänomenen zu tun hat.

Solange eine solche Rechenschaft ausbleibt, gilt unverändert Rudolf Bultmanns Satz: »Wir können nur an Gott glauben *trotz* der Erfahrung.[38] Oder der ebenfalls von Rudolf Bultmann stammende andere Satz, mit dem er die Eigenart der Gottesbeziehung des Menschen in dieser Welt charakterisiert: »Die da eine moderne Weltanschauung haben, sollen leben, als hätten sie keine.«[39]

Christliche Theologen unserer Tage stellen diese Sätze und das dahinter stehende Verständnis von der Sache in kritischer Auseinandersetzung als den Beweis für eine völlige Entfremdung zwischen menschlichem Gottesverhältnis und menschlichem Weltverhältnis hin – und betrachten es als Alarmsignal für Kirche und Theologie, alle Anstrengung zu unternehmen, einen unserer Zeit gemäßen Erfahrungsgehalt des Wortes »Gott« zurückzugewinnen, Gotteserfahrung und Welterfahrung wieder zur Deckung zu bringen, weil das Gegenteil für den Glauben unerträglich ist.[40] Das ist ein völlig gerechtfertigter Grundimpuls, und über die »Entweltlichung« des Gottesverhältnisses nicht nur bei Rudolf Bultmann wäre manches Kritische zu sagen. Auch konstatiert ja Bultmann den Gegensatz von Erfahrung und Glaube vornehmlich am Fall der wissenschaftlich-technischen Weltgestaltung – also da, so ist man versucht zu sagen, wo er, jedenfalls heute, am wenigsten bedrohlich ist, nicht aber da, wo die ganze Unheilswirkung der »Gottesfinsternis« inzwischen auch vom letzten »kleinen Mann« erfahren wird: im Miteinander der Menschen, das immer weniger eines ist.

Trotzdem führt an dem Grundsachverhalt, den Sätze wie die von Bultmann namhaft machen, kein Weg vorbei: Keine Welterfahrung auf irgendeinem Gebiet, sei sie positiv oder negativ, gibt die Gegenwart Gottes dergestalt zu erkennen, daß sie unwidersprechlich wäre, Anspruch auf jedermann ausweisbare zwischenmenschliche Verbindlichkeit erheben und daher auch mitgeteilt werden könnte, wie nur immer Erfahrungen unter Menschen mitgeteilt und ausgetauscht werden können. *Wenn* es trotzdem zur Gewißheit der Wirklichkeit Gottes kommt, dann durch einen Vorgang und Vollzug, der dem Augenschein jeglicher und vor allem jeder direkt gegenteiligen Erfahrung widersteht und sich sogar gegen sie durchsetzt.

Diesen, jeden Vergleich mit anderen Vollzügen überschreitenden, ja sprengenden Vorgang und Vollzug nennen wir »Glaube«. Eine direkte Bezugsetzung von Erfahrung und *Gott* ist illusorisch. Sie kann bei Licht betrachtet nur in der subjektiven Beliebigkeit ihren Ort haben – das Phänomen des Atheismus aller Zeiten stößt uns täglich darauf. Die Bezugsetzung zwischen Erfahrung und *Glaube an Gott* jedoch ist keineswegs illusorisch, sondern nun gerade ein drängendes

[38] Vgl. R. Bultmann, Jesus Christus und die Mythologie, Hamburg 1964, 99.

[39] R. Bultmann, aaO., 101.

[40] Vgl. stellvertretend für viele Stimmen H. Zahrnt, Die Sache mit Gott. Die protestantische Theologie im 20. Jahrhundert, München 1966, 311–325; D. Sölle, Atheistisch an Gott glauben. Beiträge zur Theologie, Olten–Freiburg 1968, ³1969, 60–68; P. Eicher, Die verwaltete Offenbarung. Zum Verhältnis von Amtskirche und Erfahrung. Concilium 14 (1978) 141–148, hier: 146 f.

Problem, für dessen Aufhellung es auch gar nicht bei den zitierten Sätzen Bultmanns bleiben muß. Kurzum, unser Thema hat sich notwendig gewandelt. Es heißt nun nicht mehr: Gotteserfahrung – ja oder nein, sondern: Lebens- und Erfahrungsbezug des *Glaubens.* Damit erreichen wir die nächste Stufe unserer Überlegungen: Auf welche Erfahrungen bezieht sich der Glaube? Und hat, wenn schon nicht Gott selbst, so doch der Glaube an ihn einen Anhaltspunkt gerade in dieser »gott-losen« Erfahrung?

IV. Gotteserfahrung im Glauben

1. »Erfahrung mit Erfahrung«

Am Ende unserer bisherigen Überlegungen steht der »Glaube« wie ein *deus ex machina,* wie ein Trick mit einem Zauberstab, der nun plötzlich mir nichts dir nichts das Problem entschwundener Gottesgewißheit lösen soll. Ist es so? Und wenn ja, haben wir *das* dann nicht schon immer gewußt?

Der Eindruck des billigen Zauberkunststücks, der den ganzen Schmerz der modernen »Abwesenheit Gottes« doch nicht ernst nimmt, mag sich noch dadurch verstärken, daß wir hier jetzt nicht ausführlich bedenken können, was »glauben« heißt und »wie man das macht«.[41] Und doch will der »Glaube«, wenn er wirklich solcher ist, eben die geschilderten Erfahrungen ernst nehmen, ernster als jede denkbare andere menschliche Reaktion darauf. Das mag schon deutlich werden, wenn wir hier nur soviel vom Glauben zusammenfassen:

Glaube ist ein wesentlich *anderes* Verhalten gegenüber den geschilderten Welterfahrungen, denen die Menschen heute ausgesetzt sind.

Glaube ist ein *erhellendes* Verhalten, das solche Erfahrungen von innen her nach

[41] Aus der ganzen Bibliothek jüngerer Literatur zu diesem Thema nur wenige ausgewählte Titel: H. Fries, glauben – wissen. Wege zu einer Lösung des Problems, Berlin 1960; Ders., Glaube und Kirche auf dem Prüfstand. Versuche einer Orientierung, München 1970; E. Biser, Glaubensvollzug, Einsiedeln 1967; Ders., Glaubensprobleme, Augsburg 1970; W. Kasper, Einführung in den Glauben, Mainz 1972, u.ö., bes. 71–84; J. Ratzinger, Einführung in das Christentum, München 1968 u.ö., bes. 17–53; O.H. Pesch, Rechenschaft über den Glauben, Mainz 1972, ³1983, bes. 57–66; 126–152; Ders., Die »neue Schöpfung«, in: J. Feiner/L. Vischer (Hg.), Neues Glaubensbuch (s. Anm. 6), 291–321; A. Ebneter/P. Selvatico/B. Gassmann, Hat Glauben noch Sinn? Grundfragen nach Kirche, Gott und Welt, Zürich 1972; P. Weß. Befreit von Angst und Einsamkeit. Der Glaube in der Gemeinde, Graz 1973; Ders., Eine Frage bricht auf. Wie man zum Glauben finden kann, Graz 1982; K. Rahner, Glaube als Mut, Zürich 1976; J. Imbach, Ist Gott die Antwort? Hinführung zum Glauben. Mainz 1977; O.H. Pesch, Heute Gott erkennen, Mainz ²1984; Ders., Frei sein aus Gnade. Theologische Anthropologie, Freiburg 1983, Kap. 7, 10, 11, 17. [M. Kehl, Hinführung zum christlichen Glauben, Mainz 1984; Überblick und Analyse bei O. H. Pesch, Glaube als Lebensweisheit. Zum Glaubensbegriff in der gegenwärtigen katholischen und evangelischen Theologie, in: W. Baier/St. O. Horn u.a. (Hg.), Weisheit Gottes – Weisheit der Welt (Festschrift Josef Kard. Ratzinger), St. Ottilien 1987, 453–492].

ihren wahren und tiefen Gründen verstehen läßt, die guten ebenso wie die bösen Erfahrungen.
Glaube ist ein *heilendes* Verhalten, das die bösen Erfahrungen zumindest langfristig zu bewältigen, kurzfristig ohne Scheitern zu ertragen erlaubt und die guten Erfahrungen davor bewahrt, im Sog der bösen unterzugehen oder nicht mehr wahrgenommen zu werden.
Glaube ist ein *ausschließendes* Verhalten, das heißt, seine heilende und erhellende Wirkung kommt auf keinem anderen Wege als durch ihn – der Glaube hat keine Alternative.
Glaube ist ein *einschließendes* Verhalten, das heißt, wenn er wirklich erhellt und heilt, dann ganz – er läßt keinen Bereich unserer Erfahrung aus, der seiner Erhellung und Heilung bedarf.
Wie kommen wir darauf, es mit einem solch vergleichslosen Verhalten zu versuchen – und das heißt ja konkret: all unsere Wirklichkeitserfahrungen, die guten wie die bösen, als Begegnung, ja »Erfahrung« eines verborgenen Gottes anzusehen, der Quelle, Macht und Geheimnis aller Wirklichkeit ist? Natürlich durch die biblisch-christliche Überlieferung – aber auf diese können wir uns hier nicht berufen, weil sie nach Lage der Dinge ja gerade in ihrem Wirklichkeitsgehalt radikal in Frage steht. Wir können also, wenn wir nicht die Akten schließen wollen, nur vom Menschen selbst ausgehen – um zu sehen, ob sich gerade von ihm her die erhellende und heilende Kraft des Glaubens, also eben die erhellende und heilende Kraft der überlieferten Rede von Gott neu erschließt.
Ist der Glaube an Gott wirklich fähig, zu erhellen und zu heilen, dann wird das den Menschen nur »interessieren«, wenn er beides nötig hat. Er wird sich nie für den Glauben »interessieren«, wenn er das nicht einsieht. Er muß also, mit Pascal zu reden, nicht nur seine Größe, sondern auch sein »Elend« verstehen lernen: genau genommen das Elend seiner Größe. Und beim Wort genommen, muß er sein »E-lend«, also sein »Aus-land« einsehen: daß er außer sich ist, den Grund seiner Wirklichkeit und den Grund seiner Größe außerhalb von sich selbst hat und daher auch den Grund seiner Not nicht aus der Macht, die in ihm ist, beheben kann. Weder die Not, die ihm zugeschickt ist durch Natur und Gesellschaft, noch die Not, in die er sich selbst eigenhändig gebracht hat. Glauben fängt immer damit an, daß der Mensch seine wahre Wirklichkeit erkennt. Diese Wirklichkeit ist heute so, daß er um die Menschlichkeit selber fürchten muß. Es ist darum schon die Vorform des Glaubens, wenn der Mensch wieder Mensch zu sein lernt – und es lernt mitten in den Erfahrungen, die er heute, in der beschriebenen Weise, mit der Welt und mit sich selbst macht.
Darin ist er sogar mit dem Atheisten jeglicher Spielart einig. Vom Atheisten unterscheidet ihn die Antwort, nicht die Frage.[42] Beide stehen gemeinsam gegen jene endgültig gott-lose Erfahrung, die schon die *Frage* nach Gott faktisch unmöglich macht, indem sie sich auflöst in eine zusammenhanglose Summe von

[42] Vgl. stellvertretend wiederum für viele Untersuchungen: Neues Glaubensbuch (s. Anm. 6), 64–100 (B. Casper, P. Engelhardt); H. Küng, Christsein, München 1974 u. ö., 48–80; Ders., Existiert Gott? bes. 529–768; W. Kasper, Der Gott Jesu Christi, Mainz 1982, 29–91. Auch alle in Anm. 41 genannten Arbeiten müssen auf diesen Zusammenhang zu sprechen kommen.

Einzelerfahrungen und dabei von der Grunderfahrung der Selbstherstellung des Menschen unbefragt ausgeht.
Glaube beginnt darum mit der *Frage nach der Frage,* die der Mensch sich selbst ist. Das heißt aber: Er beginnt *mit der Erfahrung mit Erfahrungen.* Sie besagt, daß die modernen Erfahrungen sich *nicht,* wie die alte Gotteserfahrung, von selbst verstehen, sondern unverständlich und heillos bleiben, falls es unerlaubt sein sollte, über sie hinaus zu fragen. Das geht zwar nicht länger ohne gezielte Reflexion. Aber in ihr taucht aufs neue das Wort »Gott« auf – am Ende vielleicht in einer neuen, nicht mehr »naiven« Selbstverständlichkeit.[43] Wie geht solches vor sich?

2. *Erfahrung des Zwecklosen*

Das Wort »Gott«, wenn es überhaupt nur auftaucht, will etwas nicht über diese und jene unserer Erfahrungen, auch nicht nur über diese und jene »große« und »besondere« Erfahrung besagen, sondern über die Totalität unserer Erfahrung: daß es sie, als Tiefenzusammenhang alles Wirklichen, gibt und daß darüber nachzudenken den Menschen zum Menschen macht. Insofern muß die Erfahrung mit der Erfahrung, deren Inhalt die Frage nach »Gott« ist, grundsätzlich an jeder Alltagssituation festgemacht werden können, ja, sie steht und fällt damit, daß sie gerade im Alltag sich durchhält – nur dort ist sicher, daß sie nicht mit einem plötzlichen Gefühlsüberschwang unter dem Eindruck einer »großen« Erfahrung verwechselt wird. Trotzdem darf man sich fragen, ob es nicht besondere Haftpunkte unserer Erfahrung gibt, an denen sich die genannte Erfahrung mit Erfahrung sozusagen in ihrer reinen Struktur verdeutlicht – nicht um sich von der Alltagserfahrung zu distanzieren, sondern um sie, aus der relativen Distanz, um so schärfer in ihren Lichtkegel zu bringen. Eine erste solche Erfahrung nenne ich die »Erfahrung des Zwecklosen«. Und um es im Blick auf die bange Frage des Anfangs zu sagen: Es gibt sie »auch heute noch«.[44]
Wir machen etwa eine Wanderung, stehen auf einem Berg oder inmitten einer unabsehbaren Ebene oder am Meer oder an einem großartigen Wasserfall – und können uns nicht sattsehen. Wir erleben ein Kunstwerk, ein Gedicht, ein Theaterstück, eine Sinfonie, ein Gemälde – und sind in allen Fasern unserer Erlebniskraft gepackt. Wir stehen vor einem Wunderwerk menschlicher Erfindungskraft, vor einem Riesenflugzeug, einem Elektronenrechner, einer elektrischen Schnellzuglokomotive; wir sehen Fotos und Filme von der bemannten Weltraumfahrt – und wir erleben handgreiflich die Größe des Menschen und seine Macht über die Dinge.
Wir können solche Erfahrungen hinnehmen unter dem Gesichtspunkt von Zweck und Nutzen – und wir tun es viel zu oft, sogar im Erlebnis des zuhöchst Zweckfreien, der Kunst. Wir können solche Erfahrungen aber auch annehmen, *ohne* sogleich an Zwecke und Nutzen zu denken, einfach als ein Stück Wirklich-

[43] So schon R. Guardini, Der Glaube in der Reflexion, in: Ders., Unterscheidung des Christlichen. Gesammelte Studien 1923–1963, Mainz 1963, 279–306.
[44] Vgl. zum Folgenden O. H. Pesch, Sprechender Glaube. Entwurf einer Theologie des Gebetes, Mainz ²1972, 81–90; Ders., Heute Gott erkennen (s. Anm. 41), 81–110.

keit, das in sich selbst Wert hat, das keinen Einwand duldet. Das gilt sogar für ein Produkt der Technik, das gewiß von Haus aus unter dem Gesichtspunkt des Nutzens für die Menschen erfunden, geplant und hergestellt wird. Selbst in ihm leuchtet ein »Mehr« auf – sofern man nur Augen dafür hat –, was nicht mehr, es sei denn um den Preis der Menschlichkeit selber, in die tagtägliche Vordergründigkeit von Zweck und Nutzen, von Gebrauch und Verbrauch, von Essen, Trinken, Schlafen, Genießen, Geldverdienen einzurechnen ist. Nennen wir es die Erfahrung des »Zwecklosen«. Dieser abstrakte Ausdruck soll den gemeinsamen Nenner angeben, in dem die bunte Vielfalt solcher Erfahrungen als in ihrer gemeinsamen Struktur übereinkommt. Die Außenseite solcher Erfahrungen ist das Phänomen der Faszination: In solchen Augenblicken sind wir hingerissen, so daß zeitweilig in unserem Bewußtsein für nichts anderes mehr Raum bleibt.
Die Erfahrung des »Zwecklosen«, das zeigt sich bei ein wenig Nachdenken, versteht sich nicht von selbst. Man muß dazu fähig, dazu »gestimmt« sein. Man muß »darauf kommen«, und das heißt: Man muß es lernen. Es ist eine Erfahrung mit Erfahrungen, das heißt: Es ist schon eine Deutung von Erfahrungen, die aus dem Bedenken von Erfahrungen kommt. Gehört solches zum Menschsein des Menschen, dann heißt es das Menschsein selbst lernen, wenn man lernt, solche Erfahrung mit Erfahrungen zu machen. Und dabei zeigt sich sofort eine dunkle Kehrseite: Woran liegt es, wenn Menschen unfähig zu solcher Wahrnehmung von Erfahrungen sind, ja realistisch gesehen kaum eine Chance dazu haben? Könnte es nicht an jenen *selbstverschuldeten* Erfahrungen des sich selbst herstellenden und zugleich zugrunderichtenden Menschen liegen, von denen wir gesprochen haben?[45] Könnte, wenn auf der Fluchtlinie der Erfahrung des Zwecklosen wieder so etwas wie Gotteserfahrung möglich würde, es nicht um der *Menschlichkeit* des Menschen willen notwendig sein, solche Erfahrung wieder zu erschließen und die Bedingungen unseres Zusammenlebens daraufhin zu ändern?

3. Erfahrung der Liebe

Betrachten wir solche Erfahrung des Zwecklosen noch auf einem anderen Gebiete, womit wir zugleich beträchtlich näher an unseren Alltag herankommen. Wir beobachten Menschen, andere Menschen oder uns selbst, die eine Entscheidung treffen müssen – und dürfen erleben, wie Interesse und Ethos, Selbstsucht und das Recht des anderen, Machtwille und Fairneß miteinander ringen – und Ethos, Recht und Fairneß obsiegen. Wir stehen, bei anderen oder bei uns selbst, vor dem Wunder einer menschlichen Beziehung, einer Freundschaft, einer Liebe – und können die Frage nicht zum Schweigen bringen: Wie kommt dieser Mensch, wie komme ich eigentlich dazu, der das weder gewollt noch geplant noch verdient hat? Wir sind Zeugen, bei anderen, bei uns selbst, eines unerbittlichen Ringens um menschliche Reifung, um innere Ausgeglichenheit, um Güte, um gelungenes Menschsein – und kein Vorteil der Gewissenlosen, keine gegenteilige »öffentliche Meinung«, keine Lebensgrundsätze einer Konsumgesellschaft können unser Urteil trüben, wo wahrer menschlicher Wert und wo

[45] Vgl. S. 71 f.

menschlicher Selbstverlust ist. Wir arbeiten, wo und woran auch immer, sachlich, treu, gewissenhaft, klug, ohne Klagen über Quertreibereien, Widerstände, Langeweile – und erleben, wie unter unseren Händen ein kleines, ein großes, vielleicht gar ein gewaltiges Werk entsteht, eine Schöpfung, die hinterher in sich selbst Bestand hat, unser gar nicht mehr bedarf, um faszinierend zu sein, was sie ist.

Auch für solche »Erfahrung der Liebe«, wie ich abkürzend solche menschlichen Erfahrungen nennen möchte, gilt das schon Gesagte. Auch in ihr wird das »Zwecklose« erfahren, das durch die »Verzwecklichung« gerade in seiner Menschlichkeit zerstört wird. Auch dazu muß man fähig sein, es gegebenenfalls lernen – und die Bedingungen schaffen, daß es (wieder) gelernt werden kann.

Zugleich zeigt sich hier noch unwidersprechlicher als bei den Faszinationserfahrungen in der Begegnung mit Dingen, daß wir einen Schritt weiter tun dürfen. Das »Zwecklose« zeigt sich als das »Geschenkte.« Denn es ist gerade dadurch »zwecklos«, daß nicht ich es absichtsvoll und zweckgerichtet gemacht habe – auch wenn ich daran gearbeitet habe. Es ist gerade dadurch »zwecklos«, daß es sich letztlich meiner Verfügung entzieht – auch wenn ich in bestimmten Grenzen verfügend damit umgehen kann und muß. Kurz: die Erfahrung mit der Erfahrung des Zwecklosen besagt: Wirklichkeit übersteigt das Machen und Handeln des Menschen.

Solche Erfahrung mit Erfahrung verlangt nun aber eine weiterführende Deutung, die ihrer Eigenart standhält. Wissenschaftliche Deutungen im Sinne des neuzeitlichen Wissenschaftsbegriffs[46] genügen dazu einfach deshalb nicht, weil sie selber verfügenden, zugreifenden, »feststellenden«, in Beschlag nehmenden Charakter haben. Sie können darum jene das Geheimnis der Wirklichkeit offen lassenden Erfahrungen nicht bewältigen. Sie mögen ihren »Wirklichkeitsgehalt« bestreiten – aber dadurch würden sie nur ihre Kapitulation erklären, weil solche Erfahrungen doch offensichtlich menschenmöglich und im eigentlichen Sinne »menschlich« sind. Gewachsen ist ihnen nur eine solche Deutung, die von ihrem Wesen her reines Annehmen und Verdanken-Wollen ist.

Unter den Möglichkeiten einer solchen Deutung bietet sich der Glaube an Gott als die Quelle und das Innengeheimnis solcher Wirklichkeitserfahrungen an. Denn wenn wirklich Annehmen und Verdanken das »sachgerechte« Verhalten zu solcher Erfahrung sind, dann ist damit von »jemandem« die Rede, von dem man annimmt und dem man verdankt – einem »jemand«, der nicht mehr der Mensch selbst ist, wenn die Frage nicht wieder ganz von neuem sich stellen soll.

Solcher Glaube steht selbstverständlich in Konkurrenz zu anderen Deutungen – er kann diese nicht einfach zwingend aus dem Felde schlagen, er kann sie nicht zwingend »falsifizieren«. Der einzige »Ausweis« des Glaubens ist, daß er solche Erfahrungen des Zwecklosen und der zwecklosen Liebe tatsächlich in einer Weise zu interpretieren und anzunehmen weiß, die ihnen gerecht wird. Der dem Glauben in der Antwort – nicht schon in der Frage – widersprechende Atheismus ist jedenfalls dabei zu behaften, plausibel zu machen, daß sein Deutungsangebot noch treffsicherer sei.

[46] Vgl. S. 62–66.

4. Erfahrung der Sinnsuche

Wir haben bewußt bislang von (möglichen) guten Erfahrungen unseres Lebens geredet. Dies einfach deswegen, weil es trotz aller modernen Erfahrungen der Finsternis ungerecht, ja geschmacklos ist, immer nur vom Bösen in der Welt zu sprechen. Anderseits wäre es realitätsfern, beim Bedenken unserer Erfahrung mit Erfahrungen das Böse und Dunkle zu übersehen. Wir dürfen nicht bei den faszinierenden Erfahrungen des Zwecklosen, bei den Erfahrungen der Geschenke der Wirklichkeit stehenbleiben. Wir haben auch die Erfahrungen des Unheils, des *ausbleibenden* Geschenkes, des sich *entziehenden Glücks, der scheiternden* Liebe zu bedenken – Erfahrungen, in denen an die Stelle der Faszination das Entsetzen tritt.

Wir fragen zum Beispiel: Warum sind wir Menschen so seltsam konstruiert, daß die Offenheit unseres Wesens nie Erfüllung findet? Warum langen wir beständig nach dem ganz großen Glück aus, das keinen Wunsch mehr offen läßt, und müssen uns doch immer wieder mit dem bescheidenen Glück zufriedengeben, das wir als unserem Niveau nicht angemessen empfinden? Warum müssen Menschen leiden – nicht im allgemeinen, wo man vielleicht noch diese und jene Ursache, diese und jene Zusammenhänge aufdecken könnte, sondern jeweils individuell und persönlich: Warum leidet gerade der, warum gerade ich, obwohl ich es nicht mehr und nicht weniger verdient habe als der Nachbar? Warum bricht der Tod alles ab, was wir aufgebaut haben, zusammen mit anderen Menschen aufgebaut haben? Warum – und das ist ja das dunkelste aller Rätsel – sind wir alle überzeugt, daß eigentlich das Gute siegen müsse; daß das Ethos das Handeln und Zusammenleben der Menschen bestimmen müsse; daß kein Mensch und keine Gesellschaft auf Kosten anderer Menschen leben dürfe; und warum müssen wir doch, heute mehr denn je, wie beschrieben, erleben, daß nicht das Gute, wie wir gern annehmen möchten, siegt, sondern, wenn es darauf ankommt, das Böse? Daß der Gewissenlose und Skrupellose immer stärker ist als der, der Hemmungen hat, sich alles zu erlauben? Was ist mit dem Menschen los, daß nicht einmal die Aussicht auf einen kollektiven Tod allen Lebens auf der Erde ihn dazu bringt, vernünftig und ethisch zu handeln? Daß nicht einmal die allen erkennbaren Folgen seines ungebremsten technischen Könnens ihn dazu bringen, neue Prioritäten im Zusammenleben und gemeinsamen Handeln zu setzen?

Am unerklärlichsten wird die Wirklichkeit nicht da, wo sie fasziniert, sondern wo der Mensch sich ausweglos im Unheil erfährt. Hier stellt sich jene Frage, die man gewöhnlich und mit Recht die »Sinnfrage« nennt: die Frage nach dem Sinn des Ganzen, der Wirklichkeit und des menschlichen Lebens. Was sie meint, erhellt schon genügend aus dem Gegenteil: der drohenden, ja nahegekommenen Absurdität des Menschen. Und doch kann der Mensch nicht davon ablassen, sich für etwas anderes gut zu halten als für die Absurdität. Also in seinem Leben nach einem unzerstörbaren Sinn zu fragen – und müßte man sich selbst mit einem »kleinen« Sinn bescheiden. Wir können den ganzen Umkreis dessen abschreiten, was wir als die negativen Erfahrungen unserer Zeit geschildert haben,[47] um uns zu vergegenwärtigen, daß wir die »Sinnfrage« gar nicht loswerden

[47] S. Anm. 46; und Neues Glaubensbuch (s. Anm. 6), 73–94.

– es sei denn, wiederum, um den Preis der Menschlichkeit selber. Damit zeigt sich auf der negativen Seite aber eine ähnliche Offenheit wie bei den positiven Erfahrungen. Die Erfahrungen mit diesen Erfahrungen hat sie zu bedenken – und wieder verweist sie in eine Richtung, in der so etwas wie »Gotteserfahrung« in Sicht kommt, falls der Glaube sie richtig deutet.

5. Deutender Glaube

Denn auch und gerade auf diese Erfahrung bezieht sich der Glaube, indem er dem Menschen sagt: Du darfst auch in der Erfahrung der quälenden Rätsel und der radikalen Ohnmacht dessen gewiß sein, daß Gott die Welt und dein Leben in der Hand hält, auch da, wo kein Licht mehr zu sehen, wo Gott eben ganz und gar nicht mehr zu »erfahren« ist. Ja noch mehr: Gott hält nicht nur das Leben in seiner Hand, er hat die Ohnmacht des Menschen und sein Todesschicksal als sein *eigenes* Schicksal angenommen. In Jesus, dem Christus, ist er, der in Gottesgestalt war, Knecht geworden bis zum Tod am Kreuz. Gottesfrage und Christusfrage werden hier identisch, und das heißt: Gerade hier, bei den radikalen Grenzerfahrungen des Menschen, wo es nicht mehr um seine Bedürfnisse, sondern um seine radikale Bedürftigkeit geht, redet der Glaube nicht von einem teilnahmslos-allmächtigen Gott, der, selber leidlos, am Ende alles zurechtbringen wird, sondern von dem ohnmächtigen Gott am Kreuz, der *seinen* Sinn und *seine* heilende Macht dem Geschehen dadurch einstiftet und gegenwärtig hält, daß er Menschenschicksal teilt und Menschengeschichte zu seiner eigenen Geschichte macht. Nur von daher ist es möglich und überhaupt erlaubt, daß der Glaube gerade an diesen dunklen Rändern der Existenz Trost, Geduld, Gelassenheit, ja gesammelte Freude schafft. So kommen wir also zu einer

3. These: Der Glaube deutet die radikale Erfahrung des Zwecklosen und die radikale Erfahrung der Sinnsuche, indem er als beider Quelle Gott versteht, der das faszinierende Innengeheimnis und der verborgene Sinngrund aller Wirklichkeit ist.

Oder mit den unsterblichen Worten Augustins: »Geschaffen hast Du uns zu Dir, und ruhelos ist unser Herz, bis daß es seine Ruhe hat in Dir.«[48]

Auch die Deutung der radikalen Sinnsuche in erfahrener Sinnlosigkeit, ja Absurdität ist eine *Deutung*. Und wie im Falle der Erfahrung des Zwecklosen hat der Glaube auch hier keinen anderen »Ausweis« als seine Kraft, Licht in die Erfahrung der Sinnlosigkeit zu bringen und sie ertragen zu lassen. Im Licht des Kreuzes Jesu, an dem die Sache Gottes in dieser Welt scheiterte, tut der Glaube dies allerdings in einer Weise, die dem Atheismus noch einmal die Aufgabe nicht ersparen kann darzutun, daß sein Deutungsangebot noch plausibler sei.

Dies gilt um so mehr, als ja ein wichtiger Unterschied zur gläubigen Deutung der Erfahrung des Zwecklosen nicht zu übersehen ist: Dort ist es noch möglich, wenn auch nicht zwingend, ahnungsweise ein Bild von Gott zu formen. Wo Geschenk ist, muß einer sein, der schenkt. Wo ich verdanke, muß einer sein, dem ich verdanke – und er muß größer sein als ich, als mein Leben, meine Wirklichkeit, weil er mir ja gerade *im* Unverfügbaren aufgeht. Genau dies kann der

[48] Bekenntnisse, I 1.

Atheismus als willkürliche Setzung denunzieren. Im Fall der Sinnlosigkeitserfahrung ist das Ahnen Gottes viel schwieriger. Zwar kann kein Mensch im alltäglichen Leben die Absurdität konsequent ernstnehmen, er geht faktisch von gegebenem oder möglichem Sinn aus, er könnte sonst nicht leben. Diese Tatsache breitet ein eigenartiges Licht über die Erfahrung der Sinnlosigkeit aus und läßt die Frage wach werden, ob dieser Erfahrung wirklich das letzte Wort erteilt werden darf. Aber eine verneinende Antwort auf diese Frage kann der Mensch sich nur geben unter dem Kreuz. Daß Gott auch in der Sinnlosigkeit gegenwärtig sein soll – und man muß am heutigen Anschauungsmaterial ermessen, was das heißt! –, das kann sich kein Mensch selber sagen. Vor dem ohnmächtigen Gott ist alle Philosophie zu Ende – nicht aber eine »Theologie des Kreuzes« (»theologia crucis«), die ermächtigt ist, von dem Gott zu reden, der »unter dem Gegensatz verborgen ist« (Luther).[49]

6. *Gotteserfahrung im Glauben*

Damit kommen wir nun zur entscheidenden *Schlußfolgerung*: Die genannten Haftpunkte des Glaubens in der Erfahrung mit unseren Erfahrungen, erschlossen durch das Wort der zunächst so unzeitgemäß scheinenden Botschaft, variiert durch das Erfahrungsmaterial unseres gesamten individuellen und sozialen Lebens, erlauben nun die Aussage: *Sie sind indirekte Gotteserfahrung.* Nicht *direkte* Gotteserfahrung, weil sich keine dieser Erfahrungen, ob gut oder böse, dem Menschen, auch wenn er sie bedenkt, zwingend oder auch nur fraglos gewiß unter dem Namen »Gotteserfahrung« aufdrängt, weil sich vielmehr gerade eine solche Deutung immer gegen alle möglichen Widerstände durchzusetzen hat. Es ist immer der Glaube, der diese Erfahrungen als Gotteserfahrungen deutet – ja sie immer schon als Gotteserfahrungen gedeutet *hat,* denn er ist den Erfahrungen eigentlich nicht nachträglich, sondern immer schon der offene Raum, in dem sie schon als Gotteserfahrungen auftauchen. Der Glaube stützt sich dabei nicht auf den Sachgehalt dieser Erfahrungen selbst, auch nicht auf die reflektierende Besinnung auf diese Erfahrungen (wenngleich sie ihn zu ihrem Teil plausibel macht), sondern auf das Wort der Botschaft, das er in der Geschichte hat lautwerden hören und das sich dem Menschen als Verstehensschlüssel für seine Erfahrungen anbietet. So gedeutet, wird in ihnen, *im Glauben,* Gott erfahren. Anders ausgedrückt: Die genannten Erfahrungen *sind* in der Tat Gotteserfahrungen, sogar primäre Gotteserfahrungen. Aber erst der Glaube *versteht* sie als Gotteserfahrungen – ohne den Glauben bleiben sie nur das helle oder dunkle, faszinierende oder quälende Geheimnis, das das Dasein des Menschen umgibt und durchwirkt.

Allerdings: Der Glaube, der selber die grundlegende Weise ist, Erfahrungen als Gotteserfahrungen verstehen zu lassen, setzt seinerseits Gotteserfahrung in Gang. Das heißt: Er hält dazu an, Gott in allen Dingen zu *finden* – und zu *suchen.* Wirklicher Glaube prägt das Lebensgefühl um, es kommt zu einem, um

[49] In diesem Gedanken von dem »unter dem Gegensatz verborgenen Gott« besteht Martin Luthers wichtigster Beitrag zur heutigen Glaubensreflexion. Vgl. O. H. Pesch, Hinführung zu Luther, Mainz ^{2}1983, 244–263.

ein Wort Guardinis zu zitieren, »Umbau des Wirklichkeitsbewußtseins«.[50] Wer glaubt, wird nicht nur aufhören, die Wirklichkeit allein auf ihren Nutzwert zu verrechnen, er wird Gottes persönliche Spuren überall entdecken, von den Geheimnissen der Schöpfung – man denke an bewußt christliche Naturwissenschaftler! – bis zu den Aufgaben der Geschichte und der Zukunft, bis hin auch zur Erkenntnis des Willens Gottes über das einmalige persönliche Leben.[51] Solches Finden Gottes in allen Dingen ist so wenig jemandem aufzunötigen wie der Glaube selbst. Dem durch den Glauben sensibel Gewordenen freilich ist es eine des Beweises nicht bedürftige Selbstverständlichkeit. So kommen wir zur
4. These: Der Glaube prägt Erfahrungen um und macht empfänglich für eine unabsehbare Fülle indirekter, aber wirklicher Gotteserfahrung.
An dieser Stelle wird nun deutlich, was der Satz bedeuten kann: Wir erfahren Gott heute ganz anders als früher. »Material« unserer Gotteserfahrung ist immer unsere je konkrete Welterfahrung. Ist diese heute anders, wie wir es skizziert haben, dann auch die an ihr und in ihr geglaubte Gotteserfahrung. Etwas klischeehaft zusammengedrängt kann man sagen:[52] Frühere Zeiten machten Gotteserfahrung nicht nur, aber mit Vorzug an den Wundern der Natur. Im Zeitalter der Dominanz von Wissenschaft und Technik ist das nicht geschwunden, im Gegenteil: Vielleicht erschließt die Umweltkrise *auch* ein ganz neues Gefühl dafür.[53] Aber gerade in ihren brennendsten Formen dürfte *diese* Gotteserfahrung heute Sache des gläubigen Naturwissenschaftlers sein. *Unsere* Erfahrungen sowohl des Wunderbaren wie des Sinnlosen machen wir mit Vorzug heute im Bereich des mitmenschlichen Zusammenlebens – und ebenso auch unsere Heilserfahrungen, kurzum: in der Geschichte. Auch die Umweltkrise ist ja eine geschichtliche Erfahrung, sofern Menschen sie im Zuge ihrer geschichtlichen Wege gemacht haben, und sollte es hier zu neuer Gotteserfahrung in der Natur kommen, so wäre sie im höchsten Maße eine geschichtlich vermittelte: Sie könnte sich nur ergeben, wenn die Menschen von bisherigen geschichtlichen Wegen buchstäblich »umkehren«. *Diesen* präzisen Sinn hat es also, wenn wir sagen: Der Ort der Gotteserfahrung ist heute die Geschichte – da, wo wir vor den Herausforderungen der Zukunft stehen; vor der Nötigung, eine ganz neue Ethik zu entwickeln, weil die, mit der wir bisher auskamen, sich als viel zu egoistisch erweist; vor der Herausforderung, den Frieden ohne Gewalt zu sichern; vor der Aufgabe, die Erde bewohnbar zu erhalten oder allererst wieder zu machen... Wo Menschen damit umgehen lernen, Erfahrungen damit machen und selbstkri-

[50] Vgl. R. Guardini, Der Herr, Würzburg 1951 u. ö., 346–348; 535 f.

[51] Besonders hilfreich in dieser Hinsicht sind die vielen Meditationen von K. Rahner in verschiedenen Bänden seiner Schriften zur Theologie. Vgl. bes. den Aufsatz: Über die Erfahrung der Gnade, Bd. 3, 105–110; ferner die anderen einschlägigen Aufsätze in den Bänden 3, 5, 7 und 12; ferner Ders., Erfahrung des Geistes, Freiburg 1976. Zum Kontrast, in dem der Unterschied der Generationen wie der Positionen gleicherweise festgehalten ist, vgl. P. Eicher, Der Herr gibt's den Seinen im Schlaf, München 1980.

[52] Vgl. Neues Glaubensbuch (s. Anm. 6), 21–37 (P. Engelhardt); W. Kasper, Möglichkeiten der Gotteserfahrung heute (s. Anhang).

[53] Vgl. dazu das wichtige Buch von O. Jensen, Unter dem Zwang des Wachstums. Ökologie und Religion, München 1977 [und jetzt M. Rock, Die Umwelt ist uns anvertraut, Mainz 1987; A. Auer, Umweltethik, Düsseldorf ^{2}1985].

tisch reflektieren, da kann die indirekte Gotteserfahrung sich sogar einmal wieder jenem Typus nähern, wo Erfahrung die Summe langer Übung wird: Übung diesmal in der bedenkenden Erfahrung mit jenen Erfahrungen, an denen wir immer wieder mit Vorzug lernen, Gott in allen Dingen zu suchen und zu finden.[54]

V. Erfahrener Glaube

1. Noch einmal: Gotteserfahrungen – damals

Uns bleiben noch zwei Nachbemerkungen. Wenn es, falls unsere Überlegungen richtig sind, keine Gotteserfahrungen gibt, die nicht schon gedeutete Welterfahrung, ja womöglich schon ausdrücklich reflektierte Erfahrungen wären, was ist dann von den »selbst-verständlichen« Gotteserfahrungen unserer Vorväter und teilweise wieder unserer Zeitgenossen zu halten? Die Antwort ist nicht so schwer, wie es scheint. Die Struktur der Sache war und ist auch für sie dieselbe wie für uns. Auch sie haben nicht etwa Gotteserfahrungen gemacht, die die Wirklichkeit Gottes allererst zur Gewißheit machten und den Glauben hätten ersetzen können. Auch ihre selbstverständlichen und gewissen Gotteserfahrungen waren entweder der Glaube selbst oder nachfolgende Gotteserfahrungen im Glauben oder aufgrund des Glaubens. Der Eindruck eines Vorzugs uns Spätgeborenen gegenüber beruht darauf, daß ihnen im Unterschied zu uns dieser *Glaube* selbstverständlich war. Nur so kann der Eindruck entstehen, bei ihnen hafte die Gotteserfahrung selbst für jene Gottesgewißheit, die wir nur dem Glauben zuerkennen können und die nie ein für allemal aus der Anfechtung heraus ist, solange wir Gott nur »wie durch einen Spiegel auf ein Rätselbild« (1 Kor 13,12) schauen.
Im übrigen haben wir schon darauf aufmerksam gemacht,[55] daß es so unstrittig nicht zuging, wie verklärende Rückschau das gelegentlich sehen möchte. Wie schon die Propheten gegebenenfalls den Ausgang der Dinge abwarten mußten, um zu erkennen, wer Gottes Wort hatte, so gibt es auch keinen Mystiker, dem seine Umwelt und die Kirche seine Gotteserfahrungen ohne skeptische, zumindest kritische Rückfragen abgenommen hätte. Und kein modernes »Bekenntnisbuch« über »Erfahrungen mit Gott«, das nicht von anderen christlichen Zeitgenossen durchaus am Maßstab des Glaubens und der Glaubensbotschaft gemessen würde. Immer hat sich die Kirche zur »Unterscheidung der Geister« bekannt. Eine *absolute* Geltung bestimmter Gottes*erfahrungen* hat in der Kirche nie Raum gewinnen können. So sehr auch eine rationalistisch und erfahrungsarm – besser: erfahrungsvergeßlich – gewordene Theologie am allerwenigsten das Recht hat, lebendige Gotteserfahrung zu zensurieren, so wenig muß sie sich ihr kritiklos beugen. Kurzum: Abgesehen vom Ortswechsel (Natur oder

[54] [Dazu jetzt G. Greshake, Gott in allen Dingen finden. Schöpfung und Gotteserfahrung, Freiburg 1986].
[55] Vgl. S. 56.

Geschichte und Mitmenschlichkeit) ist der einzige Strukturunterschied – *vielleicht!* – der, daß uns heute in der Situation des verunsicherten Glaubens die Problemstruktur von Glaube und Gotteserfahrung klarer geworden ist, als sie es – *vielleicht!* – früher war.

2. Offene Erfahrungen

Durch die heutige Literatur zum Thema »Erfahrung und Gott« zieht sich wie ein roter Faden die Warnung, Erfahrungen könnten – in der Kirche und anderswo – zu schnell abgeschlossen werden aus lauter Angst, daß Unsicherheit und Unruhe entstehen könnten – in der Kirche und anderswo. Hier kann dazu nur ganz knapp dies gesagt werden: Wenn Gotteserfahrung die Gestalt unserer (im Glauben gedeuteten) Welterfahrung hat und haben muß, und wenn der Glaube uns heute gerade in die Geschichte weist als den Ort der Erfahrung Gottes, dann ist eben dies die Aufgabe der Glaubenden, die gewandelte Gotteserfahrung anzunehmen und Gottes Willen in den Aufgaben der geschichtlichen Stunde zu finden. Wer einen Gott verkündet, der das im Namen einer »abgeschlossenen« Offenbarung verhindert, verkündet nicht den Gott des christlichen Glaubens – übrigens auch nicht den *wahren* Gehalt gerade des Bekenntnisses zu Gott und seinem Christus, das in der Kirche immer Maßstab bleiben muß.[56]
Darum sollte die Kirche und sollten traditionsverbundene Christen auch nicht angstvoll mit Mißtrauen und mit Pauschalurteilen wie »Soziologismus«, »Ethizismus«, »Humanismus«, »Immanentismus« u. ä. reagieren, wenn andere Christen und Theologen sich ernste Gedanken darüber machen, was man an den sozialen und politischen Lebensbedingungen der Menschen heute ändern muß, damit überhaupt wieder eine Chance entsteht, aus der Armut heutiger Gotteserfahrung herauszukommen. Im einzelnen mag vieles übers Ziel hinausschießen, und den Optimismus, mit dem man gelegentlich schon von der bloßen Änderung der Strukturen, ja von der bloßen Änderung des Wirtschaftssystems den guten und den neuen Menschen erwartet, muß man wahrhaftig nicht teilen. Aber die *Frage* nach solchen Zusammenhängen ist grundsätzlich eine Frage nach den Wegen, auf denen heute Gotteserfahrung möglich oder blockiert wird. Auch hier gilt darum, was schon immer galt: Nur durch den Mut zur *offengehaltenen* Gotteserfahrung, durch die Bereitschaft zum Unvermuteten, zum Auf-

[56] Das ist nur eine Andeutung. Aber es ist eine selbstverständliche Grundüberzeugung aller wichtigeren Bücher, die in den letzten Jahren zur Lehre von Christus geschrieben wurden, daß das Dogma von der Gott-Menschheit Christi, wie es in der alten Kirche formuliert wurde, an einem bestimmten geschichtlichen Ort formuliert wurde, als Antwort auf eine bestimmte geistige Herausforderung des Christusglaubens. Darum muß in einer neuen geschichtlichen Stunde das Dogma neu interpretiert werden, damit die alte Botschaft dieselbe bleiben kann. Statt vieler Titel drei ausgezeichnete Überblicke: A. Schilson/W. Kasper, Christologie im Präsens. Kritische Sichtung neuer Entwürfe, Freiburg 1974, erw. [2]1980; J. Pfammatter/F. Furger (Hg.), Theologische Berichte 2: Zur neueren christologischen Diskussion, Zürich 1973, darin besonders der Beitrag von D. Wiederkehr, Konfrontationen und Integrationen der Christologie; H. Dembowski, Einführung in die Christologie. Mit einem Beitrag von W. Breuning, Darmstadt 1976. [Vgl. auch die Beiträge S. 115–150 und S. 151–178].

bruch aus jedem bequemen geistigen, begrifflichen, sprachlichen Zuhause, zur »prospektiven Ethik«, die nicht immer erst längst vollzogenen Entwicklungen sich anbequemt, durch offenherzige Annahme aller Fragen, die wirklich gestellt werden und die wir uns nicht zuerst angenehm zurichten können: Nur durch dies alles werden wir ja schließlich mit Erfolg dem Verdacht der Religionskritik entgehen können, wir extrapolierten im Gottesglauben nur das Konglomerat unserer unerfüllbaren egoistischen Sehnsüchte und Wünsche.

3. Zusammenfassung

Versuchen wir eine knappe Zusammenfassung. Wir haben keinen Anlaß, uns zwischen wissenschaftlichem Erfahrungsbegriff auf der einen und charismatischem oder sich charismatisch gebendem Drängen nach selbstverständlicher Gotteserfahrung auf der anderen Seite davonjagen zu lassen. Der christliche Glaube hat nie behauptet, einem Nichtglaubenden Gott »vorzeigen« zu können. Aber zeigen können wir, auf welche Erfahrungen sich der Glaube an Gott deutend und stellungnehmend bezieht, und zeigen können wir, was wirksam werdender Glaube aus einem Menschen macht.

In diesem Sinne also ist Gotteserfahrung möglich – »auch heute noch«: als deutender Blick des in Freiheit vollzogenen und verinnerlichten Glaubens auf die Wirklichkeitserfahrung, als Lebensbezug des Glaubens. Es gibt keine direkte und unmittelbare, sondern nur eine indirekte und vermittelte Gotteserfahrung. Aber es gibt einen erfahrenen Glauben.

VI. Anhang: Kleine bibliographische Erschliessung

Zum Thema »Gotteserfahrung«, zum Thema »Glaube und Erfahrung« überhaupt wächst und wächst die Bibliothek. Schwer zu sagen, ob es jene geistlichen »Erfahrungsberichte« waren, die in den sechziger Jahren der Theologie ein neues Thema stellten – so ist der erste Eindruck –, oder ob die wissenschaftliche Theologie aus eigenen Impulsen gleichzeitig mit der Frömmigkeitspraxis (Pfingstbewegung!) das Thema aufnahm. Sicher ist, daß beide, Theologie und Praxis, mit der neuen Frage nach »Erfahrung« und ihrer »Autorität« (E. Schillebeeckx) auf gewisse Engführungen einer lebensfern und starr gewordenen kirchlichen Lebensform und einer einseitig der begrifflichen Reflexion (einschließlich ihrer sprachlichen Äußerungsformen!) verpflichteten Theologie reagierten – und das war und ist gut so. Hier also im Zusammenhang des vorangehenden Beitrags über »Gotteserfahrung heute« einige Leseempfehlungen aus der wachsenden Bibliothek. Dabei bewirkt der Konfessionsunterschied nicht Trennung, sondern Bereicherung. Denn beide Konfessionen stoßen je aus ihren geschichtlichen Erfahrungen und theologischen Traditionen auf dasselbe Thema.

Wer ganz unbefangen in die Problematik »hineinkommen« will, liest am besten einmal einen oder einige jener »Erfahrungsberichte«, also: M. Légaut, Meine Erfahrung mit dem Glauben, Freiburg 1969 (^{9}1974); Ders., Meine Erfahrung mit dem Menschen, Freiburg ^{3}1974; Ders., Glaube, der mich trägt, Freiburg ^{2}1974; Ders., Worte der Erfahrung, Freiburg 1975; J. Bours, Gott erfahren? München 1971; A. Frossard, Gott existiert. Ich bin ihm begegnet, Freiburg 1971; J. Zink, Erfahrung mit Gott. Einübung in den christlichen Glauben, Stuttgart 1974.

Die »Fachtheologie« reagiert, wie es die Sache erfordert, auf zwei Linien: Sie reflektiert über Erfahrung Gottes, der Gnade, des Heiligen Geistes..., und sie bedenkt überhaupt die Erfahrungsbindung und Erfahrungsverpflichtung der Theologie. Einen aspektreichen Überblick über den Stand der Probleme gibt Concilium in Heft 3 des 14. Jahrgangs (1978) unter dem Thema: Offenbarung und Erfahrung.

Zur ersten Linie gehört der frühe, spätere Probleme »witternde« Aufsatz von K. Rahner, Über die Erfahrung der Gnade, in: Ders., Schriften zur Theologie III, Zürich 1959, 105–109. Aus jüngerer Zeit sei hingewiesen auf: W. Kasper, Unsere Gottesbeziehung angesichts der sich wandelnden Gottesvorstellung, in: Ders., Glaube und Geschichte, Mainz 1970, 101–119; Ders., Möglichkeiten der Gotteserfahrung heute, aaO. 120–143; J. Sudbrack, Beten ist menschlich. Aus der Erfahrung unseres Lebens mit Gott sprechen, Freiburg 1973, erweitert [2]1982; K. Rahner, Theologie aus Erfahrung des Geistes [= Schriften XII], Zürich 1975; Ders., Erfahrung des Geistes, Freiburg 1976; G. Lohfink, Glaube braucht Erfahrung, Würzburg [3]1977; P. Eicher, »Wahrhaftig, Du bist ein verborgener Gott«. Glauben trotz aller Erfahrung? in: fach religion. strukturen – materialien, 35 (1981) Heft 3/4, 77–95; D. Mieth, Gotteserfahrung und Weltverantwortung. Über die christliche Spiritualität des Handelns, München 1982; Y. Congar, Der Heilige Geist, Freiburg 1982, 75–153; 237–306; W. Kasper, Der Gott Jesu Christi, Mainz 1982, 106–131.

Auf der zweiten Linie fragen: E. Jüngel, Unterwegs zur Sache, Tübingen 1972; G. Ebeling, Die Klage über das Erfahrungsdefizit in der Theologie als Frage nach ihrer Sache, in: Ders., Wort und Glaube III, Tübingen 1975, 3–28; Ders., Das Verständnis von Heil in säkularisierter Zeit, aaO. 349–361; Ders., Lebensangst und Glaubensanfechtung. Erwägungen zum Verhältnis von Psychotherapie und Theologie, aaO., 362–387; Ders., Die Beunruhigung der Theologie durch die Frage nach den Früchten des Geistes, aaO., 388–404; D. Mieth, Moral und Erfahrung. Beiträge zur theologisch-ethischen Hermeneutik, Freiburg/Schw. – Freiburg 1977; E. Schillebeeckx, Die Auferstehung Jesu als Grund unserer Erlösung, Freiburg 1979 (in diesem Buch reflektiert Schillebeeckx unter dem Gesichtspunkt der Erfahrung die Methode seiner beiden großen Bücher: Jesus: Die Geschichte von einem Lebenden, Freiburg 1976; und: Christus und die Christen. Die Geschichte einer neuen Lebenspraxis, Freiburg 1977).
Da die Bücher und Beiträge auf der zweiten Linie »Hintergrundreflexion« betreiben, sind sie natürlich schwerer zu lesen als die vorher aufgeführten. Inzwischen gibt es aber bereits »bilanzartige« Überblicke, die nicht nur für den Fachtheologen verständlich sind, so vor allem in dem 30bändigen enzyklopädischen Werk Christlicher Glaube in moderner Gesellschaft. Hg. von F. Böckle u. a., Freiburg 1980–1982. Zu unserem Thema sind vor allem zu erwähnen: R. Scherer, Wirklichkeit – Erfahrung – Sprache, Bd. 1, 8–59; H. Bouillard, Transzendenz und Gott des Glaubens, aaO., Bd. 1, 87–131; B. Casper, Alltagserfahrung und Frömmigkeit, aaO., Bd. 25, 39–72; E. Schillebeeckx, Erfahrung und Glaube, aaO., Bd. 25, 73–116.

Im übrigen ist »Erfahrung« auch und zunächst ein philosophischer Begriff mit einer langen philosophischen Geschichte. Interessenten finden Informationen in folgenden Überblikken: K. Lehmann, Erfahrung, in: Sacramentum Mundi I. Freiburg 1967, 1117–1123; F. Kambartel, Erfahrung, in: Historisches Wörterbuch der Philosophie II, Basel 1972, 609–617; A. S. Kessler/A. Schöpf/Chr. Wild, Erfahrung, in: Handbuch philosophischer Grundbegriffe II, München 1973, 373–386; und E. Herms/U. Köpf/I. Track, Erfahrung II–IV, in: TRE X (1983) 85–136. Daß es auch in philosophischer Reflexion über »Erfahrung« allgemeinverständlich zugehen kann, beweist R. D. Laing, Phänomenologie der Erfahrung, Frankfurt 1969, [10]1979. Zur besonderen Problematik der »Geisterfahrung« in der Bewegung zur charismatischen Erneuerung der Kirche vgl. die Literaturangaben S. 52. Anm. 3. Wie jung die gesamte Fragestellung nach »Gotteserfahrung« aber immer noch ist, zeigt sich daran, daß weder die bekannten theologischen noch die historisch-philosophischen Wörterbücher und Lexika einen eigenen Artikel »Gotteserfahrung« haben. [Jüngste Ausnahme und hoffentlich fortan die Regel: P. Eicher (Hg.), Neues Handbuch theologischer Grundbegriffe I, München 1984, 230–241 – leider allerdings ohne jede Bezugnahme auf die deutschsprachige Diskussion seitens der französischen Autoren des Artikels].

GOTT – DIE FREIHEIT DES MENSCHEN

Theologische Anthropologie zwischen Seelenlehre und Evolutionstheorien (1986)

»Monist zu werden ist nicht schwer...«

»Monist zu werden ist nicht schwer, Monist zu sein dagegen sehr«, schreibt die Rezensentin Regina Oehler in einer Besprechung einiger jüngster Monographien zum Leib-Seele-Problem, in denen wieder einmal bewiesen wird, daß der menschliche Geist natürlich nichts anderes ist als eine Folge äußerst komplizierter Hirnprozesse.[1] Das Thema unserer Tagung stellt uns die Frage, ob wir der Versuchung, leichten Herzens Monisten zu werden, nachgeben sollen. Da ist es tröstlich zu hören, daß es denn am Ende doch nicht so leicht sei, Monist zu *sein*, wie es zunächst scheint. Denn ob leicht oder schwer, ich werde darauf hinauskommen, daß man als Theologe Monist nicht sein kann und darf, selbst dann nicht – und auch dies sei schon vorweggenommen –, wenn man *nicht* meint, daß die Zweiheit von Leib und Seele dafür die sachgemäßeste begriffliche Fassung und der angemessenste sprachliche Ausdruck ist.

Wir haben dreierlei zu tun: Zunächst müssen wir die für eine systematisch-theologische Urteilsbildung unverzichtbaren Vorgaben klarstellen (I), sodann eine These formulieren und entfalten (II) und schließlich zeigen, welche Konsequenzen sie für eine (weitere) Durcharbeitung der Problematik hat (III).[2]

Im Vergleich zu dem farbenprächtigen Al-Fresko des Kollegen Greshake und dem zarten, aber genau konturierten Aquarell des Kollegen Haeffner (s. Anm. 2 und 3), hat meine »bildende Kunst« freilich nur einen groben Holzschnitt anzubieten. Ich kann es auch, was mir näher liegt, musikalisch ausdrücken: Auf die gewaltige Bruckner-Sinfonie bei Greshake und das späte Beethovensche Streichquartett mit der abschließenden esoterischen Doppelfuge bei Haeffner folgt nun eine Hammerklaviersonate.

[1] R. Oehler, »Hier ist alles einfach«. Der »neuronale Mensch« und das »Leib-Seele-Programm«: Neues über das »Universum in uns«, Die Zeit Nr. 49, 30.11.1984, S. 35 = Besprechung von: J. P. Changeux, der neuronale Mensch, Reinbek 1984; M. Bunge, Das Leib-Seele-Problem, Tübingen 1984; M. Hunt, Das Universum in uns, Zürich 1984.

[2] Zum Gesamtumfeld der Leib-Seele-Problematik vgl. F. Böckle u. a. (Hg.), Christlicher Glaube in moderner Gesellschaft (im Folgenden: CGG), Bde. 3–5 (bes. die Beträge von K. Rawer, K. Rahner, B. Hassenstein, R. Schulte, G. Greshake, K. Rawer / O. H. Pesch); J. Seifert, Das Leib-Seele-Problem in der gegenwärtigen philosophischen Diskussion, Darmstadt 1979; H. Sonnemans, Seele – Unsterblichkeit – Auferstehung. Zur griechischen und christlichen Anthropologie und Eschatologie, Freiburg 1984; und G. Haeffner, Vom Unzerstörbaren im Menschen. Versuch einer Annäherung an ein problematisch gewordenes Theologumenon, in: W. Breuning (Hg.), »Seele«. Problembegriff christlicher Eschatologie, Freiburg 1986, 159–191.

I. Fixpunkte

1. Zum Status quaestionis

Lösungen müssen sich zunächst der Wege vergewissern, die man gehen kann, und der Irrwege, die man nicht einschlagen darf. Es gibt eine Reihe von Fixpunkten, die wie Streckenbegrenzungspfähle auch noch bei der Suche im Dunkeln den Weg erkennbar halten.

a) Der erste im Auge zu behaltende Fixpunkt ist der Stand der eschatologischen Diskussion, auch Kontroverse, des letzten Jahrzehnts, genauer: die aus ihr erwachsende Aufgabenstellung. Dabei hat das Schreiben der Glaubenskongregation »Zu einigen Fragen der Eschatologie« vom 17. Mai 1979[3] den Stellenwert nicht einer unfehlbaren Entscheidung, auch sonst nicht den eines »letzten Wortes« – beides kann selbst eine päpstlich approbierte Stellungnahme der Glaubenskongregation niemals sein[4] –, wohl aber den Stellenwert eines qualifizierten, weil aus der Verantwortung des leitenden Amtes formulierten Diskussionsbeitrages. Dieser schärft, wenn ich es recht verstehe, zwei Dinge ein: innertheologisch die Wahrheit einer den Tod überdauernden Wirklichkeit des Menschen, die man mit einem einfachen Wort der Glaubenssprache benennen können muß – bei Gefahr, daß andernfalls fundamentale Aussagen christlich-eschatologischer Verkündigung leeres Gerede und der christliche Totengottesdienst leerer, ja betrügerischer Ritus wäre; nach außen gewendet, zur humanwissenschaftlichen Anthropologie hin, schärft das Schreiben die Zweidimensionalität des Menschen ein – und steht damit gegen Tendenzen und Vorausvermutungen auch unter Theologen, die Leib-Seele-Problematik sei durch die Evolutionslehre erledigt. Über diese grundsätzlichen Einschärfungen hinaus kann das Schreiben

[3] Vgl. Sekretariat der Deutschen Bischofskonferenz (Hg.), Schreiben der Kongregation für die Glaubenslehre zu einigen Fragen der Eschatologie (= Verlautbarungen des Apostolischen Stuhls 11), Bonn 1979. Zu der sich anschließenden Diskussion vgl. die Literaturangaben bei H. Verweyen, Zum gegenwärtigen Diskussionsstand der Eschatologie, in: Breuning (Hg.), aaO. 15–30; G. Greshake, »Seele« in der Geschichte der christlichen Eschatologie, aaO. 107–158; Ders., Zum römischen Lehrschreiben über die Eschatologie (17.5.1979), in: G. Greshake/G. Lohfink, Naherwartung – Auferstehung – Unsterblichkeit. Untersuchungen zur christlichen Eschatologie, Freiburg [5]1986, 185–192.

[4] Vgl. can. 749 § 3 CIC 1983 = sinngemaß (aber in Nuancen restriktiv verschärft?) can. 1323 § 3 CIC 1917. – Die Vorstellung, eine Erklärung der Glaubenskongregation könne ein »letztes Wort« zur Sache sein, ist jüngst laut geworden im Zusammenhang des Lehrkonfliktes um die Thesen von E. Schillebeeckx, Das Amt, Düsseldorf 1981 (holl. [2]1980); sie begegnet in einem Brief der Glaubenskongregation an Schillebeeckx vom 13. Juni 1984, in dem es heißt, daß die Kongregation in ihrem Brief »Sacerdotium ministeriale« vom 6. August 1983 an den Weltepiskopat »das letzte Wort« über eine Anzahl Fragen in Sachen Vorsteher der Eucharistie gesprochen habe – diese Information gibt A. Willems, Die endlose Geschichte des Edward Schillebeeckx, in: N. Greinacher/H. Küng (Hg.), Katholische Kirche – wohin? Wider den Verrat am Konzil, München 1986, 411–423: 421 f. Aufgrund des Konfliktes hat E. Schillebeeckx sein Buch neugefaßt unter dem Titel: Christliche Identität und kirchliches Amt. Plädoyer für den Menschen in der Kirche, Düsseldorf 1985 (holl. 1985).

keine Maßgeblichkeit beanspruchen, es sei denn, es gebe ein theologisches Recht, *eine* bestimmte Theorie des Leib-Seele-Verhältnisses, von der das Dokument erkennbar geprägt ist, zu kanonisieren.[5]

b) Zu den Aufgaben, die der Status quaestionis stellt, gehört freilich auch, die unwidersprechlichen Ergebnisse der theologischen Forschung ernstzunehmen als Beitrag des Sachverstandes, dem gegebenenfalls das Recht zustehen muß, die Vorstellungen des sogenannten »einfältigen« Gemeindeglaubens zu korrigieren – zumal dann, wenn andernfalls die »Rechenschaft über unsere Hoffnung« (1 Petr 3,15) in die Gefahr hausgemachter Lächerlichkeit geriete. Zu diesen Ergebnissen gehört unstreitig der – damals gegen akuten Häresieverdacht hart erkämpfte – Fortschritt der Leib-Seele-Anthropologie im 13. Jahrhundert, der nicht nur in der Eschatologie die weitere theologische Entwicklung bestimmte; es gehört dazu aber auch z. B. die Tatsache, daß es lange Zeit möglich war, die christliche Auferweckungshoffnung ohne Rekurs auf eine Seelenlehre auszudrücken oder wenn, dann mit ganz anderen Pointen und Schwerpunkten, und: daß es anschließend für etwa ein Jahrtausend eine, christlich gesehen, sehr problematische Seelenlehre war, die Verstehensträgerin der Auferweckungshoffnung und einer entsprechenden Anthropologie wurde. Auf die methodischen und sachlichen Konsequenzen ist zurückzukommen.[6]

c) Zu den Aufgaben aus dem Status quaestionis zählt ferner eine Antwort auf das nach wie vor unentschiedene Sach-Problem des »Zwischenzustands«. Eine *Antwort,* nicht unbedingt eine »Lösung«, denn die Antwort könnte ja darin bestehen, daß dieses Problem grundsätzlich nicht lösbar ist, es sei denn in Analogie zur Heisenbergschen Unschärferelation: Eine eindeutige Antwort wäre dann nur zu gewinnen unter Inkaufnahme des Unscharf-Werdens anderer Sachelemente, die vor jenen zurücktreten mußten, die die eindeutige Antwort tragen. Wenn in der gegenwärtigen Debatte die einen den Zwischenzustand als einen Unbegriff ablehnen und dabei einerseits auf die Unmöglichkeit der Anwendung von Zeitbegriffen jenseits der Todesgrenze und anderseits auf die philosophische Absurdität einer leiblosen, gleichwohl »seligen« Seele hinweisen,[7] die anderen dagegen eine Vergleichgültigung der weitergehenden Geschichte wie der materiellen Schöpfung fürchten und deswegen die Begriffskrücke eines Zwischenzustands hinnehmen,[8] so priorisiert man offensichtlich bestimmte Elemente einer ganzheitlichen Antwort und kann dann nur noch sehr angestrengt die anderen, keineswegs bestrittenen, in die entschiedene Prioritätensetzung aufnehmen. Dann mag Karl Rahner durchaus recht haben mit seiner These, die Lehre vom

[5] Die hermeneutische Problematik des Schreibens besteht eben darin, fundamentale Glaubenswahrheiten einschärfen zu wollen, de facto aber bestimmte theoretische Reflexionsgestalten dieser Glaubenswahrheiten zur Norm zu erheben. Vgl. dazu G. Greshake, in: G. Greshake/G. Lohfink, aaO. ebd. und H. Vorgrimler, Hoffnung auf Vollendung. Aufriß der Eschatologie, Freiburg 1980, 154f, mit weiterer Literatur.

[6] Vgl. w. u. I 3.

[7] Vgl. u. a. G. Greshake, aaO., 91–97. 113–120; H. Vorgrimler, aaO., 151–155.

[8] Vgl. u. a. J. Ratzinger, Eschatologie. Tod und ewiges Leben (=J. Auer/J. Ratzinger, Kleine katholische Dogmatik IX), Regensburg, ^{2}1977, 92–99. 112–114. 150–160. 186–190.

Zwischenzustand sei eine »harmlose Mythologie«, die keine Gefahr mit sich bringe (so lange man nicht als glaubensverbindlich hinstellt, was es ausweislich der lehramtlichen Dokumente nicht ist).[9] Trotzdem kann diese »harmlose Mythologie« zum Katalysator unterschiedlicher Schwerpunktsetzungen werden, die schließlich, wie in diesen Jahren erlebt, zu einander bekämpfenden Theoriebildungen ausarten, die nicht nur – gelegentlich – sogar vor dem Häresievorwurf nicht zurückschrecken, sondern, Gipfel der Ironie, dem Gegner auch noch nachzuweisen suchen, dessen Theorie wirke kontrapunktiv gegen das Anliegen, das er verfolge und das man sogar mit ihm gemeinsam bejahe.

d) Und damit taucht eine letzte Aufgabe aus dem Status quaestionis auf: die theologisch voll berechtigte Wortkargheit, zu der die christliche Eschatologie heute gefunden hat,[10] nicht wieder durch theoretische Überanstrengung in Gefahr zu bringen. Im Vergleich etwa zu einem mittelalterlichen Eschatologie-Traktat[11] und noch einer neuscholastischen Lehre von den »letzten Dingen«[12] wirken neuere Monographien auf der Grundlage heutiger exegetischer und theologiegeschichtlicher Erkenntnisse ausgesprochen »arm«.[13] Die Gründe sind

[9] Vgl. K. Rahner, Über den »Zwischenzustand«, in: Schriften zur Theologie XII, Zürich 1975, 455–466; vgl. Ders., Fegfeuer, aaO., XIV, 1980, 435–449.

[10] Vgl. Joh. B. Metz, Experientia spei, Diakonia 1 (1966) 189: »Christliche Eschatologie ist... keine Ideologie der Zukunft. Die Armut ihres Wissens um die Zukunft ist gerade teuer... Christliche Eschatologie ist vor allem auch theologia negativa der Zukunft« (zitiert nach Greshake, aaO., 184).Vgl. im gleichen Sinne O. H. Pesch, Frei sein aus Gnade. Theologische Anthropologie, Freiburg 1983, 385–389. 412–415.

[11] Vgl. exemplarisch Thomas von Aquin, Summa Theologiae, Suppl 66–99; dazu den Kommentar von A. Hoffmann, in: Deutsche Thomas-Ausgabe Bde. 35 und 36, Heidelberg–Graz 1958 und 1961.

[12] Vgl. exemplarisch F. Diekamp – K. Jüssen, Katholische Dogmatik nach den Grundsätzen des heiligen Thomas III, Münster[11-12]1954, 404–497. Die eschatologischen Traktate der ersten nach-neuscholastischen Zeit sind zwar zunächst genauso umfang- und wortreich, aber aus einem ganz anderen Grunde: Um nicht leichtfertiger Neuerungssucht geziehen zu werden, müssen sie sich in der kritischen und korrigierenden Aufarbeitung der Tradition und in der Einbringung neuer Fragestellungen und Perspektiven besonderer Sorgfalt und darum Ausführlichkeit befleißigen. Vgl. exemplarisch M. Schmaus, Katholische Dogmatik IV/2, München [5]1959; Ders., Der Glaube der Kirche VI/1–2, St. Ottilien [2]1982; J. Feiner/M. Löhrer (Hg.), Mysterium Salutis. Grundriß heilsgeschichtlicher Dogmatik (im folgenden: MySal), V, Zürich 1976, 463–890 (K. Rahner, J. Feiner, C. Schütz, H. Groß, K. Schelkle, W. Breuning.)

[13] Das gilt quer durch die Positionen für die schon genannten Arbeiten von G. Greshake/G. Lohfink, H. Vorgrimler, J. Ratzinger – weitere Titel bei H. Verweyen (s. Anm. 3). Es gilt auch dann entsprechend, wenn ausdrücklich keine Gesamtdarstellung der Eschatologie beabsichtigt ist. – Eine gewisse Sorge vor dieser »Armut« – in Gestalt der Sorge vor »Verkürzung« des eschatologischen Teils des Glaubensbekenntnisses – scheint auch hinter dem Lehrschreiben der Glaubenskongregation zu stehen. Auffällig in dieser Hinsicht ist auch die zeitlich benachbarte Kritik an dem Eschatologie-Kapitel in J. Feiner/L. Vischer (Hg.), Neues Glaubensbuch. Der gemeinsame christliche Glaube, Freiburg 1973, [17]1984, 526–544 (Verfasser: C. Schütz und E. Nályi-Nagy) in der quasi-offiziösen römischen Rezension: Fehlschlag oder Erfolg?, L'Osservatore Romano, Wochenausgabe in deutscher Sprache Nr. 20, 18.5.1979, 9; Nr. 21, 25.5.1979, 11 (=ital. Ausgabe vom 14.6.1979), hier: 11 Sp. 1. Die auch sonst alle neuralgischen Punkte des ökumenischen

deutlich. Zum einen sind die eschatologischen Aussagen der Bibel und der kirchlichen Tradition, einstmals für erwartete Realität genommen, heute als »Hoffnungsbilder« (Gisbert Greshake) verstanden, und zwar auch von der Mehrheit der »einfältigen« Gläubigen. Ihr Bildgehalt entspricht aber kaum noch heutigen Vorstellungen von höchstem Glück (bzw. tiefstem Unheil), wie es jedoch nötig wäre, wenn ihre Bilder-Sprache faszinieren und Hoffnung wecken soll. Das Ergebnis ist der Schwank vom Münchener im Himmel: »Was ist der Himmel gegen das Hofbräuhaus!« Der andere Grund: Die Menschheit hat der Erde soviel Lebensqualität abgerungen und hält noch soviel mehr für möglich und nötig, daß die Welt nicht mehr als Jammertal erscheint und dementsprechend die Sehnsucht nach dem Himmel nicht mehr als das alles bestimmende emotionale Substrat christlichen Lebens. Aber die so entstandene »Armut« und Wortkargheit der Eschatologie ist in Wahrheit eine Kostbarkeit, denn sie hält die radikale Grundlage eschatologischer Hoffnung im Bewußtsein: Nur die Wirklichkeit und Nähe Gottes ist der Anker unserer Hoffnung, keine Konkretionen nach innerweltlichen Modellen. Nun muß der Inhalt dieser Hoffnung gewiß *gedacht*, und das heißt zugleich: denkerisch gegen Irr- und Aberglaube gesichert werden. Doch jede Anstrengung des Begriffs birgt die Gefahr der Verselbständigung der Interpretamente und Theorieelemente, und das Ende ist einerseits die Abstraktion, anderseits die Selbstüberschätzung der theoretischen Bemühung. Angesichts von soviel glanzvoll-abstrakten Worten in der neueren Diskussion (Vollendung der Materie, endgültiges Zu-sich-selbst-gekommen-Sein des menschlichen Geistsubjektes, Vollendung der Freiheitsgeschichte des Menschen usw.) fragt man sich gelegentlich, ob man damit nicht am Ende genauso des Guten zuviel tut wie die mittelalterlichen Scholastiker, wenn sie nach der Qualität des Auferstehungsleibes fragten und danach, welche »aureolae« und welche »dotes« wem in der ewigen Seligkeit als Lohn für was zuteil werden. Die Erinnerung an die gebotene Wortkargheit der Eschatologie ist da fast schon Pflicht.

2. Was müssen die Humanwissenschaften geltend machen?

Unser Thema erweitert nun den eschatologischen Status quaestionis auf den Gesamtbereich der theologischen Anthropologie. Das ist unausweichlich, denn – wie gerade auch die jüngste Diskussion zu erkennen gibt – die Eschatologie ist der Testfall theologischer Anthropologie, und umgekehrt setzen bestimmte eschatologische Entscheidungen entsprechende theologisch-anthropologische Vorentscheidungen voraus bzw. erzwingen sie.[14] Damit kommt das prekäre Ver-

Dialogs wenig lernbereit aufnehmende Rezension hat damals wegen ihres späten Erscheinens überrascht und zwangsläufig die Frage nach »Hintergründen« geweckt.

[14] Bezeichnend: die Rückschlüsse vom mariologischen Dogma von 1950 auf erlaubte und nicht zulässige Positionen in der Anthropologie und Eschatologie im Lehrschreiben der Kongregation und schon bei J. Ratzinger, Eschatologie (s. Anm. 8) 95: J. Ratzinger kritisiert hier Versuche, den »ökumenische(n) und denkerische(n) Skandal des Dogmas« zu überwinden durch den Hinweis auf das Heraustreten aus der Zeit im Tode, ja das Dogma geradezu als Legitimation eines solchen Gedankens heranzuziehen – sieht also selber durch die eschatologische Aussage des Dogmas über Maria sich gezwungen, das Verhältnis

hältnis von humanwissenschaftlicher und theologischer Anthropologie,[15] ja überhaupt von Naturwissenschaft und Theologie ins Spiel, und aus dem, was dazu verantwortlich gesagt werden kann, wird ein weiterer Fixpunkt bei der Lösung des uns aufgegebenen Problems. Darum zunächst, ganz thesenhaft, ein Hinweis auf das, was die Humanwissenschaften in unserem Fragenbereich geltend machen müssen und darum auch dürfen:

a) Das Recht zu ungehindertem Fragen. Für nicht-christliche Humanwissenschaftler ist es fast lächerlich, das ausdrücklich »zuzugestehen« – als ob sie sich je von theologischen Einsprüchen an ihren Fragestellungen hindern ließen. Doch christliche Natur- und Humanwissenschaftler mag die Erwartung, zu theologisch – eventuell – nicht integrierbaren Ergebnissen zu kommen, bisweilen immer noch hemmen, zumindest nicht gleichgültig lassen. Noch ist die These von der Theologie als »negativer Norm« der außertheologischen Wissenschaften nicht so lange verabschiedet. Ihre Wahrheit liegt in ihrem Protest gegen jeden Anflug einer Theorie von einer doppelten Wahrheit. Ihre Problematik liegt in ihrem Besitzstanddenken, das zwischen Glaube und Theologie unzureichend unterschied und statt des Glaubens an Gott als Quelle aller Wahrheit eine bestimmte theologische Theorie zum Kriterium für wahr und falsch bei einer humanwissenschaftlichen Theorie machte. Noch ist es zum Beispiel nicht so lange her, daß man über eine »dogmatische Physik« diskutiert hat, um die Transsubstantiationslehre im ursprünglichen naturphilosophischen Verständnis gegen naturwissenschaftliche Zweifel (ob es nämlich eine *einheitliche* Brotsubstanz gebe) hochzuhalten.[16] Im Disput um Leib und Seele sollte das nicht noch einmal passieren – es hat noch stets mit der Niederlage der Theologie und damit, in nicht-christlicher Optik, auch des Glaubens geendet.

b) Das Recht, ihre Ergebnisse nicht mit theologischen Aussagen synthetisieren zu müssen, kurz: das Recht zum theologischen Desinteresse. Es *müssen* sich die Theologen für die Humanwissenschaften interessieren, nicht, um die Wahrheit ihres Glaubens, wohl aber: um den Bezugspunkt ihrer theologischen Theorien zu überprüfen. Die Humanwissenschaftler, umgekehrt, *können* es tun, aber sie *müssen* es – *als* Humanwissenschaftler – nicht, und zwar nicht etwa nur deswegen, weil solches immer noch die Reputation in der »Zunft« kosten kann, sondern vor allem wegen des grundsätzlichen und völlig legitimen methodischen

von Tod und Zeit so zu denken, daß ein Privileg Mariens vor allen anderen Menschen gewahrt bleibt, koste es auch irgendein Konzept von »Zwischenzustand«.

[15] Vgl. jetzt W. Pannenberg, Anthropologie in theologischer Perspektive, Göttingen 1983; auch Ders., (Hg.) Sind wir von Natur aus religiös?, Düsseldorf 1986; und O. H. Pesch, Frei sein aus Gnade (s. Anm. 10), bes. 23–75. 416–428.

[16] Beispiele bei E. Schillebeeckx, Die eucharistische Gegenwart, Düsseldorf ^{2}1968 , 62; vgl. auch V. M. Kuiper, ›Hauptsünden‹ des holländischen Neuen Katechismus, Zürich 1967, 15–22, der auch noch im Zusammenhang der Eucharistie-Diskussion der letzten Jahrzehnte nach altem Brauch aus dem Trienter Dogma folgert, darin sei die aristotelische Substanz-Akzidenz-Metaphysik – sowohl im allgemeinen als auch in der besonderen Anwendung auf Brot und Wein – verbindlich impliziert, was immer auch die Naturwissenschaften dazu sagen mögen. Ein anderes, jüngeres Beispiel ist bzw. war das Festhalten am Monogenismus als angeblich unerläßlicher Implikation des Erbsündendogmas. Auf die Sachfragen selbst einzugehen, kann hier unterbleiben.

Atheismus ihres Faches:[17] Weil sie nach den Methoden ihres Faches allenfalls auf das Phänomen der *Frage* nach Gott, nicht aber auf die Wirklichkeit Gottes selbst stoßen *können*, unterliegt ihr Ergebnis nicht aus fachlichen Gründen einer theologischen Kontrolle.

c) Das Recht zur fachimmanenten wie fachübergreifenden Synthese. Etwa zur Synthese von Molekularbiologie, Biochemie, Zoologie, Paläontologie, Kulturanthropologie, Verhaltensforschung, Soziologie und Geschichtswissenschaft im Hinblick auf die Frage nach der Evolution des Lebens, des Geistes und der Ethik. Zugegeben, solche Synthesen sind selten oder beschränken sich auf die Synthetisierung nur weniger Fachgebiete. Wenn, dann sind es meist Theologen oder Philosophen, die die Synthese versuchen.[18] Aber Theologen neigen dazu,

[17] Dies anzuerkennen ist gottlob inzwischen eine theologische Binsenwahrheit. Vgl. pars pro toto W. Pannenberg, Typen des Atheismus und ihre theologische Bedeutung, in: Ders., Grundfragen systematischer Theologie, Göttingen ²1971, 347–360: 347f; J. Feiner/L. Vischer (Hg.), aaO., (s. Anm. 13) 64–72: 67–70; MySal (s. Anm. 12) II, 515–519; J. Figl, Atheismus als theologisches Problem. Modelle der Auseinandersetzung in der Theologie der Gegenwart, Mainz 1977, 111–113 u. ö.; W. Kasper, Der Gott Jesu Christi, Mainz 1982, 34–41. Vielfach wird in diesen Arbeiten und vielen anderen dieser methodische Atheismus der Naturwissenschaften auf das Konto des christlichen Glaubens gebucht – gewiß mit letztem sachlichen Recht, aber angesichts des zunächst und lange erbitterten Widerstandes von Theologie und Kirche und der dadurch bedingten anti-theologischen Stoßrichtung des naturwissenschaftlichen Atheismus nicht ohne Peinlichkeit.

[18] Theologische Syntheseversuche aus den letzten Jahren: P. Overhage/K. Rahner, Das Problem der Hominisation, Freiburg ³1965; H.-R. Müller-Schwefe, Der Mensch – das Experiment Gottes, Gütersloh 1966; J. Moltmann, Mensch. Christliche Anthropologie in den Konflikten der Gegenwart, Stuttgart 1971, ²1973 u. ö.; H. Thielicke, Mensch sein – Mensch werden. Entwurf einer christlichen Anthropologie, München 1976; K. Rahner, Grundkurs des Glaubens. Einführung in den Begriff des Christentums, Freiburg ¹²1982, 35–142; W. Neithard/H. Ott, Krone der Schöpfung? Humanwissenschaften und Theologie, Stuttgart 1977; H. Küng, Existiert Gott? Antwort auf die Gottesfrage der Neuzeit, München 1978, 119–154. 299–380. 471–560. 686–728; H. Kümmel, Der moderne Mensch vor der Gottesfrage. Eine theologisch-philosophische Neubesinnung, Stein am Rhein ²1978; A. Peters, Der Mensch (= Handbuch Systematischer Theologie Bd. 8), Gütersloh 1979; W. Pannenberg, Anthropologie (s. Anm. 15). – Philosophische Syntheseversuche: J. Splett, Konturen der Freiheit. Zum christlichen Sprechen vom Menschen, Frankfurt 1974; Ders., Der Mensch ist Person. Zur christlichen Rechtfertigung des Menschseins, Frankfurt 1978; R. Girard, Des choses cachées depuis la fondation du monde, Paris 1978; deutsche gekürzte Ausgabe unter dem Titel: Das Ende der Gewalt. Analyse des Menschheitsverhängnisses, Freiburg 1983; J. Möller, Menschsein: ein Prozeß. Entwurf einer Anthropologie, Düsseldorf 1979; R. Schaeffler, Die Wechselbeziehungen zwischen Philosophie und katholischer Theologie, Darmstadt 1980; G. Haeffner, Philosophische Anthropologie, Stuttgart 1983; H. Süssmuth (Hg.), Historische Anthropologie. Der Mensch in der Geschichte, Göttingen 1984. – Humanwissenschaftliche Syntheseversuche: C. F. von Weizsäcker, Der Garten des Menschlichen. Beiträge zur geschichtlichen Anthropologie, München ²1979; P. Lüth, Der Mensch ist kein Zufall. Umrisse einer modernen Anthropologie, Stuttgart 1981; H. von Ditfurth, Wir sind nicht nur von dieser Welt. Naturwissenschaft, Religion und die Zukunft des Menschen, Hamburg ²1982; J. Herbig, Im Anfang war das Wort. Die Evolution des Menschlichen, München 1984. Umfassende Materialsammlung zu einer Synthese, aber wegen der Struktur des Gemeinschaftswerkes

die Humanwissenschaften bei der nur partikulären Tragweite ihrer Erkenntnisse festzuhalten und für sich allein die Zuständigkeit für Ganzheitsaussagen über den Menschen zu reklamieren.[19] Nicht selten ist das auch nur zu berechtigt – wenn Humanwissenschaftler vorschnelle Totalaussagen und gar Heilslehren entwickeln. Anderseits ist die Tendenz zu einer möglichst umfassenden Synthese, auch wenn sie begrenzt ist, jeder Wissenschaft immanent. Das hat die Theologie ernstzunehmen, und sie darf nicht die Humanwissenschaften a priori zu Zulieferern von Einzelerkenntnissen herabwürdigen und sie damit um ihren wissenschaftlichen Eros bringen wollen.

d) Das Recht zum fachinternen Streit ohne theologischen Schiedsrichter. Bei näherem Zusehen ist man immer wieder erstaunt, wie weit die wissenschaftlichen Thesen selbst unter Vertretern derselben humanwissenschaftlichen Disziplin auseinandergehen können – wo man doch der eigenen Selbsteinschätzung nach mit ganz exakten Methoden arbeitet. Theologen sind dann oft versucht, den Schiedsrichter zu spielen und die Nähe einer bestimmten humanwissenschaftlichen Position zur Theologie bzw. zu einer bestimmten theologischen Theorie für ein humanwissenschaftliches Wahrheitskriterium zu halten. Dann mag man etwa Paul Lüth gegen Jacques Monod favorisieren, Pascual Jordan gegen Manfred Eigen, jüngst Jost Herbig gegen Darwin, Max Horkheimer gegen Jürgen Habermas, wenn es sein muß aber auch Jürgen Habermas gegen Karl Popper oder einen Freudianer gegen medizinische Materialisten – und immer Carl Friedrich von Weizsäcker gegen alle.[20] Doch wer garantiert Schutz vor dem nächsten wissenschaftlichen Richtungswechsel?[21] Nein, die Theologie, die

nur bedingt schon diese selbst bei H. G. Gadamer/P. Vogler (Hg.), Neue Anthropologie, 7 Bde., Stuttgart 1972–1974 (I–V: Biologische Anthropologie, Sozialanthropologie, Kulturanthropologie, Psychologische Anthropologie; VI–VII: Philosophische Anthropologie); eine Bilanz des interdisziplinären Gesprächsstandes jetzt in: CGG (s. Anm. 2), bes. Bde. 2–7; 10; 14; 17–20; 24; 27.

[19] Nähere Hinweise bei O. H. Pesch, Frei sein (s. Anm. 10) 416–421.

[20] Der Korrektheit halber hier die in Anm. 18 noch nicht genannten Titel, an denen Theologen heutzutage sich abarbeiten: J. Monod, Zufall und Notwendigkeit. Philosophische Fragen der modernen Biologie, München 1971 (als Taschenbuch 1975, 41979; frz. Paris 1970); P. Jordan, Der Naturwissenschaftler vor der religiösen Frage, Oldenburg 1963, 61972; Ders., Schöpfung und Geheimnis, Oldenburg 1970; Ders., Erkenntnis und Besinning, Oldenburg 1972; M. Eigen/R. Winkler, Das Spiel. Naturgesetze steuern den Zufall, München 1975; 31979; Ch. Darwin, Die Entstehung der Arten (1859), Stuttgart 1974; Ders., Die Abstammung des Menschen (1871), Stuttgart 1982; M. Horkheimer, Zur Kritik der instrumentellen Vernunft, Frankfurt 1967; Ders., Kritische Theorie, 2 Bde., Frankfurt 1968; Ders./Th. W. Adorno, Dialektik der Aufklärung. Philosophische Fragmente (1944), Frankfurt 1969; Neuausgabe mit einem Nachwort von J. Habermas 1986; J. Habermas, Theorie des kommunikativen Handelns, 2 Bde., Frankfurt 1981; Ders., Der philosophische Diskurs der Moderne, Frankfurt 1985; K. R. Popper, Logik der Forschung, Berlin 1934; Tübingen 81984; Ders., Die beiden Grundprobleme der Erkenntnistheorie, Tübingen 1981; Ders./J. Eccles, Das Ich und sein Gehirn, München 1982.

[21] Jüngst haben amerikanische Forscher durch molekularbiologische Untersuchungen nachzuweisen gesucht, daß möglicherweise alle heute lebenden Menschen auf eine einzige Ur-Mutter aus Afrika vor etwa 140000 Jahren zurückgehen. Vgl. den Bericht von R. Klingholz, Die Wiege der Menschheit, ZEITmagazin Nr. 16, 11.4.1986, 24–38. 80f; Die

Theologen – die ja auch im günstigsten Falle auf dem Feld der Natur- und Humanwissenschaften nur qualifizierte Dilettanten sein können – wären gut beraten, wenn sie sich zur Vorsicht nicht auf die angenehmen, sondern auf die »schlimmsten« Positionen einstellten, und dies mit der Bereitschaft, notfalls auch zeitweilig nur nein sagen zu können. Wer hätte am Anfang des Jahrhunderts, im Zeichen des ursprünglichen Behaviorismus, vorauszusagen gewagt, daß wir am Ende des Jahrhunderts einen Stand der Humanwissenschaften erleben würden, der es möglich macht, sogar nach der »heimlichen Theologie« in den Humanwissenschaften zu fragen, wie es jüngst Wolfhart Pannenberg in seinem monumentalen Werk getan hat?[22] Um so wichtiger ist es, nun auch den dritten Fixpunkt ins Auge zu fassen und zu fragen:

3. *Was müssen Glaube und Theologie geltend machen?*

Es bedarf keiner Begründung, daß Glaube und Theologie von ihrer ureigenen Sache her etwas geltend zu machen haben. Sie sind weder nur Metatheorie der Humanwissenschaften und damit von deren jeweiligen Stand abhängig,[23] noch auch *nur* historische und kritische Aufarbeitung der biblisch-christlichen Überlieferung im Kontext der Religionsgeschichte. Sie sind als reflektierte Zustimmung zu dem *in* dieser Überlieferung gehörten Wort Gottes ein Erkenntnis- und Verstehensgewinn, der seinerseits das Recht gibt, die Humanwissenschaften zu fragen, ob deren Erkenntnisse und gar Sinnangebote das Niveau der Antworten erreichen, die der Glaube auf die Frage des Menschen nach sich selbst gibt. Was also hat der Glaube, was hat die Theologie in dieser Hinsicht geltend zu machen?

a) Im Grunde nur eines – aus dem aber einiges folgt: die fundamentale Unterscheidung und damit das fundamentale Gegenüber von Gott und Nicht-Gott, also von Gott und Welt, Gott und Mensch, Gottes Ewigkeit und des Menschen Raum-Zeitlichkeit, mit einem Wort: die Transzendenz Gottes.[24] Die erhöhte Sensibilität dafür, diese Transzendenz Gottes nicht anthropomorph zu denken – die Gründe für diese erhöhte Sensibilität müssen hier als bekannt vorausgesetzt werden bzw. dahingestellt bleiben[25] –, hat in unseren Jahren dahin geführt, der

Spuren der Menschheit, aaO., Nr. 17, 18.4.1986, 44–54; Zeichen der Menschheit, aaO., Nr. 18, 25.4.1986, 52–59, hier: 59. Man darf gespannt sein, wie lange es dauert, bis der erste Theologe darauf eine »modernisierte« monogenistische Erbsündentheorie aufbaut.

[22] S. Anm. 15.

[23] Vgl. die Diskussion zwischen W. Pannenberg und O. H. Pesch in W. Pannenberg (Hg.), Sind wir von Natur aus religiös (s. Anm. 15), 130–166.

[24] Ich wähle diese Formulierung im Anschluß an G. Ebeling, Dogmatik des christlichen Glaubens, 3 Bde., Tübingen 1978/79, I, 233–235 und dann immer wieder (s. Register in Bd. III, Stw. »Fundamentalunterscheidung«), aber ohne den von Ebeling beständig geltend gemachten kontroverstheologisch-kriteriologischen Aspekt.

[25] Zu erinnern ist hier an die Debatte um die christlichen Ursprünge des Säkularisierungsprozesses, die Wiederentdeckung der Geschichtstheologie als Gegengewicht gegen ein Glaubensverständnis in rein metaphysischen Kategorien, an den Streit um die »hellenistische« Überfremdung der biblischen Botschaft, und in unseren Tagen an den feministischen

Immanenz Gottes in den Dingen vor seiner Transzendenz größere Aufmerksamkeit zu schenken, beide zumindest aufs engste zusammen und ineinander zu denken – bis dahin, daß panentheistische Verstehensmuster nicht selten der theologische Denkhorizont christlicher Naturwissenschaftler sind.[26] Insofern gilt tatsächlich: »Monist zu werden ist nicht schwer...« Im Licht des Glaubens aber gibt es keinen plausiblen Grund, warum einer vorgängigen und insoweit gänzlich irrationalen Neigung zu einem monistischen Grundmuster der Weltbetrachtung nachzugeben, dieses dem einer fundamentalen Dualität zwischen Gott und Welt vorzuziehen sei. Die Einheit des Seins hat die Unterscheidung zwischen Schöpfer und Geschöpf zur Voraussetzung ihres theologischen Begriffs. Denn die Alternative wäre entweder eine monistisch-pantheistische Welterklärung, bei der die Tatsache der Kontingenz der Weltwirklichkeit unbegriffen bleiben müßte, oder der Dualismus zweier gleichrangiger, konkurrierender Seinsprinzipien, der durch sich selbst die Einheit des Seins aufhöbe. Beides ist, im vorhinein zu allen Einzeltheorien, mit dem christlichen Glauben unvereinbar. Daraus aber folgt nun einiges, nämlich:

b) Eine unausweichliche, letzte fundamentale Dualität – nicht: Dualismus – zwischen Geist und vorgeistiger Materie, koste dies auch eine neue Art von »Vitalismus«, also einer Theorie von der Unableitbarkeit des Lebensphänomens, die die Naturwissenschaften heute weithin aufgegeben haben.[27] Zwar bedeuten die Evolutionstheorien – es gibt ja nicht *die* Evolutionstheorie, sondern eine Vielfalt einander zum Teil bestreitender Einzeltheorien über den Ablauf der Evolution – nicht grundlegend eine Bedrohung des Gottesglaubens, entgegen Vorausvermutungen, die bei atheistischen Naturwissenschaftlern immer noch anzutreffen sind.[28] Wohl aber muß der Glaube geltend machen, daß das transzendentale Wirken Gottes *im* evolutiven Geschehen nie so gedacht werden darf, daß Gott diesem Geschehen nicht auch *gegenüber*stünde, und zwar in souveräner, subjekthafter Freiheit. Anders denken hieße Gott nicht als Gott denken.

c) Im Zusammenhang dieses Gegenübers von Gott und Welt ist auch der Mensch von Gott abhängig auf grundsätzlich dieselbe Weise, wie alle nichtgöttliche Wirklichkeit von Gott als ihrer Seinsquelle abhängig ist: Der Mensch

Einspruch gegen das Bild eines Gottes »über« und »gegenüber« der Welt, das dann wie zwanghaft das Bild eines männlichen Herrschers sei. Eine breitere Öffentlichkeit hat – entsprechend vergröbert – von dieser Problematik Kenntnis genommen im Zusammenhang der Diskussion um das Buch von J. A. T. Robinson, Gott ist anders – Honest to God, München 1963 u. ö.

[26] Wird man nicht etwa P. Jordan, Der Naturwissenschaftler (s. Anm. 19) 153–159; oder K. Rawer, in: Ders./O. H. Pesch, Kausalität – Zufall – Vorsehung, in: CGG (s. Anm. 2) Bd. 2, 50–119: 72f, so verstehen müssen?

[27] Vgl. J. Monod und M. Eigen/R. Winkler (s. Anm. 20) und K. Rawer, aaO., 69–72.

[28] »Kein Schöpfer hat uns auf diesem Planeten ausgesetzt; die Evolution hat uns gemacht«. So D. E. Zimmer am Schluß seines Berichtes: Die Lehre der Soziobiologen, in: DIE ZEIT Nr. 40, 29.9.1978, 33–35; Forts. unter dem Titel: Unsere alte Natur, aaO., Nr. 41, 6.10.1978, 33–35: 35. Zu solcher Entgegensetzung K. Rawer: »Zum Verhältnis von Schöpfung und Evolution wird – leider – immer noch häufig Darwins ›Entweder/Oder‹ übernommen« (aaO., 73). Vgl. P. Jordan, Schöpfung (s. Anm. 20) 148f; Der Naturwissenschaftler 157f.

ist Geschöpf, und zwar als ganzer, unabhängig von aller Frage nach seinen Wesensteilen.[29]

d) Mitten in diesem schöpfungsursprünglichen Gegenübersein und Zusammensein von Gott und Welt[30] ist der Mensch vor und unter allen Mitgeschöpfen in einzigartiger Weise von Gott geliebt und dies wiederum als ganzer Mensch. Dies folgt *nicht* aus der genannten fundamentalen Abhängigkeit des Menschen von Gott, sondern ist freie, ganz und gar unableitbare Tat Gottes.[31] Aber es muß Folgen haben für die Bestimmung des Verhältnisses zwischen dem Menschen und der nicht-menschlichen Schöpfung und mittelbar für das Verhältnis der nicht-menschlichen Schöpfung zu Gott.

e) Als einzigartig geliebter ist der Mensch zu einer wiederum einzigartigen Vollendung berufen: als ganzer Mensch in der Lebensgemeinschaft mit Gott.

Die Fixpunkte c–e sind dem Menschen im strengen Sinne »von außen«. Aber indem sie sein Sein unter den Mitgeschöpfen bestimmen, sind sie ihm zugleich innerlich, mit anderen Worten: Sie verdichten sich zum Wesensunterschied – einem geschenkten Wesensunterschied – gegenüber allen Mitgeschöpfen. Und zwar zu einem bleibenden, nicht auszulöschenden Wesensunterschied, es sei denn, Gott würde aufhören, den Menschen zu lieben und in seine Lebensgemeinschaft zu berufen.

Es ist deutlich, daß wir damit den Punkt erreicht haben, an dem die systematische Interpretationsaufgabe beginnt. Darum zuvor nur noch der dringliche Hinweis, was Glaube und Theologie *nicht* geltend machen müssen, was vielmehr schon theologische Theoriebildung ist, die auf ihrer Ebene soviel wiegt wie ihre Argumente. Der Glaube kann *nicht* geltend machen:

eine bestimmte anthropologische Theorie, z. B. über Leib und Seele als Wesensteile des einen und ganzen Menschen; es wäre dies das bekannte Denken nach einem Fortschrittsmodell, das man immer damit bezahlt, die vorausgehenden Denkbemühungen prinzipiell (im einzelnen kann es schon mal anders sein!) für unzulängliche Vorstufen zu halten, die wirkliche *Geschichte* des christlichen Denkens zu entwerten und *eine* bestimmte geschichtliche Stunde, am Ende die eigene Gegenwart, grundsätzlich für klarsichtiger als alle früheren zu halten;

eine bestimmte Theorie vom zu erwartenden Hergang der »letzten Dinge« samt den darin beschlossenen anthropologischen Vorentscheidungen – wohl allerdings eventuell den *Ausschluß* bestimmter Vorstellungen, die den Fixpunkten nicht standhalten, z. B. alle in einer solchen Theorie noch nicht überwundenen leib- und materiefeindlichen Tendenzen;

eine bestimmte Theorie vom Menschen als »Krone der Schöpfung«, sofern sie mehr besagen möchte als das einzigartige Gottesverhältnis des Menschen.

[29] Vgl. die sympathische und schnörkellos einfache Darstellung dieses grundlegenden biblischen Zeugnisses bei F. Maass, Was ist Christentum?, Tübingen [3]1982, 24–27. 60–72.

[30] Auch diese Formulierung im Anschluß an Ebeling, aaO. (s. Anm. 24) I, 262 und dann immer wieder.

[31] Thomas von Aquin spricht daher von der »specialis dilectio« Gottes zum Menschen, über seine »communis dilectio« hinaus, die allen Geschöpfen Gottes gilt und insofern natürlich auch dem Menschen: Summa Theologiae I–II 110, 1.

Nur am Rande vermerkt sei, daß der Glaube auch keine lehramtlichen Entscheidungen geltend machen muß – weil es sie in unserer Frage nicht gibt, falls man nicht Binsenwahrheiten der Hermeneutik lehramtlicher Aussagen vergißt.[32]

II. Gott und der Geist des Menschen

1. *Was kann, was muß eine systematisch-theologische Reflexion leisten?*

In diesem Geflecht von Vorgaben ist nun die systematisch-theologische Fachaufgabe zu leisten. Sie besteht darin – kurz und ungeschützt gesagt –, das in geschichtlichen Gestalten überlieferte Wort des Glaubens mit dem Denken und Fragen der Gegenwart zum Schnittpunkt zu bringen und an diesem Schnittpunkt einen neuen Sprechversuch reflektierten Glaubens zu versuchen.[33] Im Sinne der Analyse des Begriffs Theologie von Max Seckler[34] geschieht das in drei Richtungen: als schlichtes Gottkünden, das einfach ausspricht, was der Glaube zu sagen hat, und das als solches schon nicht ohne Reflexion ist – es sei denn, es gäbe einen gedankenlosen Glauben; als Wahrnehmung des Vernunftinteresses des Glaubens, der die Plausibilität, die Rationalität, die innere Erhellungskraft des Glaubens mit allem zur Verfügung stehenden wissenschaftlichen Instrumentarium erschließt, nach »innen« für das Leben der Kirche und

[32] Die einschlägigen lehramtlichen Aussagen, nämlich DS 801; 815 (IV. Lateranum), DS 902 (Vienne), DS 1000 (»Benedictus Deus«) und DS 1440 (V. Lateranum) intendieren keine »Definition« der Leib-Seele-Dichotomie, sondern setzen sie voraus und gebrauchen sie, um andere, für den christlichen Glauben allerdings unaufgebbare Wahrheiten über den Menschen und seine Gottesbeziehung festzuhalten. Vgl. dazu die knappen, aber ja auch offene Türen einrennenden Hinweise bei G. Greshake/G. Lohfink, aaO., (s. Anm. 3) 181–184 (Greshake) und die dem nicht widersprechenden, vielmehr unter anderen Gesichtspunkten bestätigenden Darlegungen bei J. Ratzinger, aaO., (s. Anm. 8) 114–119; und bei H. Vorgrimler, aaO., (s. Anm. 5) 145–151. Die Sachlage spiegelt sich bei Luther, der die philosophischen Argumente als philosophische verwirft, aber aus theologischen Gründen an der Lehre von der unsterblichen Seele festhält und damit den alleinigen Gesichtspunkt festschreibt, unter dem die Theologie ein unverzichtbares Interesse an dem Lehrstück haben kann; vgl. dazu jetzt die umfassende Analyse der einschlägigen Texte bei G. Ebeling, Lutherstudien II: Disputatio de homine, 1. Teil: Text und Traditionshintergrund, Tübingen 1977, 136–205; 2. Teil: Die philosophische Definition des Menschen. Kommentar zu These 1–19, Tübingen 1982, 60–183.

[33] Vgl. O.H. Pesch, Frei sein (s. Anm. 10) 38–46; und W. Kern/H.J. Pottmeyer/M. Seckler (Hg.), Handbuch der Fundamentaltheologie, Bd. 4: Traktat Theologische Erkenntnislehre, Freiburg 1987, bes. Kap. 1, 2 u. 7.

[34] Vgl. M. Seckler, Theologein. Eine Grundidee in dreifacher Ausgestaltung. Zur Theorie der Theologie und zur Kritik der monokausalen Theologiebegründung, in: ThQ 163 (1983) 241–264; und Ders., in: W. Kern/H.J. Pottmeyer/M. Seckler (Hg.), aaO. Kap. 5.

nach »außen« für die missionarische Verkündigung des Glaubens an die, die zu hören bereit sind; und schließlich als Wahrnehmung des Glaubensinteresses der Vernunft, wenn die »heimliche Theologie« in Vernunftserkenntnissen erfragt wird. Ohne künstliche Trennung soll im folgenden von all diesem etwas geschehen, so weit unsere raumzeitliche Begrenzung das zuläßt. Der Rest ist der Glaube selbst, der weder durch Theologie noch durch irgend etwas anderes »herzustellen« ist als durch die das Herz bezwingende Kraft der Botschaft selbst.

2. Ist der Begriff der »Seele« unentbehrlich?

Es ist deutlich, daß das römische Schreiben diese Frage bejaht sehen möchte – in einer offenkundig auch in Rom umstrittenen Formulierung.[35] Gisbert Greshake hat in seinem Referat – entgegenkommender als früher[36]– ebenfalls für eine Beibehaltung eines geklärten Seelenbegriffs in der eschatologischen Glaubenssprache plädiert. Wie schon eingangs angedeutet, verspreche ich mir davon nicht das, was man sich dabei wünscht, und möchte einen Gegenvorschlag machen. Die fürs erste naive Rückfrage zur angeblichen Unentbehrlichkeit des Seelenbegriffs müßte ja lauten: Welche »Seele« denn? Die platonische – oder die getauft-aristotelische (die originär aristotelische ja ohnehin nicht!)? Die »Seele«, die nach frühscholastischer Auffassung »der Mensch« ist, oder die »Seele« als unica forma corporis? Die biblische »nefesch«, eine »Seele« aus der großen Palette altkirchlicher Konzeptionen, die wir kennen (gelernt haben), die mit der »mens« identische »anima rationalis« des Thomas? Nach Meinung der schultheologischen und kirchenamtlichen Befürworter offenkundig eben diese letztere. Das aber hieße: Unentbehrlich – für den *Glauben* des Christen! – soll ein Theorieelement sein, das in einer sehr speziellen, unwiederholbaren Diskussionssituation der Geschichte des christlichen Denkens in den Vordergrund trat: in der Zwangslage der mittelalterlichen christlichen Freunde der aristotelischen Anthropologie, den universalen *nous* des Aristoteles (und seines Kommentators Averroes) auf Gedeih und Verderb zu einem je individuellen *nous* jedes einzelnen Menschen umdeuten zu müssen.[37] Ohne solche Umdeu-

[35] Vgl. die Anm. 3 genannte Ausgabe S. 5, Ziffer 3, und G. Greshake/G. Lohfink, aaO., 186 (Greshake). Umstritten war dabei die, gerade auch im Blick auf die Tradition, allerdings problematische Formulierung, die die Fortdauer eines »geistigen Elementes nach dem Tode« dahin versteht, »daß das ›Ich des Menschen‹ weiterbesteht, wobei es freilich in der Zwischenzeit seiner vollen Körperlichkeit entbehrt«. Dieser Nebensatz steht, G. Greshake aaO. 190 zufolge, nicht im ursprünglichen Schreiben an die Bischöfe, sondern taucht erst Monate später in der Veröffentlichung im Osservatore Romano und in den Acta Apostolicae Sedis auf.

[36] Täusche ich mich? Vgl. seine Ausführungen in: Breuning (Hg.), »Seele« (s. Anm. 2), 157–159 mit denen bei G. Greshake/G. Lohfink, aaO. 82–120. 156–184. 185–192.

[37] Zum historischen Hintergrund dieses Vorgangs vgl. J. Weisheipl, Thomas von Aquin. Sein Leben und seine Theologie, Graz 1980 (engl.New York 1974) 251–262 und die darin gründende Deutung der Tatsache, daß Thomas als Magister der Theologie Aristoteleskommentare geschrieben hat: aus dem seelsorglichen Motiv, den jungen Magistri an der Pariser Artistenfakultät zu einem guten Gewissen zu verhelfen, wenn sie Christen sein und

tung wäre die christliche Aneignung des aristotelischen Denkens – mit all ihren problematischen, aber auch segensreichen Folgen! – zum Scheitern verurteilt gewesen. Sie hat (u. a.) Thomas den Häresievorwurf gekostet. Sie konnte nur im Sog *anderer* Anliegen auf dem Konzil von Vienne kirchenamtliche Anerkennung finden. Und sie hat Ideen einer »Formenpluralität« im Menschen keineswegs beendet – mit denen sich noch Luther auseinanderzusetzen hatte.[38] Nicht als Abschluß einer ruhigen Denkgeschichte, sondern fast als eine gedankliche Notwehrmaßnahme ist jene Seelenlehre entstanden, die anschließend Anthropologie und Eschatologie prägte und heute als zu bewahrende Glaubenswahrheit zur Diskussion steht. Schon dies spricht hinreichend gegen ihre Unentbehrlichkeit. Dies gilt auch dann, wenn Gisbert Greshake völlig recht hat, daß wir den Neuansatz bei Thomas noch gar nicht zu Ende gedacht haben, ja wenn er nach Ratzinger ein genuin christliches, kein griechisches Produkt ist.[39]

Aber es gibt noch andere Gründe. Zunächst und vor allem die seltsame Tatsache, daß nicht nur die Kritiker, sondern auch die Befürworter der Unentbehrlichkeit des Seelenbegriffs diesen schleichend oder sogar offen uminterpretieren. Die mittelalterlichen Theologen dachten bei dem Wort »Seele« mitnichten nur an die »Kontinuität der Person« über den Tod hinaus und auch nicht nur an eine »vom Leib abgetrennte Eigenwirklichkeit der Person« (!),[40] sondern an eine metaphysische Wesenskomponente des Menschen mit einem ganzen Hof von Vor- und Nachgedanken. Was ist der Maßstab für solche reduktiven Interpretationen – zumal bei Theologen, die ansonsten aus allen Rohren gegen ein »Interpretationschristentum« schießen? *Wenn* es denn schon unabweisbare moderne Gesichtspunkte sind, warum darf dann unter denselben Gesichtspunkten nicht das ganze Theorieelement zur Debatte stehen?

Ein weiterer Grund ist dieser: Seit geraumer Zeit hat man sich bis in den vorwissenschaftlichen Sprachgebrauch hinein angewöhnt, in einem dreigliedrigen Schema von »Leib, Seele und Geist« zu sprechen, wobei die Seele, was immer sie sei, jedenfalls nicht mit dem Geist identisch ist. Ist sie dann am Ende noch dem Bereich des Gefühls zugehörig oder gar assoziativ verstanden als die »Psyche«, mit der es der Tiefenpsychologe zu tun hat, dann ist nicht mehr ersichtlich, was an Klarheit für den Glauben des Christen an seine Zukunft jenseits des Todes gerade mit der Verwendung dieses vieldeutigen Begriffes gewonnen werden

bleiben wollten, ohne sich der Faszination des aristotelischen Denkens entziehen zu können und zu wollen.

[38] Vgl. Anm. 32 und speziell zu Vienne Th. Schneider, Die Einheit des Menschen. Die anthropologische Formel »anima forma corporis« im sog. Korrektorienstreit und bei Petrus Johannis Olivi, Münster 1972.

[39] Vgl. G. Greshake, in: Breuning (Hg.), aaO., 133–137. 140. 156; und J. Ratzinger, aaO., (s. Anm. 8) 124–127; und R. Heinzmann, Anima unica forma corporis. Thomas von Aquin als Überwinder des platonisch-neuplatonischen Dualismus, Ph Jb 93 (1986) 236–259 – eine erneute, zugleich korrigierende und weiterführende Bestätigung der Thomas-Deutung bei Greshake!

[40] Die erstere Formel bei P. Hünermann, Himmel – Hölle – Fegfeuer, in: GuL 52 (1979) 420–424: 422; die letztere Formulierung bei J. Ratzinger, aaO., (s. Anm. 8) 96, als unterstellte Konsequenz der Position Greshakes und sachlicher Inhalt des Seelenbegriffs, vgl. G. Greshake, aaO., 156f.

kann. Gerade der pastorale Aspekt des römischen Lehrschreibens, die Forderung nach einem »verbale instrumentum« zum Ausdruck des Glaubens, scheint den Seelenbegriff eher fragwürdig zu machen als zu empfehlen.
Ferner und ganz entscheidend: Schon in der Tradition und erst recht heute sagt der Seelenbegriff *von Haus aus* nichts über die Gottesbeziehung des Menschen aus. Er kann zwar – auf der Linie einer arbiträren terminologischen Prägung – dazu *benutzt* werden, eben dies zu tun, und so ist es ja auch in der Tradition geschehen. Aber diese terminologische Festlegung wird um so brüchiger, je weniger man – hier wie auch in ähnlichen Fällen! – den falschen Assoziationen, die ein Wort im Sprachgebrauch begleiten, noch erfolgreich wehren kann.
Und schließlich, wenn auch das ein Argument ist: Luther ist ohne die Idee einer *ontologisch* unsterblichen Seele ausgekommen. Zwar ist die Seele unsterblich – aber dies muß aus theologischen Gründen gesagt werden, nicht aus philosophischen. Dabei ist zu beachten, daß Luther der scholastischen Formel »animal rationale« als philosophischer Definition des Menschen ein begrenztes Recht zugesteht, die eigentlich dann logisch zwingende Formel von der »anima« als »forma corporis« aber ausdrücklich ablehnt und gegen den Konsens der Tradition den Traduzianismus vertritt.[41]
Wie nun weiter? Die spezifische Frage systematischer Theologie – die nach dem Schnittpunkt zwischen überliefertem Glaubenszeugnis und den Fragen der Gegenwart – drängt hier geradezu einen Schlüsselbegriff auf, der unter allen aufgezählten Gesichtspunkten geeigneter scheint als der hoffnungslos vieldeutig gewordene Begriff der Seele: den Begriff »Geist«. Ich brauche nicht in Erinnerung zu rufen, wie sehr er ein Grundwort des christlichen Glaubens ist,[42] und zwar gerade auch im Hinblick auf das uns hier beschäftigende Problem. Aber selbst humanwissenschaftlich und philosophisch hat er, in Anknüpfung und Bestreitung, einen Ort im Fragen der Gegenwart. Und zwar dort, wo eben jene beiden Phänomene menschlicher Existenz in den Blick kommen, die zugleich nach dem Abschied von der Seelenlehre als *die* erklärungsbedürftigen Phänomene übrigbleiben: das Phänomen der Freiheit und das Phänomen der Subjektivität. Sollte es, einmal unterstellt, tatsächlich klar sein, daß alles, was »Seele« heißt, einschließlich der »Psyche« der Tiefenpsychologie, evolutiv und am Ende neurologisch erklärt werden kann, dann bleibt nach wie vor zu fragen: Ist der Mensch tatsächlich frei, wo er doch sich als frei erfährt? Und: Was bedeutet diese Freiheit, näherhin: die Fähigkeit zur Distanz von der Objektwelt, die Sachlichkeit und Wahl ermöglicht? Auf dieser Linie ist die Frage nach dem, was den Tod bis

[41] Wasserdichter Nachweis bei G. Ebeling, ebd. (s. Anm. 32). Die Luther betreffenden Ausführungen bei G. Greshake, aaO. 140f müßten stark erweitert werden, um Luthers Position zu erfassen.

[42] Andernfalls vgl. Y. Congar, Der Heilige Geist, Freiburg 1982 (frz. 3 Bde. Paris 1979/80); W. Kasper (Hg.), Gegenwart des Geistes. Aspekte der Pneumatologie, Freiburg 1979; W. Pannenberg, Anthropologie (s. Anm. 15) 501–517; und den jeweils »dritten Teil« (zum »Dritten Artikel«) in den evangelischen Dogmatiken, z. B. G. Ebeling, Dogmatik III (s. Anm. 24) und H. Thielicke, Theologie des Geistes (= Der evangelische Glaube III), Tübingen 1978.

in die Vollendung hinein überdauert, noch einmal zu stellen. Dem dienen sechs kurz erläuterte Thesen.[43]

3. *Eine These in sechs Teil-Thesen*

1) *Menschliche Freiheit und Subjektivität sind naturwissenschaftlich und darum auch evolutionstheoretisch nicht einholbar.*
Es sei hier zumindest disputandi causa einmal vorausgesetzt, daß die einschlägigen Naturwissenschaften die materiellen Voraussetzungen und Bedingungen menschlicher freier Handlungen grundsätzlich erschöpfend ausgeleuchtet haben. Sie ergeben sich auf der Grundlage eines Informationssystems aus biochemischen (Nukleinsäuren, Proteine, genetischer Code) und biologischen Voraussetzungen (Zentralnervensystem, Großhirn u. a.).[44] Dabei kann der Naturwissenschaftler nicht entscheiden, ob bestimmte »Mikro-Elemente« innerhalb dieses Systems determiniert oder nicht determiniert sind und demgemäß determinierend oder nicht-determinierend, also frei-lassend wirken: Er kann das eine wie das andere weder bejahen noch ausschließen, weil alle aufstellbaren Regeln nur »statistisch«, nicht kausal sind. Eine statistische Regel ist keine Seinsursache.[45]
Die Frage ist nun: Ist Freiheit mit jener Indeterminiertheit identisch? Selbst Naturwissenschaftler gehen hier bekanntlich zu »Glaubenssätzen« über: Sie behaupten, diese Indeterminiertheit sei bloßer Schein (so z. B. Max Planck)[46] – oder umgekehrt sehen sie hier den Ort des möglichen direkten Wirkens Gottes.[47] Der Theologe ist zu keiner von beiden Meinungen gezwungen. Weder ist ihm eine – selbst für Gott – unaufbrechbare strenge Determination annehmbar, noch kann ihm Gott als Weltfaktor erscheinen, der anstelle einer »natürlichen« (Zweit-)Ursache direkt in die – aufgebrochene – Kausalkette eingreift.[48] Er han-

[43] Das Folgende in Anknüpfung und Weiterführung meines Versuchs in: CGG (s. Anm. 2) Bd. 4, 88–104.

[44] Da ich naturwissenschaftlicher Laie bin, stütze ich mich hier auf P. Jordan, M. Eigen und K. Rawer an den angeführten Orten.

[45] Dies, falls ich richtig verstanden habe, als Vorbehalt gegen H. Küng, Existiert Gott? (s. Anm. 18) 712f.

[46] Nachweise bei K. Rawer, in: CGG (s. Anm. 2) Bd. 4, 54–56.

[47] Z. B. P. Jordan, Der Naturwissenschaftler (s. Anm. 20) 157–159.

[48] Hier taucht natürlich die Frage nach der Möglichkeit von »Wundern« im allgemeinen sowie nach den biblischen Wundererzählungen im besonderen auf. Grundlegend von naturwissenschaftlicher Seite – weil die theologische Frage ernst nehmend und zugleich vor falschen theologischen Anbiederungen an »die« Naturwissenschaften warnend – ist P. Jordan, Schöpfung und Geheimnis (s. Anm. 20) 153–182; Ders., Der Naturwissenschaftler (s. Anm. 20) 21–217. Vgl. ferner G. Ludwig, Das naturwissenschaftliche Weltbild des Christen, Osnabrück 1962. Aus theologischer Sicht (und im Zusammenhang der bibelwissenschaftlichen Probleme) sei hingewiesen auf W. Kasper, Jesus der Christus, Mainz 1974 u. ö., 104–116; H. Küng, Christsein, München 1974 u. ö., 216–229; H. Fries, Fundamentaltheologie, Graz 1985, 276–295; und B. Weissmahr / O. Knoch, Natürliche Phänomene und Wunder, in: CGG (s. Anm. 2) Bd. 4, 124–148; in allen Arbeiten ausführliche Literaturangaben. Man wird nach der Lektüre kaum sagen wollen, das Problem sei ausgestanden, wird vielmehr sagen müssen, daß die Forderung nach kompromißloser intellektueller Ehrlichkeit immer noch Anhaltspunkte hat. Sagen kann und muß man aber dies: Im

delt sich damit freilich ein unangenehmes Dilemma ein: Wenn Freiheit *nur* das wäre, was die mikrobiologischen Voraussetzungen und ihre nur statistischen Regelmäßigkeiten (möglicherweise) offen lassen – dann gibt es mangels eben dieser Voraussetzungen bei Gott keine Freiheit, es sei denn im metaphorischen Sinne. Ist aber Freiheit *mehr* und *anderes* als die (möglicherweise) eröffneten Indeterminiertheiten – dann ist Freiheit zwar naturwissenschaftlich keine Absurdität, aber auch nicht mit ihren Methoden einholbar, ja es wäre ein Mißverständnis naturwissenschaftlicher Aussagen, sie zur Erklärung oder gar zum Beweis der Freiheit heranzuziehen. Es bleibt dann an dieser Stelle für immer bei einer letzten Disparatheit, einer Nicht-Synthetisierbarkeit (Rahner)[49] von theologischer und naturwissenschaftlicher Aussage.
Weil jedoch Gott nicht als frei denken ihn nicht als Gott denken heißt, kann für den Theologen die Entscheidung nicht zweifelhaft sein. Sie kann es aber auch nicht im Blick auf den Menschen. Denn der Mensch *weiß* ja noch einmal um die nicht-determinierenden biologischen Steuerungselemente seines freien Handelns, er kann seine natur- und humanwissenschaftliche Selbstverobjektivierung reflektieren, sie in Freiheit wollen, in Gang setzen, auch wieder abbrechen, zu ihr also noch einmal auf Distanz gehen. Kurz: Er bleibt ihr gegenüber Subjekt[50] und *darum* frei. So ergibt sich unsere These: Im Blick auf Gott und im Blick auf den Menschen ist festzustellen, daß Freiheit und Subjektivität naturwissenschaftlich nicht erschöpfend einholbar sind – so sehr der Akt der Freiheit an naturwissenschaftlich beschreibbare materielle Voraussetzungen gebunden ist und bleibt, die ihrerseits noch einmal der Evolution unterliegen. Damit sind wir erneut auf die Notwendigkeit gestoßen, gegenüber evolutionstheoretischem Monismus auf der originären Unterscheidung zwischen materieller und materiell nicht erschöpfend zu begründender immaterieller, also geistiger Wirklichkeit zu bestehen. Das führt direkt zur nächsten These:

2) *Menschliche Freiheit ist zu begreifen als geschenkte Teilhabe an und als Fähigkeit zur Kommunikation mit jener Subjekthaftigkeit und Freiheit, die Gott gegenüber der Welt wesenhaft ist; anders ausgedrückt: Menschlicher Geist ist geschenkte Teilhabe am Geiste Gottes.*
Die These behauptet damit, was in der Überschrift dieses Beitrags angezeigt ist:

Blick auf die Naturwissenschaft des 20. Jahrhunderts hat der Christ und Theologe keinen Anlaß mehr, sein Gottesbild irgendwelchen, angeblich von den Naturwissenschaften ernötigten deterministischen Vorstellungen zu unterwerfen. Und: In bezug auf die biblischen Wundererzählungen erleidet der Christ keinen Verlust für seinen Glauben, wenn er darauf verzichten muß, Punkt für Punkt herauszubringen, was an naturwissenschaftlich beschreibbaren und gegebenenfalls unerklärlichen Phänomenen den Wundererzählungen zugrundeliegt. Die exegetisch wohlinformierte Predigt wird die »Machttaten« Jesu nicht nach alter Art als beglaubigenden Nachweis der göttlichen Macht und Autorität Jesu, sondern als Tatkommentar seiner Predigt von der Herrschaft Gottes auslegen.
[49] Vgl. K. Rahner in: CGG (s. Anm. 2) Bd. 3, 35 f.
[50] Nur in *diesem* Sinne wird hier der Subjektbegriff verwendet; vgl. auch K. Rahner, Grundkurs des Glaubens (s. Anm. 18) 37–42. So verstanden, bleibt der Subjektbegriff frei von den immanenten Problemen der Subjektphilosophie, insoweit sie Subjektivität auf Bewußtsein reduziert. Vgl. auch w. u. 4. d) mit Anm. 61.

Gott – die Freiheit des Menschen. Um nur ja Mißverständnisse erst gar nicht aufkommen zu lassen: Gott ist die Freiheit des Menschen – nicht: die Freiheit des Menschen ist Gott! Gott ist *nicht nur* die Freiheit des Menschen – aber was der Mensch als Freiheit, Subjektivität und Geist hat, das hat er durch Kommunikation mit Gott. Die direkte Zurückführung menschlichen Geistes auf Teilhabe an Gott – die gleich sogar noch zu verschärfen ist! – mag zunächst überraschen. Ebnet sie nicht jede irgendwie geartete Unterscheidung zwischen Natur und Gnade, zwischen Schöpfung und Erlösung bis zur Sinnlosigkeit ein? Ich meine nicht – wenn wir wirklich ernsthaft von allen Zwei-Stockwerk-Denkmodellen Abstand genommen haben und diese Unterscheidung streng als eine Unterscheidung *innerhalb* des einen Gnadenhandelns Gottes verstehen und sie in ihrer Funktion darauf beschränken, die Gratuität dieses Gnadenhandelns zu sichern. Vor allem aber: Ohne direkte Anbindung an die Geistigkeit Gottes müßte menschliche Subjektivität, Geistigkeit und Freiheit herabgestuft werden auf das Niveau einer besonders reich entwickelten Abart der instrumentellen »Intelligenz« des Tieres – oder der eines hochkomplizierten Computers.

3) *Menschliche Freiheit ist darum erst hinreichend erklärt durch einen eigenen Schöpfungsakt seitens der Freiheit Gottes – wobei es kein Einwand ist, daß ein solcher Schöpfungsakt nicht nur naturwissenschaftlich, sondern auch in der Theologie theoretisch bisher noch nicht bewältigt ist.*
Diese These muß abermals vor allem dann überraschen, wenn man im Bann einer monistischen Stimmung schon zu denken gewohnt ist und aus biblischen und/oder fundamentaltheologischen Gründen meint, die Absage an jede Art von Kreatianismus sei eine bare Selbstverständlichkeit. Aber – wie in diesen Tagen schon mehrfach zu hören war – die biblischen und fundamentaltheologischen Gründe sind nicht so gut, wie sie gewohnheitsmäßig gehalten werden, und die Annahme eines eigenen Schöpfungsaktes für den menschlichen Geist und dementsprechend die Begrenzung der Evolution auf dessen biophysisches »Substrat« haben nach wie vor beachtliche Argumente auf ihrer Seite.[51] Die bekannte Gegenthese lautet: Gott kann eine gänzlich ungeistige, seinem Wesen gänzlich disparat gegenüberstehende Materie gar nicht schaffen, und deswegen ist es theologisch widerspruchsfrei, der Materie eine schöpfungsursprüngliche Fähigkeit zur »aktiven Selbsttranszendenz« zuzuerkennen.[52] Auf diese Weise können dann in der Tat bestimmte moderne naturwissenschaftliche und evolutionstheoretische Aussagen theologisch verantwortet werden, wonach auch der Geist des Menschen, also seine Freiheit und Subjektivität, Ergebnis fortschreitender Evo-

[51] Vgl. L. Scheffczyk, Die Welt als Gottes Schöpfung, Aschaffenburg 1968, 143–145; J. Ratzinger, Einführung in das Christentum. Vorlesungen über das Apostolische Glaubensbekenntnis, München 1968 u. ö., 189–197; J. Auer, Die Welt – Gottes Schöpfung (=J. Auer/J. Ratzinger [s. Anm. 8] III), Regensburg 1975, 275–297; M. Schmaus, Der Glaube der Kirche III, St. Ottilien ²1979, 194–216. Die Tatsache, daß es sich bei diesen bedeutenden Theologen um »konservative« Vertreter ihres Faches handelt, die ansonsten andere als die hier gesuchten Wege gehen, kann ja kein Einwand sein.
[52] Vgl. Rahner in: CGG (s. Anm. 2) Bd. 3, 54f; und schon Ders., Grundkurs (s. Anm. 18) 185–188, und in: Overhage/Rahner (s. Anm. 18).

lution sei, in der eben die Materie jenen Zustand höchster Komplexität erreicht habe, die mit Selbstbewußtsein und Reflexivität verbunden ist. So kommt man in der Tat um jeden Anflug von Kreatianismus herum, ohne daß der alte scholastisch-philosophische Satz, keine Ursache könne mehr bewirken, als sie selbst an Seinsfülle enthält, noch ein Einwand wäre. Doch scheint diese These einen logischen Sprung zu enthalten oder besser: einen in ihr versteckten logischen Überschritt nicht zu reflektieren. Denn unvermeidlich macht die These bereits Gebrauch von dem, was sie erst feststellen und sichern will. Weil und insofern es Selbsttranszendenz, die mehr ist als ein biochemisch-biologisches Evolutionsergebnis im beschriebenen Sinne, wirklich *gibt;* weil und insofern das Subjekt, unableitbar, seinen eigenen materiellen Evolutionsbedingungen noch einmal distanziert und reflexionsfähig *gegenübersteht,* kann sich überhaupt erst die Frage stellen, ob Selbsttranszendenz und Subjektivität auf der Fluchtlinie jener materiellen Evolutionsbedingungen liegen, diese mithin selbst schon die Fähigkeit zu aktiver Selbsttranszendenz einschließen. Und weil und insofern sich jene Subjektivität ihrerseits als Teilhabe an der ganz immateriellen Subjekthaftigkeit Gottes versteht, kann sie die Fähigkeit zur aktiven Selbsttranszendenz – unter Aufhebung des Kausalitätsprinzips herkömmlicher Art – als der Materie von Gott eingestiftet begreifen. Mit anderen Worten: Erst der diese Selbsttranszendenz des Subjekts vollziehende Glaube an Gott kann die aktive Fähigkeit dazu als der Materie von Gott eingestiftet überhaupt erkennen. Eine vorsubjektive Selbsttranszendenz dagegen, die noch evolutiv erklärbar bleibt, also z. B. die des intelligenten Tieres, kann weder sich selbst noch gar Gott, ihren Ursprung, als reinen Geist und Freiheit denken. Es ist also nicht zu sehen, wie in der theologischen Wesensbestimmung des Menschen der »Anflug des Kreatianismus« vermieden werden muß. Er gerät allerdings dann nicht sofort zum absurden Widerspruch gegen alle Erkenntnisse der Naturwissenschaften, wenn wir eine weitere These kommentierend anfügen.

4) *Jener eigene Schöpfungsakt Gottes, der den Menschen durch Teilhabe an seinem Geist zum Menschen macht, ist nicht als ein Akt zu denken, durch den Gott »erst« den Geist schafft, um »anschließend«, in einem nochmals eigenen Akt, Kommunikation mit ihm aufzunehmen, sondern als der Akt der Kommunikationsaufnahme selber – auf der Stufe der Evolution, wo der Hominide dafür reif geworden ist, wann immer das gewesen sein mag und wie sehr auch danach seine Evolution sich noch einmal fortsetzte.*

Damit wird der Schöpfungsakt Gottes, in dem der Mensch zum geistbegabten Wesen wird, als *beständige* Kommunikationsaufnahme und damit als *beständige* Konstituierung des freien Geistes durch Gott verstanden, und zwar einschließlich jener fortschreitenden Selbsttranszendenz, die auch dem geschaffenen Geist noch einmal auf seine Weise eignet und die er in der Verflechtung mit der weitergehenden biologischen Evolution des Menschen vollzieht. Es dürfte deutlich sein, daß hier eine Verbindungslinie zu Gedanken bei Teilhard de Chardin verläuft.[53]

[53] Vgl. P. Teilhard de Chardin, Die Hominisation, in: Ders., Die Schau in die Vergangenheit, Olten–Freiburg 1965 (frz. Paris 1957), 77–117; Ders., Die Zukunft des Menschen, Olten–Freiburg 1963; Ders., Das Auftreten des Menschen, Olten–Freiburg 1964.

Mir liegt an dieser Stelle, auch im Hinblick auf die noch zu bedenkenden Konsequenzen, an dem Hinweis auf zwei traditionelle theologische Zusammenhänge. Der Gedanke einer Erschaffung des Menschengeistes sozusagen durch »communicatio continua« steht in Parallele zu dem christologischen Gedanken Augustins, wonach die Menschennatur Christi »ipsa assumptione creatur«.[54] Dürfte man entsprechend sagen, daß der Menschengeist »ipsa communicatione creatur«, dann wäre das ein neuer Kommentar zu Karl Rahners These von der Anthropologie als defizienter Christologie, und von der Christologie als prototypischer Anthropologie.[55]
Der zweite Zusammenhang betrifft die Definition der Gottesliebe bei Thomas von Aquin als Freundschaft zwischen Gott und Mensch, die auf der Mitteilung (communicatio) des ewigen Lebens an den Menschen durch Gott beruht.[56] Nun hat die Tradition immer gelehrt, daß der Mensch von allem Anfang an in der Gnade geschaffen wurde, also in der ewigen Lebensgemeinschaft mit Gott. Das hieße dann, daß die Erschaffung des menschlichen Geistes identisch wäre mit der Begründung der Freundschaftliebe zwischen Gott und Mensch in der »Kommunikation« des ewigen Lebens. Hier stünden wir, zuletzt auch jenseits aller kontroverstheologischen Probleme, am radikalen Sinn der traditionellen Lehre von der Liebe als dem totalen Heilsakt des Menschen und darum als der »Form« aller Tugenden.[57] Vielleicht könnte es von hier aus doch noch gelingen, der evangelischen Theologie zu verdeutlichen, was sie bislang einfach nicht glauben will, daß nämlich die klassische Lehre vom »durch die Liebe geformten Glauben« nichts mit den »Werken« zu tun hat.[58]

5) *In diesem Kommunikationsgeschehen begründet Gott die freien Handlungen des Menschen in der Weise, daß er den Geist als deren mit dem Leib wesenseinen Prinzip zugleich mit seiner Erschaffung an sich selbst als einzig erfüllendes Ziel bindet, das eben darum Freiheit gegenüber allen partikulären Gütern gewährt.*
Diese These hat in unserem Zusammenhang kommentierenden Charakter, sofern sie grundlegend verstehen läßt, wie Freiheit des Menschen durch die Freiheit Gottes *begründet* sein kann und nicht etwa aufgehoben wird. Für Einzelheiten darf und muß hier auf die einschlägige Diskussion um das Freiheitsproblem verwiesen werden.[59] Es ist hier nur daran zu erinnern, daß das Ergebnis in der

[54] Vgl. Augustinus, Contra sermonem Arianorum 8, 6: PL 42, 688; dazu, nach wie vor höchst lesenswert, F. Malmberg, Über den Gottmenschen, Freiburg 1960, 38–70.
[55] Erstmals in K. Rahners grundlegendem Aufsatz: Probleme der Christologie von heute, in: Schriften zur Theologie I, Zürich 1954, 169–222; und dann noch öfter; zusammenfassend in: Grundkurs des Glaubens (s. Anm. 18) 211–226.
[56] Vgl. Thomas von Aquin, Summa Theologiae II–II, 23, 1.
[57] Vgl. Thomas, aaO., I–II 62, 4; 65, 4–5; II–II 23, 7–8.
[58] Vgl. der Kürze halber O.-H. Pesch, Hinführung zu Luther, Mainz ^{2}1983, 154–175; dort die Spezialliteratur.
[59] Wiederum der Kürze halber sei verwiesen auf die Literaturangaben und die Problemskizze bei O. H. Pesch, Frei sein (s. Anm. 10) 310–324; und neuerdings bei T. Pröpper, Freiheit, in: P. Eicher (Hg.), Neues Handbuch theologischer Grundbegriffe I, München 1984, 374–403.

Sprachform des Paradoxes ausgesagt werden muß: Gott wirkt in der Freiheit des Menschen so, daß dieser selbst frei handelt; die freie Handlung ist ganz von Gott und ganz vom Menschen; sie ist von Gott als Erstursache, vom Menschen als Zweitursache; Gott beschränkt die Freiheit nicht, indem er in ihr wirkt, er entschränkt sie; Bindung an Gott ist Entbindung der Freiheit. Und ähnlich.

6) *Der Geist des Menschen als Teilhabe am Geiste Gottes ist unauslöschbar, weil seine Auslöschung hieße, daß Gott seine Berufung zurücknähme, die er in der Kommunikationsaufnahme mit dem Menschen buchstäblich ausspricht.*
Mit dieser These erreichen wir wieder den unmittelbaren Zusammenhang unseres Tagungsthemas. Freilich in der Weise jener Wortkargheit, die, wie schon angemerkt, heutiger Eschatologie zur Pflicht und Tugend werden muß. Denn auch hier ist die inhaltliche Aussage ziemlich schnell in das Geheimnis Gottes zurückgenommen, das sich in der Geistbegabung des Menschen überhaupt, nämlich auf die Weise der Teilhabe, abschattet. Die heute verschiedentlich gebrauchte Wendung, daß die Toten im »Gedächtnis Gottes« leben,[60] kann ein richtiger Ausdruck dieses Sachverhaltes sein, freilich nur unter zwei Bedingungen: daß er, erstens, nicht anthropomorph verstanden wird (als ob Gott nur eine »Erinnerung« an die Menschen hätte), und daß er, zweitens, nicht überhaupt als heimlicher Fluchtversuch vor dem Auferstehungszeugnis des Glaubens benutzt wird. Wird beides vermieden, dann heißt der Satz: Die Toten leben in der Vollwirklichkeit dessen, was immer schon ihr Geheimnis als Menschen ausmachte.
Dies mag nun noch etwas deutlicher werden, wenn wir ganz knapp einige Gegenproben durchführen und auf Konsequenzen unserer Überlegungen hinweisen.

4. Gegenproben

Blicken wir auf die »Fixpunkte« im 1. Teil zurück, dann haben wir jetzt die Möglichkeit, die Überlegungen zu prüfen. In aller Kürze:
a) Unsere Überlegungen wahren erkennbar die essentials, die der Glaube geltend machen muß.
b) Unsere Überlegungen geben, entsprechend der Forderung des römischen Schreibens, dem Überdauernden im Menschen einen deutlichen Namen, zwar nicht den Namen »Seele«, aber einen Namen, der in der philosophischen und theologischen Sprachregelung immer schon als Wechselbegriff für »Seele« gegolten hat und gelegentlich auch mit ihm in einer deutschsprachigen Scholastik zum Wort »Geistseele« kombiniert wurde. Unsere Überlegungen erlauben, auch in der schlichten Glaubenssprache die zwar nicht glückliche, aber jedenfalls nicht falsche Formulierung zu gebrauchen: »Der Mensch besteht aus Leib und Geist.« Und: »Der Geist des Menschen ist unsterblich«. Der relationale, ja »dialogische« Charakter des Begriffes Geist, wie wir ihn erläuterten, wird gleich beim ersten Versuch des Kommentierens alle »substantialistischen« Mißverständnisse ebenso ausschalten wie alle Vorstellungen, der Mensch habe seine

[60] Sogar bei J. Ratzinger, Einführung (s. Anm. 51) 295.

Unsterblichkeit aus dem eigenen Besitz seines Wesens als Anspruch gegenüber Gott – die Urangst aller evangelischen Theologie vor der Seelenlehre.

c) Gegenüber den Humanwissenschaften hat sich eine unzweideutige und unverwechselbare Aussage des Glaubens über den Menschen ergeben. Wer daraufhin den methodischen Atheismus der Naturwissenschaften zum sachlichen Atheismus wendet, wird diese Aussage als Mythologie oder Metaphysik ebenso ablehnen wie den Gottesglauben überhaupt. Wer die methodischen Grenzen naturwissenschaftlichen Fragens nicht durch Glaubenssätze ausweitet, wird unsere Überlegungen als Naturwissenschaftler offen lassen und gleichzeitig keine Schizophrenie befürchten, wenn er sie als Christ bejaht.

d) Unsere Überlegungen sind, weil ganz von der Wirklichkeit Gottes her denkend, nicht auf eine bestimmte philosophische Anthropologie angewiesen. Hinzuzufügen bleibt, daß sie auch nicht bestimmten Schwächen der Subjektphilosophie verfallen müssen. So sehr der Subjektbegriff, der Freiheitsbegriff und der Geistbegriff ihre Herkunft aus der Subjektphilosophie nicht leugnen wollen, so ist doch niemals an ein isoliertes Subjekt gedacht, das nicht erst im Kontakt mit der Welt einschließlich seiner eigenen evolutiven Bedingungen zu sich selbst käme.[61] Es ist also von hier aus unschwer möglich, auch alle die Linien auszuziehen, die denjenigen Diskussionsteilnehmern besonders am Herzen liegen, die um der Welthaftigkeit der eschatologischen Vollendung willen glauben, die Leib-Seele-Anthropologie in Frage stellen zu müssen.[62]

e) In unseren Überlegungen scheinen auch die unwidersprechlichen Erkenntnisse heutiger Theologie hinreichend eingebracht. Doch dies zeigt sich besser, indem wir nun zu einigen Konsequenzen übergehen.

[61] Vgl. W. Pannenberg, Anthropologie (s. Anm. 15) 151–235.

[62] Stellvertretend sei auf die Arbeiten von G. Greshake verwiesen; doch ist zu betonen, daß seinem Gegner Ratzinger dieses Anliegen seit seiner »Einführung« genauso am Herzen liegt.

III. Gott – die Freiheit des Menschen

1. Konsequenzen im Disput mit Humanwissenschaften

Salopp gesagt: Die Humanwissenschaften können, von der Theologie ungehindert, tun, was sie geltend machen müssen. Dies soll nicht heißen, daß hier eine altgewordene Herrin die inzwischen aufmüpfigen Mägde halb widerwillig gewähren läßt,[63] sondern im Gegenteil: daß sie sie als selbständige Partnerinnen höchst ernst nimmt. Es entlastet für beide das Gespräch, wenn dem Theologen klar ist, daß die Naturwissenschaften und Humanwissenschaften von sich her das Wort des Glaubens über den Menschen niemals einholen müssen und insofern auch nicht als »praeambulum fidei« beansprucht werden, andererseits aber selbstverständlich jene Wirklichkeit näher verstehen lassen, auf die sich der Glaube bezieht. Das prekäre Verhältnis zwischen Natur- und Humanwissenschaften einerseits und Theologie andererseits kann ich hier jetzt nicht näher beleuchten und nenne statt dessen nur die Stichworte, unter denen ich an anderer Stelle darauf eingegangen bin.[64] Die Theologie verhält sich zu den Natur- und Humanwissenschaften grundsätzlich in Zustimmung und Lernbereitschaft. Sie interpretiert ihre Ergebnisse im Licht des Glaubens, ohne dadurch selbst zu einer zusätzlichen naturwissenschaftlichen oder humanwissenschaftlichen Theorie werden zu wollen. Skeptischen Einspruch erhebt sie nur, wo die Natur- und Humanwissenschaften selber Heilslehren entwickeln und diese als Ergebnis »objektiver« wissenschaftlicher Erkenntnis ausgeben. Und schließlich lernt die Theologie von den Wissenschaften das Sprach- und Verstehensfeld, auf denen sich heute die Heilssehnsucht des Menschen bis hin zur Frage nach Gott ausdrückt, und findet so neue Sprachmöglichkeiten des Glaubens.

Gegenüber den Humanwissenschaften und den in ihnen nicht selten gezogenen philosophischen Konsequenzen – man denke nur an Jacques Monod – ist jedoch eine Rechenschaft vonnöten, wie der Glaube an Gott konkret sich in der Freiheitserfahrung des Menschen, die ja voraussetzungsgemäß humanwissenschaftlich nicht einholbar ist, auswirkt. Kurz gesagt: Der Glaube an Gott *beurteilt* die Freiheitserfahrung des Menschen, und er *leitet* sie.

Der Glaube an Gott läßt die Freiheit als *geschenkte* verstehen, sinngerichtet auf die personale Kommunikation mit Gott, vermittelt-unmittelbar »in, mit und unter« dem Umgang mit Mitmenschen und Welt – wobei diese vermittelte Unmittelbarkeit auch noch für den Akt der »unmittelbaren« Kontaktnahme mit Gott im Gebet keineswegs entfällt![65]– Der Glaube an Gott läßt die Freiheit als

[63] Vgl. M. Nédoncelle, Theologie und Philosophie oder die Metamorphose einer Dienerin, in: Concilium 1 (1965) 499–504; H. Holz, Thomas von Aquin und die Philosophie. Ihr Verhältnis zur thomasischen Theologie in kritischer Sicht, München–Paderborn 1975; R. Schaeffler, Die Wechselbeziehungen (s. Anm. 18).

[64] Vgl. O. H. Pesch, Frei sein (s. Anm. 10) 421–428; und jetzt T. Koch, Natur und Schöpfungserfahrung, in: Kath. Akademie Hamburg (Hg.), Niels Stensen. Glaube und Wissen. Einheit oder Widerspruch?, Hamburg (Kath. Akademie) 1986, 125–142; G. Greshake, Gott in allen Dingen finden. Schöpfung und Gotteserfahrung, Freiburg 1986.

[65] Bleibend erhellend dazu ist E. Schillebeeckx, Het nieuwe mens – en Godsbeeld in con-

begrenzte verstehen, beschränkt durch die Kontingenz ihres eigenen Seins, ihre naturhaften (biologischen) Bedingungen, ihre je individuelle (»charakterliche«) Prägung, ihre soziale Situiertheit, ihre geschichtliche Konditionierung. – Der Glaube läßt die Freiheit als *Aufgabe* verstehen, sich in der begrenzenden Situation verantwortlich auf Gott, Mensch und Welt hin zu vollziehen. – Der Glaube läßt auch die Freiheit als *verwirkte* verstehen: verwirkt durch den Mißbrauch ihrer Gott*ebenbildlichkeit* zur Aufrichtung eines Anspruchs auf Gott*gleichheit*, mit der Knechtschaft unter den Zwängen des sich selbst nie genügenden eigenen Ich als sachgemäßer Folge.

Der Glaube an Gott *leitet* die Freiheit des Menschen und ihren Vollzug auf ihr unverwechselbares Ziel hin, setzt ihr die Maßstäbe bei der Findung der Prioritäten im Rahmen der begrenzten Möglichkeiten, die sie konkret vorfindet, und weist ihr – vor allem – den Weg aus selbstverschuldetem Selbstverlust zu aus Gnade neuerschlossenem Anfang an ihrer ursprünglichen Quelle.

2. Konsequenzen im Gespräch mit der vor-neuzeitlichen kirchlichen und theologischen Tradition

a) Für die Eschatologie. Die »Kontinuität des Menschen über seinen Tod hinaus« ist einerseits eine reale, anderseits ist sie ganz in Gottes unausgesetztes dialogisches Handeln mit dem Menschen zurückverlegt. Wenn man will: eine »dialogische Unsterblichkeit«.[66] Selbstverständlich des *ganzen* Menschen – nicht nur einer geistigen Eigenwirklichkeit, weil diese nur die Offenheit eines durchaus evolutiv zustande gekommenen leiblichen Wesens ist, nichts außerhalb von ihr. Die Art, *wie* die Materie und damit auch die Leiblichkeit des Menschen vollendet wird, kann dabei offen bleiben – das heißt: offen auch für unterschiedliche Reflexionsansätze, die als solche nicht glaubensverbindlich werden dürfen. Im Klartext: Der Disput Greshake-Ratzinger scheint mir kein Streit um den Glauben selbst zu sein oder um Aussagegestalten, mit denen der Glaube an Gottes vollendetes Handeln steht und fällt.

Und der »Zwischenzustand«? Er ist ein unglückliches Wort für die von niemandem bestrittene Tatsache, daß die irdische Geschichte der Menschen auch nach dem Tode des einzelnen weitergeht und insofern die Vollendung sachlich noch aussteht. Wie das Verhältnis der Toten zur weitergehenden Geschichte der noch nicht Toten begrifflich und vor allem: vorstellungsmäßig gefaßt werden kann, ist vermutlich nie adäquat beantwortbar, weil das Denken in Zeitmodellen einerseits unsachgemäß, anderseits unvermeidlich ist, weil menschliches Erken-

flict met het religieuze leven, in: Tijdschrift voor Theologie 7 (1967) 1–27, deutsch unter dem Titel: Das Ordensleben in der Auseinandersetzung mit dem neuen Menschen- und Gottesbild, in: Ordenskorrespondenz, Zeitschrift für Fragen des Ordenslebens 9 (1968) 105–134. Vgl. Ders., Personale Begegnung mit Gott. Eine Antwort an John A. T. Robinson [s. Anm. 25], Mainz 1964; Ders., Gott – die Zukunft des Menschen, Mainz 1969, 49–99. 142–174, und auch K. Rahner, Grundkurs des Glaubens (s. Anm. 18) 88–96.

[66] Vgl. J. Ratzinger, Eschatologie (s. Anm. 8) 127–135; und schon Ders., Einführung (s. Anm. 51) 292–297; vgl. 198–207.

nen dem Gesetz der »conversio ad phantasmata«[67] nicht entkommen kann. Gegen den Begriff des »Zwischenzustands« scheint mir nichts einzuwenden, solange er in der Funktion einer solchen Begriffskrücke im Bewußtsein bleibt.[68] Am Sachgehalt aber ist nicht zu rütteln: Wenn »Geist« bedeutet, daß Gott mit dem Menschen Kommunikation aufnimmt und hat, dann ist Vollendung erst dann gegeben, wenn diese Kommunikationsaufnahme und -annahme für *alle und bei allen* entschieden ist. Wieder – und deshalb war der Hinweis wichtig[69] – ist an den Zusammenhang mit der Gottesliebe im thomanischen Verständnis zu erinnern: Dieselbe caritas, die Freundschaft mit Gott ist, greift aus auf die Menschen, weil der Freund auch die Freunde des Freundes liebt.[70] Dem Vollendeten kann nicht gleichgültig sein, wann auch die anderen das Ziel ihrer Kommunikation mit Gott erreicht haben. Darauf »wartet« der Vollendete.

Und noch ein anderer Gedanke aus der Eschatologie des Thomas schiebt sich hier nach vorn zur Kommentierung der Sache dessen, was mit »Zwischenzustand« gemeint sein kann: *Ein* Moment, wodurch das allgemeine Gericht das besondere sachlich »vervollständigt«, ist: Gottes Gerechtigkeit wird öffentlich für alle erkennbar.[71] Erst wenn Gott für alle offenbar »alles in allem« ist, ist Vollendung.

b) Für die Schöpfungslehre. Es bleibt dabei: Der Mensch ist wahrhaft die »Krone der Schöpfung«. Die Kommunikation Gottes mit dem Menschen, die das Wesen des Menschen begründet und ist, kann nach dem schönen Wort von Joseph Ratzinger nie wieder »eingeschmolzen« werden in die Evolution.[72] Aber was besagt »Krone der Schöpfung«, und was nicht? Hier noch einmal eine Bemerkung zum Disput Greshake-Ratzinger. Der Gedanke an die nicht »in sich«, sondern im Bezug zum Menschen »verinnerlichte« Materie als Bezugspunkt der Vollendung ist außerordentlich verführerisch – einschließlich der »ausgebrannten Raketenstufe« der grobsinnlichen Materie, die ruhig unvollendet zurückbleiben kann.[73] Wie die ständig ihre Gestalt wandelnde Materie im Sinne Ratzin-

[67] Vgl. Thomas von Aquin, Summa Theologiae I 84, 7.

[68] S. S. 91f mit Anm. 9.

[69] S. Anm. 56.

[70] Vgl. Thomas, aaO., II–II 26, 2; 25,1. Zum – immer wieder mißverstandenen – Zusammenhang von Gottes- und Nächstenliebe bei Thomas vgl. O. H. Pesch, Das Gesetz. Kommentar zu Thomas von Aquin: Summa Theologiae I–II 90–105 (= Deutsche Thomas-Ausgabe Bd. 13), Graz 1977, 510f; zur Sachproblematik vgl. K. Rahner, Über die Einheit von Nächsten- und Gottesliebe, in: Schriften zur Theologie VI, Zürich 1965, 277–298; F.-J. Nocke, Liebe, Tod und Auferstehung. Über die Mitte des Glaubens, München 1978, 46–141; O. H. Pesch, Frei sein (s. Anm. 10) 290–294. 366–371; Ders., Liebe, in: P. Eicher (Hg.), Neues Handbuch (s. Anm. 59) III, München 1985, 7–26.

[71] Vgl. Thomas von Aquin, aaO., Suppl 87, 2; 88, 1–2; 89, 1 – bekanntlich ein Text des jungen Thomas (das »Supplementum« ist ja aus Texten des frühen Sentenzenkommentars zusammengestellt), und doch, für jeden mit Thomas Vertrauten deutlich, schon der »ganze Thomas« mit seiner typischen Theozentrik, deren letzter Maßstab ist, was bei einem Heilsereignis von der Herrlichkeit Gottes offenbar wird.

[72] Vgl. J. Ratzinger, Einführung 192.

[73] Vgl. G. Greshake in G. Greshake/G. Lohfink, aaO. (s. Anm. 3) 162–175 (unter Hin-

gers[74] vollendbar sein soll, ist in der Tat schwer zu denken. Ich frage nur: Welches Konzept vom Verhältnis zwischen Mensch und nicht-menschlicher Welt steht hinter der These von der Unvollendbarkeit einer Materie »in sich«? Die Sternensysteme, die wir womöglich noch gar nicht kennen; die Sternensysteme, die längst vergangen sind, wenn ihr Licht uns wahrnehmbar wird; die fünf bis zehn und mehr Milliarden Jahre Evolution bis zum Auftauchen des Menschen wenige Sekunden vor 12 auf der Weltenuhr; die astronomisch nicht ausgeschlossene Möglichkeit eines neuen Weltentages – *ohne* Menschen: das alles nur vollendbar auf dem Wege der »Verinnerlichung« durch den Menschen? Der Gedanke ist schwerer zu denken, als es zunächst scheint. Ist es so ganz sicher, daß Gottes Schöpfermacht in ihrer Freiheit nicht auch eine Schöpfung hätte aus sich heraussetzen können, die *nicht* auf die Kommunikation mit Menschen zuliefe und an der Gott dennoch, ganz fromm gesagt, seine Freude haben könnte? Sind wir hier nicht an der Grenze, wo wir Nezessitäten in Gott hineintragen, die leicht genauso problematisch werden wie die aktuellen Versuche, die Trinität Gottes quasi zu deduzieren?[75]

c) Schließlich: Für die theologische Anthropologie. Hier genügen zwei Sätze: Die Brennpunkte theologischer Anthropologie sind Sünde und Gnade. Unsere Überlegungen legen die Grundstruktur einer um diese Brennpunkte umlaufenden Anthropologie frei: die buchstäbliche Selbstverfehlung des Menschen in der Abweisung jener Kommunikation mit Gott, die ihn allererst zum geistigen Wesen macht, und seine buchstäbliche Rettung, wenn er sie – neu – annimmt.

»Was ist der Mensch, daß du seiner gedenkst?«

Dieses Psalmwort bilde nun den raschen Schluß. Es ist ja nicht nur Hinweis auf den *Weg* theologischer Anthropologie, die nach *Gottes* Gedanken über den Menschen zu fragen hat. Es ist auch die Zusammenfassung ihres *Inhaltes*. Im Hinblick auf unsere Überlegungen möchte und darf man abwandeln: Was ist der Hominide, dieser »Zufallstreffer«, ja dieser »Fehler« der Evolution, daß du seiner gedenkst – daß du ihn angeblickt und angesprochen hast, um ihn – im biblischen Sinne – zu einer »lebenden Seele« zu machen!

weis auf seine früheren Äußerungen) – die »ausgebrannte Raketenstufe« S. 174; und J. Ratzinger, Eschatologie 92–99. 157–160.

[74] Vgl. Anm. 73.

[75] Vgl. etwa E. Jüngel, Gott als Geheimnis der Welt. Zur Begründung der Theologie des Gekreuzigten im Streit zwischen Theismus und Atheismus, Tübingen 1976, ^{3}1978, 430–543; G. Greshake, Menschsein als Berufung zur Gemeinschaft mit Gott, GuL 50 (1977) 409–426, jetzt in Ders., Gottes Heil – Glück des Menschen. Theologische Perspektiven, Freiburg 1983, 146–155; J. Moltmann, Trinität und Reich Gottes. Zur Gotteslehre, München 1980, 72–76; dagegen kritisch abgewogen W. Kasper, Der Gott Jesu Christi, Mainz 1982, 322–330; und A. Hoffmann, Ist der Hervorgang des Wortes beweisbar?, MThZ 34 (1983) 214–223. Zum Ganzen vgl. die Dokumentation der Dogmatikertagung von 1983, W. Breuning (Hg.), Trinität. Aktuelle Perspektiven der Theologie, Freiburg 1984.

»UM CHRISTI WILLEN...«

Christologie und Rechtfertigungslehre in der katholischen Theologie: Versuch einer Richtigstellung [1] (1981)

Die Gründung der Rechtfertigungslehre in der Christologie in der katholischen Theologie ist das mir gestellte Thema. Der Blick ist dabei auf eben diesen Zusammenhang in der lutherischen Theologie im allgemeinen und in CA III und IV im besonderen gerichtet. Das Thema bekommt so gewollt oder ungewollt, auf jeden Fall unvermeidlich, den Charakter einer Anfrage an die katholische Theologie, wobei die Stoßrichtung von Neugier zu Polemik führt: Man würde sich und anderen das Thema nicht stellen, wenn nicht der Verdacht bestünde, in der katholischen Theologie sei der Zusammenhang zwischen Rechtfertigungslehre und Christologie, und das heißt konkret: zwischen dem Rechtfertigungsgeschehen am Sünder und dem Christusereignis zerschnitten oder doch zumindest nicht deutlich und entschieden genug zur Sprache gebracht. Stellen wir uns also dem Verdacht – wobei ich nicht umhin kann, schon hier anzukündigen, daß ich eine Verteidigungsrede halten werde, die gegen Schluß auch Elemente des offenen Angriffs annimmt. Polemik sei ein gutes Erkenntnismittel – belehren uns ja gerade lutherische Theologen.[2] Damit ergibt sich die Abfolge der Überlegungen wie in logischem Zwang: Wir werden uns zunächst den Stand der Diskussion, der Vorwürfe und Gegenvorwürfe vergegenwärtigen müssen, ein Diskussionsstand, der verwickelter ist, als man fürs erste vermuten möchte (I). Danach wird auf die historische Dimension des Themas einzugehen sein, also auf Christologie und Rechtfertigungslehre auf dem Trienter Konzil (II). Den Kontrast dazu bildet der Blick in die katholische Theologie der Gegenwart (III). Daraus werden dann einige sachliche und kriteriologische Schlußfolgerungen zu ziehen sein, die für das kontroverstheologische Gespräch von Bedeutung sein mögen (IV).

[1] Ungekürzter Text eines gekürzt vorgetragenen Referates auf dem Symposion der Vereinigten Evangelisch-Lutherischen Kirche Deutschlands in der Evangelischen Akademie Tutzing über: Die Confessio Augustana und die Lutherische Kirche (15. bis 19. September 1980).

[2] Vgl. etwa K. G. Steck, Einleitung, in: K. G. Steck (Hg.), Luther für Katholiken, München 1969, 11–41, 20: »Denn überall im geistigen Leben, also auch im christlich-theologischen Bereich ist der Polemik ein besonderer und hoher Erkenntniswert zuzuschreiben. Erst in der Polemik zeigt sich, was unsere Erkenntnis wert ist.« Vgl. auch D. Schellong, Polemische Gedanken beim Lesen des ökumenischen »Neuen Glaubensbuches«, Junge Kirche 34 (1973), H. 12, 710–715: 714 (These 32); dazu meine Antwort, Junge Kirche 35 (1974), H. 5, 276–285; H. J. Schultz, Plädoyer für den Streit, in: M. Seckler u. a. (Hg.), Begegnung. Beiträge zu einer Hermeneutik des theologischen Gesprächs (= Festschrift für Heinrich Fries), Graz 1972, 17–22.

I. Status quaestionis

1. *Lutherische Vorwürfe*

1941, mitten im Krieg, veröffentlichte Hans-Joachim Iwand seine bedeutsame, vor kurzem neu aufgelegte Schrift »Glaubensgerechtigkeit nach Luthers Lehre«[3] – eine der letzten Nummern der alten Folge von »Theologische Existenz heute«. Darin wirft er der scholastischen Theologie vor, sie verstehe den Zusammenhang zwischen Christus und der Rechtfertigung des Sünders *kausal*. Christus ist die »Ursache« unserer Gerechtigkeit durch sein Heilswerk in Tod und Auferstehung. Das ist für Iwand in dreifacher Hinsicht unerträglich: Christus hat *nur »historisch«* mit der Gerechtigkeit des Sünders zu tun – bleibt ihm also fern, wird ihm nicht gegenwärtig; die Gerechtigkeit selber wird dem Sünder zum *eigenen Besitz* und damit in letzter Konsequenz zur Werkgerechtigkeit – sie bleibt also nicht »außerhalb von ihm«; und sie wird eine Realität *dinglicher, unterpersonaler* Art, eine »Qualität« – und nicht eine personale Begegnung, bei der durch die Dynamik des Glaubens Christi Sein und Gerechtigkeit mein Sein und meine Gerechtigkeit wird. Dies alles ist aber nach Iwand Kern und Stern lutherischen Rechtfertigungsverständnisses.[4] Die evangelische Authentizität der Rechtfertigunglehre entscheidet sich also an der Verhältnisbestimmung zum Christusverständnis und damit an diesem selbst. Da nun das Trienter Konzil das Kausalitätsschema geradezu rigoros in seine Rechtfertigungslehre aufnimmt – man denke vor allem an die Auflistung der »Ursachen« der Rechtfertigung im caput 7 des Rechtfertigungsdekretes![5] –, wird Iwands Vorwurf ein Generaleinwand gegen die katholische Rechtfertigungslehre, sofern sie auf dem Boden des Trienter Konzils verbleibt und dieses tatsächlich so interpretiert, wie Iwand unterstellt.

Von da an ist der Vorwurf einer defizienten Christozentrik der katholischen

[3] H.-J. Iwand, Glaubensgerechtigkeit nach Luthers Lehre (= Theologische Existenz heute 75), München 1941 (²1951, ³1959); Neudruck jetzt in: H.-J. Iwand, Glaubensgerechtigkeit. Gesammelte Aufsätze, II, hg. von G. Sauter, München 1980, 11–125; vgl. hier 60ff (1.–3. Aufl.) bzw. 115–118 (Neuaufl.).

[4] Zur komplizierten Textlage und zur noch komplizierteren Diskussion um deren Interpretation vgl. O. H. Pesch, Theologie der Rechtfertigung bei Martin Luther und Thomas von Aquin. Versuch eines systematisch-theologischen Dialogs, Mainz 1967, [²1985], 231–247. Der Einfachheit halber wird im folgenden auf diese Untersuchung verwiesen, soweit darin der damalige Stand der Forschung aufgearbeitet ist; neuere Literatur wird gegebenenfalls hinzugefügt. [Vgl. auch Th. Beer, Der fröhliche Wechsel und Streit. Grundzüge der Theologie Martin Luthers, Leipzig 1974, stark verändert und vermehrt Einsiedeln ²1980. Wenn wir im Zusammenhang des Themas dieses Beitrags öfter auf Beer (in der 2. Aufl.) hinzuweisen haben, dann nicht wegen seiner Beurteilung der Theologie Luthers, sondern wegen des von ihm beigebrachten reichhaltigen, teilweise von der Lutherforschung vernachlässigten Textmaterials; vgl. hier 13–29; 83–86; 133–136; 217. Eine Liste der (meist kritischen) Besprechungen von Beers Buch findet sich bei O. H. Pesch, Neuere Beiträge zur Frage nach Luthers »reformatorischer Wende«, Catholica 37 (1983) 259–287; 38 (1984) 66–133, hier: 272 Anm. 22].

[5] DS 1529 (= NR 799f).

Rechtfertigungslehre ein Topos der lutherischen Kritik und löst geradezu den älteren Vorwurf der »Werkgerechtigkeit« ab, besser: vertieft ihn in subtiler Weise.[6] Das heißt natürlich nicht, der Vorwurf sei neu. Die christusbezogene Personalität lutherischen Rechtfertigungs- und Gnadenverständnisses hat man schon immer der katholisch-scholastisch-tridentinischen »Verdinglichung« entgegengesetzt, vor allem in der Interpretation von Luthers Konzeption vom »fröhlichen Wechsel und Streit« sowie in dem begreiflichen Bemühen, Luthers Genugtuungs- und Versöhnungslehre von der Anselms von Canterbury abzugrenzen.[7] Er bekommt aber einen besonderen Stellenwert im Zusammenhang

[6] Vgl. exemplarisch E. Wolf, Die Rechtfertigungslehre als Mitte und Grenze reformatorischer Theologie, in: Ders., Peregrinatio, II: Studien zur reformatorischen Theologie, zum Kirchenrecht und zur Sozialethik, München 1965, 11–21 (geschrieben 1949); Ders., Sola gratia? Erwägungen zu einer kontroverstheologischen Formel, in: Ders., Peregrinatio, I: Studien zur reformatorischen Theologie und zum Kirchenproblem, München ²1962, 113–134 (geschrieben 1949 – beide Beiträge mit häufigen Verweisen auf Iwand!); und schon H. Rückert, Die Rechtfertigungslehre auf dem tridentinischen Konzil, Bonn 1925, 175–177. Aus neuerer Zeit vgl. W. Joest, Die tridentinische Rechtfertigungslehre, KuD 9 (1963) 41–69, hier: 47–51; G. Gloege, Die Rechtfertigungslehre als hermeneutische Kategorie, ThLZ 89 (1964) 161–175, hier 165f, 169f; und besonders scharf G. Maron, Kirche und Rechtfertigung. Eine kontroverstheologische Untersuchung, ausgehend von den Texten des Zweiten Vatikanischen Konzils, Göttingen 1969, 252–256; auch 266f Auch bei B. Lohse, Epochen der Dogmengeschichte, Stuttgart ⁴1978 (= ³1974), 191–195, klingt dieser Vorwurf noch nach [auch noch ⁵1983].

[7] Vgl. pars pro toto E. Seeberg, Luthers Theologie. Motive und Ideen, I, Göttingen 1929, 107–114; R. Hermann, Gesammelte Studien zur Theologie Luthers und der Reformation. Göttingen 1960, 80, 380–383, 424–427; P. Althaus, Die christliche Wahrheit. Lehrbuch der Dogmatik, Gütersloh ⁸1972 (= ³1958), 232f, 279–281; H. Rückert, Vorträge und Aufsätze zur historischen Theologie, Tübingen 1972, 306. Auch die »jungen« Äußerungen stammen aus den 20er Jahren bzw. beruhen auf damals entwickelten Ansätzen. Zum Ganzen und weitere Literatur vgl. bei O.H. Pesch, aaO., 190–193. Zum »fröhlichen Wechsel« vgl. aaO., 234–241 und die w. o. Anm. 4 erwähnte Arbeit von Th. Beer; zur Abgrenzung zwischen Luther und Anselm vgl. O. H. Pesch aaO., 130–133; zu den dabei unterlaufenden Mißverständnissen vgl. die neuere Anselm-Literatur, vor allem B. A. Willems, Erlösung in Kirche und Welt, Freiburg 1968, 46–56; G. Greshake, Der Wandel der Erlösungsvorstellungen in der Theologiegeschichte, in: L. Scheffczyk (Hg.), Erlösung und Emanzipation, Freiburg i. Br. 1973, 69–101, hier: 85–89 [jetzt in: Ders., Gottes Heil – Glück des Menschen. Theologische Perspektiven, Freiburg 1983, 50–79: 65–68]; Ders., Erlösung und Freiheit. Zur Neuinterpretation der Erlösungslehre Anselms von Canterbury, ThQ 153 (1973) 323–345; H. Kessler, Die theologische Bedeutung des Todes Jesu. Eine traditionsgeschichtliche Untersuchung, Düsseldorf 1970, 83–165. Bei G. Müller, Die Rechtfertigungslehre. Geschichte und Probleme (= Studienbücher Theologie, Kirchen- und Dogmengeschichte), Gütersloh 1977, 37–39, erfahren die angezielten (studentischen) Leser über diese Klarstellungen der Anselm-Forschung leider gar nichts, sie werden vielmehr den notorischen Anselm-Kritikern von der Jahrhundertwende, A. Ritschl, F. Loofs und A. von Harnack, ausgeliefert. Daß im übrigen selbst ein Anselm, der an der Seite Luthers stünde, noch lange nicht die Soteriologie des Neuen Testamentes und insonderheit des Paulus wiedergibt, dazu vgl. jetzt U. Wilckens, Der Brief an die Römer, 1. Teilband (Röm 1–5) (= Evangelisch-Katholischer Kommentar zum NT VI/1), Zürich-Neukirchen-Vluyn 1978, 202–243, bes. 223–227, 234–236. [Zu Anselm vgl. jetzt auch R. Schwager, Der wunderbare Tausch. Zur Geschichte und Deutung der Erlösungslehre,

mit der Neuentdeckung der Christozentrik der Theologie Luthers überhaupt seit Beginn der 30er Jahre. Auch hier ist allerdings noch einmal einzuschränken: Der zentralen Bedeutung Christi für Luther war man sich immer bewußt. Da ist der jahrzehntelange Streit um die richtige Interpretation der Versöhnungs- und Erlösungslehre Luthers mit und um Albrecht Ritschl und mit der »Lunder Schule« bis in die 30er Jahre, da ist Luthers »theologia crucis« als Maßstab aller theologischen Rede, da ist der Akzent auf dem »pro me« in Luthers Verständnis der Heilsereignisse und damit der »soteriologische Ton« aller christologischen Aussagen bei Luther – diese drei Hinweise sagen genug.[8] Neu aber ist jetzt die Grundthese, die Christologie bzw. ihre charakteristische Umgestaltung sei überhaupt der historische Einsatz der reformatorischen Theologie bei Luther – nachzuweisen in dem nun plötzlich mit größter Aufmerksamkeit studierten Frühwerk des Reformators. Neu ist die einschränkungslose Gleichsetzung von Christusverkündigung und Rechtfertigungslehre: »Christus, id est fides Christi«. Neu ist die christozentrische Interpretation des Christenlebens als einer personalen Identifikation mit Christus, die jenseits des Kausalschemas einerseits und einer »mystischen Einheit« andererseits steht und als solche das Wesen des Glaubens ausmacht. Diese Neuentdeckung, die mehr ist als eine Neubewertung bekannter theologiegeschichtlicher Befunde, erfolgt in der Auseinandersetzung mit Karl Holl und der »Lutherrenaissance«, erhält aber ihre eigentliche Triebkraft durch den Einfluß der Christozentrik Karl Barths, der den Lutherforschern gewissermaßen die Suchfrage liefert. Nicht von ungefähr sind die Hauptvertreter dieser christozentrischen Lutherforschung – wir nennen vor allem noch einmal Hans-Joachim Iwand und Ernst Wolf[9] – später alle Anhänger der Bekennenden Kirche, während die Pioniere – etwa Erich Seeberg und Erich Vo-

München 1986, 161–191; und B. Lohse, Zur theologischen Methode Anselms von Canterbury in seiner Schrift »Cur Deus homo«, in: G. Wenz/J. Rohls (Hg.), Vernunft des Glaubens. Wissenschaftliche Theologie und kirchliche Lehre (Festschrift W. Pannenberg), Göttingen 1988 (im Druck)].

[8] Zu »Versöhnung und Erlösung« vgl. Darstellung und Literatur bei O. H. Pesch, aaO., 123–141; H. Alpers, Die Versöhnung durch Christus. Zur Typologie der Schule von Lund, Göttingen 1964; A. Peters, Luthers Christuszeugnis als Zusammenfassung der Christusbotschaft der Kirche, KuD 13 (1967) 1–26; 73–98; und jüngst M. Lienhard, Luther témoin de Jésus-Christ. Les étapes et les thèmes de la Christologie du Réformateur, Paris 1973, 181–192, deutsch unter dem Titel: Martin Luthers christologisches Zeugnis. Entwicklung und Grundzüge seiner Christologie, Berlin-Göttingen 1980, 134–142. – Zur »theologia crucis« vgl. W. von Loewenich, Luthers theologia crucis, München 1929 (^{4}1954); Ph. S. Watson, Um Gottes Gottheit. Eine Einführung in Luthers Theologie, Berlin 1952, 121–166; P. Althaus, Die Theologie Martin Luthers, Gütersloh ^{2}1963, 34–42; K. Schwarzwäller, Theologia crucis. Luthers Lehre von der Prädestination nach De servo arbitrio 1525, München 1970; Lienhard, aaO., passim (s. Sachregister, Stw. »Theologia crucis«); auch O. H. Pesch, aaO., 147–150; 207–213. – Zum »pro me« vgl. Darstellung und Literatur bei O. H. Pesch, aaO., 229–231; 237–239; 293–295; Althaus, aaO., 161–171.

[9] Vgl. H.-J. Iwand, Rechtfertigungslehre und Christusglaube. Eine Untersuchung zur Systematik der Rechtfertigungslehre Luthers in ihren Anfängen, Leipzig 1930, fotomechan. Neudruck München-Darmstadt 1961; E. Wolf, Die Christusverkündigung bei Luther, in: Peregrinatio, (I) (s. Anm. 6), 30–80 (geschrieben 1936); vgl. dort auch den in-

gelsang[10] – in der Optik späterer Entwicklungen eher ins Abseits gerieten. Mit vermindertem Pathos, aber in deutlicher Rezeption (trotz aller theologischen und kirchenpolitischen Differenzen) hat dann die »Holl-Schule« später »nachgezogen«, wie vor allem im Werk von Paul Althaus deutlich wird.[11]
Diese christozentrische Schule konnte in der damaligen katholischen Dogmatik nichts finden, was ihrem Ansatz als vergleichbar hätte entgegengehalten werden können, und insofern besteht ihre Kritik zu Recht. Im Gegenteil, selbst katholische Dogmatiker, die sich von der neuscholastischen Tradition lösen, wie etwa Michael Schmaus, befürchten bei dem so entworfenen Rechtfertigungsverständnis einen »Panchristismus«, und lutherische Theologen empfehlen, diesen Einwand ernstzunehmen.[12]
Die lutherische Kritik hat aber noch ein bedeutsames Nebengleis. Die spezifische »Ursächlichkeit« Christi hinsichtlich der »inhärierenden« Rechtfertigungsgnade kennzeichnet das Tridentinum ja mit dem Begriff der »causa meritoria«[13]. Die christologische Verankerung der Rechtfertigung des Sünders ist also nicht nur defizient, sie sanktioniert zu allem Überfluß noch jenen Begriff, den Luther unter allen Umständen aus der Rechtfertigungslehre herauszuhalten wünscht: »meritum«, »Verdienst«. Welchem lutherischen Leser kann man also übelnehmen, wenn er sich die Sache so vorstellt: Nach katholischer Auffassung verdient uns Christus jene Rechtfertigungsgnade, die nun in uns zur Quelle eigener Verdienste werden soll!? Daß dies keine Unterstellung ist, beweisen kritische evan-

struktiven, für die Aufname in Peregrinatio ergänzten kritischen Diskussionsüberblick, 30–37 (Anm.); vgl. auch die in Anm. 6 genannten Aufsätze von E. Wolf.

[10] Vgl. E. Seeberg, Luthers Theologie, II: Christus. Wirklichkeit und Urbild. Stuttgart 1937, darin 4–16 sein früherer Aufsatz: Die Anfänge der Theologie Luthers, ZKG 53 (1934) 229–241; E. Vogelsang, Die Anfänge von Luthers Christologie nach der ersten Psalmenvorlesung, Berlin 1929; Ders., Der angefochtene Christus bei Luther, Berlin-Leipzig 1932. An E. Seeberg und E. Vogelsang (und G. Ebeling) hat dann A. Brandenburg wieder angeknüpft: Gericht und Evangelium. Zur Worttheologie in Luthers erster Psalmenvorlesung, Paderborn 1960.

[11] Vgl. P. Althaus, Die Theologie Martin Luthers (s. Anm. 8), 31–42; 71–83; 159–195; dazu die vielfältigen Vorstudien von P. Althaus zu dieser Thematik seit seinen Theologischen Aufsätzen, 2 Bde., Gütersloh 1929/35, und in: Um die Wahrheit des Evangeliums. Aufsätze und Vorträge, Stuttgart 1962. – Auf derselben Linie (Anfang der Theologie Luthers = Rezeption der altchristlichen Christologie in konstruktiver Umbildung) liegt W. Maurer, Die Anfänge von Luthers Theologie. Eine Anfrage an die lutherische Kirche, ThLZ 77 (1952) 1–12, jetzt in: Ders., Luther und das evangelische Bekenntnis. Kirche und Geschichte, I, Gesammelte Aufsätze, hg. von E.-W. Kohls und G. Müller, Göttingen 1970, 22–37. – Der Überblick über die Soteriologie Luthers im HDG III 2c, Freiburg i. Br. 1972, 1–13 (R. Weier), hebt zwar die Christozentrik Luthers hervor, erläutert sie aber, gegen den Konsens der Lutherforschung, woran auch die reichhaltige Literaturverarbeitung nichts ändert, nicht als *Grund* der Rechtfertigungslehre, vielmehr umgekehrt als deren *Wirkung*. Ist es eine Folge dieser Engführung, daß Weier trotz der Themenstellung seines Beitrags der Problematik um »Versöhnung und Erlösung« bei Luther nicht einmal ansichtig wird?

[12] Vgl. M. Schmaus, Katholische Dogmatik, III/2: Die göttliche Gnade, München [5]1956, 56; 96; dazu Joest, Die tridentinische Rechtfertigungslehre (s. Anm. 6), 48f; 51.

[13] DS 1529 (= NR 799).

gelische Beobachter der katholischen Christologie und insonderheit ihres Umgangs mit dem christologischen Dogma in unseren Tagen. Da wird ja Christus als die prototypische Offenbarung des Gott-Mensch-Verhältnisses, des radikalen Gegenüber von Mensch und Gott in radikaler Abhängigkeit und Eigenständigkeit zugleich, in umgekehrter Proportionalität verstanden, so daß alle Anthropologie nach einer berühmten Formulierung Karl Rahners »defiziente Christologie« sei und nur auf diese Weise die Funktion Christi als »Mittler« gedeutet werden könne.[14] Also, so der unvermeidliche lutherische Argwohn, wird nun das eigenständige Gegenüber, der »Selbstand« des Menschen vor Gott, auch noch im Dogma von Chalkedon verankert! Lutherische Theologen, das ist aktenkundig, erkennen denn auch auf einen logischen Zusammenhang zwischen der katholischen, auf Chalkedon zurückgehenden Christologie und dem katholischen »Kooperationismus«, der »Verdienstlehre«, der »Werkgerechtigkeit«.[15] Wenn *dieser* »Christus« dann in der Rechtfertigungslehre des Trienter Konzils nur eine »historische« Rolle spielt, muß man dann nicht aus lutherischer Sicht noch geradezu froh darüber sein, weil andernfalls alles nur noch schlimmer werden könnte? Hat es womöglich hier seinen tiefsten Impuls, wenn die »christozentrischen« Lutheraner so darauf dringen, daß in Luthers Christologie die Zwei-Naturen-Lehre »im Ansatz erledigt« ist[16], wenn die »communicatio idiomatum« – dogmengeschichtlich, wenn ich recht verstehe, kaum gedeckt – vorgetrieben wird bis zur ontischen Ausstattung der irdischen menschlichen Natur Christi mit göttlichen Eigenschaften, alles im Namen von Luthers Formulierung: »Christus ist Gott selbst«[17], und wenn Jörg Baur bis in unsere Tage konsequenter ist als manche, dann doch »bremsenden« Lutheraner mit seiner exzeptionellen Wertschätzung der Christologie der Konkordienformel und seinem leidenschaftlichen Plädoyer für die Christologie der »Tübinger«?[18]

[14] Vgl. K. Rahner, Probleme der Christologie von heute, in: Ders., Schriften zur Theologie, I, Zürich 1957 u. ö., 169–222 (der Hinweis auf die »Anthropologie als defiziente Christologie«: 184 Anm. 1; vgl. auch 205: »Christologie Ende und Anfang der Anthropologie zugleich«); B. Welte, Homoousios hemin. Gedanken zum Verständnis und zur theologischen Problematik der Kategorien von Chalkedon, in: A. Grillmeier/H. Bacht (Hg.), Das Konzil von Chalkedon. Geschichte und Gegenwart, III: Chalkedon heute, Würzburg 1954 (^{2}1962), 51–80; F. Malmberg, Über den Gottmenschen, Freiburg 1960; E. Schillebeeckx, Christus-Sakrament der Gottbegegnung, Mainz 1960 (^{2}1965).

[15] Vgl. exemplarisch H. Geißer, Die Interpretation der kirchlichen Lehre vom Gottmenschen bei K. Rahner SJ, KuD 14 (1968) 307–330, bes. 308–310; 326–329; G. Maron, Kirche und Rechtfertigung (s. Anm. 6), 46f; 252–256; H. Geißer, Glaubenseinheit und Lehrentwicklung bei Johann Adam Möhler, Göttingen 1971, 175–189; 241–245; auch G. Ebeling, Zur Frage nach dem Sinn des mariologischen Dogmas, in: Ders., Wort Gottes und Tradition. Studien zu einer Hermeneutik der Konfessionen, Göttingen 1964, 175–182.

[16] E. Wolf, Die Christusverkündigung bei Luther (s. Anm. 9), 62 (mit F. Hildebrandt, EST. Das lutherische Prinzip, 1931, 79).

[17] WA 23, 141, 23; 50, 642, 15; 40 I, 441, 31; und schon 56, 204, 27; 255, 20ff.

[18] Vgl. J. Baur, Auf dem Wege zur klassischen Tübinger Christologie. Einführende Überlegungen zum Kenosis-Krypsis-Streit, in: M. Brecht (Hg.), Theologen und Theologie an der Universität Tübingen, Tübingen 1977, 195–269; Ders., Christologie und Subjektivität. Geschichtlicher Ort und dogmatischer Rang der Christologie der Konkordienformel, in: Ders., Einsicht und Glaube. Aufsätze, Göttingen 1978, 189–205; Ders., Lutherische

In der Tat, wenn das chalkedonische »unvermischt und ungetrennt« so verabschiedet und die Menschheit Christi so entschieden auf die Seite seiner Gottheit versetzt wird, dann ist das Gegenüber von Christus und Gott zwar nicht aufgehoben, aber es ist nicht mehr das Gegenüber zwischen Gott und dem sündenlosen Stellvertreter der sündigen Menschheit, sondern ein Gegenüber in Gott selbst, ein »Gott gegen Gott«, dessen getreue Spiegelung das in eben dieser Formel ausgedrückte Widereinander von Gesetz und Evangelium ist[19]. Aus der Zwei-Naturen-Lehre muß dann eine Christologie werden, in der man sich nur noch um Kenosis oder Krypsis (sc. der Gottheit Christi) streitet, in der jedenfalls der Mensch Christus nicht das göttliche Urbild des Menschen vor Gott sein kann, sondern »nur« das Medium der paradoxen Selbstpreisgabe Gottes dem Menschen zugute. So wird verständlich, was die christozentrischen Lutherinterpreten meinen, wenn sie davon reden, daß unser gerechtfertigtes Menschsein nicht von Christus »verursacht« wird, sondern das Sein Christi *ist* und daß Christus unser Sein vor Gott *übernimmt*[20]. Und so ist auch die letzte Hintertür für irgendeinen Selbstaufbau des Menschen im Gegenüber zu Gott oder auch nur für irgendeine Art von »Mitwirkung« zur Rechtfertigung unaufbrechbar verrammelt. Fürwahr, gedankliche Inkonsequenz ist das letzte, was man dieser Position vorwerfen könnte. Und wer will, kann mit Fug und Recht behaupten, den katholisch-evangelischen Grundgegensatz (wieder einmal) bis in seine »letzte Tiefe« verfolgt zu haben, während der klassische Formel- und Formulierungsstreit um die Rechtfertigungslehre nur dessen fast harmlose Oberfläche darstelle.

Christologie im Streit um die neue Bestimmung von Gott und Mensch, EvTh 41 (1981) 423–439. Zu den »bremsenden« Lutherinterpreten gehört P. Althaus; vgl. Die Theologie Martin Luthers (s. Anm. 7), 171–175; Die christliche Wahrheit (s. Anm. 7), 448–461. Ebenso »gemäßigt« M. Brecht, Der rechtfertigende Glaube an das Evangelium von Jesus Christus als Mitte von Luthers Theologie, ZKG 89 (1978) 45–77 – zugleich ein besonders schönes, kompendienhaftes Zeugnis, wie sich die Einsichten der 30er Jahre unter neuen kirchlichen Bedingungen als unaufgebbarer Fixpunkt der Lutherforschung durchhalten.

[19] Darstellung und Literatur bei O. H. Pesch, Theologie der Rechtfertigung (s. Anm. 4), 51–60; 123–134 [und inzwischen umfassend A. Peters, Gesetz und Evangelium (Handbuch Syst. Theol. 2), Gütersloh 1981]. – Auf seine Weise gehört auch J. Moltmann auf diese Linie: Der gekreuzigte Gott. Das Kreuz Christi als Grund und Kritik christlicher Theologie, München 1972, 214–222.

[20] Vgl. H. J. Iwand, Glaubensgerechtigkeit (s. Anm. 3), 60–65; E. Wolf, Rechtfertigungslehre (s. Anm. 6), 15f; Christusverkündigung (s. Anm. 9), 75; Sola gratia? (s. Anm. 6), 128; 130. Ein Echo auch noch bei W. Joest, Die tridentinische Rechtfertigungslehre (s. Anm. 6), 50f. Diese Identifikation des Seins Christi mit dem Gerechtfertigtsein des Christen ist *nicht* schon einfach dasselbe wie der »fröhliche Wechsel« oder das »extra nos« unserer Gerechtigkeit: Dies beides ist für Lutherinterpreten ein Gemeinplatz, während Iwand und Wolf diesen in spezifischer und für ihre »Schule« kennzeichnender Weise *interpretieren*. [Der Hintergrund dieser lutherischen Denktradition ist noch spürbar in dem von K. Lehmann und W. Pannenberg herausgegebenen Dokument: Lehrverurteilungen – kirchentrennend? Rechtfertigung, Sakramente und Amt im Zeitalter der Reformation und heute I, Freiburg-Göttingen 1986, 44; 53f. In den vorausgehenden Beratungen ist dieser reformatorische Grundgedanke hinsichtlich seines Verhältnisses zur katholischen Tradition intensiv und auch kontrovers diskutiert worden. Vgl. dazu K. Lehmann/W. Pannenberg, aaO. II, Freiburg–Göttingen 1987].

2. Katholische Gegenvorwürfe

Daß wir in der Darstellung der lutherischen Vorwürfe in bezug auf unsere Thematik keiner Konstruktion aufgesessen sind, zeigen die katholischen Gegenvorwürfe, die sozusagen seitenverkehrt die lutherischen wiederholen. Den Anfang, auf den alle immer wieder zurückkommen, machte 1954 Yves Congar in seinem schon »klassischen« Aufsatz »Beobachtungen und Reflexionen zur Christologie Luthers«[21]. Seine These: Luther vertritt eine »Christologie der Alleinwirksamkeit Gottes«. Denn bei Luther werde die Menschheit Christi so sehr seiner Gottheit zugeschlagen, daß das Gegenüber des Menschen Jesus Christus zu Gott und damit die Grundlage seines »theandrischen« soteriologischen Handelns entfalle und der Gott-Mensch Christus nur noch als die *Gabe* Gottes an die Menschen zu stehen komme, nicht aber mehr als der *Mittler*, der ebenso sehr auf der Seite der Menschen wie auf seiten Gottes steht. Nun braucht man sich nur zu vergegenwärtigen, was es 1954 bedeutet, wenn ein katholischer Theologe, zumal ein nicht-deutscher, das Stichwort »Alleinwirksamkeit Gottes« nennt, nämlich *den* damaligen Grundeinwand gegen Luthers Rechtfertigungslehre, dann begreift man, daß mit Congars These nicht nur eine heimliche Aushöhlung des Dogmas von Chalkedon gebrandmarkt sein will, sondern zugleich alle Irrtümer der Rechtfertigungslehre Luthers, wie sie jedes dogmatische Lehrbuch damals denunzierte, auf Luthers »bedenkliche« Christologie zurückgeführt sind.

[21] Y. Congar, Regards et réflexions sur la Christologie de Luther, in A. Grillmeier/H. Bacht (Hg.), Chalkedon (s. Anm. 14), III, 457–486. Man vgl. auch die in der Grundtendenz auffällig mit Congar parallelen Beiträge im selben Band von J. Ternus, Chalkedon und die Entwicklung der protestantischen Theologie. Ein Durchblick von der Reformation bis zur Gegenwart, aaO., 531–611; und H. Volk, Die Christologie bei Karl Barth und Emil Brunner, aaO., 613–673. – Ich gestehe an dieser Stelle gern ein, daß ich die Pointe des Beitrags von Congar erst im Zusammenhang mit der Ausarbeitung dieses Vortrags voll begriffen habe. In Theologie der Rechtfertigung (vgl. 139 Anm. 78; 592 Anm. 29) habe ich ihm die – allerdings unmögliche – These unterstellt, Luther verkenne *überhaupt* das Gegenüber von Christus zu Gott; es geht aber um das Gegenüber der *Menschheit* Christi *als solcher* zu Gott; dieses zu betonen ist unangefochtene katholische Tradition; es auszuschließen ist Kennzeichen gerade der »christozentrischen« Lutherinterpretation, die somit in der Tat zu einer »Christologie der Alleinwirksamkeit Gottes« führt und den *Tatbestand*, den Y. Congar zum Vorwurf erhebt, jedenfalls bestätigt. [Im übrigen hat Congar selbst inzwischen seine These differenziert: Nouveaux regards sur la Christologie de Luther, RSPhTh 66 (1982) 180–198, jetzt in: Ders., Martin Luther. Sa foi et sa réforme. Études de théologie historique, Paris 1983, 105–133]. – Es ist in diesem Zusammenhang nicht ohne Ironie, daß die Fragen, die Kard. Höffner namens der Deutschen Bischofskonferenz Hans Küng zur Beantwortung vorlegte, fast gleichlautend Luthers »Christus ist Gott selbst« wieder aufnehmen, während schon vorher K. Rahner in dem berühmt gewordenen Streit mit Kard. Höffner auf der Würzburger Synode solche »Identitätsaussagen« gerade als kryptomonophysitisches Fehlverständnis des Dogmas von Chalkedon bezeichnet hatte. Vgl. den Brief Kard. Höffners an Hans Küng vom 22. April 1977, in: W. Jens (Hg.) Um nichts als die Wahrheit. Deutsche Bischofskonferenz contra Hans Küng, München 1978, 335–340; und K. Rahner, Karl Rahner antwortet Kardinal Höffner, Münchener Kathol. Kirchenzeitung 64 (1971), 31. 1. 1971, 12–15; Ders., Über die Gottheit Jesu Christi und über die Unauflöslichkeit der Ehe, Kirche und Leben 26 (Münster 1971), 24. 1. 1971, 6.

Aus dem gleichen Jahr 1954 nun stammt jener Aufsatz von Karl Rahner, in dem er die schon erwähnte These von der Anthropologie als defizienter Christologie entwickelt.[22] Wer sich nun erinnert, daß Rahner in diesem Aufsatz und später immer wieder der katholischen Schul-Christologie vergleichsweise denselben Vorwurf macht, den Congar an die Adresse Luthers richtet, nämlich die Menschheit Christi zugunsten seiner Gottheit unterzubelichten, sie im Grunde nur als »Livrée« seiner Gottheit zu verstehen[23]; wer Rahners Ausführungen liest als den energischen Versuch, mit modernen Mitteln die sogenannte neu-chalkedonensische, immer am Rande des Monophysitismus operierende Schulchristologie zu überwinden und die alt-chalkedonensische zurückzugewinnen; wer die nachhaltigen Wirkungen dieses Ansatzes in der katholischen Nachkriegstheologie zur Kenntnis nimmt, der begreift auch, daß kein katholischer Theologe sich ausgerechnet unter Berufung auf Luther, die Konkordienfomel und die lutherische Orthodoxie von diesem neuen Umgang mit dem Dogma von Chalkedon wieder abbringen lassen wollte, dessen Ertrag ja nichts Geringeres war als die dogmatische Rückgewinnung des Menschen Jesus, »Christi, unseres Bruders«, um auf einen Buchtitel von Karl Adam (Tübingen!) anzuspielen.[24] Im Gegenteil, man entdeckt gleichzeitig mehr, als es lutherischen Theologen lieb ist, die »effektiven« Elemente in Luthers Rechtfertigungsverständnis und wehrt sich aus ökumenischen Gründen gegen eine »existentialistische« Lutherdeutung. Peter Manns, der langjährige Mitarbeiter von Joseph Lortz, erarbeitet die Unterscheidung von »fides absoluta – fides incarnata (!)« in Luthers großem Galaterkommentar, Erwin Iserloh und die (m . E. auf evangelischer Seite viel zu wenig zur Kenntnis genommenen) Untersuchungen von Theobald Beer weisen

[22] Der in Anm. 14 genannte Aufsatz von Karl Rahner erschien zuerst unter dem Titel: Chalkedon – Ende oder Anfang?, in: A. Grillmeier – H. Bacht (Hg.), aaO., 3–49; wir zitieren im folgenden nach Schriften zur Theologie, I. Die wichtigsten anderen Beiträge Rahners zur Christologie sind: Zur Theologie der Menschwerdung (Schriften, IV, 137–155); Die Christologie innerhalb einer evolutiven Weltanschauung (Schriften, V, 183–221); Dogmatische Erwägungen über das Wissen und Selbstbewußtsein Christi (aaO., 222–245); Kirchliche Christologie zwischen Exegese und Dogmatik (Schriften, IX, 197–226); Christologie im Rahmen des modernen Selbst- und Weltverständnisses (aaO., 227–241); Menschliche Aspekte der Geburt Christi (Schriften, X, 203–208); Auf der Suche nach Zugängen zum Verständnis des gottmenschlichen Geheimnisses Jesu (aaO., 209–214); Bemerkungen zur Bedeutung der Geschichte Jesu für die katholische Dogmatik (aaO., 215–226); Zwei Grundtypen der Christologie (aaO., 227–238); Christologie heute? (Schriften, XII, 353–369); Christologie – systematisch und exegetisch (zus. mit W. Thüsing), Freiburg 1972, bes. 15–78; Grundkurs des Glaubens. Einführung in den Begriff des Christentums, Freiburg 1976, 180–312. [Ferner Schriften, XIII, 159–203; XV, 206–250].

[23] H. Geißer hat sich die Mühe gemacht, die »Livrée«-Stellen bei Rahner (bis 1968) zusammenzustellen, aaO. (s. Anm. 15), 314 Anm. 56, nämlich: Schriften zur Theologie, I, 176 Anm. 3; IV, 123; 145; 149f; (sachlich auch 152); V, 204; (sachlich auch 212, 243); LThK V, 956. Ich mache mir nicht die Mühe, die Liste über 1968 hinaus zu vervollständigen; vgl. aber Grundkurs des Glaubens, 217; Schriften, XII, 369 (»Verkleidung«).

[24] Vgl. K. Adam, Christus, unser Bruder, Regensburg 1950; ders., Jesus Christus, Düsseldorf 1933, [7]1946. Zum Ganzen vgl. w. u. S. 141 ff und die dort angegebene Literatur aus der jüngeren und jüngsten katholischen Christologie.

die Zusammengehörigkeit von »gratia« und »donum« bei Luther nach[25] – um dann beidemal, unter Hinweis auf Congar, an der Christologie Luthers das letztliche Ungenügen und das Konsensdefizit im Vergleich mit der katholischen Lehre aufzuweisen und zu bedauern. In der Tat, was sind Luthers bildkräftige Formulierungen vom Teufel, der sich an den Menschen Jesus Christus heranmacht und nicht merkt, daß er es in ihm mit Gott zu tun hat, was ist Luthers berühmte Metapher vom geköderten Leviathan – geködert durch die Menschheit Jesu – anderes als die lutherische Version der katholischen schulchristologischen Auffassung von der Menschheit Christi als »Livrée« seiner Gottheit?[26]

3. *Kontroverstheologische Überraschungen*

Hüben wie drüben ergibt sich also: Sage mir, welche Christologie du hast, und ich sage dir auf den Kopf zu, welche Rechtfertigungslehre du vertrittst! Und auf je ihrem Boden können die Diskussionspartner einander sagen: Verrate mir, wie du es mit der Menschheit Christi hältst, und ich sage dir, was an deiner Rechtfertigungslehre falsch ist! Erläutere mir deine Rechtfertigungslehre, und ich weise dir deine christologischen Irrtümer nach!

Bei diesem Fazit könnte es bleiben, wenn nicht die Nachkriegstheologie auch einige Überraschungen bereithielte, die um so staunenswerter sind, als sie von dem ganzen hier skizzierten Streit unberührt scheinen, sich jedenfalls mit größter Unbekümmertheit darüber hinwegsetzen. Da ist zunächst der 1963 erschienene große Aufsatz von Peter Brunner mit dem Versuch einer »evangelischen Aneignung« der Rechtfertigungslehre des Konzils von Trient.[27] Brunner hat an der Christozentrik des Rechtfertigungsdekretes nichts auszusetzen, hebt sie im Gegenteil beständig so hervor, daß wir im II. Teil unserer Überlegungen fortwährend auf dasselbe hinauskommen, ihm also nur zustimmen und uns deshalb

[25] Vgl. P. Manns, Fides absoluta – fides incarnata. Zur Rechtfertigungslehre Luthers im Großen Galaterkommentar, in: E. Iserloh/K. Repgen (Hg.), Reformata Reformanda. Festgabe für Hubert Jedin, I, Münster 1965, 265–312; E. Iserloh, Sacramentum et exemplum. Ein augustinisches Thema lutherischer Theologie, in: E. Iserloh/K. Repgen (Hg.), aaO., 247–264; Ders., Gratia und Donum. Rechtfertigung und Heiligung nach Luthers Schrift »Wider den Löwener Theologen Latomus«, in: Studien zur Geschichte und Theologie der Reformation. Festschrift für Ernst Bizer, Neukirchen 1969, 141–156; und in: Catholica 24 (1970) 67–83; Th. Beer, Die Ausgangspositionen der lutherischen und der katholischen Lehre von der Rechtfertigung, Catholica 21 (1967) 222–251; Ders., Der fröhliche Wechsel und Streit (s. Anm. 4), 37–174; 323–414.

[26] Stellenmaterial und Interpretation bei Manns, aaO., 272–277, und vor allem bei Beer, Der fröhliche Wechsel, 346–351. Im gemeinsamen lutherisch-katholischen CA-Kommentar (s. Anm. 35) ist man 59–61 hart bei der hier skizzierten Problematik, ohne sie anzusprechen. Hat man Angst vor dem bedrohlichen Eingeständnis oder hält man das Problem nicht für entscheidend?

[27] Vgl. P. Brunner, Die Rechtfertigungslehre des Konzils von Trient, in: E. Schlink/H. Volk (Hg.), Pro veritate. Ein theologischer Dialog. Festgabe für Erzbischof Lorenz Jaeger und Bischof W. Stählin, Münster-Kassel 1963, 59–96; abgedruckt in Ders.; Pro Ecclesia. Gesammelte Aufsätze zur dogmatischen Theologie, 2 Bde., Berlin 1962/66, II, 141–169. Vgl. in unserem Zusammenhang bes. 65–75; 95f (145–153; 168f).

hier einen genaueren Bericht ersparen können. Bekanntlich sieht denn Brunner auch den eigentlichen konfessionellen Graben nicht entlang der Christologie verlaufen, sondern entlang der Ekklesiologie, genauer: entlang den aus der Rechtfertigungslehre gezogenen oder verweigerten Konsequenzen für das Verständnis der Kirche.[28] Dies alles ist um so bedeutsamer, als der Beitrag Brunners schon 1949 als Referat für einen ökumenischen Arbeitskreis (den sog. »Jaeger-Stählin-Kreis«, der heute in der »3. Generation« existiert) geschrieben wurde[29], also noch vor Congar, und überdies in allen entscheidenden Punkten nicht nur 1949 dem katholischen Beitrag von Hermann Volk[30] sachlich widerspricht, sondern auch dem gleichzeitig erschienenen bekannten Aufsatz von Wilfried Joest über die tridentinische Rechtfertigungslehre[31], wobei anzumerken ist, daß Joest nicht etwa zu den »christozentrischen« Lutherforschern gehört. Peter Brunners Beitrag hat also seinen Platz zwischen allen (Lehr)-Stühlen, und vielleicht erklärt das die Tatsache, daß, wenn ich nichts übersehe, kein lutherischer Theologe sich

[28] Vgl. P. Brunner, Reform – Reformation. Einst – Heute. Elemente eines ökumenischen Dialogs im 450. Gedächtnisjahr von Luthers Ablaßthesen. KuD 13 (1967) 159–183, bes. 180ff. Vgl. schon ders., Das Geheimnis der Trennung und die Einheit der Kirche, in: K. E. Skydsgaard (Hg.), Lutherische Stimmen zum kommenden römisch-katholischen Konzil, Göttingen 1962, 168–209; abgedruckt in: Pro Ecclesia, II, 253–282. Ich habe auf (u. a.) Brunners Position eine Antwort versucht in: Gottes Gnadenhandeln als Rechtfertigung und Heiligung des Menschen, in: J. Feiner/M. Löhrer (Hg.), Mysterium Salutis. Grundriß heilsgeschichtlicher Dogmatik, IV/2, Zürich 1973, 831–913, hier: 865–871; 900–907 [und in: Frei sein aus Gnade. Theologische Anthropologie, Freiburg i. Br. 1983, 231–249].

[29] [Der »Jaeger-Stählin-Kreis«, so genannt nach den Gründer-Bischöfen Lorenz Kardinal Jaeger (Paderborn) und Wilhelm Stählin (Oldenburg), heißt »offiziell« »Ökumenischer Arbeitskreis evangelischer und katholischer Theologen«. Er besteht seit 1946 als privates Forum der ökumenischen Diskussion, anfangs darum nicht ohne mißtrauische Beobachtung durch die Kirchenleitungen, seit dem Konzil mehr und mehr respektiert und mit dem in Anm. 20 genannten Dokument erstmals auch in höchstem kirchlichem Auftrag tätig. Er besteht aus je 20 evangelischen und katholischen Mitgliedern. Ursprünglich ein lutherisch-katholischer Arbeitskreis, gehören seit der Arbeit an dem Lehrverurteilungs-Dokument auch reformierte Theologen zu den evangelischen Mitgliedern. Diese werden ebenso wie die katholischen Mitglieder von den jeweiligen konfessionellen Gruppen »kooptiert«. Inzwischen kann man von der 4. Generation des Arbeitskreises sprechen. Vgl. zur Geschichte des Arbeitskreises R. Mumm, 30 Jahre evangelisch-katholischer Dialog, Deutsches Pfarrerblatt 1975, 508; 517–519 (Lit.); Ders., »...neues Verhältnis zueinander...«. 40 Jahre Ökumenischer Arbeitskreis evangelischer und katholischer Theologen, Deutsches Pfarrerblatt 1986, 117f].

[30] Vgl. H. Volk, Die Lehre von der Rechtfertigung nach den Bekenntnisschriften der evangelisch-lutherischen Kirche, in: E. Schlink/H. Volk (Hg.), aaO. (s. Anm. 27), 96–131; A. Peters, Reformatorische Rechtfertigungsbotschaft zwischen tridentinischer Rechtfertigungslehre und gegenwärtigem evangelischem Verständnis der Rechtfertigung, LuJ 31 (1964) 77–128, hier: 78, hält fest, daß H. Volk, aaO., 126ff, die Bejahung von Freiheit und Mitwirkung des Menschen im Rechtfertigungsprozeß für den entscheidenden Unterschied zur lutherischen Lehre hält; Brunner dagegen sieht in dem genannten Aufsatz zur tridentinischen Rechtfertigungslehre in den Formulierungen des Konzils alle lutherischen Sachanliegen gewahrt; vgl. 63; 83–86 (144; 159–162).

[31] Vgl. W. Joest, aaO. (s. Anm. 6).

im einzelnen mit diesem Aufsatz auseinandergesetzt und gar klipp und klar ja oder nein gesagt hat.
Die zweite Überraschung ist dann 1957 das Buch von Hans Küng über die Rechtfertigungslehre Karl Barths im Zusammenhang einer katholischen Besinnung.[32] Der Frage einer christologischen Verankerung der Rechtfertigungslehre war bei dieser Themenstellung schlechterdings nicht auszuweichen – und Küngs Antwort im Blick auf die katholische Tradition im allgemeinen und das Konzil von Trient im besonderen ist durch und durch positiv. Aus der alarmhaften Diskussion, die damals um Küngs Buch geführt wurde – noch vor der Ankündigung des Zweiten Vatikanischen Konzils! – und in der gelegentlich noch einmal die Kontroverse zwischen lutherischer und reformierter Theologie ausgetragen wurde[33], ist Küngs Buch hervorgegangen als eine der immer noch besten und eindringlichsten Interpretationen des Trienter Rechtfertigungsdekretes. Und dies nicht zuletzt durch ihre durchgängige Christozentrik, die durch die Tridentinumsforschung späterer Jahre – wir kommen darauf zurück – nur vertieft, nicht aber desavouiert wurde. Die von Wilfried Joest häufiger gestellte Frage, ob Küng (und Schmaus) das Tridentinum noch katholisch interpretierten[34], hat jedenfalls an der Christozentrik keinen Anhaltspunkt.
Die jüngste Überraschung nun ist das christologische Kapitel im gemeinsamen lutherisch-katholischen Kommentar zum Augsburger Bekenntnis.[35] Hier dokumentiert sich ein Konsens nicht nur über die Christozentrik der katholischen Rechtfertigungslehre, sondern über die soteriologische Pointierung der altkirchlichen Bekenntnisse, insonderheit der Zwei-Naturen-Lehre, in der refor-

[32] Vgl. H. Küng, Rechtfertigung. Die Lehre Karl Barths und eine katholische Besinnung, Einsiedeln 1957 (^{4}1964) [Taschenbuchausgabe München 1986]. Vgl. bes. 127–150; 218–231; 243–256; 277–288.

[33] Die katholische Diskussion um Küng ist glänzend bilanziert durch F. Barth, Römisch-Katholische Stimmen zu dem Buch von Hans Küng ›Rechtfertigung‹, Materialdienst des Konfessionskundl. Institutes (Bensheim) 11 (1960) 81–87. Unter ihnen ist von besonderer Bedeutung K. Rahner, Fragen der Kontroverstheologie über die Rechtfertigung, in: Schriften, IV, 237–271. Von den evangelischen Stimmen sei hervorgehoben die Rezension von O. Weber, ThLZ 83 (1958) 401–405; und die außergewöhnlich kritischen Rückfragen an Küng und Barth zugleich bei P. Brunner, Rechtfertigung und Kircheneinheit, Zeitwende 30 (1959) 524–536; 594–608 = Pro Ecclesia, II (s. Anm. 27), 89–112. H. Küng hat sich mit seinen Kritikern auseinandergesetzt: Zur Diskussion um die Rechtfertigung, ThQ 143 (1963) 129–135, und seine Tridentinums-Interpretation später durch kritische Überlegungen ergänzt: Katholische Besinnung auf Luthers Rechtfertigungslehre heute, in: Theologie im Wandel. Festschrift zum 150jährigen Bestehen der katholisch-theologischen Fakultät an der Universität Tübingen 1817–1967, München 1967, 449–468, bes. 460–468 [und neuerdings in der ausführlichen Einleitung zu der in Anm. 32 genannten Taschenbuchausgabe]. Aber noch vor kurzem hat G. Greshake Küngs Tridentinums-Interpretation als nach wie vor eine der besten bezeichnet: Geschenkte Freiheit. Einführung in die Gnadenlehre, Freiburg i. Br. 1977, 74 Anm. 36.

[34] Vgl. W. Joest, aaO. (s. Anm. 6), 43f; 45f; 48f; 50; 53; 56; 59f; 65f.

[35] Vgl. H. Meyer/H. Schütte (Hg.), Confessio Augustana. Bekenntnis des einen Glaubens. Gemeinsame Untersuchung lutherischer und katholischer Theologen, Paderborn-Frankfurt 1980, 57–69; 115f. Verfasser des christologischen Kapitels sind K. Lehmann und H. G. Pöhlmann, des Rechtfertigungskapitels G. Müller und V. Pfnür.

matorischen Theologie Luthers, einschließlich des sola fide. »Mit CA 4 steht und fällt die CA, aber mit CA 3 (einschließlich des Bezugs zu CA 1) steht und fällt CA 4. Mit der Rechtfertigung steht und fällt die christliche Theologie. Aber die Rechtfertigung ihrerseits steht und fällt mit Jesus Christus«, schreiben die beiden Kommentatoren Karl Lehmann und Horst Georg Pöhlmann.[36] Am Ende hat man schon noch einige gegenseitige Anfragen – aber sie betreffen samt und sonders die Folgen für die Ekklesiologie, nicht etwa die inwendigen Strukturen von Christologie und Rechtfertigungslehre und deren Zusammenhang.
Ist also die christologische Welt wieder in Ordnung? War die ganze Debatte von Hans-Joachim Iwand bis Jörg Baur, wo oft der christliche Glaube auf des Messers Schneide zu stehen schien, eine einzige intellektuelle Narretei, zumindest eine Haarspalterei nach echter Theologenart? Wir tun gut daran, nicht zu schnell zufrieden zu sein. Eine erneute Prüfung mag mithelfen, einen Konsens, wenn er denn möglich sein sollte, so wasserdicht zu machen, daß nicht am Ende verdrängte und unbeantwortete Vorbehalte in Form von Ressentiments wieder nach oben kommen und erzielten Konsens um seine Glaubhaftigkeit bringen.

II. Christologie und Rechtfertigungslehre auf dem Konzil von Trient

1. *Historisches*

Die Rechtfertigungslehre des Konzils von Trient gilt, völlig zu Recht, als Antwort auf die Reformation mit den Mitteln der scholastischen Theologie, wenn auch möglichst außerhalb ihrer Schulstreitigkeiten. Kontrovers ist höchstens, *welche* mittelalterliche Schule im Endeffekt die favorisierte war, die Thomisten, die Skotisten oder die »via moderna« eines Ockham und Biel.[37] Trient hat damit

[36] AaO., 61f.
[37] Für einen Sieg der Thomisten sprechen sich bekanntlich aus: H. Rückert, Die Rechtfertigungslehre auf dem tridentinischen Konzil, Bonn 1925; E. Stakemeier, Glaube und Rechtfertigung. Das Mysterium der christlichen Rechtfertigung aus dem Glauben, dargestellt nach den Verhandlungen und Lehrbestimmungen des Konzils von Trient, Freiburg 1937; und der Sache nach auch H. Küng. Für einen Sieg der Nominalisten, jedenfalls in der entscheidenden Frage nach Freiheit und Verdienst, votieren H. A. Oberman. Das tridentinische Rechtfertigungsdekret im Lichte spätmittelalterlicher Theologie, ZThK 61 (1964) 251–282, und ihm folgend E. Schillebeeckx, Das tridentinische Rechtfertigungsdekret in neuer Sicht, Concilium 1 (1965) 452–454. Mit einer Bekräftigung und neuen Begründung seiner früheren Auffassung hat dann H. Rückert auf H. A. Oberman geantwortet: Promereri. Eine Studie zum tridentinischen Rechtfertigungsdekret als Antwort an H. A. Oberman, ZThK 68 (1971) 162–194 = Vorträge (s. Anm. 7), 264–294 [und die Entgegnung Obermans in Ders., Werden und Wertung der Reformation. Vom Wegestreit zum Glaubenskampf, Tübingen 1977, 85 Anm. 15; 135 Anm. 186]. Fest steht, daß seit Domingo de Soto eine »thomistische« Interpretation des Trienter Rechtfertigungsdekretes sich durchgesetzt hat, die aber »innerthomistische« Auffassungsunterschiede nicht ausschließt und auch gerade in unserer Frage Positionen zuläßt, die an die »eigentlich« abgewiesenen spät-

eine Vorgeschichte, deren wichtigste Bilanzposten wir ganz knapp auflisten müssen.[38]

a) Die christologische Begründung der Rechtfertigung des Sünders und der Gnade überhaupt ist in der mittelalterlichen Theologie eine ruhige Selbstverständlichkeit. Ja, ausweislich der neueren Forschung ist die Frage der Christozentrik als Signatur einer theologischen Synthese dem Mittelalter weitaus bewußter, als man durchschnittlich nicht nur auf evangelischer, sondern auch auf katholischer Seite weiß. Meist kommt die christozentrische Prägung in Gestalt heilsgeschichtlicher Entwürfe zum Zuge. In jedem Fall aber werden in der Soteriologie alle klassischen Topoi der Deutung des Werkes Christi aufgenommen: Genugtuung, Versöhnung, Opfer, Erlösung, Urbildlichkeit. Auch das »Verdienst«. Auch, im 13. Jahrhundert, zunehmend der aus der jüngeren griechischen Patristik (Johannes von Damaskus) stammende Gedanke von der Menschheit Christi als »Heilsorgan« der Gottheit, technisch ausgedrückt also: von der soteriologischen Instrumentalursächlichkeit der Menschheit Christi. Es begegnen also hier schon alle Gedanken, die, wie immer produktiv umgeformt, zu den Standard-Aussagen von Luthers Christologie und Soteriologie gehören.[39] Es ist inzwischen auch klar, daß die spekulativen Bemühungen in der Deutung des Persongeheimnisses Christi nicht, wie ein gängiger evangelischer Vorwurf lautet[40], aus intellektueller Lust an einer »Christustheorie« unternommen werden,

scholastischen Schulmeinungen erinnern. Das belegt der nachfolgende innerkatholische »Gnadenstreit« zwischen Thomisten und Molinisten (vgl. w.u.S. 138f) ebenso wie die Untersuchung von W. Joest (s. Anm. 6), der beständig auf die Interpretationsunterschiede zwischen M. Schmaus und H. Küng einerseits und dem spanischen Dogmatiker Gonzales andererseits aufmerksam machen muß. – Zu de Soto vgl. K. J. Becker, Die Rechtfertigungslehre nach Domingo de Soto. Das Denken eines Konzilsteilnehmers vor, in und nach Trient, Rom 1967. Weitere Literatur zu Trient w. u. in Anm. 51.

[38] Für ausführlichere Informationen vgl. O. H. Pesch, Theol. der Rechtfertigung (s. Anm. 4), bes. 553–595; 686–695; 918–949, und unter der dort verzeichneten Literatur v. a. die Arbeiten von B. Catão, Y. Congar, M.-D. Chenu, E. Gössmann, U. Horst, M. Seckler; vgl. ferner J. Ratzinger, Die Geschichtstheologie des hl. Bonaventura, München –Zürich 1959; R. Heinzmann, Die Summe ›Colligite fragmenta‹ des Magister Hubertus (Clm 28 799). Ein Beitrag zur theologischen Systembildung in der Scholastik, München –Paderborn 1974; Ders., Die Theologie auf dem Weg zur Wissenschaft. Zur Entwicklung der theologischen Systematik in der Scholastik, MThZ 25 (1974) 1–17; zum patristischen Hintergrund jetzt auch M. Voutilainen, Rôle et limites d'une conception juridique du salut chez Jean Damascène, RSPhTh 62 (1978) 189–208. – Die einschlägigen Aufsätze von M.-D. Chenu, U. Horst, O. H. Pesch und J. Heinzmann sind jetzt, teilweise verbessert, nachgedruckt in: K. Bernath (Hg.), Thomas von Aquin, I: Chronologie und Werkanalyse (= Wege der Forschung 188), Darmstadt 1978. – Eine Gesamtdarstellung jüngst bei O. H. Pesch/A. Peters, Einführung in die Lehre von Gnade und Rechtfertigung, Darmstadt 1981, 42–118 (O. H. Pesch).

[39] Auch das »Verdienst«! Vgl. den in dieser Hinsicht »bedauernden« Artikel »Verdienst Christi« in RGG sowie die »Dokumentationen« des Gebrauchs des Verdienstbegriffs bei Luther bei Th. Beer, Der fröhliche Wechsel (s. Anm. 4), 145–161.

[40] Vgl. exemplarisch P. Althaus, Die christliche Wahrheit (s. Anm. 7), 445f; und die Grundtendenz des ganzen Aufsatzes von E. Wolf, Die Christusverkündigung bei Luther (s. Anm. 9), bes. 36–49. Sollte der Vorwurf dennoch sein Recht haben, so kann er ausweis-

sondern einerseits zur Absicherung der Heilsbedeutung Christi, was kaum auf den Widerspruch Luthers treffen dürfte[41], andererseits in Auseinandersetzung mit Fernwirkungen des Nestorianismus, die wohl deshalb die chalkedonische Christologie wie ein ständiger Schatten durch die Theologiegeschichte begleiten, weil sie ein unaufgebbares Wahrheitselement des Christusglaubens enthalten – damals in Gestalt der »Assumptus-Homo-Theorie«[42], im 19. und 20. Jahrhundert auf katholischer Seite in den Auseinandersetzungen um den »Modernismus« und später um die Thesen von Déodat de Basly (»Baslismus«) bis hin zu (abwehrenden) Dogmatisierungsanträgen auf dem Zweiten Vatikanum[43], und im Neuprotestantismus bekanntlich in den verschiedenen Varianten der Lehre von der »Willenseinheit«, »Offenbarungseinheit«, »Worteinheit« Jesu mit Gott.

b) Zumindest bei Thomas bekommen die Deutungskategorien der Instrumentalursächlichkeit und der Exemplarursächlichkeit eine deutliche Dominanz vor den anderen Interpretationsmustern. Das heißt konkret: Rechtfertigung des Sünders, Begnadung des Menschen ist *Gottes* Tat *durch* Christus, *durch* das »Instrument« seiner Menschheit und der in ihr vollbrachten »mysteria« (= Heilstaten). Gott ist der Akteur, der Gottmensch Christus ist sein »Werkzeug« – nicht weniger, aber sozusagen auch nicht mehr! Und ebenso ist »Gnade« Verähnlichung mit Christus – was wie bei Luther nicht etwa als ethisch-asketische »Nachfolge« Christi verstanden werden darf, aber selbstverständlich diese zur Folge hat. Diese Verähnlichung bedeutet jedoch nicht »Schicksalsgemeinschaft« mit Christus (E. Seeberg), auch nicht den »fröhlichen Wechsel«, sondern Aufnahme des Menschen in die (Adoptiv-)Sohnschaft Gottes. Der evangelische Verdacht, von dem unsere Überlegungen ausgingen, hätte also hier in der Tat einen Haftpunkt: Christus ist »causa« der Gnade und Rechtfertigung – wird sie nicht überflüssig, wenn sie ihre »Wirkung« getan hat? Dennoch darf man hier keine späteren kritischen Problemstellungen anachronistisch als Maßstab anlegen. Denn für die Konzentration auf Instrumental- und Exemplarursächlichkeit gibt es bei Thomas einen einfachen und klar erkennbaren Grund: Nur diese beiden Ursächlichkeiten kennzeichnen die Heilsbedeutung Christi im Blick auf *alle* Stadien seiner Erlöserexistenz vom ersten Augenblick seiner Empfängnis an bis in seine Aufer-

lich in der Forschung (vgl. oben Anm. 18) auch der lutherischen Orthodoxie kaum erspart werden.

[41] Vgl. O. H. Pesch, Theol. der Rechtfertigung, 139–141. Zur heutigen katholischen Position vgl. exemplarisch Y. Congar, Christus in der Heilsgeschichte und in unseren dogmatischen Traktaten, Concilium 2 (1966) 3–11, und die w. u. Anm. 78 und 79 verzeichneten Arbeiten.

[42] Vgl. L. Ott, Das Konzil von Chalkedon in der Frühscholastik, in: A. Grillmeier/H. Bacht (Hg.), aaO. (s. Anm. 14), II, Würzburg 1954, 873–922, bes. 909–916; W. Breuning, Die hypostatische Union in der Theologie Wilhelms von Auxerre, Hugos von St. Cher und Rolands von Cremona, Trier 1962, 19–97, 194–200, 224–230; E. Gössmann, Der Christologietraktat in der Summa Halensis, bei Bonaventura und Thomas von Aquin, MThZ 12 (1961) 175–191.

[43] Die aber scheiterten; vgl. jedoch die Enzyklika Pius' XII. »Sempiternus Rex« von 1951 (DS 3905 = NR 246), den Artikel »Assumptus-homo-Theologie« im LThK (H. Diepen) und die Hinweise bei Geißer, aaO. (s. Anm. 15), 310f.

stehungsexistenz zur Rechten des Vaters. Die anderen »Wirkweisen« des Erlöserhandelns Christi (Summa Theologiae, III 48) betreffen immer nur einzelne Stadien seines Lebens, das »Verdienst« zum Beispiel nur sein irdisches Leben, nicht sein Auferstehungsleben; Genugtuung, Opfer, Erlösung, Versöhnung betreffen gar nur sein Todesleiden. Instrumental- und Exemplarursächlichkeit (in ihrem Zusammenhang) werden so bei Thomas die *umfassenden* soteriologischen Grundkategorien und schließen die anderen ein. Die dominierende Theozentrik der Theologie des Thomas ist damit festgeschrieben, die Christozentrik ist höchstens – das allerdings! – eine materiale, keine formale, das »System« strukturierende.[44] Diesen Tatbestand abschwächen und irgendwie anders »hinbiegen« wollen – wie es unter dem Druck christozentrischer Tendenzen in der Theologie der 40er bis 60er Jahre nicht selten geschah – heißt Thomas um seine Originalität bringen und ihn da verteidigen, wo er gar nicht verteidigt werden will, weil er genau weiß, was er tut. Wer umgekehrt Kritik anmeldet, darf eben darum auch nicht einfach Artikel und Aussagen zusammenzählen und auf ein Minus erkennen, sondern muß sich auf die sich hier eröffnenden weitverzweigten theologischen Zusammenhänge des thomanischen Denkens einlassen und das *Ganze* mit Luthers Christozentrik in einen Disput bringen, weil alles andere methodisch zu kurz greifen müßte.[45]

c) Die Theozentrik der Theologie des Thomas bringt es nun freilich mit sich, daß die Gnaden- und Rechtfertigungslehre systematisch von der Christologie buchstäblich abgekoppelt wird: Sie wird schon verhandelt, bevor thematisch von Christus die Rede ist.[46] Aus den schon angedeuteten Gründen ist auch hier wie-

[44] Obwohl Thomas sich auch eine formelle Christozentrik der Theologie vorstellen kann; vgl. seinen Prolog zum Kommentar zum Johannesevangelium: In Evangelium S. Ioannis lectura, prol.: ed. Marietti (Turin 1952) nn. 2; 7–10 in Verbindung mit In Io 19,20, II: ed. Marietti n. 2422, sowie die Kommentierung durch U. Horst bei K. Bernath (Hg.), aaO. (s. Anm. 38), 380–382.

[45] Ich habe versucht, mich dem komplexen Sachverhalt mit der Unterscheidung zwischen »sapientialer« (Thomas) und »existentieller« Theologie (Luther) zu nähern, womit ich Anregungen aus verschiedenster Richtung folgte; vgl. Theologie der Rechtfertigung, 919–948; Existentielle und saptientiale Theologie. Hermeneutische Erwägungen zur systematisch-theologischen Konfrontation zwischen Luther und Thomas von Aquin, ThLZ 92 (1967) 731–742; Luthers theologisches Denken – eine katholische Möglichkeit?, Neue Ordnung 23 (1969) 1–19; Die Frage nach Gott bei Thomas von Aquin und Martin Luther, in: Luther. Zeitschrift der Luther-Gesellschaft, 1970, Heft 1, 1–25. In der Sache bleibe ich auch heute bei dieser Unterscheidung, meide aber inzwischen die Ausdrucksweise. Unter katholischen Gesprächspartnern wurde ich nämlich verschiedentlich Opfer der Verwechslung von »existentiell« und »existential« und von da aus einer »existentialistischen« Lutherdeutung verdächtigt; auf evangelischer Seite assoziierte man bei »sapiential« den *lutherischen* sapientia-Begriff statt des thomanischen und begriff dann nur schwer, was gemeint war [vgl. O. H. Pesch, Gerechtfertigt aus Glauben. Luthers Frage an die Kirche, Freiburg 1982, 116–128].

[46] Die Gnadenlehre in Summa Theologiae I–II 109–114 vor der Christologie / Soteriologie in III 1–59. Thomistische Dogmatiker verschleiern schlechten Gewissens diesen Sachverhalt, indem sie die Gnadenlehre *nach* der Christologie behandeln, z. B. F. Diekamp / K. Jüssen, Katholische Dogmatik nach den Grundsätzen des heiligen Thomas, II, Münster [10]1952, 178–354; 420–591.

der vor eilfertigem Urteil zu warnen. Dies um so mehr, als es ausweislich der jüngsten Forschung nicht mehr möglich ist, diesen theologischen Aufriß mit Luther und dem Unisono der lutherischen Theologie dem Einfluß der aristotelischen Philosophie zuzuschreiben: Thomas übernimmt hier nur auf seine eigene Rechnung ein Grundmuster des systematischen Entwurfs, das gerade einschließlich der heißumstrittenen Details, nämlich der Einordnung der Gnadenlehre in die Ethik und beider Vorordnung vor der Christologie, bereits im 12. Jahrhundert ausgebildet war, lange vor der Aristotelesrezeption durch die Hochscholastik – und motiviert durch *augustinische* Prinzipien.[47] Immerhin ist fürs erste das Ergebnis, daß der *Begriff* der Gnade nicht unmittelbar Christus konnotiert, daß er zwar sofort Gottes »besondere Liebe« (Thomas, Summa Theologiae, I–II 110,1) assoziieren läßt, die den Menschen zur ewigen Gemeinschaft mit ihm ruft und bewegt, nicht aber Christus als den Weg dieser Liebe. Eben darin spiegelt sich das theologische Grundkonzept des Thomas, und es können somit durchaus Entscheidungen daran fallen.

d) Nun braucht nur zu geschehen, daß dieser Gnadenbegriff sich aus seiner ursprünglichen Problemspannung löst, die ihn allein rechtfertigen kann, und zum isolierten Traditionstopos wird, dann allerdings ist der Zusammenhang zwischen Christologie und Rechtfertigungslehre zerschnitten. Genau dies erfolgt in den Verschiebungen und Verfremdungen der hochscholastischen Gnadenlehre in der Spätscholastik von Duns Skotus bis Gabriel Biel. Den nun schon ehrwürdigen Begriff von der Gnade als einer habituellen »Qualität« läßt man nicht mehr fallen. Aber man verwendet ihn zu ganz anderen Zwecken und in ganz anderen Fragezusammenhängen, als es die Hochscholastik getan hat, insonderheit Thomas. Für dieses Vorgehen mag alles Recht bestehen, es mag von allen erdenklichen Vorwürfen zu entlasten sein[48], christozentrisch ist diese spätscholastische Gnaden- und Rechtfertigungslehre jedenfalls nicht, und zwar jetzt nicht mehr aus Gründen eines ganz bestimmten methodologischen Ansatzes, wie bei Thomas, sondern aus simpler Nicht-Wahrnehmung einer Problematik, deren sich das 13. Jahrhundert durchaus noch bewußt war. Die Christozentrik wandert jetzt in die Frömmigkeit und in die Mystik aus, die Gnaden- und Rechtfertigungslehre steht gewissermaßen isoliert auf dem Grunde ihres eigenen Systemzwanges. Ist es von ungefähr, daß der junge Luther, der von Anfang an christozentrisch denkt, sich gleichzeitig so von der Mystik angezogen fühlt?

[47] Vgl. die Anm. 38 verzeichneten Arbeiten von R. Heinzmann und O. H. Pesch/A. Peters, Einführung (s. Anm. 38), 50f. Dahinter steht die Grundunterscheidung zwischen dem »opus conditionis« (Schöpfung) und dem »opus reparationis« (Inkarnation und Heilswerk Christi). Diese aber geht zurück auf das augustinische Axiom, daß alle »Werke nach außen« Tat der ganzen Trinität und nur das Inkarnationsgeschehen als solches Tat des Sohnes allein ist. Gnade und Rechtfertigung aber gehören als solche nicht auf die Seite des Inkarnationsgeschehens, also »muß« davon *vor* der Christologie die Rede sein.

[48] Überblick über die Sache und die divergierenden Urteile der Forschung bei O. H. Pesch, Theol. der Rechtfertigung, 708–719; O. H. Pesch/A. Peters, aaO., 108–118; zu ergänzen ist jetzt Th. Beer, Der fröhliche Wechsel (s. Anm. 4), 100–122, und H. A. Oberman, Werden und Wertung der Reformation (s. Anm. 37), 28–233; [und jetzt D. R. Janz, Luther and Late Medieval Thomism. A Study in Theological Anthropology, Waterloo (Ontario, Canada) 1983].

e) So ist also in den Jahrzehnten vor dem Tridentinum die Gnaden- und Rechtfertigungslehre ein abgeschottetes Lehrstück mit vorwiegend philosophisch-begrifflichen Problemen – falls man sie als solche anerkennen will. Aus einer anthropologisch-metaphysischen Reflexion der Wirklichkeit der Gnade ist eine reine Gnadenmetaphysik geworden, in deren Bannkreis die Frage nach dem gnädigen Gott und nach Christus als der persongewordenen Gnade Gottes Verwirrung, Erschrecken und Abwehr auslöst. Der Eindruck kann tatsächlich entstehen, daß Christus nur als »causa« dieser metaphysischen Entität, genannt »Gnade«, in Betracht kommt – und daß man glaubt, damit genug gesagt zu haben. Das ist dann die Situation, in der sich Girolamo Seripando, als die Schulstreitigkeiten auf dem Tridentinum wieder einmal hoch hergingen, öffentlich beklagte: »Diese ganze Not bereitet uns die Philosophie, wenn wir über die göttlichen Geheimnisse mit ihren Worten reden wollen.«[49]
Seripando! Der führende Kopf der kleinen, aber zielklaren Augustinisten-Fraktion auf dem Konzil! Einer der wenigen, die die reformatorische Anfrage Luthers nicht gleich abwehrten, sondern bereit waren, sich und die bisherige Theologie in Frage stellen zu lassen und Erinnerung an vergessene Wahrheit sich zu Herzen zu nehmen. Ihm als Augustinisten war die ganze Gnaden- und Rechtfertigungslehre überhaupt zu »ontologisch« geworden: Sie mochte noch den Intellekt befriedigen, aber Kraft und Motivation, aus dem Rechtfertigungsglauben in der Gemeinschaft mit Christus vor Gott zu leben, konnte von ihr nicht mehr ausgehen. Da nun das Konzil auf päpstliche Weisung sich auch in den theologischen Beratungen hüten sollte, in ein theologisches Symposion abzugleiten, vielmehr gehalten war, seelsorglich und mit deutlichem Blick auf die verunsicherten Prediger und Pfarrer zu formulieren[50], war der Boden für Seripandos Anliegen gut bereitet. Man war denn auf dem Konzil auch der Meinung, unter diesen Vorgaben nicht schlecht gearbeitet zu haben, was sich u. a. daran zeigt, daß einige Konzilsväter – wenn auch vergeblich – vom Papst eine Vorabveröffentlichung des Rechtfertigungsdekretes verlangten, damit die Priester für die Fastenpredigten des Jahres 1547 davon bereits Gebrauch machen konnten. In diesem Klima gelang nun doch so etwas wie eine »christozentrische Wende« der Rechtfertigungslehre, deren fortschreitende Wiederentdeckung in der jüngsten Forschung entscheidenden Anteil daran hat, daß das Rechtfertigungsdekret (zusammen mit dem Erbsündendekret) heute wieder ein gerechteres Urteil findet, als es in der Zeit evangelischer Polemik und beginnender katholisch-ökumenischer Selbstkritik üblich war.[51]

[49] Zitiert nach H. Jedin, Geschichte (s. Anm. 51), II, 250.
[50] Mit P. Fransen (s. Anm. 51), 716.
[51] Unter dem Gesichtspunkt unseres Themas darf sich m. E. für hinreichend informiert halten, wer außer den in Anm. 27–37 verzeichneten Arbeiten folgende ausgewählte Literatur zur Kenntnis nimmt: H. Jedin, Geschichte des Konzils von Trient, II, Freiburg 1957, 104–268; O. Brosse u. a., Lateran V und Trient (1. Teil) (= Geschichte der ökumenischen Konzilien, X), Mainz 1978, 290–355; P. Fransen, Dogmengeschichtliche Entfaltung der Gnadenlehre in J. Feiner/M. Löhrer (Hg.), Mysterium Salutis (s. Anm. 28), IV/2, 631–763, hier: 712–727. Dazu empfiehlt sich die Lektüre katholisch-dogmatischer Darstellungen der Gnadenlehre auf heutigem ökumenischem Niveau, etwa Schmaus, Katholische Dogmatik III/2 (s. Anm. 12); Ders., Der Glaube der Kirche, VI/1, St. Ottilien

2. Statistisches

Ein kleines statistisches Zwischenspiel in unseren Überlegungen empfiehlt sich hier, damit wir uns zunächst einmal rein äußerlich möglichst genau vor den Blick bringen, wie vielfältig in Trient der Zusammenhang zwischen Christus und der Rechtfertigung des Sünders gesehen und beleuchtet wird.
Schon das Erbsündendekret stellt Christus in die Mitte, denn die düstere Beschreibung der Folgen von Adams Fall laufen auf die Aussage von can. 3 zu, daß allein Christus sie beheben kann.
Dieser Zusammenhang wird am Anfang des Rechtfertigungsdekretes wiederholt: Die aus Menschenmacht nicht aufzusprengende Knechtschaft der Sünde ist das »Motiv« für den Heilsratschluß des Vaters, Christus als Versöhner für die Sünden der ganzen Welt zu senden (cap. 1 u. 2). Die dadurch dem Menschen eröffnete neue Gerechtigkeit kommt nur denen zugute, die Anteil am »Verdienst seines Leidens« erlangen (cap. 3). Dieser Vorgang ist das Wesen der Rechtfertigung, in der die Menschen, Söhne des ersten Adam, durch den zweiten Adam, Christus, in den Stand der Gnade, das heißt: der Gotteskindschaft überführt werden (cap. 4). Dies ist das Ende eines Prozesses, der mit einer »zuvorkommenden Gnade Gottes durch Christus« beginnt, das heißt durch einen unverdienbaren Ruf, in dem der Heilige Geist das Herz des Menschen berührt (cap. 5). Dieser löst einen vieldimensionalen Prozeß aus, zu dem vor allem das Hören auf das Wort von der Gnade Gottes in Christus und »um Christi willen«, am Ende die Taufe auf seinen Namen gehören (cap. 6). Die Rechtfertigungsgnade ist nun zwar eine innerliche Wirklichkeit im Menschen, nämlich die in die Herzen ausgegossene Liebe Gottes, und deren »Verdienstursache« ist Christus durch sein Leiden und Sterben, doch ist der Zusammenhang nicht etwa nur ein historischer und gewissermaßen rechtlicher, denn eben durch die »eingegossene« Gnade wird dem Gerechtfertigten Glaube, Hoffnung und Liebe geschenkt, welche den Menschen vollkommen mit Christus einen (cap. 7). Im Blick auf Christus – nicht im Blick auf die menschliche Schwäche – ist Gottes vergebende Barmherzigkeit vollkommen gewiß (cap. 9). Der Christ soll und kann wachsen in jener Gerechtigkeit, die er durch Christi Gnade empfangen hat (cap. 10). Wenn die Gerechtfertigten die Gebote Gottes halten, tragen sie nur das sanfte Joch Christi und lieben ihn, was die Konsequenz daraus ist, daß sie durch ihn Zugang zur Gnade Gottes erhalten haben. Konkret bedeutet das: mit Christus leiden, gehorsam sein (cap. 11). Wer nach dem Rückfall in die Sünde im Bußsakrament erneut nach der Gnade Gottes verlangt, empfängt sie wiederum kraft der Verdienste Christi, denn eben dazu hat Christus das Bußsakrament eingesetzt (cap. 14). Jede Todsünde, nicht nur der Unglaube, scheidet von Christus (cap. 15). »Verdienst« dürfen die guten, aus der Kraft der Gnade getanen Werke heißen, weil Christus ihnen das ewige Leben zugleich als Gnade und Lohn verheißen hat und weil er selbst seine Kraft den Gerechtfertigten einströmen läßt wie der Weinstock den Reben: Die uns »innerlich anhaftende« Gerech-

^{2}1982; J. Auer, Das Evangelium der Gnade (= J. Auer/J. Ratzinger, Kleine katholische Dogmatik, V), Regensburg 1970; [K. Lehmann/W. Pannenberg (Hg.), Lehrverurteilungen II (s. Anm. 20)].

tigkeit ist zugleich die Gerechtigkeit Gottes, »weil sie uns von Gott um der Verdienste Christi willen eingegossen wird« (cap. 16). – Diese ausführlichen Aussagen der »Kapitel« werden dann in den anschließenden eigentlich dogmatischen Lehrsätzen rekapituliert.

3. Die Trienter Lehre

Liest man nach diesem statistischen Verfahren das Rechtfertigungsdekret auf unser Thema hin einmal gewissermaßen gegen den Strich, dann zeigt sich die christologische Verankerung der Rechtfertigungslehre in voller Deutlichkeit. Kaum ein Kapitel[52], in dem der Name Christi nicht erwähnt wird – wobei gerade die gelegentliche Formelhaftigkeit der Nennung seines Namens die absichtliche Selbstverständlichkeit der christologischen Rückbindung aller Aussagen unterstreicht. Aber nun kommt es nicht aufs Zusammenzählen an, sondern auf den Sinn der Aussagen. Wobei wir uns nun selbstverständlich nicht eine Interpretation des gesamten Rechtfertigungsdekretes vornehmen können, sondern uns streng auf den Spezialaspekt unseres Themas beschränken müssen.[53] Was zeigt sich?

a) Man sollte zunächst registrieren, was selten genug vermerkt wird: »Rechtfertigung« ist in Trient wieder der Zentralbegriff der Heilslehre – und nicht »Gnade«. In einem langen und komplizierten Prozeß seit Augustinus und dem pelagianischen Streit hatte sich eine thematische Lehre von »der Gnade« entwickelt und schließlich zum geschlossenen theologischen Lehrstück, zum »Traktat« verdichtet, der routinemäßig eine Reihe von Standardfragen abzuhandeln hatte.[54] Darin hatte die Rechtfertigung des Sünders sachgemäß ihren Platz – aber als Teilthema, dem Oberbegriff »Gnade« subsumiert. Jetzt aber, in Trient, antwortet man auf die Lehre vom Sündenverhängnis nicht, wie seit Augustinus üblich, mit der Lehre von der Gnade, sondern mit einer Lehre von der Rechtfertigung. Dafür hatte die Reformation gesorgt – und offenbar problemlos ist das Konzil darauf eingegangen. Die Gnade ist – als Mittel (»*durch* die Gnade Gottes in Christus«) – der Rechtfertigung subsumiert, nicht umgekehrt.

b) Die Rechtfertigung des Sünders ihrerseits wird von vornherein in das gesamte geschichtliche Heilswerk Gottes hineingestellt: Wort Gottes, Glaubensgemein-

[52] Bekanntlich sind im Rechtfertigungsdekret die »Kapitel« eigenständig erarbeitet und aus ihnen die »Canones« formuliert worden – nicht umgekehrt, wie etwa beim Eucharistiedekret!

[53] Für die anderen Aspekte ebenso wie für die hier zu verhandelnden sei, was meine eigene Sicht betrifft, verwiesen auf die ausführlicheren Darlegungen in: O. H. Pesch / A. Peters, aaO. (s. Anm. 38), 169–209, aus denen ich im folgenden extrahiere; ansonsten auf Küng und Fransen (s. Anm. 51). Zur Exegese sei pars pro toto verwiesen auf U. Wilckens, Rechtfertigung und Freiheit. Paulusstudien, Neukirchen-Vluyn 1974; Ders., Christologie und Anthropologie im Zusammenhang der paulinischen Rechtfertigungslehre, ZNW 67 (1976) 64–82; Ders., Der Brief an die Römer (Evangelisch-Katholischer Kommentar zum Neuen Testament, VI/2 und VI/2), Zürich-Neukirchen-Vluyn 1978/80, Kommentar zu den einschlägigen Stellen und zugehörige Exkurse.

[54] Vgl. O.H. Pesch / A. Peters, aaO., 6–107; dort die entsprechenden Literaturhinweise.

schaft der Kirche, Sakramente, neues Sein und neues Leben nach den Geboten Gottes, Weg zur ewigen Gottesgemeinschaft – durch das Gericht hindurch. Nicht zuletzt hat das so gescholtene 7. Kapitel mit der pedantischen Auflistung der »Ursachen« der Rechtfertigung entlang den Schemata der philosophischen Ursachenlehre den Zweck, auch formelhaft festzuhalten, was die gesamten Ausführungen durchzieht: daß die Rechtfertigung des Sünders der Brennpunkt des gesamten Heilshandelns Gottes ist und die Rechtfertigungslehre das Konzentrat der gesamten christlichen Theologie. Man kann sagen: Das ist die Art und Weise, auf dem Boden der *katholischen* Tradition – einen anderen Boden wollte das Konzil nicht betreten – das Stichwort vom »Artikel, mit dem die Kirche steht und fällt«, aufzunehmen.

c) Damit ist nicht nur in einer neuen kirchlichen Situation und unter neuen Denkvoraussetzungen Paulus wieder in sein kritisches Recht eingesetzt, es ist auch schon allein dadurch der zentrale Zusammenhang von Christologie und Rechtfertigungslehre zum Tragen gebracht, der es der reformatorischen Theologie damals wie heute schwer macht, Anklage auf mangelnde Christozentrik der katholischen Rechtfertigungslehre zu erheben. Die Notwendigkeit des rechtfertigenden Handelns Gottes angesichts von Erbsünde und Sündenknechtschaft ist synonym mit der Notwendigkeit des Kommens Christi. Man kann – ohne Vorentscheidung über Einzelheiten selbstverständlich – auch für die katholische Lehre formulieren, was Ernst Wolf für Luther formuliert: Die Rechtfertigungslehre ist nur die formelhafte Zusammenfassung der Christusverkündigung. *Diese* mag anders sein als in der reformatorischen Theologie und *darum* auch die Rechtfertigungslehre, aber was den Sachzusammenhang als solchen betrifft, hält die Trienter Lehre den Vergleich mit der Reformation aus.

d) Das Kommen Christi, den Sündern zugute, wird durch den Ratschluß des Vaters zum Zentrum einer doppelten Geschichte: einer universalen Heilsgeschichte, die in Gottes Ewigkeit beginnt und sich vollendet und in der Christus als der »zweite Adam« gleichsam die Menschheit vor Gott und für Gott neu begründet; und der persönlichen Bekehrungsgeschichte jedes einzelnen Glaubenden, deren Brennpunkte das Hören auf die Botschaft von jener ersten Geschichte und die Taufe als Eingliederung in die Menschheit des zweiten Adam sind. Daß diese zweite Geschichte, fernab von allem bloßen Begriffsgeklapper, ganz existentiell und mit pastoraler Zielrichtung beschrieben wird, zeigt sich vor allem in den Kapiteln 5 und 6 sowie – ausgerechnet – in dem Kapitel 16 über das »Verdienst« und wird auch von lutherischen Theologen zunehmend verstanden.[55]

e) Das Leben in der Rechtfertigungsgnade ist Leben in der Gemeinschaft mit Christus (und nicht etwa nur aus einer »Kraft«, die von seiner Person ablösbar wäre). Das geht aus den vielen, über das ganze Dekret »verteilten« entsprechenden Aussagen hervor. Taufe als Wiedergeburt zu neuem Leben; Verhältnis zu Christus als Glied zum Haupte, als Rebzweig zum Weinstock; die Gnade als von Christus ausgehendes Wasser, das fortströmt zum ewigen Leben; Glaube, Hoff-

[55] Vgl. dazu die schon mehrfach erwähnten Tridentinums-Aufsätze von P. Brunner und W. Joest. Vor allem P. Brunner entkräftet gerade im Blick auf cap. 16 den zunächst so störenden Charakter der Rede von Christus als »causa meritoria«.

nung und Liebe als Vereinigung mit Christus; Beobachtung der Gebote als Liebe zu Christus, Leiden mit Christus, Gehorsam in der Nachfolge Christi. Wenn zwischen dem irdischen Leben in der Rechtfertigungsgnade und der eschatologischen Lebensvollendung das Gericht steht und die Glaubenden mit der Verantwortung dafür behaftet werden, wie sie den durch Christus eröffneten Zugang zu »dieser Gnade« betreten haben, so wirft das selbstverständlich alle zwischen lutherischer und katholischer Lehre bestehenden Kontroversfragen über das »Gericht nach den Werken« auf und nach der Bewandtnis der Werke überhaupt. Diese Fragen müssen ausdiskutiert werden.[56] Nur: die Christozentrik der Deutung des christlichen Lebens bleibt unabgeschwächt in Kraft, wie auch immer diese Diskussionen ausgehen. Ich bin allerdings ganz entschieden der Meinung, daß von ihnen nichts Kirchentrennendes mehr übrigbleibt.[57]

f) Wenn sich also, kurzum, der hauptsächliche Verdacht der Trienter Väter gegen die reformatorische Lehre bündeln läßt unter den Stichworten: keine Freiheit, kein wirkliches neues Sein, keine Ethik, kein Lohn, keine Kirche, so kann man wiederum ohne große Mühe zeigen, wie sehr die Reformation mit solchem Verdacht mißverstanden wurde, aber auch, daß man die katholische Position gerade aus christologischen Gründen festhält. Freiheit – im Verständnis der Väter – ist nötig um der Personalität des Christusverhältnisses willen (als Fähigkeit zum »Zustimmen«); das neue Sein ist Anteil an den »Verdiensten« Christi; ethisches Bemühen ist Liebe zu Christus; an den Lohn denken heißt die Verheißung Christi ernst nehmen; Kirche (Taufe) heißt eingegliedert sein in den neuen Adam.

g) Zwei Spezialhinweise mögen das Gesagte bekräftigen und abschließen. Lutherische Trient-Interpreten haben die Scheu der Väter bemerkt, schlichtweg das aufzunehmen, was Luther im Umkreis des Themas vom »fröhlichen Wechsel« sagt und was die christozentrischen Lutherinterpreten unserer Tage so betont nachsprechen: Der Glaubende wird mit Christus *eins*. Statt dessen werden immer wieder mit Absicht Formulierungen geprägt, die die Distanz zwischen Christus und dem Glaubenden deutlich halten. Zum Beispiel und vor allem die, daß dem Christen – nicht einfach das Verdienst Christi mitgeteilt wird, sondern: – *um* des Verdienstes Christi *willen, durch die Kraft* seines Verdienstes, jene »inhärierende« Gerechtigkeit verliehen wird, mit der Glaube, Hoffnung und Liebe untrennbar verbunden sind, aufgrund deren der Christ mit Christus Gemeinschaft hat.[58] Die stärksten »Einheits«-Formeln finden sich noch im 16. Ka-

[56] Für die Reformation sind hier überzogene Urteile der Lutherforschung seit längerem zurechtgerückt bei A. Peters, Glaube und Werk, Luthers Rechtfertigungslehre im Lichte der Heiligen Schrift, Berlin–Hamburg 1962; O. Modalsli, Das Gericht nach den Werken. Ein Beitrag zu Luthers Lehre vom Gesetz, Göttingen 1963; vgl. auch die Arbeiten von P. Manns und Th. Beer (s. Anm. 4) und die schöne kleine Studie von U. Kühn, Gnade und Werk, in: J. Feiner/L. Vischer (Hg.), Neues Glaubensbuch. Der gemeinsame christliche Glaube, Freiburg 1973, [15]1979, [[17]1984], 560–570.

[57] Vgl. O. H. Pesch, Gottes Gnadenhandeln (s. Anm. 28), 897–913; Ders., Gerechtfertigt aus Glauben (s. Anm. 45), 42–55; H. Meyer/H. Schütte (Hg.), Confessio Augustana (s. Anm. 35), 106–138 (G. Müller, V. Pfnür). Zum weiteren Diskussionskontext vgl. Anm. 72.

[58] Vgl. DS 1523; 1524; 1526; 1529; 1530; 1533; 1547 (= NR 793f; 796; 799; 801; 804; 816).

pitel in Anbindung an die Schriftworte Joh 15,5 und Eph 4,15. Ansonsten aber heißt die Devise: persönlichstes Liebesverhältnis: ja – aber durch bewußte, unterscheidbare Akte des Menschen; auf keinen Fall eine »Auflösung« des neuen Seins des Christen in das Sein Christi hinein! Kein »Panchristismus« – begründet Michael Schmaus diese Haltung.[59] Nun fällt es reformatorischen Theologen wiederum nicht schwer, Luthers Position abzugrenzen gegen jede Art von unklarer Einheitsmystik, vor allem natürlich durch stärkste Profilierung des Verständnisses vom Glauben, an dem alle Einheit mit Christus hängt. Die Trienter Väter brauchten also eigentlich keine Sorgen zu haben – wenn sie sich auf den Boden von Luthers Glaubensbegriff hätten stellen können. Sie konnten und wollten es nicht – außer, jedenfalls ein Stück weit, Seripando und seine kleine Schar, gegen den denn auch indirekt alle jene »distanzierenden« Formulierungen gerichtet sind. Die Gründe für dieses Unvermögen überschreiten unser Thema – und sind ja im übrigen auch bekannt.[60] Damit allerdings sind die Befürchtungen der Väter fast zwangsläufig. Wer dafür kein Verständnis aufbringt, den muß man bitten zu bedenken, ob denn die nicht weiter kommentierte Formel »mit Christus eins werden«, ins »Volk« getragen, seelsorglich tatsächlich ohne jede Gefahr ist. Wer, wie die reformatorische Theologie, die katholische Position unter anderem auch nach ihren seelsorglichen Auswirkungen befragt und bemißt, müßte bereit sein, gerade eine solche Rückfrage auch gegen sich selbst gelten zu lassen. Und die Tatsache, daß das Verhältnis der Theologie Luthers zur Mystik ein Dauer-Nebenthema der Lutherforschung ist – nicht nur historisch, sondern vor allem auch sachlich – und mit subtilen Abgrenzungsbemühungen verhandelt wird, ist hier doch ein Indiz. Es ehrt daher Theologen wie Wilfried Joest und Peter Brunner, daß sie das Bedenken katholischer Theologen ernst nehmen, aber – *sie* gehören auch nicht zu den »Christozentrikern«.

h) Die Formulierung des 7. Kapitels, daß die »*einzige* formgebende Ursache (der Rechtfertigung) die Gerechtigkeit Gottes [ist], ... durch die er uns gerecht macht, mit der wir, von ihm beschenkt, im innern Geist erneuert werden ...«, besiegelt bekanntlich die Niederlage der von Seripando und seinen Freunden verfochtenen Theorie der »doppelten Gerechtigkeit«, die Luthers Lehre von der »zugerechneten Gerechtigkeit Christi« entgegenzukommen suchte[61], auch hier wieder nicht zuletzt aus dem Interesse, die Rechtfertigung mehr existentiell und weniger »ontologisch« zu beschreiben. Da nun neue Gedanken nur in der Form der Addition zu den alten eine Chance hatten, wäre eine Formel denkbar gewesen, wonach die »formgebende« Ursache der Rechtfertigung sowohl die Gerechtigkeit Gottes sei, durch die er uns gerecht macht, als auch eine Teilhabe an den Verdiensten Christi, die in uns zur Quelle guter Werke wird. Niederlage der Christozentrik der Trienter Rechtfertigungslehre – und das an entscheidender Stelle? Man mag das mangelnde Verständnis für Seripandos Anliegen bedauern – an dieser Stelle muß man doch über die »einzige« Formalursache der Rechtferti-

[59] S. Anm. 12.

[60] Vgl. O. H. Pesch / A. Peters, aaO. (s. Anm. 38), 191–199.

[61] Vgl. Jedin, aaO., II, 238f; zu Luthers Haltung gegenüber dieser Formel vgl. W. von Loewenich, Duplex Iustitia. Luthers Stellung zu einer Unionsformel des 16. Jahrhunderts, Wiesbaden 1972.

gung froh sein. Was wäre das für ein Begriff von Rechtfertigung durch Gnade, dem man den christologischen Bezug *hinzufügen* müßte! Dann gerade wäre ja die Formalisierung des Gnadenbegriffs seit Augustinus, deren Abstraktheit und Verdinglichung die lutherische Theologie nicht genug beklagen kann, vollends aus der Balance geraten, die schon im Mittelalter mühsam genug zu bewahren war, und Trient wäre nicht nur der Anlaß, sondern auch der Grund für alle Abstraktheiten der nachtridentinischen katholischen Schultheologie. So aber formuliert man mit deutlicher Anspielung auf Seripando (und alle Fragen nach näherer Klärung offen lassend): »Zwar kann niemand gerecht sein, dem nicht die Verdienste des Leidens unseres Herrn Jesus Christus mitgeteilt werden. Aber das geschieht in dieser Rechtfertigung des sündigen Menschen eben dadurch, daß in Kraft des Verdienstes dieses heiligsten Leidens die Liebe Gottes durch den Heiligen Geist in die Herzen derer, die gerechtfertigt werden, ausgegossen wird (Röm 5,5) und ihnen innerlich anhaftet.«[62] Unter den Denkvoraussetzungen der Mehrheit der Trienter Väter ist das nicht die Niederlage der Christozentrik, sondern gerade ihr Sieg. Und Seripandos Anliegen kommen daher dort zum Tragen, wo sie unter tridentinischen Voraussetzungen ihren Ort haben: im Kapitel 16.

Summa summarum: Wenn es für die kirchliche Bewahrung des biblischen Zeugnisses von der Rechtfertigung des Sünders (und insofern für die Einheit der Kirche) genügt zu sagen: Gott überwindet in einem unauflösbaren Sachzusammenhang mit Christi Heilshandeln bedingungslos die Sünde und schafft dadurch ein neues Verhältnis (eine neue »Geltung«) zwischen sich und dem Menschen, das auf jeden Fall die Wirklichkeit des Menschen verändert, und wenn alles Weitere theologische Reflexion, Artikulationsbemühung und Sprechversuch ist, der nie einfach mit dem kirchlichen Zeugnis selbst gleichgesetzt werden darf – dann darf, was die Rechtfertigungslehre als Zusammenfassung der Christusverkündigung betrifft, auf lutherisch-katholischen Konsens erkannt werden – auf nicht weniger!

4. Verweigerte Rezeption

Über die Folgezeit verlieren wir nur wenige Sätze.[63] Im Blick auf unser Thema muß man von einer verweigerten Rezeption des Tridentinums sprechen. Wie schon in der Spätscholastik, so wird wiederum der formale Gnadenbegriff isoliert. Man tut so, als hätte das Trienter Konzil nicht viel mehr gesagt als dies, daß die Gnade, entgegen der reformatorischen Bestreitung, eine Wirklichkeit *im* Menschen ist. Aus der Neuschaffung des Menschen *durch* die Gnade, wie sich das Mittelalter und noch Trient ausdrückten, wird nun die »Hervorbringung der Gnade im Menschen« – bis in Dogmatik-Lehrbücher unseres Jahrhunderts.[64]

[62] DS 1530 (= NR801).

[63] Näheres und weitere Literatur bei P. Fransen, aaO. (s. Anm. 51), 727–763; G. Greshake, Geschenkte Freiheit (s. Anm. 33), 81–88; O.H. Pesch/A. Peters, aaO. (s. Anm. 38), 209–221.

[64] Vgl. M. Diekamp/K. Jüssen, aaO. (s. Anm. 46), 432; beiläufig sogar noch M. Schmaus, Kath. Dogmatik, III/2 (s. Anm. 12), § 180; § 185, III.; § 199. Zur antireformatorischen

Aus der in Trient ganz untechnisch gemeinten »weckenden« und »helfenden« Gnade wird der auch unter katholisch-traditionellen Voraussetzungen ganz monströse Begriff der »aktuellen« Gnade[65], für den sich lutherische Theologen mehr interessieren sollten, als es gemeinhin geschieht[66], weil sich mit ihm die nachreformatorische Überschätzung der Fähigkeiten des sündigen Menschen verbindet – und, bei den Thomisten, eine uneingestandene, vielleicht sogar unbewußte Zustimmung zu Luthers These vom unfreien Willen.[67] In den unsäglichen Auseinandersetzungen des Streites um die richtigen »Gnadensysteme« – man schämt sich des Wortes, das sich tatsächlich in der katholischen Theologiegeschichtsschreibung eingebürgert hat[68]! – wird die Isolierung des Gnadenbegriffs von der Christologie geradezu perfektioniert, und die einzigen Chancen, Trienter Zusammenhänge zu retten, nämlich die Bewegungen in der katholischen Mystik, werden im Streit um Jansenismus und Quietismus in die Häresie abgedrängt, ihre Vertreter vor die Inquisitionstribunale in Spanien und Italien geschleppt – und nicht selten von den Päpsten beschützt! So wird das »um Christi willen«, in Trient noch ganz unbefangen gebraucht[69], zur lutherisch-konfessionsspezifischen Formel, der man die »richtige« katholische Formel »durch die heiligmachende Gnade« – die uns natürlich Christus »verdient« hat! – entgegenhalten zu müssen glaubt. Selbst auf den Verdacht hin, einen Buhmann aufzubauen und einen Sündenbock zu suchen, meine ich: Hier wie vielfach auch sonst besteht die theologische Wirkung des Trienter Konzils in einer höchst wirkungsvollen Wirkungslosigkeit – und die innerevangelische Christozentrik ist dann eine Entdeckung, die auch auf katholischer Seite Anlaß einer wirklichen Entdekkung wurde.

III. Christologie und Rechtfertigungslehre in der gegenwärtigen katholischen Theologie

1. Der Stellenwert der Rechtfertigungslehre

Wir werfen nun, um unsere Schlußfolgerungen vorzubereiten, einen kurzen Blick in die katholische Theologie der Gegenwart, die sowohl von Trient als

Ausgestaltung der Gnaden- und Rechtfertigungslehre in den katholischen Dogmatik-Handbüchern vgl. die Monographie von A. Hasler, Luther in der katholischen Dogmatik. Darstellung seiner Rechtfertigungslehre in den katholischen Dogmatikbüchern, München 1968.

65 Vgl. O.H. Pesch / A. Peters, aaO., 187–191.

66 Vgl. P. Brunner, Die Rechtfertigungslehre (s. Anm. 27), 84f; W. Joest, aaO. (s. Anm. 6), 52–56. Obwohl beide in der Freiheitsproblematik unterschiedlich urteilen, erheben sie gegen die »aktuelle Gnade« keine Einwände.

67 Vgl. O.H. Pesch / A. Peters, aaO., 215–218.

68 Vgl. im LThK die Artikel: Bañezianisch-thomistisches Gnadensystem; Gnadenstreit; Gnadensysteme.

69 DS 1526; 1533 (= NR 796; 804).

auch von der nachtridentinischen Schultheologie geschieden ist, wenn auch ungleich weit. Zunächst ist festzuhalten, daß die Interessenschwerpunkte genau umgekehrt liegen als in Trient. Dort war die Rechtfertigungslehre der Fragepunkt, die christologische Verankerung, wenn auch eine Neuorientierung im Vergleich zur (Spät-)Scholastik, kein Gegenstand von Grundsatzdiskussionen. Heute ist die Rechtfertigungslehre eher im Schatten des Interesses, dagegen verzeichnet besonders das abgelaufene Jahrzehnt eine Fülle neuer christologischer Entwürfe. Nach Auffassung wohl der meisten katholischen Theologen der Gegenwart hat dieser Befund nichts Bedenkliches, sondern ist eher normal, was sich daran zeigt, daß man ihn kaum diskutiert. Dahinter steht, selbst bei denen, die nicht direkt das ökumenische Gespräch zum Schwerpunkt ihrer Arbeit machen, die auch von vielen evangelischen Theologen geteilte Überzeugung, daß im Bereich der Rechtfertigungslehre materialer Konsens bestehe, jedenfalls keine kirchentrennenden Streitpunkte mehr – gleichviel, auf welchen Wegen man das begründet bzw. begründet sieht.[70] Diese sich festigende Überzeugung ist denn doch das Ergebnis der zunächst sehr heftigen Diskussion um das Buch von Hans Küng gewesen.[71] Und wenn die Tatsache, daß man Diskussionsberichte und gar Monographien über Diskussionen schreibt, den nahen oder eingetretenen Abschluß einer Diskussion anzeigt, dann können die besagten katholischen Theologen angesichts einschlägiger Publikationen von Ulrich Kühn, Albrecht Peters, Horst Georg Pöhlmann, Martin Bogdahn[72] auch dies zu ihren Gunsten buchen.

Daß der materiale Konsens nicht genügt, vielmehr von einem kriteriologischen Dissens durchkreuzt wird, insofern man auf katholischer Seite durchschnittlich weit davon entfernt ist, den Rechtfertigungsartikel, mit Luther zu reden, als »Meister und Fürst, Herr, Lenker und Richter über alle Arten von Lehre« anzusehen[73], ihn vielmehr als *eine* mögliche und legitime Artikulation der Botschaft von der Gnade Gottes neben anderen in der Pluralität von Formulierungen des Evangeliums wertet – das wird von kritischer lutherischer Seite immer wieder

[70] Ein typisches Beispiel ist W. Kasper, Einführung in den Glauben, Mainz 1972, 78f; ebenso G. Greshake, Geschenkte Freiheit (s. Anm. 33), 75–80; [ins einzelne gehend: H. G. Anderson u. a. (Hg.), Justification by Faith (Lutherans and Catholics in Dialogue VII), Minneapolis 1985; K. Lehmann/W. Pannenberg (Hg.), Lehrverurteilungen I (s. Anm. 20), 35–75].

[71] Vgl. w. o. S. 126.

[72] Vgl. U. Kühn, Das gegenwärtige Verhältnis zwischen lutherischer und katholischer Lehre von der Rechtfertigung, Amtsblatt der evang.-luth. Kirche in Thüringen 17 (1964) 29–36; A. Peters, Reformatorische Rechtfertigungsbotschaft (s. Anm. 30); Ders., Luthers Rechtfertigungslehre in der Interpretation der modernen katholischen Theologie, NZSTh 12 (1970) 267–293; H. G. Pöhlmann, Rechtfertigung. Die gegenwärtige kontroverstheologische Problematik der Rechtfertigungslehre zwischen der evangelisch-lutherischen und der römisch-katholischen Kirche, Gütersloh 1971; M. Bogdahn, Die Rechtfertigungslehre Luthers im Urteil der neueren katholischen Theologie, Göttingen 1971.

[73] WA 39 I, 205,2.

angemerkt, aber von katholischer Seite merkwürdig wenig ernstgenommen.[74] Das schafft viele Mißverständnisse im Dialog und blockiert dessen Fruchtbarkeit, ist aber als Tatsache zunächst einmal einzugestehen. So erklärt es sich dann auch mühelos, daß die Blütezeit der Rechtfertigungsdiskussion nach 1957 nur ein gutes Jahrzehnt dauerte und jüngste Berichte zur Entwicklung der katholischen Gnadenlehre in der Gegenwart diese Zeit als eine Art ökumenische Flurbereinigung rasch abhaken, um sich dann den »eigentlichen« Problemen der gegenwärtigen theologischen Diskussion im Bereich der Gnadenlehre zuzuwenden: den Fragen nach dem Verhältnis von Gnade und irdischer Befreiung und, allerjüngstens, dem Verhältnis von Gnade und Geisterfahrung.[75]

2. Christologische Neubesinnung

Bis in die späten 60er Jahre war die katholische Theologie damit beschäftigt, in der Christologie – und nicht nur hier – vorsichtig das unselige Erbe des Modernismus-Streites, genauer: der antimodernistischen Entscheidungen Roms vom Anfang des Jahrhunderts aufzuarbeiten, das heißt: Sie war vorwiegend damit beschäftigt, in der spekulativen Interpretation der Gottmenschheit Christi neuen Fragen und Denkansätzen Rechnung zu tragen, ohne die gezogenen Grenzen zu überschreiten. Das hieß auch: Mit der überlieferten systematischen und didaktischen Trennung von Christologie und Soteriologie wurde noch nicht entschieden Schluß gemacht, obwohl etwa die Arbeiten von Karl Rahner und die frühen Arbeiten von Edward Schillebeeckx die Voraussetzungen dafür schon geschaffen hatten.[76] Wie es jemandem ergehen konnte, der es doch auf ganz unkonventionelle Weise tat, auch wenn er das Dogma nicht im mindesten antastete, zeigt das Schicksal Teilhards de Chardin. Seit dem Ende der 60er Jahre verzeichnen wir einen wahren Boom an neuen – katholischen *und* evangelischen – Entwürfen zur Christologie, und zwar unter ausdrücklicher Verbindung mit der Soteriologie und bei wachsendem Desinteresse an bloßer »Christustheorie« (P. Althaus), auch und gerade da, wo man auf Nikaia und Chalkedon nichts kommen läßt. Zum Hintergrund dieses, aufs Ganze gesehen, doch plötzlichen Neuaufbruchs gehören in der katholischen Theologie ohne Zweifel der endgül-

[74] Vgl. u.a. das kritische Buch von G. Maron (s. Anm. 6); dazu O. H. Pesch, Gottes Gnadenhandeln (s. Anm. 28), 897–907. Auch bei H. G. Pöhlmann/V. Pfnür in: H. Meyer/H. Schütte (Hg.), aaO. (s. Anm. 35), 106–108 klingt die alte Schwierigkeit deutlich an – und auf dem Tutzinger Symposion gab es in einer Arbeitsgruppe darüber noch einmal regelrecht Streit. [Vgl. auch O. H. Pesch, Gerechtfertigt aus Glauben (s. Anm. 45), 42–51; 143f; K. Lehmann/W. Pannenberg (Hg.), aaO. 75; H. Fries/O. H. Pesch, Streiten um die eine Kirche, München 1987, 132–134].

[75] Vgl. H. Mühlen, Der gegenwärtige Aufbruch der Geisterfahrung und die Unterscheidung der Geister, in: W. Kasper (Hg.), Gegenwart des Geistes. Aspekte der Pneumatologie, Freiburg 1979, 24–53; K. Lehmann, Heiliger Geist, Befreiung zum Menschsein – Teilhabe am göttlichen Leben. Tendenzen gegenwärtiger Gnadenlehre, aaO., 181–204. Von H. Mühlen vgl. auch den früheren umfassenden Überblick: Gnadenlehre, in: H. Vorgrimler/R. van der Gucht (Hg.), Bilanz der Theologie im 20. Jahrhundert, 3 Bde. und ein Ergänzungsband, Freiburg 1969–1970, III, 148–192.

[76] Vgl. w. o. Anm. 14.

tige Durchbruch der historisch-kritischen Methode in der neutestamentlichen Exegese[77] und die auch durch gesellschaftliche und politische Entwicklung mitverursachte wachsende Bereitschaft, auf die »Zeichen der Zeit« zu achten – und die »Zeit« hatte keine Zeit, über »Natur« und »Person« zu spekulieren, sondern wollte in verständlicher Weise gesagt bekommen, warum und wie Christus allein Heil und Erlösung für den Menschen ist. Hinzu kam die vielfältige Begegnung mit der evangelischen Christologie, so daß man an dieser Stelle unsere Frage eigentlich nur gemeinsam darstellen kann[78], obwohl wir uns hier auf den katholischen Beitrag beschränken müssen, und auch das nur in repräsentativer Auswahl und formelhafter Verkürzung.

Karl Rahner: Christus ist die radikale und totale Selbstmitteilung Gottes an den geschichtlichen Menschen Jesus und dadurch das Angebot der Selbstmitteilung Gottes aus Gnade an die Menschheit und jeden einzelnen Menschen. *Joseph Ratzinger:* Christus ist die bei uns angekommene Liebe Gottes, die in der Identität von Handeln und Sein Jesu Christi aufleuchtet. *Hans Urs von Balthasar:* Christus ist die einzigartige Gestaltwerdung grundloser göttlicher Liebe im vorbehaltlosen Sohnesgehorsam, in dem der ewige Gottessohn sich selber für alle selbst enteignet und damit allen die Existenz außerhalb ihrer selbst in der Übereignung an Christus eröffnet. *Piet Schoonenberg:* Jesus Christus ist der Sohn Gottes dadurch, daß Gott in Jesu menschlicher Person und ihrer Transzendenz voll und ganz Präsenz gewinnt, so daß in »dynamischer Identifikation« gesagt werden kann: Jesus ist Gott – für die Menschen. *Hans Küng:* Christus ist der definitive Sachwalter Gottes, in dem und durch den Gott an den Menschen handelt – und das ist der von vornherein soteriologische Sachsinn des Titels »Sohn Gottes«. *Walter Kasper:* Christus ist die eröffnete Alternative in der Unfreiheit und Friedlosigkeit der Welt, weil er Unfreiheit und Unfriede nicht mit neuem Zwang durchbricht, sondern durch Vergebung und Versöhnung bis zur Todesbereitschaft und darin seine wahre Gottheit und seine wahre Menschheit zugleich erweist. *Edward Schillebeeckx:* Jesus ist *der* Lebende, und in der Begegnung mit ihm ist Leben zu empfangen, wobei irdisches Heil und ewiges Heil nicht trennbar sind. *Johann Baptist Metz:* Christus ist der, in dem Gott selbst die Leidensgeschichte der Menschheit zu seiner eigenen gemacht hat und sie da-

[77] Evangelische Theologen sehen den Durchbruch katholischer Exegese zu einer Forschungsfreiheit, die gegebenenfalls auch kritische Rückfragen an gegebene kirchliche und gar dogmatische Traditionen nicht scheut, erreicht mit dem Erscheinen der beiden ersten Faszikel von O. Kuss, Der Römerbrief, Regensburg 1957/59 (Faszikel 3 1978), und mit dem programmatischen Buch von R. Schnackenburg, Neutestamentliche Theologie. Der Stand der Forschung, München 1963, [2]1965. Vgl. auch hierzu: Bilanz der Theologie im 20. Jahrhundert (s. Anm. 75), II, 245–371; und die weiteren Hinweise bei O. H. Pesch, Sachliteratur zur katholischen Theologie, in: R. Radler (Hg.), Die deutschsprachige Sachliteratur. Kindlers Literaturgeschichte der Gegenwart. Autoren – Werke – Themen – Tendenzen seit 1945, München 1978, 202–242, hier: 218–220 mit Anmerkungen (Taschenbuchausgabe bei Fischer, Frankfurt 1980, 399–471).

[78] Vgl. auch dazu: Bilanz der Theologie (s. Anm. 75), III, 82–120; A. Schilson/W. Kasper, Christologie im Präsens. Kritische Sichtung neuer Entwürfe, Freiburg 1974, ergänzt [2]1980; J. Pfammatter/F. Furger (Hg.), Theologische Berichte, II: Zur neueren christologischen Diskussion, Zürich 1973. [Vgl. w. u. S. 305 Anm. 31.]

durch aus jener Vergeblichkeit und bloßen Instrumentalität für die Zukunft befreit hat, der keine innerweltliche Ideologie gewachsen ist, schon gar nicht die gegenwärtigen innerweltlichen Zukunftsutopien.

Wir müssen den formelhaften Charakterisierungsversuch abbrechen...[79] Jeder Eingelesene weiß, wieviele Nuancen des Gedankens er verbirgt. Als gemeinsamer Nenner darf dreierlei festgehalten werden:

a) Alle diese Entwürfe sind soteriologisch, das heißt: die fixe Idee, man müsse sich erst über das *Sein* Christi in sich selbst im klaren sein, ehe man sinnvoll nach seiner Heilsbedeutung fragen könne, ist durchbrochen. Man fragt nach der Heilsbedeutung Christi, nach seiner Bedeutung für unser Gottesverhältnis, und erwartet, eben dabei zu verstehen, daß und wie er wahrer Gott und wahrer Mensch zugleich sein muß – wobei für die katholischen Theologen (einschließlich Piet Schoonenberg und Hans Küng!) die Dogmen von Nikaia und Chalkedon *sachlich* nicht zur Disposition stehen, sondern nach Inhalt und antithetisch-paradoxer Sprachform die Zielorientierung abgeben, ob die soteriologische Reflexion des Geheimnisses Christi nicht in die Irre geht. Nur über den Erfolg solcher Rückkontrolle kann man streiten (zum Beispiel mit und um Hans Küng), nicht um den Grundsatz.

b) Die neuen Entwürfe sind fundamentaltheologisch und anthropologisch pointiert, das heißt, sie sind bis an die Grenze des nicht aufzuhebenden Ärgernisses bewegt von dem Bemühen, nicht »steil von oben« zu argumentieren, sondern aus gegenwärtigem Verstehenskontext und mit seinen Sprachmitteln verständlich zu machen, was der christliche Glaube von Jesus Christus hält. Das gilt auch noch für den am entschiedensten gewissermaßen »mysterienimmanent« argumentierenden Hans Urs von Balthasar – denn ein sein ganzes Geheimnis auslotendes Bild von sich selbst gewinnt der Mensch nur in der Übereignung an Christus.

c) Alle Entwürfe sind stärkstens bestimmt von der sowohl historischen wie soteriologischen Bedeutung des Osterzeugnisses für die Christologie. Diese hat nicht nur historisch mit Ostern begonnen, sie kann auch nirgendwo anders ihren Sach- und Verstehensgrund finden – so daß die skizzierten Entwürfe sich teilweise direkt in die historisch-exegetische Aufarbeitung des Auferstehungszeugnisses als Grund gegenwärtigen Christseins einschalten.[80] Die Auferweckung

[79] Vgl. K. Rahner, die oben Anm. 22 verzeichneten Arbeiten; J. Ratzinger, Einführung in das Christentum, München 1968 u. ö.; H. Urs von Balthasar, Mysterium Paschale, in: J. Feiner/M. Löhrer (Hg.), Mysterium Salutis (s. Anm. 28) III/2, Zürich 1969, 133–326; Ders., Herrlichkeit, III/2 Teil 2: Neuer Bund, Einsiedeln 1969; P. Schoonenberg, Ein Gott der Menschen, Zürich 1969; H. Küng, Menschwerdung Gottes. Eine Einführung in Hegels theologisches Denken als Prolegomena einer künftigen Christologie, Freiburg 1970; Ders., Christsein, München 1974; W. Kasper, Jesus der Christus, Mainz 1974; E. Schillebeeckx, Jesus. Die Geschichte von einem Lebenden, Freiburg 1975; Ders., Die Auferstehung Jesu als Grund der Erlösung, Freiburg 1979; J. B. Metz, Glaube in Geschichte und Gesellschaft. Studien zu einer praktischen Fundamentaltheologie, Mainz 1977, bes. 77–119. Von evangelischer Seite sind in diesen Entwürfen, leicht erkennbar, immer wieder anregend oder Adressat der Auseinandersetzung die christologischen Positionen von Rudolf Bultmann, Gerhard Ebeling und Wolfhart Pannenberg.

[80] Vor allem H. Küng, W. Kasper und E. Schillebeeckx.

Jesu ist also nicht mehr der krönende Abschluß des mit der Inkarnation einsetzenden Heilswerkes des Gottmenschen – wobei »Christologie« dann die Erhellung dieses Einsatzpunktes ist, ein »Querschnitt« der Person Jesu (Schoonenberg) –, vielmehr ist sie der Glaube und Verstehen zugleich begründende Einsatzpunkt der Christusbeziehung des Menschen mit der Folge, daß das Geheimnis der Inkarnation, unbeschadet des Dogmas, nicht als erstes, sondern als ahnungsvolles vorletztes Wort des christlichen Glaubens zu stehen kommt – das letzte Wort ist das vom Geheimnis der Trinität.

Wir können hier unmöglich eine detaillierte Bewertung versuchen[81], müssen aber im Interesse unserer Schlußüberlegungen in aller Flüchtigkeit der Schnellskizze folgendes im Auge behalten:

a) Alle diese Entwürfe haben, selbst noch in ihren kritischen Einsprüchen, das Dogma, oder allgemeiner: die christologische Tradition der Kirche im Rücken, aber sie gehen nicht vorbehaltlos von ihr aus.

b) Sie setzen damit eine bestimmte Dogmenhermeneutik voraus, die, obzwar auf dem Weg zur Binsenwahrheit, so doch nicht ohne Konfliktpotential ist: eine Hermeneutik, die das Dogma als auf der ganzen Linie situationsbezogene und situationsbedingte Vergegenwärtigung und Zuspitzung des Glaubenszeugnisses versteht, die ihren verbindlichen Sinn daher nie ohne Beachtung ihres historischen Kontextes hergibt und also nicht als zeitloses Axiom an den Anfang der jeweiligen theologischen Überlegung gestellt werden darf.

c) Unsere »Christologen« lassen darum trotz aller anerkannten Maßstäblichkeit des Dogmas offen, ob man bei seiner *Formulierung* wieder ankommt, denn deren Geschichtlichkeit läßt von vornherein erwarten, daß ihre Sprachform nicht jeder Zeit gleich nachsprechbar ist, ja gegebenenfalls geradezu verstellen kann, was sie überliefern will. Wenn daher einer dieser Theologen – etwa Karl Rahner – doch bei der Formel von Chalkedon wieder »ankommen« will[82], so begründet er das freilich in einer Weise, die alles mögliche zu bedenken gibt und zur Sprache bringt, nur nicht die Vorstellungen in den Köpfen derer, die 451 als Konzilsväter unter extremem kaiserlichem Druck zusammensaßen.[83]

d) Endlich: Man ist sich bewußt, auf die »Anfänge des Verstehens« zurückgeworfen zu sein[84], das bedeutet: Man legt stärkstes Gewicht auf die *Menschheit*

[81] Zur Diskussion vgl. auch L. Scheffczyk (Hg.), Grundfragen der Christologie heute, Freiburg 1975, dort bes. den Beitrag von W. Kasper sowie die Diskussion zwischen H. Küng und W. Kasper 141–170; 170–183.

[82] Vgl. K. Rahner, Probleme der Christologie (s. Anm. 22), 169–174; vgl. damit jetzt: Grundkurs des Glaubens, 279–298.

[83] Der Disput zwischen H. Küng und W. Kasper (s. Anm. 81) könnte so auch zum Schattengefecht werden. Welche Kritik ist denn eigentlich radikaler: eine Kritik, die verlangt, daß auch die dogmatischen Entscheidungen der alten Konzilien sich in der heutigen Fragesituation neu am Zeugnis des Neuen Testamentes überprüfen lassen müssen (Küng), oder eine Kritik, die davon ausgeht, daß die griechischen Denkkategorien überhaupt ungeeignet sind, das Entscheidende des christlichen Gottesglaubens auszudrücken (Kasper)? Vgl. zur letzteren Problematik auch W. Kasper, Gott und die Zukunft, in: M. Hengel/R. Reinhardt (Hg.), Heute von Gott reden, München–Mainz 1977, 7–24; und Ders., in: J. Feiner/L. Vischer (Hg.), Neues Glaubensbuch (s. Anm. 56), 276–290.

[84] Vgl. D. Bonhoeffer, Gedanken zum Tauftag von D. W. R., Mai 1944, in: Ders., Wider-

Jesu – konkret: den historischen Jesus – als Bezugs- und Bewährungpunkt aller christologischen Aussagen und weiß sich dabei mit stärksten fundamentaltheologischen, soteriologischen, dogmengeschichtlichen[85] und, nicht zuletzt, seelsorglich-katechetischen Gründen gewappnet. Betont man die Gottheit[86], so bestätigt man nur indirekt diesen Ansatz: Man fürchtet, es könne des Guten zuviel geschehen und dadurch das paradoxe *Zugleich* von »wahrer Gott« und »wahrer Mensch« nach der anderen Seite hin sich auflösen. Der Akzent auf der wahren und unverkürzten Menschheit Jesu versteht sich also als Gegensteuerung gegen eine immer noch befürchtete – mit Recht befürchtete – kryptomonophysitische Auflösung des Inkarnationsgeheimnisses.

3. Christologie und Rechtfertigungslehre

Unter diesen Voraussetzungen stellt sich den katholischen Theologen das Thema »Christologie und Rechtfertigungslehre«, das heißt: Es stellt sich ihnen *nicht*. Es bleibt beim früher vermerkten Schattendasein der Rechtfertigungslehre im Kontext rein historisch-kontroverstheologischer Aufarbeitung – falls man die Präsenz des Rechtfertigungsthemas allein danach bemißt, ob und wieweit sie in ihrer herkömmlichen, dem Gerichtswesen entnommenen Sprachgestalt auftritt. Tut man das freilich nicht und achtet statt dessen auf die unveräußerlichen Sachgehalte der Rechtfertigungslehre, dann kann man den Zusammenhang von Christologie und Rechtfertigungslehre oder besser: die Rechtfertigungslehre als Implikat und Quintessenz der Christologie auf Schritt und Tritt entdecken, einbehalten und zur Sprache gebracht in der Interpretation der soteriologischen Bedeutung des Christusereignisses. Man muß nur einmal darauf achten,

– wie Christus, in der Sicht dieser katholischen Theologen, die *Schuldverstrikkung* der Menschheit durchbricht, ihre endgültige Aufhebung aber unter dem eschatologischen Vorbehalt einerseits und unter dem ethischen Imperativ andererseits beläßt: Luthers simul iustus et peccator wird hier aktuell;

– man achte darauf, wie in diesem Zusammenhang die Quintessenz der christlichen Verkündigung als *Freiheit* zu stehen kommt, wobei diese Freiheit sorgfältig von allen möglichen Freiheiten menschlicher Machart abgegrenzt wird: Wer könnte den reformatorischen Einfluß übersehen?;

– man achte darauf, wo und wie in diesem Kontext von der *Passivität* des Menschen, damit negativ von seiner Knechtschaft, positiv vom Glauben als »reinem Empfangen« (Paul Althaus), die Rede ist: Das reformatorische »sola fide« erscheint schon geradezu als Binsenwahrheit;

stand und Ergebung. Briefe und Aufzeichnungen aus der Haft, hg. von E. Bethge, München 1951, 206; 1970, 327; Siebenstern-Taschenbuch 1, München 1965, 152.

[85] Bekanntlich ist die Pointe der Formel von Chalkedon die, daß dem »homoousios tō patri« des Nizänums klärend und das Paradox vervollständigend das »homoousios hemin« hinzugefügt wird – womit jeder Abwertung der Menschheit Christi, der ständigen Gefahr der alexandrinischen Logos-Sarx-Christologie, endgültig ein Riegel vorgeschoben wurde.

[86] Etwa im Streit mit und um H. Küng; vgl. w. o. Anm. 21.

– man achte schließlich darauf, wie, geradezu in stellvertretender Bearbeitung klassischer innerreformatorischer Probleme, der *Weltbezug* gerechtfertigter Existenz akzentuiert wird: die katholische Version des lutherischen Themas vom Gerechtfertigten als Mitarbeiter (cooperator) Gottes.[87] In der »politischen Theologie«[88] wird dieser Weltbezug (als Praxisbezug) so stark herausgearbeitet, daß seine Grundlage wieder wie eine pure Selbstverständlichkeit in der traditionellen Sprache ausgedrückt werden kann: Die politischen Theologen scheinen mehr als alle anderen wieder zu wissen, was man unter Gnade, Glaube, Heil, Auferstehung, ja Rechtfertigung zu verstehen habe.
Es wäre nun eigentlich Pflicht und Schuldigkeit, die skizzierten Entwürfe (und nicht nur sie) unter solchen Leitfragen durchzugehen. Spätestens dabei würde unweigerlich die evangelische Rückfrage laut werden, ob das denn wirklich das *reformatorische* (und *paulinische*) Rechtfertigungszeugnis sei, das da als Implikat moderner katholischer Christologie zutage trete, ob also die Lage eine grundsätzlich andere sei als im eingangs geschilderten Status quaestionis. Mit Sicherheit würden die katholischen Gesprächspartner dann erklären, daß sie, falls Dissens zu verzeichnen, ihre Entwürfe durchaus auch als kritische Rückfragen an die evangelische Theologie verstanden wissen wollen. Daher – und auch um der gebotenen Kürze willen – ist es angezeigt, die Form der bloßen Darstellung zu verlassen und im Rahmen einiger Schlußfolgerungen, die teils Fragen, teils Thesen, teils – mit der bei solchen Schlußfolgerungen üblichen Heimtücke – beides zugleich sind, einige Einzelheiten noch einmal zu pointieren.[89]

IV. Einige Schlussfolgerungen: in Thesen und Fragen

1. Die erste Frage zielt darauf, ob es nicht an der Zeit sei, ein gegenseitiges Eingeständnis zu machen: Wir haben – besonders im Bereich unseres Themas – gegenseitige Vorbehalte, die nicht auf unbefangenem und angstfreiem Fragen

[87] Vgl. die Ausführungen Luthers in De servo arbitrio, WA 18, 754, 1–17 und schon 695, 29; Interpretation und Literatur bei O. H. Pesch, Theol. der Rechtfertigung, 317–322.
[88] Vgl. bes. J. B. Metz (s. Anm. 79); und O. H. Pesch/A. Peters, aaO. (s. Anm. 38), 381–391.
[89] [Es sind seit 1981 weitere christologische Entwürfe erschienen. Keiner hat bis jetzt – soweit ich sehe – noch einmal so prägend gewirkt wie die bisher besprochenen, zumal sie teilweise im Rahmen von Lehrbüchern stehen. Hingewiesen sei immerhin auf folgende Titel: G. Hasenhüttl, Kritische Dogmatik, Graz 1979, 67–103; M. Schmaus, Der Glaube der Kirche IV/1–2, St. Ottilien ^{2}1980; J. F. O'Grady, Das menschliche Antlitz Gottes. Modelle zum Verständnis des Jesus von Nazareth, Olten-Freiburg 1983; W. Simonis, Jesus von Nazareth. Seine Botschaft vom Reiche Gottes und der Glaube der Urgemeinde, Düsseldorf 1985; L. Boff, Jesus Christus, der Befreier, Freiburg 1986; K.-H. Ohlig, Fundamentalchristologie im Spannungsfeld von Christentum und Kultur, München 1986. Ebenso wäre auf neuere und neue evangelische Christologien hinzuweisen, wenn das hier unser Thema wäre. Instruktive jüngste Überblicke außer den in Anm. 77 genannten: H. Dembowski, Einführung in die Christologie. Mit einem Beitrag von Wilhelm Breuning, Darmstadt 1976; Art. »Jesus Christus/Christologie« in: Neues Handbuch theologischer Grundbegriffe II, München 1984, 226–256 (J. Blank, J. Hilberath, Th. Schneider); W. Kasper, Theologie und Kirche, Mainz 1978, 194–234)].

nach der Sache beruhen, sondern auf dem angstbesetzten Pflichtgefühl, bestimmte konfessionelle Positionen als vorweggenommene Ergebnisse des Fragens in Vorwärtsverteidigung abzusichern. Wie ist es sonst zu erklären, daß die katholische Kirche und Theologie so zögern, die Rechtfertigungslehre als articulus stantis et cadentis ecclesiae anzuerkennen, obwohl sie prinzipiell in Theorie und Praxis die Unverfügbarkeit des Glaubens und die Unantastbarkeit des persönlichen Gewissens auch als kritische Grenze gegen sich selbst gelten lassen muß und – zeitweilige »Rückfälle« einmal eingeklammert – auch gelten läßt?[90] Wie ist es sonst zu erklären, daß die lutherische Theologie so zögert, zwischen der Sache und der Sprach- und Begriffsgestalt der Rechtfertigungslehre zu unterscheiden, obwohl doch Luther selbst die Rechtfertigungslehre als solche für die »jungen Schüler« als »zu scharf« erachtet und im Großen Katechismus als den Artikel, mit dem die Kirche steht und fällt, den *Christus-Artikel* ansieht?[91] Wie ist es sonst zu erklären, daß man beiderseits, wie ja auch unser Bericht ein wenig deutlich gemacht hat, die entscheidende Weichenstellung, die zu einer »falschen« Rechtfertigungslehre führt, schon möglichst weit im Vorfeld sucht, was dann einerseits den angenehmen Eindruck besonderer Tiefenschärfe des Urteils macht, andererseits spätere Detailfragen von selbst erledigt? Wenn es so etwas wie Buße des Denkens gibt: hier scheint sie angebracht.

2. Wenn die Rechtfertigungslehre die formelhafte Zusammenfassung und Zuspitzung der Christusverkündigung ist – worüber *formal* offenkundig lutherisch-katholischer Konsens besteht –, dann hängt die Rechtfertigungslehre voll und ganz von der Christologie ab, nicht umgekehrt. Dann darf man aber nicht, offen oder insgeheim, aus dem Interesse an einer bestimmten Rechtfertigungslehre heraus die eigene Christologie konstruieren bzw. die des Gesprächspartners beurteilen. Es ist dann also nicht nur unfair, sondern schlicht methodisch verfehlt, wenn man etwa Luthers Christologie *schon deshalb* für falsch hält, weil sie die Auffassung von der »Alleinwirksamkeit Gottes« stützt oder impliziert, oder wenn man die katholische Bearbeitung der altchristlichen Christologie der Häresie verdächtigt, weil sie ja angeblich geradewegs die Verdienstlehre zeitige. Vielmehr hat jede noch so »verfremdete« Rechtfertigungslehre dann als authentischer Ausdruck des Evangeliums zu gelten, wenn die Christologie unbedenklich ist und das neutestamentliche Zeugnis nicht verkürzt und wenn die Begründung der fraglichen Form der Rechtfertigungslehre in dieser Christologie schlüssig ist.[92]

[90] Das hat sich auch im »Fall Küng« wieder gezeigt: Rom und die Deutsche Bischofskonferenz haben eindeutig betont, daß sie nicht über Küngs persönlichen Glauben urteilen, sondern nur über die objektive, das heißt schriftlich vorliegende und mündlich bekannte Gestalt seiner Lehre. Vgl. auch O. H. Pesch, Gottes Gnadenhandeln (s. Anm. 28), 900–907, und w. o. Anm. 74.

[91] Vgl. BSLK 565, 14–16; 653, 11–15.

[92] Ein brisantes Beispiel heute ist die neue Beurteilung des Pelagius und deren Auswirkungen. Vgl. dazu Greshake, Geschenkte Freiheit (s. Anm. 33), 44–51; und die große Mono-

3. Was nun Christusverkündigung und Christologie anlangt, so muß – ich sage das bewußt auch gegen eine auf katholischer Seite sich verstärkende gegenteilige Tendenz – zugunsten des heute fragenden Menschen der Weg der Jünger (wieder) offengehalten werden, das heißt: der Anfang bei der historischen *Menschlichkeit Jesu.* Das meint nicht, wir könnten hinter die historisch-kritische Exegese zurück zu einer »Biographie« Jesu. Im Gegenteil, die historisch-kritische Exegese gehört heute, entgegen allen Verdächtigungen als bloßer »Rekonstruktion«[93], zu den Bedingungen nicht des Christus*glaubens*, der keine Bedingungen hat, wohl aber einer verantwortlichen Christus*verkündigung*, die nicht bei willkürlichen Setzungen enden will. Theologie und Exegese wären eine unernste Spielerei, wenn das Dogma bzw. sein bloßes Zitat indifferent machten gegen jeden Erkenntnisfortschritt und wenn heutiger reflektierender Glaube nicht wirklich mehr wissen könnte als reflektierender Glaube in einer Zeit vor den Entdeckungen der historisch-kritischen Exegese. In diesem Sinne muß also fragender Christusglaube heute, um es so zu pointieren, post Bultmann et Käsemann locutum, ansetzen dürfen beim historischen Jesus, und das heißt vor allem: bei der Herrschaft-Gottes-Predigt, bei Jesu Rede vom Glauben, und bei seiner Sünderliebe, in der Gottes Sünderliebe angezeigt und wirklich wird. Dieses dreifache Grundthema der historischen Erscheinung Jesu in seiner herausfordernden und befreienden Kraft ist sogar ganz ohne historisch-kritische Exegese durch bloßes aufmerksames Lesen der Evangelien zu erkennen.

4. Die Erkenntnis der *Gottheit Jesu* und deren Formulierung – »von der Menschheit zur Gottheit aufsteigen« (Luther) – muß heute wenigstens geschehen *dürfen* auf dem Weg vom historischen Jesus zum Christus des Osterzeugnisses. Der Ausgang von Bekenntnis und Dogma ist selbstverständlich legitim, aber er kann nicht der einzige sein, wenn wir wirklich auf die »Anfänge des Verstehens« zurückgeworfen sind. Im Klartext: Den Reizworten und Fangfragen – »Ist er nun wahrer Gott oder nicht?« – ist zu widerstehen! Als ob wir übrigens wüßten, was wir gesagt hätten, wenn wir sagen: Er ist *Gott!* Im übrigen hat die Präzision der Handbuch-Theologie zuweilen auch ihr Gutes: *Wesensgleich* mit Gott (dem Vater) ist der *Logos*, *Jesus* ist mit Gott (dem Vater) *eins* – insofern er mit dem Logos eins ist. Und auch der Logos ist nicht differenzierungslos »wahrer Gott«, sondern auch dem klaren Wortlaut des Bekenntnisses »wahrer Gott *vom* wahren Gott«, »principium de principio«, im Unterschied zum Vater, der »principium sine principio« ist, wie die Handbücher formulieren[94]. So paradox-präzise muß sich jedenfalls ausdrücken, wer ohne Ungerechtigkeit streiten will. Zwischen diesen beiden Aussagen von der *Wesensgleichheit* des *Logos* mit Gott und von der *Einheit Jesu* mit Gott liegt das unausdenkbare Geheimnis dessen, was *Menschwerdung Gottes* heißt. Die »communicatio idiomatum« ist nicht die Aufhebung jener Zweiheit von Wesensgleichheit und Einheit, sondern eine das

graphie von Greshake, Gnade als konkrete Freiheit. Eine Untersuchung zur Gnadenlehre des Pelagius, Mainz 1972.

[93] Vgl. J. Ratzinger, Wer verantwortet die Aussagen der Theologie?, in: H. U. von Balthasar (u. a.), Diskussion über Hans Küngs ›Christsein‹, Mainz 1976, 7–34.

[94] Vgl. Diekamp, Kathol. Dogmatik (s. Anm. 64) I, § 16; DS 1331.

Paradox wahrende Anweisung zum sprachlichen und damit existentiellen Umgang mit dem Geheimnis, das ohne solche Möglichkeit seiner soteriologischen Spitze verlustig ginge, nämlich Gott uns zugute konkret werden zu lassen. Nur dieses Verständnis der »communicatio idiomatum«, das hier keinen Ansatz für Theoriebildungen erkennt, scheint mir gefeit zu machen gegen die vereinfachenden und durch Vereinfachung aushöhlenden und vergröbernden, letztlich den Glauben hausgemachter Lächerlichkeit preisgebenden Schlagworte in den aktuellen Konflikten um christologische Fragen.[95]

5. Es geht in der Christologie, welche Wege sie auch geht, um *Gott* – wie es bei Jesus selbst immer um Gott und den Glauben an ihn geht, nie um ihn selbst. Hier liegt auch das tiefe Recht und die bleibend anregende Kraft der methodologischen Plazierung der Christologie bei Thomas[96] – nämlich *nach* Gotteslehre, Schöpfungslehre, Ethik und Gnadenlehre. Auch der Gottmensch ist nicht Selbstzweck und Thema eigenen Rechtes, sondern »Werkzeug« in der Hand dessen, der sein Heil darin vollenden wird, daß er alles in allem ist.

6. Wo Christus heute als *Antwort auf die Frage nach Gott* verkündet und verdeutlicht wird, da wird die *Rechtfertigung des Sünders* verkündet – das ist nach allem die einfache Konsequenz. Das setzt natürlich voraus und beinhaltet, daß dabei Gericht und Gnade zusammenfallen; daß der Mensch vor sich selbst in seiner Selbstherrlichkeit und Heillosigkeit entlarvt wird – »billiger« darf er nicht auf Befreiung und Gnade hoffen. Der Irrwege gibt es bei dieser »einfachen« Konsequenz noch genug zu verschließen. Aber das sollte möglich sein, wenn Christus wirklich nach dem Zeugnis des Neuen Testamentes verkündet wird und nicht nach dem fünften Evangelium secundum Carolum Marx, und wenn die Gottesfrage wirklich als *Gottes*frage ernstgenommen wird. Zugleich besteht dann zumindest im Bereich von Verstehen und Theorie kein Grund zur Sorge um den »Weltbezug« der Rechtfertigungslehre. Denn wer dem Menschen Gnade außerhalb seiner Menschenwelt verkündet, der verkündet ihm weder Gott noch den Christus des Neuen Testamentes. Das Gleiche gilt für den, der Gott und Christus so als innerweltlichen Zukunftsentwurf verkündet, daß man ihn nur noch als im häretischen Sinne »neopelagianisch« bezeichnen kann. Das (historisch übrigens wenig zu erhellende) Schlagwort von der »befreienden Praxis Jesu« hat hier gewiß seine Problematik, wenn es als Inbegriff dessen ins Treffen geführt wird, was Christus für die Welt bedeutet.

7. »Christus, der uns ist ein Spiegel des väterlichen Herzens«[97] – sollte uns, um nun unser Thema abschließend zu bündeln, dieses gute Wort Luthers nicht der Leuchtturm sein, an dem wir unsere Verständigung über Christologie und Rechtfertigungslehre orientieren können? Spiegel des *väterlichen Herzens:* Es geht also darum, daß wir verstehen können, wie *Gott* sein Verhältnis zum Menschen und das Verhältnis des Menschen zu ihm begründet – Christus ist das

[95] Vgl. w. o. die Hinweise in Anm. 21.
[96] Vgl. w. o. S. 128f.
[97] BSLK 660, 41 (Großer Katechismus).

Ereignis der Menschheitsgeschichte, wo wir das unüberbietbar wahrnehmen können. *Spiegel:* Das Bild ist also auch seitenverkehrt, denn das »väterliche Herz« erscheint auch in Gottes »fremdem« Werk, dem Gericht, in der unverständlichen, in die Verzweiflung treibenden Ferne, und nur, wer das fremde Werk im Glauben durchdringt, wer das seitenverkehrte Bild durch das innere Auge korrigiert, wird des Spiegelbildes froh und getrost. Dieser Spiegel nun ist *Christus* – der Zeuge der Herrschaft Gottes, der auferweckte Blutzeuge dieser Gottesherrschaft, das heißt: der Nähe Gottes, die vor den Augen der Welt immer nur untergeht. Daß Gott in ihm sich uns gezeigt hat, ist Gottes Herrlichkeit und Jesu Herrlichkeit, die die Christenheit seit den Anfängen mit jenem Titel ausgedrückt hat, der durch seine Mißverständlichkeit selbst immer darauf hinweist, daß wir das Geheimnis nicht begreifen können: »Sohn Gottes«.

Sagt man eigentlich wirklich zu wenig, wenn man sagt: Daran hat der Glaube genug, um Glaube zu sein? Wieviel »Christustheorie« ist – an den »Anfängen des Verstehens« – nötig, um zu verstehen, worauf alles ankommt: daß uns »um Christi willen« Vergebung und Seligkeit zuteil werden (CA IV)? Müssen wir wissen, wie einem Spiegel zumute ist? Müssen wir einen »Querschnitt« der Person Christi erstellen, um an ihn glauben zu können? Es sind das ungerechte Fangfragen, gewiß. Aber dürfen nicht auch Theologen einmal ihre eigenen subtilen Disputationen des »Theologengezänks« verdächtigen – dessen Außenansicht uns ja Richard Strauß in der Theologenszene der Oper »Salome« so entlarvend ins Gewissen komponiert hat? Ich meine jedenfalls, vor dem »Spiegel des väterlichen Herzens« darf – zumindest heute in der großen Not schuldhafter und schuldloser Gottesfinsternis – der Streit um Kenosis und Krypsis, um Assumptus-homo-Christologie und Emmanuel-Christologie, um Aszendenz- und Deszendenz-Christologie, um lateinische und griechische Erlösungslehre, um alt- und neuchalkedonische Tendenzen verblassen, mag einstmals auch existentielle Entscheidung an solchen Fragen gefallen sein. Was nie verblassen darf, ist das Wort von jenem Jesus Christus, durch den wir in Wahrheit gerechtfertigt werden, das heißt: durch den uns Gott selbst der Bürge dafür ist, daß der mit sich selbst in Widerspruch lebende Mensch nicht fürchten muß, mit sich allein zurechtkommen zu müssen.[98]

[98] Soeben ist erschienen: Zur bleibenden Aktualität des Augsburger Bekenntnisses (Fuldaer Hefte. Schriften des Theologischen Konvents Augsburgischen Bekenntnisses, hg. von G. Klapper, H. 25), Hamburg 1981, mit gleich mehreren bedeutsamen Beiträgen zu unserem Thema von J. Roloff, G. Voigt, A. Peters, W. Breuning. Ich bedaure sehr, daß ich von dem Publikationsvorhaben und den ihm zugrundeliegenden Sitzungen des Theologischen Konvents bei der Ausarbeitung meines Textes nichts gewußt habe und die Ergebnisse daher nicht einarbeiten konnte. Diese hätten mich nämlich, wie eine eilige Durchsicht nahelegt, kaum zu einer wesentlichen Änderung meiner Überlegungen gezwungen, sie vielmehr an zahlreichen Stellen bekräftigt. »Insofern würde der katholische Theologe sagen: Die Konsistenz, die eine Rechtfertigungslehre mit einer Christologie hat, in der die Menschheit Jesu ihr Recht hat, ist das Kriterium für ihre Richtigkeit« (Wilhelm Breuning, 117). Wie sollte man sich über solchen gänzlich unverabredeten Einklang nicht freuen?

DAS GEHEIMNIS JESU CHRISTI

Versuch einer christologischen Grundformel
(1986)

Vorbemerkungen

Das Folgende ist das 9. Kapitel meiner Vorlesung »Christologie in systematischer und kontroverstheologischer Perspektive«, die ich mehrfach und immer wieder umgearbeitet gehalten habe, zuletzt im Sommersemester 1986 in Hamburg – gegenüber dieser letzten Fassung beschränkt sich die Überarbeitung für den Druck auf rein stilistische und redaktionelle Abänderungen. Aus den im Vorwort dargelegten Gründen ziehe ich eine Veröffentlichung der gesamten Vorlesung nicht in Erwägung. Um aber die Einordnung dieses Kapitels (einschließlich der bewußt nicht getilgten Querverweise auf andere Kapitel) verständlich zu machen, sei zunächst der grobe Aufriß der (noch wesentlich detaillierter gegliederten) Vorlesung mitgeteilt.

Einleitung: Vorbegriff von der Aufgabe der Christologie

ERSTER TEIL: JESUS VON NAZARETH

1. Kapitel: Die Frage nach Jesus
(Modische Fragen – Ernsthafte Fragen – Moderne Humanismen – Moderne Literatur – Weltreligionen – »Jesulogie« gegen »Christologie« – Jesus gegen die Kirche)
2. Kapitel: Das Wirken Jesu
(Geschichte und Glaube – »Historischer Jesus« und »kerygmatischer Christus« – Jesu Predigt – Jesu Handeln (Wunder) – Wirkung auf die Umwelt – Die »Sache Jesu« als die Sache Gottes – Jesu Anspruch)
3. Kapitel: Der Gott Jesu
(Der Gott Israels – Der noch größere Gott – Der »Vater« – Exkurs: Jüdische Jesusforschung – Der Glaube)
4. Kapitel: Das Kreuz Jesu
(Geschichtliches – Das Verständnis Jesu von seinem Tod – Soteriologie im Neuen Testament)

ZWEITER TEIL: JESUS DER CHRISTUS

5. Kapitel: Das Leben des Gekreuzigten
(Die Auferweckung Jesu im biblischen Zeugnis – Von Bultmann zu Pannenberg – Theologische Interpretation der Auferweckung Jesu)
6. Kapitel: Die Verkündigung von Jesus Christus
(Von der Verkündigung Jesu zum verkündigten Christus – »Menschwerdung Gottes« – Neutestamentliche Hoheitstitel)
7. Kapitel: Die Geschichte Jesu Christi
(Verkündigung und Interpretation: Die Notwendigkeit der »Übersetzung« – Die alten Konzilien – Anselm von Canterbury – Thomas von Aquin – Martin Luther)
8. Kapitel: Die Bedeutung Jesu Christi

(Tradition und gegenwärtige Verantwortung – Moderne christologische Entwürfe [u. a. Rahner, Schillebeeckx, Ratzinger, Barth, Ebeling, Pannenberg, Küng, Kasper] – Kritische Urteilsbildung)
9. Kapitel: Das Geheimnis Jesu Christi
(Bekenntnisformel und theologische Grundformel – Versuch einer christologischen Grundformel – Theologische Überprüfung – Konsequenzen für Theologie und Verkündigung)

DRITTER TEIL: GOTT IN JESUS CHRISTUS

10. Kapitel: Die Gegenwart Jesu Christi
(Wort – Kirche – Sakrament)
11. Kapitel: Die Begegnung mit Jesus Christus
(Glaube – Gott in Jesus Christus – Menschwerdung des Menschen – Ethos – Spiritualität)
12. Kapitel: Die Gnade Jesu Christi
(Was ist »Heil«? – Christologie als Soteriologie – Soteriologie und Ethik – Christologie und Politik)
13. Kapitel: Das Kommen Jesu Christi
(Parousie – Gericht – Heilsgeschichte und Weltgeschichte)
Schluß: Nachbegriff von der Aufgabe der Christologie

Dieser Aufriß beruht auf einem ganz bestimmten Verständnis von der Aufgabe und Vorgehensweise einer dogmatischen Christologie. Sie setzt ohne Wenn und Aber ein bei der *historischen* Frage nach Jesus. Denn es ist die Frage der Zeitgenossen – auch der christlichen, sobald sie sich über die Angefochtenheit ihres Glaubens ehrlich klarwerden –, und es hilft nichts, diesen Zeitgenossen mit theologischen Argumenten zu kommen, diese Frage sei dogmatisch illegitim, weil sie nicht vom »Glauben der Kirche« ausgehe. Anderseits: Dieser Ansatz, das muß auch dem nichtchristlichen Zeitgenossen erläutert werden, darf weder die Vorgabe des kirchlichen Christusglaubens außer Betracht lassen, denn ohne diesen gäbe es keine Wirkungsgeschichte des Christuszeugnisses und ohne diese wiederum wäre Jesus für den Historiker bedeutungslos und für den fragenden Zeitgenossen kein Anlaß zu existentiellen Fragen; noch darf der historische Ansatz übersehen, daß jede Antwort in *diesem* Rahmen nur eine Rekonstruktion sein kann, weil die historischen Zeugnisse über Jesus Glaubenszeugnisse der ersten Christen sind. Beachtet man beide Einschränkungen, so ist der historische Ansatz theologisch »gefahrlos«, er gerät weder zur Suspension des kirchlichen Bekenntnisses noch gar zu einem Antibekenntnis. Der historische Weg wird im Bewußtsein der sattsam bekannten methodischen Grenzen historischer Jesusforschung einfach mit dem fragenden Zeitgenossen gegangen, so weit er führt – und nach den turbulenten Jahrzehnten (Jahrhunderten!) kritischer Entdeckerfreude führt er nach dem derzeitigen, zu Augenmaß zurückgekehrten exegetischen und systematischen Diskussionsstand recht weit, vorausgesetzt, man traut nicht hyperkritisch-unkritisch den ersten Jüngern und ersten Christen alles an theologischer und »historischer« Kreativität zu und Jesus gar nichts. Wie weit der historische Weg führt, dafür ist nicht zuletzt der hart angegriffene Hans Küng mit dem 150seitigen »Jesus-Portrait« in »Christ sein« ein Kronzeuge, dessen *diesbezügliches* »Kronzeugnis« auch kaum auf Kritik stieß.
Der historische Weg freilich führt vor das Kreuz und damit zur Desavouierung seiner Verkündigung des menschenfreundlichen Gottes – wieviel oder wie wenig man davon auch zu »rekonstruieren« sich zutrauen mag. *Historisches* Fragen führt von dort aus nur noch einen halben Schritt weiter: zur Entstehung des Osterglaubens und der damit verbundenen Entstehung der Kirche. Nur wer sich auf dieses Osterzeugnis einläßt, sich darauf einen positiven Reim, genannt »Glaube an Jesus den Christus«, macht, für die führt

das Fragen in eine neue Phase. Es mündet über wenige Schritte in das urchristliche Bekenntnis: »Jesus Christus ist der Herr« und: »Gott war in Christus und hat durch ihn die Welt mit sich versöhnt« und: »Das Wort ist Fleisch geworden« – und führt von dort zum kirchlichen Dogma, zu seinen Spiegelungen in den christologischen Reflexionen der Theologiegeschichte und zu der Nötigung, es unter heutigen Verstehens- und Lebensbedingungen neu zu buchstabieren und neu, als *unsere* Glaubenswahrheit, anzueignen.
Diesen Weg und seine Unausweichlichkeit, ja Selbstverständlichkeit zu verstehen, bedarf es auf der Grundlage des Glaubens an den auferweckten Gekreuzigten nichts als eines Minimums an Logik und einer gewissen Fähigkeit, geschichtliche Situationen und ihre Verstehensmöglichkeiten wie ihre Verstehensblockaden von innen her zu begreifen. Nichts wäre gewonnen, dieses von innen her vorgehende Verstehen des Dogmas zu ersetzen durch eine bloße »Vorgabe« des aktuellen kirchlichen Bekenntnisses, der gegenüber jede historische Rückfrage – nach Jesus wie nach der Geschichte des Bekenntnisses – nur noch interessant, aber letztlich entbehrlich erschiene. Alles ist gewonnen, auf diese Weise beim kirchlichen Bekenntnis »anzukommen«. Denn so kann das Dogma als historisches Resümee der Glaubenserfahrung der Kirche (s. w. u. S. 273 ff) begriffen und bejaht werden und zugleich die Bewegung zu aktueller Neuverantwortung in neuen, gegenwartsbezogenen Verstehensformen, Worten und Begriffen und schließlich zu neuem Bekennen in Gang setzen.
Ein Vorgehen nach diesem Aufriß der Christologie muß sich also vom historischen Befund her auf drei unterschiedliche, aber aufeinander aufbauende Interpretationsvorgänge einlassen, die den unterschiedlichen fachspezifischen Fragen der Theologie entsprechen. In der Vorlesung habe ich das den Hörerinnen und Hörern durch das nachfolgende Schema klarzumachen versucht. Die *historische* Frage nach Jesus, die zugleich die *exegetische* Frage ist, führt bis zum Kreuz. Die Entstehung des Osterglaubens stellt die *fundamentaltheologische* Frage (im engeren Sinne), ob der Glaube an das Osterzeugnis intellektuell und existentiell verantwortbar ist. Wird sie bejaht, so zwingt sich zunächst die Frage nach dem daraufhin in Gang kommenden urchristlichen Bekenntnis zu Christus auf – die *bibeltheologische* Frage in der doppelten Richtung der Frage nach dem bestätigten Verkünder und nach der bestätigten Botschaft (Interpretationsvorgang I: die vielgestaltigen neutestamentlichen Christologien). Beide werden zusammengebunden in der altkirchlichen Bekenntnisbildung – die *dogmengeschichtliche* Frage, wobei eine Vielzahl von Umständen, auf die hier nicht eingegangen werden kann, dazu führt, daß die Frage nach der bestätigten Botschaft vor der nach dem bestätigten Verkünder relativ zurücktritt: Aus dem Zeugnis von der in Jesu Auferweckung vorwegverwirklichten Herrschaft Gottes wird schwerpunktmäßig eine Inkarnationschristologie, die in der nachfolgenden *Theologiegeschichte* alle Aufmerksamkeit auf sich zieht und zur methodischen Trennung von Christologie und Soteriologie führt – bis die Reformation in dieser Hinsicht eine Wende herbeiführt, der sich erst zögerlich und in unserem Jahrhundert immer entschlossener auch die katholische Theologie anschließt (Interpretationsvorgang II). Dogmengeschichtliche und theologiegeschichtliche Aufarbeitung führen schließlich zu den aktuellen Versuchen systematischer Neuverantwortung des Christusglaubens – die *systematisch-theologische, dogmatische* und zugleich im erweiterten Sinne *fundamentaltheologische* Frage (Interpretationsvorgang III). Übrigens: Würde man mich fragen, wo man einen gezielten Überblick über diesen Weg findet, in dem das Material, das ein Theologe gewissermaßen als »eiserne Ration« auf Abruf im Kopf haben sollte, übersichtlich ausgebreitet ist, so würde ich nach wie vor nennen: J. Feiner/L. Vischer (Hg.), Neues Glaubensbuch. Der gemeinsame christliche Glaube, Freiburg 1973, [17]1984, 5.–12. Kapitel (S. 101–290).

Mit dem Titel dieses Kapitels soll nicht gesagt sein, die bisherigen Überlegungen hätten es *nicht* mit dem Geheimnis Jesu Christi zu tun gehabt. Dennoch scheint

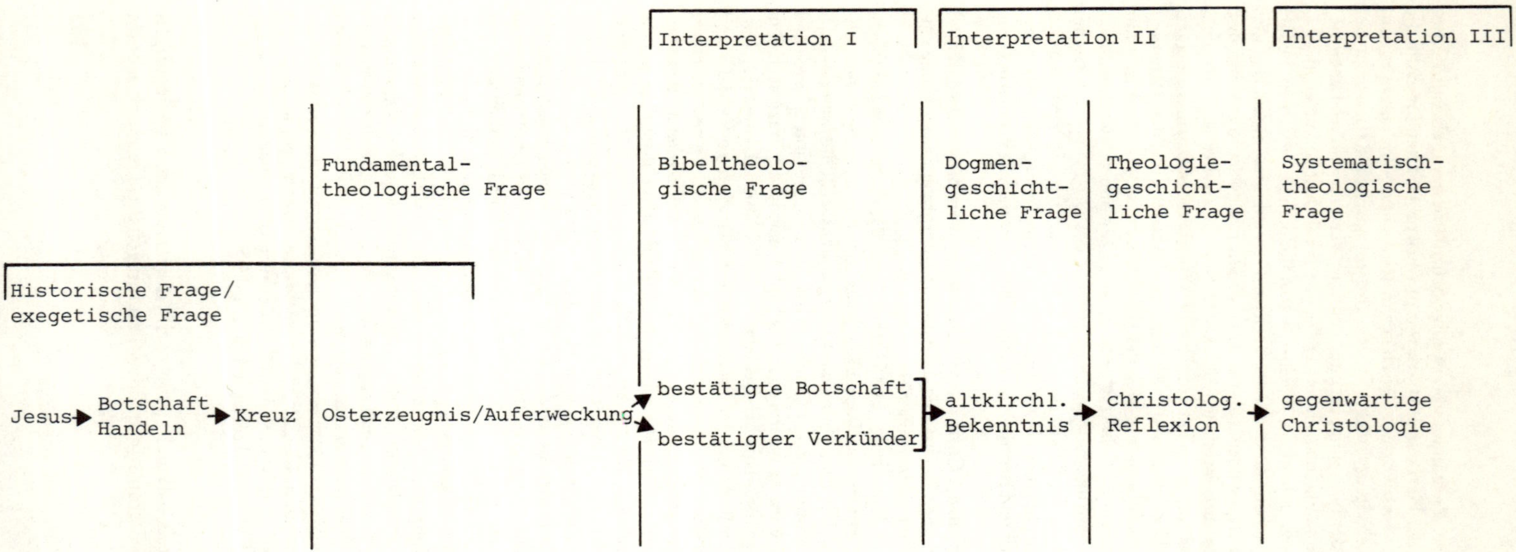
Interpretation I
Interpretation II
Interpretation III
Fundamental-theologische Frage
Bibeltheologische Frage
Dogmengeschichtliche Frage
Theologiegeschichtliche Frage
Systematisch-theologische Frage
Historische Frage/exegetische Frage
Jesus
Botschaft
Handeln
Kreuz
Osterzeugnis/Auferweckung
bestätigte Botschaft
bestätigter Verkünder
altkirchl. Bekenntnis
christolog. Reflexion
gegenwärtige Christologie

es sachgemäß, die uns nun im eigentlich systematischen Sinn gestellte Frage: »Wer ist und was bedeutet Jesus Christus?« unter dieser Überschrift zu stellen. Daß damit keine isolierte Frage nach Jesus als »Privatperson« gemeint ist, ist in dem Doppelnamen *Jesus Christus* angezeigt: Das Geheimnis *Jesu* besteht eben darin, daß er *der Christus*, also der für das menschliche Heil entscheidend Maßgebende ist. Trotzdem soll mit dem traditionellen Begriff »Geheimnis« auch angezeigt sein, daß wir die Frage nach dem *besonderen* Geheimnis Jesu als *dieses einzelnen Menschen* nicht vom Tisch tun. Denn sie ergibt sich unausweichlich in Verlängerung der Frage, was Jesus Christus für die Menschen bedeutet.
Kurzum: Wir machen jetzt den Versuch, die »soteriologische« und die »christologische« Frage zu einer einzigen Frage zusammenzubinden und so, im Hinblick auf die Denkvoraussetzungen und Erfahrungen des Menschen unserer Tage, zu fragen und zu sagen, wer Jesus Christus ist und was er für uns bedeutet.
Dabei ist unsere Zielsetzung noch einmal eingeschränkt: Es geht um eine *Formel*. Denn der Gegenwartsbezug unserer christologischen Überlegungen fängt hoffentlich nicht erst bei diesem Kapitel an. Eine Fülle dessen, was wir selbst in den historischen Kapiteln über die traditionelle Christologie gesagt haben, behält ja auch für heute seine Bedeutung, zumindest als Anfrage, als »Stachel im Fleisch« oder als Knüppel zwischen den Beinen, der uns heilsam dazu zwingt, es uns mit einem »christologischen Neuansatz« nicht zu einfach zu machen. Insofern geht es also im folgenden nicht um etwas inhaltlich Neues. Wohl aber geht es darum, das erarbeitete Material sichtend und kritisch beurteilend in eine typisch moderne Fragestellung und Perspektive einzubringen und *dort* auf Befreiung und Erlösung hin das Christuszeugnis zu artikulieren. Der Versuch einer Formel soll dabei gerade die leitende Perspektive anzeigen, an der die Reflexion und die Darstellung des Einzelmaterials sich orientieren können. Formeln haben keinen Wert in sich, aber sie können einerseits komplexe Sachverhalte übersichtlich zusammenfassen und andererseits das Weiterdenken hilfreich steuern. In diesem Sinne fragen wir in diesem Kapitel nach einer christologischen Formel. Dabei geraten wir allerdings fürs erste sogleich in ein Sonderproblem.

I. Bekenntnisformel und theologische Grundformel

Das Wort »Formel« läßt sofort an die altkirchlichen christologischen Formeln denken. Sollen diese durch unseren Versuch ersetzt werden? Hier ist zwischen Formel und Formel zu unterscheiden.

1. Grundworte der Glaubensgemeinschaft

Es gibt Formeln, die als solche die Sprachgestalt des Bekenntnisses sind. Die also, zum Beispiel, ein Täufling als Glaubensbekenntnis spricht, wenn er getauft wird. In solchen Formeln soll entweder der Glaube als ganzer oder ein bestimmtes Glaubensthema in äußerster Knappheit, aber verbindlich zusammengefaßt werden. Eine solche Bekenntnisformel ist zum Beispiel das sogenannte Apostolische Glaubensbekenntnis. Inhaltlich ist es so sehr eine Zusammenfassung des ganzen Glaubens, daß man es in der alten Kirche den Taufbewerbern bis zu einem bestimmten Zeitpunkt ihrer Taufvorbereitung vorenthielt. Die sogenannte »Übergabe des Symbolums« war ein eigener Ritus im Rahmen des Katechumenats.[1] So gibt es auch im Bereich der Christologie Bekenntnisformeln, die in dieser oder jener Form, bei dieser oder jener Gelegenheit als Glaubensbekenntnis gesprochen wurden. Wir kennen solche Formeln schon aus dem Neuen Testament, zum Beispiel: »Herr ist Jesus« (1 Kor 12,3), der Doppelname »Jesus Christus«, der ja eigentlich ein Satz ist: »Christus ist [niemand anderes als] Jesus«. Auf diese Linie gehört auch der bedeutendste traditionelle christologische Titel, nämlich »Sohn Gottes«.

Die Frage ist: Sind solche Bekenntnisformeln ersetzbar? Unter *theoretischem* Aspekt muß man sagen: Sie sind durchaus ersetzbar. Denn man kann durchaus auch mit anderen Worten sagen, was diese Bekenntnisformeln über Christus aussagen und bedeuten.[2] Man muß es sogar tun und tut es auch, wo die Gefahr besteht, daß sich die in diesen Bekenntnisformeln verwendeten Begriffe unter der Hand gewandelt haben und am Ende im günstigsten Fall nichtssagend, im ungünstigsten Fall mißverständlich und darum gerade hinderlich für einen wirklichen Zugang zum Geheimnis Jesu Christi werden. Erinnern wir uns an das in der Einleitung dieser Vorlesung zitierte drastische Wort von Hans Dieter Bastian, wonach der durchschnittliche Christ unserer Zeit und unserer Breitengrade den antiken Würdetitel Christi »Sohn Gottes« für eine »metaphysische Blutgruppenbestimmung« hält.[3] Steht es so, dann *muß man* solche Bekenntnisformeln nicht nur genau erklären, sondern unter Umständen auch mit größerer Vorsicht als früher gebrauchen, um das gläubige Verstehen nicht ungewollt auf Irrwege zu führen.

Aber reicht diese seelsorgliche Zwangslage aus, um gänzlich auf die Formel zu verzichten? Ich meine, nein – und zwar deswegen, weil sich die Funktion einer Bekenntnisformel nicht in ihrer theoretischen Funktion, das heißt in ihrer Bedeutung als Zusammenfassung einer Glaubenserkenntnis erschöpft. Sie hat daneben eine gemeinschaftsbildende, fast könnte man sagen: eine soziologische Funktion. Das zeigt ja schon der Hinweis auf den Zusammenhang zwischen Taufe und Taufbekenntnis: Das Taufbekenntnis gliedert ein in die Gemeinschaft derer, die schon vor dem Täufling geglaubt und ihren Glauben in demselben

[1] Gut rekonstruierbar anhand der 5. Taufkatechese des Bischofs Kyrillos von Jerusalem: Einer Belehrung über das Wesen des Glaubens folgt die »Übergabe des Symbolums« (Text in PG 33, Übersetzung in »Bibliothek der Kirchenväter«, 2. Serie, Bd. 41). Vgl. A.-M. Martimort (u. a.), Handbuch der Liturgiewissenschaft, 2 Bde., Freiburg 1963/65, II, 53f.

[2] Wenn ich recht sehe, ist das im Streit um die Christologie Hans Küngs nicht strittig gewesen – zumal Küngs Kritiker den Sohn-Gottes-Titel auch keineswegs aus einer trinitarischen Metaphysik in den Kategorien des 4. und 5. Jahrhunderts ableiten. Vgl. die w. o. S. 142f vorgestellten Christologien und exemplarisch die Beiträge von J. Ratzinger, A. Grillmeier und Th. Schneider in: H. U. von Balthasar u. a., Diskussion über Hans Küngs »Christ sein«, Mainz 1976; und die Erwiderung von Hans Küng, Existiert Gott? Antwort auf die Gottesfrage der Neuzeit, München 1978, 743–752.

[3] Vgl. H.-D. Bastian, Theologie als Marktforschung. Eine Auseinandersetzung mit dem homo religiosus statisticus, in: W. Harenberg (Hg.), Was glauben die Deutschen? Die Emnid-Umfrage. Ergebnisse und Kommentare, München–Mainz 1968, 152–171: 157.

Bekenntnis ausgedrückt haben. Bekenntnisformeln sind Grundworte der Glaubensgemeinschaft als solcher und in dieser Funktion so etwas wie eine Identitätskarte der Gemeinschaft und der einzelnen Glaubenden in ihr. Überall, wo Christen sind, wird ihre Einheit und Gemeinschaft im Glauben unter anderem an solchen Formeln erkennbar und öffentlich. Ihre höchste Form erhalten solche Bekenntnisformeln, wenn sie in der Anrede an Gott, im Gebet geschehen, mit einem Wort: wenn sie zur Doxologie werden – und so hat man gar nicht zu Unrecht die Doxologie als Quelle dogmatischen Redens angesehen und umgekehrt den doxologischen Charakter (im Unterschied zu reiner »Spekulation«) als Kriterium für die richtige Modalität theologischen Redens überhaupt betont.[4]

2. Geschichtliche Kontinuität

Nun ist natürlich denkbar, daß man aufgrund einer gewandelten geistigen und gesellschaftlichen Verstehenssituation eine Formel für die ganze Kirche einheitlich ändert, so daß dann die neue Formel überall auf der Welt die Einheit und Gemeinschaft der Glaubenden ausweist. Die Schwierigkeit dabei ist freilich, daß der Wandel der Verstehenssituation wohl nie so einheitlich sein wird, daß eine einheitliche Änderung einer doxologischen Bekenntnisformel angezeigt oder auch nur durchsetzbar wäre. Die gemeinschaftsbildende, Einheit öffentlich machende Funktion der Formel käme dann immer weniger zum Zuge, je differenzierter die Verstehenssituation und deren Wandlungen sind. Aber selbst wenn sich eine geographische Einheit und Universalität mittels einer geänderten Formel darstellen ließe, in jedem Fall geriete die *historische* Einheit und Universalität der Glaubensgemeinschaft ins Zwielicht. Einheit der Kirche, Einheit der Glaubenden – wie immer sie zu bestimmen ist[5] – ist auf jeden Fall nicht nur Gemeinschaft der jeweils Lebenden, sondern auch Kontinuität mit den Ursprüngen. Das ergibt sich zwangsläufig aus dem früher schon bedachten historischen Charakter des christlichen Glaubens, der sich nicht auf eine allgemeine Theorie, sondern auf ein bestimmtes, zeiträumliches Ereignis zurückbezieht und daran gebunden bleibt. Solcher Rückbezug und solche Bindungen vollziehen sich notwendig auch sprachlich, und wenn sie sprachlich geschehen, werden sie nicht ganz auf sich durchhaltende, zu allen Zeiten identische Grundworte verzichten können, wie wenige es auch sein mögen. So dürfte es einige doxologische Grundformeln des Christusbekenntnisses geben, die man zwar immer wieder neu erklären muß, die aber als solche die Kirche aller Zeiten sichtbar und öffentlich im Bereich der Sprache als in Kontinuität mit ihren Ursprüngen ausweisen. Das hat, um jegliches Mißverständnis auszuschließen, nicht etwa den Sinn, daß am Ende doch Christusglaube an Hand einiger weniger rezitierbarer Bekenntnisformeln kontrollierbar wäre. Ob der *Glaube* der Kirche der jeweiligen Gegenwart bei den Ursprüngen im Christusereignis ist, weiß Gott allein. Unsere

[4] Vgl. E. Schlink, Die Struktur der dogmatischen Aussage als ökumenisches Problem, KuD 3 (1957) 251–306; U. Kühn, Theologie als Gottesdienst, ThLZ 89 (1964) 118–126; vgl. auch w. u. S. 269–271; 285.

[5] Vgl. w. u. den Beitrag über Einheit der Kirche – Einheit der Menschheit, S. 179–205.

Überlegung an dieser Stelle hat die umgekehrte Richtung: Wir *setzen voraus*, daß die Glaubenden, die Glaubensgemeinschaft, mit ihrem Glauben bei Christus *sind*, es zumindest sein *wollen*. Weil sie das sein wollen, gehört es zum Wesen solchen Glaubens, den Rückbezug auf das historische Christusereignis auch im Bereich der Sprache greifbar und erkennbar zu machen. Dies tut die Glaubensgemeinschaft, indem sie eine kleine Zahl von Bekenntnisworten beibehält, die die Glaubensgemeinschaft auf ihrem ganzen bisherigen historischen Weg begleitet haben.

Zugegeben, hier kann sich die Erinnerung an Goethes Wort: »Weh dir, daß du ein Enkel bist!«, aufdrängen. Und daran ist durchaus etwas wahr. Mit unserer Überlegung wird eine bestimmte Zeit der Bekenntnisbildung privilegiert: im großen und ganzen die Zeit des Neuen Testaments. Nur beachte man den genauen Inhalt des »Privilegs«: Nicht, weil die damals gefundenen Formeln die für alle Zeiten unüberbietbare und jederzeit gleich gut verständliche Formulierung des Christuszeugnisses sein könnten – diesen Gedanken haben wir früher schon ausgeschlossen.[6] Sondern deswegen, weil es sich hier um die mit dem Geschehen des Ereignisses selber, weil gleichzeitig, gewissermaßen unmittelbar verbundene *erste* Formulierung handelt, die ihrerseits ein Gründungselement eben jener Glaubensgemeinschaft ist, die sich von da an stets auf das hier erstmalig formulierte Ereignis zurückbezieht.[7] Kurz ausgedrückt: Nicht aus erkenntnistheoretischen, sondern aus Gründen der geschichtlichen Identität der Kirche ist es nötig, einen bestimmten kleinen Wortschatz christologischer Bekenntnisformeln unverändert durch die Geschichte der Kirche mitzunehmen.

Zu dieser Kontinuität im Bereich der Sprache drängt sich ein Vergleich auf: die Kontinuität der sakramentalen Elemente.[8] Zumindest Taufe und Herrenmahl haben von Anfang an zum Gemeinschaftsleben der Kirche gehört. Und stets waren einmal Wasser, das andere Mal Brot und Wein die Elemente der kultischen Handlung. Gewiß sind diese Elemente und ihre Auswahl als Elemente einer gottesdienstlichen Handlung kulturgeschichtlich bedingt, so sehr, daß heute, 2000 Jahre danach und in einem anderen Kulturkreis, die Symbolik dieser Elemente trotz ihrer Alltäglichkeit in ihrer eigentlichen damaligen Pointe kaum ohne Kommentar verständlich ist. Trotzdem tut die Kirche gut daran, sie beizubehalten – um der sichtbaren Kontinuität mit ihrem historischen Ursprung willen. Und dies, obwohl man theoretisch mit vollem Recht sagen könnte, daß zum Beispiel Brot und Wein als Elemente des Herrenmahls nicht deshalb gewählt wurden, weil sie Brot und Wein sind, sondern weil sie die Grundnahrungsmittel (und: die Grundelemente eines Festmahles!) der damaligen Zeit im dortigen Kulturkreis waren[9] – so daß eigentlich nichts im Wege stünde, in einem anderen

[6] Im I. Abschnitt des 7. Kapitels der Vorlesung; vgl. auch w. u. den Beitrag über Kirchliche Lehrformulierung, S. 276–293.

[7] Dies ist eine Anspielung auf die grundlegende und die nachfolgende weitere Diskussion bleibend prägende Schrift von K. Rahner, Über die Schriftinspiration, Freiburg 1958 u. ö.

[8] Vgl. dazu auch w. u. im Beitrag: Besinnung auf die Sakramente, S. 336 f.

[9] Dies gilt unabhängig von der nach wie vor diskutierten Frage, ob das Herrenmahl seinen Ursprung im letzten Mahl Jesu mit seinen Jüngern (ob Ostermahl oder nicht) oder in den

Kulturkreis die dortigen Grundnahrungsmittel (bzw. die Grundelemente eines Festmahls) zu nehmen.

Trotzdem ist die öffentliche Kontinuität in diesem Fall wichtiger als der in sich richtige Gedanke – wenngleich damit noch keineswegs die vielfältigen ängstlichen Vorschriften gerechtfertigt sind, mit denen in der Vergangenheit zumindest in der römisch-katholischen Kirche bis hin zu theologischen Auseinandersetzungen mit der Ostkirche (gesäuertes oder ungesäuertes Brot!) die Kontinuität der sakramentalen Elemente »abgesichert« wurde,[10] mag dies auch aus dem Motiv unbeirrbaren Gehorsams gegen die Anordnung Jesu geschehen sein.

Christen die an solchen Elementen greifbarer geschichtlicher Kontinuität, sei es im Bereich der Sprache, sei es im Bereich kultischer Symbole, ernsthaft und unüberwindlich Anstoß nehmen wollten und hier wie dort für totale Mobilität plädieren möchten, müßte man zurückfragen, ob sie den geschichtlichen Charakter des christlichen Glaubens, ja ob sie letztlich den inkarnatorischen Charakter des Handelns Gottes mit den Menschen bis in alle Konsequenzen ernstgenommen haben. Der Glaube der Christen besagt nun einmal, daß Gott sich in dem historisch und geographisch genau bestimmbaren Leben Jesu von Nazareth unwiderruflich und unüberbietbar in die Nähe der Menschen begeben hat; daß dieser Jesus Aramäisch gesprochen und damit die Botschaft von der Nähe Gottes im Verstehensrahmen und vor dem Hintergrund des Glaubens Israels und unter Bezugnahme auf die Bibel Israels, das »Alte Testament« verkündet hat; und daß hernach die Botschaft *von* ihm, seinem Tod und seiner Auferstehung in der nachklassischen griechischen Sprache des 1. Jahrhunderts unserer Zeitrechnung unter Rückgriff auf die Terminologie der altgriechischen Übersetzung des Alten Testamentes erstmals in die Welt gebracht wurde. Dieser Gesamtkomplex, in dem schon mindestens ein Übersetzungsvorgang drinsteckt, nämlich der eines ursprünglich genuin hebräisch sich artikulierenden Glaubens ins Griechische, unter »Auffüllung« und Umprägung bestimmter profangriechischer Begriffe,[11] dieser ganze Komplex ist nun *insgesamt* die *ursprüngliche* christliche Botschaft. Wer, gleichviel wo auf der Erde und zu welcher Zeit, danach fragt, wie sich die eigene Glaubensexistenz am Maßstab dieser ursprünglichen Botschaft bewährt – und sie ist maßstäblich eben durch nichts anderes als ihre Ursprünglichkeit –, der wird niemals darum herumkommen, sich mit hebräisch geschriebenen und griechisch geschriebenen Dokumenten zu befassen und sich insbesondere auf die dort zu findenden Spitzensätze des Bekenntnisses einzulassen. Anders haben wir die Botschaft von der eschatologischen Nähe Gottes nicht. Man kann nicht auf der einen Seite im Vergleich mit philosophischen Gottesspekulationen jeg-

Freudenmählern Jesu mit seinen Jüngern und/oder mit den bekehrten Sündern hat. Vgl. auch dazu w. u. S. 336f.

[10] Vgl. can. 814f. CIC 1917 = fast wörtlich wiederholt in can. 924 §§ 1–3 CIC 1983. Dazu J. Listl/H. Müller/H. Schmitz (Hg.), Handbuch des katholischen Kirchenrechts, Regensburg 1983, 683f, wo auch die amtlichen Ausführungsbestimmungen aufgeführt werden (u. a. Vereidigung der Meßweinlieferanten, Indult zur Verwendung von Traubenmost für Alkoholgefährdete u. a. m.).

[11] Vgl. dazu die begriffsgeschichtliche Analyse bei G. Ebeling, Jesus und Glaube, in: Ders., Wort und Glaube (I), Tübingen 1960, 203–254, hier: 220–228.

licher Art und nicht zuletzt im Vergleich mit »ungeschichtlichen« Weltreligionen den geschichtlichen Charakter des christlichen Gottesglaubens und gar die Geschichtlichkeit des Gottes, von dem der christliche Glaube redet, unterstreichen – und auf der anderen Seite Einwände erheben, daß dieser Glaube es sich angelegen sein lassen muß, auch öffentlich geschichtlich greifbare Kontinuität zu wahren. Kurzum, wir stehen hier bei einer wichtigen Ergänzung zu dem, was wir im 7. Kapitel zur Notwendigkeit von »Interpretation« gesagt haben: Weil der christliche Glaube geschichtlichen Charakter hat, gehört Interpretation nicht zu seinen belastenden Nebenfolgen, sondern zu seinem Wesen. In gleicher Weise gilt aber auch: Weil der christliche Glaube geschichtlichen Charakter hat, gehört die geschichtliche Kontinuität gewisser ursprünglicher Bekenntnisformeln, unbeschadet der Notwendigkeit der Interpretation, nicht zu seiner Last, sondern gerade zu seiner Einzigartigkeit.
Nur eine Nebenbemerkung: Es dürfte einleuchten, daß hier wohl auch ein bleibend wichtiger Gesichtspunkt für eine Theologie der Mission liegt – und zugleich eine Grenze für alles *unkritische* Schwärmen von einer »asiatischen Theologie«, einer »afrikanischen Theologie« usw. Auch wer in Asien und Afrika und in der Arktis Christ werden will, kann dies nur tun, indem sie/er sich auf jenen Mann einläßt, der von etwa 4 vor Chr. bis etwa 30 nach Chr. im Gebiet des heutigen Staates Israel gelebt hat und dessen Botschaft ihre ursprüngliche und geschichtswirksame Formulierung im damaligen geistigen Raum der östlichen Mittelmeerländer griechischer Zunge gefunden hat.
Sollte jemand hier einen leichten Alpdruck zu verspüren beginnen oder sogar eine subtile biblizistische oder fundamentalistische Position argwöhnen, so wird sich das vielleicht legen, wenn wir kurz zu überblicken versuchen, um *welche* Bekenntnisformeln es sich hier handeln kann. Ich meine, die folgenden Formeln sind für eine geschichtliche Kontinuität der Christusverkündigung auf der Ebene der *Sprache des Bekenntnisses*[12] unverzichtbar.

3. Bleibend gültige Bekenntnisformeln

1) Jesus (der) *Christus*. Dies einmal, weil der Bekenntnistitel »Christus« (Messias) zum zweiten Eigennamen Jesu geworden ist (christliche Verkündigung im Bereich des Judentums oder arabischer Sprachen wird allerdings möglicherweise das »Christus« durchaus wieder in das hebräische »maschiach« bzw. die dieser Wurzel entsprechenden Worte zurückübersetzen können). Der Titel »Christus« ist deswegen unverzichtbar, weil in ihm grundlegend die universale *Heilsbedeutung* Jesu angezeigt ist – *angezeigt*, nicht auch schon interpretierend erschlossen! Die heutige Neigung, statt »Jesus Christus« wieder »Jesus von Nazareth« zu sagen, ist dann abwegig, wenn sie nicht nur die Bedeutung des historischen Auftretens Jesu unterstreichen, sondern sich gleichzeitig als Antibekenntnis gegen

[12] Noch einmal: *beschränkt* auf den Rahmen des Bekenntnisses. Das Folgende bedeutet also keinesfalls die Entbindung von Exegese und systematischer Theologie von der Aufgabe, auch die anderen Hoheitstitel zu bedenken und fruchtbar zu machen. Die Privilegierung der folgenden Formeln erfolgt nach dem Gesichtspunkt: Zusammenfassung des notwendig zu Bekennenden bei gleichzeitiger minimaler Kommentierungsbedürftigkeit.

jede »christologische« Betrachtung Jesu verstehen will, also, um ein heutiges, ironisch gemeintes Schlagwort aufzugreifen, gegen die Christologie eine»Jesulogie« setzen will.

2) Jesus (Christus), der *Herr*. In dieser Bekenntnisformel kommt einerseits die *Autorität* Jesu für die Gläubigen und anderseits der *Bindungs*charakter des Glaubens als Selbstübereignung an Christus heraus. Den gegenwärtigen Argwohn gegen diesen Titel – weil er angeblich autoritäre Strukturen der Kirche und Unmündigkeit der Christen impliziere und legitimiere – scheint mir übertrieben.[13] Daß der christliche Glaube in seiner Konsequenz Herrschaft von Menschen über Menschen niederlegt (was nicht dasselbe ist wie legitime Führungsfunktion, Autorität und auch Macht), bedarf hier keiner langen Beweisführung. Wir haben es vor allem in der Darstellung des historischen Jesus in verschiedener Form schon mehrfach angedeutet, und es wird gleich noch einmal eigens zur Sprache kommen. Aber der Sprachgebrauch assoziiert ja bei dem Wort »Herr« gar nicht *diese* Art von »Herrschaft«, wie ja schon (und gerade) die einfache Tatsache zeigt, daß »Herr« zumindest in den europäischen Sprachen, also da, wo man diesen Einwand gegen den Titel »Herr« erhebt, im Gegensatz zu früheren Epochen der Kulturgeschichte zur normalen höflichen Anrede gegenüber *jedem* fremden erwachsenen Menschen männlichen Geschlechts geworden ist. »Herrschaft« verbinden wir mit anderen Titeln, zum Beispiel »Chef«, »Boss«, »Direktor«, gegebenenfalls auch »Professor«. Weshalb ich immer ein wenig schmunzeln muß, wenn man sich etwas davon verspricht, daß man in pseudomoderner Verkündigungssprache glaubt, Jesus den »Chef« nennen zu sollen.

3) Jesus (Christus), der *eingeborene Sohn Gottes*. In diesem Bekenntnistitel ist das »Mehr« zum Ausdruck gebracht, das, schon im Anspruch des irdischen Jesus und in der Eigenart seines Wirkens erkennbar, Jesus – den *Menschen* Jesus! – über alle anderen Menschen hinaushebt, mit einem Wort: die *Göttlichkeit* Jesu, wie sie im Zusammenhang all unserer Überlegungen in dieser Vorlesung jetzt nicht mehr mißverstanden werden dürfte. Verantwortliche Verkündigung wird auch mit diesem Titel weit weniger Schwierigkeiten haben, als ein kritisches Urteil gewöhnlich wahrhaben will. Der Verkünder hat lediglich darauf zu achten, welche Spannweite zwischen jüdischem und griechischem Verständnis in diesem urchristlichen Bekenntnistitel zusammengedrängt beschlossen ist, dann wird er begreifen, welchen weiten Spielraum gezielter Verdeutlichung des Geheimnisses Jesu unter dem Vorzeichen dieses Titels ihm offenstehen, der durch seine geradezu aufdringliche Mißverständlichkeit selbst die Rückfrage nach seinem wahren Sinn weckt.[14]

[13] Das Bewußtsein für das *Problem*, daß bestimmte Gottes- und Christusprädikationen zur Legitimation von gesellschaftlichen Strukturen, die gerade aus Gründen des Glaubens nicht hingenommen werden dürfen, unbewußt oder bewußt mißbraucht werden *können*, wurde angestoßen durch das seinerzeit lebhaft diskutierte Buch von K. Brockmöller, Christentum am Morgen des Atomzeitalters, Frankfurt 1953, bes. 90–104.

[14] In dieser Hinsicht würde ich Hans Küngs Skepsis gegen die Zumutbarkeit des Titels »Sohn Gottes« widersprechen wollen. Die *Sache* seines Alternativvorschlags – besser: seiner Alternativvorschläge, denn mit einem allein ist »Sohn Gottes« nicht zu ersetzen – will ich gar nicht bestreiten, und die Kritik vor allem von J. Ratzinger und A. Grillmeier in dem

4) Jesus (Christus), das *Wort Gottes*. In diesem Titel kommt der *Offenbarungscharakter* des Christusereignisses zum Ausdruck. Also die für den Glauben unverzichtbare Feststellung, daß kein Mensch das, was ihm in Christus über sein Leben und über die Welt gesagt ist, sich selber sagen kann. Der im Neuen Testament nicht allzu häufige Ausdruck: Jesus als Wort Gottes, dürfte sogar im Licht heutiger Sprachphilosophie (bis in die Linguistik hinein) besondere erschließende Kraft haben, und umgekehrt ist man ja durchaus auf einer richtigen Spur, wenn man darauf hinweist, daß auch noch die »säkularistische« moderne Sprachphilosophie eine ihrer Wurzeln mindestens im theologischen Wortbegriff der biblisch-christlichen Überlieferung hat.[15]
5) Jesus (Christus), der *Lebendige*. Damit ist auf das *Osterzeugnis* des Neuen Testamentes hingewiesen. Wahrscheinlich wird man im Durchschnitt sogar nicht einmal auf den Ausdruck »der Auferstandene« verzichten. Ich habe den Eindruck, daß viele moderne Einwände gegen diesen Begriff ausgedachte Gelehrtenargumente sind, während das sogenannte »einfache Kirchenvolk« ein größeres Feinempfinden hat, als man ihm gewöhnlich zutraut, und beim Wort von der »Auferstehung Jesu«, wenn auch noch so ungelenk, durchaus mehr assoziiert als die ihm gern unterstellte Vorstellung von einer »bloßen Rückkehr ins Leben«. Aber immerhin, sollte das doch der Fall sein, so schafft im derzeitigen Sprachgebrauch der Titel »der Lebendige« genügend Klarheit über die Einzigartigkeit dessen, was hier gemeint ist. Gerade das »einfache Kirchenvolk«, um das sich solche gelehrten Überlegungen sorgen, spricht ja eben *nicht* etwa vom »lebendigen Goethe« oder vom »lebendigen Beethoven« und ist nicht in der Gefahr, das, was mit solcher Ausdrucksweise allenfalls gemeint sein kann, zu assoziieren, wenn es vom »lebendigen Christus« hört.[16]
6) Jesus (Christus), der *wiederkommende Richter*. Damit ist die Verheißung der eschatologisch sich durchsetzenden *Maßstäblichkeit* Christi angesprochen, und gleichzeitig die Verantwortlichkeit der Freiheit des Menschen gegenüber dem, was ihm im Christusereignis geschenkt ist. Im Blick auf das Handeln des historischen Jesus vor allem gegenüber den Armen, den Sündern, den Verlorenen kann der Sinn und Unsinn des Wortes »Richter« kaum zweifelhaft sein. Und mit »wiederkommend« ist der Anfangscharakter und die Vollendungshoffnung

Diskussionsband (s. Anm. 2) kann nur überzeugen auf der Grundlage *einer* ganz bestimmten, in griechischen Kategorien denkenden Metaphysik der hypostatischen Union. Aber die seelsorgliche Notwendigkeit, den Titel »Sohn Gottes« für die Bekenntnissprache auf die »schwarze Liste« zu setzen, sehe ich nicht. Sind Bekenntnisworte wie etwa »ewiges Leben« für die eschatologische Vollendung oder »Volk Gottes« für die Kirche im aktuellen Erfahrungskontext weniger mißverständlich?

[15] Vgl. pars pro toto G. Ebeling, Einführung in theologische Sprachlehre, Tübingen 1971; B. Casper, Sprache und Theologie. Eine philosophische Hinführung, Freiburg 1975. Weitere Arbeiten zur Sprachphilosophie und Sprachtheologie w. u. S. 246f Anm. 127.

[16] Die jüngste exegetische, fundamentaltheologische und systematische Durcharbeitung des Themas »Auferstehung Jesu« jetzt bei H. Kessler, Sucht den Lebenden nicht bei den Toten. Die Auferstehung Jesu Christi in biblischer, fundamental-theologischer und systematischer Sicht, Düsseldorf 1985; vgl. auch schon Küng, Christ sein, München 1974 u. ö., 332–409, der an der Realität der Auferweckung Jesu so wenig abmarkten läßt wie an der Realität des Kreuzes.

menschlicher Existenz im Christusglauben angezeigt, oder anders ausgedrückt: das Ja Gottes zum Leben des Menschen, das er in Christus gesprochen hat.[17] Bestimmte Vorstellungsreihen von den »letzten Dingen« sind in diesem Titel nicht eingeschlossen, und seit der Selbstkorrektur – wenn man es überhaupt so ausdrücken muß – der urchristlichen Verkündigung nach dem Ende der Naherwartung sollte es keinem Mißverständnis mehr unterliegen, daß wir uns die Wiederkunft Christi so wenig konkret vorstellen können wie seine Auferstehung, mit der sie ja sachlich zusammenhängt. Von der Auferstehung Christi wissen wir »nur«, daß der lebendige Christus für uns der Bürge der lebenschaffenden Macht Gottes ist, und in ähnlicher Weise wissen wir von seiner Wiederkunft »nur«, daß Gott in demselben Christus diese lebenschaffende Macht einmal vollendend ausüben wird.

7) Jesus (Christus), der *menschgewordene Gott* – der *Sohn*, der »für uns Menschen und um unseres Heiles willen *Fleisch angenommen* (hat) und Mensch geworden« ist. Darin ist die *polemische Bedeutung* des christlichen Glaubens festgeschrieben, sein Widerstand gegen jede Gottesspekulation, die Gott zwar als krönenden Abschluß des Weltganzen denknotwendig findet, ihn gleichzeitig aber so von der Welt abtrennt, daß er den Menschen weder stören noch ihm helfen kann. »Menschgewordener Gott« heißt: In Jesus Christus ist Gott mit dem Menschen dort, wo dieser lebt. Weder läßt er sich doketistisch aus der Welt wegspekulieren, noch sollen seine Liebe zu Welt und Mensch sowie seine Macht, ihr in der Welt zum Sieg zu verhelfen, irgendeinem Zweifel unterliegen.

Mit diesen sieben christologischen Bekenntnisformeln dürfte es, was die um der geschichtlichen Kontinuität der Christusverkündigung willen unveränderlichen Christustitel angeht, sein Bewenden haben. Was damit feststellend und zugleich einschränkend gesagt ist, wird deutlich, wenn wir uns vergegenwärtigen, welche durchaus neutestamentlichen Christustitel wir hier *nicht* für unverzichtbar erklärt haben. Zum Beispiel nicht den Titel »Menschensohn« – weil er, obwohl möglicherweise sogar von Jesus selbst benutzt, zu sehr an eine bestimmte Vorstellung der jüdischen Apokalyptik gebunden ist und demgemäß auch in der griechischsprechenden Mission der Urkirche kaum noch eine Rolle gespielt hat. Oder den Titel: Christus als »Haupt« – weil er an bestimmte, nicht das ganze Neue Testament beherrschende organologische Vorstellungen von der Kirche als einem »Leib« gebunden ist. Oder den Titel: Christus als »neuer Adam« – weil sich damit entweder ein im Neuen Testament greifbares exegetisches Mißverständnis von Gen 1 verbindet oder gar, wie wir im Zusammenhang der Behandlung von 1 Kor 15 früher darlegten, der Rückgriff auf den gnostischen Mythos vom Urmenschen. Oder den Titel: Christus als »Erlöser« – weil der Sachgehalt dieses Titels bereits in »Jesus Christus« und in Jesus als »Wort Gottes« mitgesagt ist, die Vorstellung vom »Erlöser« ansonsten aber an bestimmte Vorstellungs-

[17] So vorzüglich in J. Feiner / L. Vischer (Hg.), Neues Glaubensbuch (s. o. Vorbemerkungen), 526–544. Man kann dazu aber auch alle anderen neueren Eschatologien vergleichen, die w. o. im Beitrag über: Gott – die Freiheit des Menschen, verzeichnet sind. Zur Sache vgl. ebd. w. o. S. 112 f und w. u. S. 414 f sowie O. H. Pesch, Frei sein aus Gnade. Theologische Anthropologie, Freiburg 1983, 403–410.

modelle gebunden ist, die heute vergangen sind und überdies ein Fehlverständnis von der Passivität des Menschen (die es in einem bestimmten Sinne durchaus gibt) gegenüber dem Christusereignis heraufbeschwören könnten. Auch von Christus als »Befreier« haben wir nicht geredet – einmal, weil das so direkt im Neuen Testament kein christologischer *Titel* ist, und zum anderen, weil der damit ausgesprochene Sachgehalt sowohl im Titel »Herr« als auch im Titel »Christus« einbehalten ist.[18] Daß der Titel »König« nicht zu unverzichtbaren Christustiteln gehören kann, bedarf kaum eines Beweises.

Wir halten also keineswegs *alle* neutestamentlichen Hoheitstitel Christi für unverzichtbar für eine Bekenntnissprache in öffentlicher geschichtlicher Kontinuität. Ebenso wenig wie wir etwa alle einzelnen Begriffe der altkirchlichen Glaubensbekenntnisse als solche für unverzichtbar halten. Wenn wir genauer hinschauen, kommen als sich durchhaltende ursprüngliche Bekennntisformeln nur solche in Frage, die nur mit einem Minimum an kultur- und geistesgeschichtlichem Hintergrund »belastet« sind. Titel, wo dieses Minimum überschritten wird, sind verzichtbar.[19]

Erst recht sind natürlich solche alten Bekenntnisformeln, und stünden sie auch im Neuen Testament, nicht unverzichtbar, die ausgesprochen weltbildlich bedingt sind. Zum Beispiel der Satz vom »Abstieg« Christi zur »Hölle« im Apostolischen Glaubensbekenntnis. Man kann durchaus der Meinung sein, daß dieser Satz auch heute noch einen wichtigen und nachvollziehbaren Sinn im Ganzen des Christusbekenntnisses hat.[20] Aber die Formel ist heute für uns unverständlich geworden aus dem einfachen Grunde, weil die weltbildliche Voraussetzung, nämlich ein Ort unter der Erdoberfläche, in den der gestorbene Gottmensch Jesus Christus hinabsteigen könnte, für uns entfallen ist. Deswegen hat man – wie ich meine, mit Recht – diesen Satz bei der jüngsten Revision des Textes des Apostolischen Glaubensbekenntnisses auch geändert – ob der neue Text: »Hinabgestiegen in das Reich des Todes«, deutlicher ist, kann dabei hier offenbleiben. Übrigens ist aus denselben Gründen, nur in umgekehrter »Richtung«, gegen die Bekenntnisformel vom »erhöhten« Christus (und entsprechend von seiner »Auffahrt« in den Himmel, von seinem Sitzen zur »Rechten« des Vaters) Vorbehalte angebracht. Die Gründe dafür können wir sogar schon in

[18] Dies bedeutet nicht schon eine apriorische Kritik an Buchtitel und Sachdarstellung von L. Boff, Jesus Christus der Befreier, Freiburg 1986 – denn es geht hier nicht um einen aus Gründen geschichtlicher Kontinuität zu bewahrenden überlieferten Bekenntnis-Titel. »Jesus Christus als Befreier« ist eine theologische Grundformel im sogleich zu erläuternden Sinne.

[19] Vgl. w. o. Anm. 12.

[20] Vgl. J. Ratzinger, Schwierigkeiten mit dem Apostolicum: Höllenfahrt – Himmelfahrt – Auferstehung des Fleisches, in: P. Brunner u. a., Veraltetes Glaubensbekenntnis? [= Dokumentation einer gemeinsamen Tagung der Evangelischen Akademie Tutzing und der Katholischen Akademie in Bayern], Regensburg 1968, 97–124; entspricht in der Sache: Ders., Einführung in das Christentum. Vorlesungen über das Apostolische Glaubensbekenntnis, München 1968 u. ö., 242–272; vgl. jetzt auch Th. Schneider, Was wir glauben. Eine Auslegung des Apostolischen Glaubensbekenntnisses, Düsseldorf 1985, 268–277 (297–319).

drastischer Sprache bei Luther lesen, der einmal erklärt, natürlich habe der Vater keinen rechten Arm, neben dem jemand sitzen könne.[21]

Diese langen Überlegungen hatten den Sinn, zu verdeutlichen, was gemeint ist, wenn wir im folgenden versuchen, eine »christologische Formel« zu prägen. Es handelt sich bei diesem Versuch um eine *andere* Art von Formel, als wir sie bis jetzt im Blick hatten. Im Unterschied zur »Bekenntnisformel« möchte ich sie eine »theologische Grundformel« nennen. Sie spielt also – zunächst – nicht auf der Ebene des Bekenntnisses und seiner historischen Kontinuität, sondern auf der Ebene des aktuellen christologischen Verstehens. Sie will gerade nicht die Zeiten überdauern, sondern jene Interpretation des Christusereignisses zusammenfassen, die sich gerade auf unsere Gegenwart bezieht und gerade heute an der Zeit ist. Mit einem Wort und an früher Gesagtes anknüpfend: Sie spielt nicht auf der Ebene des *jeder*zeitigen Rückbezugs auf den Anfang, sondern auf der Ebene derzeitiger Interpretation.

Nun haben wir schon mehrfach im Verlauf unserer Vorlesung Zusammenfassungen versucht. Warum belassen wir es nicht dabei? Warum ist eine solche theologische Grundformel notwendig oder wenigstens hilfreich? Nun, wir haben gesagt: *Zunächst* hat die Formel nichts mit dem Bekenntnis zu tun. Indirekt aber wohl. Denn das alte und sich durchhaltende Bekenntnis will ja in seiner *heutigen* Bedeutung verstanden werden. Und ebenso muß die Doxologie des Bekenntnisses in heutigen Worten neu buchstabiert werden. Die alten Bekenntnisformeln sind tatsächlich *nur* um der Einheit und geschichtlichen Kontinuität des Bekenntnisses notwendig, unter allen anderen Aspekten, dem des Verstehens, dem der geographischen Universalität der Kirche (zumindest in *einem* Kulturraum) und dem des bekennenden Gebetes muß das alte Bekenntnis (anschließend) in neue Worte, *unsere* Worte hinein. Für diese neue Wortfindung *aktuellen* Bekenntnisses will die theologische Grundformel (ich vermeide den Ausdruck »Basisformel«, um hier unangebrachte Assoziationen an die Basisformel des Ökumenischen Rates der Kirchen auszuschließen), eine Art Geländer bieten.

Das Holz aus dem das Geländer gezimmert (das Eisen, aus dem es geschmiedet) wird, sind unsere reflektierenden Überlegungen. Insofern ist die Formel Zusammenfassung. Zugleich soll sie vorwärts gerichtet, eine Hilfe für theologisches Verstehen und doxologisches Formulieren sein. Die erste Funktion wirkt sich dahin aus, daß die Formel Perspektiven eröffnet, aus denen das »christologische Material« sowohl des Neuen Testamentes als auch der christologischen Tradition angeschaut und durchdacht werden kann, und auf seine Konsequenzen zu befragen ist – was wir im folgenden zeigen wollen. In der zweiten Funktion, der Findung einer aktuellen doxologischen Sprache, soll die Formel gewissermaßen ein Wortfeld erschließen, auf dem sich eine neue (persönliche und liturgische) christologische Gebetssprache finden läßt – das werden wir im folgenden kurz an einigen modernen Gebeten zu verdeutlichen suchen. Der Unterschied zwischen Bekenntnisformel und theologischer Grundformel ist fast so alt wie die

[21] Vgl. WA 23, 131,11. 28; 133,19. 30. Der Zusammenhang ist die Auseinandersetzung mit Zwingli um die Realpräsenz Christi im Abendmahl. Vgl. M. Lienhard, Martin Luthers christologisches Zeugnis, Entwicklung und Grundzüge seiner Christologie, Göttingen 1980 (frz. Paris 1973), 154–161.

Bekenntnisformel selbst. In Nikaia heißt die *Bekenntnis*formel: »Eingeborener Sohn – für uns Mensch geworden.« Die *Grund*formel: »homoousios tō patri« – in Chalkedon ergänzt zu »homoousios hēmin« und »zwei Naturen« – als Anweisung für Denken und Sprechen von Christus vor griechisch geprägten Geistern.
Im übrigen ist das hier Gemeinte besser als durch weitere abstrakte Beschreibungen dadurch zu verdeutlichen, daß wir nun die Formel nennen und erläutern.

II. Versuch einer christologischen Grundformel

1. Die Formel

Als christologische Grundformel schlage ich aufgrund des bisherigen Ganges unserer Überlegungen vor:
Jesus Christus: der Mensch ganz für andere – der Mensch ganz für Gott – Gott ganz für die Menschen.
Bevor wir die Formel im einzelnen erläutern, empfehlen sich folgende Vorbemerkungen:
a) Die Formel hat drei Glieder, und schon deren Reihenfolge ist weder zufällig noch unbeabsichtigt. Sie enthält ein ganz bestimmtes Denkgefälle, das sich bewußt von christologischen Formeln der Tradition unterscheidet. Nicht zuletzt in diesem damit angezeigten Denkgefälle wird der Versuch gemacht, das zu verwirklichen, was wir früher die Findung des »Schnittpunktes« zwischen gegenwärtigen Verstehensvoraussetzungen und der überlieferten Botschaft genannt haben[22].
b) Es dürfte ebenfalls erkennbar sein, wie wir in dieser Formel versuchen, unsere von Anfang an immer wieder betonte Absicht zu verwirklichen, Christologie und Soteriologie zusammenzubinden, das heißt, das *Personengeheimnis* Christi so auszudrücken, daß sofort klar wird: Es ist zwar ein wirkliches Personengeheimnis, aber um *unsertwillen* und gewissermaßen »hin zu uns«; und umgekehrt ist die Heilsbedeutung Jesu eine solche, daß sie unmittelbar ein unbegreifliches Personengeheimnis Jesu einschließt.
c) Im Vergleich zu den altkirchlichen Bekenntnissen ist zu sagen: Die Formel denkt und spricht nicht in den altkirchlichen Begriffen. Darin reflektiert sich die Überzeugung, daß die altkirchlichen Bekenntnisse zwar zu ihrer Zeit Aussagen über Christus formuliert haben, hinter deren Sachgehalt wir auch heute nicht zurückkönnen. Aber die Begriffe und Perspektiven, in denen sie dies taten, sind nicht mehr die unseren, und wir können dem damals Gesagten und Bekannten nicht durch bloße Rezitation der damaligen Worte treu bleiben. Andererseits steht im Hintergrund der folgenden Überlegungen nicht nur der formale Hin-

[22] Vgl. auch w. o. S. 100 und w. u. S. 278–285. – In die Formel sind natürlich, deutlich erkennbar, Anregungen gegenwärtiger Christologie eingegangen (Bonhoeffer, Küng, Kasper u. a.). *Wenn* sie Originalität haben sollte, dann nur in der Ausarbeitung im Detail.

weis, daß wir in der *paradoxen Struktur* unserer christologischen Formel nach wie vor auf dem Boden der altkirchlichen Konzilien stehen, sondern darüber hinaus eine Einsicht, auf die Karl Rahner wiederholt aufmerksam macht,[23] daß es nämlich möglich ist, durchaus auf chalkedonischem Boden die alten Kategorien in solche zu transformieren, die sich im Bereich personaler Begegnung halten. Wir erinnern uns: Rahner analysiert die alten Formeln auf das in ihnen ausgesprochene Verhältnis von radikalem Gegenüber zu und radikaler Einheit mit Gott, und der Hintergrund war eine Analyse des Verhältnisses von Geschaffensein und Freiheit. Darauf basiert seine Aussage, die chalkedonischen Aussagen müßten auch in der Kategorialität interpersonaler Beziehung aussagbar sein. Im Grunde versuchen wir im folgenden nichts anderes, als die Heilsbedeutung Christi einerseits und sein Personengeheimnis anderseits in Begriffen auszudrücken, die das Verhältnis des Menschen zu Gott betreffen.
Und nun betrachten wir die Formel im einzelnen.

2. Der Mensch ganz für andere

Wollen wir das erste Glied unserer Formel in einer These aussprechen, so müßte sie lauten:
Leben, Wort, Wirken und Sterben Jesu offenbaren, daß heiles Menschsein als Für-andere-Dasein möglich ist – und das ist ein für den Menschen unerschwingliches, befreiendes Wort.
Zunächst: Mit dem Einsatz gerade bei dieser These machen wir fürs erste Ernst mit der Tatsache, von der seit der ersten Vorlesung unsere ganze Bemühung ausging: daß die *heutige* Frage nach Jesus nicht beim kirchlichen Christusbekenntnis, sondern beim Menschen Jesu einsetzt, wie ihn die erreichbaren historischen Ergebnisse der Jesusforschung uns vorstellen. Eine Christusverkündigung und damit eine dogmatisch-theologische Christologie, die sich – fundamentaltheologisch – als Einladung zum Glauben an Christus versteht und sich darum den faktischen und wirklichen Fragen ihrer Adressaten verpflichtet weiß und wissen muß[24], kann darum nicht anders einsetzen als bei dem Menschen Jesus – so sehr die Theologen dabei auch durchaus die Absicht leiten mag, diese Frage später unbedingt zu erweitern. Das sollten sie freilich nicht zu früh tun. Die Betrachtung des Menschen Jesus ist mehr als bloße katechetische oder kerygmatische Taktik. Und da christliche Theologen aus Denkgewohnheit oder auch ganz schlicht deshalb, weil sie (bereits) Glaubende sind, immer in der Gefahr solchen Taktierens sind, täten sie gar nicht schlecht daran, sich ihr dadurch zu entziehen, daß sie auf *dieser* Betrachtungsebene auf Jesusdarstellungen zurückgreifen und sich in Verkündigung und auch Verkündigungssprache daran orientieren, die von bewußten Nichtchristen geschrieben sind, also gar keine andere Betrachtungsebene betreten können oder wollen als die der Frage nach dem *Menschen* Jesus. »Verkürzungen« des Bekenntnisses sind dabei nicht zu befürchten. Denn gerade ihr Glaube sagt ihnen, daß das »Göttliche« in Jesus

[23] Vor allem: Probleme der Christologie von heute, in: Schriften zur Theologie I, 169–222, hier: 184–194; Grundkurs des Glaubens, Freiburg 1976 u. ö., 287–297.
[24] Auch Rahner fordert eine solche; vgl. Grundkurs, 287; vgl. auch w. o. S. 142–144.

nirgendwo anders in Erscheinung tritt als gerade in seiner radikalen Menschlichkeit, wie sie auch jedem unbefangenen ungläubigen Blick zugänglich ist. Kurzum: zur »Auffüllung« des ersten Gliedes unserer Formel sind Darstellungen wie etwa das Jesusbuch von Milan Machovec[25] mindestens genauso wichtig und so hilfreich wie eine exakte exegetische Darstellung der synoptischen Jesusüberlieferung.

Trotzdem will das erste Glied unserer Formel bereits durchaus eine christologische Aussage machen, auch wenn sie zunächst noch indirekt geschieht. Der christologische Charakter dieser Aussage ist angezeigt mit der doppelten Feststellung, daß Jesus in seinem Leben ein Menschsein ganz für andere als möglich erweist, und daß dies ein unerschwingliches befreiendes Wort ist. Schon dieses Dasein ganz für andere, das grundsätzlich noch einer historischen Betrachtung zugänglich ist und, wie gezeigt, selbst überzeugten Marxisten in den Blick kommt, weist daher schon auf das übermenschliche Geheimnis in ihm hin, mit anderen Worten: bringt Gott und sein Heilshandeln für die Menschen einladend zur Sprache.

Dabei machen wir jetzt eine Voraussetzung, die wir der Kürze halber nur nennen können, deren Hintergründe aber in den früheren Überlegungen schon mehr als einmal anklangen: Wir fragen ja nach Christus, weil wir nach dem Heil des Menschen fragen.[26] Aber alles Unheil des Menschen und alle Unheilserfahrung – also alle Erfahrung von Heilsbedürftigkeit und alle Erwartung von Heil – konzentrieren sich, spitzen sich zu gerade heute in der Erfahrung zerbrechender und zerbrochener Mitmenschlichkeit.[27] Die Einsamkeit ist es, die dem Leid, dem Tod und dem scheiternden Ethos ihre letzte Schärfe geben. Das Desinteresse an der einmaligen, unaustauschbaren Person macht die technische Welt mit ihren anonymen »Sachzwängen« so unmenschlich. Wenn das zutrifft, dann ist Verkündigung von Heil nur dann wirklich Verkündigung von *Heil für den Menschen*, wenn sie zu sagen weiß, daß menschliche Einsamkeit aufhören kann; daß menschliche Kommunikation heil werden kann, mit einem Wort: daß die *Liebe* auf all ihren Stufen und in all ihren Konkretisierungen das letzte Wort haben kann – und nicht der Haß, die Gewalt, die Brutalität, der Egoismus. Auf die so gestellte Heilsfrage gibt Jesus in seinem Leben, Wirken und Sterben eine befreiende Antwort. Nach seinem eigenen Selbstanspruch ist er gekommen, die »Herrschaft Gottes«, und das heißt: die alles gut machende Nähe Gottes bei den Menschen anzusagen und zu bringen. Dafür steht er mit seiner ganzen Verkündigung ein, dementsprechend handelt er, ohne Rücksicht darauf, was das für Folgen für ihn selbst hat, diese Verkündigung der Nähe Gottes ist seine »Sache«. Wer ihm nachfolgen, das heißt: dieser seiner »Sache« gerecht werden will, kann

[25] Vgl. M. Machovec, Jesus für Atheisten, Stuttgart 1972 u. ö.

[26] Das wurde im 5. Kapitel über die Auferweckung Jesu dargetan. Die Grundgedanken finden sich ganz verknappt auch bei O. H. Pesch, Rechenschaft über den Glauben, Mainz ^{3}1983, 99–111; zum Ganzen jetzt H. Kessler, aaO. (s. Anm. 16).

[27] Vgl. dazu P. H. Welte, Die Heilsbedürftigkeit des Menschen. Anthropologische Vorfragen zur Soteriologie, Freiburg 1976, bes. 84–94; 119–129; und schon A. Th. Peperzak, der heutige Mensch und die Heilsfrage. Eine philosophische Hinführung, Freiburg 1972, 121–166. Vgl. auch w. o. im Beitrag über Gotteserfahrung, S. 80f.

das nicht anders tun als dadurch, daß auch sie/er dem Egoismus absagt und in der Liebe für die Menschen da ist. Wie wenig das aus Menschenkraft möglich ist, erfahren alle, die es auch nur versuchen. Kein Mensch, der sich ehrlich über seine Erfahrungen mit sich selbst Rechenschaft gibt, kann es bestreiten: Trotz vielfältigen guten Willens ist nicht dies das Gesetz des menschlichen Zusammenlebens, daß man sich für die anderen hingibt, sondern daß man auf Kosten der anderen lebt. Die einzige große Ausnahme ist Jesus. Bis in seinen Tod am Kreuz hat er von seiner »Sache«, die die Liebe ist, nicht gelassen. Bis in seinen Tod offenbart er, daß restloses Dasein für andere, das heißt: daß reine Liebe möglich ist, die sich durch nichts brechen läßt. Alle Kompromisse, die *wir* immer wieder auf Kosten der Liebe schließen und geradezu schließen *müssen*, werden durch Jesus als solche bloßgestellt.

Das erste gegenwartsbezogene Bekenntniswort über Jesus Christus lautet also: *An einem Punkt der Menschheitsgeschichte ist reine Liebe zu den Menschen bis zum Tode durchgehalten worden*, und das setzt unsere Erfahrungen mit uns selbst und unsere Kompromisse auch noch mit unseren besten Idealen ins Unrecht. Denn im Blick auf uns selbst und unsere Welt sind wir stets geneigt zu sagen: Das ist unmöglich; ein wenig zumindest muß schon jeder sich selbst der Nächste sein, oder menschliches Leben geht unter.

Aber eben dies ist befreiend: Das Beste in uns sagt uns, daß unsere Kompromisse mit der Liebe, die kleine Selbstsucht, die wir uns auch bei bestem Willen stets noch genehmigen und genehmigen müssen, doch nicht das sind, was heiles Menschsein auf sich beruhen lassen dürfte, vielmehr das, was als Riß durch unsere besten Bemühungen hindurchgeht. Das Eingeständnis, im Unrecht zu sein, ist gerade deshalb befreiend, weil es dem Besten, was wir mit uns selbst erfahren, recht gibt. Das Bild des Menschen Jesus als des Menschen ganz für andere offenbart uns, daß nicht die alltäglichen Kompromisse, sondern gerade die höchsten Erwartungen an uns selbst im Recht sind. Das findet man wieder nirgendwo besser und nachdrücklich ausgesprochen, als gerade bei denen, die sich nicht mehr in der Lage sehen, von hier aus noch weiter zu blicken, also zum Beispiel bei Marxisten wie Machoveč. Das Ende ihrer Auseinandersetzung mit Jesus ist nun nur noch das um so tiefere Leiden daran, daß Menschsein von sich selbst her konstitutiv jenes Dasein ist, das vor seinen höchsten Erwartungen versagt und chronisch versagen muß.

Wer freilich hier dennoch das Fragen nicht abbricht, wird dann fast automatisch zu der Frage weitergetrieben, ob vollendetes, heiles, ganz und gar von der Liebe durchformtes Menschsein nicht auf einem anderen Wege als dem eigener Anstrengung möglich werden kann. Mit anderen Worten: Es wird nach dem Übermenschlichen zu fragen sein, das sich in Jesu Dasein ganz für andere zur Geltung bringt. An dieser Stelle ist denn der Name »Gott« aus der Frage nach Jesus nicht mehr herauszuhalten, nicht nur deswegen, weil Jesus selbst diesen Namen als Grund seines Handelns stets im Munde führt, sondern vor allem deswegen, weil mit diesem Namen gerade das angesprochen ist, was als nicht mehr menschenmögliche Vollendung des Menschen gerade der Maßstab dafür ist, daß der Mensch sein Versagen als Versagen erkennen kann. Dies ist denn der Übergang zum zweiten Glied unserer Formel.

3. Der Mensch ganz für Gott

Wollen wir auch dieses zweite Glied unserer Formel wieder in einer These ausdrücken, so müßte sie lauten:
Jesu Leben, Wort, Wirken und Sterben offenbaren, daß Glaube an Gott bis in alle Abgründe menschlichen Lebens hinein möglich ist – und das ist ein dem Menschen unerschwingliches, befreiendes Wort.
Wir haben früher[28] ausführlich genug dargestellt, daß sich, aus der Perspektive des Menschen betrachtet, die »Sache Jesu«, also die Verkündigung der Herrschaft Gottes, auch formulieren läßt als die *Botschaft, daß wir an Gott glauben dürfen – dürfen*, nicht: müssen oder sollen. An *Gott* als jene unausdenkbare Vollendung des Menschen, in der alle Fragen ihre Antwort, alle Sehnsucht ihre Erfüllung, alles Versagen seine Heilung, alle Anfänge ihre Vollendung finden. Dieser Glaube an Gott rettet aus verzweifelter Lage, macht sorglos um das eigene Geschick, läßt Freude in die Herzen der Menschen einziehen, befreit von Angst und Schuld zu Vertrauen und einen neuen Beginn, läßt den Menschen sich selbst vergessen und gibt ihm allererst die Kraft, seine Aufmerksamkeit in Liebe den anderen zuzuwenden. Wiederum erreicht das im Sterben Jesu seinen Höhepunkt, und zwar weil Jesus selbst jene Bindung an Gott, die der Glaube ist, *durchgehalten hat bis in das öffentliche Ende dieser seiner Sache hinein*, wo dieser Glaube nur noch gegen allen Augenschein durchgehalten werden konnte.
Und gerade dies, daß Jesus in dieser Weise der Mensch ganz für Gott war, ist ein unerschwingliches, befreiendes Wort. Das Sterben Jesu ist seine letzte Predigt über den Glauben an Gott. Ihr Kernsatz lautet: Der Glaube an die rettende Nähe Gottes kann und darf auch und dann durchgehalten werden, wenn er offenkundig nicht mehr rettet und keinen Abgrund des Lebens erspart, ja nicht einmal das innerweltliche Ende der Macht des Glaubens erspart oder verhindert, für die Jesus mit Person und Werk eingestanden ist. Befreiend ist das deswegen, weil die Glaubenden immer wieder in die Anfechtung geraten, angesichts dessen, was sie erleben oder erfahren, an der Möglichkeit, am guten Sinn, ja an der menschlichen Legitimität des Glaubens an Gott und seine Nähe bei den Menschen zu verzweifeln. Jesu Leben, Wort, Wirken und vor allem sein Sterben setzen diese Verzweiflung ins Unrecht. Niemand kann sich das selber sagen, daß es menschenmöglich und rechtens ist, gegen allen Augenschein und gegen alles öffentliche Rechthaben der anderen daran festzuhalten, daß Gott das Heil des Menschen ist und dieses Heil auch wirklich sein will. Im Sterben Jesu bekommt dieser Glaube einen Realismus, der ihn gegen jeden Vorwurf bloßer Projektion unserer Sehnsüchte gefeit macht. Denn im Sterben Jesu ist ja jede Vorstellung von einem Gott, der *direkt* und *ungebrochen* die Antwort auf unsere Hoffnung wäre, durchgestrichen. Jesus ist der »Anführer und Vollender« eines Glaubens (Hebr 12,2), zu dessen Realität es gehört, daß

[28] Im 2. Kapitel der Vorlesung. Kurzfassung wiederum in Rechenschaft über den Glauben (s. Anm. 26), 67–86. Vgl. auch Ebeling, Jesus und Glaube (s. Anm. 11) – und im Grunde, mit Formulierungsvarianten, jede moderne Christologie; vgl. pars pro toto W. Kasper, Jesus der Christus, Mainz 1974, ^{9}1984, 83–103.

er zwar gern an Gott festhalten will, aber hin und her geschüttelt wird zwischen der Hoffnung auf Gott und dem Schrei der Verlassenheit.
Jesus, das Urbild ungebrochener Liebe zum Menschen, gerade weil er zugleich der »Anführer« ungebrochenen Glaubens an Gott ist, nach dessen Menschenmöglichkeit die Menschen sich immer schon sehnen: Hier muß sich ein gewichtiger Einwand anmelden. Ist nicht all dies zuerst und zuletzt Forderung – und *Über*forderung? Ist es wirklich befreiend, wenn es unerschwinglich ist? Kann man es sich ohne Jesus nicht wenigstens verzeihen, wenn man in der Liebe versagt und im Glauben zerbricht? Sind das Leben, Wort, Wirken und Sterben Jesu, gerade als Erweis von Liebe und Glaube, nicht gerade das Gegenteil eines befreienden Wortes, sind sie nicht eher Anklage, Gericht? Dem wäre in der Tat so, wenn unsere theologische Grundformel nicht mit Recht noch ein drittes Glied hinzufügen müßte:

4. Gott ganz für die Menschen

Formulieren wir auch dieses dritte Glied unserer Formel wieder in einer These:
Daß Jesus als Urbild von Liebe und Glaube eine befreiende Einladung an uns zum befreienden Glauben an Gott ist, erschließt sich nur im Blick auf seine Auferweckung, denn diese erweist Jesus als Gott ganz für die Menschen.
Es ist ganz richtig: Jesus wäre nur Gericht über unser Versagen, wenn weiter nichts über Jesus zu sagen wäre, als daß das Bild, das er uns vor Augen hält, im Tode erloschen ist. Er wäre dann nur ein moralisches Vorbild, gegeben gewiß durch einen großen Charakter, wie es aber gottlob in der Menschheitsgeschichte nicht allein steht. Daß in Jesus mehr als nur ein richtendes, vielmehr zugleich ein befreiendes Wort in unser Leben gesagt ist, das sehen wir, nicht anders als die ersten Jünger, erst dann, wenn wir uns auf das Zeugnis von seiner Auferweckung einlassen. Hier liegt das unbezweifelbare Wahrheitsmoment der These Bultmanns, daß das neutestamentliche Osterzeugnis das Kreuz Jesu als befreiendes Gericht Gottes *interpretiert*. Erst indem wir an Jesu Auferweckung glauben lernen, können wir begreifen, daß das Kreuz und überhaupt das ganze Leben und Wirken Jesu in der beschriebenen Weise befreiend und nicht nur anklagend mit uns zu tun bekommt. Denn erst im Glauben an Jesu Auferweckung wird deutlich, daß der Gott, von dem Jesu gekündet, auf den hin er gelebt und in dessen Namen er gehandelt hat, sich tatsächlich mit Jesus identifiziert; daß es also kein verzweifelter Heroismus, sondern ein Tun aus Hoffnung ist, wenn wir bis in alle Abgründe unseres Schicksals an Gott als Sinn, Rettung und Vollendung unseres Lebens festhalten und uns zu einer Liebe beanspruchen lassen, die sich selbst nicht mehr bewahren muß. Denn wenn Gott sich so hinter den einzigartigen Menschen stellt, in dessen Lebensweg und Todesgeschick er den öffentlichen Untergang seiner eigenen Sache, seiner »Herrschaft« in der Welt »in Kauf nimmt«, dann kann kein menschlicher Untergang noch länger ein Einwand gegen den Glauben an seine siegreiche Macht in seiner gekreuzigten Ohnmacht sein.
Die Identifikation Gottes mit Jesus, die in seiner Auferweckung gewissermaßen aktenkundig wird, offenbart darum – in jenem Zugleich von Offenbarung und

Verhüllung, in der der biblisch-christliche Glaube das Wort »Glaube« allein in den Mund nimmt –, daß in Jesus Gott selbst ganz für die Menschen eingetreten und »da« ist. Das Geheimnis, das von jeher so konsternierend und gerade auch anklagend Anspruch, Leben, Wort und Wirken Jesu gewissermaßen durchbebte, trägt einen sehr bestimmten und zugleich alle Bestimmungen sprengenden Namen: Gott. Jesus ist »Gott mit uns«, nicht im Sinne platter Identifikation, wie früher oft genug gesagt,[29] aber erst recht nicht im Sinne überbetonter Unterscheidung, bei der das Christusereignis seine befreiende Kraft einbüßt.

III. Theologische Überprüfung

Wollen wir die vorgeschlagene und hier kurz erläuterte Grundformel einer vor der und für die Gegenwart verantworteten Christologie theologisch überprüfen, dann müßte das dadurch geschehen, daß wir alle einzelnen Details, die wir im Verlauf unserer Vorlesung durchgedacht haben (und noch manches andere mehr) zu dieser Formel in Beziehung setzen und zusehen, ob es in ihr erfaßt ist. Die Formel wäre dann bewährt, wenn sich diese Details entweder sinnvoll in eins der drei Glieder unserer Formel einfügen oder, umgekehrt, sich an ihr als Elemente einer Verstehenssituation erweisen, die gegenüber derjenigen, der unserer Formel Rechnung tragen will, als vergangen zu beurteilen ist. Wir brauchen und können die theologische Überprüfung so intensiv jetzt nicht mehr durchführen. Doch sollen einige Gesichtspunkte, die sich wie ein roter Faden durch unsere Fragen und Überlegungen immer wieder durchgezogen haben, kurz mit der Formel in Verbindung gebracht werden.

1) Die Formel ist von vornherein *als* Formel für das Geheimnis der Person Jesu *soteriologisch*. Alle drei Glieder der Formel stellen Jesus als das Heil des Menschen vor uns. Sie sagen von Jesus heiles menschliches Dasein gerade da aus, wo wir uns im Unheil erfahren und uns nach Heil sehnen. Und sie sagen von dem Ereignis, welches Leben, Wort, Wirken, Sterben und die Auferweckung Jesu insgesamt darstellen, daß das in ihm uns anschaulich gewordene und angebotene Heil kein Gebilde aus Menschenkraft ist, das uns notorisch über kurz oder lang wieder enttäuschen muß, sondern auf einem transzendenten Grund ruht, der mehr als nur Menschenmacht hat. Zugleich ist man mit dieser soteriologischen Beschreibung des Geheimnisses Jesu weit jenseits jeglicher »Christustheorie«, auch noch jenseits jener legitimen Formen metaphysischer Fragen nach Christus, wie sie uns im Hochmittelalter begegnen, dort auch ihre geistesgeschichtliche Legitimität hatten, aber uns heute in *dieser* Form nicht mehr in Pflicht nehmen können[30].

2) Das überlieferte Bekenntnis zur *Gottmenschheit Jesu* ist damit aber *in keiner*

[29] Im dogmengeschichtlichen 7. Kapitel der Vorlesung, wo von dem Problem der »Idiomenkommunikation« die Rede sein muß. Vgl. auch w. o. S. 149.

[30] Dies ist darum auch kein Einwand gegen W. Kasper, Theologie und Kirche, Mainz 1987, 16f – denn es geht hier nicht um die Unausweichlichkeit der metaphysischen Frage überhaupt, an der gar kein Zweifel sein kann, sondern um ihre traditionell-abendländische, also griechisch geprägte Gestalt.

Weise zurückgenommen. Im Gegenteil, es ist eher in seiner auch traditionellen Paradoxie nur noch stärker beleuchtet. Statt daß auch nur von ferne einer »Baukasten-Christologie« eine Handhabe geboten würde, in der Christus als aus göttlicher und menschlicher Natur nachträglich mittels der Einheit des göttlichen Logos »zusammengesetzt« zu denken wäre, erscheint das, was die Tradition die »Gottheit« Christi nennt, nirgendwo anders als in einer radikalen Menschlichkeit einerseits, die anderseits totale Bindung an Gott ist. Anders ausgedrückt: Was an Jesus Christus »göttlich« ist, das ist seine *übermenschliche* Art, *menschlich* zu lieben und zu glauben. In diesem Sinne befinden wir uns hier durchaus auf der Linie der ganz spekulativ ausgedrückten These von Karl Rahner, daß Anthropologie defiziente Christologie ist.[31] Und weil Karl Rahner diese These gerade in kritischer Analyse der Formel von Chalkedon entwickelt, kann man auf dem Wege dieser Vermittlung sagen, daß unsere Formel durchaus auf dem Boden des altkirchlichen Bekenntnisses steht. Wenn wir überdies bedenken, daß die Spitze des Bekenntnisses von Chalkedon im Unterschied zu Nikaia gerade darin besteht, die volle *Menschlichkeit* Jesu zu betonen, dann sind wir mit unserer Formel sogar noch mehr auf chalkedonischem Boden als die traditionelle (Schul-)Christologie.

3) Vielleicht ist der größte Vorzug unserer Formel, daß sie die *Frage nach Christus* als Frage nach dem Heil *identifiziert mit der Frage nach Gott*. Das war schon die Frage, die wir als heimlichen Unterton in der ganzen vielfältigen modernen Frage nach Jesus heraushörten. Wir fragen nach Gott im Unheilserlebnis scheiternder Mitmenschlichkeit. Wenn wir ihn anzureden, an ihn zu glauben, von ihm zu sprechen wagen, ist die lebendige Realität, die solches Reden trägt, die heilgewordene Mitmenschlichkeit – sagen wir es schlicht: die Liebe in all ihren Variationen von der höchsten bis zur lächerlichsten – oder wenigstens die allen Anfechtungen trotzende Hoffnung darauf. Wenn wir Gott erfahren, erfahren wir ihn als Innengeheimnis, als Unbedingtheit der Mitmenschlichkeit.[32] Natürlich ist Gott viel mehr als das. Aber hier vor allem und besonders sehen wir die »Rückseite« seiner Erscheinung (vgl. Ex 33, 23). Wie kommen wir zu solchem Glauben an Gott? Weil Gott sich uns – unserer Zeit – als Innengeheimnis der Mitmenschlichkeit zu bedenken gibt, nicht indem er dies nur sagt, sondern indem er selbst als Grund heiler Mitmenschlichkeit, und das ist: als Grund des Heils sich zeigt in dem Menschen Jesus. In unserer Formel konvergieren also Gottesfrage und Deutung des Geheimnisses Christi. An *Christus* glauben heißt daran glauben, daß *Gott* unter uns ist als unzerstörbarer Grund des Heils. Ja, noch einen Schritt weiter: Der Glaube darf nun Christus, *weil* er ihn als den Menschen ganz für andere, als den Menschen ganz für Gott, und als Gott ganz für die Menschen bekennt, auch als *Gott* anreden, weil das nichts anderes heißt, als Gott an genau der Stelle anzurufen, wo gerade heute die Welt für Gott transparent ist: am Ort unheiler, aber allem Augenschein zum Trotz des Heiles fähiger Mitmenschlichkeit.

Um Mißverständnisse auszuschließen: Dieser Gott, der sich in Jesus Christus zeigt, ist gewiß die Erfüllung der Sehnsucht des Menschen, die Antwort auf sein

[31] S. w. o. S. 120 im vorangehenden Beitrag.
[32] Vgl. w. o. S. 77–86.

zielloses Fragen, die alles bestimmende Wirklichkeit, das oft nur von ferne erahnte Geheimnis, auch die Aufhebung unserer Schuld, das Leben selbst, dem kein Tod gewachsen ist. Aber: Dieser Gott ist auch der, der alle Erwartungen der Menschen enttäuscht – das wird gerade im Kreuz Jesu deutlich. Dieser Gott ist nicht einer, den wir vor den Karren unserer Wünsche spannen könnten. Er ist der Gott, der, indem er unser Heil zu sein uns anbietet und uns nahekommt, uns zugleich klarmacht, daß unser Heil von ganz anderer Art ist, als wir es uns vielleicht vorstellen, jedenfalls nur um den Preis der Einsicht zu haben ist, daß wahre Freiheit und wahre Vollendung des Menschen nicht durch unsere Anstrengung, sondern gerade dadurch kommt, daß wir uns selbst aufgeben und uns ihm überlassen. Nur in seinem *Dienst* können wir *Herren* sein.

4) Ein letzter, aber alles andere entscheidender Vorzug unserer Formel ist, daß sie sich nicht als Tatsachenfeststellung gibt, die nach der Methode »friß Vogel oder stirb« anzunehmen ist, sondern als *Glaubenseinladung* – und damit unserer Absicht entspricht, »fundamentaltheologisch« von Christus zu reden. Man kann nicht »feststellen«, daß Jesus Christus der Mensch ganz für andere, der Mensch ganz für Gott, und schon gar nicht, daß er Gott ganz für die Menschen ist. Jedes der Glieder unserer Formel, so sehr es auch historisch zu belegen sein mag, ist zuletzt keine Feststellung, sondern die Einladung, ein in seiner Deutung durchaus ambivalentes historisches Material unter dem Vorzeichen unserer Heilsfrage glaubend gewissermaßen zu durchleuchten. Wer hindert denn einen »neutralen« Leser des Neuen Testamentes daran, zu sagen: Es ist ja klar, daß die neutestamentlichen Schriftsteller Jesus nur im besten Licht darstellen; er wird auch schon seine Fehler gehabt haben so wie wir!?

Diese einfache Überlegung zeigt, wie sehr selbst ein überzeugter Nichtchrist wie Machoveč durch die Art seiner Jesusdarstellung sich heimlich schon in den Anspruch der Glaubenseinladung hineinbegeben hat, auch wenn er sich nicht in der Lage sieht, den expliziten nächsten Schritt zu tun. Umgekehrt können wir sagen: Um so weniger brauchen wir Hemmungen zu haben oder uns einer »Verkürzung« des Glaubens schuldig zu fühlen, wenn wir in ähnlicher Weise unsere Christusverkündigung in dem in der Formel angedeuteten Dreischritt aufbauen: den Menschen Jesus als Urbild der Mitmenschlichkeit, als »Anführer« des Glaubens durch alle Abgründe hindurch zu zeichnen und zu zeigen, wie gerade darin an uns die Einladung ergeht, daran zu glauben, daß in diesem einen geschichtlichen Menschen Gott selbst sich ganz auf die Seite der Menschen gestellt hat, weil solcher Glaube und solche Liebe nur als radikales Geschenk, und das heißt nur durch Gott selbst möglich sind.

Eben deshalb bedeutet die vorgeschlagene Formel ja auch keineswegs eine »humanistische« oder »ethische« Verkürzung der christlichen Botschaft. Der Sinn der Formel ist ja nicht: Weil Jesus uns dies alles vorgelebt hat, *müssen* auch wir... Vielmehr ist der Sinn der Formel: Weil es Jesus als den Menschen ganz für andere und den Menschen ganz für Gott und darin als das Mitsein Gottes mit uns gibt, gibt es Heilshoffnung und Heilsmöglichkeit für die Menschen, das heißt Hoffnung, daß Gott alles gut macht, weil und wie er es in Jesus prototypisch schon getan hat – einschließlich seiner Auferweckung von den Toten. Daraufhin müssen natürlich auch wir in neuer Weise leben, aber eben nicht, weil wir es »müssen«, sondern weil wir es nun mit Hoffnung *dürfen* und überdies aus geheimstem Sehnen unserers Herzens auch *wollen*.

Um es zusammenfassend noch einmal zu verdeutlichen:
Unsere Formel stellt *Jesus Christus als Einladung zum Glauben an Gott* vor Augen. Das hat einen negativen und einen positiven Sinn.
a) Der negative Sinn: Mögen auch Marxisten heute Jesus als »Menschen, der ganz für andere da war«, anerkennen und Historiker feststellen müssen, daß Jesus sich als »Mensch ganz für Gott« verstanden hat, so sind doch weder die Fakten einer anderen Deutung absolut entgegen, noch ist die Konsequenz, in Jesus sei »Gott ganz für die Menschen« gegenwärtig, rein logisch erzwingbar – dazwischen steht ja das Osterzeugnis des neuen Testamentes, und die Deutung der Fakten hängt davon ab, wie wir *dazu* Stellung nehmen. Nur wenn uns die Osterbotschaft in all den erläuterten Zusammenhängen – der bestätigte Verkünder, die bestätigte Verkündigung, das bestätigte »Gottesbild« und der vorweggenommene Beginn der Herrschaft Gottes – zum Grund des Glaubens an den Gott Jesu Christi wird, zeigen sich die historischen Fakten in einer Weise, die unsere Formel rechtfertigt. Eine *Deutung* bleibt sie allemal und nimmt darum teil an der Einladung, sich auf sie einzulassen. Der Entschluß zu gerade *dieser* Deutung, genannt Glaube, ist *begründet*, er ist nicht absurd, aber wissenschaftstheoretisch – unter Voraussetzung des modernen Wissenschaftsverständnisses – ist sie eine *Hypothese*, die aufgrund einer persönlichen Entscheidung, wie sie mit dem Vollzug des Glaubens verbunden ist, angenommen wird, aber ihre Plausibilität im Konzert anderer Deutungen durch nichts anderes bewähren muß und wird als durch ihre Deutungskraft selbst. Das ist also der negative Sinn der Formel: Sie ist keine Zusammenfassung von Tatsachenfeststellungen, sondern »nur« Einladung zu der Deutung, die der Glaube den Tatsachen gibt.
b) Der positive Sinn: Jesus Christus, das will die Formel sagen, ist durch sich selbst der Verweis auf das definitionsgemäße Thema des Glaubens, auf Gott. Der Entscheid für die Glaubens-»Hypothese« in der Deutung Jesu Christi wäre rein dezisionistisch, wenn er seinen Anhalt nicht gerade in dem hätte, was in Jesus Christus zur Sprache kommt. In Person, Leben, Wort, Wirken und Sterben Jesu und im Zeugnis von seiner Auferweckung ist aber eine Gesamtdeutung menschlichen Lebens zur Debatte gestellt, die beim Vergleich mit unserer menschlichen Selbsterfahrung in Welt und Mitwelt sich als genau das erweist, was wir mit dem Namen »Gott« meinen – und zugleich als ent-täuschende Überbietung aller anderen Gotteserfahrung, sogar der Israels. Nicht also, indem man es glauben *muß*, sondern indem man es glauben *darf*, ist Jesus Christus *die* Glaubensfrage. Und unsere Formel stellt ihn thematisch als solche dar durch die Bezugsetzung zwischen seinem Personengeheimnis, der Frage der Menschen nach sich selbst und Gott als dem Woraufhin dieser Frage. Wer sich auf die Einladung einläßt, entscheidet zugleich die »Hypothese« zur persönlichen, existentiellen Gewißheit und damit zu jener Art existentieller Wahrheit, die Entscheidung nicht aus-, sondern einschließt.
Im übrigen haben wir am Schluß dieses Abschnittes nur zu wiederholen, was uns schon Anselm von Canterbury in seiner Christologie eingeschärft hat: Wie bei jeder Formel muß ihr Defizit gegenüber der je größeren Wirklichkeit, die sie

sagt, deutlich bleiben.[33] Der Sinn der Formel wäre total verfehlt, wenn ausgerechnet nun mit ihr das betrieben würde, was man gewissen Formulierungen der Tradition vorgeworfen hat: Jesus und in Jesus Gott »verfügbar« zu machen. Von sich her macht die Formel Gott nicht verfügbar, wie sich unschwer bei einem Blick auf die verwendeten Worte zeigt. Aber man kann diese Formel wie viele andere der Vergangenheit auch mißbrauchen, und bei neuen Formeln ist die Gefahr des Mißbrauchs deswegen viel größer, weil ihr Denkhorizont uns viel verwandter, der intellektuelle Optimismus also viel naheliegender ist. Die Zeit, die eine theologische Formel prägt, steht auch immer in der größten Gefahr, sie zu überfordern und damit zu mißbrauchen. Unsere Formel kann nicht zum Ziel haben, daß wir »es nun wissen«, sondern daß sie dazu anleitet, für die Menschen unserer Zeit geeignetere Reflexionsbegriffe und schließlich auch Verkündigungsworte zu finden, die das Geheimnis Christi als Heilsgeheimnis Gottes für die Menschen unserer Zeit ansagen und zur Entscheidung vor Augen stellen können. Weil dieses Geheimnis *bleibt*, ist es keine Kapitulation vor der Forderung, klare Aussagen zu machen, wenn man sagt: Schon die altkirchlichen Bekenntnisse und erst recht die neue Formel sagen nicht, wer Jesus *ist*, sondern sie stellen die Glaubenden vor die *Frage*, die *lebenslang* glaubend zu denken und glaubend zu bekennen aufgibt: Wer ist dieser Mensch? Vielleicht ist es nicht falsch, diese Frageform der Christusaussage, die immer wieder an seinem Geheimnis aufbricht, für das der Neuzeit gemäße Gegenstück zu halten zu den begrifflich präzisierten Antithesen des altkirchlichen Glaubenszeugnisses.

IV. Konsequenzen

Aufgrund unserer Überlegungen dürften folgende Konsequenzen, die ich thesenhaft formuliere und kurz erläutere, wohl kommentarlos einleuchten.

1) Christen *können* selbstverständlich auch heute nach wie vor ihr Christusbekenntnis im Wort- und Begriffsfeld der altkirchlichen Formeln ablegen und vollziehen, zum Beispiel und vor allem in der Liturgie.

Unsere theologische Grundformel versteht sich nicht im ausschließenden Sinne als Alternative zu den altkirchlichen Bekenntnissen – schon wegen des Unterschiedes zwischen Bekenntnisformel und theologischer Grundformel nicht –, sondern als Hilfsversuch für Menschen, die an Christus glauben wollen, sich aber durch nicht mehr zurückzugewinnende Denkvoraussetzungen, wie sie hinter den altkirchlichen Bekenntnissen stehen, daran gehindert sehen. Der Beweis für diese einschränkende Konsequenz liegt ja schon allein in der großen Zahl moderner fruchtbarer Interpretationsbemühungen um die altkirchlichen Bekenntnisse, Bemühungen, die Menschen, fragenden Geistern unserer Zeit, geholfen haben und noch helfen. Der Gesichtspunkt, unter dem ich meine theologische Formel geprüft sehen möchte, ist also nicht die Frage, ob sie die altkirchlichen Bekenntnisse *ersetzen*, sondern, ob sie, in der erläuterten Funktion,

[33] Vgl. Anselm, Cur Deus homo?, I 2: »Was auch immer ein Mensch darüber [über die Erlösung] zu sagen vermag – es bleiben immer noch tiefe Gründe für eine solche bedeutende Sache verborgen.«

neben diesen Bekenntnissen *bestehen* kann, ob also der Boden für sie hinreichend freigelegt werden konnte.

2) In Verkündigung und Seelsorge ist davon auszugehen, daß jede wie auch immer variierte Form der Frage: »Wer ist dieser Mensch?«, den Fragenden zum Christen macht.

Dies folgt aus dem schon früher[34] ausführlich bedachten biblischen Befund, der den Glauben an Jesus nicht an das Bekenntnis zu einer bestimmten Christusformel oder gar zu einer »metaphysischen Gottessohnschaft« knüpft. Es folgt ferner aus dem Umstand, daß das artikulierte Bekenntnis zu seiner »Gottheit« als solches noch gar nichts besagt, weil das Wort »Gott«, soll es Gott nicht verfügbar machen, am Ursprung ein Vokativ ist und nur davon, von der Anrede, abgeleitet auch in die Er-Form der Aussage überwechseln darf. Die Bekenntnis*aussage*: »Jesus ist Gott«, sichert gerade noch nicht gegen das, was unbedingt verhindert werden muß: daß aus dem Christusglauben ein harmloses Gott-haben wird, bei dem das Geheimnis Gottes alle Erschütterungskraft einbüßt. Wir wissen ja von der Alltagwelt bis hin in die höchsten philosophischen Bemühungen (Karl Jaspers![35]), wieviel an Vorwürfen der Unglaubwürdigkeit eine Praxis, die den genannten Verdacht mehr als nahelegt, dem christlichen Glauben eingetragen hat und noch einträgt. Was den Christen macht, ist niemals die fixe Antwort, die er spricht, sondern der Ernst der am Umgang mit Jesu Wort und Tun immer wieder erstaunt aufbrechenden *Frage*: »Wer ist dieser Mensch?« – auch da, wo die Antwort vielleicht nur die bescheidene Feststellung der galiläischen Hörer des Herrn hervorbringt: »So etwas haben wir noch nicht gesehen!«

3) Aus dem Gesagten folgt sowohl die christologische Grundlegung christlicher Ethik wie auch die Legitimität christlicher Deutung allen ethischen Verhaltens.

Weil Jesus als Mensch für andere da ist, gibt es Hoffnung, daß menschliches Füreinander einen Sinn hat und im christlichen Handeln schon jetzt ein »Angeld« kommender, Heil schaffender Vollendung sehen darf. Das ist der Ansatz christlicher Ethik.[36] Gleichzeitig folgt daraus aber auch, daß jedes mitmenschlich-ethische Verhalten bewußt oder unbewußt Vollzug und anfängliche Verwirklichung jener Hoffnung ist, die Christus durch sein Sein gibt. Wenn man auf chalkedonischem Boden alle Anthropologie defiziente Christologie nennen konnte, weil in Christus das Bild des vollkommenen Menschen enthüllt ist (Rahner), dann muß man ähnlich auf dem Boden unserer Formel sagen können: Alles ethische Verhalten ist defiziente Christusverähnlichung. Damit ist, pastoral gesehen, grundsätzlich die Legitimation gegeben, die Christusfrage von der ethischen Erziehung her aufzubauen und das Maß an Ausdrücklichkeit christlichen Bekenntnisses ohne jede Angst ganz von der situationsbedingten Fassungskraft

[34] Im 6. Kapitel der Vorlesung.

[35] Vgl. K. Jaspers, Der philosophische Glaube angesichts der Offenbarung, München 1962; zur Auseinandersetzung vgl. H. Fries, Ärgernis und Widerspruch. Christentum und Kirche im Spiegel gegenwärtiger Kritik, Würzburg ²1968, 41–99.

[36] Vgl. O.H. Pesch, Frei sein aus Gnade (s. Anm. 17), 371f; 405–410.

der Adressaten der Verkündigung abhängig zu machen – wie es Jesus selbst getan hat[37].
4) Die entscheidende Form, die Gottheit Jesus zu bekennen, ist nicht die theoretische Aussage, sondern die betende Anrede.
Denn für das Christusbekenntnis gilt uneingeschränkt, was auch für das Reden von Gott gilt: Wo es sich um Gott handelt, ist die Grundform der Rede die Anrede und nur davon abgeleitet die theoretische Aussage. Erinnern wir uns an den schon angemahnten doxologischen Charakter dogmatischer Rede! Nur in der Anrede an Christus kann aufgehen und durchgestanden werden, was es heißt: Er ist Gott, Gottes Sohn. Ebendies ist aber dann auch schon gesagt, sobald ich überhaupt Christus betend anrede, etwa als Herrn, oder als Bruder – auch wenn die Vokabel Gott dabei nicht gebraucht wird. Das führt zu einer abschließenden Bemerkung:
5) Wer sowohl Funktion und Tragweite der altkirchlichen Formeln und unserer (oder jeder anderen) neuen Formel genau im Auge behält, wird auch, wenn sie/er nicht mehr chalkedonisch denken kann, keinesfalls inkonsequent und unehrlich, wenn sie/er das Credo oder die alten christologischen Gebete der Liturgie betet.
Jede Formel werden wir betend aufschließen auf das hin, was in ihr in unsere Sehnsucht und Hoffnung hinein gesagt ist. Weil wir in *keiner* Formel des Geheimnisses wirklich habhaft werden, werden wir es in *jeder* bekennen und preisen können. Und wer einmal glauben gelernt hat, daß uns in Jesus Gott auf dieser leidgequälten und auf Liebe hoffenden Erde als Retter begegnet ist und immer begegnet, wird, so wie dieser Glaube an Tiefe gewinnt, immer unbefangener zu dem *Menschen* Jesus sagen und sagen dürfen:
»Du allein bist der Heilige, Du allein der Herr, Du allein der Allerhöchste.«

[37] Damit wird also gewissermaßen der Gedanke des »anonymen Christen« ausgedehnt und angewandt auf die religiöse Erziehung für eine nach-christliche Zeit in einem traditionell christlich geprägtem Kulturraum.

EINHEIT DER KIRCHE – EINHEIT DER MENSCHHEIT

Eine theologische Besinnung (1978)

I. Erinnerungen – statt einer Einleitung

Fangen wir mit einigen einfachen Erinnerungen an. Gewiß haben wir das Gefühl, daß unser Thema: *Einheit der Kirche – Einheit der Menschheit*, nicht nur »interessant« ist, sondern wichtig – für die Zukunft der Kirche ebenso wie für die Zukunft der Menschheit, sofern wir überzeugt sind, daß die Kirche für die Menschen Bedeutung hat. Nun mag es zwar sein, daß unser Thema in *dieser* Formulierung einigermaßen neu ist, vielleicht erst in den letzten Jahrzehnten ins Bewußtsein trat. Anderseits haben wir gewiß dazu sofort einige Einfälle, wir sind nicht ahnungslos gegenüber dem Problem, das mit diesem Thema angesprochen ist. Deshalb tun wir gut daran, zuerst einmal »einzusammeln«, was wir zu unserem Problem schon wissen, was wenigstens eine Reihe fachkundiger Leute – Theologen zum Beispiel, aber nicht *nur* Theologen – zu unserem Thema seit jeher wissen und was wir alle zu der zugespitzten Problematik unseres Themas heute zumindest ahnen.

1. Was wir alle wissen

Schon in unseren Kindertagen haben wir gelernt, daß alle Menschen »Kinder ihres Vaters im Himmel« sind. Ob sie das wissen und bewußt glauben oder nicht – es ist so. Ob sie es glauben, aber nicht immer entsprechend leben – es bleibt grundsätzlich doch dabei. Am Ende wird Gott seine Kinder richten, und wer mit Wissen und Willen nicht Gottes Kind sein will, wird nicht gezwungen: Aus Kindern können verlorene Söhne werden. Doch es muß schon allerhand geschehen, bis Gott seine Kinder »verwirft« und aus seiner Nähe »verstößt« – wir sind mit Recht gewohnt, da die Maßstäbe sehr hoch anzusetzen. Diese Gotteskindschaft ist die tiefste Einheit der Menschheit, die alle anderen Weisen von Einheit umgreift und alle Unterschiede unterfängt. Gewiß weiß nur der Glaube an Gott um diese tiefste Einheit, die nur am bewußten Unglauben ihre entzweiende Schranke findet – aber die gute Nachricht davon kann keinen Menschen im Ernst gleichgültig lassen.
Eben deswegen sind wir von Kind an überzeugt, daß weltweite Mission eine elementare Notwendigkeit des christlichen Glaubens ist. Die frohmachende Wahrheit, daß Gott uns alle geschaffen hat und unwiderruflich liebt, können wir nicht für uns behalten. Sie ist es wert, daß alle Menschen davon erfahren und des gleichen Glaubens froh werden, der uns froh macht und froh machen *soll*. Ebensowenig darf man die Gefahr verschweigen, daß Menschen auch verloren-

gehen können. Wir halten es daher auch heute noch für selbstverständlich, daß Priester, Ordensschwestern, Brüder, Lehrer, Ärzte, kirchliche Entwicklungshelfer in alle Welt hinausgehen und durch Wort und helfende Tat diesen Glauben an die Einheit aller Menschen unter dem Schöpfer- und Vatergott bezeugen und weitergeben. Und wir würden es für egoistisch halten, dagegen einzuwenden, daß wir diese guten Leute doch auch sehr vorteilhaft bei uns zu Hause einsetzen könnten. Auch dann noch – wenn auch unter Schmerzen –, wenn es sich um den eigenen Sohn, die eigene Tochter handelt. Und wir finden es auch selbstverständlich, wenn ein- oder mehrmals im Jahr für Zwecke der Mission in der Kirche eine Kollekte gehalten wird. Wir freuen uns und sind ein wenig stolz, wenn wir von Erfolgen der christlichen Mission hören; wenn die Kirche dort Wurzeln schlägt, wo ihr bisher der Zugang verschlossen schien; wenn in diesem und jenem Missionsgebiet bereits Staatsmänner regieren, die unserer Kirche angehören – wenn also die Einheit der Menschheit im einen Glauben der Kirche so sichtbar in Erscheinung zu treten beginnt.
Es ist uns darum auch nie in den Sinn gekommen, daß die Menschen *als Menschen* untereinander nicht gleich sein könnten. Gewiß, wenn eine europäische Tochter sich einen afrikanischen oder asiatischen Bräutigam aussucht, dann sehen wir dem mit gemischten Gefühlen zu, selbst wenn der Bräutigam unseren Glauben teilt. Aber das, denken wir, steht auf einem anderen Blatt. Niemand jedoch wird sagen, die Menschen in Schwarzafrika oder Lateinamerika oder wo immer in den Ländern der sogenannten »Dritten« oder »Vierten« Welt seien weniger Menschen als wir, ihre Würde dürfe ruhig mit Füßen getreten werden. Im Gegenteil, hat nicht gerade die christliche Mission alles getan, den Menschen ihre Würde bewußt, ihr Menschsein menschlicher zu machen?
Die Einheit der *Kirche*, so denken wir dann, ist die sichtbare Form, in der die Menschen ihre Einheit als Geschöpfe Gottes erleben. Sie drückt sich darin aus, daß überall auf der Welt der Name dessen im Bekenntnis angerufen wird, der uns den Zugang zu unserem Vater im Himmel geöffnet hat: Jesus Christus, der menschgewordene, gekreuzigte und auferweckte Sohn dieses Gottes, unser Bruder im Leben, Leiden und Tod – und in todüberwindendem Leben. Überall auf der Welt wird das Wort von ihm verkündet, wird die Taufe auf seinen Namen gespendet, wird sein Mahl gefeiert. Und so wundert es uns nicht, wir halten es vielmehr für richtig, daß es überall auf der Welt wie bei uns in Europa und in Deutschland Pfarreien, Diözesen und Erzdiözesen gibt, geleitet von einheitlich ausgebildeten und von der Kirche gesandten Amtsträgern: Bischöfen, Pfarrern und Religionslehrern. Die Einheit der Kirche erscheint als einheitliche organisatorische Struktur, als einheitliche, auch rechtlich verfaßte Institution – und eben dadurch, so scheint es doch, ist jene einheitliche Verkündigung des Glaubens und jenes einheitliche Zusammenleben im Glauben gewährleistet, das die Einheit der Menschheit erlebbar macht. Auch das einheitliche Kirchenrecht der katholischen Kirche dient so der Einheit der Menschheit im Glauben an Gott. Und wer je miterlebt hat, wie Tausende und Zehntausende von katholischen Christen aller Hautfarben aus allen Kontinenten auf dem Petersplatz in Rom und in der Peterskirche gemeinsam das *Credo* sangen – wie sollte der nicht auf den Gedanken kommen, daß diese Einheit der Kirche und die Einheit der Menschheit sich aufs schönste verbinden und daß es aller Anstrengungen bedarf, diejenigen, die

noch nicht zu dieser Einheit der Kirche gehören, ihr zuzuführen, und zwar um der Einheit der Menschheit willen? Die sichtbare Einheit der Kirche in Glaube und Gemeinschaftsstruktur scheint die gelungene Verwirklichung des Apostelwortes: »Da gilt nicht mehr Jude und Grieche, nicht Sklave und Freier, nicht Mann und Frau; denn alle seid ihr eins in Christus Jesus« (Gal 3,28).

2. Was wenigstens einige wissen

Wenigstens einige – die aus Berufsgründen oder Interesse sich näher mit der Sache beschäftigen müssen – wissen nun freilich auch, daß die schöne Harmonie von Einheit der Kirche und Einheit der Menschheit nie ganz unproblematisch war. Zwar hat die junge Christengemeinde bald den universalen, nationale und religiöse Grenzen überschreitenden Anspruch ihrer Glaubensbotschaft begriffen. Jesus selbst hat sich mit seiner Predigt der Herrschaft Gottes, von gelegentlichen Abstechern ins Heidenland abgesehen, ausschließlich an Israel gewandt: Das Volk Gottes wollte er sammeln und für die Herrschaft Gottes bereiten, damit sie durch dieses unter seinem Gott gesammelte Volk allen Menschen zugute komme. [1] Die Auferstehung des von Israel Verworfenen und Gekreuzigten hat die Universalität der Herrschaft Gottes auf andere Weise eröffnet: Das Zeugnis vom erhöhten Herrn, durch dessen Geist Gott das Volk der Endzeit beruft, geht durch die Auferstehungszeugen nun durch die ganze Welt. [2] Der ganzen Welt ist dieses Zeugnis zugedacht; die ganze Welt muß mit dem Evangelium bekannt gemacht werden, bis der Herr wiederkommt. So bewirkt der Universalanspruch des Evangeliums eine unvorstellbare Missionsaktivität für die ganze Menschheit, das heißt für die ganze damals bekannte Welt. Liest man im Römerbrief im 15. Kapitel die Verse 14–32, dann gewinnt man den Eindruck: Paulus fühlt sich damit im Osten schon am Ziel – nur der Westen, Spanien, fehlt noch, und dahin will er auf dem Weg über Rom.[3] Also Einheit der Menschheit (soweit man eben

[1] Diese übereinstimmende Meinung heutiger neutestamentlicher Exegese kann man sich – mit weiteren Literaturangaben – vor Augen führen bei U. Horst, Umstrittene Fragen der Ekklesiologie, Regensburg 1971, 11–24; und bei J. Feiner/L. Vischer (Hg.), Neues Glaubensbuch. Der gemeinsame christliche Glaube, Freiburg [13]1975, [[17]1984], 131–141 (R. Pesch) und 334–343 (W. Trilling). Vgl. ferner J. Blank, Jesus von Nazareth. Geschichte und Relevanz, Freiburg 1972, 134–150; H. Küng, Christsein, München 1974, 274–276, und schon Ders., Die Kirche, Freiburg 1967, 88–99; K. Rahner, Grundkurs des Glaubens, Freiburg 1976, 317–325.

[2] Vgl. U. Horst, aaO., 44-65; Neues Glaubensbuch, 344–352; auch 213–215; 234–241; 280–290; H. Küng, Christ sein, 359–382; Ders., Die Kirche, 99–127; Rahner, ebd.; ferner O.H. Pesch, Rechenschaft über den Glauben, Mainz 1972, [[3]1983] 67–125; W. Kasper, Einführung in den Glauben, Mainz 1972, 57–70; Ders., Jesus der Christus, Mainz 1974, 181–188; E. Schillebeeckx, Jesus. Die Geschichte von einem Lebenden, Freiburg 1975, 335–351; und jüngstens G. Lohfink, Universalismus und Exklusivität des Heils im Neuen Testament, in: W. Kasper (Hg.), Absolutheit des Christentums, Freiburg 1977, 63–82.

[3] Die berühmten Verse waren und sind Gegenstand einer lebhaften Diskussion der Exegeten, in der es um die historische Entstehungssituation und die mit dem Römerbrief verfolgte Absicht des Paulus geht. Vgl. O. Kuss, Paulus. Die Rolle des Apostels in der theolo-

wußte) in der Einheit der Kirche? Nein, doch nicht! Paulus weiß und hat am eigenen Leib erfahren, daß die Mission nicht notwendig zur Bekehrung führt, ja sogar ausgesprochen erfolglos sein kann. Worauf es Paulus ankommt und wozu er sich gesandt, ja geradezu physisch getrieben weiß, ist nicht, die Menschheit *zu einen* im Glauben an die in Jesus eröffnete Herrschaft Gottes, sondern *aus* allen Völkern die von Gott Berufenen zu sammeln. Nicht umsonst sind ihm die Glaubenden die »erwählten« und »berufenen Heiligen« – die »ekklesía«[4]! Dafür freilich muß er bis an die Enden der Erde – und seine Kräfte sparen, wo andere schon gepredigt haben (Röm 15,20). So liegt eine eigenartige Nervosität über der urchristlichen Mission: so schnell wie möglich das Evangelium überall bekanntmachen – in *einer* Generation muß es zu schaffen sein, damit der Herr, wenn er wiederkommt, das Volk seiner Erwählten nur ja vollständig versammelt vorfinde. Der Rest ist ohnehin Sache der Geschichte Gottes mit jedem einzelnen Menschen – gegebenenfalls Sache seines Gerichtes. Auch einige universalistisch-optimistische Töne bei Paulus und erst recht in den späten Schriften des Neuen Testamentes[5] können nicht überhören lassen, daß die Kirche sich zwar an die ganze Menschheit wendet, sich aber gleichzeitig gerade im äußersten Gegensatz zur »Welt« weiß – also nicht damit rechnet, diese universale Menschheits-Welt in der Einheit des Glaubens zu sammeln.

Mit diesem »exklusiven« Kirchenverständnis und dieser »nervösen« Missionstheologie konnte sich die Kirche nicht lange zufriedengeben. Schon in neutestamentlicher Zeit mußte man sich mit dem Gedanken vertraut machen, daß der Herr nicht so bald wiederkommt, wie man zunächst erwartete: Christus läutet keine kurze »Endzeit« ein, er ist die »Mitte der Zeit«[6]. Und bald tönt es uns aus den Schriften der Kirchenväter entgegen[7], daß das Licht Gottes immer schon und allen Menschen geleuchtet hat, die ihre Augen nicht verschlossen; daß es von Mose zu Platon herüberleuchtete; daß das Wort Gottes, der »Logos«, immer schon in Gestalt »samenhafter Worte« (*logoi spermatikoi*) in den Menschen war; daß jeder Mensch sein innerstes Geheimnis wiederentdecken und erfüllt sehen muß, wenn ihm jetzt die Botschaft vom *menschgewordenen* Logos verkündet wird; daß also Christus die Erfüllung aller Philosophie, aller menschlichen Suche nach Weisheit ist; daß jeder Mensch »mit einer Art ›Liebe auf den ersten Blick‹ den zu erkennen [vermag], den der Mensch schon immer sucht«[8].

gischen Entwicklung der Urkirche, Regensburg 1971, 163–204, bes. die Zusammenfassung 203f; E. Käsemann, An die Römer, Tübingen [3]1974, 375–393; H. Schlier, Der Römerbrief, Freiburg 1977, 427–440; auch 1–9; und U. Wilckens, Der Brief an die Römer. 1. Teilband (Röm 1–5) Zürich–Neukirchen 1978, 43–46.

[4] Vgl. Röm 1,7; 1 Kor 1,2; 2 Kor 1,1; Gal 1,6; 1 Thess 1,4.

[5] Z. B. Röm 3, 25f; 9–11; Eph 1, 9–11; Kol 1,15; Apg 17, 22-31; 1 Tim 2,4. Zu diesen und anderen Stellen vgl. G. Lohfink, aaO. (s. Anm. 2).

[6] Vgl. Horst, aaO., 49f, und vor allem H. Conzelmann, Die Mitte der Zeit. Studien zur Theologie des Lukas, Tübingen [5]1964.

[7] Zum folgenden vgl. den Durchblick in: Neues Glaubensbuch, 42–51 (P. Engelhardt).

[8] P.H. Welte, Die Heilsbedürftigkeit des Menschen. Anthropologische Vorfragen zur Soteriologie, Freiburg 1976, 142. Vgl. auch M. Seckler, Begegnung mit dem Evangelium, in: Ders., Hoffnungsversuche, Freiburg 1972, 34.

Die nächste Krise kam allerdings bald: der Untergang Roms im Jahre 410. Gerade hatte die Kirche ihre Chance begriffen und ergriffen, im Rahmen des christlich werdenden Römerreiches die ganze (damals bekannte) Welt mit ihrer eigenen Einheit zur Deckung zu bringen. Nun treten Einheit der Kirche und Einheit der Menschheit erneut auseinander – und die Einheit der Kirche in Bekenntnis und Lebensform geht Jahrhunderten neuer fortschreitender Lockerung entgegen. Augustinus reagierte mit seiner pessimistischen Paulusinterpretation. Schon lange hatte er den Gedanken der »Erwählung« und »Vorherbestimmung« radikalisiert, um damit auf das Phänomen einer Massenkirche zu antworten, in der nur wenige ihren christlichen Glauben ernst nahmen. Im Kampf gegen Pelagius und seine Anhänger greift er seit 411 verschärfend darauf zurück und liefert damit zugleich ein theologisches Instrument, den Gegensatz zwischen Glaubenden und Ungläubigen überhaupt zu deuten. Was dann einerseits zum denkerischen Lobpreis der Gnade Gottes wird, läßt für die Nicht-Erwählten und darum Nicht-Bekehrten nur noch das grausame Stichwort von der *massa damnata*, von der verworfenen Menge, übrig.[9] Das Mittelalter hat keinen Ausweg aus diesem Pessimismus gewußt – Denkansätze, die aus ihm hätten herausführen können (etwa bei Thomas von Aquin), werden nicht verfolgt[10], und noch Luther hat von seiner augustinischen Prägung her keine Chance für die Heiden gesehen, die dem Evangelium schuldlos nicht begegnet sind.[11] Bis tief in die Neuzeit hinein hat dieser augustinische Pessimismus nachgewirkt. Ein Versuch, wie der des Nikolaus von Kues, alle Religionen als verschiedene Weisen der Verehrung des einen Gottes zu begreifen, wurde zwar nicht verurteilt, aber es ist nichts von ihm ausgegangen.[12]

[9] Näheres vgl. bei B. Lohse, Epochen der Dogmengeschichte, Stuttgart [3]1974, 105–134; G. Greshake, Gnade als konkrete Freiheit. Eine Untersuchung zur Gnadenlehre des Pelagius, Mainz 1972, 193–274; auch Ders., Geschenkte Freiheit, Einführung in die Gnadenlehre, Freiburg i. Br. 1977, 41–56.

[10] Vgl. M. Seckler, Instinkt und Glaubenswille nach Thomas von Aquin, Mainz 1961, 232–258; Ders., Das Haupt aller Menschen. Zur Auslegung eines Thomastextes, in: J. Möller (Hg.), Virtus politica, Festgabe zum 75. Geburtstag von Alfons Hufnagel, Stuttgart 1974, 107–125. Aber nicht einmal Thomas selbst wertet diese Ansätze da aus, wo er sich direkt Gedanken über Glaube und Unglaube macht. Vgl. seine harte Stellungnahme (mit Augustinus!) in: Summa Theologiae II–II 2, 5 ad 1; 10,1: Wenn die Ungläubigen verlorengehen, ist es Erweis der Gerechtigkeit Gottes, werden sie gerettet, ist es Erweis seines Erbarmens; denn die Gnade (des Glaubens) ist nicht einklagbar, sie wird aus Erbarmen gegeben und aus Gerechtigkeit verweigert.

[11] Stellen und Literaturhinweise bei O. H. Pesch, Theologie der Rechtfertigung bei Martin Luther und Thomas von Aquin. Versuch eines systematisch-theologischen Dialogs, Mainz 1967 [[2]1985], 87 Anm. 53 und 54.

[12] Hinweise und Literatur bei K. Lehmann, Absolutheit des Christentums als philosophisches und theologisches Problem, in: W. Kasper (Hg.), Absolutheit des Christentums (s. Anm. 2), 13–38, hier: 15f; W. P. Eckert, Nikolaus von Kues. Für die Eintracht bei Wahrung der Gegensätze, in: Wort und Antwort 10 (1969) 149–153; H. Fries, De pace fidei – Versöhnung im Glauben. Ein Vermächtnis des Nikolaus von Kues, in: H. Fries/U. Valeske (Hg.), Versöhnung. Gestalten – Zeiten – Modelle, Frankfurt 1975, 77–100; [R. Haubst (Hg.), Der Friede unter den Religionen nach Nikolaus von Kues. Akten des Symposions in Trier vom 13.–15. Oktober 1982, Mainz 1984. Der Text: Nikolaus von Kues,

Eines freilich wurde durch diesen Pessimismus nicht geschwächt, im Gegenteil, es wurde eher gestärkt: der Missionseifer. Mochte der durchschlagende Erfolg einer Christianisierung der ganzen Menschheit auch in immer weitere Ferne rücken, jede Neuentdeckung von Völkern, denen das Evangelium noch nicht gepredigt worden war, führte alsbald zu neuen energischen Missionsanstrengungen. So schon im 7. und 8. Jahrhundert gegenüber der Offensive des Islam, im frühen Mittelalter bei den Völkern des germanischen Nordens, im Hochmittelalter bei den Slawen in Osteuropa und – wenigstens beginnend – bei den überraschend in den Blick getretenen Völkern Ostasiens und schließlich in der Neuzeit bei den Völkern der Neuen Welt und Indiens.[13] Mission war die einzige Antwort auf die Erweiterung des geographischen Blickfeldes, und das bedeutet: Die Deckung der einen Kirche und der einen Menschheit rückte zwar in geradezu eschatologische Ferne – aber das Verständnismodell blieb intakt: Einheit der Kirche wurde zur Einheit der Menschheit nur soweit, als sich diese Menschheit in dieser einen Kirche versammeln ließ – und sie blieb dahinter zurück, soweit sie sich der Kirche verschloß.
Dieses verfestigte, keine weiteren Vorstellungen mehr anregende Denkmodell erhielt nun in der Neuzeit eine ungeahnte äußere Verstärkung durch die Kolonialpolitik der europäischen Länder. Gewiß kann man per saldo sagen, daß die christlichen Missionare sich nicht *unmittelbar* mit den politischen oder wirtschaftlichen Interessen der Kolonialmächte identifizierten, und schon gar nicht mit all ihren Methoden. Das 20jährige Mädchen oder der 24jährige Neupriester, die als Missionare nach Afrika gingen, wollten und wollen Christus verkündigen – und nicht vor allem etwa der »Repräsentation des Deutschtums« in Afrika dienen! Aber sie haben doch die politisch und unter Umständen militärisch geschützten Freiräume, die die Kolonialherrschaft ihnen verschaffte, gern genutzt und wenig Anlaß gesehen, sie allein deshalb zu verschmähen, weil die Kolonialmächte andere als religiöse Ziele verfolgten. Sie durften sich ja auch sagen, daß sie den Kolonialvölkern schließlich den Glauben nicht aufzwangen, sondern im Gegenteil viel zur Verbesserung auch ihrer allgemein menschlichen Situation beitrugen. Trotzdem war es oft nur ein kleiner Schritt bis zum unmittelbaren Dienst für die Kolonialmacht – einfach dadurch, daß zum Beispiel die Erziehungs- und Bildungsarbeit der Mission nach den in der Heimat gewohnten Richtlinien erfolgte, daher der Kolonialmacht zugute kam und in genau diesem Maße deren benötigtes und gern angenommenes Wohlwollen nach sich zog.[14]

De pace fidei (Opera omnia VII, ed. R. Klibansky et H. Bascour), Hamburg 1970; deutsche Übersetzung von R. Haubst, De pace fidei. Der Friede im Glauben, 1982].

13 Einen Überblick über die christliche Mission verschafft man sich jetzt am besten durch H. Jedin (Hg.), Handbuch der Kirchengeschichte. 7 Bde. in 10, Freiburg 1962–79. Vgl. Bd. II/1, 189–238; Bd. II/2, 83–179; Bd. III/1, 262–282; Bd. III/2, 44–50; 273–284; 479–489; Bd. IV, 605–649; Bd. V, 255–350; Bd. VI/1, 615–649; Bd. VI/2, 550–597; Bd. VII (1979), 769–820.

14 Für die protestantischen Missionen haben E. Kamphausen und W. Ustorf dies jüngst in einer ebenso ehrlichen wie erschreckenden Analyse festgestellt: Deutsche Missionsgeschichtsschreibung. Anamnese einer Fehlentwicklung, in: Verkündigung und Forschung 22 (1977) Heft 2, 2–57 (Beiheft zu: Evangelische Theologie). Das Bündnis zwischen Mission und Kolonialmacht hat demnach bis in die jüngste Vergangenheit hinein

Die Folgen konnten nicht verwundern, und heute liegen sie offen zutage: Der christliche Glaube wurde als europäischer Import, wenn nicht gar als geistige Absicherung der Kolonialherrschaft erlebt. Viele, die sich scheinbar bekehrten, paßten sich in Wahrheit nur an. Die Einheit der Menschheit in der Einheit der Kirche, nun wieder näher gerückt, war in Wahrheit nur zugedeckte Zwietracht.

3. Was uns bewußt geworden ist

Genau dies aber, die zugedeckte Zwietracht, mußte sich enthüllen, als die Kolonialreiche zerbrachen. Im ungünstigen Fall warf man beides ab: die Fremdherrschaft und das Christentum – und übrig blieb ein merkwürdiges Gemisch aus christlichen Elementen und neu verlebendigten religiösen Traditionen.[15] Im günstigsten Fall nimmt das Streben nach einer bodenständigen Ausdrucksform des christlichen Glaubens irrationale Züge an – manchmal rührend naive Züge, und man kalkuliert bewußt ein, daß ein solcher Ausdruck des christlichen Glaubens mit dem europäischen Christentum der Missionare in unauflösbaren Konflikt gerät.

An genau dieser Stelle aber, so scheint es, ergibt sich die moderne Zuspitzung unseres Problems. Wir wußten schon immer: Gott hat alle Menschen erschaffen – und sie sollen, sie dürfen es in der einen Kirche glauben. Heute fragen wir ahnungsvoll: Gott hat alle Menschen erschaffen – aber müssen sie es alle auf dieselbe Weise in der einen Kirche glauben? Müssen sie es überhaupt nur in *einer* Kirche glauben? Hat die Einheit, für die Jesus gebetet hat, mit der institutionellen Einheit der Kirche zu tun?

Nun scheint es gewiß, daß die Kirche – nicht nur die katholische! – das Problem schon lange »gewittert« hatte, bevor es offen ausbrach. Spätestens seit Ende des Zweiten Weltkrieges hat sie ihre Bemühungen beträchtlich verstärkt, die Kirchen in den Missionsländern möglichst rasch auf eigene Beine zu stellen, das heißt: einheimischen Seelsorgern und Bischöfen anzuvertrauen.[16] Manch ein Missionar hat sich schwergetan, es als normal zu empfinden, daß er plötzlich einem einheimischen Bischof unterstellt war – womöglich einem solchen, den er selbst noch im Glauben unterwiesen hatte. Dutzende Diözesen sind in den Missionsländern neu errichtet worden – oft nur mit einer vierstelligen Zahl von Christen und einer zweistelligen von Priestern. Es mag oft reichlich spät geschehen sein, es brauchen überhaupt Versäumnisse der Vergangenheit nicht beschö-

sogar eine ausdrückliche theologische Legitimation erfahren. – Die katholische Missiologie kommt in einigen Nebenbemerkungen besser weg (43f und 47–49 – im Bericht über den Neuansatz bei dem Metz-Schüler L. Rütti). Ehe man darüber Genugtuung empfindet, bliebe eine ähnliche »Anamnese« der katholischen Missionsgeschichtsschreibung und Missionstheologie abzuwarten. Siehe aber auch U. Scheuner, Christliche Kirche und internationale Ordnung, in: O. H. Pesch (Hg.) Einheit der Kirche – Einheit der Menschheit. Perspektiven aus Theologie, Ethik und Völkerrecht, Freiburg 1978, 100–132: 108–110.

[15] Etwa im gegenwärtigen »Mobutismus« in Zaire oder in gewissen synkretistischen Kulten in Lateinamerika, von denen in den letzten Jahren Kunde nach Europa kam.

[16] Vgl. Handbuch der Kirchengeschichte (s. Anm. 13) die angegebenen Abschnitte aus Bd. VI/2 und Bd. VII.

nigt zu werden. Es wird dennoch der Kirche immer zum Ruhme gereichen, daß sie das Feld zugunsten einer Einwurzelung von Glaube und Kirche im heimischen Erdreich zu räumen begonnen hat, *bevor* die kolonialen Strukturen endgültig aufhörten, ihr äußeren Schutz zu gewähren.

Aber ist dies die ganze Antwort auf das ganze Problem? Unser wahrer Husarenritt durch die Geschichte unseres Problems hat uns doch zu der Einsicht geführt, daß es heute in der ganzen Welt einheimische Kirche gibt – und nicht mehr nur europäische Missionsstationen. Aber diese Kirche ist in der nunmehr fast völlig bekannten Welt so sehr ein Teil des Ganzen, *eine* Ausprägung des allgemeinen Phänomens »Religion« unter anderen, wie es die Kirche in den ersten drei Jahrhunderten war – nur straffer organisiert und strukturiert. Hat sie die Menschheit der Einheit näher gebracht auch nur unter ihrem ureigensten Aspekt, dem Glauben, daß wir als Schwester und Brüder Jesu Christi alle Kinder Gottes sind? Es sieht nicht danach aus. Kann sie sich wie zu Augustins Zeiten damit zufriedengeben, die anderen als »Nicht-Erwählte« abzuschreiben? Ganz gewiß nicht – und es sind keineswegs nur Gründe des Taktes oder einer Art von höherer Höflichkeit, die ihr das verbieten. In welcher Beziehung steht aber dann ihre eigene Einheit (nach innen) zur Einheit der Menschheit, die sie im Glauben bekennt und zu der sie alle Menschen führen möchte? Kann es nicht sein, daß die Form ihrer Einheit nach innen ein Hindernis für ihre einende Wirkung nach außen ist? Die Frage drängt sich doch mindestens auf – ohne daß darüber hier schon vorentschieden wäre.

Doch wird es nun Zeit, schärfer nachzufragen, was denn heute, in der zugespitzten Situation unseres Themas, »Einheit der Menschheit« bedeutet. Hat diese nicht ganz andere Schwerpunkte als die, an denen der Glaubensverkündigung der Kirche liegt? Kann man nicht geradezu den Verdacht haben, daß das Thema, das wir uns hier gestellt haben, gar keines ist? Daß die Einheit der Menschheit, die fast schon zum Schlagwort geworden ist, nichts zu tun hat mit der Einheit, die der Glaube an Gott begründet, und umgekehrt? Fragen wir schärfer nach!

II. Einheit der Menschheit

1. Sehnsüchte

Die Kommission für Glaube und Kirchenverfassung (Commission of Faith and Order) des Weltkirchenrates in Genf hat 1976 ein Papier veröffentlicht unter dem Titel: »What Unity requires«: Was die Einheit der Kirche erfordert.[17] Das Papier setzt ein mit der erfrischend unbefangen formulierten Überschrift: »Mankind created as One«: Die Menschheit, geschaffen als *eine*. Das wird dann nicht eben stark biblisch begründet: »Adam« steht im Schöpfungsbericht nicht für einen einzelnen, sondern *den* Menschen, also die Menschheit; und diese Menschheit ist im Kreuz und in der Auferweckung Jesu endgültig zur Gemeinschaft mit Gott und mit dem Bruder berufen und befähigt worden. Von dort wird ziemlich unvermittelt hinübergelenkt zum höchst modernen Phänomen der wechselseitigen Abhängigkeit der Völker in der heutigen Welt. Die globale Interdependenz unserer Zeit also als höchster Anwendungsfall von Schöpfungs- und Kreuzesglaube? Das kann doch wohl nicht alles sein – wir kommen darauf zurück. Vorläufig aber fassen wir an dieser herrlichen Zwischenüberschrift dies ins Auge: Hier versuchen Christen, aus ihrem Glauben heraus auf eine offenbar elementare Sehnsucht unserer Zeit zu reagieren, sie in ihr Gewissen zu nehmen: die Sehnsucht, alle Menschen möchten »eins« sein. Aber worauf zielt diese Sehnsucht genau? Es bedeutet gar keinen Vorwurf, wenn man sagt, das sei gar nicht präzis zu bestimmen. Es gibt wohl gar keine genaue Vorstellung von »Einheit der Menschheit«. Dies ist seltsam, denn die Einheit der Menschheit wird – unter wechselnden Namen – seit über zwei Jahrhunderten in der philosophischen Reflexion und in konkreten politischen Projekten als zu bewältigende Aufgabe verstanden. Aufklärung und »Vernunftreligion« als Überwindung der Religionsgegensätze, die Idee der sozialistischen Weltrevolution mit dem Ziel der klassenlosen Gesellschaft, die beginnende ökumenische Bewegung als theologisch motivierte Überwindung des Nationalkirchentums, parallel dazu der übernationale Enthusiasmus, der in der katholischen Kirche zum Ersten Vatikanischen Konzil (1869/1870) führte, die liberale Idee und Verwirklichung des Völkerbundes und später der Vereinten Nationen – die Stichworte sagen genug. Sie sagen auch genug über neue Scherbenhaufen enttäuschter Hoffnungen, über neues namenloses Unheil anstelle des alten, das man zu überwinden angetreten

[17] What Unity requires. Papers and report on the unity of the Church. Faith and Order Paper Nr. 77, World Council of Churches, Geneva 1976. Das Büchlein vereinigt Vorstudien zum Thema für die Sektion II der Fünften Vollversammlung des Ökumenischen Rates der Kirchen in Nairobi, 1975, und den von der Sektion II auf der Vollversammlung selbst erarbeiteten Bericht. [Zur Vorgeschichte und Würdigung vgl. G. Müller-Fahrenholz (Hg.), Einheit in der Welt von heute. Die Studienarbeit der Kommission für Glauben und Kirchenverfassung des Ökumenischen Rates der Kirchen zum Thema Einheit der Kirchen – Einheit der Menschheit. In diesem Buch ebenso wie in dem Sammelband, in dem der vorliegende Beitrag zuerst veröffentlicht wurde (s. Verzeichnis der Erstveröffentlichungen am Ende dieses Bandes) findet sich jeweils eine Liste gezielt ausgewählter Literatur zum Thema dieses Beitrags.]

war. So haben die hehren Ideen – und die Anläufe zu ihrer Verwirklichung – der Skepsis den Platz geräumt, und es bleiben nur, aber vielleicht wiegt das viel schwerer, unbestimmte Sehnsüchte, Gefühle, Vorstellungen, die von negativen Erfahrungen herkommen und mit aller Kraft deren Gegenteil herbeiwünschen.

So ist bestimmt nicht die Vorstellung von einem »Weltstaat« das Ziel der Einheitssehnsucht. Wer möchte auch schon, um ein extremes Beispiel zu nennen, sich der Möglichkeit begeben, in ein anderes Land auszuwandern, wenn er in seinem Heimatland ungerecht verfolgt wird oder einfach unter der bestehenden Rechts- und Gesellschaftsordnung keine Lebensmöglichkeit für sich mehr sieht? Kein Weltstaat als institutionalisierte Einheit der Menschheit – das schließt den Wunsch natürlich nicht aus, die Vereinten Nationen möchten etwas besser funktionieren. Denn auch wenn sie besser funktionierten, wären sie noch nicht dieser Weltstaat. Umgekehrt ist ihr schlechtes Funktionieren einer der Kristallisationspunkte der negativen Erfahrungen, die die Sehnsucht nach Einheit aufsteigen lassen und wachhalten. Können wir dennoch sagen, wann diese Sehnsucht gestillt wäre?

Die Menschen, so empfinden wir, wären eins, wenn alle *im Frieden* miteinander lebten, im Frieden zwischen den Völkern – nicht zu vergessen: zwischen den Machtblöcken – und im Frieden nach innen, innerhalb der Völker und ihrer Volksgruppen. In einem Frieden, der nicht nur Waffenstillstand, sondern Vertrauen und Zusammenarbeit ist. Man könnte an die wachsende Einheit der Menschheit glauben, wenn zum Beispiel Israel sich mit seinen arabischen Nachbarn, die afrikanischen Völker untereinander, Nordamerika mit Südamerika, Rußland mit China, Griechenland mit der Türkei sich ehrlich versöhnen würde. Die Einheit der Menschheit käme näher, wenn das Rassenproblem in Afrika und Nordamerika, die religiös-sozialen Konflikte in Pakistan, Indien, auf den Philippinen, in Indonesien, Indochina und in Nordirland sich lösen ließen. Die gleiche Würde aller Menschen wäre kein leeres Wort mehr, wenn endlich nirgendwo auf der Welt mehr gefoltert würde. Die Menschen wären eins, wenn sie auf der ganzen Erde für Gerechtigkeit und Lebenschancen zu sorgen verstünden und dafür auch eigenen Verzicht für selbstverständlich hielten. Die Menschen wären eins, wenn sie einander nicht mehr ausplünderten, sondern mit ihren Begabungen und Kenntnissen einander dienen und helfen würden. Sie wären eins, wenn sie einander nicht die je eigene Lebensform, die je eigenen Maßstäbe aufzwängen, sondern einander in ihrer Eigenart achteten. Sie wären eins, wenn sie Vielfalt und sogar Fremdheit untereinander nicht als Antrieb zur Gleichmacherei empfänden, sondern es für äußerst interessant fänden, daß die Menschen so verschieden sind, und wenn sie alles täten, diese Verschiedenheit zu erhalten als Reichtum für alle.

Das also wäre die Einheit der Menschheit, wie wir sie trotz aller trüben Erfahrungen mit gescheiterten Programmen immer noch ersehnen. Was aber sind die Fakten?

2. Fakten

Die Fakten sind: Nichts beißt sich heute so sehr mit dem großen Satz von der Erschaffung der Menschheit als *einer* wie die Realität der Menschheit, wie wir sie kennen.

Zunächst: Die *biologische* Einheit der Menschheit ist problematisch.[18] Gemeinsam sind die Gehirnstruktur und – im Zusammenhang damit – das Grundmuster des Körperbaus, der Fortbewegung, des individuellen und sozialen Verhaltens – vor allem des Gebrauchs von Instrumenten. Paläontologisch spricht man dann von menschlichen Wesen, wenn sich nachweisen läßt, daß sie Feuer gebrauchen und – ihre Toten beerdigen. Auffällig ist auch, daß sich alle menschlichen Rassen miteinander paaren können und daß auch die tiefsten Unterschiede der Sprachen und Kulturen keine grundsätzlich unüberwindlichen Hindernisse der Kommunikation sind. Über diese Einheit der Menschheit im Querschnitt und Längsschnitt hinaus läßt sich aber weiter nicht mehr viel aussagen. Immer unwahrscheinlicher wird, daß die ganze Menschheit auf ein einziges erstes Menschenpaar zurückgeht (Monogenismus). Die Erforschung der vorgeschichtlichen Funde läßt kaum noch einen Zweifel an einer Entstehung spezifisch menschlichen Lebens an verschiedenen Stellen der Erde zugleich. Die traditionelle Lehre von der »Erbsünde« am Anfang der Menschheit ist dadurch schon in beträchtliche Schwierigkeiten gestürzt worden, und inzwischen sehen die Theologen quer durch alle Denkschulen die Unausweichlichkeit eines neuen Denkversuches in dieser Sache ein.[19] Dies alles aber bedeutet:

[18] Über die folgenden – ausgewählten! – Hinweise herrscht der Sache nach Einmütigkeit, nur schwankt die Bewertung, ob man nämlich gewissermaßen das Glas halbvoll oder halbleer nennen soll. Vgl. die »optimistische« Wertung etwa bei G. Altner, Die Einheit der Menschheit aus biologisch-anthropologischer Sicht, in: J. Scharbert (Hg.), Zum Thema: Eine Kirche – Eine Menschheit, Stuttgart 1971, 47–60, und bei K. Rahner, Einheit der Kirche – Einheit der Menschheit, in: Schriften zur Theologie, Bd. XIV, 382–404: 388f, mit der eher »pessimistischen« Wertung in: Neues Glaubensbuch, 441 (A. Dumas), oder auch bei P. Overhage, Die Evolution zum Menschen hin. Der Weg der Hominisation, in: J. Hüttenbügel (Hg.), Gott – Mensch – Universum. Der Christ vor den Fragen der Zeit, Graz 1974, 357–423, bes. 373f, 396f Ich neige eher zur pessimistischen Wertung, weil die aufzählbaren Einheits-Faktoren uns in den hier diskutierten Problemen einer Einheit der Menschheit gar nicht weiterzubringen scheinen und weil ich bis jetzt wenig Anlaß zum Vertrauen in die mutmaßlichen Ergebnisse der Parole sehe, die spätestens seit Teilhard de Chardin in der Welt ist: daß nämlich der Mensch inzwischen fähig und verpflichtet sei, in den weiteren Prozeß seiner Evolution steuernd einzugreifen. Vgl. dazu auch Overhage, a.a.O., 398–423, und dessen ebenfalls wohltuend pessimistisches Urteil, sowie in diesem Band w. o. S. 111ff und die Hinweise S. 95f.

[19] Aus der nicht mehr zu übersehenden Literatur zur neueren Diskussion um die Erbsünde sei erwähnt: K. Rahner, Theologisches zum Monogenismus, in: Schriften zur Theologie, Bd. I, 253–322 (hier weist R. die Offenheit der kirchlichen Aussagen für polygenistische Auffassungen nach, hält selbst aber den Monogenismus noch für erweisbar; anders dann in: Erbsünde und Evolution, in: Concilium 3 (1967) 459–465; Erbsünde und Monogenismus, in: Weger (s. u.), 176–223; Die Sünde Adams, in: Schriften zur Theologie, Bd. IX, 256–275, bes. 264, und so auch wieder wie Anm. 18; ferner P. Smulders, Theologie und Evolution. Versuch über Teilhard de Chardin, Essen 1963, 208–254; P. Schoonen-

Über die Einheit der Menschheit im Sinne gemeinsamer biologischer Herkunft sagt unser Glaube uns so wenig, wie er uns naturwissenschaftliche und naturgeschichtliche Auskünfte über die Entstehung des Universums verschafft. Der Satz: Die Menschheit ist als *eine* von Gott geschaffen, ist jedenfalls keine Herkunftsaussage. Und alle feststellbaren einheitlichen Kennzeichen des Menschseins gehen geradezu unter in der Verschiedenheit nicht nur der Hautfarbe, der psychischen und physischen Eigentümlichkeiten, sondern vor allem der Lebensformen, der Reaktionen auf die Umweltbedingungen, der zivilisatorischen Entwicklung, der Bildung, der Religion, kurz: der Kultur. Die grundsätzlich immer mögliche Kommunikation vollzog und vollzieht sich augenscheinlich nur unter dem Druck der Verhältnisse.
Trotzdem gibt es heute eine faktische Einheit der Menschheit, freilich ganz anders, als wir sie ersehnen.[20] Die Menschheit ist zusammengebracht, zusammengezwungen vor allem durch eine gemeinsame Bedrohung – gleichviel ob sie jeder in vollem Umfang ermessen kann. Die Massenvernichtungsmittel der modernen Waffentechnik bedrohen uns alle, denn sie sind in ihrer Wirkung nicht oder kaum begrenzbar. Die knapper werdenden Schätze der Erde werden eines Tages für alle verbraucht sein – selbst wenn die reichen Länder es fertigbringen, sich noch für eine Generation länger zu versorgen. Die Welternährungsproblematik, die »Hungerbombe«, kann kein wohlversorgtes Land der Erde als Probleme ferner Regionen abtun – denn alle werden betroffen sein, wenn angestaute Verzweiflung aggressiv losbricht.
Aus der globalen Bedrohung, zumindest im Zusammenhang damit, ergibt sich die globale Verflechtung, die wechselseitige Abhängigkeit der Völker voneinander, die »Interdependenz«. Es ist eine Interdependenz auf wirtschaftlichem und infolgedessen auch auf politischem Gebiet. Bringt uns das der Einheit unserer Sehnsucht näher? Die Chance wäre an sich gegeben – wenn geschähe, was wir als unsere Sehnsucht beschrieben haben. Faktisch wird die Chance nicht genutzt. Über den Warenaustausch hinaus wollen wir miteinander recht wenig zu tun haben. Kulturaustausch ist bis jetzt höchstens eine höhere Form von Folkloreaustausch – auf der Einbahnstraße von Übersee nach Europa. Auf der Gegenfahrbahn läuft der Export europäischer Technologie (was zuweilen hilfreich, wenn nicht gar notwendig ist) und europäischer Lebensart (was leider kaum zu verhindern ist). Ungewollt und manchmal auch gewollt verläuft die vielzitierte Einswerdung der Menschheit auch nach dem Ende des Kolonialzeitalters im Sinne einer europäisch-amerikanischen Dominanz – soll man schon sagen: eines

berg, Theologie der Sünde, Zürich 1966, bes. 143–213; 225–230; K. H. Weger, Theologie der Erbsünde, Freiburg 1970, (Lit. bis 1969!); U. Baumann, Erbsünde? Ihr traditionelles Verständnis in der Krise heutiger Theologie, Freiburg 1970, bes. 91–97. – Kritisch zu diesen Bemühungen etwa J. Scharbert, Prolegomena eines Alttestamentlers zur Erbsündenlehre, Freiburg 1968; L. Scheffczyk, Wirklichkeit und Geheimnis der Sünde, Augsburg 1970, bes. 127–191; J. Auer, Die Welt – Gottes Schöpfung (= J. Auer/J. Ratzinger, Kleine katholische Dogmatik, Bd. III), Regensburg 1975, 523–556. Aber auch diese Theologen wollen die Erbsündenlehre keineswegs mehr mit dem Monogenismus stehen und fallen sehen. (J. Schabert, 113; L. Scheffczyk, 189; J. Auer, 540).
[20] Weitere Konkretisierung bei Scheuner, aaO., 100–105.

europäisch-amerikanischen kulturellen Kolonialismus in subtilen Formen? Europäische Anzüge und Krawatten trägt man in Asien, Afrika und Australien. Die Heimattracht trägt man beim Folklore-Abend und beim Neujahrsempfang des Bundespräsidenten. Westliche Spielregeln des Wirtschaftslebens verschaffen sich Geltung in Asien und Afrika – auch wenn ganze Sozialstrukturen dabei zugrunde gehen. Beethoven spielt man in Peking wie in Hamburg – spielt man chinesische Komponisten in Hamburg so wie in Peking? Das politisch-soziale System des Sozialismus marxistischer Prägung wirkt diesem kulturellen Kolonialismus nicht entgegen, im Gegenteil, es verschärft ihn. Denn es zwingt die Betroffenen, zur Auseinandersetzung mit diesem europäischen Import auch noch die europäischen intellektuellen Instrumente zu importieren. Im Klartext: Man könnte und möchte ja gern die außereuropäischen Länder dem Wachstum ihres eigenen Menschen- und Weltverständnisses überlassen, möchte selbst davon lernen – der Marxismus aber zwingt dazu, europäisches Gedankengut auch dahin zu vermitteln, wo man lieber zurückhaltend gewesen wäre. Übrigens läßt sich leicht ahnen, daß dieser Sachzwang Folgen für den »Export« europäischer christlicher Theologien haben muß: Wo westliche Einwände gegen das Christentum »exportiert« werden, bedarf es insoweit auch der westlichen Gegeneinwände.

Ist das alles etwa die Einheit der Menschheit, die wir in unserer Sehnsucht meinen?

3. Probleme und ein Zwischenergebnis

Dies also ist das Problem: Zum erstenmal in der Geschichte kommt die Einheit der Menschheit real in Sicht. Zum erstenmal nehmen die Völker weltweit voneinander intensiv Notiz – ermöglicht durch weltweiten Verkehr und geradezu hautnah vermittelt durch die modernen Kommunikationsmittel. Aber es ist nicht die Einheit, die wir meinen. Es ist im Gegenteil eine Einheit, die die Sehnsucht nach einer ganz anderen Einheit weckt. Die geschilderte Einheit der Interdependenz ist eine Einheit in Angst – weil wir nur alle gemeinsam überleben können oder alle gar nicht. Es ist eine Einheit unter Zwang – weil die Völker, weil *wir* einander so gleichgültig blieben wie eh und je, wenn wir nicht voneinander so abhängig wären. Es ist eine Einheit unter Druck – weil die Überformung der Welt durch europäisch-amerikanische Lebensart den anderen Völkern keine Chance mehr zu lassen droht, sich eigenständig schöpferisch zu entwickeln, sofern sie das, fasziniert durch westlichen Lebensstandard, überhaupt noch ernsthaft wollen. Es ist eine Einheit in Einförmigkeit – weil eine Welt-Einheitskultur schier unausweichlich scheint.

Eigentlich kommt nicht die Einheit der Menschheit in Sicht, sondern nur die Ganzheit der Menschheit. Die Menschheit als vollständige – nicht als *eine*. Die Einheit der Menschheit als Einerleiheit – nicht als Einmütigkeit. Der christliche Glaube und die christlichen Kirchen haben also bis jetzt keinen Anlaß zum Triumph, daß der Schöpfungsbericht der Bibel sich endlich in unserem Jahrhundert sieghaft und allen sichtbar verwirklicht. Noch weniger haben sie Anlaß, auf der Woge der drohenden Einheitskultur mitzuschwimmen und ihre noch jungen Skrupel, ob denn die europäische Ausdrucksform des Christseins die allein se-

ligmachende für alle Völker sei, schon wieder zu vergessen. Es ziemt der Christenheit im Gegenteil – das ist ein Zwischenergebnis – äußerste kritische Wachsamkeit, daß sie nur ja alle Dimensionen im Blick und den Menschen im Gedächtnis halte, in denen eigentliche Einheit der Menschheit erst werden muß und noch keineswegs in Sicht ist: Einheit als Leben in Versöhnung und Frieden unter bleibend Verschiedenen.
Unter diesen Voraussetzungen haben wir nun zu bedenken, wie sich die *Einheit der Kirche* zu einer zukünftigen *Einheit der Menschheit* hoffnungweckend in Beziehung setzen kann. Oder anders ausgedrückt: Welche Herausforderung bedeutet die Hoffnung auf eine bessere Einheit der Menschheit, als wir sie zur Zeit erleben, für die Einheit der Kirche, und was hat die Gestalt kirchlicher Einheit einer besseren Einheit der Menschheit anzubieten?
Indem wir »Heraus-Forderung« sagen, haben wir von einem Ausgangspunkt gesprochen, von dem »heraus-gefordert« wird. Bevor wir daher zu Ergebnissen und Perspektiven kommen, müssen wir eine knappe Besinnung einschalten über das, was Einheit der *Kirche* war und immer noch ist – vielleicht auch: was sie bisher *nicht* war und *immer noch nicht* ist.

III. Einheit der Kirche

1. *Bisherige Selbstverständlichkeiten*

Im Jahre 1962 erschien in der *Divinitas*, der Zeitschrift der päpstlichen Lateran-Universität in Rom (wo vor allem der diplomatische Nachwuchs der Kurie ausgebildet wird), ein Artikel zum Thema »Einheit des Glaubens und Einung der Völker«. Der Autor nannte drei konstitutive Faktoren kirchlicher Einheit: den Thomismus, die »juridische Struktur«, konkretisiert im kirchlichen Gesetzbuch, dem *Codex Iuris Canonici*, und die lateinische Sprache.[21] Es ist dem Autor nicht aufgefallen, daß keiner der drei genannten Faktoren auch nur auf die mit Rom unierten Ostkirchen zutrifft – sie denken nicht daran, sich auf die Theologie des Thomas von Aquin auch nur im allgemeinsten Sinne festzulegen, sie sprechen weder in der Liturgie noch sonstwo Latein, und sie haben auch ein eigenes, vom *Codex Iuris Canonici* abweichendes Kirchenrecht, auf das eben dieser Codex ausdrücklich Rücksicht nimmt.[22] Ganz zu schweigen davon, daß,

[21] D. Staffa, L'unità della fede e l'unificazione dei popoli, nel magisterio del Sommo Pontefice Giovanni XXIII, in: Divinitas. Pontificiae Academiae Theologicae Romanae Commentarii, 6 (1962) 3–32, bes. 21–31: Die Geltung des Thomismus ist nicht nur »kulturbedingt« (gegen Daniélou und De Lubac) (21–25); im Codex Iuris Canonici ist das römische Recht als Erbe der zivilisierten Welt aufbewahrt, dadurch wurde die göttlich-rechtliche Struktur der Kirche präzis wie die Mathematik (26–28); das Latein als Kirchensprache ist das endgültige Gegenteil der babylonischen Sprachverwirrung (29–31). Dies alles wird als Lehre Johannes' XXIII. hingestellt.
[22] Vgl. can. 1; 782 §§ 4–5; 955 § 2; 1099 § 1 n. 3. [Dies gilt auch für das neue Kirchenrecht. Noch lapidarer als der alte stellt auch der CIC 1983 in can. 1 die alleinige Gültigkeit seiner

wären dies wirklich konstitutive Faktoren der Einheit der Kirche, jede Art von Kircheneinheit mit den nicht-unierten Ostkirchen und den Kirchen der Reformation für immer ausgeschlossen wäre.
Aber offensichtlich repräsentierte dieser Artikel – schon durch seinen Erscheinungsort – das ohne Kopfschütteln zur Kenntnis genommene Einheitsverständnis offizieller Kreise an der Römischen Kurie – und welchem Nicht-Katholiken kann man übelnehmen, wenn er dann davon ausgeht: Das ist die Position der römisch-katholischen Kirche und Theologie zum Thema Einheit der Kirche? Und in der Tat: Sowohl im Bereich der Lehre wie der Disziplin und des Kirchenrechts ließen sich vor und nach 1962 mühelos Dokumente und theologische Äußerungen zusammenstellen, die unseren *Divinitas*-Autor in bester Gesellschaft erscheinen lassen.
Es ist trotzdem keine ausgemachte Sache, sondern im Gegenteil höchst fraglich, ob römisch-katholisches und römisch-kuriales Verständnis von Einheit der Kirche einfach dasselbe sind. Man darf und muß daher fragen: Hat denn das Zweite Vatikanische Konzil, das wenig später begann, ein sich auf diese Weise ausdrükkendes Einheitsverständnis bestätigt? Glücklicherweise hat sich das Konzil in der »Konstitution über die Kirche in der Welt von heute«, der sogenannten »Pastoralkonstitution«, dazu sogar im Zusammenhang mit der Frage nach der Einheit der Menschheit geäußert: »So wie Gott die Menschen nicht in einem Leben in Vereinzelung, sondern zum Zusammenschluß in gesellschaftlicher Einheit erschuf, hat es ihm ebenso ›gefallen, die Menschen nicht einzeln, unabhängig von aller wechselseitigen Verbindung, zu heiligen und zu retten, sondern sie zu einem Volke zu machen, das ihn in Wahrheit anerkennen und ihm in Wahrheit dienen soll‹ (Konstitution über die Kirche, Nr. 9). Seit Beginn der Heilsgeschichte erwählte er Menschen nicht nur als Einzelwesen, sondern als Glieder einer bestimmten Gemeinschaft. Dieser Gemeinschaftscharakter wird im Werk Jesu Christi vollendet und erfüllt... In seiner Verkündigung gab er den Kindern Gottes das klare Gebot, einander wie Brüder zu begegnen, und in seinem Gebet bat er darum, daß alle seine Jünger *eins* seien... Erstgeborener unter vielen Brüdern, stiftete er nach seinem Tode und seiner Auferstehung unter allen, die ihn im Glauben und in der Liebe annehmen, durch das Geschenk seines Geistes eine neue brüderliche Gemeinschaft in seinem Leib, der Kirche, in dem alle einander Glieder sind und sich entsprechend der Verschiedenheit der empfangenen Gaben dienen sollen« (Nr. 32).
Hier werden Einheit der Kirche und Einheit der Menschheit in Parallele gesetzt, und die Einheit der Kirche wird nach dem Modell einer Einheit der Menschheit beschrieben, von der wir vorerst nur träumen: brüderliche Gemeinschaft, Dienst mit der Verschiedenheit der Gaben. Nach der Meinung des Konzils soll also die Einheit der Kirche die Form und gleichsam der Raum sein, in dem sich die Einheit der Menschheit zum Segen für alle verwirklicht. Aber *wie* ist die Kirche dieser Raum und diese Form für die Einheit der Menschheit?

Bestimmungen für die lateinische Kirche fest. Weil eine Kodifizierung des Rechts der unierten Ostkirchen in Vorbereitung ist, nimmt der neue CIC nur ganz selten auf die Ostkirche Bezug, z. B. can. 111; 112, 350 §§ 1 u. 3; 372 § 2; 450 § 1; 518; 923; 1015 § 2; 1021; 1127 § 1; 1248 § 1; 1558 § 2.]

Es kann kein Zweifel sein – und nicht umsonst wird in unserem Text gerade die Kirchenkonstitution zitiert –, die »Kirche« ist hier die römisch-katholische Kirche. In dieser »subsistiert« nach den Texten desselben Konzils die Kirche Jesu Christi[23] – in den anderen Kirchen finden sich, mehr oder weniger zahlreich, mehr oder weniger deutlich, »Elemente« der einen Kirche Christi.[24] Diese sich und ihre Einheit so exklusiv verstehende römisch-katholische Kirche ist also nach dem zitierten Text die Form und der Raum der Einheit der Menschheit. Die Einheit der Menschheit ist so wenig erreicht wie die Einheit der Kirche, wenn es nicht Einheit in der römisch-katholischen Kirche ist. Jedenfalls scheint, wer es so versteht, durch den Wortlaut des Konzilstextes gestützt. Nun kann aber gar kein Zweifel daran sein, daß es sich um eine institutionelle, juridisch beschreibbare, gestaltbare und gestaltungsbedürftige Einheit handelt – wie wir sie in unserem kirchlichen Leben tatsächlich erfahren. Für den überlieferten römisch-katholischen Einheitsbegriff ist gerade dies charakteristisch – und gerade dies ist darum an ihm zwischen den Konfessionen umstritten –, daß *sichtbare* Einheit der Kirche – deren theologische Notwendigkeit unbestritten ist – und *rechtliche* Einheit, einheitliche rechtliche Verfassung, identisch sind[25]. Deren konkrete, einzelne Bestimmungen können sich ändern und haben sich geändert. Aber das einheitliche Struktur gebende Recht hat als solches im überlieferten katholischen Kirchenverständnis theologische, religiöse Qualität. Es gehört – um es konkret zu veranschaulichen – zur theologischen Qualität kirchlicher Einheit, daß der

[23] »Dies ist die einzige Kirche Christi, die wir im Glaubensbekenntnis als die eine, heilige, katholische und apostolische bekennen... Diese Kirche, in dieser Welt als Gesellschaft verfaßt und geordnet, ist verwirklicht (subsistit) in der katholischen Kirche, die vom Nachfolger Petri und von den Bischöfen in Gemeinschaft mit ihm geleitet wird« (Kirchenkonstitution Nr. 8). Zur Interpretation vgl. den Kommentar von A. Grillmeier zur Stelle, in: LThK, Das Zweite Vatikanische Konzil, I, Freiburg i. Br. 1966, 174f: Die Vermeidung einer exklusiven Identifikation von Kirche Christi und römisch-katholischer Kirche bedeutet keineswegs eine Lockerung der wirklichen Identifikation von beiden Größen, nur soll der Tatsache Rechnung getragen werden, daß es »Kirchlichkeit« in der Tat auch außerhalb der römisch-katholischen Kirche (in vielfältiger Abstufung) geben kann und gibt. Vgl. die folgende Anm. [Zur neuestens wieder umstrittenen Interpretation dieses Textes vgl. H. Fries/O. H. Pesch, Streiten um die eine Kirche, München 1987, 156–160.]

[24] Der in Anm. 23 zitierte Text fährt fort: »Das schließt nicht aus, daß außerhalb ihres Gefüges vielfältige Elemente der Heiligung und der Wahrheit zu finden sind, die als der Kirche Christi eigene Gaben auf die katholische Einheit hindrängen.« Den Kommentar dazu liefert dann das Ökumenismus-Dekret; vgl. in unserem Zusammenhang bes. Nr. 3 und Nr. 13.

[25] Vgl. ebd. Nr. 2! Zum katholischen Verständnis von Einheit der Kirche und zur aktuellen Diskusson darüber vgl. pars pro toto: Y. Congar, Die Wesenseigenschaften der Kirche, in: J. Feiner/M. Löhrer (Hg.), Mysterium Salutis. Grundriß heilsgeschichtlicher Dogmatik. Bd. IV/1, Zürich 1972, 357–599, hier 368–447; Albert Brandenburg, Die Einheit der Kirche. Catholica 27 (1973) 89ff; und A. Brandenburg/H. J. Urban (Hg.), Petrus und Papst. Evangelium, Einheit der Kirche, Papstdienst, 2 Bde, Münster 1976/77. Charakteristisch für den evangelischen Grundvorbehalt: J. Lell, Evangelische Fragen an die Römisch-Katholische Kirche, Göttingen 1967, 22–28, und bes. G. Maron, Kirche und Rechtfertigung. Eine kontroverstheologische Untersuchung, ausgehend von den Texten des Zweiten Vatikanischen Konzils, Göttingen 1969, bes. 60–101.

Generalvikar von Osnabrück grundsätzlich mit dem von Taipeh auf Taiwan (Formosa) ausgetauscht werden könnte: Beide brauchten sich nur in die neue Lage einzuarbeiten, aber die rechtlichen Bestimmungen für ihre Kompetenzen und ihre Amtsführung sind dieselben. Über diesen Grundtatbestand hilft kein »Aggiornamento«, keine einfühlsame Anpassung von Glaubensverkündigung und kirchlichem Leben an die nationalen und kulturellen Unterschiede hinweg – und soll es auch nicht. Für das *evangelische* Verständnis dagegen hängt die Einheit der Kirche nicht am *Recht*, vielmehr gilt der Satz des *Augsburgischen Bekenntnisses* von 1530 (Art. VII): »Für die wahre Einheit der Kirche genügt es, daß das Evangelium einmütig verkündigt und die Sakramente gemäß dem Worte Gottes gereicht werden.«

Soll man nun dem katholischen Einheitsmodell zutrauen, daß es die Einheit der Menschheit bewirkt oder fördert? Ist auch nur vorstellbar, daß alle Menschen in einer *so* geeinten Kirche Christen werden und als solche dann einmütig an ihre Aufgaben des gegenseitigen Dienstes gehen? Die Frage stellen heißt sie verneinen.

2. Sympathische Ausweichversuche

Aber nun wird man gewiß schon lange den Vorwurf der Überinterpretation auf der Zunge haben. Und das sogar mit Recht. Man wird mich mit einer einfachen Überlegung aus dem Sattel heben können, nämlich so: Wenn die Einheit der Kirche in der gerade geschilderten Weise die Form und der Raum der Einheit der Menschheit wäre, dann käme das auf die Kirche als Weltstaat hinaus. Die Kirche als globale Theokratie – so kann es nicht gemeint sein. Es kann doch nur so gemeint sein – und andere Texte des Konzils bestätigen es[26] –, daß in der wenn auch juridisch geeinten Kirche die Einheit der Menschen unter dem Grundaspekt sichtbar wird, daß alle Menschen Kinder Gottes und Brüder Jesu Christi sind. Im übrigen aber sind diese Brüder Jesu und Kinder Gottes sehr verschieden, und die Einheit der Menschen hat darum noch viele andere Aspekte, die nicht mehr Sache der Kirche und ihrer nur auf den genannten Aspekt konzentrierten Einheitsstruktur sind.[27]

Dieses Argument sticht. Ich würde freilich mit einer vorläufigen Gegenfrage antworten: Ist dann nicht die zitierte Formulierung aus der Pastoralkonstitution zumindest etwas ungeschützt, vom Mißverständnis bedroht – welches Mißverständnis man ja nicht zuletzt in zahllosen evangelischen Kommentaren zum Kirchenverständnis des Zweiten Vatikanums nachlesen kann? Trotz dieser Texte bleibt ja, wie jeder feststellen kann, das römische Kirchenrecht mit den geschilderten Folgen und in seiner straff zentralistischen Tendenz in Kraft.[28]

[26] Vgl. die in Anm. 29 angegebenen Texte.

[27] Das wird besonders deutlich etwa in der Feststellung des Konzils, daß Christen sich im politischen Bereich durchaus unterschiedlich entscheiden können (Konstitution über die Kirche in der Welt von heute, Nr. 43).

[28] Um den Entwurf einer Lex fundamentalis (»Grundgesetz«) der Kirche ist es trotz des weltweiten Protestes der Katholiken vor allem gegen die darin bekräftigte zentralistische Tendenz nur scheinbar wieder still geworden; vgl. J. G. Gerhartz/W. Kasper/J. Neu-

Aber nun wird der Kritiker erst recht weit ausholen und auf jene so sympathischen Gedanken der neueren Lehre von der Kirche hinweisen, wonach die Kirche das vergegenwärtigende Zeichen der Liebe Gottes zu den Menschen ist. Sie ist das »Grundsakrament«, durch das sich das »Ursakrament«, die Heilsgegenwart Gottes in Jesus Christus, sichtbar in die Geschichte hinein erstreckt. Wenn in der Kirche das Heil Gottes geglaubt und empfangen wird, wenn die Kirche ihrem Wesen nach, als berufenes Volk Gottes, Empfängerin seines Heiles ist, so ist sie es *stellvertretend* für die ganze, eine Menschheit, wirksam auch für die, die institutionell nicht zu ihr gehören und aus allen möglichen Gründen auch nie zu ihr gehören werden. Dieser Gedanke von der heilswirksamen Zeichenhaftigkeit und von der Stellvertretungsaufgabe der Kirche beherrscht zunehmend die Ekklesiologie nach dem Zweiten Weltkrieg und ist in die Texte des Zweiten Vatikanums eingegangen.[29] Man kann sich das Aufatmen nicht groß genug vorstellen,

mann, Kein Grundgesetz der Kirche ohne Zustimmung der Christen, Mainz 1971, und den alarmierenden Bericht von G. Alberigo in Concilium 14 (1978) H. 8/9, 492–495; allgemeiner: J. Neumann, Synodales Prinzip, Freiburg 1973. [Die Lex fundamentalis ist schließlich doch nicht promulgiert worden. Wie es dazu kam, vgl. bei J. Listl/H. Müller/H. Schmitz (Hg.), Handbuch des katholischen Kirchenrechts, Regensburg 1983, 65–71 (W. Aymans). Da nahezu die Hälfte des für das »Grundgesetz« vorgesehenen Normbestandes in den neuen Codex aufgenommen wurde (teilweise unter Inkaufnahme rechtssystematischer Schwierigkeiten), muß das Projekt einer Lex fundamentalis für absehbare Zeit als »gescheitert«, »in aller Stille zu Grabe getragen« angesehen werden (W. Aymans, aaO. 69). W. Aymans selbst hegt kirchenrechtlich begründete Sympathien für das Projekt und führt sein Scheitern nicht auf die massiven theologischen Einwände gegen den Inhalt auch noch der verbesserten Entwürfe, sondern auf kirchenrechtssystematische und kirchenpolitische Gründe zurück. Die theologische Diskussion vermerkt er als Faktum, ohne sich auf ihren Inhalt einzulassen. Daraus wird man schließen müssen: Weder haben die theologischen Gründe die Kirchenrechtler noch hätten sie »den Gesetzgeber« (Aymans) an der Weiterverfolgung dieses Projektes gehindert. Die über die Entwürfe entsetzten Theologen (s. die angegebene Literatur) müssen also dankbar sein, daß ihnen aus nichttheologischen Gründen dieses »Grundgesetz« der Kirche erspart geblieben ist. Vgl. jetzt K. Walf, Einführung in das neue katholische Kirchenrecht, Zürich 1984, 34f; 249f; Ders., Kirchenrecht, Düsseldorf 1984, 29; 34; 149f; und unter ökumenischem Aspekt, auch nach dem Scheitern bedenkenswert, H. Dombois, Kodex und Konkordie. Fragen und Aufgaben ökumenischer Theologie, Stuttgart–Frankfurt 1972, 23–67.]

[29] Wiederum pars pro toto sei verwiesen auf O. Semmelroth, Die Kirche als Sakrament des Heils, in: Mysterium Salutis (s. Anm. 26), Bd. IV/1, 309–356; dort Bibliographie; vgl. ferner K. Rahner, Grundkurs des Glaubens, Freiburg 1976, 396–398; und schon die frühe Äußerung von J. Ratzinger, Die christliche Brüderlichkeit, München 1960, 101–124. Überblick über die innerkatholische Entwicklung dieser Lehre bei G. Maron, aaO., 18–21. – Texte des Zweiten Vatikanischen Konzils vor allem: Kirchenkonstitution Nr. 1; 9; 48; 53; von dort her in der Pastoralkonstitution Nr. 42; 45; im Missionsdekret Nr. 1; 5; und schon vor der Kirchenkonstitution in der Liturgiekonstitution Nr. 5 und 26; weitere Stellenverweise und Überblick bei G. Maron, aaO., 21–24. – Beachtenswerterweise ist der Gedanke der Kirche als »Sakrament und Zeichen« des Heiles auch zentral in der genannten Studie des ökumenischen Rates (s. o. S. 187, Anm. 17), 3–9 – seine »Sichtbarkeit« wird vom Gedanken der »Konziliarität« aus interpretiert und angestrebt. [Zum gegenwärtigen Stand der ekklesiologischen Diskussion vgl. Sachdarstellung und Literaturangaben in folgenden Arbeiten: M. Kehl, Kirche als Institution, Frankfurt ^{2}1978; F. Böckle u. a.

das solche Gedanken bei denen – auch bei mir – ausgelöst haben, die von dem grausamen alten Satz und der nachfolgenden Konsequenzenmacherei herkamen: Außerhalb der Kirche kein Heil.[30] Doch – außerhalb der Kirche gibt es Heil! Es gibt »Christentum außerhalb der Kirche«[31], es gibt, um Karl Rahners zum geflügelten Wort gewordene Formulierung zu zitieren: »anonyme Christen«[32]. Aber es gibt Heil auch außerhalb der Kirche nur, weil es die Kirche gibt. Das soll heißen: Durch sie, als Gottes berufenes Volk, ist nach Gottes Gefallen das Heil denen erschlossen, die bereit sind, es zu empfangen – und sie müssen das nicht unbedingt wissen, es genügt, daß sie es nicht selbstherrlich von sich selbst empfangen wollen, was sich darin auswirkt, daß sie sich selbst annehmen, nach ihrem Gewissen handeln, das Gute wollen und tun – bekannte Gedanken aus der Kirchenkonstitution des Konzils.[33]

(Hg.), Christlicher Glaube in moderner Gesellschaft (im folgenden: CGG). Bd. 13 (Gesetz und Gnade) und Bd. 29 (Gemeinde; Kirche; Konfessionen und Ökumene); H. Fries, Fundamentaltheologie, Graz 1985, 321–522; W. Kern/H. J. Pottmeyer/M. Seckler (Hg.), Handbuch der Fundamentaltheologie (= HFTh) III: Traktat Kirche, Freiburg i. Br. 1986; W. Kasper (Hg.), Zukunft aus der Kraft des Konzils. Die außerordentliche Bischofssynode 85. Die Dokumente mit einem Kommentar, Freiburg 1986; Ders., Theologie und Kirche, 237–320. Für die »Theologie der Befreiung« und ihre Sonderproblematik vgl. pars pro toto L. Boff, Kirche: Charisma und Macht. Studien zu einer streitbaren Ekklesiologie, Düsseldorf 1985.

[30] Zu Geschichte, Sinn und Unsinn dieses Satzes vgl. Y. Congar, Außer der Kirche kein Heil. Wahrheit und Dimensionen des Heils, Essen 1961; U. Horst, aaO. (s. Anm. 1), 170–186; J. Ratzinger, Das neue Volk Gottes. Entwürfe zur Ekklesiologie, Düsseldorf 1972, 152–177; O. Semmelroth, aaO. (s. Anm. 29), 334–340; M. Seckler, Alleinseligmachende Kirche? Die vielen Religionen und das eine Heil, in: J. Hüttenbügel (Hg.), aaO. (s. Anm. 18) 733–746; H. Küng, Die Kirche (s. Anm. 1), 371–378.

[31] Vgl. E. Klinger (Hg.), Christentum innerhalb und außerhalb der Kirche, Freiburg i. Br. 1976.

[32] Vgl. K. Rahner, Bemerkungen zum Problem des »anonymen Christen«, in: Schriften zur Theologie, Bd. X, 531–546; dort Hinweis auf die anderen Aufsätze des Verfassers zum Thema sowie auf weitere Literatur. Der in Anm. 31 genannte Sammelband ist dem Gespräch mit K. Rahner über dieses Thema gewidmet. [Bei Rahner vgl. ferner Schriften, XII, 76–84; XIII, 341–350; XV, 139–194; 236–250; XVI, 131–142, 178–184.]

[33] Nr. 16. – In diesem Zusammenhang wird natürlich die Mission ganz neu zum theologischen Problem. Literatur in den in Anm. 30, 31 und 44 verzeichneten Arbeiten. [Vgl. ferner W. Kasper, Warum noch Mission?, in Ders., Glaube und Geschichte, Mainz 1970, 259–274; K. Rahner, Heilsauftrag der Kirche und Humanisierung der Welt, in: Ders., Schriften zur Theologie X, 547–567; Der eine Jesus Christus und die Universalität des Heils, aaO. XII, 251–282; Jesus Christus in den nichtchristlichen Religionen, aaO. 370–383; Über die Heilsbedeutung der nichtchristlichen Religionen, aaO. XIII, 341–350; Das christliche Verständnis der Erlösung, aaO. XV, 236–250; P. H. Welte, Die Heilsbedürftigkeit des Menschen. Anthropologische Vorfragen zur Soteriologie, Freiburg i. Br. 1976; A. Bsteh (Hg.), Universales Christentum angesichts einer pluralen Welt, Mödling 1976; K. Blaser, Gottes Heil in heutiger Wirklichkeit. Überlegungen – Beispiele – Vorschläge, Frankfurt 1978; Concilium 13 (1977) H. 6/7: Welche Zukunft haben Afrikas Kirchen?; 14 (1978) H. 4: Evangelisation in der Welt von heute; H. 6/7: Buddhismus und Christentum; 15 (1979) H. 6/7: China als Herausforderung der Kirche; 16 (1980) H. 5: Wahre und falsche Universalität des Christentums; 17 (1981) H. 12: Christliche Ethik:

Aber indem ich mir beim Nachdenken über diesen Vortrag diese Überlegungen selbst entgegenhielt, stieg eine Sorge, fast ein Verdacht in mir auf. Kann man diesen Gedanken nicht auch furchtbar mißbrauchen? Ist man nicht unter Umständen ahnungslos schon dabei, ihn zu mißbrauchen? Für das *Heil*, also für das, was man letztendlich zu bedenken hat, genügt der allgemeinste Nenner eines radikalen guten Willens als der Grundform eines Glaubens, der um sich selbst nicht weiß. Wenn *dieser* Glaube, der ja auch als »anonymer« Glaube Frucht der Gnade Gottes ist, im radikalen Sinne »Kirche« konstituiert, dann behält sogar der alte Satz seine Gültigkeit, daß außerhalb der Kirche – *dieser* Kirche – kein Heil ist. Dann kann also die sichtbare römisch-katholische Kirche ruhig begrenzt bleiben und der übrigen Menschheit gegenüberstehen. Sie kann nicht nur, sie *braucht* auch nicht länger ihr eigenes Einheitsverständnis zur Einheit der Menschheit in der Kindschaft Gottes in Beziehung zu setzen. Es genügt, *daß einige* Menschen – weltweit – auch zu ihrer sichtbaren Einheit gehören. Ja nicht einmal die Einsicht, daß die Trennungen zwischen den christlichen Kirchen, der gegenseitige Kirchenausschluß, die Verweigerung der kirchlichen Gemeinschaft überfällig zum Verschwinden bestimmt sind, muß mit aller Energie verfolgt und ins Handeln übersetzt werden. Solange die katholische Kirche existiert, so lange ist das Zeichen der unwiderruflichen Zuwendung Gottes zur Welt als »Licht der Völker«[34] aufgestellt und angezündet. Wer durch ausdrücklichen Glauben und Taufe zu ihr stößt, das ist doch ohnehin das unbegreifliche Geheimnis der Begegnung Gottes mit dem von ihm selbst frei gewollten Menschen – oder nicht? Die Kirche also als Kader der göttlichen Heilstat an der Menschheit? Und wenn Kader, dann auch als privilegierte Gruppe den anderen gegenüber? Die These aufstellen heißt aufs äußerste unzufrieden mit ihr sein. Die Lehre von der Kirche als Grundsakrament ist nicht zur Beruhigung und Selbstbestätigung der Kirche entwickelt worden, sondern zur Hoffnung für alle Menschen – und als eine Art theologische Wiedergutmachung für frühere Arroganz.[35]

Uniformität, Universalität, Pluralität? G. Greshake, Epiphanie in Geschichte. Zur Korrelation von Transzendenz- und Heilserfahrung im Christentum. Beitrag für ein Symposium über hinduistische Religiösität, in: Ders., Gottes Heil – Glück des Menschen. Theologische Perspektiven, Freiburg 1983, 207-225; W. Bühlmann, Weltkirche. Neue Dimensionen – Modell für das Jahr 2000, Graz 1984; M. Seckler, Theologie der Religionen mit Fragezeichen, ThQ 166 (1986) 164–184 (Lit.). Zum Ganzen vgl. jetzt auch den Artikel: »Mission / Missionswissenschaft«, in: Neues Handbuch theologischer Grundbegriffe III, München 1985, 118–127 (R. Friedli); und die neue Reihe Theologie interkulturell, darin als Bd. 1: B. Bujo, Afrikanische Theologie in gesellschaftlichen Kontext, Düsseldorf 1986. Aus evangelischer Sicht vgl. H. Bürkle, Der christliche Anspruch angesichts der Weltreligionen heute, in: W. Kasper (Hg.), Absolutheit des Christentums, Freiburg 1977, 83–104; H. Thielicke, Theologie des Geistes (= Der evangelische Glaube III), Tübingen 1978, 401–502; sowie H. J. Margull, Überseeische Christenheit I. Markierungen eines Forschungsbereichs anhand der letztjährigen Literatur. Verkündigung und Forschung 16 (1971) 2–54; und die Fortsetzung in dem in Anm. 44 genannten Aufsatz.

[34] Anfang der Kirchenkonstitution des Zweiten Vatikanischen Konzils.

[35] Daher – trotz des optimistischen Grundtons der Studie des Ökumenischen Rates – die evangelischen Vorbehalte; vgl. die in Anm. 25 angegebenen Arbeiten. Zum Hintergrund der Auseinandersetzung, in der auch Emotionen unvermeidlich sind, vgl. auch O. H.

3. *Eine Frage, der wir uns stellen müssen ...*

Ich fürchte also, daß wir auf eine Frage hinauskommen, der wir uns immer noch nicht ernsthaft genug gestellt haben. Wenn die Kirche wirklich nicht nur Anschauungsbeispiel, Modell, sondern, dem Zweiten Vatikanischen Konzil zufolge, Form und Raum der Einheit der Menschheit werden und sein soll, dann kann sie sich nicht damit begnügen, den Unterschied zwischen »radikaler« Kirche der durch Gottes unverfügbare Gnade Glaubenden und der sichtbaren, rechtlich verfaßten römisch-katholischen Kirche herauszustellen und ihn dann, hilflos oder aus Überzeugung, auf sich beruhen zu lassen. Dann muß sich vielmehr ihre innere Einheit, und das heißt: ihre institutionelle Struktur, so wandeln, daß nicht Gleichschaltung und Uniformierung, sondern wahre »Einmütigung« der Menschen – um einen Begriff von Teilhard de Chardin zu zitieren[36] – möglich wird. Diese Einmütigung kann unmöglich an einer einheitlichen rechtlichen Institutionsform haften, die unter geschichtlichen und kulturellen (rechtlichen!) Bedingungen Europas in 2000 Jahren gewachsen ist – oft genug in Form von Notwehrmaßnahmen gegen aktuelle Bedrohungen mit anschließender Verfestigung, bis es eben »Tradition« war. Die Einmütigung kann vielmehr nur im befreienden und ermutigenden Glauben an Gottes Gegenwart bei seiner Menschheit auf seiner Erde erfolgen. Dieser Glaube wird immer auch institutionelle Ausdrucksformen haben, aber er hat die Vielfalt der Ausdrucksformen und Sprachgestalten derer, die ihn ergreifen. Ist ein solcher Wandel tatsächlich nicht möglich, läßt sich die Bereitschaft dazu nicht wecken, dann müßte die Kirche zugeben, daß sie sich als *Institution* von *ihren* Möglichkeiten her die Einheit der Menschheit nicht mehr zum Ziel setzen kann. Sie kann es ja tun. Sie kann den Gedanken akzentuieren und institutionell verdeutlichen, daß sie um ihres Herrn willen das Zeichen des Widerspruchs und der Ort unzweideutiger Entscheidung sein muß – womit ja über das Heil derer, die sich gegen sie entscheiden, von außen noch gar nichts vorentschieden ist.

Sie kann dann freilich nichts mehr dagegen haben, wenn man sie als *ein* Phänomen der Religionsgeschichte unter anderen ansieht, von ihr Toleranz gegen alle erwartet, die sich nicht zu ihr bekennen können – und wenn man ihr nicht mehr abnimmt, daß durch ihren Dienst, nach dem berühmten Wort des Irenäus, alles – wirklich alles – sich in Christus zusammenfassen läßt.[37] Ehe man diese letztere Entscheidung fällt, sollte man doch noch einmal die andere, erstere Lösung »durchspielen« – und versuchen, ob die missionarische Regel des Paulus nicht auch ein Maßstab für die Einheit der Kirche sein kann: »Den Juden bin ich ein Jude geworden und den Griechen ein Grieche, um überall einige zu gewinnen« (1 Kor 9,20f).

Pesch, Gottes Gnadenhandeln als Rechtfertigung und Heiligung des Menschen, in: Mysterium Salutis (s. Anm. 25), Bd. IV/2, 831–920, bes. 862–871; 897–913.

[36] Vgl. Neues Glaubensbuch (s. Anm. 1), 96.

[37] Irenäus von Lyon, Adversus haereses 3, 18, 1.7.

4. ... *und eine Methode, an sie heranzugehen*

Um nun die Methode zu finden, wie man an die, wie mir scheint, nur selten in vollem Ernst gestellte Frage heranzugehen hat, halte ich mich nicht mehr lange damit auf, darzutun, daß man die Gestalt der Einheit der Kirche nicht rein »pragmatisch« begründen darf, etwa nach dem Leitsatz: Wir müssen uns trotz aller Gegensätze so verständigen und so zusammenfinden, daß die Christenheit nach außen »geschlossen« auftreten kann, weil sonst alle christliche Verkündigung unglaubwürdig wird. Die Einheit der Kirche ist kein ausgeklügelter Kompromiß wie zwischen politischen Parteien. Sie ist – als Grundwirklichkeit und als Forderung, sie zu leben – uns *vorgegeben*, das heißt: Sie ist nur christologisch und pneumatologisch zu begründen. Der eine Christus als das eine unwiderrufliche Ereignis der Nähe Gottes bei den Menschen stiftet durch seinen Geist die Einheit der Kirche in der Einheit des Glaubens. Es kann sich nie darum handeln, die Einheit der Kirche mit menschlichen Mitteln »herzustellen«, sondern zu verstehen, was mit dieser Einheit der Kirche in der Einheit des Glaubens gemeint und was *nicht* gemeint ist, gemäß der vorgegebenen Einheit und auf sie hin (in den Kirchen) zu leben und *abzubauen*, was sie schuldhaft *hindert*.
Um dem näher zu kommen, stelle ich nun ein einfaches methodisches Prinzip auf: Was einmal in der Kirchengeschichte legitim war, kann heute nicht grundsätzlich illegitim, was einmal richtig und wahrhaft im Einklang mit dem Heilswerk Christi war, kann heute nicht von vornherein falsch und unzulänglich sein. Um es gleich an der elementaren Basis des Glaubens festzumachen: Wenn wir – von niemandem bestritten – im Neuen Testament eine Vielfalt von Gemeindeordnungen, also institutionellen Strukturen der Kirche, beobachten[38] und wenn damals niemand im Traum daran dachte, das könnte der Einheit der Gesamtkirche widersprechen, dann kann nicht eine durch geschichtliche Faktoren gewachsene heutige Form der Kirche die allein dem Evangelium gemäße sein.
Ich höre schon den Einwand: Das ist Urkirchenromantik! Das ist Biblizismus! Das ist Verachtung der Geschichte zugunsten der Zementierung *einer* Form, die, wenn auch die anfängliche und normative, doch auch nur *eine* geschichtliche Form der Kirche war. Und: Kann nicht doch tatsächlich etwas, was früher legitim war, heute höchst illegitim sein? Der Einwand ist richtig. Es geht auch nicht darum, die Kirche wieder auf das Stadium des NT zurückzudrehen. Aber wenn es Tatsache ist, daß das heutige Einheitsverständnis der katholischen Kirche das Spätprodukt einer antireformatorischen Selbstverteidigung der Kirche ist[39],

[38] Überblick bei H. Küng, Die Kirche (s. Anm. 1), 465–522; Ders., Christ sein, 468–493; U. Horst, aaO. (s. Anm. 1), 44–94; J. Ratzinger aaO. (s. Anm. 30), 25–42; Neues Glaubensbuch, 343–360; H. Schlier, Ekklesiologie des Neuen Testamentes, in: Mysterium Salutis (s. Anm. 25), Bd. IV/1, 101–221 (mit Bibliographie).
[39] Vgl. dazu den bleibend anregenden Aufsatz von M. Seckler, Katholisch als Konfessionsbezeichnung, in: Theologische Quartalschrift, Tübingen, 145 (1965) 401–431, bes. 410–416. Im Gegenzug dazu die gegenwärtig zu beobachtenden verstärkten Bemühungen, frühere Strukturformen der Kirche historisch aufzuarbeiten und ausgesprochen oder unausgesprochen der heutigen Diskussion um die Struktur der Kirche als Modell anzubieten. Symptomatische Beiträge dazu etwa in Concilium 7 (1971) und 11 (1975). [Vgl. dazu auch w. u. S. 235.]

wenn noch Thomas von Aquin unbefangen den Satz schreiben konnte: Die Einheit der Kirche erwächst aus der Einheit im Glauben; und: Die Kirche ist nichts anderes als die Gemeinschaft der Glaubenden[40], wenn der selbe Thomas, wie jüngst Max Seckler gezeigt hat, den vielstrapazierten Gedanken von Christus als Haupt der *Kirche* zur Idee von Christus als *Haupt aller Menschen* ausweitet und dabei an Glaube und Liebe denkt und an nichts sonst[41], dann muß zumindest die *Frage* erlaubt sein, ob uns andere Formen der Einheit der Kirche in früheren Zeiten ihrer Geschichte nicht heilsam zu neuen Gedanken provozieren, uns unserer gedanklichen Engführungen und der Trägheit unserer Herzen überführen dürfen. Ich plädiere also nicht für eine naive Urkirchenromantik. Aber ich plädiere, so paradox das klingt, für eine »*reflektierte Naivität*«, die wieder Phantasie freisetzt für christliche Möglichkeiten von Kirchesein, die die Geschichte zugeschüttet hat. So komme ich zum IV. Teil:

IV. Einheit der Menschheit – eine Herausforderung an die Einheit der Kirche

Wir müssen nun in zugespitzten Thesen formulieren. Das dient der nun unvermeidlichen Kürze, und es dient der Übersichtlichkeit.

1. Keine Flucht aus der Geschichte

Wir können auf der Suche nach jener Einheit der Kirche, nach der uns die Einheitssehnsucht der Menschheit fragt, nicht bei der Stunde Null der Kirchengründung in den Erscheinungen des Auferstandenen ansetzen. Wir können nicht 2000 Jahre Kirchengeschichte vergessen und sagen: Fangen wir noch einmal ganz von vorne an und sehen zu, welche Art von Einheit der Kirche uns durch Jesus Christus vorgegeben ist. Die konkrete Form einer glaubwürdigen, der Menschheit zur Einmütigung dienenden Einheit der Kirche muß gefunden werden von den bestehenden Kirchen und christlichen Gemeinschaften aus. Auf der Basis *ihrer* authentischen christlichen Erfahrungen muß gefragt werden, welche Einheit der Kirche denn »gemeint« sein kann – »gemeint« vom Herrn der Kirche selber. Daß diese Einheit auch als institutionelle eine Einheit in unverrechenbarer Vielfalt sein wird, ist der katholische Ekklesiologie heute ein vertrauter Gedanke, und auch die Differenzen zum römisch-kurialen Einheitsdenken betreffen nicht die Vielfalt selber, sondern nur ihr zuverlässiges Ausmaß.[42]

[40] Thomas von Aquin, Erklärung des Apostolischen Glaubensbekenntnisses, 9. Artikel (Marietti-Ausgabe Nr. 972 f); vgl. Summa Theologiae, II–II 1,9 ad 3; 1, 10 in corp.; Compendium Theologiae I 147; weitere Texte bei Congar, Die Wesenseigenschaften der Kirche (s. Anm. 25), 375 f Anm. 29.

[41] M. Seckler, Das Haupt aller Menschen (s. Anm. 10).

[42] Hierzu kann man faktisch alle neueren Untersuchungen zum Thema Einheit der Kirche konsultieren, ausgenommen die Publikationen der sogenannten »Traditionalisten«. Besonders charakteristisch: H. Fries, Ökumene statt Konfessionen? Das Ringen der Kirche

2. »*Identität*« *des Glaubens*

Wohl das größte Problem für die Einheit der Christenheit in der einen Kirche ist heute gar nicht die Frage der institutionellen Struktur, sondern der Einheit und Selbigkeit von Glaube und Bekenntnis. Bekenntniseinheit kann gewiß nicht ins Belieben gestellt werden. Anderseits ist das Bekenntnis in bestimmter Sprache formuliert, und die ist sprachgeschichtlich geprägt und damit auch begrenzt. Zudem haben die verschiedenen geschichtlichen Epochen und ihre speziellen Konflikte an den Bekenntnisformulierungen, an den »Dogmen« mitgeschrieben.[43] Und das alles geschah im wesentlichen auf *europäischem* Boden. Von daher beobachten wir heute beklommen die Bemühungen der außereuropäischen werdenden Christenheiten, den Glauben in *ihrem* Denken zu verwurzeln, bodenständige Bekenntnisweisen zu entwickeln – und dennoch die Bekenntnisgemeinschaft mit den Christen in der Region der Erde nicht abzubrechen, von der aus das Evangelium nun einmal seinen Weg in die Welt nahm: von Europa aus.[44] Hier gilt es anzuerkennen: »Identität« des Glaubens und des Bekenntnisses wird nicht geplant – schon gar nicht von Europa aus –, sondern *entdeckt*. Wir sollen und dürfen den Mut haben, nicht beklommen, sondern gespannt zuzusehen, was uns die außereuropäische Christenheit an geistiger Einwurzelung des Glaubens noch alles vormacht. Der Geist Gottes wirkt auch bei ihnen – ohne Zeitplan, den wir festlegen könnten –, jener Geist, den wir dann vor allem gern in den Mund nehmen, wenn er unsere Glaubensformen bewahrt, aber nicht, wenn er uns aus ihnen zu neuen, größeren Erkenntnissen herausreißt.

3. *Modelle der Einheit*

Welche Modelle institutioneller Einheit wären dann zumindest befragbar? Ich sage meine provozierende These zuerst: Der Ökumenische Rat der Kirchen in Genf liefert ein inzwischen über alle Zweifel erhabenes Modell dafür, wie sogar eine institutionelle, organisatorische Einheit von Kirchen funktionieren kann, die sich – vorläufig noch – zum Teil gegenseitig ausschließen. Und wie eine solche Einheit sowohl zeugniskräftig als auch handlungsfähig sein kann.[45] Zwar

um Einheit, Frankfurt 1977, und schon Ders., in: Neues Glaubensbuch, 643–660; [und jetzt H. Fries / O. H. Pesch, Streiten für die eine Kirche, München 1987.]

[43] Zu diesem ebenfalls vertrauten und inzwischen auch kirchenamtlich anerkannten Gedanken kann hier nur summarisch auf die Literatur zum Thema »Geschichtlichkeit des Dogmas« hingewiesen werden, die besonders im Zusammenhang mit der Diskussion um die einschlägigen Veröffentlichungen von H. Küng besondere Schärfe annahm. Für die eigene Position sei verwiesen auf: O. H. Pesch, Kirchliche Lehrformulierung und persönlicher Glaubensvollzug, w. u. in diesem Band S. 266–293.

[44] Vgl. dazu jetzt den umfangreichen Forschungsbericht von H. J. Margull, Überseeische Christenheit II. Vermutungen zu einer Tertiaterranität des Christentums, in: Verkündigung und Forschung 19 (1974) Heft 1, 56–103.

[45] Dies wird besonders deutlich in den schon seit einigen Jahren andauernden Arbeiten der Commission of Faith and Order an einem gemeinsamen Text über die christliche Hoffnung: Giving Account on the Hope which is within us. Vgl. auch die Accra-Dokumente

kann man den Ökumenischen Rat mit nichts sicherer in die Luft sprengen als mit der beharrlichen Unterstellung, er sei eine Kirche über den Kirchen. Aber daran liegt jetzt nichts. Es liegt ausschließlich etwas daran, daß der Ökumenische Rat gezeigt hat und zeigt, wie Einheit von Zeugnis und Handeln nicht nur in der Vielfalt, sondern *sogar im Gegensatz und Konflikt* der Kirchen funktioniert. Im übrigen darf man keinem Katholiken übelnehmen, wenn er gespannt zusieht, was der Ökumenische Rat der Kirchen da langfristig angestiftet hat mit der Einigung auf seine berühmte »Basisformel«: »Der Ökumenische Rat der Kirchen ist eine Gemeinschaft von Kirchen, die den Herrn Jesus Christus gemäß der Heiligen Schrift als Gott und Heiland bekennen und darum gemeinsam zu erfüllen trachten, wozu sie berufen sind, zur Ehre Gottes des Vaters, des Sohnes und des Heiligen Geistes.«[46] Wenn das keine »Kurzformel des Glaubens« ist – was ist dann eine?[47]

Die Frage – und der Einwand – bleibt, ob dieses Modell vor dem katholischen Kirchenverständnis genügen kann – nicht umsonst ist die *römisch-katholische Kirche* (noch) nicht Mitglied des Ökumenischen Rates. Dazu nur zwei Hinweise: Die alte Kirche hatte vier Schwerpunkte in den großen Patriarchaten Alexandrien, Antiochien, Konstantinopel und Rom.[48] Innerhalb der Patriarchate herrschte ein durchaus straffes, aber gegenüber den anderen Patriarchaten unterschiedliches juridisches Regiment. Die Einheit untereinander und mit Rom als Ort der Apostelfürsten Petrus und Paulus war nur locker, und nicht einmal gegensätzliche Lehrtraditionen fehlten – und behinderten die Einheit der Gesamtkirche nicht. Durch geschichtliche Umstände und vor allem durch die Offensive des Islam haben sich die Patriarchate fortschreitend voneinander gelöst. Einige sind untergegangen, neue im Bereich der Ostkirche entstanden – aber das römische Patriachat steht mit keinem von ihnen mehr in Kircheneinheit. Noch heute aber trägt der Papst den offiziellen Titel: Patriarch des Abendlandes. Und nun bin ich versucht, es eine historische Tragödie zu nennen, daß durch den Lauf der Tatsachen sich die römische *Patriarchatsstruktur* faktisch als *Einheitsstruktur der Universalkirche* geltend zu machen vermochte.[49] Wäre es nicht Zeit, neu

von 1974: Faith and Order Paper Nr. 72: Accra 1974. Uniting in Hope. Reports and Documents from The Meeting of the Faith and Order Commission (23 July–5 August, 1974), World Council of Churches, Geneva 1975.

[46] Zur Vorgeschichte vgl. die beiden Artikel »Ökumenische Bewegung« in: Lexikon für Theologie und Kirche, Bd. VII, 1128–1137; und in: Religion in Geschichte und Gegenwart, Bd. IV, 1571–1586; und J. Brosseder, Unterwegs zur einen Kirche? Ökumenische Probleme der Gegenwart, in: J. Hüttenbügel (Hg.), aaO. (s. Anm. 18), 747–791, hier 751–762; [auch O. H. Pesch, Rom und Genf. Die »Weltkirche« und der »Weltrat der Kirchen«, Wort und Antwort 21 (1980) 76–80; 100–105].

[47] Vgl. zu diesem vieldiskutierten Problem K. Rahner, Grundkurs des Glaubens, Freiburg i. Br. 1976, 430–440; und R. Bleistein, Kurzformel des Glaubens – Prinzip einer modernen Religionspädagogik. 2 Bde. (Bd. 2: Texte), Würzburg ^{2}1971; [und K. Lehmann, Gegenwart des Glaubens, Mainz 1974, 109–199].

[48] Hinweise und Literatur dazu schon bei M. Seckler, Katholisch als Konfessionsbezeichnung (s. Anm. 39), 413 f; das evangelische »Echo« auf diese »Romanitas« der Universalkirche ist bei G. Maron zu lesen, aaO. (s. Anm. 25), 84–86.

[49] Auf einer Tagung der Ökumenischen Universitätsinstitute in Heidelberg im Okto-

über die Patriarchatsstruktur nachzudenken? Wäre es nicht hilfreich, neue Patriarchate, zumindest in den nichteuropäischen Erdteilen, aus der Einheitsform der westlichen Patriarchatsstruktur zu entlassen? Welches theologische Argument hindert eigentlich diesen vielleicht lohnenden Versuch, eine Einheitsform der Kirche wiederzuentdecken, die besser als die bisherige eine Form und einen Raum für die Einmütigung der Menschheit bieten könnte?
Der andere Hinweis: In sehr beschränkter Form haben wir dieses Modell schon in der Kirche in Gestalt der unierten Ostkirchen.[50] Sie sind – darüber sollten wir uns keiner Täuschung hingeben – unserem Denken so fremd, wie keine der Kirchen der Reformation der katholischen Kirche fremd ist. Trotzdem ist sogar nach katholischem Verständnis mit ihnen Einheit möglich. Würde man dieses fruchtbaren Einheitsmodells nur etwas besser gewahr, würde man es nicht geradezu mit kirchenrechtlichen Mitteln an der Entfaltung seiner Fruchtbarkeit hindern – es müßten sich erstaunliche Dinge ergeben.

4. Geduld der Theologie

Institutionen, weil mit Bürokratie verbunden, sind immer schwer beweglich. Daher wächst der Theologie auf dem Weg zu einer neuen Einheit der Kirche eine große Aufgabe zu. Ihr Hauptschwerpunkt heißt: Geduld. Liest ein europäischer Theologe etwa theologische Äußerungen aus Lateinamerika oder Schwarzafrika[51], dann kommt er zunächst aus dem Staunen über mancherlei Naivität nicht heraus, die ihm da etwa im Umgang mit der Heiligen Schrift und mit der kirchlichen Tradition entgegentritt. Er sollte sich dieses Staunen nicht verbieten – aber er sollte sich nicht davon verführen lassen, »nein« zu sagen. Das war doch auch schon einmal dagewesen: Nach den hochkomplizierten Reflexionsbemühungen der Kirchenväter kam die Zeit der frühen germanischen Theologie. Und man braucht bloß die entsprechenden Bände in der Ausgabe der lateinischen Kirchenväter bei Migne aufzuschlagen, dann tritt einem dieselbe zupackende, von keines kritischen Gedankens Blässe angekränkelte Naivität entgegen, mit der direkt die biblische Botschaft auf die Probleme der Zeit angewandt und neue Auslegung des Bekenntnisses versucht wird. Die Theologie muß immer wieder diesem Prozeß geduldig seine Lebenschancen offenhalten gegen alle Versuche

ber 1977 stellte der griechisch-orthodoxe Theologe Prof. N. A. Nissiotis, Athen, die bedenkenswerte Frage an die anwesenden katholischen Kirchenhistoriker, wie es eigentlich zu erklären sei, daß das westliche Patriarchat, also Rom, schon in der alten Kirche keine weiteren Patriarchate gegründet und aus dem Patriarchatsverband entlassen habe – im Gegensatz zu den östlichen Patriarchaten –, und ob das nicht auf eine andere Ekklesiologie zurückverweise. [Vgl. Arbeitsgemeinschaft ökumenischer Universitätsinstitute (Hg.), Papsttum als ökumenische Frage, München – Mainz 1979, 142.]

50 Vgl. dazu Neues Glaubensbuch, 660.

51 Für ein konkreteres Bild von der Lage verdanke ich hier viel dem Gespräch mit meinem verstorbenen Kollegen H. J. Margull und seinen Mitarbeitern am Seminar für Religion, Mission und Ökumene am Fachbereich Evangelische Theologie in Hamburg. Vgl. auch die Hinweise in Anm. 14 und 44. [In den Dokumenten der »Theologie der Befreiung« in Lateinamerika und denen des Konfliktes um sie ließe sich das, würde es hier nicht zu weit führen, neuerlich eindrucksvoll belegen].

vorschneller »Vereinheitlichung«. Dem Evangelium darf man getrost selber die Kraft zutrauen, kritisch auch das bodenständige Denken aufzubrechen – so wie es das Denken der Griechen, der Römer und sogar der Germanen aufgebrochen hat. Dieser Prozeß hat Jahrhunderte gedauert. Was wäre aus ihm geworden ohne die Geduld der Theologie?

V. Drei Thesen zum Schluss

1. Eine Kirche und eine Christenheit, die unterwegs zu *solcher* Einheit sogar im Gegensatz sind, brauchen dann allerdings keine Scheu zu haben, der vielfältig und oft ungut voneinander abhängigen Menschheit mit *einer* Stimme zuzurufen: Ihr seid alle Söhne und Töchter Gottes, Brüder und Schwestern Jesu Christi – und das darf euch keiner nehmen, das darf keiner mit Füßen treten. Eine solche Christenheit darf und soll den Menschen zurufen: Nicht die »Einheit der Menschheit«, die ihr erlebt, nein, eure *Sehnsucht*, wie sie sein *sollte*, ist im Recht! Jagt ihr mit allen Kräften nach – wie auch wir es in unseren eigenen Glaubensgemeinschaften versuchen!
2. Daraus folgt: Wenn die Einheit der Menschheit Gefahr läuft, nur eine zivilisatorische Einheit zu bleiben, in der die Vielfalt der Kulturen untergeht oder zur Folklore denaturiert, dann muß die Kirche auch gerade darin »Anwalt des Menschen«[52] sein, daß sie eine Einheit der Menschen vorlebt, die die Vielfalt schützt wie ein altes Kleinod.
3. Das Wesen der institutionellen Einheit der Kirche wird – paradox genug – eine Bewegung zu fortschreitender Entinstitutionalisierung sein müssen. Aus historischen Gründen, weil Einheit konkret nur werden kann durch Aufgabe verfestigter historischer Positionen. Aus theologischen Gründen, weil die Kirche für das Glauben-Können der Menschen da ist und nicht umgekehrt. Die Kirche ist nicht das Reich Gottes auf Erden, sondern sie begleitet die, die dahin unterwegs sind – bis Gott alles in allem ist. Die Aufgabe der Kirche ist – unter diesem eschatologischem Aspekt – ihre Selbstaufgabe in die Herrschaft Gottes hinein. Das muß in die irdische Geschichte ihrer Institutionalisierung zurück- und vorauswirken.[53]

Eine Utopie? Ein Traum? Eine Phantasie jenseits aller machbaren Realitäten, die am Schreibtisch der nächsten kirchlichen Behörde zu Ende ist? Aber wer hat schon am Karfreitag die Phantasie aufgebracht, Jesus Christus und seinen geflohenen Jüngern noch eine Chance zu geben?

[52] So der schöne Buchtitel von H. Fries, Die Kirche als Anwalt des Menschen, Stuttgart 1954; vgl. auch M. Seckler, Welche Hoffnung gibt die heutige Kirche dem Menschen?, in: Wort und Antwort 11 (1970) 161–166; [und jetzt P. M. Zulehner, Kirche – Anwalt des Menschen. Wer keinen Mut zum Träumen hat, hat keine Kraft zum Kämpfen, Freiburg i. Br. 1980].

[53] [Vgl. K. Rahner, Kirche und Parusie Christi, in: Schriften VI, 348–367: 351; G. Gutiérrez, Theologie der Befreiung, München–Mainz 1973, 237–267: 245f; O. H. Pesch, Gesetz und Gnade, in: CGG Bd. 13, 8–77, hier: 62–71.]

BILANZ DER DISKUSSION UM DIE VATIKANISCHE PRIMATS- UND UNFEHLBARKEITSDEFINITION

(1979)

In der international beachteten Wochenzeitung DIE ZEIT veröffentlichte der Schriftsteller Martin Walser unter dem 25. März 1977 einen Essay unter dem Titel: »Über Päpste«. Darin beklagt und mokiert er sich über Literaturkritiker, die »im Besitz eines absoluten Wissens sind«[1]. Am 1. Juli 1977 beschreibt der Chefredakteur des gleichen Blattes, Theo Sommer, den ideologischen Konflikt zwischen dem spanischen KP-Chef Carrillo und dem Kreml ganz in der dogmatisch-kirchenrechtlichen Terminologie von »Rechtgläubigkeit«, »Ketzerei« und nachfolgendem »Bann« durch die »Kreml-Theologen«[2]. Noch einmal zwei Monate später, am 2. September 1977, berichtet ebendort Joachim Nawrocki über den Ostberliner Systemkritiker Bahro und nennt, ihm folgend, die SED eine »katholische« Partei, denn in ihren Reihen »kann und darf« selbst bei wissenschaftlichen Untersuchungen »gar nichts herauskommen, was der herrschenden Interpretation widerspricht. Geschieht dies doch, dann muß die Konzeption falsch gewesen sein, die zu den unerwünschten Aussagen führte. Es heißt dann, die Forscher hätten es an Parteilichkeit fehlen lassen«[3] – man sage »Kirchlichkeit« statt »Parteilichkeit«, und man könnte die zitierten Sätze in der theologischen Erkenntnislehre eines Lehrbuchs der Dogmatik vermuten.[4] Das also –

[1] DIE ZEIT, Nr. 14/25.3.1977, 37f.

[2] AaO., Nr. 28/1.7.1977, 1.

[3] AaO., Nr. 37/2.9.1977, 3; vgl. R. Bahro, Die Alternative. Zur Kritik des real existierenden Sozialismus, Köln/Frankfurt 1977; Zitat: 290; vgl. 288–291 und schon 257–259; 266–269.

[4] Selbstverständlich drückt sich kein Theologe genau so aus. Liest man aber in den methodologischen Einleitungen der Dogmatiklehrbücher, daß das kirchliche Lehramt die unmittelbare und nächste Quelle der Theologie als Glaubenswissenschaft ist; daß die Theologen nur wahrheits- und gewißheitsfähig sind, soweit sie mit der Doktrin des Lehramtes übereinstimmen; und daß die Theologie sich daher jederzeit vom Lehramt korrigieren lassen muß, eine Revision der amtlichen Lehre aufgrund der Arbeit der Theologie aber keinesfalls in Betracht kommt – dann ist eine Ausdrucksweise wie die hier disputandi causa angedeutete die nächstliegende Konsequenz, und bei einem Außenstehenden wie Bahro ist es *nicht nur* blanke Unterstellung, wenn er aaO. Parallelen zu den Kirchen zieht. Vgl. B. Bartmann, Lehrbuch der Dogmatik, 2 Bde., Freiburg i. Br. [3]1917 (im Folgenden = Bartmann), hier: I, 34–45, bes. 36 und 43; F. Diekamp, Katholische Dogmatik, Bd. I, Münster [10]1949; Bde. II und III neubearbeitet und hg. von K. Jüssen, Münster [10]1952 und [11–12]1954 (im folgenden = Diekamp-Jüssen), hier: I, 54–58; 60–63; vgl. 22–25; 40–43; J. Pohle/J. Gummersbach, Lehrbuch der Dogmatik, 3 Bde., Paderborn [10]1952–1960 (= Pohle-Gummersbach), hier: I, 70–100, bes. 71 und 89f; M. Schmaus, Katholische Dogmatik, 5 Bde. in 8, München [6]1960ff (= Schmaus), hier: I, 29f; 105–113; 161–163; M. Premm, Katholische Glaubenskunde. Ein Lehrbuch der Dogmatik, 4 Bde. in 5, Wien [2]1956–1958 (= Premm), hier: I, 25–29; L. Ott, Grundriß der Dogmatik, Freiburg i. Br. [8]1970 (= Ott), hier: 5f; 9–12.

vermehrbar durch viele gleichartige Beispiele aus demselben und anderen Blättern – ist die »Bilanzsumme« aus der Wirkungsgeschichte des I. Vatikanums bei Zeitgenossen, die, soweit man erkennen kann, der Kirche fernstehen. Tausendfache Klarstellungen dessen, was in der Definition von 1870 wirklich gemeint und was gerade nicht gemeint ist, haben diese Bilanz nicht verhindern können: Wer »Papst« sagt, ja schon, wer »katholisch« sagt, assoziiert »absolutes Wissen«. Demgegenüber steht die Selbstverständlichkeit, mit der nicht nur das II. Vatikanum die Doktrin von 1870 aufgenommen, nach Meinung mancher bekräftigt und sogar verschärft hat,[5] mit der vielmehr die erdrückende Mehrheit des »Kirchenvolkes« dieses Dogma internalisiert hat, höchstens theoretische Fragen dazu stellt, aber kaum persönliche Konflikte an ihm empfindet, entsprechend »papstfreudig« bleibt[6] – solange nicht eine konfliktträchtige konkrete Lebenssituation die Selbstverständlichkeiten schmelzen läßt.[7] Abweisendes Mißverstehen auf der einen Seite, zustimmendes Überverstehen auf der anderen:

– Die genauere Illustration des Sachverhaltes ergibt sich w. u. aus den Abschnitten 3–5. [Anders jetzt – soll man sagen: »natürlich«? – in: W. Kern/H.-J. Pottmeyer/M. Seckler (Hg.), Handbuch der Fundamentaltheologie (= HFTh) IV, Freiburg i. Br. 1988, 7. Kap.]

[5] Vgl. z. B. H. Fries, »Ex sese, non autem ex consensu ecclesiae«, in: R. Bäumer/H. Dolch (Hg.), Volk Gottes (Festgabe für Josef Höfer), Freiburg i. Br. 1967, 480–500: 484; 492–496; G. Maron, Kirche und Rechtfertigung. Eine kontroverstheologische Untersuchung, ausgehend von den Texten des Zweiten Vatikanischen Konzils, Göttingen 1969, 33–35; 81–84; 233–237; H. Küng, Unfehlbar? Eine Anfrage, Zürich 1970, 54–62.

[6] Vgl. die immer noch aufschlußreichen Zahlen bei W. Harenberg (Hg.), Was glauben die Deutschen? Die Emnid-Umfrage. Ergebnisse und Kommentare, München/Mainz 1968. 61 % der praktizierenden Katholiken bejahen demnach den Leitungsprimat des Papstes, 36 % möchten ihn auf einen Ehrenvorrang beschränken und an die Zusammenarbeit mit den Bischöfen binden. Den 44 %, die den Papst nicht für unfehlbar halten, stehen immerhin 40 % praktizierender Katholiken gegenüber, die ihn genau im Sinne des I. Vatikanums für unfehlbar halten, und dazu noch 14 %, die ihn sogar immer dann für unfehlbar halten, wenn er sich an die Öffentlichkeit wendet. – Die *schriftliche* Umfrage unter den deutschen Katholiken, die die deutschen Bischöfe vor Beginn der Synode der Bistümer in der Bundesrepublik Deutschland veranlaßten, stellt zum Thema Papst und Papsttum – aus welchen Gründen auch immer – keine Fragen. Vgl. den Text der Umfrage bei G. Schmidtchen, Zwischen Kirche und Gesellschaft, Forschungsbericht über die Umfragen zur gemeinsamen Synode der Bistümer in der Bundesrepublik Deutschland, Freiburg 1972, 299 f. Die zusätzlich durch das Allensbacher Institut durchgeführte *mündliche* Repräsentativumfrage fragte anhand einer Liste nur allgemein, mit welchen »Auffassungen der Kirche« man »Schwierigkeiten« habe. Den Punkt »Autorität des Papstes« bejahten 33 %; vgl. Schmidtchen, aaO. 12 f.
Mögen nun die genannten Prozentzahlen im Jahrzehnt seit der Emnid-Umfrage etwas zurückgegangen sein oder nicht, wie sehr sich die »Papstfrömmigkeit« zahlloser Katholiken bis in die Ausdrucksformen hinein durchgehalten hat, konnte man im »Heiligen Jahr« 1975, beim Tode Pauls VI. und Johannes Pauls I. sowie bei der Wahl und Amtseinführung ihrer Nachfolger beobachten.

[7] Für die durch die Enzyklika »Humanae vitae« heraufbeschworene Konfliktsituation muß man das kaum lange beweisen. Aber schon 1968 haben von den lt. Anm. 6 befragten praktizierenden Katholiken 55 % die Ehescheidung, 65 % die Schwangerschaftsunterbrechung nach Vergewaltigung, 53 % den vorehelichen Geschlechtsverkehr befürwortet.

Eine Bilanz der *theologischen* Diskussion um die vatikanische Primats- und Unfehlbarkeitsdefinition tut gut daran, sich im Spannungsfeld dieser Gegensätze zu bewegen. Um so größer ist die Chance, daß eine solche Bilanz zu erklären vermag, wie die Wirkungsgeschichte des I. Vatikanums das eine wie das andere Ergebnis zeitigen konnte, die in ihrem Kontrast unvermeidlich die Ausgangssituation einer weiterführenden Auseinandersetzung bilden.

I. Ein Blick in das Jahrzehnt nach 1870

Bekanntlich haben binnen einem Jahr nach der Definition (18. Juli 1870) die meisten Bischöfe der oppositionellen Minorität die Konstitution »Pastor aeternus« angenommen.[8] In der Generalkongregation am 13. Juli gab es noch 88 Gegenstimmen, zu schweigen von Enthaltungen und »Iuxta-modum-Voten«. Die Mehrheit betrug weniger als die Hälfte der auf dem Konzil stimmberechtigten Prälaten. Aber nur noch 55 bekundeten ihr »Non placet« durch Abreise oder Fernbleiben am 18. Juli und rechtfertigten dies in einem Schreiben an den Papst. Die meisten von diesen 55 jedoch bekundeten, wenn nicht sogleich nach ihrer Heimkehr, so doch im Laufe der folgenden Monate schriftlich ihre Zustimmung, wenn nicht gar wörtlich ihre »Unterwerfung«. Sie veröffentlichten die Dekrete in ihren Diözesen und verpflichteten Klerus, Theologen und Gläubige auf deren Annahme nach den Grundsätzen katholisch-kirchlichen Verhaltens gegenüber dem Lehramt der Kirche. Es gab keinen einzigen Fall von Absetzung, Suspension oder Exkommunikation eines Minoritätsbischofs. Wohl gab es römischen Druck auf einige Zögernde und auch einige mehr oder weniger erzwungene Rücktritte.[9] Die weithin bekannte Ausnahme von der Regel ist der Bischof Stroßmayer von Diakovar / Kroatien. Erst 1872 veröffentlichte er – kommentarlos – die Dekrete in seiner Diözese, was gemeinhin als Unterwerfung ausgelegt

Ähnlich alarmierende Ergebnisse erbrachte auf diesem Gebiet die Synodenumfrage; vgl. K. Forster (Hg.), Befragte Katholiken, Freiburg 1973, 64–72.

[8] Für das Folgende konsultiere man die jüngeren monographischen Darstellungen: C. Butler / H. Lang, Das Vatikanische Konzil. Seine Geschichte von innen geschildert in Bischof Ullathornes Briefen, München ²1961 (¹1933), 444–465; R. Aubert, Vaticanum I (= Geschichte der ökumenischen Konzilien, Bd. XII), Mainz 1965, 281–296; L. J. Rogier / R. Aubert / M. D. Knowles (Hg.), Geschichte der Kirche, Bd. V/1, Einsiedeln 1976, 54–61; H. Jedin (Hg.), Handbuch der Kirchengeschichte, 7 Bde. in 10, Freiburg 1962–1979 (im Folgenden = HKG), hier: VI/1 (1971), 789–796 (R. Aubert); Y. Congar, Die Lehre von der Kirche. Vom abendländischen Schisma bis zur Gegenwart (= Handbuch der Dogmengeschichte, im Folgenden = HDG, Bd. III Fasz. 3d), Freiburg i. Br. 1971, 100–107; A. B. Hasler, Pius IX., päpstliche Unfehlbarkeit und 1. Vatikanisches Konzil. Dogmatisierung und Durchsetzung einer Ideologie, Stuttgart 1977, 401–537 (= II. Halbband). Aus evangelischer Sicht, abrißartig, aber präzise: H.-W. Krumwiede, Geschichte des Christentums. Bd. III, Neuzeit: 17.–20. Jahrhundert, Stuttgart 1977, 150–158; [und G. Maron, Die römisch-katholische Kirche von 1870–1970, in: K. D. Schmidt / E. Wolf (Hg.), Die Kirche in ihrer Geschichte. Ein Handbuch, IV/2, Göttingen 1972, 197–328: 198–208].

[9] Dazu und zum Folgenden bes. ausführlich Hasler, aaO., 402–505.

wurde und wird. Aber erst 1875 »versöhnte« er sich nach eigenen Worten mit dem Papst, und erst 1881, schon unter dem Pontifikat Leos XIII., bekannte er sich erstmals öffentlich zur Unfehlbarkeitsdefinition. Und noch 1883 entdeckte der Wiener Nuntius Vannutelli, daß drei Bischöfe in Ungarn und Kroatien es verstanden hatten, sich vor jeder schriftlichen Zustimmungserklärung zu drükken.

Von besonderer Bedeutung in diesem Rezeptionsprozeß war der Hirtenbrief der deutschen Bischöfe aus Fulda vom 30. August 1870.[10] Im Gegensatz zum ultramontan gesinnten Klerus und Kirchenvolk in Frankreich löste die Definition in Deutschland bei katholischen Intellektuellen und Laien große Erregung aus. Um dem entgegenzutreten, betonten die Bischöfe die Rechtmäßigkeit des Konzils. In den umstrittenen dogmatischen Entscheidungen spreche sich daher das unfehlbare Lehramt der Kirche aus. Die Meinungsverschiedenheiten auf dem Konzil beeinträchtigen nicht die Gültigkeit der Beschlüsse, zumal hier keine neue Lehre geschaffen, sondern eine alte Wahrheit entdeckt, erklärt und zu glauben vorgestellt werde. Die Unfehlbarkeit des Papstes wird mit der Unfehlbarkeit der ganzen Kirche in Zusammenhang gebracht, einem isolierenden Verständnis der Unfehlbarkeit des päpstlichen Lehramtes wird gewehrt und die Apostolizität der Bischöfe ausdrücklich hervorgehoben. Mit diesen Akzentsetzungen konnten Bischöfe der Minderheit nicht nur mit denen der Mehrheit an einen Tisch gebracht, sondern auch zur Unterschrift bewogen werden. Der Brief schien so sehr auf der Linie dessen, wofür die Minorität auf dem Konzil gefochten hatte, daß die Teilnehmer der Nürnberger Gelehrtenkonferenz[11] die bereits geplanten und entworfenen öffentlichen Proteste verschoben. Da nun auch Pius IX. in einem Brief vom 28. Oktober den Fuldaer Hirtenbrief belobigte, und da die Kurie sich bemühte, nach dem Muster der Fuldaer Konferenz auch in anderen Ländern Bischofskonferenzen und ähnliche Hirtenbriefe zu veranlassen, schien Rom selbst die maximalistische Interpretation der Dekrete durch Männer wie etwa Manning zurückgewiesen zu haben – wiewohl Pius IX. das *direkt* nie getan hat. Unbeschadet weiterbestehender persönlich-wissenschaftlicher Bedenken sahen also bald die meisten Minoritätsbischöfe weder Grund noch Chance für die öffentliche Fortsetzung eines Widerstandes gegen die Dekrete, und Bischof Dinkel von Augsburg konnte die freilich übertriebene Bemerkung schreiben, das endgültige Dekret habe die Unfehlbarkeit so eingegrenzt, daß man es statt Sieg der Majorität eher Sieg der Minorität heißen müsse.[12] Die gelungene und wiederum von Pius IX. bestätigte Abwehr der Un-

[10] Der volle Text außer bei J. D. Mansi (s. Anm. 83), 53, 917 A–920 A, auch bei C. Butler/H. Lang, aaO., 455–458.

[11] Auf Initiative des Prager Kirchenrechtsprofessors Johann Friedrich von Schulte hatte sich eine große Zahl deutscher Theologieprofessoren verabredet, durch eine Erklärung den erwarteten Protest der deutschen Minoritätsbischöfe zu unterstützen. Der Widerstand der Professoren bröckelte indes bald ab, als der Protest der Bischöfe faktisch ausblieb. Von den Entwicklungen überrollt, fanden sich nur noch vierzehn Theologen am 25. August 1870 zur Konferenz in Nürnberg ein.

[12] Diese Bemerkung Bischof Dinkels in einem Brief vom 15.11.1870 an Kardinal Schwarzenberg fehlt seit Granderath (s. Anm. 78; hier: III,551) in keiner größeren Darstellung des I. Vatikanums; vgl. Butler-Lang, aaO., 458; Aubert, aaO., 284; Hasler, aaO., 480;

terstellungen in Bismarcks Circulardepesche von 1875, wonach das Vatikanum den Papst zum absoluten Monarchen über alle Katholiken und die Bischöfe zu seinen bloßen Beamten gemacht habe, trug zur weiteren Beruhigung bei.[13]
Für das rasche Ende des Widerstandes gab es sachliche und formale Gründe. Die sachlichen Gründe sind vor allem die trotz des »ex sese, non autem ex consensu ecclesiae« gelungene Zurückweisung maximalistischer Vorstellungen von der Unfehlbarkeit, wie sie vor dem Konzil vertreten wurden, und die Durchsetzung der historischen Vorbemerkung, daß die Päpste sich bei der Ausübung ihres Lehramtes stets der Hilfe der Bischöfe auf Konzilien und Synoden bedient hätten – was sich nun normativ gegen eine absolutistische Lehramtspraxis verstehen und auswerten ließ.[14] Der formale Grund war, daß man sich noch geraume Zeit Hoffnung auf eine Fortsetzung des Konzils machte – die Bischöfe hatten noch nicht, nach dem Vorbild von Trient, sämtliche Dokumente insgesamt unterzeichnet – und dann gewillt war, im Rahmen der Debatte um das Verhältnis von Papst und Bischöfen für weitere Klarstellungen und Eingrenzungen zu sorgen.[15]
Das jüngst erschienene Buch von August B. Hasler über Pius IX. und das I. Vatikanum[16] relativiert diese in der bisherigen Konzilsgeschichtsschreibung üblichen Begründungen zwar stark durch den Nachweis ganz anderer, außersachlicher Gründe – darauf wird zurückzukommen sein. Das Ergebnis wird davon nicht berührt: Die ruhige, gelegentlich auch unruhige Wirkungsgeschichte des vatikanischen Dogmas konnte beginnen, an deren Endpunkt 4–5 Generationen später katholische Christen, Amtsträger und Theologen beträchtliche Mühe aufwenden müssen, die Angst vor der Einsicht zu vertreiben, daß der Glaubensanspruch des Primats- und Unfehlbarkeitsdogmas *doch* Probleme in sich birgt, und daß auf dem Konzil doch nicht alles mit rechten Dingen zugegangen sein könnte.
Für diese Probleme sind die Entstehung und die Fortexistenz der altkatholischen bzw. »christkatholischen« Kirche ein unübersehbarer Beleg, und die gelegentlich leicht zynisch wirkende Art, mit der sie in der älteren katholischen Kirchengeschichtsschreibung als quantité neglégeable betrachtet wird[17], ist kein sachliches Gegenargument. Der Altkatholizismus, dessen besondere Geschichte hier nicht zu verfolgen ist[18], ist das Ergebnis des Widerstandes nicht der Bischöfe,

vgl. auch H. Tüchle, In beiden Lagern. Deutsche Bischöfe auf dem Konzil, in: G. Schwaiger (Hg.), Hundert Jahre nach dem Ersten Vatikanum, Regensburg 1970, 31–50, hier: 46f.

[13] Text der bischöflichen Erklärung: DS 3112–3116; gekürzter Text des Belobigungsschreibens Pius' IX.: DS 3117.

[14] Darauf verweisen Butler-Lang, aaO., 483–501f; R. Aubert, aaO., 262f; 279; 284; 353; H. Fries, aaO., 490f; R. Aubert, HKG VI/1, 789–791; A. Hasler, aaO., 474–484. Vgl. auch K. Schatz, Kirchenbild und päpstliche Unfehlbarkeit bei den deutschsprachigen Minoritätsbischöfen auf dem I. Vatikanum, Rom 1975, 221f.

[15] Vgl. A. Hasler, aaO., 409–415; Butler-Lang, aaO., 447f; 452f.

[16] A. Hasler, aaO. (s. Anm. 8). Vgl. dazu w. u. S. 236–238.

[17] Vgl. w. u. S. 232 (Anm. 80).

[18] Überblick und Literatur jetzt in HKG VI/1, 792–796 (R. Lill). Speziell zu Döllinger vgl. J. Finsterhölzl, Ignaz von Döllinger, Graz 1969; Ders., Die Kirche in der Theologie Ignaz von Döllingers bis zum ersten Vatikanum, Göttingen 1975; ferner die einschlägigen

sondern einer Reihe von Theologen und anderer Wissenschaftler sowie prominenter Laien. Von den Theologen, die sich vor dem Konzil öffentlich gegen die Unfehlbarkeitsdefinition geäußert hatten, haben sich die einen, zur Unterwerfung aufgefordert, zur Zustimmung bereit gefunden, andere haben die Absage an ihre gewissenhaft erworbene wissenschaftliche Überzeugung abgelehnt, und dafür lieber die Exkommunikation oder den freiwilligen Austritt aus der Kirche in Kauf genommen – was, wie vor allem Döllinger beweist, keineswegs den Beitritt zur altkatholischen Kirche bedeutete.[19] Dieses übliche Bild von der Scheidung der Geister läßt allerdings übersehen, daß dabei auch menschliche und pastorale Voreiligkeit mancher Bischöfe im Spiel gewesen sein könnte.[20] Rom jedenfalls scheint die Professoren nicht so bedrängt zu haben, wie es die Bischöfe bedrängte, und war jenen gegenüber in der Regel zufrieden, wenn sie schwiegen und das Dogma nicht öffentlich kritisierten. Der bekannteste Fall ist die Tübinger Theologische Fakultät, die nie aufgefordert wurde, eine öffentliche Zustimmungserklärung abzugeben, davor auch zusätzlich durch Bischof Hefele geschützt wurde. In der Tübinger Theologischen Quartalschrift hat denn auch nie eine derartige offizielle Erklärung der Professoren gestanden[21], was bekanntlich Döllinger gegenüber Harnack zu der sarkastischen Bemerkung veranlaßte, seine Kollegen dürften in der Theologischen Quartalschrift nur noch theologischen Allotria behandeln.[22] Derselbe Döllinger aber scheint auch bereit gewesen zu sein, zu tun, was die Tübinger und viele andere taten. Hätte Erzbischof Scherr ihn nicht gleich nach der Definition, am 21. Juli 1870, frontal gefragt, ob er nun das Dogma verteidigen werde, so wäre er, wie er ebenfalls Harnack erzählte, »noch heute in der Kirche«.[23]

Arbeiten von G. Schwaiger; vgl. Ders., Der Hintergrund des Konzils, in: G. Schwaiger (Hg.), aaO. (s. Anm. 12), 11–30, hier: 28, Anm. 11. Zum aktuellen Stand des Gespräches mit der altkatholischen Kirche vgl. W. Küppers, Zwischen Rom und Utrecht. Zur neueren Entwicklung der Beziehungen zwischen alt-katholischer und römisch-katholischer Kirche, in: M. Seckler u. a. (Hg.), Begegnung. Beiträge zu einer Hermeneutik des theologischen Gesprächs (= Festgabe für Heinrich Fries), Graz 1972, 505–523; P. Bläser, Das Gespräch zwischen römisch-katholischer und alt-katholischer Kirche in Deutschland, aaO., 525–535. Vgl. auch den ganzen Jg. 60 (1970) der IKZ.

[19] Zur Haltung der Theologen vgl. außer A. Hasler, aaO., 505–512, schon Butler-Lang, aaO., 453–465.

[20] Vgl. A. Hasler, aaO., 488–491 – darin mit Nachdruck bestätigt von seinem sonst so kritischen Rezensenten K. Schatz, aaO. (vgl. w. u. Anm. 100), 274.

[21] Vgl. A. Hasler, aaO., 489f, dort Dokumente und Literatur.

[22] Vgl. A. von Harnack, Aus der Werkstatt des Vollendeten als Abschluß seiner Reden und Aufsätze (= Reden und Aufsätze, Bd. 5, hg. von Axel v. Harnack), Gießen 1930, 116, hier zitiert nach Hasler, aaO., 490. Immerhin gab es in den folgenden Jahrzehnten in der ThQ einige historische Aufsätze zur Primatsfrage, nämlich: A. Brüll, Zur ältesten Geschichte des Primates in der Kirche, 62 (1880) 453–468; F. X. Funk, Der römische Stuhl und die allgemeinen Synoden des christlichen Altertums, 64 (1882) 561–602; A. Brüll, Die Klemensromane und der Primat der römischen Kirche, 73 (1891) 577–601; Dr. Birck (Vorname nicht mitgeteilt), Hat Nikolaus von Cues seine Ansicht über den Primat geändert?, 74 (1892) 617–642; J. Hollweck, Rezension zu F. X. Funk, Der Apostolische Stuhl und Rom, 79 (1897) 195–197.

[23] Vgl. A. Harnack, aaO., 44 (A. Hasler, aaO., 490f).

Am leichtesten taten sich diejenigen Professoren, die nicht gegen den Inhalt, sondern nur gegen die Opportunität des Dogmas Bedenken hatten und es nun, nachdem doch definiert worden war, redlichen Gewissens verteidigen konnten. Sie bestimmten denn auch die Verwurzelung des Dogmas in der Theologie des folgenden Jahrzehnts. Ein Musterbeispiel ist hier Matthias Joseph Scheeben. Er, der vorher auch das Dogma für inopportun gehalten zu haben scheint,[24] arbeitet dann in der theologischen Erkenntnislehre im Rahmen seiner Dogmatik, erstmals erschienen 1872, jene Position aus, deren wachsende Festigung die Konflikte der kommenden Jahrzehnte (Modernismus, Reformkatholizismus contra Integralismus) einerseits verständlich, anderseits so heillos macht, weil man gegen diese Position beim besten Willen nicht den Vorwurf des Maximalismus oder eines intellektuellen Fanatismus erheben kann, der einen aufrechten Geist hätte abschrecken müssen.[25]

Scheeben gibt eine im *im Ansatz durchaus strikte* Auslegung der Unfehlbarkeit Die »assistentia divina« bei unfehlbaren Lehrentscheidungen ist keine neue Offenbarung und erschöpft auch keineswegs die dem ganzen »Lehrkörper« (= Konzil und Bischofskollegium) eigene Unfehlbarkeit, so daß diese etwa nur durch jene vermittelt werde. Sie kommt auch dem Papst nicht als Person, sondern nur als Inhaber der cathedra zu. Und dergleichen scharfsinnige Abgrenzungen noch mehr. Aber: Die Unfehlbarkeit bezieht sich nicht nur auf strikte Glaubenslehre, sondern allgemeiner auf »katholischen Glauben oder überhaupt die katholische Überzeugung«. Der »consensus« könne deswegen nicht Bedingung des päpstlichen Spruches sein, weil er ja gerade *gefordert* werde – was doch wohl den Bemühungen der Fuldaer Konferenz zuwiderläuft, aufgrund der historischen Vorbemerkung zur Unfehlbarkeitsdefinition doch noch einen normativen »consensus antecedens« vorauszusetzen. Es fehlt auch nicht an disqualifizierenden Äußerungen über die Gegner. Vor allem aber: Die ganze Argumentation verläuft in juridischer Terminologie. Der »Kathedralsspruch« ist ein »souveränes Urteil oder Gesetz«, es hat »äußere und innere Rechtskraft« und verpflichtet zum Gehorsam. Den Kathedralspruch erkennt man daher an bestimmten Rechtsformen. Neben den »Dogmatischen Konstitutionen oder Bullen« gehören dazu auch die Enzykliken, Apostolische Briefe, Bestätigung anderer Konzilien. Eine gewisse Unsicherheit wird zwar konzediert, Prüfung von Fall zu Fall verlangt, aber die Möglichkeit, daß in all solchen päpstlichen Äußerungen unfehlbare Entscheidungen getroffen werden, wird sehr weit gespannt. Zum Beleg verweist Scheeben auf jene päpstlichen Dokumente seiner eigenen Zeit, die katholische Theologen heute nur noch mit Beschämung erwähnen: die Enzykliken »Mirari vos« Papst Gregors XVI., »Quanta cura« Papst Pius' IX., den Syllabus ...[26]

[24] Vgl. E. Paul, Matthias Scheeben, Graz 1976, 25, auch 18f. Anders A. Hasler, aaO., 338; 340, der, gestützt auf die römische Wertschätzung Scheebens und auf sein späteres Verhalten (vgl. 87, Anm. 6; 515, Anm. 19), Scheeben der »römischen Schule« zuweist.

[25] Vgl. M. J. Scheeben, Handbuch der katholischen Dogmatik, I (= M. J. Scheeben, Gesammelte Schriften, hg. von J. Höfer, III), Freiburg 1948, 231–242; vgl. auch 211–231.

[26] Zum Problem der Verbindlichkeit päpstlicher Enzykliken und zu deren unterschiedlicher Beurteilung in Vergangenheit und Gegenwart vgl. A. Pfeiffer. Die Enzykliken und

Stehen wir hier also an den Wurzeln jener *faktisch extensiven* Lehrautoritätspraxis, die bald den Modernismusstreit zur Hypothek für die Theologie eines halben Jahrhunderts machte und über den Antimodernisteneid zum »Enzyklikenparagraph« von »Humani generis« führte, der nur deshalb das II. Vatikanum nicht verhinderte, weil er konsequent mißachtet wurde?[27]

II. Ein Blick in das Jubiläumsjahr 1920

Ein Blick in das Jahr des 50. Jahrestages der Primats- und Unfehlbarkeitsdiskussion bringt eine seltsame Enttäuschung. Obwohl es keineswegs ungewohnt und ein fernliegender Gedanke war, ein Jubiläum zu begehen,[28] herrscht in der Diskussion geradezu Totenstille über das I. Vatikanum. Man findet keinen bedeutenden und gar die weitere Diskussion prägenden Titel aus dem Jahre 1920, weder eine Monographie noch einen Aufsatz.[29] Vielleicht wäre die 1919 in Paris

ihr formaler Wert für die dogmatische Methode. Ein Beitrag zur theologischen Erkenntnislehre, Fribourg/Schweiz 1968, 59–131, bes. 72–101. – Knappe Auszüge aus »Mirari vos« finden sich DS 2730–32; etwas ausführlichere aus »Quanta cura« DS 2890–2896 (etwas gekürzt gegenüber der vorausgehenden 31. Auflage); der »Syllabus« findet sich vollständig DS 2901–2980. Y. Congar hat kürzlich darauf hingewiesen, daß, im Gegensatz zu Scheeben, schon Konzilsteilnehmer »Quanta cura« und den Syllabus nicht für unfehlbare Dokumente hielten: Erzbischof Lefèbvre, Lehrmeister der »Tradition«? Die notwendigen Unterscheidungen, in: Concilium 14 (1978) 619–624: 622.

[27] Der »Enzyklikenparagraph« findet sich DS 3885, sachlich bestätigt durch die Kirchenkonstitution des II. Vatikanums, Nr. 25 (innerhalb des 3. Kapitels über die hierarchische Struktur der Kirche). Trotzdem: die zahlreichen Zitate und Verweise täuschen nicht darüber hinweg, daß die Liturgiekonstitution, die Kirchenkonstitution und die Offenbarungskonstitution des II. Vatikanums – um nur diese bemerkenswertesten Fälle zu nennen – die berühmten und bis dahin jeder Kritik entzogenen Enzykliken Pius' XII. »Mediator Dei« (Liturgie, DS 3840–3855), »Mystici Corporis« (Kirche, DS 3800–3822) und »Divino afflante Spiritu« (Hl. Schrift, DS 3825–3830) nicht in allen Punkten aufgenommen, sie sogar nicht selten überschritten haben. Theologen, die hernach maßgeblich an den Texten des II. Vatikanums mitgearbeitet haben, müssen also, anders ist es gar nicht denkbar, entgegen der Anweisung von »Humani generis« doch diskutiert und den noch vom II. Vatikanum (ebd.) geforderten »religiösen Gehorsam des Willens und des Intellektes« nur sehr eingeschränkt geleistet haben.

[28] Zum 50jährigen Jubiläum der Dogmatisierung der Unbefleckten Empfängnis Mariens schrieb Pius X. 1904 die Enzyklika »Ad diem illum« (vgl. DS 3370 und w. u. Anm. 124); 1925 feierte man das »Heilige Jahr« (vgl. DS 3670); 1931 verfaßte Pius XI. in Erinnerung an die Enzyklika »Rerum novarum« Leos XIII. (DS 3265–3271) die berühmte Enzyklika »Quadragesimo anno« (DS 3725–3744). Auch das Lutherjubiläum 1917 und die mit ihm einsetzende »Lutherrenaissance« in der evangelischen Theologie ist in der katholischen Theologie (jedenfalls in Deutschland) nicht spurlos vorübergegangen; vgl. W. Beyna, Das moderne katholische Lutherbild, Essen 1969, 61–71, auch 71–77.

[29] Es wurden folgende damals (schon oder noch) erscheinende Zeitschriften überprüft: Archiv für katholisches Kirchenrecht; Benediktinische Monatsschrift; La Ciencia Tomista; Collationes Brugenses; Divus Thomas (Fribourg); Gregorianum; Hochland; Internationale Kirchliche Zeitschrift; Nouvelle Revue théologique; Pastor Bonus; Revue Bénédictine; Revue Ecclésiastique de Liège; Revue des sciences philosophiques et théologiques;

erschienene geschichtliche Darstellung von F. Mourret zu erwähnen.[30] Die Tübinger Theologische Quartalschrift bringt 1920 keinen Jubiläumsbeitrag – wie sollte sie auch, nach allem oben Gesagten! –, wohl aber einen langen Artikel über »Glaube und Glaubenswissenschaft im Katholizismus« – die Antrittsvorlesung von Karl Adam! Darin finden sich einige Bezugnahmen auf das I. Vatikanum, aber auf »Dei Filius«, nicht auf »Pastor aeternus«. Von Unfehlbarkeit und vom Verhältnis der »Glaubenswissenschaft« zum päpstlichen Lehramt *direkt* kein Wort![31]

Die evangelisch-theologischen Zeitschriften und Kirchenblätter sehen natürlich erst recht keinen Anlaß, auf das I. Vatikanum zu sprechen zu kommen. Bezeichnend aber dürfte ein 1920 gehaltener, 1921 in der (christkatholischen) Internationalen Kirchlichen Zeitschrift abgedruckter Vortrag von Eduard Herzog über die Wiedervereinigung der Kirchen sein.[32]Die gemeinte Wiedervereinigung betrifft die *protestantischen* Kirchen. Auf die römisch-katholische Kirche richten sich keine Hoffnungen mehr. Das I. Vatikanum und seine Folgen haben sie zunichte

Revue des Sciences Religieuses; Revue Thomiste; Stimmen der Zeit; Theologisch-Praktische Quartalschrift; Theologische Quartalschrift; Theologische Revue; Theologische Studien und Kritiken; Theologie und Glaube; Zeitschrift für katholische Theologie; Zeitschrift für Kirchengeschichte; Zeitschrift für Theologie und Kirche. Keine dieser Zeitschriften brachte 1920 einen Jubiläumsbeitrag, mit den folgenden Ausnahmen: Die ZkTh brachte zwar nicht 1920, wohl aber in den Jahren davor zwei Aufsätze zur Unfehlbarkeit: F. Th. Spacil, DerTräger der päpstlichen Unfehlbarkeit, 1916, 524ff; A. Straub, Gibt es zwei unabhängige Träger der kirchlichen Unfehlbarkeit?, 1918, 250ff; zur IKZ vgl. w. u. Anm. 32–35; zur ThQ vgl. Anm. 31. Der einzige echte »Jubiläumsartikel«, den ich finden konnte, steht in den StdZ: M. Reichmann, Das Vatikanische Konzil, StdZ 98 (1920) 172–188; er feiert den »fünfzigsten Gedenktag jenes gesegneten 8. Dezember« (= Konzilseröffnung), gibt einen begeisterten Überblick über Vorgeschichte, Verlauf und Nachwirkung des Konzils, sieht Anlaß zur Freude über den Erfolg und erblickt in der Uneinigkeit im Protestantismus sowie in der Unfreiheit in der Orthodoxie die Chance für die Wiedervereinigung mit der katholischen Kirche.

Für liebenswürdige und schnelle bibliographische Hilfe bei der Erstellung dieser Anmerkung sowie der Anm. 22 danke ich P. Dr. Paulus Engelhardt, Walberberg, P. Dr. Tiemo R. Peters, Münster, und Prof. Dr. Richard Heinzmann, München. Im übrigen finden sich ungewöhnlich reichhaltige Literaturangaben, auch für die Zeit zwischen 1870 und 1920, und unter Einbezug der Zeitschriftenaufsätze und Festschriftbeiträge, bei M. Schmaus, III/1, zu § 172 und 177.

[30] F. Mourret, Le concile du Vatican d'après des documents inédits, Paris 1919. Nach R. Aubert, HKG VI/1, 774, ist dieses Buch von bleibendem Wert wegen der Verwendung der Tagebücher von J. A. T. Icard.

[31] K. Adam, Glaube und Glaubenswissenschaft im Katholizismus, in: ThQ 101 (1920) 131–155; zwischen den Zeilen wird allerdings einiges erkennbar, bes. 145–147. Die kirchliche Autorität ist zu verstehen als »Selbstdarstellung des christlichen Gemeingeistes und seines Einheitsbewußtseins im Prozeß der Glaubensaneignung«, und *insofern* hat sie Bedeutung bei der Entstehung des Glaubens (147). Zitate aus »Dei Filius«: 134f; 142; 145ff; 148ff.

[32] E. Herzog, Nach welcher Methode ist die kirchliche Wiedervereinigung zu versuchen?, in: IKZ 11 (1921) 1–16. Der Kontrast zur Sehweise von M. Reichmann (s. Anm. 29) ist nicht zu überbieten.

gemacht. Denn nach dem fatalen Satz von Kardinal Manning[33] habe dort das Dogma die Geschichte überwunden. Inzwischen aber habe das Kirchenrecht das Dogma zementiert. »Je weniger sich die Welt um die kirchlichen Dogmen kümmert, desto maßgebender wird die in religiöses Gewand gekleidete Jurisprudenz.«[34] Genau das also, was für Scheeben zum Wesen des »Kathedralspruches« und kirchlicher Lehre überhaupt gehört, ihre zum Gehorsam verpflichtende Rechtskraft, ist für Herzog die tiefste Perversion kirchlicher Glaubensverkündigung. Es handelt sich um eben jenen, inzwischen zum altkatholischen Bischof erhobenen Professor Herzog in Bern, der es im Unterschied zu vielen Kollegen nach 1870 abgelehnt hatte, nur zu schweigen und nicht zu widersprechen, und lieber seinen Lehrstuhl aufgab.[35]

Über die Gründe des Schweigens über das I. Vatikanum im Jahr seines Jubiläums, kann man nur Vermutungen anstellen.[36] Der Konflikt um den Modernismus war gerade zu Ende gegangen, und zwar mit dem Sieg des Integralismus über den Reformkatholizismus. Der Codex Iuris Canonici war in Kraft getreten, und Nuntius Pacelli hatte in München damit begonnen, auf deutschem Boden ihn modellhaft in Kirchenpolitik umzusetzen – nach dem zentralistischen Grundmuster, von dem auch der Codex bestimmt ist. Die unter dem I. Vatikanum und seinen Folgen litten, hatten wahrlich keinen Grund, ein Jubiläum zu feiern. Die aber zu den Siegern gehörten, hatten, kaum daß ihr Sieg vollkommen war, neue Sorgen: Die neu entstandenen Republiken standen ja mehr denn je auf dem Boden der Ideen, denen endgültig einen Riegel vorzuschieben, das I. Vatikanum einberufen worden war.[37] Ein Grund jenseits des Streites mag hinzutreten: Das ökumenische Gespräch spielte noch keine Rolle – Ansätze waren gerade wieder zugeschüttet worden[38]; von dort gab es also noch keine Herausfor-

[33] Der Satz wird in verschiedener Fassung in mehreren Briefen Döllingers Manning *zugeschrieben;* vgl. A. Hasler, aaO., 346. Man tut Manning damit allerdings kein Unrecht: Die Texte, die A. Hasler, aaO., 344f, aus Mannings Ausfällen gegen die Wissenschaftlichkeit und theologische Bedeutung der Geschichtsforschung zitiert, bewegen sich sprachlich in der Nähe des fatalen Satzes und stimmen sachlich mit ihm überein. – Einmal in der Welt, wird der Satz natürlich von Gegnern des Dogmas gern aufgespießt und auch von Freunden nur mit Beklommenheit zitiert. Vgl. Herzog, aaO., 10, der nach J. Friedrich, Geschichte des Vatikanischen Konzils, 3 Bde., Bonn 1877–1887, hier II, 265, zitiert.

[34] Herzog, aaO., 10.

[35] Vgl. Hasler, aaO., 491. Herzog starb im hohen Alter 1924; vgl. RGG III, 287f (mit Lit.).

[36] Zum Folgenden vgl. jetzt HKG (s. Anm. 8) Bd. VII (Die Weltkirche im 20. Jahrhundert), Freiburg 1979, 22–30; 181–186; 193–201; 537–544. Vgl. auch L.J. Rogier/R. Aubert/M.D. Knowles, aaO. (s. Anm. 8) V/1, 189f, und H.W. Krumwiede, aaO. (s. Anm. 8) 206–210.

[37] Vgl. dazu die Literaturangaben w. u. Anm. 90 und 91. – Bekannt ist die Auseinandersetzung zwischen Konrad Adenauer als Präsident des Deutschen Katholikentages und Kardinal Faulhaber auf dem Katholikentag in München 1922 um die positive Haltung der Katholiken zur Weimarer Republik. Faulhaber hatte deren Gründung und die vorausgehende Revolution als (sittlich verwerflichen) Verrat gebrandmarkt. Vgl. H. Stehkämper, Adenauer und Faulhaber 1922. Form und Grenze politischer Entscheidungsfreiheit im kirchlichen Raum, Mainz 1977.

[38] Nämlich durch die Bücher von H. Denifle, Luther und Luthertum in ihrer ersten Ent-

derung an die katholische Theologie in Sachen I. Vatikanum, wie es heute der Fall ist – was auch die Gleichgültigkeit der evangelischen Theologie damals erklärt. Wohl aber beginnt damals jene Bewegung, die Romano Guardini mit dem berühmtem Satz kennzeichnete: »Die Kirche erwacht in den Seelen.«[39] Gegen die einseitig juridische Betrachtung der Kirche wendet sich eine neue Ekklesiologie, die von allen Seiten Impulse erhält, ihr geistliches Geheimnis zu deuten. Die Strukturen, und mit ihnen das I. Vatikanum, wurden dabei nicht in Frage gestellt, aber ist es ein Wunder, daß man sie nicht zum Hauptthema machte?

III. Kirchenamtliche Dokumente und kirchenamtliche Theologie

Es wurde schon angedeutet, daß bereits im Jahrzehnt nach 1870 die theologischen Fundamente für eine lehramtliche Praxis gelegt wurden, die, gelinde gesagt, die in »Pastor aeternus« gezogenen Grenzen unscharf macht. Wenn auch nur die Möglichkeit in Betracht gezogen werden mußte, daß vorkonziliare Dokumente wie »Mirari vos«, »Quanta cura« und Syllabus unfehlbare Entscheidungen enthielten, welcher Aufmerksamkeit und lehramtlicher Verpflichtungskraft durften dann Dokumente wie »Aeterni Patris«, »Arcanum divinae sapientiae«, »Rerum novarum«, »Providentissimus Deus«, das Decretum »Lamentabili« und die Enzyklika »Pascendi dominici gregis«, der Antimodernisteneid, die Äußerungen Pius' X. über die Reformatoren gewiß sein,[40] ganz zu schweigen von den Enzykliken und Ansprachen Pius' XI. und Pius' XII. Der »Enzyklikenparagraph« in »Humani generis« ist so gesehen nicht nur ein Anspruch, sondern auch die Festschreibung einer längst bestehenden Praxis. In ihm wird durch den Rekurs auf das *ordentliche* Lehramt nachgeholt, was das I. Vatikanum durch seinen Abbruch nicht mehr behandeln konnte, und es wird *ohne* förmliche Ex-cathedra-Entscheidung doch so apodiktisch vollzogen, daß die

wicklung, 2 Bde., Mainz 1904/09; und H. Grisar, Luther, 3 Bde., Freiburg 1911/12 (^{3}1924/25) und deren urteilsbindende Wirkung auf das öffentliche Bewußtsein in der katholischen Kirche. Vgl. dazu Beyna, aaO. (s. Anm. 28), 28–55; 71–77; und für den außerdeutschen Sprachraum R. Stauffer, Die Entdeckung Luthers im Katholizismus, Zürich 1968, 7–41; G. Ph. Wolf, Das neuere französische Lutherbild, Wiesbaden 1974.

[39] R. Guardini, Vom Sinn der Kirche, Mainz 1922, 1. Zur Gesamtentwicklung vgl. jetzt den knappen, aber schwungvoll geschriebenen Überblick von J. Frisque, Die Ekklesiologie im 20. Jahrhundert, in: H. Vorgrimler/R. van der Gucht (Hg.), Bilanz der Theologie im 20. Jahrhundert, III, Freiburg 1970, 192–243 (227–243: Lit.!); ferner H. Fries, Wandel des Kirchenbilds und dogmengeschichtliche Entfaltung, in: Mysterium Salutis (s. Anm. 65), IV/1, 223–279: 272ff; Y. Congar, Die Lehre von der Kirche (s. Anm. 8), 114–127; E. Klinger, Ekklesiologie der Neuzeit. Grundlegung bei Melchior Cano und Entwicklung bis zum 2. Vatianischen Konzil, Freiburg i. Br. 1978, 241–254, auch 73–93.

[40] Vgl. DS 3135–3140; 3142–3146; 3265–3271; 3280–3294; 3401–3466; 3475–3500; 3537–3550. Die Borromäus-Enzyklika »Editae saepae« mit den bekannten Ausfällen gegen die Reformatoren (längere Kostprobe bei Beyna, aaO., 72f) findet sich nicht in DS, sondern bei C. Mirbt, Quellen zur Geschichte des Papsttums und des römischen Katholizismus, Tübingen ^{5}1934, 514 (Nr. 656).

Folgen so sind, als wäre es eine Ex-cathedra-Entscheidung. Deshalb sind auch evangelische Theologen – nicht so geübt in der feinen Unterscheidung zwischen »authentischen« und »unfehlbaren« lehramtlichen Äußerungen, wie die katholische Hermeneutik lehramtlicher Äußerungen sie machen muß – der Meinung, zumindest Enzykliken beanspruchten nach Piux XII. unfehlbare Entscheidungen zu treffen, wo sie über eine bisher strittige Frage handeln.[41]
Ein Weiteres kommt hinzu: Der Druck, den die Kurie nach 1870 auf widerstrebende Katholiken ausübte, war ja nach ihrem eigenen Selbstverständnis keineswegs unsachgemäß. Was Eduard Herzog als das eigentlich Unannehmbare am I. Vatikanum brandmarkt, nämlich den Sieg des Kirchenrechts über das Dogma und des Dogmas über die Geschichte, genau dies wird ja von Scheeben als Selbstverständlichkeit ausgesprochen. Lehramtliche Stellungnahmen ergehen also, wenn schon nicht in der Form von Gesetzen, so zumindest in der Form von Rechtsverordnungen. Sie haben daher Folgen, die mit kirchenrechtlichen oder staatskirchenrechtlichen Mitteln durchgesetzt werden können – und eine Appellation dagegen gibt es nicht. Die ohnehin schon ihre Grenzen nicht strikt einhaltende Lehramtsausübung *braucht* also gar nicht formell ex cathedra zu sprechen. Sie kann den Widerspruch einfach durch die normale juristische Effizienz ihrer Stellungnahmen verhindern.
Dies alles impliziert nun ein Verständnis vom Verhältnis zwischen Lehramt und Theologie, dessen theoretische Positionen so erstaunlich sind, wie seine immer noch fast unbehinderte Effektivität, und das unmittelbar ein Posten in der kirchenamtlichen Bilanz aus dem I. Vatikanum ist. Max Seckler hat das Verdienst, diesen quälenden Bilanzposten aufgeschlüsselt zu haben in seinem Aufsatz »Die Theologie als kirchliche Wissenschaft nach Pius XII. und Paul VI.«[42] Die wesentlichen Ergebnisse lauten zusammengefaßt:
a) Die Offenbarung, das »depositum fidei« ist *allein* dem kirchlichen Lehramt zur Erklärung anvertraut, allen voran dem Papst als dem Nachfolger Petri und Stellvertreter Christi.
b) Gegenstand des Lehramtes ist nicht nur die strenge Glaubens- und Sittenlehre, sondern alle Gebiete von Wissen und Tun, die den Bereich des Glaubens

[41] »[Es schien]... der Papst werde sich in Zukunft [sc. nach dem I. Vatikanum] wohl hüten, ›ex cathedra‹ zu sprechen. Was aber nicht ›ex cathedra‹ komme, sei der freien Diskussion unterstellt. Man könne z. B. den Syllabus oder die Enzykliken nicht als absolut verbindliche Äußerungen des *unfehlbaren* [Hervorhebung von mir] Lehramtes hinstellen. Mit dieser Verharmlosung hat kein Geringerer als Pius XII. aufgeräumt. In *Humani generis* wendet er sich ausdrücklich dagegen« (W. von Loewenich, Der moderne Katholizismus, Witten [4]1959, 157; auch in der neuesten Auflage unter dem Titel: Der moderne Katholizismus vor und nach dem Konzil, Witten [3]1970, sind diese Sätze stehengeblieben; vgl. aaO., 152).
[42] M. Seckler, Die Theologie als kirchliche Wissenschaft nach Piux XII. und Paul VI. in: ThQ 149 (1969) 209–234, [jetzt in: Ders., Im Spannungsfeld von Wissenschaft und Kirche. Theologie als schöpferische Auslegung der Wirklichkeit, Freiburg 1980, 62–84, unter dem Titel: Theologie als kirchliche Wissenschaft – ein römisches Modell]; dasselbe (3.) Quartalsheft der ThQ enthält weitere Aufsätze zur gleichen Thematik von P. Touilleux (Kritische Theologie), J. Neumann (Zur Problematik lehramtlicher Beanstandungsverfahren) und H. Kümmeringer (Es ist Sache der Kirche, »iudicare de vero sensu et interpretatione scripturarum sanctarum«).

überschneiden oder auch nur berühren, von der Medizin über politische Fragen bis hin zum Kunstcharakter der Musik.

c) In dieser Weltzeit sind die Stimme des Papstes und die Stimme Christi identisch, kraft des besonderen Beistandes des Heiligen Geistes.

d) Daraus folgt ein umfassendes Inquisitions-, Steuerungs- und Überwachungsrecht – bis hin zu beauftragter Beobachtertätigkeit gegenüber der theologischen Wissenschaft.

d) Das kirchliche Lehramt ist daher in seinem gesamten Gegenstandsbereich formal und inhaltlich die innere Norm theologischer Arbeit, und zwar die nächste und allgemeine Note der Wahrheit.

f) Theologie kann daher nur aus »Delegation« betrieben werden: Das Amt, insonderheit der Papst, delegiert seine Lehrfunktion an Theologen, diese lehren nie kraft eigenen Rechtes oder eigener wissenschaftlicher Einsicht. Vielmehr versehen sie ein Hilfsamt für die bzw. den eigentlichen Lehrer der Kirche, und ihre Aufgabe ist es, nachzuweisen, *wie* – nicht: *daß!* – die Verkündigung des Lehramtes in genau dem Sinne, wie sie ergeht, in den Offenbarungsquellen enthalten ist. Es ist nicht einmal privat erlaubt, aus wissenschaftlichen Gründen eine andere Meinung zu haben als das Lehramt, es sei denn, das Lehramt hat sich zu einer Frage noch nicht geäußert.

Seckler meint abschließend, mit diesem Konzept habe die Theorie die Praxis eingeholt. Es bleibt nur festzuhalten, daß es aufgrund des I. Vatikanums entworfen, durch das II. Vatikanum nicht korrigiert wurde, sich theoretisch wie praktisch bis an die Grenzen des Machbaren durchsetzen kann und wie ein roter Faden auch alle postkonziliaren lehramtlichen Dokumente durchzieht: etwa »Humanae vitae«, »Mysterium Ecclesiae«, die Küng-Dokumente, die Erklärung zu Fragen der Sexualethik[43]. – Dem allen ist dreierlei hinzuzufügen:

Erstens: Eine so beschriebene und bestimmte Theologie muß keineswegs stumm werden, sie kann im Gegenteil Bibliotheken füllen, erklärt aber zugleich den Umstand völliger Dialogunfähigkeit gegenüber jedem, der das vorausgesetzte Konzept nicht teilt: Man meint hier Worte aus einer anderen Welt zu hören.[44]

[43] Originaltexte in: AAS 60 (1968) 481–503 (»Humanae vitae«); 65 (1973) 396–408 (»Mysterium Ecclesiae«); 67 (1975) 203 f (Küng-Erklärung); 68 (1976) 77–96 (Erklärung zur Sexualethik). – Deutsche Übersetzung (u. a.) in: HK 22 (1968) 418–424; 27 (1973) 416–421 (421–422: Stellungnahme der Deutschen Bischofskonferenz); 29 (1975) 182 (182–184: Erklärung der Bischofskonferenz; die weiteren bischöflichen Stellungnahmen mitsamt der Ehrenerklärung für Küng in: W. Jens [Hg.], Um nichts als die Wahrheit. Deutsche Bischofskonferenz contra Hans Küng, München 1978, 142–172); 30 (1976) 82–87. – Der »rote Faden« besteht in dem selbstverständlichen und teilweise auf den Hl. Geist zurückgeführten Anspruch, ohne Rücksicht auf Fragen und Diskussionsergebnisse festlegen zu müssen und zu können, was ein katholischer Theologe sagen und was er nicht sagen darf.

[44] Pars pro toto sei auf die Zeitschrift der Lateran-Universität »Divinitas« hingewiesen (Pontificiae Academiae Theologicae Romanae Commentarii, Rom 1957 ff). Ein Schulbeispiel, das vor dem Vergessen bewahrt werden sollten, ist etwa D. Staffa, L'unità della fede e l'unificazione dei popoli, nel magisterio del Sommo Pontefice Giovanni XXIII., in: Divinitas 6 (1962) 3–32; dort werden drei konstitutive Faktoren kirchlicher Einheit herausgearbeitet: der Thomismus, die im Codex Iuris Canonici »präzis wie die Mathematik« ge-

Zum anderen: Wer sich das hier skizzierte Konzept vor Augen hält, begreift, daß etwa die Unterschriftenaktion der Gruppe um »Concilium« betreffend die Freiheit der Theologie in Lehre und Forschung oder die wiederholten Vorstöße zur Verbesserung der Verfahrensordnung der Glaubenskongregation[45] nicht nur auf taube Ohren stießen, sondern schlicht nicht verstanden werden konnten, weil sich ja schon der Impuls zur Aktion selbst einem »falschen« Theologieverständnis verdankt.
Und endlich: Es ist zu beobachten, daß in jüngster Zeit Grenzen der Durchführbarkeit des Konzeptes sichtbar wurden. Im Fall von »Humanae vitae«, der Neuregelung des »Mischehenrechts« und der Beilegung des Verfahrens gegen Hans Küng, haben die deutschen Bischöfe einerseits die praktischen Auswirkungen abzubremsen gewußt und dies, soweit man weiß, mit allen Mitteln auch der politischen und psychologischen Argumentation erreicht. Sie haben anderseits in ihren diesbezüglichen Dokumenten deutlich erkennen lassen, daß sie auch theologisch anders denken als Rom – wenngleich sie das begreiflicherweise nicht gern zugeben werden.[46] Vielleicht wird man einmal sagen, daß in solchen Ge-

wordene »juridische Struktur« und die lateinische Sprache als Überwindung der babylonischen Sprachverwirrung in der Kirche (aaO., 21–31); vgl. dazu auch w. o. S. 192f.

[45] Die Freiheit der Theologen und der Theologie. Eine Erklärung. Beilage zu Concilium 5 (1969), Heft 1. Zur Sache vgl. ferner J. Neumann, Menschenrechte – auch in der Kirche? Zürich 1976, 108–192; St. H. Pfürtner, Macht, Recht, Gewissen in Kirche und Gesellschaft, Zürich 1972, 224–273; [K. Rahner/H. Fries (Hg.), Theologie in Freiheit und Verantwortung, München 1981; und HFTh IV (wie Anm. 4); U. Horst, Theologie und Lehramt. Historische Anmerkungen zu einem aktuellen Thema, MThZ 38 (1987) 53–63].

[46] Entgegen der Forderung nach bedingungslosem Gehorsam in »Humanae vitae« und den entsprechenden Weisungen an die Seelsorger müssen die Gläubigen nach den Königsteiner Dokumenten der deutschen Bischöfe von 1968 a) eine von der amtlichen Lehre der Kirche abweichende Meinung nicht mehr nur als riskante Ausnahme ansehen; b) sie brauchen sie nicht privat für sich zu behalten, sondern können sie unter Wahrung der Rückischt auf die Gesetze des innerkirchlichen Dialogs auch »vertreten«; c) sie ebenso wie die Theologen und die Fachleute aus den einschlägigen Wissenschaften sollen die »klärende Aussprache« weiterführen; und d) werden die Seelsorger angewiesen, in der Verwaltung der Sakramente »die verantwortungsbewußte Gewissensentscheidung der Gläubigen zu achten« (Wort der deutschen Bischöfe zur seelsorglichen Lage nach dem Erscheinen der Enzyklika »Humanae vitae«, Nr. 3; Verlautbarung nach Abschluß der außerordentlichen Vollversammlung der Deutschen Bischofskonferenz am 29./30. August 1968, Mitte). Die Bischöfe gehen damit sogar stillschweigend über das hinaus, was sie kurz zuvor dargelegt hatten, in: Lehrschreiben der deutschen Bischöfe an alle, die von der Kirche mit der Glaubensverkündigung beauftragt sind, Trier 1968, Nr. 18; vgl. zum Ganzen O.H. Pesch, Über die Verbindlichkeit päpstlicher Enzykliken. Dogmatische Überlegungen zur Ehe-Enzyklika Papst Pauls VI., in diesem Band w. u. S. 253–265, bes. 264f.– Entgegen dem Tenor des Motu proprio vom 31. März 1970 zur Neuregelung der kirchenrechtlichen Bestimmungen über die konfessionsverschiedene Ehe, worin zwar im Blick auf die ungünstiger gewordenen Umstände für die »Mischehe« bedeutsame Konzessionen gemacht werden, im übrigen aber alle Aufmerksamkeit der Gefahr des Glaubensabfalls des katholischen Partners gilt, sorgen sich die Ausführungsbestimmungen der Deutschen Bischofskonferenz vom 23. September 1970 weniger um den *Katholiken* als vielmehr um die *Ehe* und die Christlichkeit der *Familie*, weisen die Seelsorger an, einem bereits entschlossenen Brautpaar nicht mehr von der konfessionsverschiedenen Ehe abzuraten, und schöpfen im

schehnissen doch eine neue Seite der kirchenamtlichen Bilanz des I. Vatikanums aufgeschlagen wurde.[47]

Detail den vom Motu proprio belassenen Spielraum weitestmöglich aus. Der Text des Motu proprio sowie die Ausführungsbestimmungen der Bischofskonferenz finden sich übrigens außer in den Amtsblättern der Diözesen auch abgedruckt in: Materialdienst des Konfessionskundlichen Instituts 21 (1970) 55–59 und 95–100. – Entgegen dem Wortlaut der Erklärung der Glaubenskongregation vom 15. Februar 1975, wonach die drei beanstandeten Lehren Küngs (Zweifel an der Unfehlbarkeit des päpstlichen Lehramtes, Küngs Begriff vom kirchlichen Lehramt überhaupt, Konsekrationsvollmacht eines Laien in der Eucharistie im Notfall) nur Beispiele einer im ganzen bedenklichen Theologie seien, sagen die Bischöfe in ihrer Erklärung vom 20. Februar 1975, Zurückweisung und Wiederholungsverbot beträfen nur einzelne Lehren, nicht aber Küngs Theologie im ganzen; sie möchten der Klärung solcher Streitfragen einen Freiraum in der Kirche sichern und dafür auch zeitweilige Spannungen in Kauf nehmen; sie geben eine persönliche Ehrenerklärung für Küng und sein theologisches Engagement ab.
Als ich 1975 – nach einigem Zögern – mich entschlossen hatte, auf die auch an mich ergangene Umfrage G. Denzlers nach der gegenwärtigen und zukünftigen Stellung des Papsttums zu antworten, und einen Sonderdruck meines Beitrages auch Kardinal Döpfner übersandte (vgl. G. Denzler [Hg.], Papsttum heute und morgen. 57 Antworten auf eine Umfrage, Regensburg 1975, 153–157), bekam ich in einem Brief vom 4. März 1975 zu meiner Freude ein vorsichtiges Lob für »viele Aussagen, die man durchaus akzeptieren kann«, mein Hinweis auf die Differenz der genannten römischen und bischöflichen Dokumente (aaO., 156) schien ihm »freilich überzogen«. Daß aber die Bischöfe sich in allen drei Fällen bewußt gewesen sein müssen, etwas »gewagt« zu haben, beweisen die bekanntgewordenen Schwierigkeiten auf der Würzburger Synode, im Beschluß über »Christlich gelebte Ehe und Familie« die Gefahr abzuwehren, daß die Bischöfe von der Königsteiner Erklärung vorsichtig abrückten; vgl. die beiden Berichte von F. Böckle in: Gemeinsame Synode der Bistümer in der Bundesrepublik Deutschland. Offizielle Gesamtausgabe I, Freiburg 1976, 412–414; und in: D. Emeis/B. Sauermost (Hg.), Synode – Ende oder Anfang. Düsseldorf 1976, 218–220; ferner M. Plate, Das deutsche Konzil. Die Würzburger Synode, Bericht und Deutung, Freiburg 1975, 194–196; das beweisen die Berge von Protestbriefen, die nach zuverlässigen Informationen den Bischöfen nach Erlaß der Ausführungsbestimmungen zum Mischehen-Motu-proprio zugingen; beweist die Verärgerung der Bischöfe darüber, daß Hans Küng es an dem »hohen Maß an Mitwirkung des Autors« habe fehlen lassen, auf dessen Erwartung die Bischöfe im Februar 1975 ihre versöhnliche und von ihnen als »modellhaft« bezeichnete Beilegung des langen Streites gründeten; vgl. K. Lehmann, Hoftheologie für und von Hans Küng. Zur Dokumentation des Briefwechsels Bischofskonferenz-Küng (s. Anm. 43), in: Rheinischer Merkur Nr. 8/24. Februar 1978, S. 31, Sp. 4.

[47] [Diese 1979 geäußerte optimistische Hoffnung ist heute, 1987, nicht leicht durchzuhalten. In Sachen »Humanae vitae« wurde dem Washingtoner Moraltheologen David Curran wegen seiner kritischen Äußerungen gegen die Doktrin der Enzyklika durch den zuständigen Bischof auf Geheiß Roms in exemplarischer Weise die Lehrbefugnis entzogen – exemplarisch, weil ja unter den katholischen Moraltheologen nachweislich nicht nur Curran so denkt und sich so äußert. Noch ist nicht abzusehen, ob es in der Angelegenheit doch noch zu einer Verständigung kommt, die in einer Diskussion, die um des Gewichtes der Sache willen einfach nicht unterbunden werden kann, dem freien Wort in der Kirche einen Raum läßt. – Die Neuregelung des Mischehenrechtes ist zwar in den neuen Codex Iuris Canonici von 1983 eingegangen, aber die in Anm. 46 angedeuteten Probleme sind dabei keineswegs zur Zufriedenheit gelöst worden, sie blockieren im Gegenteil nach wie vor die Verbesse-

IV. Die Schuldogmatik

Die Schuldogmatik – also die Theologie, die die Theologiestudenten sich bis vor kurzem, und teilweise heute noch, aus einem Handbuch der Dogmatik als Grundwissen und Ausgangspunkt für alle »fortschrittlichen« Aufbrüche erwarben und erwerben – hat, das kann vorab festgestellt werden, die im Ergebnis extensive Auslegung der Definition von 1870, wie wir sie bei Scheeben fanden, nicht mitgemacht. Welche Einflüsse (oder auch: welche heilsam schockierenden Erfahrungen) das auch immer bewirkt haben, man braucht nur etwa die Dogmatik von Diekamp-Jüssen mit Scheeben zu vergleichen, dann springt der Unterschied in die Augen. Diekamp-Jüssen betont alle einschränkenden Formulierungen des Dogmas, und bei der Frage nach den »Formen« unfehlbarer Lehrverkündigung werden schon die Enzykliken, geschweige denn andere Arten päpstlicher Verlautbarungen nicht mehr erwähnt. Ähnlich andere, im Gebrauch befindliche Lehrbücher.[48]

Es kann anderseits kein Zweifel sein, daß die schuldogmatische Darstellung der Fragen um das kirchliche Lehramt in strenger Bindung an das vatikanische Dogma verläuft. Dieses und auch die skizzierte lehramtliche Theorie vom Verhältnis zwischen Lehramt und Theologie werden umgesetzt in die schulmäßig begründeten Lehrsätze der Handbücher der Dogmatik und der Apologetik. Man muß sich ja auch einmal vorstellen, was es für einen Theologen bedeutet, nicht nur unter der ständigen staatskirchenrechtlichen Bedrohung seines Lehrstuhls, sondern unter dem moralischen Druck eines Eides, des Antimodernisteneides zu arbeiten, selbst wenn man ihn für ungerecht und damit unverbindlich hält.[49] Gewiß kann die Sprache der Schuldogmatik unterschiedlich sein:

rung der zwischenkirchlichen Beziehungen. Vgl. dazu die w. o. S. 196 Anm. 28 verzeichneten Arbeiten von K. Walf sowie aus evangelischer Sicht W. Schöpsdau, Konfessionsverschiedene Ehe. Ein Handbuch, Göttingen 1984, 42–87. – Und die »modellhafte« Beilegung des »Falles Küng« von 1975 hat, wie hinlänglich bekannt, auch nicht gehalten – durch wessen Schuldanteil auch immer. Dokumentation bei N. Greinacher/H. Haag (Hg.), Der Fall Küng, München 1980. Zu anderen »Fällen«, »großen« wie »kleinen«, vgl. N. Greinacher/H. Küng (Hg.), Katholische Kirche – wohin? Wider den Verrat am Konzil, München 1986, 411–460. Hoffnung gewähren derzeit nicht die Realitäten, sondern allein der Geist Gottes, dessen Sieg über alle menschliche Schwachheit und Angst schon manches Mal in der Kirche unerwartet möglich gemacht hat, wovon niemand zu träumen wagte.]

[48] Vgl. die in Anm. 4 verzeichneten Lehrbücher: Diekamp-Jüssen, I, 63–72, bes. 71f; Bartmann, II, 163–167; Pohle-Gummersbach, I, 78f; Premm, I, 27–29; Ott, 346–350. Zu Schmaus vgl. das Folgende. Zur selben strengen Auffassung gelangt auch A. Pfeiffer, aaO. (s. Anm. 26), 59–131.

[49] Viele ältere Theologen der damaligen Zeit stimmten dem Antimodernisteneid gewiß zu! *Alle* aber nicht – sonst hätte sich nichts ändern können. Die heutige Kurzform, die seit einigen Jahren die alte Formel abgelöst hat und keine einzelnen Inhalte mehr nennt, ist das Eingeständnis, daß seit einigen Jahrzehnten beim besten Willen nicht mehr alles beschwörbar ist, was in DS 3537–3550 steht. Für diese mindestens zwei bis drei Jahrzehnte war der Antimodernisten-Eid für zahllose jüngere Theologen, die auf wissenschaftliche Aufrichtigkeit ebenso wenig verzichten wollten wie auf eine kirchliche Anerkennung, eine ernste, je nach Temperament sogar unerträgliche Gewissensbelastung – zu einer Zeit, wo viele der im Eid verworfenen Lehren längst mit kirchlicher Druckerlaubnis verbreitet wur-

herrisch, Ansprüche betonend und selbstgewiß wie etwa bei Scheeben oder Diekamp-Jüssen, oder argumentierend, verstehend auf Mißverständnisse eingehend wie etwa in der Dogmatik von Michael Schmaus.[50] In der Sache macht das keinen Unterschied, und auch bei Schmaus liest man Sätze – konsequent aus den Formulierungen von 1870 abgeleitet –, die Schmaus heute so nicht mehr wiederholt. Unfehlbare päpstliche Lehrentscheidungen »tragen den Grund ihrer Richtigkeit in sich selbst. Ihre Wahrheit gewinnt Evidenz aus ihrer Tatsächlichkeit. In der Faktizität einer kirchlichen Lehrentscheidung liegt ihre Legitimität.«[51] Wenn denn doch einmal Bedenken gegen den Sachgehalt einer päpstlichen Entscheidung unabweisbar sind, geht die schuldogmatische Lösung in die Richtung einer doppelten Klarstellung: Entweder handelt es sich nicht um eine unfehlbare Entscheidung – z. B. im Falle der Bulle »Unam Sanctam« Bonifaz' VIII., die auch die staatliche Gewalt dem Papst unterwarf, was sogar Pius XII. als »zeitbedingt« kennzeichnet (Ansprache vom 7. 9. 1955)[52], oder es betrifft nicht Fragen von Glaube und Sitte im Sinne des Dogmas, etwa wenn der Papst sich zu Fragen der Astronomie äußert.

Trotz aller Bemühung, zwischen Treue zum Lehramt der Kirche und wissenschaftlicher Redlichkeit einen kleinen Freiraum abzustecken, kann dennoch kein Zweifel sein, daß das Dogma von 1870 in der Schuldogmatik Folgen für das theologische Argumentationsverfahren hat. Wenn das Lehramt unmittelbare und nächste Norm der theologischen Arbeit ist, dann ist es nur konsequent, wenn das kirchliche Lehramt an erster Stelle unter den Beweismitteln figuriert, mit denen das Enthaltensein eines Lehrsatzes im depositum fidei nachgewiesen wird. Erst danach folgen die »Offenbarungsquellen« Schrift und Tradition, woran sich die »spekulative Durchdringung« anschließt. Die bindenden Folgen zeigen sich sogar außerhalb der Schuldogmatik. Als symptomatisch muß es doch wohl gelten, wenn etwa ein so freimütig fragender Geist wie Karl Rahner 1953 eine Reflexion auf die Bedeutung des Immaculata-Dogmas mit der Überlegung einleitet, durch die Tatsache seiner Definition sei klar, *daß* das Dogma eine Bedeutung für uns habe, und nun sei die Frage nur noch, *welche*. Wenn der Papst will, daß wir uns eine kirchliche Lehre zu Herzen nehmen, können wir sie nicht

den. Wer da nicht in blanken Zynismus ausweichen wollte, konnte vor seinem Gewissen nur bestehen im Rückgriff auf die moraltheologische Lehre, daß ein ungerecht geforderter Eid nicht verpflichtet. Es dürfte nicht verfrüht sein, dies einmal offen auszusprechen. – Zur Lehre vom ungerechten Eid vgl. B. Häring, Das Gesetz Christi, 3 Bde., Freiburg ⁶1961, hier: II, 263 f. Vgl. auch Thomas von Aquin, Summa Theologiae, II–II 89,3 und 7; LThK III, 728 f.

50 Vgl. M. Schmaus, Katholische Dogmatik, III/1, 798–820.

51 AaO., 811; übrigens weist auch Schmaus ausdrücklich auf den rechtlichen Charakter unfehlbarer Entscheidungen hin, sie sind ein »Glaubensgesetz« (aaO., 812). Vorsichtiger sowohl zur Frage der Evidenz als auch zum Gesetzescharakter von Lehrentscheidungen urteilt Schmaus in seiner zweiten Dogmatik: Der Glaube der Kirche, 2 Bde., München 1969–1970, hier: II, 184–203, bes. 189–194 [entspricht in der 2. Auflage, 6 Bde. in 13, St. Ottilien 1979–1982, V/2, 99–143, bes. 111–126].

52 Vgl. M. Chinigo (Hg.), Der Papst sagt. Lehren Pius' XII. Deutsch von B. Wuestenberg, Frankfurt 1956, 364–367, zitiert bei M. Schmaus, Kath. Dogmatik III/1 (s. Anm. 4), 677–680, hier bes. 679.

bloß auf sich beruhen lassen, sondern müssen sie auf ihre (fraglos vorauszusetzende) Bedeutung für uns befragen.[53]
Eine weitere Folge ist, daß tatsächlich – um Kardinal Manning noch einmal zu zitieren – das Dogma die Geschichte überwindet. Das sichere Dogma ist weit davon entfernt, einer historisch-kritischen Überprüfung unterworfen werden zu dürfen – nicht einmal hinsichtlich seines Enthaltenseins in den Offenbarungsquellen, geschweige denn hinsichtlich eines Sachgehaltes. Der ganze Modernismusstreit ist – unter anderem – eine Auseinandersetzung um dieses Prinzip, daß das Dogma darüber entscheidet, was in der Heiligen Schrift gefunden werden muß und was in den Dokumenten der Kirchen- und Dogmengeschichte nicht gefunden werden darf.[54] Der Historiker hat im Fall eines Konfliktes davon apriorisch auszugehen, daß er falsch gearbeitet hat und daher sich bemühen muß, aber auch hoffen darf, mit aller Anstrengung die Lehre des Dogmas wenigstens in nuce in den Dokumenten der Geschichte aufzufinden. Das Verfahren ist dann geradezu schematisiert in den Entscheidungen der Bibelkommission. Auf die stereotypen Fragen »Ob gelehrt werden könne«, »ob gehalten werden müsse«, folgen die lapidaren Antworten: Negative, oder Affirmative.[55] Um Mißverständnissen vorzubeugen: Es geht mir nicht um ein Plädoyer für den jeweils neuesten Schrei. Es muß nur, und zwar als eine Konsequenz aus dem I. Vatikanum, das bezeichnende Verfahren vor Augen geführt werden, daß hier im voraus zu einer Prüfung der Gründe, im voraus auch zur Frage nach dem wirklichen und nicht nur vermeintlichen Ausmaß der Bedrohung des Dogmas, entschieden wird, was ein *Historiker* herausfinden *darf* bzw. *nicht* darf. Es ist kein

[53] Vgl. K. Rahner, Die unbefleckte Empfängnis, in: Schriften zur Theologie, 16 Bde., Zürich 1953–1984, I, 223–237: 223.

[54] Bezeichnende Beispiele sind die »Propositiones Modernismi«, die zumeist historische bzw. exegetische Fragestellungen enthalten, welche aber aus dogmatischen Gründen für unzulässig erklärt werden. Vgl. bes. DS 3423f, 3428, 3430–3432, 3439f, 3443f, 3446–3451, 3453–3456, 3460 – das sind nur die Sätze, bei denen heute kein vernünftiger Zweifel besteht, daß sie eine legitime und notwendige Fragestellung enthalten und daß die möglicherweise entstehende Spannung zum kirchlichen Dogma für gegenstandslos erklärt werden kann. Die hier nicht aufgeführten propositiones enthalten Thesen, die auch heute noch als umstritten angesehen werden müssen.

[55] Die Entscheidungen der Bibelkommission beginnen DS 3372 und sind von dort an leicht auffindbar. Sie sind außerdem gesammelt in: Enchiridion Biblicum. Documenta ecclesiastica Sacram Scripturam spectantia auctoriatate Pontificiae Commissionis de Re Biblica edita, Rom 1927, [4]1961. Zum Schicksal der Bibelkommission und zum Schicksal der katholischen Exegese in dessen Gefolge vgl. jetzt A. Wikenhauser/J. Schmid, Einleitung in das Neue Testament, 6., völlig neu bearbeitete Auflage, Freiburg 1972, 9–11; dort weitere Literatur. – Wohltuend anders klingt es (nicht erst, aber besonders repräsentativ) in der von H. Jedin selbst verfaßten Einleitung in die Kirchengeschichte im HKG, I (1962), 1–55, bes. 2–6; 10f – obwohl auch H. Jedin nur »zeitweilig... Spannungen« zwischen kirchengeschichtlichen Forschungsergebnissen und »Glauben bzw. theologischen Postulaten, die man mit ihm identifiziert« (aaO., 5), für möglich hält, zum Eventualfall eines unauflösbaren Konfliktes aber nicht Stellung nimmt. Zum Freimut der Kirchengeschichtsschreibung vgl. jetzt auch H. Jedin, Kardinal Caesar Baronius. Der Anfang der katholischen Kirchengeschichtsschreibung im 16. Jahrhundert, Münster 1978, bes. 49–58.

Wunder, daß die Bibelkommissionsentscheidungen in den Handbüchern unter den Beweismitteln aus dem »kirchlichen Lehramt« auftauchen.[56] Vorerst jüngster und letzter Wellenschlag dieser Entwicklung: die gezielte Polemik gewisser katholischer Kreise gegen das Katholische Bibelwerk in Stuttgart und seine Zeitschrift »bibel und kirche« nach dem Motto: Das Katholische Bibelwerk ist nicht katholisch.[57]

Daß nach demselben Verfahren die exegetischen und historischen Schwierigkeiten gegenüber dem vatikanischen Dogma selbst in Angriff genommen werden, überrascht nicht. Erinnert sei an die »Causa Honorii« oder an die Art, wie mit den Erhebungen von Brian Tierney umgegangen wird.[58] Skurriler wird es schon,

[56] Vgl. wieder die in Anm. 4 verzeichneten Dogmatiken: Diekamp-Jüssen, II, 83; 85; 93; Pohle-Gummersbach, I, 56; 533f; Premm, I, 401f; Ott, 111f; Schmaus, Dogmatik, I, 131 – aber gewissermaßen zurückblickend in: Der Glaube der Kirche, I, 311f [2. Aufl. III, 67].

[57] Vgl. z.B. die von W. Schamoni [inzwischen von Johannes Bökmann] herausgegebene Zeitschrift »Theologisches«. Beilage der »Offerten-Zeitung für die kath. Geistlichkeit Deutschlands«, Abensberg, Nr. 84, April 1977, 2298–2312 (W. Schamoni und F. Bettex); Nr. 91, Nov. 1977, 2534–2539 (P. Hacker). Dazu die Erwiderung des Leiters des Bibelwerkes, F.J. Stendebach, Grünes Licht für Häresien? Publik-Forum 6 (1977), Nr. 25, 9.12.1977, 13f. – Wie schwierig im Zuge der fortschreitenden Befreiung der katholischen Exegese von den Folgen des Modernismus-Streites das Verhältnis von historisch-kritisch arbeitender Exegese und Dogma und Dogmatik geworden ist, belegt die einschlägige Diskussion um Exegese und Dogmatik in den 60er Jahren. Vgl. pars pro toto: R. Schnackenburg, Der Weg der katholischen Exegese, in: Ders., Schriften zum Neuen Testament. Exegese in Fortschritt und Wandel, München 1971, 15–33 (geschrieben 1958); Ders., Neutestamentliche Theologie. Der Stand der Forschung, München 1963, ²1965; Ders., Konkrete Fragen an den Dogmatiker aus der heutigen exegetischen Diskussion. Catholica 21 (1967) 12–27; K. Rahner, Über die Schriftinspiration, Freiburg 1958; Ders., Exegese und Dogmatik, in: Schriften zur Theologie, IV (1962) 82–111; O. Kuss, Exegese als theologische Aufgabe, in: Ders., Auslegung und Verkündigung, I, Regensburg 1963, 1–24; jetzt auch Ders., Der Römerbrief. Dritte Lieferung (Röm 8,19– 11,36), Regensburg 1978, III–XIV; H. Schlier, Biblische und dogmatische Theologie, in: Ders., Besinnung auf das Neue Testament, II, Freiburg, 1964, 25–34; und W. Kasper, Die Methoden der Dogmatik. Einheit und Vielheit, München 1967. Ganz zu schweigen von den methodologischen Auseinandersetzungen um Hans Küng, die vor allem das Verhältnis von (normierendem) biblischem Zeugnis und (normiert-normierender) dogmatischer (einschl. lehramtlicher) Tradition betreffen. Aus evangelischer Sicht vgl. K. G. Steck, Das römische Lehramt und die Heilige Schrift. München 1963. Endlich in einem verheißungsvollen evangelisch-katholischen Gespräch zu dieser Thematik ist man in: J. Blank/R. Schnackenburg/E. Schweizer/U. Wilckens (Hg.), Evangelisch-Katholischer Kommentar zum Neuen Testament, Zürich/Neukirchen-Vluyn, bisher 4 Hefte Vorarbeiten über wichtige Kontroversfragen, 1969ff, sowie 3 [inzwischen 14] Kommentarbände, 1975ff. Vgl. jetzt auch HKG VII (s. Anm. 36), 286–290.

[58] Vgl. Diekamp-Jüssen, II, 248; Pohle-Gummersbach, II, 101; Premm, II, 75f; Ott, 180; ebenso im Endergebnis, trotz aller offenherzigen Darlegung der Fakten, auch noch R. Bäumer, Honorius I., in: LThK V (1960), 474f. M. Schmaus spricht zwar ausführlich vom Monotheletismus, erwähnt aber mit keinem Wort Honorius I. und kommt auch im Zusammenhang der päpstlichen Unfehlbarkeit nicht auf die »Honoriusfrage« zu sprechen; vgl. Katholische Dogmatik, II/2, 209–215; III/1, 813–815 (bes. 815); kaum anders in: Der Glaube der Kirche, wo Honorius einmal kurz erwähnt wird: II, 190 [2. Aufl. V/2, 112]. –

wenn auch letztlich dogmatisch nicht entscheidende Zeugen der Tradition nicht mehr sagen dürfen, was sie sagen. Weil Leo XIII. Thomas von Aquin zum authentischen Lehrer der Kirche erklärt hat, kann es nicht sein – diesem Gedanken begegnet man allen Ernstes, und zwar in Publikationen –, daß dieser authentische Lehrer der Kirche anders lehrt als die Kirche – auch die spätere Kirche – selbst. Im Zweifelsfall ist daher Thomas nach der Lehre der Kirche – auch der späteren Kirche – zu interpretieren und nicht nach den Methoden der Geschichtswissenschaft.[59] Es kann also nicht sein, daß Thomas in der Frage des Verhältnisses von Gnade und Urstandsgerechtigkeit und in der Deutung der Erbsünde anders dachte als das Konzil von Trient.[60] Es kann nicht sein, daß er in der Beurteilung der Möglichkeiten des Sünders zum guten Handeln mehr zum

Zur konziliaren und außerkonziliaren Diskussion um die »Honoriusfrage« auf dem I. Vatikanum vgl. jetzt A. Hasler, aaO., 283–289, dort auch die Literatur zum heutigen Stand der Forschung. – Was B. Tierney betrifft, vgl. seine Arbeiten: Origins of Papal Infallibilty 1150–1350. A Study on the Concepts of Infallibility, Sovereignty and Tradition in the Middle Ages, Leiden 1972; Ders., Ursprünge der päpstlichen Unfehlbarkeit, in: H. Küng (Hg.), Fehlbar? Eine Bilanz. Zürich 1973, 121–145; Ders., Infallibility and the medieval canonists. A discussion with Alfons M. Stickler, in: The Catholic historical Review, 1975, 265–274. Die Ergebnisse dieser Untersuchungen sind noch nicht in die Handbücher eingegangen. Was aber gegebenenfalls zu erwarten steht, lassen die Rezensionen ahnen; vgl. R. Bäumer, in: ThRv 69 (1973), 441–450; Antwort Tierneys aaO., 70 (1974), 185–193; Antwort R. Bäumers aaO., 193–194 [und U. Horst, Unfehlbarkeit und Geschichte. Studien zur Unfehlbarkeitsdiskussion von Melchior Cano bis zum I. Vatikanischen Konzil, Mainz 1982, 214–234].

[59] Vgl. z. B. A. Michel, La grâce santifiante et la justice originelle, in: RThom 26 (1921), 424–430, hier: 425; J. Ude, Die Autorität des hl. Thomas von Aquin, Salzburg 1932, bes. 9–57; F. M. Gallati, Der Mensch als Erlöser und Erlöster. Der aktive und passive Anteil des Menschen an der Erlösung, Wien 1958, 142f, Anm. 107.

[60] Es geht hier um die Doppelfrage, ob die heiligmachende Gnade konstitutives und formales Element der Urstandsgerechtigkeit und somit von dieser nur inadäquat unterscheidbar sei, und ob demgemäß das Wesen der Erbsünde im Verlust der urständlichen heiligmachenden Gnade als solchem bestehe. Thomas versteht die heiligmachende Gnade als *Wirkursache* der Urstandsgerechtigkeit, *formal* besteht dies aber in der habituellen Unterordnung der ratio unter Gott und der Leiblichkeit und der Sinne unter die ratio. Dementsprechend besteht das Wesen der Erbsünde nicht im Verlust der heiligmachenden Gnade, sondern in der habituellen Abkehr der ratio von Gott und der habituellen Konkupiszenz als deren materialer Auswirkung. Die nachtridentinische thomistische Theologie, beeindruckt von der »sanctitas et iustitia«, die Adam in der Ursünde verloren hat (DS 1511), von der »vera et propria peccatio ratio« der Erbsünde (vgl. DS 1515) und von der »concupiscentia vel fomes« (vgl. ebd.), die keine Sünde sind, solange der Mensch nicht zustimmt, hat aus Sorge vor einem Dissens zwischen Thomas und dem Konzil die Thomas-Lehre tridentinisch uminterpretiert. Als Anfang unseres Jahrhunderts einige Monographien die authentische Thomas-Lehre und ihren Unterschied zu Trient wieder herausarbeiteten, gab es eine stürmische innerthomistische Diskussion, und es brauchte etliche Jahre, bis neue historische Untersuchungen, vor allem von O. Lottin, unangefochten die Erhebungen ihrer Vorgänger hieb- und stichfest machen konnten. Sachbericht und Literatur dazu bei O. H. Pesch, Theologie der Rechtfertigung bei Martin Luther und Thomas von Aquin. Versuch eines systematisch-theologischen Dialogs, Mainz 1967 (^{2}1985), 488–491; 495–499.

augustinischen Pessimismus neigte als zum Optimismus der humanistischen Zeit, die vom bleibenden »guten Kern« im Menschen ausging.[61] Selbst die Bestreitung der unbefleckten Empfängnis Mariens bei Thomas, hat man wegzudisputieren versucht: Thomas habe alle »Prinzipien« des Dogmas, er vertrete es »virutell«, nur habe er infolge seiner biologischen Vorstellungen und vor allem aus christologischen Sorgen daraus nicht die Konsequenzen gezogen.[62]
Nicht skurril, sondern höchst problematisch ist es, wenn das Verfahren am Ende blind macht für wirklichen Wandel kirchlicher Auffassungen, die zwar einem geschichtlichen Wahrheitsverständnis keine Schwierigkeit machen, im Sinne des Dogmas von 1870 aber schlicht als »reformatio« von »irreformablen« Sätzen betrachtet werden müssen. Um nur an die beiden dramatischsten Fälle zu erinnern: an die Umkehrung der verbindlichen christologischen Formel binnen 20 Jahren (zwischen Ephesus und Chalkedon)[63], wobei der Rückzug auf die Stichworte »Sprachregelung« und »Präzisierung« daran scheitert, daß man offenbar binnen 20 Jahren vom Orthodoxen zum Häretiker werden konnte und umgekehrt;[64] und an die Umkehrung des Satzes »Außerhalb der Kirche kein

[61] Erst von dem evangelischen Theologen H. Vorster, Das Freiheitsverständnis bei Thomas von Aquin und Martin Luther, Göttingen 1965, bes. 231f, mußten sich die Thomisten daran erinnern lassen, daß es keinen Grund gibt, Thomas von dem tiefen augustinischen Pessimismus reinwaschen zu wollen, der Summa Theologiae I–II, 109 so überdeutlich durchzieht. Zur Sachfrage und Literatur vgl. O. H. Pesch, aaO., 507–516, ferner Ders., Freiheitsbegriff und Freiheitslehre bei Thomas von Aquin und Luther, in: Catholica 17 (1963), 197–244, bes. 198f; 221–231.

[62] Vgl. Diekamp-Jüssen, II, 369; M. D. Koster, Relate ad progressum dogmatis immaculatae conceptionis doctrina S. Thomae magni valoris erat, in: Virgo Immaculata. Acta Congressus Mariologici-Mariani Romae anno 1954 celebrati, Bd. 6, Rom 1955, 124–135; Ders., Die Himmelfahrt Mariens gleichsam die Vollendung ihrer Unbefleckten Empfängnis. Ein theologischer Versuch, aaO., Bd. 10, Rom 1957, 39–45; jetzt in: Ders., Volk Gottes im Werden. Gesammelte Studien, hg. von H.-D. Langer und O. H. Pesch, Mainz 1971, 77–94, hier 84. Nüchtern und ohne Beschönigung dagegen J. Kuničič, Sublimiori modo redempta, in: Divus Thomas (Piacenca) 57 (1954), 220–229, hier, 228f, und besonders ausführlich und gründlich: Deutsche Thomas-Ausgabe, Bd. 26, Heidelberg–Graz 1957, 536–551 (A. Hoffmann). – Die sachliche Richtigkeit und Bedeutung der in diesem Zusammenhang gegebenen Hinweise ist gar nicht zu bestreiten. Bezeichnend ist nur die Emphase, mit der man sie geben zu müssen meint. [Vgl. jetzt U. Horst, Die Diskussion um die Immaculata Conceptio im Dominikanerorden. Ein Beitrag zur Geschichte der theologischen Methode, Paderborn-München 1987.]

[63] Ephesus: Christus ist »einer der Natur nach« (DS 254, vgl. 253, 256, 260). Chalkedon: Christus besteht »in zwei Naturen unvermischt, unverwandelt, ungetrennt und ungesondert« (DS 302). Zur Sache und ihrer Geschichte muß und darf hier der Hinweis auf die »erste Adresse« genügen: A. Grillmeier, Die theologische und sprachliche Vorbereitung der christologischen Formel von Chalkedon, in: A. Grillmeier/H. Bacht (Hg.), Das Konzil von Chalkedon, Bd. I, Würzburg 1951, ^{4}1973, 5–202; erweitert in: Ders., Christ in Christian Tradition, London 1965, stark erweiterte 2. Aufl. 1975; und die Sammlung der Begleit- und Folgestudien in: Ders., Mit ihm und in ihm. Christologische Forschungen und Perspektiven, Freiburg 1975, ^{2}1978; [sowie inzwischen Ders., Jesus der Christus im Glauben der Kirche, bisher I + II/1, Freiburg i. Br. 1979/86].

[64] Der Gedanke vom Dogma als »Sprachregelung« ist ursprünglich als Entlastung von einer dogmatistischen Verhärtung zur Diskussion gestellt worden, die Sache und Formel

Heil« von Augustinus über das Florentiner »Decretum pro Jacobitis« bis zum II. Vatikanum, wobei die modernen Deutungen dieses Vorgangs nur zu oft als Ausflucht erscheinen müssen – wohlgemerkt: nicht durch das, was man positiv zur Sachproblematik sagt, sondern durch die Behauptung, das genau sei der Sinn, der nun besser verstandene Sinn des *alten* Satzes.[65]
Unter diesen Voraussetzungen wird natürlich die *Entwicklung* des kirchlichen Dogmas und dessen Übereinstimmung mit der Schrift zum besonders drängenden Problem. Die Dogmengeschichte kennt nach dem vorgenannten Konzept natürlich keine wirklichen Brüche und Diskontinuitäten. Sie kennt nur, das frei-

faktisch identifizierte. Vgl. in diesem Sinne, pars pro toto, K. Rahner, Was ist eine dogmatische Aussage?, in: Schriften zur Theologie, V (1962), 54–81, bes. 67–72; U. Horst, Sinn und Funktion des Dogmas in der Kirche, in: Ders., Umstrittene Fragen der Ekklesiologie, Regensburg 1971, 119–136, bes. 135f; auch O.H. Pesch, Kirchliche Lehrformulierung und persönlicher Glaubensvollzug, in diesem Band w. u. S. 266–293, bes. 272f, 285–287. Der Tenor solcher Überlegungen ist dann: Das Dogma ist zwar verbindliche, aber *nur* Sprachregelung, »ins Mysterium hinein« (Rahner), legt also das theologische Fragen und Nachdenken (auch das kritische) nicht fest, sondern eröffnet es gerade. Man kann aber den Gedanken der Sprachregelung auch zur Einschärfung des Dogmas benutzen. Der Tenor ist dann: Das Dogma ist zwar nur, aber *verbindliche* Sprachregelung: »Si quis (non) dixerit... anathema sit!« Diese Umkehrung der Tendenz darf man wohl – aus was für Gründen auch immer (vgl. w. u. S. 229) – bei H. Jedin feststellen; vgl. Ders., Zum Wandel des katholischen Lutherbildes, in: H. Jedin / W. Kasch / G. Ritter, Martin Luther. Gestalt und Werk, Karlsruhe 1967, 35–46, bes. 43–45; mit Verweis auf weitere Arbeiten Jedins zum Problem. Dann allerdings ist der Wortlaut des Dogmas jeder Diskussion entzogen, man kann nur noch »ergänzen« und »präzisieren«, »in neue Zusammenhänge rücken« (Jedin, aaO., 45); vgl. auch Ders., Wandlungen des Lutherbildes in der katholischen Kirchengeschichtsschreibung, in: K. Forster (Hg.), Wandlungen des Lutherbildes. Würzburg 1966, 77–101, bes. 100f. – Statt schärferer Nachfragen nach dem hier vorausgesetzten Wahrheits- und Sprachverständnis nur diese Überlegung: Sollte eine »Sprachregelung« nicht doch dann »überholt« und damit *als solche* auch nicht länger verbindlich sein können, wenn kein Mensch sie mehr (richtig) versteht? Ein Dogma wird nicht nur für Historiker und Theologen gemacht, die jederzeit den ursprünglich gemeinten Sinn der »Sprachregelung« sich klarmachen können, sondern für *heute* zu lebenden und zu verstehenden Glauben. Für den muß dann auch der Historiker übersetzen – also die alte Sprachregelung als solche verlassen. Entweder ist also die *Sache* verbindlich, und das Dogma ist *nur* Sprachregelung, *als solche* verbindlich für die geschichtliche Stunde, die es formuliert hat – dann muß »Revision« der Sprachregelung möglich sein, nicht nur »Ergänzung« und »Präzisierung«. Besteht man aber auf der Verbindlichkeit gerade der *Sprachregelung*, dann muß man sich einen Reim auf Tatsachen der Geschichte machen, von denen hier (Anm. 63 und 65) exemplarisch zwei aufgeführt sind; vgl. auch w. u. S. 273–281, 290f.

[65] Vgl. zu dieser Problematik Y. Congar, Außer der Kirche kein Heil. Wahrheit und Dimensionen des Heils, Essen 1961; U. Horst, Alleinseligmachende Kirche?, aaO. (s. Anm. 63), 170–186; J. Ratzinger, Das neue Volk Gottes. Entwürfe zur Ekklesiologie, Düsseldorf 1972, 152–177; O. Semmelroth, Die Kirche als Sakrament des Heils, in: J. Feiner / M. Löhrer (Hg.), Mysterium Salutis. Grundriß heilsgeschichtlicher Dogmatik, 5 Bde. in 7, Zürich 1965–1976; hier: IV/1 (1972), 309–356, bes. 334–340; M. Seckler, Alleinseligmachende Kirche? Die vielen Religionen und das eine Heil, in: J. Hüttenbügel (Hg.), Gott – Mensch – Universum. Der Christ vor den Fragen der Zeit, Graz 1974, 733–746; und natürlich H. Küng, Die Kirche (s. Anm. 75), 371–378; vgl. auch w. o. S. 196f.

lich wirklich, den organischen Fortschritt von rudimentärer zu vollkommener, von ahnungsvoller zu heller und klarer, von unpräziser zu präziser Erfassung der Glaubenswahrheit. Der Gedanke ist einerseits sehr alt. Anderseits bekommt er – unter Ausnutzung der entsprechenden Vorarbeit der katholischen Tübinger Schule (J. A. Möhler!) – nach dem I. Vatikanum besonderen Kredit, weil er die einzig dogmengetreue Möglichkeit bot, mit den offenkundigen Unterschiedlichkeiten zwischen Schrift und späterer dogmatischer Entwicklung einerseits, und innerhalb der dogmatischen Entwicklung anderseits, wissenschaftlich umzugehen.[66] Die Urteilsbildung zögert freilich doch, von »materieller Häresie« bei Theologen der Vorzeit zu sprechen, wenn sie dem gegenwärtig gültigen Dogma widersprochen haben – sie sind von Vorwürfen entlastet, denn sie haben es ja besten Gewissens nicht genauer gewußt und haben anderweitig hinreichend ihre Bereitschaft bekundet, sich dem Urteil der Kirche zu unterwerfen – also die materielle Häresie nicht zur formellen zu machen.[67] Sachlich muß aber festge-

[66] In diesem Sinne enthalten alle hier immer wieder herangezogenen Handbücher der Dogmatik im Zusammenhang der Frage nach Dogma und Dogmatik einen Abschnitt über das Problem der Dogmenentwicklung. Problematisiert ist das darin artikulierte Fortschritts-Konzept vor allem seit den einschlägigen Aufsätzen von K. Rahner; vgl.: Zur Frage der Dogmenentwicklung, in: Schriften zur Theologie, I (1957), 49–90; Überlegungen zur Dogmenentwicklung, aaO., IV (1960), 11–50; Was ist eine dogmatische Aussage? (s. Anm. 64); Zum Begriff der Unfehlbarkeit in der katholischen Theologie, aaO., X (1972), 305–323; Disput um das kirchliche Lehramt, aaO., 324–337; »Mysterium Ecclesiae«, aaO., XII (1975), 482–500. Vgl. ferner W. Kasper, Dogma unter dem Wort Gottes, Mainz 1965; Ders., Evangelium und Dogma, in: Ders., Glaube und Geschichte, Mainz 1970, 197–208; [Ders., Theologie und Kirche, Mainz 1987, 25–116;] M. Seckler, Der Fortschrittsgedanke in der Theologie, in: Theologie im Wandel. Festschrift zum 150jährigen Bestehen der kath.-theol. Fakultät an der Universität Tübingen 1817–1967, München 1967, 41–67 [= Im Spannungsfeld (s. Anm. 42) 127–148]; J. Finkenzeller, Das Verständnis von Dogma und Dogmenentwicklung in der Theologie nach dem I. Vatikanischen Konzil, in: G. Schwaiger (Hg.), Hundert Jahre nach dem Ersten Vatikanum (s. Anm. 12), 151–180. – Zu Möhler vgl. jetzt die Monographie von H. Geißer, Glaubenseinheit und Lehrentwicklung bei Johann Adam Möhler, Göttingen 1971. P. W. Scheele, selbst Möhler-Experte, hat sich durch die gelegentlich leicht polemische Formulierung Geißers zu einer ebenso polemisch geschärften Rezension provozieren lassen, in: ThRv 70 (1974), 132–135. Der Nicht-Experte kann sich gleichwohl nicht von deren Richtigkeit insgesamt überzeugen, weil er in Geißers Arbeit überall die Gegenbelege gegen Scheeles Vorwürfe findet. Daß im übrigen ein evangelischer Leser Möhler skeptisch gegenübersteht, dürfte nicht verwundern.

[67] Der Paradefall, wo man den Dissens zum späteren Dogma nicht mehr bestreiten kann, ist die schon erwähnte Stellungnahme des Thomas zur unbefleckten Empfängnis Mariens; vgl. Anm. 62. Der Normalfall ist die dogmengetreue (Um-)Interpretation. Außer den in Anm. 58 und 60 gegebenen Hinweisen vgl. auch den Umgang mit Augustins Erbsündenlehre, die bei Diekamp-Jüssen ohne Zögern auf der Linie des Tridentinums verstanden (und gegen Luther und Calvin dementsprechend abgehoben) und selbst bei M. Schmaus in Kontinuität mit der neueren Theologie der Erbsünde gesehen wird; vgl. Diekamp-Jüssen, II, 161 f; Schmaus, II/1, 374. – Zur Sachproblematik aus gegenwärtiger Sicht vgl. nun K. Rahner, Was ist Häresie?, in: Schriften zur Theologie, V (1962), 527–576; Ders., Häresien in der Kirche heute?, aaO., IX (1970), 453–478 – dort Querverweis auf weitere Äußerungen Rahners zum Thema sowie auf weiterführende Literatur; zur historischen Problematik des Häresie-Begriffs vgl. den Aufsatz von M. Elze, Häresie und Einheit der Kirche im

halten werden: Das gegenwärtig geltende Dogma ist der relativ beste, alle vorherigen Bemühungen überholende Ausdruck der Sache des Glaubens. Er kann zwar selbst noch verbessert, präzisiert, neu verstanden, in neue Zusammenhänge eingerückt werden, aber man kann nicht mehr hinter ihn zurück.[68] Als ein besonders eindrucksvolles Beispiel solcher Betrachtung der Dogmengeschichte, ist mir immer die »Dogmengeschichte der Frühscholastik« von Arthur Michael Landgraf, erschienen. Die verwirrenden und manchmal auch sehr bedenklichen Bewegungen der frühmittelalterlichen Theologie liest der Autor nie als mögliche Gefährdung des christlichen Glaubens und der christlichen Frömmigkeit, vielmehr sieht er sie auf dem zielsicheren Weg zur hellen Klarheit der hochmittelalterlichen Theologie, die in seinen Augen der unübertreffliche Ausdruck des Glaubens selbst ist.[69] Und man muß in diesem Falle für die Wirksamkeit des Fortschrittsschemas geradezu dankbar sein, weil wir nur ihm diese wissenschaftlichen Erträge verdanken. Denn wie sollte ein religiös empfindsamer Forscher diese frustrierende theologiegeschichtliche Materialarbeit überhaupt ertragen können ohne den »Trost« des Fortschrittsgedankens?
Allen Einengungen zum Trotz hat die Schuldogmatik Freiräume gelassen, die denn auch bald entschlossen betreten wurden. Vatikanum I und Modernismusstreit haben mit ihrer starken Betonung der Tradition auch einen Schub historischer Forschung ausgelöst – von der Exegese bis zur Liturgiegeschichte.[70] Daß sich die Ergebnisse dieses Forschungsschubs auf die Dauer auch gegen den auslösenden Faktor wenden konnten, wissen wir heute – damals konnte es niemand ahnen. So kommt es, daß sich historische Mittelalterforschung, Bibelbewegung, liturgische Bewegung und die ihr zugrunde liegende Liturgiegeschichte gerade der Förderung durch diejenigen Päpste erfreuten, die anderseits am nachdrücklichsten die Konsequenzen aus dem I. Vatikanum zogen. Vor allem aber gab es innerhalb der dogmatischen Theologie selbst einen entscheidenden Freiraum: die Theologie der Kirche. Weil das I. Vatikanum ja vor Behandlung der weiteren und eigentlichen Fragen nach dem Wesen der Kirche abgebrochen worden war, konnte niemand widersprechen, wenn man behauptete und davon ausging: Das I. Vatikanum ist zwar verbindlich, aber es ist einseitig und unvollständig, es beschränkt sich auf die Klärung einiger juridischer Fragen und nicht einmal aller, eine wirkliche Theologie der Kirche steht noch aus. Den Beleg liefern wiederum die Handbücher. Scheeben hatte zwar schon einen Traktat »De ecclesia« für

2. Jahrhundert, in: ZThK 71 (1974), 389–409; und schon Ders., Der Begriff des Dogmas in der Alten Kirche, ZThK 51 (1964), 421–438.

[68] Vgl. die Hinweise auf Jedin in Anm. 64.

[69] Vgl. A. M. Landgraf, Dogmengeschichte der Frühscholastik, 4 Bde. in 8, Regensburg 1952–1956. Besonders charakteristisch: die Geschichte der Lehre vom Verdienst, aaO., I/1, 141–201; 238–302; I/2, 75–110; zur Sache vgl. O. H. Pesch, Die Lehre vom »Verdienst« als Problem für Theologie und Verkündigung, in diesem Bd. w. u. S. 377–416, hier: 381, Anm. 11, 391–393.

[70] Ähnlich wie die Enzyklika »Aeterni Patris« Leos XIII. (DS 3135–3140) für die historische Thomasforschung – eine Folge dieser Enzyklika ist ja die bis heute nicht abgeschlossene kritische Ausgabe der Thomas-Werke, die »Editio Leonina«, Rom 1882ff.

seine Dogmatik geplant, aber nicht mehr ausführen können.[71] Anderseits ist ein solcher Traktat, der nicht aufgeht in einschlägigen Kapiteln innerhalb der theologischen Erkenntnislehre und einigen Paragraphen innerhalb der Sakramentenlehre, in den Handbüchern nicht selbstverständlich. Diekamp-Jüssen, zum Beispiel, kennt ihn nicht.[72] Vielleicht ist – für den deutschen Sprachraum – hier Schmaus der point of no return.[73] Im allgemeinen gibt es Abhandlungen »De ecclesia« nicht in den Handbüchern der Dogmatik, sondern in denen der Apologetik. Unter diesen Voraussetzungen beginnt nach dem Ersten Weltkrieg »das Jahrhundert der Kirche«[74] *außerhalb* der Schuldogmatik. Diese neue, zuweilen emphatisch vorgetragene Betrachtung des »Geheimnisses« der Kirche beruht keineswegs auf der Absicht, heimlich das I. Vatikanum zu umgehen oder stillschweigend dem Vergessen anheimzugeben – eine solche Absicht konnte auch kaum von Erfolg gekrönt sein. Diese neuen »Ekklesiologen« – von Karl Adam über Henri de Lubac, Yves Congar, Schmaus bis hin zu Heinrich Fries[75] – stehen auf dem Boden des I. Vatikanums. Wenn sie kaum davon reden, dann deshalb, weil sie kaum davon reden *müssen.* Wenn es zutrifft, daß das I. Vatikanum hauptsächlich einige Probleme der juridischen Struktur der Kirche entschieden hat, dann bedeutet das, daß diese Entscheidungen zwar für alle *gelten,* aber nur

[71] Vgl. das Vorwort von J. Höfer zum I. Buch des Handbuchs der katholischen Dogmatik (s. Anm. 25), XI; vgl. auch E. Paul, aaO. (s. Anm. 24), 49.

[72] *Darin* ist Diekamp-Jüssen seinem Vorsatz, die Dogmatik »nach den Grundsätzen des heiligen Thomas« darzustellen, Thomas treu, der, nicht von ungefähr, in seiner Summa Theologiae keinen eigenen Traktat von der Kirche hat; unthomanisch ist bei Diekamp die Vorordnung der Christologie vor der Gnadenlehre. – Wie Diekamp-Jüssen hat auch Pohle-Gummersbach keinen eigenen Abschnitt zur Lehre von der Kirche. – Wohl aber finden sich über die Ausführungen zum Lehramt hinaus Ekklesiologietraktate bei Bartmann, II, 129–217; Premm, II, 432–565; und bei Ott, 327–389. Zur Theologie der Kirche bei Thomas vgl. M. Seckler, Das Heil in der Geschichte. Geschichtstheologisches Denken bei Thomas von Aquin, München 1964, 217–260.

[73] Vgl. M. Schmaus, Katholische Dogmatik, III/1 – mit über 900 Seiten nun eine ausgewachsene Ekklesiologie im Vergleich zu den knappen Abhandlungen in Anm. 72. Auch Der Glaube der Kirche, II, 2–298 [2. Aufl. V/1–2], wahrt die Proportionen innerhalb des Gesamtwerkes.

[74] Vgl. den bekannten und zum geflügelten Wort gewordenen Buchteil von O. Dibelius, Das Jahrhundert der Kirche, Berlin ^{5}1928. Y. Congar, Die Lehre von der Kirche (s. Anm. 8), hat dieses Wort als Titel des letzten Kapitels übernommen.

[75] Vgl. K. Adam, Das Wesen des Katholizismus. Düsseldorf 1924 (^{13}1957); H. de Lubac, Catholicisme. Les aspects sociaux du dogme, Paris 1938, dt. unter dem Titel: Glauben aus der Liebe. Einsiedeln 1943, ^{2}1970; Schmaus, III/1; H. Fries, Die Kirche als Anwalt des Menschen, Stuttgart 1954; Kirche als Ereignis, Düsseldorf 1958. Von Y. Congar seien nur die zwei wichtigen Bücher erwähnt: Vraie et fausse réforme dans l'église, Paris 1954; Jalons pour une théologie du laicat, Paris 1952, ^{2}1954, deutsch unter dem Titel: Der Laie. Stuttgart 1956. Dies sind, wohlgemerkt, Arbeiten, die *vor* dem Konzil und teilweise schon vor dem Zweiten Weltkrieg bewußtseinsbildend gewirkt haben. Auf Arbeiten der genannten Autoren aus den 60er Jahren ist noch zurückzukommen. Vgl. auch die Überblicke in Anm. 39. Volles Echo dieser Klänge bis heute vor allem in den Arbeiten von H. U. von Balthasar; es sei hingewiesen auf: Der antirömische Affekt, Freiburg 1974; Klarstellungen, Einsiedeln ^{4}1978; Die Absolutheit des Christentums und die Katholizität der Kirche, in: W. Kasper (Hg.), Absolutheit des Christentums, Freiburg 1977, 131–156.

wenige Katholiken – nämlich im wesentlichen Priester und Theologen – *konkret betreffen*. Der »Masse« der Katholiken muß und darf man ganz andere und sogar wesentlichere Dinge über die Kirche sagen, und *diese* betreffen sehr konkret das tägliche kirchliche Leben der Gläubigen, ihre vielen freudigen Erfahrungen mit ihr, die »Nestwärme«, die sie in ihr empfinden. Mir scheint, daß auch die Arbeiten von Hans Küng[76] hauptsächlich auf *dieser* Linie liegen, und *hier* nicht angefochten wurden und werden. Daß auch die breite katholische Öffentlichkeit einmal konkret mit der Auswirkung der 1870 definierten juridischen Strukturen der Kirche zu tun bekommen kann, ist eigentlich erst am Fall von »Humanae vitae« deutlich geworden – denn die einschlägige Vorgängerin, die Enzyklika »Casti Connubii« Pius' XI. (1930), wirkte damals umgekehrt, als Befreiung von einer viel strengeren kirchlichen Praxis in der Sexualethik.[77]

Mir scheint, auf dieser eigenartigen Ausnutzung des vom I. Vatikanum gelassenen Freiraums beruht die nicht minder eigenartige Tatsache, daß zur gleichen Zeit, in der ersten Hälfte unseres Jahrhunderts, die Theologen unter der kirchenamtlichen Einengung stöhnten und das »Kirchenvolk« diese Kirche einschließlich der Stellung des Papsttums in ihr ganz neu und mit entsprechender Begeisterung als christologische und pneumatologische Realität erlebte. Wer sich noch an das Heilige Jahr 1950, zugleich das Jahr des Assumpta-Dogmas, erinnern kann, dem werden genügend Beispiele und eigene Erlebnisse zu dieser eigenartigen Diskrepanz einfallen.[78] Daß es dabei nicht blieb, daß sich vielmehr schließlich auch die Theologie nicht in dem belassenen Freiraum einsperren ließ, sondern sich, erst vorsichtig und schließlich immer offener, auch das Recht zur kritischen Rückfrage nahm, erklärt sich aus jenen Faktoren, die in den drei abschließenden Posten unserer Bilanz aufzuschlüsseln sind.

V. Die Kirchengeschichtsschreibung

Daß die Geschichte des I. Vatikanums von Theodor Granderath, beruhend auf dem Autor exklusiv ermöglichten Archivstudien in Rom, nach ihrem Erscheinen 1903–1906 die katholische Konzilsgeschichtsschreibung für die nächsten 25 Jahre bleibend geprägt hat, ist bekannt.[79] In dieser Zeit ist daher auch von

[76] Ich denke vor allem an: Konzil und Wiedervereinigung, Freiburg [7]1963; Kirche im Konzil, Freiburg [2]1964; Strukturen der Kirche, Freiburg [2]1963; Die Kirche, Freiburg [4]1973; Wahrhaftigkeit. Zur Zukunft der Kirche, Freiburg [8]1970; und auch: Christsein, München 1974, 468–519.

[77] Vgl. A. K. Ruf, Die Ehe-Enzyklika »Humanae vitae«. Eine moraltheologische Untersuchung, in: A. Görres (Hg.), Ehe in Gewissensfreiheit, Mainz 1969, 11–22, hier: 14–16.

[78] Weit über den engsten Kollegenkreis hinaus bekannt geworden ist die innere Not des Patrologen Berthold Altaner gegenüber dem Dogma von 1950, gegen das er sich buchstäblich bis zum Tag vor der Definition aussprach und das er am Tag danach öffentlich akzeptierte; Ähnliches gilt von K. Adam. Evangelische Theologen können es beidemal nur mit Entsetzen quittieren; vgl. v. Loewenich, aaO. (s. Anm. 41) 247–249 (= [3]1970, 248f).

[79] Th. Granderath, Geschichte des Vatikanischen Konzils von seiner ersten Ankündigung bis zu seiner Vertagung. Nach den authentischen Dokumenten dargestellt, hg. von K.

seiten der Kirchengeschichtsschreibung ein kritischer Vorbehalt gegen das Konzil so wenig zu erwarten wie von der Schuldogmatik. So begegnet denn in den älteren Handbüchern der Kirchengeschichte eine durch und durch positive Darstellung des Konzils. So etwa bei Bihlmeyer – dessen Position erkennbar auch noch die Bearbeitung durch Hermann Tüchle durchzieht: Das Konzil bedeutet nichts als den konsequenten Abschluß einer Entwicklung von Jahrhunderten. Die Entstehung der altkatholischen Kirche bedeutet daher einen »Abfall«. Sie ist eine Sekte ohne religiöse Kraft und daher auch ohne geschichtliche Bedeutung.[80] Fast noch positiver urteilt Lortz in seiner »Geschichte der Kirche in ideengeschichtlicher Betrachtung«: Das Konzil war berechtigt, es war nötig, nur in der Form war die Majorität lieblos – in der Sache hatte sie recht. Lortz gibt sogar eine geschichtstheologische Würdigung des Zusammentreffens von Konzil und Eroberung Roms: Diese und das Ende des Kirchenstaates kamen genau im richtigen Augenblick. In letzter Klarheit hatte das Konzil die geistliche Vollmacht des Papstes befestigt, sie brauchte daher jetzt die Stützung durch eine weltliche Machtposition nicht mehr, Rom konnte fallen.[81]

Ändern konnte sich naturgemäß erst dann etwas, wenn neue Quellen oder bisherige Quellen reichhaltiger zu fließen begannen. Unter diesem Aspekt ist schon die Konzilsgeschichte von F. Mourret (1919) von Bedeutung.[82]1923–1927 erscheinen dann endlich die Konzilsakten und viele andere Quellen im »Mansi«[83]. Wir wissen heute noch besser als damals, daß sie unvollständig und teilweise auch editorisch unzuverlässig sind.[84] Immerhin lösen sie in der kirchengeschichtlichen Bearbeitung des I. Vatikanums einen Schub aus. Dessen schönstes Ergebnis ist ohne Zweifel das 1930 erschienene zweibändige Werk des englischen Benediktiners C. Butler, 1933 übersetzt und ergänzt von H. Lang, der sprichwörtliche »Butler-Lang«[85]. In Darstellung und Urteil ist Butler eindeutig ein Apologet des Konzils – wie er überhaupt alle Neigungen der Kirchenge-

Kirch, 3 Bde., Freiburg 1903–1906. Zur Beurteilung vgl. A. Hasler, aaO. (s. Anm. 8), 516f, auch 512–516; R. Aubert, aaO. (s. ebd.), 372; HKG VI/1, 774. Butler-Lang bringt in der ersten Auflage von 1933 anläßlich biographischer Hinweise (10–14) eine ähnliche Beurteilung (12f); in der Neuauflage von 1961 sind die Hinweise entfallen.

[80] Vgl. K. Bihlmeyer/H. Tüchle, Kirchengeschichte, Bd. III, Paderborn [17]1961, 369f; auch Butler-Lang, aaO., 464f.

[81] Vgl. J. Lortz, Geschichte der Kirche in ideengeschichtlicher Betrachtung. Münster [17–18]1953, 373; 375–380 – auch in der zweibändigen Neuauflage, Münster [23]1969, sachlich nicht geändert; vgl. II, 330; 333–341. Gleich abwertend wie Bihlmeyer-Tüchle urteilt auch Lortz über die Altkatholiken; vgl. aaO., 380, abgeschwächt in der Neuauflage, II, 339.

[82] Vgl. w. o. Anm. 30.

[83] J. D. Mansi, Sacrorum conciliorum nova et amplissima collectio. Neudruck und Fortsetzung, hg. von L. Petit und J. B. Martin, 60 Bde., Paris 1899–1927; unveränderter Nachdruck, Graz 1960–1961. Das I. Vatikanum ist dokumentiert in den Bänden 49–53, Arnhem/Leipzig 1923–1927. – Bericht über weitere edierte Quellen bei R. Aubert, aaO. (s. Anm. 8), 369–372, über zugängliche unedierte Quellen bei A. Hasler, aaO., 539–543.

[84] Vgl. A. Hasler, aaO., 517.

[85] S. Anm. 8.

schichtsschreibung in dieser Sache bis 1970 repräsentiert[86]: Das Konzil war, entgegen dem Urteil seiner Gegner, frei; Pius IX. hatte Schwächen, aber die hielten sich in Grenzen, auch in seinen Einwirkungen auf das Konzil; Zwischenfälle gab es, aber sie waren weit weniger schlimm als auf anderen Konzilien; auch die Opportunität des Konzils wird bejaht: wegen der Klarheit, die endlich geschaffen wurde. Diese erscheint Butler um so positiver, als das Konzil nach seiner Meinung – und das ist der Tenor des Buches – den *alten* »Ultramontanismus« eines Bellarmin gegen den Gallikanismus definiert hat, den »*Neo*-Ultramontanismus« und seine zuweilen blasphemisch klingenden Übertreibungen aber abwies. Butler ist durchaus Gegner der Maximalisten und bezeugt den Minoritätsbischöfen seine Hochachtung. Um so mehr beeindruckt es ihn, daß sie alle, unbeschadet weniger Zögernder, der Definition ihre Zustimmung gaben – was wiederum, auch dies eine durchgehende Beurteilung der Vorgänge, eine moralische Einmütigkeit aller Bischöfe in der Zustimmung zum Konzil bewirkte, so daß dieses selbst nach gallikanischen Prinzipien spätestens seit 1872 unanfechtbar war. Butler, der das Konzil ranggleich neben das Trienter Konzil stellt, benennt auch mutig die offengebliebenen Punkte, vor allem die Unklarheit über den präzisen *Gegenstand* der Unfehlbarkeit und über das Verhältnis zwischen Papst und Bischöfen – nun, mit diesen »Offenheiten« konnte Rom ein Jahrhundert gut leben! Die mutigste Bemerkung Butlers: Gut, daß das Konzil nicht mehr das Verhältnis von Staat und Kirche behandeln konnte. Butler deutet an, nach seiner Meinung hätte dann die Kirche unter dem Druck der damaligen Ereignisse emotional überreagiert.[87] Die Kirche ist nämlich nach Butler dort am freiesten, wo *wahre* Demokratie herrscht – das hätte Pius IX. lesen sollen!
Die im ganzen sehr positive Würdigung des Konzils durch Butler hat paradoxerweise weniger gewirkt als deren Grundlage. Denn er zitiert die Quellen, vermehrt durch den Briefwechsel und die Aufzeichnungen des Bischofs Ullathorne, so ausführlich, daß man sie auch unabhängig vom Urteil des Autors auswerten kann. Und diese Quellen sprechen in der Tat für sich. So wird Butler-Lang einerseits ein Klassiker – Roger Aubert, 30 Jahre später selbst Autor einer Geschichte des I. Vatikanums, hält sie für die beste zur Verfügung stehende Darstellung.[88] Jeder zitiert sie. Anderseits kann man inzwischen auch durchaus kritische, zumindest betont restriktive Arbeiten über das Konzil lesen – unter Hinweis auf Butler-Lang, aber eben eigentlich nicht auf ihn, sondern auf die durch ihn vermittelten Quellen.[89] Kritische Töne hört man durchaus schon vor dem einschneidenden Jahr 1970. In Stichworten: Da ist einmal die stärkere Herausarbeitung der politisch-sozialen Grundvoraussetzungen für die Definition

[86] Vgl. aaO., bes. die beiden Schlußkapitel; zum alten Ultramontanismus Bellarmins und zum Neo-Ultramontanismus vgl. 43–68, bezogen auf das Konzil bes. 67.

[87] Man fragt sich unwillkürlich: Hat man in Sachen Unfehlbarkeit *trotz* des Drucks der Ereignisse *nicht* emotional überreagiert?

[88] Vgl. R. Aubert, aaO. (s. Anm. 8), 372; ebenso in HKG VI/1, 774.

[89] Vgl. z. B. H. Fries, »Ex sese« (s. Anm. 5); U. Horst, aaO. (s. Anm. 64), 137–153; M. Seckler, Über den Kompromiß in Sachen der Lehre, in: Begegnung (s. Anm. 18), 45–57, bes. 49–52, [jetzt in: Im Spannungsfeld (s. Anm. 42), 99–109, bes. 101–103 mit Anmerkungen]; M. Seybold (s. Anm. 92).

im 19. Jahrhundert. Die katholische *Basis*, nicht nur für die Bischöfe, wollte die Definition. Schon bei Butler ist dazu einiges zu lesen – jetzt erst wird es in seinem vollen Gewicht ermessen.[90] Die Dialektik zwischen politischer Ohnmacht des Papsttums und seiner innerkirchlichen Erstarkung, bei Lortz geschichtstheologisch gedeutet, wird etwa von Erika Weinzierl ganz »vordergründig«, nämlich psychologisch interpretiert: als *Reaktion* auf die politisch ungünstig verlaufende Entwicklung.[91] Ohne Umschweife wird erklärt, man habe die Frage der päpstlichen Unfehlbarkeit und des päpstlichen Primates »ohne Klärung der theologischen Grundlagen« in Angriff genommen, und die Bischöfe selbst hätten sogar auf dem Konzil vorliegende Entwürfe, die vom sakramentalen Geheimnis der Kirche ausgingen, aus schlichtem Unverständnis beiseite geschoben. Das Ergebnis konnte nur eine starke juridische Verengung sein, und wenn auch unter diesem eingeschränkten Gesichtspunkt die Definition ihr Recht habe, so sei sie vollkommen unzulänglich im Blick auf die ganze Erstreckung des Sachproblems.[92] – Ungünstiger werden auch die Urteile über Pius IX. – auch in der jüngsten Darstellung (vor Hasler), nämlich im Handbuch der Kirchengeschichte (VI/1), immerhin von einem Mann herausgegeben, der über jeden Verdacht eines »antirömischen Affektes« erhaben ist: Hubert Jedin – Autor des Kapitels über das I. Vatikanum ist R. Aubert, der gegenüber seinem früheren Buch sein Urteil durchaus zu verschärfen scheint, wenn auch meist nur in Nuancen.[93] Auch gegenüber der unmittelbaren Folge des I. Vatikanums, der Unterdrükkung des Modernismus, ist kritischer Vorbehalt und damit größere Gerechtigkeit gegenüber den »Modernisten« heute einigermaßen selbstverständlich.[94]

[90] Vgl. Butler-Lang, aaO., 43–68; 91–113; R. Aubert, aaO., 9–45. Statt weitere Titel einzeln aufzuzählen, sei verwiesen auf Überblick und Literaturangaben bei G. Schwaiger, Der Hintergrund des Konzils, in: G. Schwaiger (Hg.), Hundert Jahre nach dem Ersten Vatikanum (s. Anm. 12), 11–30; bei H. Tüchle, In beiden Lagern (s. Anm. 12) und bei V. Conzemius (s. Anm. 92). Darstellung aufgrund der Quellen und der Literatur jetzt auch bei A. Hasler, aaO., 10–29, soweit Haslers Fragestellung betroffen ist.

[91] Vgl. E. Weinzierl, Zwischen Modernismus und Absolutismus. Die päpstliche Autorität im 20. Jahrhundert, in: G. Denzler (Hg.), Das Papsttum in der Diskussion, Regensburg 1974, 123–135, hier: 125; 131.

[92] Vgl. V. Conzemius, Warum wurde der päpstliche Primat gerade im Jahre 1870 definiert?, in: Concilium 7 (1971), 263–267; ferner M. Seybold, Unfehlbarkeit des Papstes – Unfehlbarkeit der Kirche, in: G. Denzler (Hg.), aaO., 102–122, hier: 111–115. Hierhin gehört auch H. U. von Balthasars vielzitiertes Wort vom vatikanischen Primatsdogma als einem »gigantischen Unfall«: Klarstellungen (s. Anm. 75), 95, aus dem von Balthasar dann aber ganz entgegengesetzte Folgerungen zieht: Nachdem die geschichtliche Schuld des Papsttums und aller, die zu seiner Machtfülle beigetragen haben, zugegeben wurde, wird, unter Berufung auf Joh 21, durch eine Kehre des Gedankens im Sinne radikaler Kreuzestheologie nicht ein Weg zu mehr evangeliumsgemäßer Amtsausübung in der Kirche gewiesen, sondern die Teilnehmer der gegenwärtigen kritischen Diskussion um das Papstamt pauschal mit den Henkern und Spöttern unter dem Kreuz Jesu in Parallele gebracht. Vgl. auch w. u. Anm. 143.

[93] Vgl. Aubert, aaO., 41–45; 292, mit seinen Äußerungen in HKG VI/1, 774–791, bes. 790 (»Intransigenz«, »unnachgiebig«).

[94] Vgl. Darstellung und Literatur in HKG VI/2, Freiburg 1973, 435–500; ferner E. Weinzierl (Hg.), Der Modernismus. Beiträge zu seiner Erforschung, Graz 1974; N. Trip-

Verstärkt sind schließlich die Argumente aus der Tradition, auf die man sich 1870 stürzte, historisch unter die Lupe genommen worden. Dabei zeigt sich:
– eine Tendenz zur Ernüchterung hinsichtlich Theorie und Praxis des Primates in den ersten Jahrhunderten: So etwas wie ein Primat ist den römischen Bischöfen nicht als den Nachfolgern Petri, sondern als Hauptstadtbischöfen zugewachsen, wobei politischer Druck durch die Kaiser ein übriges tat;
– eine Tendenz, die sich durchhaltenden dezentralen Strukturen der Kirche aufzuweisen und für die heutige Debatte neu fruchtbar zu machen;
– eine Tendenz, die Juridifizierung ursprünglich ekklesiologischer und pastoraler Ansätze im Zusammenhang mit dem Primat zu zeigen;
– eine Tendenz, Traditionslücken auszuleuchten;
– eine Tendenz, anhand historischer Modelle des Papsttums den Nachweis über dir relativ *junge* Entwicklung zu führen, die auf dem I. Vatikanum zum Abschluß kam;
– in diesem Zusammenhang eine Tendenz, Gallikanismus, Episkopalismus und Josephinismus theologisch und kirchenpolitisch aufzuwerten.[95]
Brian Tierney hat zudem Aufsehen erregt mit seiner These, daß der Gedanke von der Unfehlbarkeit des Papstes, aus sehr aktuellen kirchenpolitischen Interessen aufgebracht, ursprünglich und sofort als Häresie zurückgewiesen wurde.[96] Und Ulrich Horst ist seit Jahren in einer Serie von Aufsätzen und schließlich in einer großen Monographie über die Ekklesiologie der Thomistenschule den Klischeevorstellungen von Thomas und den Thomisten als den eigentlichen Urvätern des Papstdogmas differenzierend entgegengetreten – was sowohl Verteidigern als Gegnern des I. Vatikanums einigen Verdruß bereiten dürfte.[97] Selbstverständlich hat sich im Rahmen der Debatte um und mit Hans Küng nach 1970 auch wieder eine beachtliche Schar von Verteidigern nicht nur der Ergebnisse,

pen, Theologie und Lehramt im Konflikt. Die kirchlichen Maßnahmen gegen den Modernismus im Jahre 1907 und ihre Auswirkungen in Deutschland, Freiburg 1977; O. Köhler, Bewußtseinsstörungen im Katholizismus, Frankfurt 1972; J. Hulshof, Wahrheit und Geschichte. Alfred Loisy zwischen Tradition und Kritik, Essen 1973; Ders., in: Concilium 14 (1978) 153–159.

95 Auch hier statt einer Liste von Einzeltiteln der Hinweis auf die einschlägigen Aufsätze und Literaturverweise in: Concilium 7 (1971), Heft 4; 9 (1973), Heft 3; 11 (1975), Heft 10; sowie bei G. Schwaiger (Hg.), aaO. (s. Anm. 12) und bei Denzler (Hg.), aaO. (s. Anm. 91). Vgl. ferner W. de Vries, Die Entwicklung des Primats in den ersten drei Jahrhunderten, in: Arbeitsgemeinschaft ökumenischer Universitätsinstitute (Hg.), Papsttum als ökumenische Frage, München-Mainz 1979, 114–133; und schon P. Stockmeier, Die alte Kirche – Leitbild der Erneuerung, ThQ 146 (1966), 385–408; Ders., Gemeinde und Bischofsamt in der alten Kirche, ThQ 149 (1969), 133–146; P.-Th. Camelot, Die Lehre von der Kirche (= HDG III 3b), Freiburg 1970; Y. Congar, Die Lehre von der Kirche (= HDG III 3c und 3d; vgl. Anm. 8), 1971.

96 Vgl. die in Anm. 58 verzeichneten Arbeiten B. Tierneys.

97 Vgl. U. Horst, Papst – Konzil – Unfehlbarkeit. Die Ekklesiologie der Summenkommentare von Cajetan bis Billuart, Mainz 1978; dort sind S. XXVI die Vorarbeiten von Horst verzeichnet. Vorabdruck des I. Kapitels unter dem Titel: Kirche und Papst nach Thomas von Aquin, in: Catholica 31 (1977), 151–167; [und Ders., Unfehlbarkeit und Geschichte (s. Anm. 57); ders., Zwischen Konziliarismus und Reformation. Studien zur Ekklesiologie im Dominikanerorden, Rom 1985].

sondern auch des Verlaufs des Konzils zusammengefunden.[98] Den Wandel der Konzilsgeschichtsschreibung vom Panegyricus zur kritischen Rückfrage wird man dennoch nicht wieder rückgängig machen können.

Im Gegenteil, zumindest was die Unverblümtheit der Kritik angeht, geht das schon erwähnte jüngste Buch von August Bernhard Hasler über »Piux IX., päpstliche Unfehlbarkeit und 1. Vatikanum« über alles Bisherige hinaus.[99] Aufgrund von reichhaltigem ungedruckten Quellenmaterial (an dessen Vervollständigung er ohne einleuchtende Gründe gehindert wurde), stellt er so gut wie alle üblichen Urteile auf den Kopf. Um es an einigen Einzelheiten vorzuführen: Gewöhnlich beurteilt man das Konzil im ganzen positiv, jedenfalls als verbindlich. Hasler beleuchtet die problematischen Hintergründe des Konzils und fragt, wie ein solches Konzil verbindlich sein könne. Gewöhnlich: das Konzil war frei. Hasler: das Konzil war manipuliert. Gewöhnlich gibt man die Parteilichkeit des Papstes zu. Hasler führt im Entscheidenden alles auf sie zurück. Gewöhnlich: Pius IX. hatte das Konzil belastende menschliche Schwächen. Hasler: Pius IX. litt an einer psychischen Erkrankung. Gewöhnlich zitiert man die positiven oder neutralen Quellen und Berichte über das Konzilsgeschehen. Hasler zitiert zahllose unbekannte Quellen, in denen sich der unmittelbare Eindruck des Konzilsgeschehens wesentlich negativer darstellt. Gewöhnlich: das Konzil hat den Ultramontanismus fast bis zur Verkehrung ins Gegenteil gebremst. Hasler: diese Interpretation schlägt den Texten wie den historischen Fakten ins Gesicht (dies besonders gegen die jüngste Arbeit von K. Schatz)[100]. Gewöhnlich: die Minorität hat in echt katholischer Haltung das eigene Urteil unter das der Kirche gebeugt und zudem aus wachsender Einsicht den Widerstand aufgegeben. Hasler: die Bischöfe waren verzweifelt, haben nur unter moralischem Druck ihre Zustimmung gegeben, auf Korrekturen bei der Fortsetzung des Konzils gehofft und ihren Widerstand nur wegen äußerer Faktoren (deutsch-französischer Krieg) nicht organisieren können. Gewöhnlich: Stroßmeyer hat sich schon 1872 gebeugt. Hasler: Stroßmeyer hat er 1875 sich mit Pius IX. ausgesöhnt und erst 1881 erstmals positiv über die vatikanische Definition gesprochen. Gewöhnlich: man hat auf die Minoritätsbischöfe »stillschweigenden Druck« (Butler), »gelinden Druck« (Aubert) ausgeübt, damit sie sich unterwarfen. Hasler: man hat massiven Druck ausgeübt, nämlich eine Art Erpressung mit der Verweigerung von Dispensvollmachten, von denen gültige Ehen ihrer Gläubigen abhingen. Gewöhnlich: man hat Maßnahmen gegen widerspenstige Professoren eingeleitet – bei den Bischöfen war das nicht nötig.

[98] Vgl. die w. u. in Anm. 124 verzeichneten »Bilanzen« und Diskussionsbände.

[99] S. Anm. 8. Dazu jetzt die thematisch erweiterte, im »Apparat« gekürzte und überdies mit reichhaltigem Fotomaterial ausgestattete allgemeinverständliche Darstellung von A. B. Hasler, Wie der Papst unfehlbar wurde. Macht und Ohnmacht eines Dogmas, München 1979.

[100] Vgl. K. Schatz, Kirchenbild und päpstliche Unfehlbarkeit bei den deutschsprachigen Minoritätsbischöfen auf dem 1. Vatikanum, Rom 1975; dazu A. Hasler, aaO., 481–484. Entsprechend gegenkritisch fällt die (außerordentlich ausführliche und gründliche) Rezension von K. Schatz zu Haslers Buch aus: Totalrevision der Geschichte des I. Vatikanums? Zur Auseinandersetzung mit den Thesen von August B. Hasler, in: ThPh 53 (1978), 248–276.

Hasler: zumindest Rom hat die Professoren an der langen Leine geführt und war bei ihnen, wenn möglich und im Gegensatz zu den Bischöfen, zufrieden, wenn sie schwiegen und nichts *gegen* die Definition sagten. Gewöhnlich: die nachträgliche moralische Einmütigkeit aller Bischöfe ist ein Argument für die Verbindlichkeit des Konzils. Hasler: die Einmütigkeit war manipuliert, durch Druck, manchmal regelrecht durch Tricks. Gewöhnlich: Piux IX. bestätigt ausdrücklich restriktive Stellungnahmen von Bischofskonferenzen zu den Grenzen der Unfehlbarkeit des päpstlichen Lehramtes. Hasler: das war durchdachte Taktik, denn nie hat sich Pius IX. etwa von maximalistischen Konzilsauslegungen Mannings distanziert.

Die Debatte um Haslers umfangreiches Buch ist bereits lebhaft im Gange.[101] Es zeichnet sich schon ab, wie man ihm beizukommen gedenkt: durch den Vorwurf einer unsoliden historischen Methode (was bei einer Dissertation im Fach Geschichte immerhin ein starkes Stück wäre!), durch die Behauptung, er habe nur alte Ladenhüter verkauft (was bei den unzähligen neu erschlossenen Quellen nicht sehr glaubhaft wirkt), und durch den Vorwurf eines vorgefaßten Urteils. Das letztere könnte zumindest im Blick auf die Darstellungsform zutreffen: Von der ersten Zeile an läßt Hasler an seiner Meinung keinen Zweifel – aber an dieser Meinung darf man Zweifel haben, will sagen: die Sachfragen sind durch Haslers Befunderhebung noch keineswegs gegenstandslos.[102] Es ist anderseits stimulierend, eine Monographie zu lesen, die ihre wahre Meinung nicht wortreich verbirgt, sondern in den dafür gebräuchlichen Worten unserer außertheologischen

[101] Sie ist inzwischen schon kaum noch zu übersehen. Vollständige Liste der bis zur [ursprünglichen] Drucklegung erschienenen Besprechungen und Auseinandersetzungen in A. Haslers neuem Buch (s. Anm. 99), 275–277; danach erschienen laut Mitteilung des Verfassers noch folgende Besprechungen: G. Haendler, in: Deutsche Literaturzeitung 99 (1978), 770–773; G. Franz-Willing, in: Zeitschrift für Religions- und Geistesgeschichte 30 (1978), 382–384; F. M. Broglio, in: Storia Contemporanea 9 (1978), 769–771; G. Martina, Pio IX e il Vaticano I di A. B. Hasler – Rilievi Critici, Archivum Historiae Pontificiae 16 (1978), 341–369; J. Hoffmann, Histoire et dogma: La définition de l'infaillibilité pontificale à Vatican I. A propos de l'ouvrage de A. B. Hasler, RSPhTh 62 (1978), 543–557; 63 (1979) 61–82; K. Schatz, Storia contro dogma? Discussione delle tesi di A. B. Hasler sul Concilio Vaticano I, Civilità Cattolica 130 (1979), Nr. 3087, 245–258; G. Martina, Giustificate riserve su una recente opera, Pio IX 8 (1979), 103–107; A. Lindt, Zwei Päpste – zwei Konzilien. Bemerkungen zu zwei neuen Büchern, Reformatio 28 (1979), 115–118; H. McSorley, in: Journal of Ecumenical Studies 16 (1979) 320–323; vgl. auch Anm. 100, 102 und 123 [und F. X. Bantle, Offenbarungswahrheit oder Ideologie? Das Dogma von der Unfehlbarkeit des Papstes in der Sicht August B. Haslers, AHC 11 (1979), 182–219; U. Horst, Kardinalerzbischof Filippo Maria Guidi O. P. und das I. Vatikanische Konzil, AFP 49 (1979), 429–511]. Verschiedentlich hat A. Hasler seinen Kritikern entgegnet, so in Publik-Forum, 28.10.1977, 15 (zu Brandmüller im Rheinischen Merkur vom 2.9.1977); in Orientierung 41 (1977), 259–262 (zu V. Conzemius, aaO., 207–209); in Neue Zürcher Zeitung, 15.12.1977 (zu H. Helbling, aaO., 12./13.11.1977).

[102] Vgl. meine (knappe) Besprechung: Wie frei war das 1. Vatikanische Konzil?, in: Deutsches Allgemeines Sonntagsblatt, Nr. 10/11.3.1979, 20. Leider hat die Redaktion des Sonntagsblattes ohne Rückfrage und entgegen getroffenen Absprachen den Schluß in einer den Gesamtsinn der Besprechung verändernden Weise gekürzt.

Sprache ausdrückt. Manipulation ist dann eben »Manipulation« – und nicht »Einflußnahme«; Taktik ist »Taktik« und nicht »bedachtsames Vorgehen«; autoritär ist »autoritär« und nicht »autoritätsbewußt«, usw. Mit einem solch offenen Kontrahenten zu streiten sollte von aller Bitterkeit und Gehässigkeit frei bleiben.

VI. Herausforderung durch die evangelische Theologie

Die Darstellung der evangelischen Haltung gegenüber dem I. Vatikanum ist verabredungsgemäß nicht Gegenstand dieser »Bilanz«.[103] Wohl aber ein Blick auf die Bewegung, die die Beschäftigung mit den evangelischen Einwänden in die katholische Diskussion um das Konzil gebracht hat.

Schon vor Beginn des Konzils hatte Bischof Hefele unter anderem dies als Einwand gegen eine mögliche Definition des päpstlichen Primates und der Unfehlbarkeit seines Lehramtes vorgebracht, ein solches Dogma werde neue Schwierigkeiten für eine Wiedervereinigung der Kirchen heraufbeschwören.[104] Er sollte recht behalten.[105] Mehr noch: Wenn 1930 Butler in seinem Konzilsbuch die Opportunität des Dogmas von 1870 nachträglich damit unter anderem begründet, es habe eindeutige Klarheit über die von der katholischen Kirche zu stellenden *Bedingungen* einer Wiedervereinigung geschaffen und somit – durch Verzicht auf jede Vernebelung – ein höchst ehrenhaftes Werk getan,[106] dann beweist ein solches Argument nur, daß Fragen und Einwände aus der evangelischen Theologie und Kirche, ja aus allen nicht-katholischen Kirchen noch nicht zählen. Man glaubt noch, einander nicht zu brauchen.

Das ist heute anders. Man *will* die Debatte um das vatikanische Dogma nicht mehr nur innerkatholisch führen. Die nicht-katholische Theologie soll zuhören und, was wesentlicher ist, mitreden. Daraus ergibt sich eine beachtliche Verschiebung der Akzente und manchmal ganzer Fragestellungen. Einen evangelischen Theologen etwa wird ja die innerkatholische Frage zum Beispiel nach den sogenannten »dogmatischen Tatsachen« als Gegenstand der Unfehlbarkeit oder die Frage nach der Rechtsform unfehlbarer Entscheidungen kaum inter-

[103] Vgl. aber H. Ott, Bilanz der Diskussion um die vatikanische Primats- und Unfehlbarkeitsdiskussion. Eine protestantische Stellungnahme, in: Papsttum als ökumenische Frage (s. Anm. 95), 212–233; s. auch die Angaben w. u. Anm. 122.

[104] Vgl. H. Tüchle, In beiden Lagern (s. Anm. 12), 33, mit Berufung auf R. Lill, Die ersten deutschen Bischofskonferenzen, in: Römische Quartalsschrift 60 (1965), 1–75, hier 25.

[105] Symptomatisch und schon fast klassisch dazu P. Brunner, Reform – Reformation, Einst – Heute. Elemente eines ökumenischen Dialogs im 450. Gedächtnisjahr von Luthers Ablaßthesen, in: KuD 13 (1967), 159–183, bes. 180–183: In der Reformation ging es nach B. im tiefsten nicht um das Thema »Rechtfertigung«, sondern um die wahre Bedeutung der Kirche; deshalb ist auch nicht auf dem Tridentinum, sondern erst auf dem I. Vatikanum die Tür zwischen den Konfessionen endgültig ins Schloß gefallen, und das II. Vatikanum habe daran nichts geändert. – Es hat, im Gegenteil, die Sache nur noch schlimmer gemacht; so jedenfalls G. Maron (s. Anm. 5). – Zur Position P. Brunners vgl. jetzt auch Ders., Bemühungen um die einigende Wahrheit. Göttingen 1977.

[106] Vgl. Butler-Lang, aaO., 515f.

essieren, wohl aber die Frage nach dem Sinn von unfehlbaren Sätzen im Kontext des gelebten Glaubens oder die Frage nach dem Verhältnis des Papstes zur Gesamtkirche. Weniger einhellige Ergebnisse, wohl aber typische und gewissermaßen »chronische« Fragepunkte sind hier zu verzeichnen – die in der vor-ökumenischen Diskussion um das Papsttum gar nicht im Blick standen. Einige von ihnen seien exemplarisch hervorgehoben.

a) Die erste, im Gespräch mit der evangelischen Theologie zur bearbeitende Frage ist das Verhältnis des Dogmas – allgemein und insbesondere des Dogmas von 1870 – zur Schrift. Der evangelischen Theologie sitzt es immer noch wie ein Trauma in der Seele, daß man Luther im Zusammenhang seines römischen Prozesses vorgehalten hat, der Papst stehe über der Schrift – und daß präzis diese These bei Luther den Gedanken auslöste, der Papst sei der Antichrist.[107] Nun wird heute kein Vertreter der päpstlichen unfehlbaren Lehrgewalt den Satz wagen, der Papst stehe über der Schrift. Aber wenn Pius XII., wie gezeigt, der Auffassung ist, daß die Offenbarung und mithin die Schrift allein dem Lehramt zur verbindlichen Auslegung anvertraut ist, dann macht es einen mehr als nur verbalen Unterschied, wenn man mit einem Buchtitel von Walter Kasper das »Dogma *unter* dem Wort Gottes« betont,[108] und eben dieser Unterschied ist ein Ertrag des Gespräches mit der evangelischen Theologie. Will man ihr auch nur irgendeinen Zugang zum theologischen Mitvollzug des vatikanischen Dogmas eröffnen, dann muß eben dies als erstes de iure und de facto klargestellt werden: Das Dogma ist vom Worte Gottes normiert, und auch der Papst, gegen den niemand rechtskräftig appellieren kann, hat eine *Norm* über sich, und es ist nicht etwa so, daß der Papst sich gewissermaßen fraglos auf eine Automatik der assistentia Spiritus Sancti verlassen könnte.[109]

[107] Vgl. Luthers zornigen Bericht über die Zumutung, das als kirchliche Lehre annehmen zu sollen, in den »Acta Augustana«, Weimarer Ausgabe 2, 8, 10ff; 10,7f; 17,10ff, 22,18ff. Zur Situation und zur Sachproblematik vgl. O.H. Pesch, »Das heißt eine neue Kirche bauen«. Luther und Cajetan in Augsburg, in: Begegnung (s. Anm. 18), 645–661, hier: 650–654; [Ders., Hinführung zu Luther, Mainz ^{2}1983, 103–114; und den Seminarbericht über »Luther und das Papsttum« in den Akten des Lutherforschungskongresses 1983, Lutherjahrbuch 52 (1985), 260–263; zur Vorgeschichte, vor allem zur Position des Sylvester Prierias und Cajetans jetzt Horst, Zwischen Konziliarismus und Reformation (s. Anm. 97)]. – Kurz danach setzen die theologisch begründeten Angriffe gegen die römische Kurie ein (also nicht nur die Kritik an den Mißständen), und zwar sofort, wenn auch zunächst noch zaghaft, mit dem Thema vom Papst als Antichrist; vgl. Weimarer Ausgabe, Briefe 1/359, 29–31; 360,34f. – Zum Ganzen von Luthers Papstkritik vgl. R. Bäumer, Martin Luther und der Papst, Münster ^{2}1971, [^{4}1986] (schonungslose Aufarbeitung des historischen Sachverhalts aus katholischer Sicht, aber ungerechtes Urteil); H.-J. Urban, Der reformatorische Protest gegen das Papsttum. Eine theologiegeschichtliche Skizze, in: Catholica 30 (1976), 295–319 (Überblick von der Reformationszeit bis zur Gegenwart; Abdruck in: Petrus und Papst [s. Anm. 120], I, 255–265); aus evangelischer Sicht jetzt Überblick und Diskussionsbericht bei G. Müller, Martin Luther und das Papsttum, in: G. Denzler (Hg.), aaO. (s. Anm. 91), 73–101; und S. Hendrix, Luther und das Papsttum, in: Concilium 12 (1976), 493–497; [Ders., Luther and Papacy. Stages in a Reformation Conflict, Philadelphia 1981].

[108] W. Kasper, Dogma unter dem Wort Gottes, Mainz 1965.

[109] Mag das Lehramt der Kirche und des Papstes auch *norma proxima* des Glaubens und

b) Zusammen mit dem Problem des Schriftbezuges ist der katholischen im Blick auf die evangelische Theologie überhaupt die Frage nach dem Zusammenhang von Wahrheit, Bekenntnis und kirchlicher Lehre vor den Blick gebracht. Das beherrschende Stichwort heißt: Geschichtlichkeit. Und zwar gewiß auch im Sinne des Fortschritts an klarer Erkenntnis, vor allem aber als Situationsbezogenheit und damit auch als Möglichkeit epochaler Brüche – eine Möglichkeit, die der vatikanischen Vorstellung von »irreformablen« Sätzen völlig fern liegt. Diesem Fragenkomplex ist man inzwischen auf katholischer Seite auf den vielfältigsten Wegen der biblischen, historischen und systematischen Theologie nachgegangen, und man weiß nicht: Ist es der Höhepunkt solcher Bemühungen, oder ist es eine Nebenfrucht, wenn man inzwischen auf katholischer Seite, spätestens seit Karl Rahners und Walter Kaspers einschlägigen Äußerungen, unangefochten sagen kann, daß sich in die Verkündigung eines Dogmas auch vielfältige Sünde einschleichen kann: Machtstreben, Voreiligkeit, Situationsblindheit, Besserwisserei...[110] Ohne die evangelische Theologie ist solch eine Aussage jedenfalls nicht zu denken. Von hier bis zu der Frage, ob denn der *Beistand* des Heiligen Geistes im Einzelfall auch unbedingt jeden Irrtum ausschließe, wenn schon die *Gnade* des Heiligen Geistes die Kirche nicht vor Sünde bewahrt, ist es nur ein Schritt – der allerdings erst im Zusammenhang der Küng-Debatte getan wird.[111]

c) Auch die umfänglichen historischen Studien, die im Gesamtbereich der vatikanischen Definition inzwischen unternommen worden sind, verdanken sich wesentlich dem Zwang, gegenüber der evangelischen Theologie eine Art Rechenschaft ablegen zu müssen. Viele von ihnen mögen anfänglich in der Absicht unternommen worden sein, die evangelischen Einwände zu »widerlegen«, die katholische Position zu verteidigen. Immer häufiger führten und führen sie aber zu einem Resultat, das auf seiner eigenen Basis die Chancen eines Konsenses mit der evangelischen Theologie verbessert – freilich in genau dem Maße, in dem das gelingt, in Rom nicht zur Kenntnis genommen wird.[112]

d) Was nun das Primatsdogma anlangt, so wird gegenüber der evangelischen Theologie mit Nachdruck auf einer strikten, d.h. engstmöglichen Interpreta-

der Theologie sein (vgl. Anm. 4), so ist es doch *niemals norma* normans. Zur Sachproblematik vgl. auch die w. o. Anm. 57 verzeichneten Arbeiten zum Verhältnis von Exegese und Dogmatik; und Y. Congar, Die Tradition und die Traditionen, Mainz 1965, bes. 218–280. Zur Verstehensschwierigkeit auch Geißer (s. Anm. 122).

[110] Vgl. K. Rahner, Was ist eine dogmatische Aussage? (s. Anm. 64), 56–59; W. Kasper, aaO., 137. – Zum Thema »Geschichtlichkeit« vgl. die Hinweise in Anm. 66 sowie O.H. Pesch, Kirchliche Lehrformulierung, w. u. S. 266–293, bes. 272–281, mit Beispielen und Literatur.

[111] Vgl. O.H. Pesch, w. u. S. 277 – von mir referierend und überschriftartig als Frage gestellt und in ihren Implikationen entfaltet, von H. Küng, in: Küng (Hg.), Fehlbar? (s. Anm. 124), 400f, vielleicht etwas zu schnell als Bestätigung (»affirmieren«) genommen. Vom Ernst der Sachfrage und den sich daraus schon ergebenden Konsequenzen möchte ich aber nichts zurücknehmen. Vgl. auch w. u. die Schlußthesen.

[112] Literatur jetzt im HKG VI/1 (s. Anm. 8), 774–791; zum größeren Zusammenhang auch 696–773; ferner die historischen Beiträge in den in Anm. 120, 122, 124 verzeichneten Sammelwerken, und jüngstens U. Horst, aaO. (s. Anm. 97).

tion der Definition bestanden, insbesondere bei der Auslegung der Formel »ex sese, non autem ex consensu ecclesiae«. Die einschlägigen Arbeiten von Heinrich Fries sind ein Schulbeispiel dafür.[113] Aber schon die kirchengeschichtlichen Darstellungen betonen – Aubert stehe hier für viele –, daß es ein Mißverständnis sei, diese Formel im Sinne einer Isolierung des Papstes von der Kirche zu verstehen. Man betont also die antigallikanische Spitze dieser Formel und verweist auf die historische Einleitung, die die Rückbindung der Lehramtsausübung des Papstes an die Gesamtkirche klarstellt, mit anderen Worten: Die umstrittene Formel schließt nur eine Art nachfolgender parlamentarischer Ratifikation aus, nicht aber den Einklang des Papstes mit dem Glauben der Kirche. Inzwischen hat Hasler dieser Interpretation widersprochen, direkt in Auseinandersetzung mit Schatz, indirekt mit Fries.[114] Sein Argument: Einmal steht von solchen Unterscheidungen nichts im Text – dieser bietet keine Handhabe, zwischen einem consensus antecedens und subsequens zu unterscheiden. Zum andern: Die Majorität *konnte* eine derartige Unterscheidung gar nicht im Sinn haben oder auch nur zulassen, weil sie ihrer Auffassung stracks entgegen war; denn man kann ja gern auf einen consensus subsequens verzichten, wenn die Verbindlichkeit eines Dogmas am Ende doch normativ von einem consensus antecedens abhängt. Und endlich: Die vorgetragene Interpretation vermag nicht die Verzweiflung der Minoritätsbischöfe zu erklären – sie hätten im Gegenteil triumphieren müssen, wenn sie richtig wäre.

An dieser Stelle sei exemplarisch ein Einwand gegen Hasler vorgebracht, der auch bei anderen Gelegenheiten vorzubringen wäre. Gerade im Namen der Geschichte, die Hasler nicht durch theologische Argumentation überfahren lassen will, verbietet es sich, zeitenthoben auf bloßem Wortlaut von Definitionen zu bestehen, ohne auch deren Wirkungsgeschichte einzubeziehen. Mag also Haslers extensives Verständnis des Textes zutreffen oder nicht, wirkungsgeschichtlich *durchgesetzt* hat sich – wenigstens in der Theologie – die strikte Interpretation, und zwar beginnend schon sechs Wochen nach dem Konzil, mit dem Fuldaer Hirtenbrief der deutschen Bischöfe, und fortgesetzt mit den quasi-amtlichen, ebenfalls strikten Interpretationen durch Konzilsoffizielle, bestätigt durch Pius IX., was immer dieser sich dabei gedacht haben mag. Die Sache hat eine direkte Parallele zur wirkungsgeschichtlichen Durchsetzung einer *thomistischen* Interpretation des Trienter Rechtfertigungsdekretes, obwohl auch hier

[113] Vgl. H. Fries, »Ex sese« (s. Anm. 5); ders., Ist der Papst allein unfehlbar? Ein umstrittener Satz des Ersten Vatikanischen Konzils, in: Wort und Antwort 9 (1968), 65–72; Ders., Das Lehramt des Papstes auf dem Zweiten Vatikanischen Konzil. Ein umstrittener Satz des Ersten Vatikanischen Konzils, II, in: aaO., 112–118; Ders., Glaube und Kirche auf dem Prüfstand. Versuche einer Orientierung, München 1970, 142–224; Ders., Das mißverständliche Wort, in: K. Rahner (Hg.), Zum Problem Unfehlbarkeit. Antworten auf die Anfrage von Hans Küng, Freiburg ^{2}1971, 216–232. – Andere, strikt auslegende Autoren: K. Rahner, Zum Begriff der Unfehlbarkeit in der katholischen Theologie (s. Anm. 66; Abdruck in K. Rahner, aaO., 9–26); W. Kasper, aaO. (s. Anm. 108); U. Horst, in: Umstrittene Fragen der Ekklesiologie (s. Anm. 64); M. Seybold (s. Anm. 92); Y. Congar, Die Lehre von der Kirche (s. Anm. 8), 104–107.

[114] Vgl. A. Hasler, aaO., 481–484.

Gründe vorgebracht worden sind, die eine nominalistische Position der Konzilsväter nahelegen.[115]

Vielleicht bietet ein mir bemerkenswert erscheinender Aufsatz von Michael Seybold über »Unfehlbarkeit des Papstes – Unfehlbarkeit der Kirche« die Richtung einer möglichen Lösung dieser Interpretationsstreitfrage.[116] Seybold geht nüchtern davon aus, daß die Primatsdefinition den Papst *nicht* von der Kirche her, sondern tatsächlich weitgehend isolierend beschrieben hat. Insofern bekommt Hasler im voraus recht. Den Sachverhalt bekommt man aber erst vollständig in den Blick, wenn man bedenkt und in die Argumentation einbezieht, daß der Papst faktisch als Glaubender von der Glaubensunfehlbarkeit der Kirche herkommt, und *theologisch* ist daher sein unfehlbares Lehramt gar nicht zu beschreiben ohne Rückbezug auf den Glauben der Kirche, dem der Papst ja nicht entzogen und von dem er nicht dispensiert ist. Argumentiert man also rein auf der juridischen Ebene, dann hat die Definition nach Seybold einen Sinn: kein Ratifikationsverfahren irgendwelcher Art. Argumentiert man theologisch, dann ist der Zusammenhang von Lehrunfehlbarkeit des Papstes und Glaubensunfehlbarkeit der Kirche stärkstens zu betonen, und zwar im Blick auf zwingende Sachzusammenhänge, nicht im Blick auf Formulierungen des Textes. Was diese angeht, so ist nach Seybold gerade dies dem I. Vatikanum zum Vorwurf zu machen, daß es in der Unfehlbarkeitsdebatte keinen Bezug mehr genommen hat auf die vorher verabschiedete Definition über Offenbarung und Glaube, wobei sich die Unzulänglichkeit einer rein juridischen Betrachtungsweise sofort herausgestellt hätte. Im Licht solcher Überlegungen wird man gegenüber evangelischen Rückfragen mit Nachdruck bei der strikten Interpretation bleiben können.

e) Zu den angenommenen Herausforderungen von seiten der evangelischen Theologie gehört auch, daß die katholische Theologie das zur vollen Entfaltung seiner Wirksamkeit zu bringen trachtet, was das II. Vatikanum im Ökumenismusdekret mit dem enigmatischen, nicht näher erklärten Wort von der »Hierarchie der Wahrheiten« ausgelöst hat. Darüber sind schon auf dem Konzil beachtliche Voten abgegeben worden.[117] Selbst die Unfehlbarkeitsdefinition nimmt sich anders aus, wenn zu unterscheiden wäre zwischen Wahrheiten, die der Ordnung des Zieles, und solchen, die der Ordnung des Mittels angehören, wenn die

[115] Vgl. die Kontroverse zwischen H. A. Oberman und H. Rückert, w. o. S. 127, Anm. 37.

[116] M. Seybold, Unfehlbarkeit des Papstes – Unfehlbarkeit der Kirche (s. Anm. 92); und schon Y. Congar, aaO., 102–104.

[117] Obwohl dieser Gedanke erst bei der Endredaktion des Ökumenismusdekretes (Nr. 11) eingefügt wurde. Vgl. den Kommentar von J. Feiner z. St. in: Das Zweite Vatikanische Konzil (= Ergänzung zum Lexikon für Theologie und Kirche), II, Freiburg 1967, 88f; die Hinweise bei U. Valeske, Das Papsttum und die Ökumene, in: G. Denzler (Hg.), aaO. (s. Anm. 91), 136–150, hier: 146f; sowie die inzwischen erschienene kleine Literatur zu diesem Thema; es sei verwiesen auf: U. Valeske, Hierarchia veritatum, München 1968; H. Mühlen, Die Lehre des Vaticanum II über die »Hierarchia veritatum« und ihre Bedeutung für den ökumenischen Dialog, in: ThGl 56 (1966), 303–335; P. Schoonenberg, Hierarchia veritatum, in: Tijdschrift voor Theologie 8 (1968), 293–298; K. Rahner, Der Glaube der Christen und die Lehre der Kirche, in: Schriften zur Theologie, X (1972), 262–287, bes. 276–279; vgl. auch Ders., aaO., IX, 339–365; XII, 550–559; [XV, 152–168].

letzteren den ersteren »hierarchisch« untergeordnet wären, wenn der Primat eindeutig zu den letzteren gehörte, und wenn es wahr wäre, daß hinsichtlich der Wahrheiten in der Ordnung des Zieles weithin Einheit schon bestünde. Auf dieser Basis haben jedenfalls die verschiedenen katholisch-evangelischen Arbeitsgruppen der letzten Jahre mit positiven Ergebnissen diskutiert – bis »Mysterium Ecclesiae« erschien und erkennen ließ, daß man die Ergebnisse dieser Diskussionen von ersten Fachleuten aus allen Ländern kaum zur Kenntnis zu nehmen oder gar in die amtlichen Überlegungen einzubeziehen bereit ist.[118]

f) Neben dem Unfehlbarkeitsdogma ist auch der Jurisdiktionsprimat des Papstes für evangelische Christen ein Stein des Anstoßes. So hat sich die katholische Theologie auch hier zu neuen Gedanken herausfordern lassen. Man darf wohl vermuten, daß die schon genannten Tendenzen in der Kirchengeschichtsschreibung, verschüttete alte Strukturen der Kirche aufzuwerten, sich nicht zuletzt dem Impuls seitens der evangelischen Theologie verdanken. Der Grundgedanke ist: Die Vorbehalte können nicht so hart bleiben, wenn sich zeigen läßt, daß die katholische Kirche gar nicht solch ein monolithischer Block ist, als welcher sie seit geraumer Zeit erscheint; wenn es ganz andere Modelle der Stellung und Amtsführung des Papstes gegeben hat und folglich geben kann; wenn die Stellung des Papsttums in der katholischen Kirche mindestens so sehr ein Ergebnis der Geschichte ist, wie sie auf theologischem Erkenntnisfortschritt beruhen mag. Im übrigen kann die katholische Theologie an dieser Stelle auch offensiv werden: indem sie die evangelische Theologie nachdrücklich darauf hinweist, daß eine Kirche ohne »Petrusdienst« – wie immer er zu verstehen ist – eine Verkürzung des biblischen Zeugnisses ist, bei der man genauso nach den außertheologischen Motiven fragen darf wie umgekehrt gegenüber den Verteidigern der gegenwärtigen Primatspraxis.[119]

Ziehen wir ein Fazit, so läßt sich dennoch kein sehr optimistisch stimmender Ertrag bilanzieren. Es ist wohl gelungen, bei denjenigen evangelischen Theologen, die an der Frage überhaupt interessiert sind, eine Zustimmung zu der Notwendigkeit eines – freilich nicht juridisch zu verstehenden – Petrusdienstes in

[118] Das schließt nicht aus, daß es in »Mysterium Ecclesiae« Aussagen und Formulierungsnuancen gibt, die den genauen Leser überraschen, weil römisch-kirchenamtliche Dokumente bisher eher das Gegenteil vertraten; besonders der 5. Abschnitt über die Geschichtlichkeit dogmatischer Formulierungen. Analyse dieses und weiterer begrüßenswerter Punkte der Erklärung bei K. Rahner, »Mysterium Ecclesiae« (s. Anm. 66).

[119] Vgl. pars pro toto, Y. Congar. Die Wesenseigenschaften der Kirche, in: J. Feiner/M. Löhrer (Hg.), Mysterium Salutis (s. Anm. 65), IV/1, 357–594, hier: 397–408. – Erfreulicherweise gilt dieser kritische Hinweis längst nicht mehr pauschal für die evangelische Theologie. Das beweisen E. Schlink, Grundfragen eines Gesprächs über das Amt der universalen kirchlichen Einheit, in: Papsttum als ökumenische Frage (s. Anm. 95), 13–32; und schon L. Vischer, Petrus und der Bischof von Rom – ihre Dienste in der Kirche, in: H. Stirnimann/L. Vischer (Hg.), Papsttum und Petrusdienst, Frankfurt 1975, hier: 37; U. Valeske, in: G. Denzler (Hg.), (s. Anm. 121), 149. [Zur aktuellen Lage vgl. K. Lehmann/W. Pannenberg (Hg.), Lehrverurteilungen – kirchentrennend? Rechtfertigung, Sakramente und Amt im Zeitalter der Reformation und heute, I, Göttingen-Freiburg 1986, 167–169; H. Fries/O. H. Pesch, Streiten für die eine Kirche, München 1987 – mit Bilanz auch der jüngsten Wortmeldungen aus der evangelischen Theologie.]

der Kirche zu erlangen.[120] Für diesen Petrusdienst in einer »ökumenischen« Kirche werden sogar schon allerhand Modelle gehandelt: Papst auf Zeit, Papst wieder vorwiegend Bischof von Rom, Kollektiv-Papsttum.[121] In der Frage der Unfehlbarkeit aber – sowohl der der Kirche (und damit auch noch der Küng'schen »Perennität« der Kirche in der Wahrheit) als auch insbesondere der Unfehlbarkeit des päpstlichen Lehramtes – sehe ich nicht, wo man im evangelisch-katholischen Gespräch wesentlich weitergekommen wäre. Es reicht für einen evangelischen Diskussionsteilnehmer offenbar bei weitem nicht aus, wenn man mit aller Akribie die Grenzen des päpstlichen Lehramtes (wenigstens de iure) absteckt und wenn man – wie jüngst mehrfach Karl Rahner – mit Nachdruck fordert, daß die katholische Theologie dem evangelischen Gesprächspartner noch viel mehr als bisher deutlich machen und erklären muß, was denn das Dogma von der päpstlichen Lehramts-Unfehlbarkeit *wirklich* und nicht nur angeblich besagt.[122] Der evangelische Theologe wird sich dadurch nicht *mehr* mit dem I.

[120] Dafür sind charakteristisch die evangelischen (und orthodoxen) Beiträge in einer Reihe von Gemeinschaftsveröffentlichungen der letzten Jahre. Vgl. die in Anm. 95 verzeichneten Concilium-Hefte; ferner G. Denzler (Hg.), Das Papsttum in der Diskussion, Regensburg 1974; R. Groscurth (Hg.), Wandernde Horizonte auf dem Weg zu kirchlicher Einheit, Frankfurt 1974; H. Stirnimann/L. Vischer (Hg.), Papsttum und Petrusdienst, Frankfurt 1975; P. Meinhold, Das Amt der Einheit. Biblische, historische und ökumenische Perspektiven, Selbstverlag des Bundes für evangelisch-katholische Wiedervereinigung, 1975; H.-J. Mund (Hg.), Das Petrusamt in der gegenwärtigen theologischen Diskussion, Paderborn 1976; A. Brandenburg/H.J. Urban, Petrus und Papst. Evangelium, Einheit der Kirche, Papstdienst, 2 Bde., Münster 1976/77; G. Békés/V. Vajta, Unitatis Redintegratio 1964–1974. Eine Bilanz der Auswirkungen des Ökumenismus-Dekrets, Frankfurt 1977; R. Frieling, Mit, nicht unter dem Papst. Eine Problemskizze über Papsttum und Ökumene, Materialdienst des Konfessionskundlichen Instituts 28 (1977), 52–60; J. Ratzinger (Hg.), Dienst an der Einheit. Zum Wesen und Auftrag des Petrusamtes, Düsseldorf 1978; [jetzt auch Münchener Theolog. Zeitschr. 38 (1987), H. 1: Das Papsttum als Petrusdienst; K. Lehmann (Hg.), Das Petrusamt, München–Zürich 1982].

[121] Papsttum auf Zeit: H. Küng, in: Concilium 7 (1971), 234; der Papst zuerst Bischof von Rom: H.-M. Legrand, Römisches Amt und universales Amt des Papstes, in: Concilium 7 (1971), 531–538; R. La Valle, Das Engagement des Papstes als des Bischofs von Rom, aaO., 550–557, hier: 551 f; L. Vischer, aaO. (s. Anm. 119), 48–50; kollektives Papsttum: K. Rahner, Vorfragen zu einem ökumenischen Amtsverständnis, Freiburg 1974, 29–35; K. Walf, Kollegium mit Leitungsbefugnis, in: G. Denzler (Hg.), Papsttum heute und morgen. 57 Antworten auf eine Umfrage, Regensburg 1975, 213–216, hier: 215 f.

[122] Vgl. etwa K. Rahner, Theologie des ökumenischen Gespräches, in: Schriften zur Theologie, IX (1970), 34–78, bes. 59–65; Ders., Einheit der Kirche – Einheit der Menschheit, aaO. XIV, 382–404, hier: 400–403; [H. Fries/K. Rahner, Einigung der Kirchen – reale Möglichkeit, Freiburg 1983, erw. [5]1985, 98–108]. Einen Versuch dieser Art hat K. Rahner selbst unternommen in seinem Beitrag: Zum Begriff der Unfehlbarkeit in der katholischen Theologie (s. Anm. 66). – Wie wenig das trotz aller ernsthaften Auseinandersetzung auf evangelische Theologen Eindruck macht, kann man – eindrucksvoll – nachlesen etwa bei G. Maron, Hundert Jahre päpstliche Unfehlbarkeit. Materialdienst des konfessionskundlichen Institutes 21 (1970), 48–54, bes. 54; H. Geißer, Das römische Lehramt in protestantischer Erfahrung, in: FZPhTh 24 (1977), 23–52 [und inzwischen E. Herms, Einheit der Christen in der Gemeinschaft der Kirchen. Die ökumenische Bewegung der römischen Kirche im Lichte der reformatorischen Theologie. Antwort auf den Rahner-

Vatikanum befreunden – er wird höchstens gelegentlich einen Anflug von Neid empfinden über die zwar harte, aber eindeutige Art, wie in der katholischen Kirche Lehrdisziplin geübt wird, woraufhin ihm dann der katholische Theologe klarmachen muß, daß auch nach dem I. Vatikanum in der katholischen Kirche nur mit Wasser gekocht wird.[123] Der geschilderte Tatbestand hängt vermutlich damit zusammen, daß der evangelische Theologe an die Frage der Wahrheitsfindung in der Kirche von vornherein mit einem anderen Wahrheitsverständnis herangeht, das die Frage nach so etwas wie einem unfehlbaren Lehramt von vornherein gegenstandslos macht. An dieser Stelle ergibt sich von selbst der letzte Posten unserer Bilanz:

VII. Perspektiven der Diskussion nach 1970

Hier nun hat der »Buchhalter« zunächst seine Kapitulation einzugestehen. Er hat weder Kraft noch Lust, der »kleinen« Bilanz der Unfehlbarkeitsdebatte in Concilium 9 (1973) Heft 3 und der »großen« Bilanz in »Fehlbar? Eine Bilanz« eine Steigerung gegenüberzustellen. Mag man über die dort ausgesprochenen Urteile dieser oder jener Meinung sein, Verlauf, Schwerpunkte und Tendenzen der Diskussion müssen und können hier als bekannt vorausgesetzt werden, vor allem, wenn man den Diskussionsband von Karl Rahner, »Zum Problem der Unfehlbarkeit« hinzunimmt.[124] Ich fixiere also nur einige Punkte – in recht

Plan, Göttingen 1984; dazu wiederum H. Fries/O. H. Pesch, aaO. (s. Anm. 119), 51–61 und 185]; vgl. ferner die auf evangelischer Seite vielbeachtete Monographie von H.-J. Urban, Bekenntnis, Dogma, kirchliches Lehramt. Die Lehrautorität der Kirche in heutiger evangelischer Theologie, Wiesbaden 1972; F. Theunis (Hg.), Aspekte der Unfehlbarkeit. Hamburg 1975; und die in Anm. 120 genannten evangelischen Beiträge: Während man u. U. der Frage eines »Amtes der ökumenischen Einheit« (vgl. E. Schlink, wie Anm. 119) positiv nähertritt, wird die Problematik der Unfehlbarkeit im günstigsten Fall ausgeklammert oder an den Rand gedrängt – nicht selten aber wird direkte Ablehnung ausgesprochen; vgl. auch die Voten evangelischer Theologen in den Diskussionsberichten in dem in Anm. 95 genannten Sammelband. Wie schwerwiegend das ist, erhellt sofort, wenn wir uns erinnern, daß das I. Vatikanum die Unfehlbarkeit im Leitungsprimat des Papstes enthalten sieht und unmittelbar aus ihm ableitet (DS 3065). – Bemerkenswert ist in diesem Zusammenhang auch die sachlich und historisch faire evangelische Kritik am Unfehlbarkeitsdogma im Rahmen der neueren Entwicklung des katholischen Dogmenverständnisses bei B. Lohse, Epochen der Dogmengeschichte. Stuttgart [4]1978, [[5]1983], 197–213 – bemerkenswert deswegen, weil Lohse alles andere als eine dogmenfeindliche Position vertritt.

[123] Bemerkenswert ist aber, daß sich Hansjakob Stehle in seiner Besprechung von A. Haslers Buch (DIE ZEIT Nr. 53/23.12.1977, 13) über Haslers Enttäuschung und Zorn mokiert, ihm ein befangenes Verhältnis zur Geschichte attestiert und fragt, ob A. Hasler denn wirklich der Meinung sei, in der Kirche dürfe nur »mit Weihwasser gekocht« werden.

[124] Vgl. H. Küng, Kleine Bilanz der Unfehlbarkeitsdebatte, in: Concilium 9 (1973), 226–230 (vgl. auch 219–226); Ders., Eine Bilanz der Unfehlbarkeitsdebatte, in: H. Küng (Hg.), Fehlbar? Eine Bilanz, Zürich 1973, 307–524 (mit Dokumenten und Bibliographie); K. Rahner (Hg.), Zum Problem Unfehlbarkeit. Antworten auf die Anfrage von Hans Küng, Freiburg 1971. – Pater Y. Congar verdanke ich den Hinweis, daß von Rom aus auch

subjektiver Auswahl –, die mir nach wie vor von besonderer Bedeutung scheinen.

a) Nachdem sich der Pulverdampf der Diskussion um Küngs »Anfrage« etwas verzogen hat und die Stellungnahme zu Küng in das Stadium der theologischen Pflichtübungen eingetreten ist (Hasler beklagt bereits die völlige Wirkungslosigkeit dieser Diskussion!)[125], ist zunächst festzustellen: Die erregte Debatte hat keinen entscheidenden Konsens ergeben. Neben mancher – ohnehin vorsichtig formulierten – Zustimmung hat Küng unter allen Aspekten des Problems Widerspruch erfahren, von W. Brandmüller über A. Kolping, L. Scheffczyk bis hin zu H. Fries und K. Rahner.[126] Die Übereinstimmungen, die Küng in wichtigen Grundfragen zwischen sich und seinen Gegnern feststellt, haben gewiß ihr Gewicht, und man sollte alles tun, damit man dahinter nicht wieder zurückkann. Aber es sind offenbar nicht die Punkte, wo es wirklich »wehtut« – und dort gibt es unveränderten Dissens, aus welchen Gründen auch immer.

b) Die in Abschnitt 6 nominierten Punkte und Perspektiven, die sich aus dem Gespräch mit der evangelischen Theologie ergeben, sind Perspektiven der Diskussion auch nach 1970. Zum Teil sind sie sogar von der Küng-Debatte beeinflußt, sind hier also einzubeziehen und brauchen nicht wiederholt zu werden.

c) Es scheint, daß – auch unabhängig von der Küng-Debatte, die sich eher ihrerseits in diese Tendenz einordnet – in der katholischen Theologie zunehmend das Sprachproblem, genauer: das Verhältnis von Sache und Sprache und *beider* Geschichtlichkeit und Geschichte an Bedeutung gewinnt. Jedenfalls bleibt zu hoffen, daß die zunehmende Zahl von Veröffentlichungen zur Theologie des Wortes und der Sprache aus katholischer Feder (man denke an die Veröffentlichungen etwa von B. Casper, E. Biser, W. de Pater, A. Grabner-Haider u. a.)[127]

1970 so wenig wie 1920 offiziell etwas in Richtung auf eine Jubiläumsfeier getan wurde. Es gab nur ein wissenschaftliches Symposium, in dessen Zusammenhang auch K. Rahners mehrfach erwähnter Aufsatz: Zum Begriff der Unfehlbarkeit in der katholischen Theologie (s. Anm. 66) erstmals vorgelegt wurde; die Dokumentation dieses Symposiums liegt vor in: E. Castelli (Hg.), L'infaillibilità. L'aspetto filosofico e teologico, Padua 1970; französisch unter dem Titel: L'infaillibilité. Son aspect philosophique et théologique, Paris 1970; deutsch = F. Theunis (Hg.), aaO. (s. Anm. 122). Das Schweigen des offiziellen Rom ist – wie 1920 – um so interessanter, als Pius XII. zum 100jährigen Jubiläum der Dogmatisierung der Unbefleckten Empfängnis Mariens 1953 die Enzyklika »Fulgens corona« schrieb (vgl. DS 3908–3910), für 1954 ein »marianisches Jahr« proklamierte und an dessen Ende durch die Enzyklika »Ad coeli Reginam« (vgl. DS 3913–3917) das Fest »Maria Königin« einführte – dies alles aus Anlaß der Jubiläumsfeiern für jenes Dogma, das aufgrund der Umstände seiner Verkündigung von allen Kommentatoren des I. Vatikanums, sei es im guten, sei es im bösen Sinne, als ein Vorgriff auf das Unfehlbarkeitsdogma angesehen wird.

[125] Vgl. A. Hasler, aaO., X; 537. Vgl. aber die korrigierenden Hinweise von P. Bläser in der Diskussion, in: Papsttum als ökumenische Frage (s. Anm. 95), 240f.

[126] Vgl. deren Beiträge bei K. Rahner (Hg.), aaO. (s. Anm. 124) sowie A. Kolping, Unfehlbar? Eine Antwort, Bergen-Enkheim bei Frankfurt 1971 [und jetzt L. Bertsch/M. Kehl (Hg.), Zur Sache. Theologische Streitfragen im »Fall Küng«, Würzburg 1980, G. Greshake, Gottes Heil – Glück des Menschen. Theologische Perspektiven, Freiburg 1983, 323–352; W. Kasper, Theologie und Kirche, Mainz 1987, 43–71].

[127] Vgl. E. Biser, Theologische Sprachtheorie, Freiburg 1970; R. Kösters, Dogma und

auf die Unfehlbarkeitsdiskussion und das Problem »irreformabler« Sätze durchschlägt.

d) In *diesem* Zusammenhang wird das schon »mittelalte« Problem des Verhältnisses von Lehramt und »Glaubenssinn der Gläubigen« (»sensus fidelium«) eine neue Dimension gewinnen. Ansätze dazu finden sich schon in dem genannten Beitrag von M. Seybold[128], der, und zwar entgegen dem klaren Wortlaut der einschlägigen Texte des II. Vatikanums[129], dem »Glaubenssinn« eine »pneumatisch-aktive« Rolle bei der Ausübung des Lehramtes zuerkennt.

e) Es scheint auch, daß die soziologische und politische Betrachtungsweise sowohl der vatikanischen Definition als auch der gegenwärtigen Fragen um das Papsttum mehr Bedeutung gewinnen, als in der Küng-Debatte absehbar war. Der Dissens zwischen Hasler, der die politischen Faktoren zugunsten einer Konzentration auf die Person Pius IX. gering halten möchte, und Pottmeyer, der die politischen Zusammenhänge eher zur verstehenden Erklärung der Definition veranschlagen möchte, ist da ein Signal.[130] Für die Gegenwart erhellt Georg Denzlers »Umfrage« die Szene: so wenig repräsentativ sie sein mag, bei

Bekenntnis bei Gerhard Ebeling. Zur kontroverstheologischen Problematik des Begriffs der kirchlichen Lehre, in: Catholica 24 (1970), 51–66; E. Schillebeeckx, Glaubensinterpretation. Beiträge zu einer hermeneutischen und kritischen Theologie, Mainz 1971, bes. 9–47;O. H. Pesch, Besinnung auf die Sakramente. Historische und systematische Überlegungen und ihre pastoralen Konsequenzen, w. u. in diesem Band, S. 294–339, bes. 330–335; W. A. de Pater, Theologische Sprachlogik, München 1971; B. Casper, Sprache und Theologie. Eine philosophische Hinführung, Freiburg 1975; A. Grabner-Haider, Glaubenssprache. Ihre Struktur und Anwendbarkeit in Verkündigung und Theologie, Freiburg 1975. [Zur direkten Anwendung solcher sprachphilosophischen Einsichten auf das Unfehlbarkeitsdogma vgl. die – wegen der »verkehrten Fronten« um so reizvollere – freundliche Kontroverse zwischen A. Keller, Die Tragweite der Unfehlbarkeitsfrage, StdZ 198 (1980) 147–158; und B. Lohse, Die Tragweite der Unfehlbarkeitsfrage. Bemerkungen zu dem Aufsatz von Albert Keller, aaO. 405–412; dazu wiederum Keller, Verbindliche Glaubensaussagen und Unfehlbarkeitsdogma. Zu den Anregungen von Bernhard Lohse, aaO. 413–420; R. Schaeffler, Wahrheit und Institution. Sprachphilosophische Überlegungen zu einem theologischen Thema, in: W. Kern (Hg.), Die Theologie und das Lehramt, Freiburg 1982, 152–200]. Die älteren katholischen Vorstöße in dieses lutherische Land sind durch die neueren Versuche keineswegs bedeutungslos geworden. Die wichtigsten von ihnen (u. a. von H. Fries, K. Rahner, O. Semmelroth, E. Schillebeeckx), sind verzeichnet bei O. H. Pesch, Theologie der Rechtfertigung (s. Anm. 60), 816, Anm. 6.

[128] Vgl. Anm. 116, hier:110–120.

[129] Vgl. Kirchenkonstitution, Nr. 12: *Unter der Leitung des Lehramtes* kann der Glaubenssinn der Gläubigen nicht irren. – Zum Thema Glaubenssinn vgl. M. Seckler, Glaubenssinn, LThK IV (1960), 945–948 (Lit. bis 1960); M. D. Koster, Der Glaubenssinn der Hirten und der Gläubigen, in: Ders., Volk Gottes im Werden (s. Anm. 62), 131–150 (viele historische Hinweise); und die Aufsätze von K. Rahner betreffend den Dialog in der Kirche; wir heben hervor: Kleines Fragment »Über die kollektive Findung der Wahrheit«, in: Schriften zur Theologie VI (1965), 104–110; Der Glaube des Christen und die Lehre der Kirche, aaO. X (1972), 262–285.

[130] Vgl. H. J. Pottmeyer, Unfehlbarkeit und Souveränität. Die päpstliche Unfehlbarkeit im System der ultramomentanen Ekklesiologie des 19. Jahrhunderts, Mainz 1975; Ders., »Auctoritas suprema ideoque infallibilis«. Das Mißverständnis der päpstlichen Unfehlbarkeit als Souveränität und seine historischen Bedingungen, in: G. Schwaiger (Hg.), Konzil

den Nicht-Theologen unter den Respondenten kommen *theologische* Überlegungen kaum vor![131] Man vgl. weiterhin Concilium 7 und 9![132]
f) Endlich ist bereits der Hinweis in der Welt, daß wir in Sachen Primat und Unfehlbarkeit mit Spannung dem Einfluß der nicht-westlichen Kirchen entgegenzusehen haben.[133]Heute stellen sie, Lateinamerika eingerechnet, bereits die Mehrheit der Katholiken. Wie werden sie *auf die Dauer* mit einem Dogma umgehen, das wie wenige die Narben und Blutspuren westlicher Theologie, westlicher Kirchengeschichte, westlicher Denkvoraussetzungen (und zwar *vergangener* Denkvoraussetzungen) an sich trägt?

VIII. Einige Schlußfolgerungen in Form von Thesen

Die hier aufgemachte Bilanz ist gewiß kritisch, und bei aller Bemühung um eine sachlich-nüchterne Formulierung war bisweilen ein Anflug von Ironie nicht zu unterdrücken. Nicht, um diesen Eindruck zu zerstreuen oder irgend etwas zurückzunehmen, wohl aber, um ihn zu ergänzen und auszubalancieren, möchte ich schlußfolgernd einige Thesen aufstellen.
1) Es kann nicht gelingen, die Sachfrage nach der Art und Weise, wie in der Kirche Wahrheitsfindung und Glaubenseinheit geschieht, auf sich beruhen zu lassen oder in ihrem Gewicht zu verringern. Gegenüber entsprechenden Versuchen auf evangelischer Seite wird die katholische Theologie immer offensiv sein müssen und dürfen.[134]

und Papst. Historische Beiträge zur Frage der höchsten Gewalt in der Kirche. Festgabe für H. Tüchle, München/Paderborn 1975, 503–520. Dazu A. Hasler, aaO., 529.
[131] Vgl. G. Denzler (Hg.), Papsttum heute und morgen (s. Anm. 121).
[132] Vgl. insbesondere die Beiträge von V. Conzemius, J. Lynel und A. Greeley, in: Concilium 7 (1971), Heft 4; Beiträge von I. Fetscher und W. Dupré, in: Concilium 9 (1973), Heft 3. Ferner K. Walf, Die Katholische Kirche – eine »societas perfecta«? ThQ 157 (1977), 107–118; Concilium 14 (1978), Heft 1 (Kommunikation in der Kirche); Heft 8/9 (Finanzverwaltung in der Kirche).
[133] Vgl. J. Kerkhofs, Was die Christen der nicht-westlichen Kirchen in den achtziger Jahren vom Petrusdienst erwarten, in: Concilium 11 (1975), 573–580; auch L. Vischer, aaO. (s. Anm. 119), 45. [Inzwischen ist dieser Hinweis schon Wirklichkeit geworden: im aktuellen Konflikt um die »Theologie der Befreiung« – auch wenn es theologisch etwas unbedarft ist, darin, mit einigen Medien-Kommentaren, nichts als die kirchliche Variante des Nord-Süd-Konfliktes zu sehen].
[134] Erst jüngst hat J. Ratzinger darauf hingewiesen, daß ein »geistlicher Vorgang« einer

2) Es wird nicht gelingen, die Frage nach einem legitimen Leitungsamt in der Kirche und auch nach einem obersten Leitungsamt als neutestamentlich irrelevant zu erweisen. Entsprechende Tendenzen in der evangelischen Theologie sind nur möglich im Windschatten einer bestimmten geschichtlichen Entwicklung eben dieses Leitungsamtes.[135]
3) Gemessen an diesen Zukunftsaufgaben erscheint die Primats- und Unfehlbarkeitsdefinition des I. Vatikanums, wie auch immer beurteilt, als in jedem Falle *zu einfach* zur Bewältigung der anstehenden Probleme. Das geben auch Gegner Küngs unumwunden zu.[136]
4) Mit These 3 nähere ich mich der Position Küngs, sofern der Kern seiner »Anfrage« in der These besteht, das I. Vatikanum habe die eigentliche Sachproblematik, nämlich den vorausgesetzten zwingenden Zusammenhang von Bewahrtwerden in der Wahrheit und der Möglichkeit apriorisch unfehlbarer Sätze, gar nicht aufgegriffen, sondern umgangen.[137] Meine Vorbehalte gegen Küng sind andernorts aktenkundig.[138]
5) In der Interpretation der Definition von 1870 hat sich die strikte Auslegung in der Theologie und (weitgehend) in der Kirchengeschichtsschreibung durchgesetzt, die maximalistische aber in der kurialen Theorie und Praxis und – in der öffentlichen Meinung, sogar der katholischen.

Entscheidung in Richtung auf eine wie immer verstandene »Anerkennung« der Confessio Augustana von seiten der katholischen Kirche nicht zu erwarten steht, wenn das reformatorische Erbe, was an sich möglich sei, eine Entfaltung auf der Linie einer absolutgesetzten religiösen Erfahrung erführe, die jede Institution sprengen müßte; vgl. J. Ratzinger, Anmerkungen zur Frage einer »Anerkennung« der Confessio Augustana durch die katholische Kirche, in: MThZ 29 (1978), 225–237. – Ich beziehe mich mit meiner These auf jene Tendenz in der (vorwiegend deutschen) lutherischen Theologie, die die eschatologische Gebrochenheit allen kirchlichen Bekenntnisses, das Richteramt des Rechtfertigungsartikels über jegliche Art kirchlicher Lehre, die Relativierung jeglicher Formel so sehr betont, daß die positive Bedeutung von kirchlicher Lehrformulierung und Bekenntnis gar nicht mehr zur Sprache kommt und schon der Versuch, Glaubenswahrheit zu formulieren, fast als ein Unrecht erscheint. Tut man Unrecht, wenn man als Repräsentanten dieser Tendenz etwa K. G. Steck sowie den Kreis um das Konfessionskundliche Institut in Bensheim und seinen »Materialdienst« nennt? Vgl. von K. G. Steck etwa: Lehre und Kirche bei Luther, München 1963, bes. 214–226; Undogmatisches Christentum? München 1955; Kirche des Wortes oder Kirche des Lehramtes, Zürich 1962; Das römische Lehramt und die Heilige Schrift, München 1963; Die Christliche Wahrheit zwischen Häresie und Konfession. München 1974. Zur Sache vgl. auch die Auseinandersetzung von R. Kösters mit G. Ebeling (s. Anm. 127). [»Bensheim« hat sich unverzüglich gegen den hier geäußerten Verdacht verwahrt; vgl. Materialdienst 30 (1979), 118: »Ja, da tut man Unrecht!«]

135 Dies wäre eine Art »metakritischer« Rückfrage nach dem »erkenntnisleitenden Interesse« der Beiträge von E. Gräßer und J. Blank, in: Papsttum als ökumenische Frage (s. Anm. 95). Vgl. auch die Hinweise auf Y. Congar in Anm. 119.

136 Etwa K. Rahner, W. Kasper, K. Lehmann u. a. – selbst noch der in der Relation von Tonfall und Argumentation wohl härteste Küng-Kritiker: H. Mühlen.

137 Vgl. H. Küng, Unfehlbar?, 123.

138 Vgl. w. u. S. 276–278, 288f.

6) Es wird keinen Fortschritt in der Klärung der 1870 zur Debatte gestellten Fragen geben, wenn nicht die Dialektik zwischen »Glaubenssinn« und lehramtlicher Verkündigung angenommen wird, also zwischen päpstlicher (und bischöflicher!) Lehramtsausübung und dem »Sinn« jenes Glaubens, der unverfügbares Geschenk des Geistes ist.[139]
7) Das bedeutet konkret: Lehramtsausübung ist in keinem Fall ein Geschehen auf einer Einbahnstraße (etwa von der »lehrenden Kirche« zur »hörenden Kirche«), sondern in jedem Fall ein dialogisches Geschehen. Übrigens braucht man nur die Kirchen- und Dogmengeschichte ernst zu nehmen, um diese These bejahen zu können.[140]
8) Mit These 7 scheint der bedeutendste Schritt in Richtung auf einen Konsens mit den Konzeptionen evangelischer Theologie in Sachen Wahrheitsfindung in der Kirche getan. Denn »dialogische« Lehramtsausübung heißt, daß Wahrheit gefunden wird in vielseitiger *Diskussion* aus unverfügbarem Glauben, deren verbindlicher *Sprecher* der Lehramtsträger darum ist, weil *in* dieser Diskussion an das Wirken des Geistes geglaubt werden darf.[141]
9) Die Bewahrung der Kirche in der Wahrheit besteht substantiell darin, daß die Kirche immer Kirche Jesu Christi bleibt.
10) Die Frage nach der Wahrheitsfindung in der Kirche und nach der Einheit im Glauben klärt sich, wenn erfolgreich beantwortet werden kann, was dazu gehört, daß die Kirche die Kirche Jesu Christi ist. Diese Antwort wird mit Gewißheit nicht nur auf die unumstößliche Annahme einer Reihe von Sätzen und überhaupt nicht nur auf Erkennen und Verstehen hinauskommen.[142]
11) Was den Leitungsprimat des Papstes angeht, so wird es keinen Schritt vorwärts geben, ohne daß – nach historischen oder neuen Modellen – konkrete Dezentralisierung in Leben und Disziplin der Kirche zustandekommt.[143]
12) Um an den Anfang zurückzukehren: Die Bilanz dürfte die Tatsache etwas

[139] Dazu eingeschränkte, aber mühelos übertragbare und vor allem ganz praktische Vorschläge bei K. Lehmann, Zum Verhältnis zwischen kirchlichem Amt und Theologie, in: Begegnung (s. Anm. 18), 415–430. Die Problematik mündet hier ein in die seit einiger Zeit verstärkt sich anmeldende Frage nach dem Verhältnis von Glaube, Glaubenslehre und Erfahrung. Vgl. dazu Concilium 14 (1978), Heft 3 mit dem Thema »Offenbarung und Erfahrung«, darin vor allem den Beitrag von P. Eicher, Die verwaltete Offenbarung. Zum Verhältnis von Amtskirche und Erfahrung, aaO., 141–148; [und w. o. S. 51–88 zur Gotteserfahrung heute].

[140] Bezeichnende Beispiele sind, wie schon erwähnt, die Entwicklung der Christologie und das Schicksal des Satzes »Außerhalb der Kirche kein Heil« (s. Anm. 63 und 65), aber auch etwa die Entwicklung der Sakramentenlehre, der Beurteilung der Ehe, der Anthropologie überhaupt, der Rechtfertigungs- und Gnadenlehre usw.

[141] So jedenfalls verstehe ich H. Ott (s. Anm. 95) und schon in seinem Buch: Die Lehre des I. Vatikanischen Konzils , Basel 1963, bes. 162f; andernfalls müßte der Gedanke abstrakt bleiben. Vgl. auch schon K. Adam, w. o. (s. Anm. 31). [In dieselbe Richtung weist jetzt auch, buchstäblich ein Vorstoß in evangelisch-theologisches Brachland, T. Koch, Die Freiheit der Wahrheit und die Notwendigkeit eines kirchenleitenden Lehramtes in der evangelischen Kirche, ZThK 82 (1985), 231–250].

[142] Was das bedeutet, habe ich zu skizzieren versucht in meinem Aufsatz: Vom Bleiben der Kirche in der Wahrheit, in: Klerusblatt (München) 51 (1971), 64–67.

[143] Vgl. w. o. S. 202ff.

verständlicher gemacht haben, daß das I. Vatikanum vor allem außerhalb der Kirche nie verstanden, im Gegenteil: immer gröblich mißverstanden wurde. Nach wie vor wird der päpstliche Lehr- und Jurisdiktionsprimat auf intellektuelles Übermenschentum, auf persönliche Unfähigkeit zur Sünde und auf ein diktatorisches System hin verstanden. Die katholische Theologie, vor allem aber die römische Kurie wird dieses Fehlverständnis wesentlich ernster nehmen müssen als bisher. Und sie wird daraus Konsequenzen ziehen müssen. Der Satz Pauls VI., er wisse, daß das Amt des Papstes das größte Hindernis auf dem Wege zur Einheit der Kirchen sei,[144] muß größeres Gewicht bekommen als das einer Höflichkeit gegenüber Nicht-Katholiken.

13) Für die katholische Theologie wird die Frage unumgänglich sein, ob ein Dogma, das erwiesenermaßen dem Glauben so wenig dient und durch seine Fehlverständnisse so viel schadet,[145] problemlos, aufgrund seiner bloßen Faktizität, stehen bleiben kann. »Wann war denn eine Lehrdefinition de Fide ein Luxus, den sich die Devotion leistet, und nicht ein furchtbares, schmerzliches Gebot der Not? Warum sollte einer angriffslustigen, unverschämten Sondergruppe erlaubt sein, ›die Herzen der Gerechten in Trauer zu versetzen, die nicht der Herr selber traurig gemacht hat‹? Warum kann man uns nicht in Ruhe lassen, wenn wir Frieden hielten und an kein Übel dachten?« So John Henry Newman am 28.1.1870 an Bischof Ullathorne.[146]

Der katholische Theologe wird das Dogma von 1870 weder einfach bestreiten noch dem »ekklesiologischen Vergessen« anheimgeben. Es gehört in seiner *Sachproblematik* zur Geschichte des Ringens um das Evangelium in seiner Kirche. Gelegentlich mag er sogar dafür dankbar sein, daß ihn dieses Dogma dazu nötigt, den Fragen der Wahrheit in der Kirche nicht auszuweichen in einen bequemen Pluralismus der Standpunkte. Aber kann man es dem katholischen Theologen verdenken, wenn er dieser Sachproblematik lieber nachginge ohne die Last der *Worte* dieses Dogmas und vor allem ohne die praktischen kurialen Auswirkungen? Für diese Arbeit gilt jedenfalls, was Döllinger 1863 in seinem berühmten Vortrag auf der Gelehrtenversammlung in München gesagt hat: »Tiefer graben, emsiger, rastloser prüfen, und nicht etwa furchtsam zurückweichen, wo die Forschung zu unwillkommenen, mit vorgefaßten Urteilen und Lieblingsmeinungen nicht vereinbaren Ergebnissen führen möchte, das ist die

[144] Rede Papst Pauls VI. vom 28. April 1967 an das Sekretariat für die Einheit der Christen. AAS 59 (1967), 418 – zitiert bei A. Hasler, aaO., IX, und bei R. Frieling, aaO. (s. Anm. 120), 52.

[145] [Vgl. dazu jetzt den beklemmenden Aufsatz von U. Horst in Anm. 45 und O.H. Pesch, Unsicherheit und Glaube. Zur Frage nach dem Halt im Glauben, Zürich 1981, bes. 50–72.]

[146] Zitiert von Butler-Lang, Das Vatikanische Konzil, 169, hier übernommen aus A. Hasler, aaO., 529 – noch einmal ein Beleg dafür, wie Butler-Langs Material gegen dessen Absicht ausgewertet werden kann; vgl. w. o. Anm. 89. Kann man solche »Traurigkeit« und die ihr entspringenden kritischen Rückfragen und Gegenvorschläge wirklich so verdächtigen und erledigen, wie H.U. von Balthasar es in seinen »Klarstellungen« tut (s. Anm. 92), zumal er doch selbst zum Hören des Amtes »nach unten« Beachtliches zu sagen weiß (aaO. 87–93)? Wem dient denn solche Kreuzestheologie im Endergebnis tatsächlich?

Signatur des echten Theologen... Jenen Wilden wird er doch nicht gleichen wollen, welche eine Eklipse nicht sehen können, ohne in Angst zu geraten für das Schicksal der Sonne... Da wir gläubige Theologen sind, so wissen wir, daß auch die schärfste Prüfung nur immer wieder zur Bestätigung der richtig verstandenen kirchlichen Lehre ausschlagen werde. Wir wissen auch, daß unsere Geistesarbeit für jene Kirche und in jener Kirche vollbracht wird, welcher der göttliche Geist sich niemals entzieht.«[147]

[147] Rede über »Die Vergangenheit und Gegenwart der katholischen Theologie«. Abgedruckt bei J. Finsterhölzl, Ignaz von Döllinger, Graz 1969, 227–263, hier zitiert nach G. Schwaiger, Der Hintergrund des Konzils (s. Anm. 90), 24.
Nachbemerkung [1979!]: Ich bin mir bewußt, wie fragmentarisch diese »Bilanz« ist, wie vieles übersehen, nicht hinreichend gewürdigt wurde, wie sehr auch die gesetzten Akzente im buchstäblichen Sinne frag-würdig bleiben. Wenn dieser Beitrag wenigstens so etwas wie ein »Formblatt« einer Bilanz geworden ist, in das jeder, korrigierend und ergänzend, seine eigenen Daten eintragen kann, wäre dies ein gutes Ergebnis.

ÜBER DIE VERBINDLICHKEIT PÄPSTLICHER ENZYKLIKEN

Dogmatische Überlegungen zur Ehe-Enzyklika Papst Pauls VI. (1969)

Wer die Gedankengänge und Begründungen der Enzyklika ›*Humanae vitae*‹ nach den Regeln des Moraltheologen prüft, erhält auf wichtige Fragen keine Antwort. Alle Zweifel, die die innerkirchliche Diskussion seit der Vorgängerin des jüngsten Rundschreibens, der Enzyklika ›*Casti connubii*‹ Pius' XI., zuerst zaghaft, dann immer nachdrücklicher angemeldet hat, bleiben bestehen, auch da, wo neue Thesen und Ansätze ausdrücklich zurückgewiesen werden. Zu dieser Feststellung führen jedenfalls nüchterne, sachkundige moraltheologische Analysen,[1] und auch Verteidiger der Enzyklika werden höchstens behaupten können, es sei nun *entschieden,* was katholische Christen zu *tun* hätten, aber nicht, alle anfallenden Fragen seien so *beantwortet,* daß jeder, der sich unvoreingenommen mit der Sache beschäftigt, im Sinne der Enzyklika zur *Einsicht* kommen *müsse.* Es ist offenbar nicht ohne Berechtigung, wenn man kritisiert, der Papst habe, jedenfalls im Rundschreiben, die Diskussion der letzten Jahrzehnte so gut wie nicht zur Kenntnis genommen.

Aber kann es das geben: eine für den Christen *entschiedene,* jedoch nicht *einsichtig beantwortete* Frage – und das in einer Angelegenheit, die für sein Leben aus dem Glauben einschneidende Bedeutung hat?[2] Sagen wir nicht sofort: Niemals! Selbst bei einem feierlichen Dogma sind die eigentlich dogmatisierte Lehre und die dafür gegebene theologische Begründung und Erklärung nicht dasselbe: Nur die erstere, nicht die letztere erhebt Anspruch auf Freiheit von Irrtum. Der Theologe – der sachkundige katholische Christ überhaupt – käme in arge Be-

[1] Vgl. den lesenswerten Beitrag von A. K. Ruf, Die Ehe-Enzyklika ›Humanae vitae‹. Eine moraltheologische Untersuchung, in: A. Görres (Hg.), Ehe in Gewissensfreiheit, Mainz 1969, 11–22; und den Kommentar von A. Hertz in der Frankfurter Allgemeinen Zeitung vom 13. 8. 1968 – zwei instruktive Beispiele solcher moraltheologischer Prüfung.

[2] [Das Problem, ob die Verbindlichkeit lehramtlicher Aussagen zu ethischen Fragen von der Sache her anderer Natur sei als im Fall dogmatischer Fragen – gleichviel, wie man dazu urteilt –, ist im Zusammenhang der Diskussion nach 1970 verstärkt durchdacht worden. Vgl. dazu Sachdarstellung und Literaturangaben bei F. Böckle, Unfehlbare Normen?, in: H. Küng (Hg.), Fehlbar? Eine Bilanz, Zürich 1973, 280–304; Ders., Glaube und Handeln, in: J. Feiner/M. Löhrer (Hg.), Mysterium Salutis. Grundriß heilsgeschichtlicher Dogmatik, V, Zürich 1976, 21–112: 106–112; Ders., Fundamentalmoral, München 1977, 322–331; O. H. Pesch, Kontroverstheologische Ethik? Überlegungen zur Zukunft der Ökumene im Blick auf kirchliche Stellungnahmen zu ethischen Fragen, in: O. Bayer u. a., Zwei Kirchen – eine Moral?, Regensburg 1986, 235–274.]

drängnis, wollte er das nicht auseinanderhalten.[3] Was aber beim Dogma recht ist, muß bei einer Enzyklika billig sein. Man kann es also nicht von vornherein für ausgeschlossen ansehen, daß auch und erst recht in einem päpstlichen Rundschreiben die einzelnen Gründe und Argumente nicht überzeugen, in jeder Weise kritisch geprüft und gar abgelehnt werden können und daß trotzdem die vorgetragene Glaubens- oder Sittenlehre ohne Irrtum in der Sache ist – geführt vom Heiligen Geist, der den Trägern des kirchlichen Lehramtes besonders beisteht und vielleicht auf die Dauer Theologen und ›Laien‹ zur Einsicht in die *überzeugenden* Gründe der zunächst ›ungeschützt‹ vorgelegten Lehre führt.
Damit geraten wir vor die entscheidende Frage. Daß die in *›Humanae vitae‹* beigebrachten Argumente einen – vorsichtig ausgedrückt – beachtlichen Teil der Gläubigen, der Theologen, sogar der Bischöfe, in Theorie und Lebensvollzug nicht überzeugen, darf als gegeben angesehen werden. Wenn der Papst trotzdem seine Stellungnahme als *Entscheidung* ansieht, inneren und äußeren Gehorsam fordert, kann er es letztlich nur insoweit tun, als ihn sein Amt als von Christus bestellter Lehrer der ganzen Kirche dazu ermächtigt. Die Frage ist also – gerade dort, wo seine Gründe nicht überzeugen –: Wieweit spricht der Papst in einer Enzyklika, hier und überhaupt, kraft seines vom Heiligen Geist geführten, vollmächtigen, unfehlbaren Lehramtes? Oder anders: Wieweit ist eine Enzyklika unfehlbar und damit gewissensverbindlich in Fragen von Glauben und Sitte?

I. Enzykliken

Die erste Enzylika im heutigen Sinne schrieb Papst Benedikt XIV. (1740–1758) im Jahre 1740.[4] Ihr folgten vom selben Papst noch weitere elf! Die Einführung dieser Form päpstlicher Lehräußerung entsprang einer persönlichen Idee und Initiative des Papstes. Als Gelehrter und später im Dienst der päpstlichen Kurie hatte er sich umfassende Kenntnisse im umfangreichen Material päpstlicher Briefe und Urkunden erworben. Dabei lernte er auch die Rundschreiben der Bischöfe und Päpste der alten Kirche kennen. In der Tat gibt es ›Rundschreiben‹ schon im Neuen Testament. Die Briefe des Jakobus, Petrus, Johannes und Judas

[3] Ein Beispiel: In den Lehrentscheidungen des Konzils von Trier werden zur Begründung in großer Zahl Schrifttexte angeführt – man lese zum Zwecke eines ersten Eindrucks einmal die Kapitel des Rechtfertigungsdekretes, DS 1520–1550 = NR 709–737. Gehörte auch die Begründung zur dogmatisierten Lehre, so wäre damit der katholische Bibelwissenschaftler *in seinem Glauben* hinsichtlich der Auslegung all dieser Schriftstellen unfehlbar festgelegt. In Wirklichkeit aber hindert niemand einen katholischen Exegeten daran, die Schriftbeweise des Konzils von Trient zu überprüfen und gegebenenfalls festzustellen, daß der Schriftbeweis für eine bestimmte dogmatisierte Lehre des Konzils nicht stichhaltig sei, ohne daß jemand darum die Glaubenstreue eines solchen Exegeten in Zweifel zöge.
[4] Vgl. zum Folgenden A. Pfeiffer, Die Enzykliken und ihr formaler Wert für die dogmatische Methode. Ein Beitrag zur theologischen Erkenntnislehre, Freiburg/Schweiz 1968, 19–56. – Diese jüngste Untersuchung zur Frage der Enzykliken, kurz vor ›Humanae vitae‹ erschienen, arbeitet vollständig die gesamte Literatur zum Thema auf und darf als Musterbeispiel gegenwärtiger katholischer Diskussion über die Bedeutung päpstlicher Enzykliken gelten.

nennt man die ›katholischen‹, die ›allgemeinen‹ Briefe, nicht wegen ihres Inhaltes, sondern aufgrund ihrer Adressierung nicht an einzelne, sondern an eine ganze Gruppe von Gemeinden; ›katholischer‹ Brief besagt also: ›Rundschreiben‹. Diesem Vorbild folgend, wurde die Form des Rundschreibens bald Brauch bei den Inhabern der bedeutenderen Bischofssitze, auch bei denen des römischen Stuhles. Von den Päpsten Viktor I. (189–199), Cornelius (251–253) und Stephan I. (254–257) wissen wir aus zeitgenössischen Zeugnissen, daß sie Rundschreiben erlassen haben. Die Korrespondenz dieser Art – man braucht verschiedenste Namen dafür, darunter auch gelegentlich schon den Namen ›Enzyklika‹[5] – ist wahrscheinlich viel größer gewesen, als uns Zeugnisse erhalten sind. Von Papst Damasus I. (366–384) an werden die päpstlichen Rundschreiben historisch greifbarer.

Auf diese, im Mittelalter zurückgegangene und durch andere Formen ersetzte Weise der Lehrverkündigung also griff Benedikt XIV. schon als Erzbischof von Bologna für seine Diözese und hernach als Papst für die ganze Kirche zurück. Die Gründe hat er später selbst bekanntgegeben: Er wollte mit diesem Rückgriff auf die altkirchliche Praxis das religiöse Leben der Kirche seiner Zeit wieder wirksamer beeinflussen; er wollte mit dieser einheitlichen Art der Lehrvermittlung autoritativ Glaube und Disziplin besser überwachen und Antwort auf die aktuellen Fragen der Zeit geben; und er wollte durch die unmittelbare Form des Briefes mit den Bischöfen – an die die Enzykliken in den allermeisten Fällen adressiert sind – einen persönlicheren Kontakt pflegen, als es bislang durch die Dekrete und Verlautbarungen der kurialen Behörden geschah.

Seit Benedikt XIV. ist die Enzyklika zur festen Form päpstlicher Lehrverkündigung geworden. Die Zahl der Enzykliken seit 1740 – weniger leicht festzustellen, als man vermuten möchte – beträgt, *›Humanae vitae‹* eingerechnet, 234. Kein Pontifikat seit Benedikt XIV. ohne Enzyklika! Seit Gregor XVI. (1831–1846) steigt ihre Zahl sprunghaft an,[6] und mit Leo XIII. (1878–1903), Pius XI. (1922–1939) und Pius XII. (1939–1958) erreicht die Enzyklika nach Form und inhaltlichem Gewicht einen Höhepunkt. Seit Benedikt XIV. ist aber die Form der Enzyklika auch zum päpstlichen Vorrecht geworden. Keinem Erzbischof, auch keinem Kardinalprimas eines großen Landes würde es heute einfallen, ein Rundschreiben an seine Kirchenprovinz ›Enzyklika‹ zu nennen! Das unterscheidet die modernen Enzykliken von den altkirchlichen Rundschreiben. Schon für Benedikt XIV., 130 Jahre vor dem I. Vatikanischen Konzil und dem Dogma vom unfehlbaren Lehramt des römischen Bischofs, ist eine Enzyklika nach den eigenen Worten des Papstes die bevorzugte Form, in der dieser seine Lehrautorität für die *ganze* Kirche, seinen ›Lehrprimat‹ betätigt. Das führt zur entscheidenden Frage nach der

[5] Als Beiwort z. B. ›enzyklischer Brief‹, d. h. eben: ›Rund-Brief‹.

[6] Einige Zahlen: Gregor XVI. veröffentlichte 12 Enzykliken, Pius IX. 24, Leo XIII. 49, Pius XI. 30, Pius XII. 41, und selbst Johannes XXIII. in den nur fünf Jahren seines Pontifikates 8! [Paul VI. 3, Johannes Paul II. bisher 6 (mit den Enzyklika-ähnlichen »Apostolischen Schreiben«: 12).]

II. Autorität der Enzykliken

Daß Enzykliken *Ex-cathedra*-Entscheidungen seien im Sinne des Dogmas von 1869/70[7] hat bisher nie jemand behauptet. Was sind sie aber dann, wenn doch die Unfehlbarkeit und damit Gewissensverbindlichkeit für jedes Glied der Kirche nur den *Ex-cathedra*-Entscheidungen des Papstes zuerkannt werden muß? Seit einem knappen Jahrhundert beschäftigt diese Frage die Theologen.[8] Man hat allen Ernstes – und nicht einmal gerade selten – die Meinung vertreten, die Unfehlbarkeit des päpstlichen Lehramtes erstrecke sich auch auf die Enzykliken, soweit sie sich über Glaube und Sitten äußern. Die Mehrheit der Theologen lehnt diese These indes ab: Enzykliken sind nicht unfehlbar. Auch hinsichtlich der jüngsten Enzyklika konnte man dies allen sonstigen Meinungsverschiedenheiten zum Trotz einhellig von ›konservativen‹ und ›progressistischen‹ Moraltheologen und Dogmatikern ebenso wie von Bischöfen und Kardinälen hören. Umgekehrt wird die These, die Lehre einer Enzyklika sei nur ›wahrscheinlich‹ und lasse demnach ihr Gegenteil ebenso wahrscheinlich, auch nur von wenigen Theologen geteilt. Es hat über 200 Jahre gedauert, bis eine päpstliche Enzyklika selbst zu dieser Frage Stellung nahm: Pius XII. in der 1950 erschienenen Enzyklika *›Humani generis‹*. Der entscheidende Text lautet: »Man darf auch nicht glauben, das, was in den päpstlichen Rundschreiben vorgelegt wird, verlange an sich keine Zustimmung, da die Päpste in ihnen nicht die höchste Gewalt ihres Lehramtes ausüben. Was hier gelehrt wird, geschieht aufgrund des ordentlichen Lehramtes, von dem auch jene Worte gelten: ›Wer euch hört, der hört mich‹ (Lk 10,16); überdies gehört für gewöhnlich, was in den päpstlichen Rundschreiben vorgelegt und eingeschärft wird, schon anderweitig zur katholischen Lehre. Wenn also die Päpste in ihren amtlichen Kundgebungen zu einer bisher umstrittenen Frage ausdrücklich Stellung nehmen, dann ist es allen klar, daß dieser Punkt nach der Meinung und nach dem Willen eben dieser Päpste nicht mehr als Gegenstand der freien Auseinandersetzung zwischen Theologen betrachtet werden kann.[9] Der Text stellt also klar: Unfehlbar sind die Lehren der Enzyklika nicht; trotzdem verkünden sie Glaubenslehre, weil sich in ihnen das von Christus gestiftete Lehramt ausspricht und weil sie in der Regel nur einschärfen, was ohnehin zur katholischen Lehre gehört. Das reicht aber aus, um eine umstrittene Frage, *nachdem* erst eine Enzyklika sich dazu geäußert hat, der weiteren Diskussion zu entziehen. Auch die These von bloßer Wahrscheinlichkeit der Lehre einer Enzyklika wird also hier ausgeschlossen. Mit anderen Worten: Enzykliken sind nicht unfehlbar, aber glaubensverbindlich.[10] Wir sind also so klug, wie uns

[7] Vgl. dazu den vorangehenden Beitrag sowie die dort verzeichnete Literatur zu Interpretation des Dogmas; ferner H. Fries, Was heißt Unfehlbarkeit des Papstes?, in: Ders., Glaube und Kirche auf dem Prüfstand, München-Freiburg 1970, 180–206.

[8] Vgl. den Bericht bei A. Pfeiffer, aaO., 59–131, bes. 72–101. [S. auch w. o. S. 212f. zu M. J. Scheeben.]

[9] DS 3885 = NR 398h.

[10] Es wird eine innere Zustimmung, nicht nur äußeres Schweigen gefordert; das zeigt die Berufung auf Lk 10,16 sowie die unserem Text vorausgehende tadelnde Bemerkung, »daß einige sich daran gewöhnt haben, das nicht zu beachten, was die Rundschreiben der Päpste

zuvor schon die Theologen gemacht haben, nur wissen wir es jetzt auch durch eine päpstliche Enzyklika selber. Das Zweite Vatikanische Konzil hat diese Stellungnnahme Pius' XII. bestätigt.[11]

Die Theologen konnten sich nun daranmachen – und haben es getan –, die delikate Art von ›Verbindlichkeit‹ in der Mitte zwischen Unfehlbarkeit und bloße Wahrscheinlichkeit näher zu erörtern und damit die Wahrheitsbürgschaft der Enzykliken für ihre Lehre zu ermitteln. Dies geschah, indem man aus Anlaß, Adressaten, Formulierungsweise, Gewicht der Sache, Berufung auf die Tradition u. ä. die Urteilsmaßstäbe erarbeitete, wie hoch die lehramtliche Gewißheitsgarantie einer Enzyklika und ihrer einzelnen Äußerungen sei. Die Glaubensverbindlichkeit einer derartigen Lehräußerung kann demnach das eine Mal an die Unfehlbarkeit einer *Ex-cathedra*-Entscheidung grenzen, ein anderes Mal nicht über den Rang einer persönlichen theologischen Überzeugung hinausgehen, der Respekt und Loyalität, aber keine innere Unterwerfung geschuldet wird. Soweit die Theologen auf dem heutigen Stand der Forschung – der allerdings gerade aufgrund der jüngsten Enzyklika bald überschritten sein dürfte!

III. Glaubens- und Gewissensverbindlichkeit ohne Unfehlbarkeit?

Denn: Alle scharfsinnige Filigranarbeit der Theologen in unserer Frage bleibt am Ende sterile Schreibtisch-Theologie – selbst wenn sie theoretisch-begrifflich überzeugen mag.[12] Zwei auffällige Tatsachen lassen erkennen, warum das so ist. Wie kommt es – die eine Tatsache –, daß *evangelische* Autoren der Meinung sind, Pius XII. habe in *›Humani generis‹* die Enzyklika als *unfehlbar* hingestellt, obwohl der Papst sie doch ausdrücklich nicht unter die Dokumente von höchster Lehrautorität zählt?[13] Wie kommt es – die andere Tatsache –, daß, mindestens bis vor kurzem, nicht nur äußerlich Kritiker einer Enzyklika gemaßregelt, vom Lehrstuhl entfernt, auf den Index gesetzt wurden, sondern in den Augen aller kirchengetreuen Gläubigen als *sachlich* durch die Enzyklika *widerlegt* galten, da doch ›der Papst gesprochen‹ hatte?[14] Wie kommt es, daß gerade in

über die Natur und die Einrichtung der Kirche sagen«. [Vgl. »Humanae vitae« Nr. 4 u. 28; dazu Pesch, aaO. (s. Anm. 2), 253–255.]

[11] In Nr. 25 der Kirchenkonstitution spricht das Konzil vom »ordentlichen Lehramt« des Papstes, das daran zu erkennen ist, »wenn er nicht ex cathedra spricht«. Diesem Lehramt und seinen Äußerungen gegenüber wird ein »religiöser Gehorsam des Willens und des Intellektes« (religiosum voluntatis et intellectus obsequium) gefordert, »entsprechend der von ihm kundgetanen Auffassung und Absicht. Diese läßt sich vornehmlich erkennen aus der Art der Dokumente, der Häufigkeit der Vorlage ein und derselben Lehre und der Sprechweise«.

[12] Das gilt auch und gerade für die sonst sehr gründliche und in ihrem Fragenbereich überzeugende Arbeit von A. Pfeiffer (vgl. Anm. 4).

[13] Ein Beispiel für mehrere ist W. von Loewenich, s. Zitat und Beleg w. o. S. 217 Anm. 41.

[14] Dazu ein hübsches Beispiel aus der jüngeren Theologiegeschichte: 1940 hat M. D. Koster in seinem Buch: Ekklesiologie im Werden (Paderborn), [Wiederabdruck in: Ders., Volk Gottes im Werden, Mainz 1971, 195–272] sich temperamentvoll gegen das übliche

der Frage der jüngsten Enzyklika so viele – in dieser oder in jener Richtung – darauf gewartet haben, daß ›der Papst spreche‹, obwohl sie doch bei Hunderten von Theologen und Seelsorgern die eine wie die andere Auskunft mit je ihren Gründen hören konnten? Hier wird deutlich: Im Blick auf den *konkreten Vollzug* des Glaubens, auf das *gelebte religiöse* (und in unserem Fall *sittliche*) Leben ist die von einer Enzyklika geforderte und von Gläubigen gegebenenfalls geleistete Unterwerfung eine solche, *als wäre* eine unfehlbare Entscheidung ergangen. Nur *deshalb* kann ein Andersdenkender (bislang) nicht nur als zum Schweigen verurteilt, sondern als *widerlegt* gelten; nur deshalb kann das christliche Gewissen (bislang) endlich beruhigt (oder maßlos erschreckt) sein. Die Zurechtlegungen der Theologen in unserer Frage müssen deswegen eine Schreibtisch-Theologie gescholten werden, weil sie das Entscheidende versäumen: sich vorzustellen oder auch nur zu fragen, wie denn *im wirklichen Vollzug* eine gläubige Unterwerfung unter die Lehre der Enzyklika aussehen soll, die genau jener am Schreibtisch konstruierten Art von ›Verbindlichkeit‹ zwischen Unfehlbarkeit und bloßer Wahrscheinlichkeit entspräche.[15] Dem evangelischen Theologen – besonders dem lutherischen – liegt diese, um es so zu nennen, ›existentielle‹ Frage gleichsam im Blut, deshalb ist er so verwirrend rasch mit den katholischerseits mühsam ausgedachten Unterscheidungen fertig. Er kann sich psychologisch *nicht* vorstellen, daß man sich der Lehre einer Enzyklika innerlich-gläubig unterwerfen kann, *ohne* daß man diese dabei faktisch *doch* als unfehlbar ansieht.

Wer also überzeugend sagen will, welches Gewicht eine Enzyklika hat, und dabei wirklich damit ernst machen will, daß durch sie der katholische Christ *nicht* mit unfehlbarer Entscheidung konfrontiert wird, der muß sagen können, wieso es doch eine Form der ›Anhänglichkeit‹ an eine päpstliche Lehräußerung gibt, die nicht nur theoretisch, sondern *wirklich* unterhalb der gläubigen Bejahung eines feierlichen Dogmas bleibt. Die durch *›Humanae vitae‹* ausgelöste Diskussion dürfte sich auf der dogmatischen Linie auf diesen Punkt zuspitzen.

Verfahren gewandt, das Wesen der Kirche durch den bildlichen Begriff ›Leib Christi‹ zu bestimmen, und als zutreffende Wesensbeschreibung den Begriff ›Volk Gottes‹ vorgeschlagen. Das zielte u. a. auch auf das damals schon in 9. Auflage vorliegende berühmte Buch von K. Adam, Das Wesen des Katholizismus. Wenige Jahre später erschien die Enzyklika Pius' XII. Mystici corporis (1943), die – trotz des Hinweises auf seinen bildlichen Charakter und die sich daraus ergebenden Einschränkungen – in der Beschreibung der Kirche den Begriff ›Leib Christi‹ in den Mittelpunkt rückte. K. Adam verzeichnete daraufhin mit sichtlicher Genugtuung im Vorwort zur 11. Auflage seines genannten Buches (Düsseldorf 1945), im Gegensatz zu M. D. Koster sei nun seine, K. Adams, These durch die päpstliche Lehräußerung »authentisch gesichert«, und eine ganze Generation von Dogmatikern hat sich seitdem über zwanzig Jahre hin bemüßigt gesehen, M. D. Koster abzulehnen oder wenigstens mit den Äußerungen der Enzyklika zu harmonisieren – bis das Zweite Vatikanische Konzil in der Kirchenkonstitution sich für ›Volk Gottes‹ als Zentralbegriff entschied und ›Leib Christi‹ deutlich auf den zweiten Platz verwies; vgl. dort Nr. 7 mit Nr. 9–17.

[15] [Das gilt, mit Verlaub, auch für K. Rahner, Zur Enzyklika »Humanae vitae«, in: Görres (Hg.), aaO. (s. Anm. 1), 51–71 = Schriften zur Theologie IX, 276–301.]

Erste Ansätze waren bereits erkennbar.[16] Auch wir stehen jetzt bei dieser zugespitzten Frage.

Drei Festpunkte können wir zunächst vermerken, die jede Antwort beachten muß:

1. Eine Enyzklika selbst kann diese Frage *nicht* verbindlich entscheiden. Wenn ›*Humani generis*‹ die Unterwerfung unter päpstliche Enzykliken wie unter Christus selbst – »Wer euch hört, hört mich« –, wenn ›*Humanae vitae*‹ Gehorsam im Namen des göttlichen Gesetzes fordert, so sind das *Ansprüche*. Wie sie zu verstehen und zu verwirklichen sind, kann die Enzyklika gerade nicht noch einmal selber sagen, denn dieser Anspruch steht ja sachnotwendig gerade unter eben der Frage, die an die Enyzklika im ganzen zu stellen ist, die ihn erhebt. Die Schlange bisse sich in den eigenen Schwanz, wenn tatsächlich, wie es in manchen Kommentaren klingt, das Problem der Verbindlichkeit der Enzykliken durch die Enzyklika ›*Humani generis*‹ ›lehramtlich geklärt‹ wäre.[17]

2. Ausgeschlossen ist eine etwaige Vorstellung, der Unterschied zwischen einer Enzyklika und einer unfehlbaren *Ex-cathedra*-Entscheidung bestehe darin, daß die erstere den Glaubensgehorsam nur ›bis auf weiteres‹, ›vorbehaltlich noch nicht absehbarer späterer Richtigstellungen‹ fordere. Wer so denken wollte, den müßte man ernsthaft fragen, ob er nicht einer Karikatur von Glauben anhängt. Wer begriffen hat, daß der Glaube die grundsätzlichste Entscheidung eines Lebens bedeutet, daß er und er allein zum Christen macht, daß er über ewiges Heil und Unheil entscheidet, der kann nicht gleichsam ›auf Verdacht‹ glauben und ›Glauben auf Verdacht‹ fordern. Was den Glauben im innersten Kern ausmacht, wo niemand den Menschen vertreten kann, das kann nicht unterhalb der Schwelle unfehlbarer Gewißheit hinsichtlich dessen bleiben, was zu glauben verkündet wird.[18] Das ist gerade zur Sicherung des *wahren* Sinnes der Lehre

[16] [Nämlich in der sofort einsetzenden Diskussion. Vgl. die Hinweise in Anm. 1, 2, 15, sowie H. Fries, Ärgernis und Widerspruch. Christentum und Kirche im Spiegel gegenwärtiger Kritik, Würzburg erw. ²1968, 175–190; die beiden Dokumentationen von F. Oertel (Hg.), Erstes Echo auf Humanae vitae. Dokumentation wichtiger Stellungnahmen zur umstrittenen Enzyklika über die Geburtenkontrolle, Essen 1968; F. Böckle/C. Holenstein (Hg.), Die Enzyklika in der Diskussion. Eine orientierende Dokumentation zu Humanae vitae, Zürich 1968; H. Küng (Hg.), Fehlbar? (s. Anm. 2), 362–367. Zur Geschichte des Themas vgl. die umfassende Untersuchung von J. T. Noonan, Empfängnisverhütung. Geschichte ihrer Beurteilung in der katholischen Theologie und im kanonischen Recht, Mainz 1969 (amerik. Cambridge, Mass., ²1967), darin zu Humanae vitae: 661–668.]

[17] Bezeichnenderweise nimmt das Zweite Vatikanische Konzil – vgl. den Text in Anm. 11 im Zusammenhang der ganzen Nummer 25! – zwar die Forderung nach innerer Zustimmung aus Humani generis auf, aber nicht das anschließende Diskussionsverbot über Fragen, zu denen sich eine Enzyklika geäußert hat.

[18] Diesen Vorbehalt kann man auch nicht unterdrücken, wenn man im Lehrschreiben der deutschen Bischöfe an alle, die von der Kirche mit der Glaubensverkündigung beauftragt sind, Trier 1968, Nr. 18, hinsichtlich der nicht-unfehlbaren Lehräußerungen der Kirche liest: »Was einen Irrtum und eine Irrtumsmöglichkeit in nicht definierten Lehräußerungen der Kirche, die selbst wiederum von sehr verschiedenem Verpflichtungsgrad sein können, angeht, so ist zunächst einmal nüchtern und entschlossen zu sehen, daß das menschliche Leben schon ganz im allgemeinen immer auch nach bestem Wissen und Gewissen aus

vom ›unfehlbaren Lehramt des Papstes‹ zu betonen.[19] Das Lehramt der Kirche und des Papstes ist – mit den bekannten Einschränkungen – deshalb mit dem Charisma, der Gnadengabe der Unfehlbarkeit ausgerüstet, damit die Kirche in ihrem Glauben sich darauf verlassen kann, nicht grundsätzlich außerhalb des Wortes Gottes zu leben. Die *Anhänglichkeit gegenüber einer nicht-unfehlbaren Enzyklika ist daher auf jeden Fall kein Akt der ›göttlichen Tugend‹ des Glaubens.*

3. Es hat gerade in jüngster Zeit lehramtliche Korrekturen an bis vor kurzem jeder Kritik entzogenen Enzykliken gegeben. Die zahlreichen Zitate und Verweise täuschen nicht darüber hinweg, daß die Liturgiekonstitution, die Kirchenkonstitution und die Offenbarungskonstitution des II. Vatikanums die berühmten Enyzkliken Pius' XII. *›Mediator Dei‹* (Liturgie), *›Mystici corporis‹* (Kirche) und *›Divino afflante Spiritu‹* (Hl. Schrift) nicht in allen Punkten aufgenommen haben.[20] Wie war das möglich? Offenbar nur dadurch, daß Theologen, die sogar hernach auf dem Konzil maßgeblich waren, vorher die Anweisung von *›Humani generis‹ nicht* beobachtet, sondern dennoch (verbotenerweise) diskutiert, also auf keinen Fall einen blinden Akt innerer Zustimmung geleistet haben! Diese Beobachtung führt uns jetzt weiter.

Erkenntnissen leben muß, die einerseits theoretisch als nicht absolut sicher erkannt werden und doch ›hier und jetzt‹, weil vorläufig nicht überholbar, als gültige Normen des Denkens und Handelns zu respektieren sind. Jeder Mensch weiß das aus seinem konkreten Leben heraus; jeder Arzt in seiner Diagnose, jeder Staatsmann in seiner politischen Situationsbeurteilung und der darauf aufbauenden Entscheidung weiß um diese Tatsache. Auch die Kirche kann in ihrer Lehre und Praxis sich nicht immer und in jedem Fall vor das Dilemma stellen lassen, entweder eine letztverbindliche Lehrentscheidung zu fällen oder einfach zu schweigen und alles der beliebigen Meinung des einzelnen zu überlassen. Zur Wahrung der eigentlichen und letzten Glaubenssubstanz muß sie, selbst auf die Gefahr eines Irrtums im einzelnen hin, Lehrweisungen aussprechen, die einen bestimmten Verbindlichkeitsgrad haben und doch, weil keine Glaubensdefinition, eine gewisse Vorläufigkeit bis zur Möglichkeit des Irrtums an sich tragen.« – Diese Hinweise sind grundsätzlich ebenso richtig wie mutig. Aber: Handeln etwa der Arzt und der Politiker denn *beliebig*, wenn sie aufgrund nur beschränkt sicheren Urteils handeln? Zwischen letztverbindlicher Lehrentscheidung und Überlassung der Angelegenheit an die beliebige Meinung des einzelnen gibt es doch wohl ein Mittleres: *die aus guten Gründen verantwortete Meinung.* Wenn die Kirche sich in einer Frage (noch) nicht mit der Autorität Gottes selber für ihre Stellungnahme verbürgen kann, dann kann und darf sie nicht die Freiheit verantwortlicher Meinungsbildung einschränken, nur um dem Mißbrauch der Freiheit durch unverantwortliche Beliebigkeit zu wehren. Glaube und Gewissensunterwerfung, die auch die Vernunft in den Gehorsam Christi gefangennehmen (vgl. 2 Kor 10,5) dürfen nur dem sicheren Wort Gottes entgegengebracht werden.

[19] Vgl. H. Fries, aaO., 188f.

[20] Das sind nur die bemerkenswertesten Fälle. Die Beispiele ließen sich vermehren, doch würde das hier zu weit führen. [Vgl. auch w. o. S. 213, Anm. 27 und S. 216ff.]

IV. Loyalität durch Auseinandersetzung

Was der katholische Christ einer Enzyklika und ihrem Verfasser, dem Papst, schuldet, ist nicht Glaube, auch nicht ›Unterwerfung‹, sondern *›Loyalität‹ gegenüber dem bevollmächtigten Sprecher der gläubigen Bewußtseinsbildung der Kirche, an der alle Gläubigen teilhaben.* Seit dem II. Vatikanum wissen wir es ganz deutlich, was wir schon aus dem I. Vatikanum wissen können:[21] Die Unfehlbarkeit des päpstlichen Lehramtes und des kirchlichen Lehramtes überhaupt bedeutet nicht die Vollmacht des Amtsträgers, der Kirche aufgrund besonderer, ihm allein vorbehaltener Erkenntnis ein Glaubensgesetz *aufzuerlegen,* sondern die Aufgabe und die Zuständigkeit, (verbindlich) *auszusprechen,* was die Kirche glaubt und glaubend bewußt hat. Das setzt voraus, daß die Kirche als ganze sich zuerst ihres Glaubens bewußt wird – gegenüber der Herausforderung durch das Denken der jeweiligen Zeit –; der Spruch des Lehramtes ist dieser Bewußtwerdung stets und vom Wesen der Sache her nachträglich. Am Prozeß dieser Bewußtwerdung des Glaubens nehmen alle Gläubigen je auf ihre Art teil, von der einfachsten Regelung des spontanen Empfindens in den Gemeinden angefangen bis zur wissenschaftlich-theologischen Äußerung. Zu dieser Teilnahme sind die Gläubigen befähigt durch das, was das Konzil mit seinem seit längerem in der Theologie eingebürgerten Ausdruck den *Glaubenssinn* nennt,[22] der, wenn er einhellig urteilt, unfehlbar ist wie die Kirche selbst, besser: *weil* er der Sinn der Kirche ist und somit normativ für die Verkündigung durch das Lehramt.

Die vielen theoretischen und praktischen Fragen, die hier aufbrechen – wie wird das Urteil des Glaubenssinnes festgestellt und wie verhält es sich zu einer Lehrautorität, die mehr ist als die Zuverlässigkeit eines Meinungsforschungsinstitutes?[23]–, müssen jetzt unerörtert bleiben. Wir können den nächsten Schritt tun: Wenn dies schon für das *unfehlbare* Lehramt, für das *Dogma* gilt, dann erst recht für das nicht-unfehlbare Lehramt, also etwa für eine Enzyklika. Der Glaubens-

[21] Vgl. auch dazu H. Fries, aaO., bes. 189–194.

[22] »Die Gesamtheit der Gläubigen, welche die Salbung vom Heiligen Geist haben (vgl. 1 Joh 2,20.27), kann im Glauben nicht irren. Und diese ihre besondere Eigenschaft macht sie durch den übernatürlichen Glaubenssinn des ganzen Volkes dann kund, wenn sie von den Bischöfen bis zu den letzten gläubigen Laien ihre allgemeine Übereinstimmung in Sachen des Glaubens und der Sitten äußert. Durch jenen Glaubenssinn nämlich, der vom Geist der Wahrheit geweckt und genährt wird, hält das Gottesvolk unter der Leitung des heiligen Lehramtes, in dessen treuer Gefolgschaft es nicht mehr das Wort von Menschen, sondern wirklich das Wort Gottes empfängt (vgl. 1 Thess 2,13), den einmal den Heiligen übergebenen Glauben (vgl. Jud 3) unverlierbar fest. Durch ihn dringt es mit rechtem Urteil immer tiefer in den Glauben ein und wendet ihn im Leben voller an« (Kirchenkonstitution, Nr. 12). [Vgl. w. o. S. 247.]

[23] Außer dem schon genannten Aufsatz von H. Fries vgl. zu den heutigen Fragen um Lehramt und Dogma das Buch von W. Kasper, Dogma unter dem Wort Gottes, Mainz 1965; ferner U. Horst, Sinn und Funktion des Dogmas in der Kirche, in: Ders., Umstrittene Fragen der Ekklesiologie, Regensburg 1971, 119–136; Ders., Lebensnorm – Glaubensnorm. Überlegungen zur gläubigen Wahrheitsfindung, in: Wort und Antwort 10 (1969), 65–70; in diesen Arbeiten ist auf weitere neue Literatur zum Thema verwiesen. [Vgl. ferner in diesem Band den vorausgehenden und den folgenden Beitrag.]

sinn – wie könnte es anders sein! – äußert sich in der Wortmeldung, also in der Diskussion, ja in der Auseinandersetzung, im geistigen Ringen, im Meinungskampf, der keine legitimen modernen Formen zu scheuen braucht, die die Freiheit der Wortmeldung nicht untergraben. *Darin* ist eine Enzyklika, ist auch ›*Humanae vitae*‹ eine Stimme, eine *qualifizierte* Stimme, denn sie ist die Stimme dessen, der mehr Verantwortung für die Kirche trägt als der Christ ohne Amt.[24] Die schuldige Loyalität bezeugen wir einer Enyzklika *durch die Auseinandersetzung*. Diese Auseinandersetzung ist in der Tat zu fordern. Die Privatmeinung des Theologen XY kann ich übergehen. Eine Enzyklika übergehen hieße das qualifizierte Mitspracherecht des von Christus gestifteten Amtes bei der gläubigen Bewußtseinsbildung in der Kirche bestreiten. Aber *mehr* als die loyale Auseinandersetzung fordern hieße eine Enyzklika faktisch doch als unfehlbar ausgeben.

Man hat demnach aus Gründen des Glaubens eigentlich keinen Anlaß, über das weltweite *kritische* Echo auf ›*Humanae vitae*‹ betrübt zu sein. Nicht nur deswegen, weil noch nie ein Papst soviel geistige Bewegung und Bewußtseinsklärung auf einen Schlag in der Kirche in Gang setzen konnte. Vielmehr vor allem deswegen, weil noch nie die Chance so groß war, daß eine sittliche Überzeugung ›*der Kirche*‹ nicht nur die Überzeugung von Papst und Bischöfen ist, sondern aktenkundig vor aller Welt als die gemeinsame Überzeugung *aller Gläubigen* sich darbietet, und daß das Lehramt des Papstes als demütiger Dienst am Glauben dieser Gläubigen sich erweist. Und was kann ein solcher Dienst eigentlich anderes wollen, als die deutlichere Bewußtseinsbildung des Gottesvolkes herauszufordern, in der, wie der Christ glaubt, der Geist Gottes sein Werk tut?

V. Was raten?

Auch heute, nachdem die erste Erregung nach der einen wie der anderen Richtung abgeklungen scheint, ist nach wie vor noch nicht abzusehen, ob die Chance genutzt wird. Man muß realistisch feststellen: Der Kampf um ›*Humanae vitae*‹, der Kampf der Argumente und der Kampf der innerkirchlichen Einflußmöglichkeiten, ist noch nicht entschieden und bis zum Ende ausgetragen.[25] Noch sind auch alte Verhaltensstrukturen zu sehr eingeschliffen. Man hört von Pfarrern, die bei Verstoß gegen die Forderungen der Enzyklika in der Beichte die Lossprechung verweigern, von Priestern, die es bis auf weiteres ablehnen, in den Beichtstuhl zu gehen, von bischöflichen Suspensionsdrohungen gegen freimütige Priester – zuletzt gottlob nicht in Deutschland... Die Frage: Was soll man raten? ist nicht zu umgehen, weil sie sich noch nicht von selbst beantwortet.

1) Wenn keinem katholischen Christen aus Gründen der Loyalität die *Ausein-*

[24] [Zum Unterschied zwischen der Tätigkeit des Lehramtes als pastoraler Leitungsinstanz in der Kirche und als Teilnehmer am theologischen Diskurs vgl. jetzt M. Seckler, in: W. Kern/H. J. Pottmeyer/M. Seckler (Hg.), Handbuch der Fundamentaltheologie IV, Freiburg i. Br. 1988, 7. Kapitel (Lit.).]

[25] [Er ist es heute noch weniger als zur Abfassungszeit dieses Beitrags, wie kaum lange belegt werden muß. Vgl. auch w. o. S. 220f Anm. 47.]

andersetzung mit der Enzyklika erspart werden kann, dann bedeutet das: Niemandem kann die *persönliche Gewissensbildung* abgenommen werden. Das Risiko, dabei zu anderen Ergebnissen zu kommen, gehört zum Wesen der Sache. Eben deshalb gibt es keinen Grund, davor Angst zu haben. Natürlich besteht dabei die Gefahr, objektiv zu irren. Doch auf der Gegenseite besteht eine größere Gefahr, die Gefahr nämlich, einer Lehre, die sich nicht unfehlbar als Gottes Gesetz selbst verbürgen kann und will, aus bloßen Gründen der Vorsicht, aus Absicherungsbedürfnis oder Bequemlichkeit *blinden* Gehorsam zu leisten. Ein solches Verhalten ist nicht nur möglicherweise, sondern ganz sicher unsittlich: »Alles, was nicht aus Überzeugung geschieht, ist Sünde« (Röm 14,23).[26] Daß die Gewissensbildung wirklich *gewissenhaft* geschieht, unter Anwendung der jeweils angemessenen Mittel (Lektüre, Gespräch, Vorträge) betrieben werden muß, versteht sich von selbst.

2) Es kann geschehen, daß ein Christ in der Beichte vom Beichtvater in Fragen der Ehemoral auf eine Weise unterwiesen wird, von deren Richtigkeit er sich nicht überzeugen kann. Dem Beichtvater kann daraus nicht grundsätzlich ein Vorwurf gemacht werden, solange er nach bestem Wissen und Gewissen handelt und solange eine sachlich strenge Unterweisung nicht in Maßregelung ausartet, die niemals der Sinn des Sakramentes der Versöhnung sein kann. Ebenso hat aber auch der so beratene Christ das Recht auf die Einwände und den Spruch *seines* Gewissens. Er kann nicht genötigt werden, sich dem Spruch des Beichtvaters bedingungslos zu beugen, er darf und soll einen anderen aufsuchen, bei dem er Sache und persönliche Situation zutreffender beurteilt sieht. *Ein* Beichtvater ist nicht *die* Kirche.

3) Es ist kein guter Stil, wenn ein Christ innerhalb des Beichtgespräches oder allgemeiner des Seelsorgsgespräches versucht, die Autorität des Priesters gegen die des Papstes auszuspielen. Man kann nicht auf der einen Seite die Frage stellen, ob der Papst bis in den persönlichen Bereich des Ehelebens ins einzelne gehende Vorschriften erlassen könne, und auf der anderen Seite eine erwünschte gegenteilige Auskunft des Seelsorgers nur in der Form eines kommentarlosen ›autoritären‹ Spruches hören wollen. Leider geschieht solches nicht selten. Es ist dies aber nicht nur rücksichtslos gegenüber dem Priester, den man damit in eine peinliche Überforderung hineinmanövriert, sondern auch unangemessen gegenüber der Sachfrage nach der Funktion des christlichen Gewissens, wie sie im Hintergrund der Auseinandersetzung um *›Humanae vitae‹* steht. Der Christ sollte also seinem Seelsorger in diesen Fragen keinen ›Spruch‹ (»Das dürfen Sie; das dürfen Sie nicht«) abfordern, sondern ihn zum Sachgespräch herausfordern. Ist das nicht möglich, dann ist es besser, die Fragen (vorerst) im eigenen Gewissen zu verschließen, als einen schlechten alten Stil der Beichtpraxis weiter am Leben zu erhalten.

4) Dem Seelsorger kann nicht erspart werden, auf das *Gesicht* hinter dem Beichtstuhlgitter oder hinter dem Sprechzimmertisch zu schauen. Man ›weiß‹ jetzt eben *nicht* im voraus zu allen konkreten Situationen schon ›Bescheid‹, was man sagen und raten muß! Die Loyalität gegenüber der Enzyklika darf nicht größer sein als die Loyalität gegenüber den Gliedern des Volkes Gottes, die der

[26] [Vgl. dazu die in Anm. 2 verzeichneten Arbeiten von Böckle.]

Seelsorger auch mit dem *Gesetz* Gottes nicht knechten und quälen, sondern befreien soll. Wo nicht feststeht, daß wirklich die Forderung *Gottes* ihren Anspruch anmeldet – und das steht hier nicht fest –, darf der Seelsorger nicht ohne Rücksicht auf Situationen und individuelle Gewissenslage unterweisen, als stünde es doch fest. In der vierköpfigen Familie eines Angestellten unterer Gehaltsstufe in einer unvermeidlich teuren Dreieinhalbzimmerwohnung einer deutschen Großstadt zum Beispiel kann auch nach *›Humanae vitae‹* nicht von vornherein entschieden sein, was zu geschehen hat.
5) Der Klerus wird in der Diskussion um die Enzyklika nicht schweigen oder auch nur zurückhaltender sein können als die Laien. Gewiß wird der unverheiratete Klerus sich bewußt bleiben müssen, daß das *ganze* Wesen der Sache, um die es hier geht, von einem bestimmten Punkt an nur in Erlebnis und Erfahrung begriffen werden kann – und an diesem Punkt wird er zum aufmerksamen *Zuhörer* werden, der sich bewußt ist, von sich aus gar nicht alle erforderlichen Gesichtspunkte für eine kompetente Urteilsbildung beisammen zu haben. Aber es wäre eine Groteske, wenn hier in einer entscheidenden Glaubens- und Sittenfrage die Laien den Fortgang der gläubigen Bewußtseinsbildung allein zu tragen hätten, weil der Klerus befürchten müßte, unter Druck gesetzt zu werden. Allen berechtigten Sorgen vor theologischer Unreife und pastoralem Leichtsinn zum Trotz sollten die Träger des kirchlichen Amtes die Diskussion der Seelsorger mit den Gläubigen eher herausfordern als bremsen. Die deutschen Bischöfe haben auf ihrer außerordentlichen Vollversammlung in Königstein am 29./30. August 1968 die Diskussion nicht gebremst, sondern ermutigt.[27] Sie haben gerade des-

[27] Das Lehrschreiben der deutschen Bischöfe fährt kurz nach dem in Anm. 15 zitierten Text fort: »Wer glaubt, der privaten Meinung sein zu dürfen, die bessere künftige Einsicht der Kirche schon jetzt zu haben, der muß sich vor Gott und seinem Gewissen in nüchtern selbstkritischer Einschätzung fragen, ob er die nötige Weite und Tiefe theologischer Fachkenntnis habe, um in seiner privaten Theorie und Praxis von der augenblicklichen Lehre des kirchlichen Amtes abweichen zu dürfen. Ein solcher Fall ist grundsätzlich denkbar. Aber subjektive Überheblichkeit und voreilige Besserwisserei werden sich vor Gottes Gericht zu verantworten haben« (Nr. 19). Die Bedeutung der Dokumente von Königstein besteht darin, daß die Bischöfe die Stellungnahme des Lehrschreibens bei weitem überschreiten. Im Lehrschreiben ist alles darauf abgestellt, daß es um einen »grundsätzlich möglichen« Ausnahmefall geht, der so reich an Risiken, an Gefahr der Selbsttäuschung, der Überheblichkeit, der Besserwisserei, so arm an Chancen der Legitimität ist, daß er eigentlich nur bei einem durchtriebenen Fachtheologen denkbar ist, nicht bei einem »theologischer Fachkenntnis« entbehrenden ›Laien‹, und vor allem: daß er ›privat‹ bleiben muß, während außerhalb des privaten Bereichs die »augenblickliche Lehre des kirchlichen Amtes« in Kraft bleibt. Die Königsteiner Dokumente knüpfen an diesen Text an (Wort der deutschen Bischöfe zur seelsorglichen Lage nach dem Erscheinen der Enzyklika ›Humanae vitae‹, Nr. 3; Verlautbarung nach Abschluß der außerordentlichen Vollversammlung der Deutschen Bischofskonferenz am 29./30. August 1968, in der Mitte), aber sie überschreiten ihn: a) Eine von der amtlichen Lehre abweichende Meinung wird nicht mehr nur als Ausnahme angesehen: »...wir wissen, daß viele der Meinung sind...«. b) Sie brauchen, gewissenhafte Prüfung vorausgesetzt, ihre abweichende Meinung nicht ›privat‹ für sich zu behalten, sondern können sie ›vertreten‹ – nur müssen sie »im Vertreten dieses Standpunktes... Rücksicht nehmen... auf die Gesetze des innerkirchlichen Dialogs und jedes Ärgernis zu vermeiden trachten«. c) Die Theologen und Seelsorger, genauso aber

wegen Dank verdient – und nicht die ungerechte Kritik, die den Königsteiner Dokumenten zum Teil widerfahren ist. Nur wenn diese Diskussion in der Kirche und in einer dem Wesen der Kirche und der Freiheit der Kinder Gottes angemessenen Form geführt wird, besteht auch in den brennenden Fragen christlichen Ehelebens die Chance, daß das *ganze* Volk Gottes gemeinsam wächst im Glauben und in der Erkenntnis des Willens Gottes.[28]

auch alle Fachleute aus den einschlägigen anderen Wissenschaften und alle Gläubigen werden dringend aufgefordert, die »klärende Aussprache« weiterzuführen. d) Die Seelsorger werden ausdrücklich angewiesen, in der Verwaltung der Sakramente »die verantwortungsbewußten Gewissensentscheidungen der Gläubigen zu achten« (alle Zitate im Wort der deutschen Bischöfe, Nr. 12 und 15f; Verlautbarung, zweite Hälfte). [Vgl. auch w. o. S. 219f Anm. 46.]

[28] [Vgl. auch den folgenden Beitrag, bes. S. 284f.]

KIRCHLICHE LEHRFORMULIERUNG UND PERSÖNLICHER GLAUBENSVOLLZUG

(1973)

Man kann heute kaum zum Thema *Dogma* sprechen oder schreiben, ohne gereizte Stimmung auszulösen. Und dies ist nicht erst »im Jahre 3 nach Küng« so,[1] sondern schon seit geraumer Zeit. Wer auch in der Kirche kritisches Fragen und Nachdenken selbstverständlich findet, will sich nicht länger ein einfaches »Roma locuta, causa finita« gefallen lassen. Wer, umgekehrt, um einen unverfälschten und unwandelbaren, verläßlichen Glauben sich Sorge macht, verwahrt sich gegen kritische Rückfragen, sofern sie die feierlich verkündete »Lehre der Kirche« nicht vorbehaltlos annehmen. Oder es ergibt sich eine dritte Situation: Redner und Hörer, Autor und Leser sind sich im Grunde über das Dogma als eine erledigte Sache schon einig, und nun erwarten und erhalten sie voneinander nichts weiter als die Bestätigung ihrer schon bestehenden Meinung und allenfalls neue Ermunterung, endgültig zu zerfetzen, was vom Dogma noch übriggeblieben ist. Man müßte schon ein ultrakonservativer Theologe sein und es mit einem ganz einfältigen, von allen aktuellen Fragen verschonten Publikum zu tun haben, um noch einmal jene Stimmung des Triumphes über die im Dogma unwiderruflich niedergelegte, dem Wandel der Zeiten und Menschen trotzende, ehern-feste Glaubenswahrheit zu erleben, an der kein Jota und kein Häkchen geändert werden kann und die im voraus schon die Antwort auf alle künftigen Fragen einschließt.

Wenn wir hier über »Kirchliche Lehrformulierung und persönlichen Glaubensvollzug« nachdenken, so soll das »und« zwischen beiden Begriffen schon andeuten, daß wir uns beidem zu widersetzen haben: dem Gereiztsein *und* dem Triumphgefühl, so schwer das auch sein mag. Es gibt die kirchliche Lehrformulierung, ihr Recht, ihre – zuweilen durchaus unentbehrliche – Funktion. Für den, der begriffen hat, daß er nur in und mit der Kirche zum Glauben kommt, kann diese grundsätzliche Feststellung keinem Zweifel unterliegen, und auch in der »Küng-Debatte« hat sie nie ernsthaft zur Diskussion gestanden. Und es gibt den persönlich-einsamen Vollzug des Glaubens, der sich nicht einfach neben dem Bekenntnis der Kirche ereignet und der doch mehr ist als Aneignung einer dogmatischen Formel, mehr als Einfügung in ein kollektives Bekenntnis anhand einer gemeinsamen Formulierung. Weder Ärger noch Triumph werden der Sache gerecht, die hier zur Debatte steht.

Um unseren Überlegungen die nötige ruhige Sachlichkeit zu sichern, müssen

[1] Küngs Buch: Unfehlbar? Eine Anfrage, erschien bekanntlich 1970. – Ich darf auf meine beiden thematischen Beiträge zur Auseinandersetzung um Küngs Buch verweisen: Vom Bleiben der Kirche in der Wahrheit, in: Klerusblatt, München, 51 (1971) Nr. 5, 64–67; Unfehlbarkeit im Disput. Ein Streit zwischen Karl Rahner und Hans Küng, in: Wort und Antwort 12 (1971) 82–88.

wir zu allem Anfang ein Hindernis aus dem Weg räumen: die Neigung, den Begriff »Dogma« in einer Weise zu verstehen, die einseitig von der modernen Entwicklung des Dogmenbegriffes herkommt, ja eigentlich nicht viel mehr besagt als die formalen Inhalte des auf dem Ersten Vatikanischen Konzil verkündeten »Generaldogmas« von der Unfehlbarkeit des päpstlichen Lehramtes.[2] »Dogma« wäre demnach ein Satz, der als von Gott geoffenbarte Lehre vom Papst als dem obersten Lehrer der Kirche mit Anspruch auf das Charisma der Unfehlbarkeit der ganzen Kirche verpflichtend zu glauben vorgelegt wird. Wir brauchen kaum noch zu beweisen, daß dies eine sehr verkürzte und verzeichnete Wiedergabe der Lehre des Ersten Vatikanums ist.[3] Aber wir können kaum leugnen, daß uns auch bei besserer Information zumeist derartiges bei dem Wort »Dogma« zunächst einfällt. Daran heften sich dann, je nach Vorentscheid, gereizter Ärger über soviel im Namen Christi ausgeübte geistige Tyrannei oder Triumph über soviel Eindeutigkeit und Sicherheit im Glauben. Unsere Überlegungen würden entschieden zu kurz geraten, wenn wir uns auf diesen Dogmenbegriff festlegen ließen. Deswegen wurde das Thema mit Bedacht nicht formuliert: *Dogma* und Glaubensvollzug, sondern: *Kirchliche Lehrformulierung* und Glaubensvollzug.

Auch die andere Hälfte der Themenformulierung verdient noch eine Vorbemerkung: *persönlicher Glaubensvollzug.* Unbestritten und oft wiederholt ist die Feststellung, daß das Dogma dem Glauben – dem persönlich zu vollziehenden Glauben – *dienen* soll. Ebenso häufig ist die Verwahrung gegen die Unterstellung, das Dogma sei nichts als ein doktrinäres Kommando des Lehramtes, dem sich alle Gläubigen blind zu fügen hätten. So wahr nun der Glaube kein bloß intellektueller Akt der Zustimmung zu bestimmter Lehre ist, so wahr ist die Frage des Dogmas nicht nur als erkenntnistheoretische Frage abzuhandeln. Ob das Dogma seine Bedeutung hat oder ein Unding ist, entscheidet sich daran, ob der persönliche Glaube eine Hilfe an ihm haben kann. Wenn vorausgesetzt wird, daß die kirchliche Lehrformulierung ihr Recht und ihre Funktion hat, kommt zuletzt in Sachen Dogma alles entscheidend nicht nur darauf an, wie es formuliert wird, sondern auch, wie der Glaubende mit ihm umgeht. Diese Einsicht steht aber, wenn wir recht sehen, in einem deutlichen Mißverhältnis zu der durchschnittlichen Art, die Frage nach dem Dogma abzuhandeln. Ganz bewußt möchten wir daher das Feld der theologischen Epistemologie überschreiten und uns auf das pastoraltheoretische Feld begeben – was freilich nicht geschehen kann, ohne immer wieder auf epistemologische Überlegungen zurückzugreifen.

Das Schwergewicht unserer Überlegungen wird daher auf der Frage liegen, wie der Christ, der die Kirche als die Heimat seines Glaubens versteht, mit der kirch-

[2] DS 3073–3075.

[3] Wenn die Debatte um Küngs Buch ein Ergebnis gezeigt hat, dann dieses. Hilfreiche Darstellung und Interpretation der Lehre des Ersten Vatikanums außerhalb des unmittelbaren Kontextes der Küng-Debatte: H. Fries, Was heißt Unfehlbarkeit des Papstes? in: Ders., Glaube und Kirche auf dem Prüfstand, München-Freiburg 1970, 180–206; U. Horst, Umstrittene Fragen der Ekklesiologie, Regensburg 1971, 137–157 [weitere Literatur w. o. S. 241].

lichen Lehrverkündigung in Vergangenheit und Gegenwart verantwortlich umgeht, anders ausgedrückt: wie er zu einer solchen Art der Zustimmung findet, die einerseits weiß, daß er sich seinen Glauben nicht selber sagt, sondern ihn aus der kirchlichen Lehrüberlieferung empfängt, und die andererseits durch sachgemäße Kritik dazu beiträgt, daß die kirchliche Lehrformulierung Dienst am Glauben *bleibt* und nicht zum doktrinären Kommando wird.

Diesen Überlegungen sollen einige Bemerkungen zum Sinn und zur Tragweite kirchlicher Lehrformulierung überhaupt vorausgehen. Dabei können wir im Kontext der aktuellen Debatte kaum etwas Neues sagen.[4] Aber eine Zusammenfassung der wichtigsten Einsichten in Form einiger kurz erläuterter Thesen mag nützlich sein. Zumindest erlaubt sie uns, innerhalb der Vielfalt der Gesichtspunkte, unter denen die Diskussion um das Dogma geführt wird, bestimmte Akzente zu setzen im Hinblick auf die Fragen, die uns hier hauptsächlich beschäftigen. Damit ist der Gang unserer Überlegungen gegeben.

I. THESEN ZUR FRAGE NACH SINN UND TRAGWEITE KIRCHLICHER LEHRFORMULIERUNG

1. These: Was wir heute Dogma nennen, hat an seinem Ursprung die Gestalt einer liturgischen Bekenntnisformel.

Von Anfang an hat in der Kirche der Glaube im Zusammenhang mit »Dogma«, mit »Lehre« gestanden.[5] Das Gegenteil zu behaupten ist nur möglich, wenn man klare Zeugnisse des Neuen Testamentes ausblendet. Denn wenn, wie der christliche Glaube bekennt, Christus und sein Werk das endgültige Heilshandeln Gottes sind, nach dem, im Gegensatz zum Alten Bund, kein grundsätzlich neues Heilshandeln Gottes über sein Handeln Christus hinaus mehr zu erwarten steht, dann muß folgerichtig im Neuen Testament, verglichen mit dem Alten, die lehrhafte Seite des Glaubens und der Verkündigung verstärktes Gewicht bekom-

[4] Vgl. die Bibliographie zur Unfehlbarkeits-Debatte bei H. Küng (Hg.), Fehlbar? Eine Bilanz, Zürich 1973, 515–524 [u.w.o. S. 245f]. Aus der vorausgehenden Literatur sei verwiesen auf W. Kasper, Dogma unter dem Wort Gottes, Mainz 1965; K. Rahner, Kirchliches Lehramt und Theologie nach dem Konzil, in: Schriften zur Theologie, Bd. VIII, Einsiedeln 1967, 111–132; U. Horst, Sinn und Funktion des Dogmas in der Kirche, in: Die Neue Ordnung 22 (1968), 401–415 (abgedruckt in: Umstrittene Fragen der Ekklesiologie, 119–136); Ders., Lebensnorm – Glaubensnorm. Überlegungen zur gläubigen Wahrheitsfindung, in: Wort und Antwort 10 (1969), 65–70; M. Seckler, Die Theologie als kirchliche Wissenschaft nach Pius XII. und Paul VI., in: ThQ 149 (1969), 209–234 [jetzt in: Ders., Im Spannungsfeld von Wissenschaft und Kirche (s. w. o. S. 217 Anm. 42)]; R. Kösters, Dogma und Bekenntnis bei Gerhard Ebeling. Zur kontroverstheologischen Problematik des Begriffs der kirchlichen Lehre, in: Catholica 24 (1970), 51–66.

[5] [Vgl. die w. o. S. 228 Anm. 67 verzeichneten Aufsätze von M. Elze; ferner O. H. Pesch, Das Wort Gottes als objektives Prinzip theologischer Erkenntnis, in: W. Kern / H. J. Pottmeyer / M. Seckler (Hg.), Handbuch der Fundamentaltheologie IV, Freiburg 1988, 1. Kapitel].

men. In einem bestimmten Sinne muß man jetzt immer wieder dasselbe sagen, nämlich Tod und Auferweckung Jesu Christi. Das bedeutet aber: Man muß schon aus ganz praktischen Gründen feste, einprägsame Lehr- und Bekenntnisformeln schaffen, in denen das eine und selbe, immer wieder neu zu Sagende verbindlich festgehalten und aller überschäumenden Phantasie Einhalt geboten wird. Daher finden wir schon in den ältesten Schriften des Neuen Testamentes, den authentischen Paulusbriefen, mehrfach alte Glaubensbekenntnisse zitiert, etwa Röm 1,3f, 1 Kor 15, 3–7, Phil 2, 6–11, um nur die berühmtesten zu nennen, Formeln, die bekanntlich bis in das Ende der dreißiger Jahre zurückreichen, also nur wenige Jahre nach dem Kreuzestod Jesu, der Erscheinung des Auferstandenen und der Entstehung der Kirche formuliert wurden. Am Ja zu diesen Bekenntnisformeln, die im Gottesdienst gesungen, bei der Taufe gesprochen worden sein mögen, hing die Zugehörigkeit zur Kirche, hing der christliche Glaube.[6] Nicht irgendein Popanz von »Frühkatholizismus«, wie die erste Zeit der Bekenntnisbildung in der Kirche von evangelischen Kritikern nicht selten vorwurfsvoll genannt wird, sondern die Sache des Glaubens selbst, der eine gekreuzigte und auferstandene Jesus Christus schafft die Zusammengehörigkeit von Glaube und kirchlicher Lehrformulierung. Bekanntlich betonen denn bereits die Pastoralbriefe die entscheidende Bedeutung unverfälschter Weitergabe des überkommenen Lehrgutes (vgl. z.B. 2 Tim 2, 14–26; 4, 1–5), machen ebenso wie das Johannesevangelium und die Johannesbriefe (vgl. z.B. 1 Joh 4, 1–6), ja wie schon Paulus (Galaterbrief, Phil. 3!) Front gegen Irrlehrer, die keineswegs zum »Dialog« eingeladen, sondern verdammt werden. Lange vor dem ersten »Dogma« im technischen Sinne einer Konzilsentscheidung oder gar einer päpstlichen Definition gibt es »das Dogma« als unentbehrlichen Grund der Verkündigung und des Glaubens.

Nachdem dies alles deutlich genug gesagt ist, muß aber auch das andere betont werden: An seinem Ursprungsort ist das Dogma *Bekenntnisformel,* und zwar zum Zwecke gemeinsamen Bekennens in der gottesdienstlichen Versammlung. Das gilt auch für die späteren Glaubensbekenntnisse, besonders für das Apostolikum und für die Formulierungen der ersten Konzilien. Sie alle beginnen mit den Worten: »Wir bekennen...«, sie sind Aussage des Glaubens in der Form des Gebetes und wurden – nicht zuletzt aus didaktischen Gründen – in die Liturgie übernommen. Erst in späterer Zeit entwickelte sich das Dogma zur rein theoretisch formulierten Lehraussage.

Der Weg dahin ist sehr aufschlußreich. Er beginnt – erstaunlich, aber wahr – mit dem Konzil von Chalkedon (451), auf dem die Lehre von der Gottmenschheit

[6] Dabei hat die Urkirche allerdings eine größere Variabilität zugestanden, als man wohl heute in der Kirche erwarten dürfte. Man ermesse die Spannung zwischen einer christologischen Formel, die um Kreuz und Auferstehung zentriert ist, wie Röm 1,3f, und einer Formel, die das Kreuz überhaupt nicht und die Auferstehung nur in anderer Terminologie nennt, wie im ursprünglichen Bestand des Hymnus Phil 2, 6–11 – V. 8c ist Interpolation des Paulus! Oder man ermesse die Spannung zwischen Christus als Ende des Gesetzes bei Paulus und Christus als Erfüller des Gesetzes bei Matthäus. Man müßte die extremen Positionen der heutigen christologischen Diskussion zusammenbringen, um eine vergleichbare Spannung zu haben.

Jesus Christi ihre abschließende, höchst paradoxe Formulierung fand.[7] Das vorausgehende Konzil von Ephesos (431) hatte kein neues Glaubensbekenntnis verfaßt, sondern auf das des Konzils von Nikaia (325) zurückgewiesen. In Chalkedon aber verlangen die kaiserlichen Kommissäre im Auftrag des Kaisers, daß die Väter ein neues Bekenntnis formulierten, denn der Kaiser versprach sich davon eine Beruhigung der politisch gefährlich werdenden innerkirchlichen Streitigkeiten. Die Bischöfe sträubten sich. Sie wollten nicht das inzwischen ehrwürdig gewordene Bekenntnis von Nikaia diskreditieren, zumal sie der Meinung waren, dieses habe ja zur Sache bereits alles Erforderliche gesagt. Die kaiserlichen Kommissäre aber gaben nicht nach und zwangen die Bischöfe, neu zu formulieren. Die Bischöfe rächen sich fast sophistisch für den erlittenen Zwang: Sie formulieren – aber nur den speziellen Fragepunkt, der gerade zur Debatte stand, kein neues Symbolum. Sie machen gleichsam eine Vorbemerkung, eine »nota praevia« darüber, wie die Lehre von Christus, die das Konzil von Nikaia verkündet hatte, richtig zu verstehen sei.[8] So kommt durch den Zusammenstoß innerkirchlicher und politischer Interessen das erste Dogma zustande, das nicht mehr *das* (ganze) »Dogma« sagt, sondern nur *einen* Fragepunkt klärt – ein Dogmenbegriff, den man fortan im Plural gebrauchen kann. Zum erstenmal steht am Anfang nicht mehr: »Wir bekennen...«, sondern nur noch: »Wir *lehren*, es sei zu bekennen...« Bald wird das »es sei zu bekennen« auch wegfallen, das Dogma als einzelne Lehre der Kirche übrigbleiben. Zwar hat das Vierte Laterankonzil (1215) noch einmal in großartiger Weise den Rückweg anzutreten versucht, indem es zuerst ein ganzes Glaubensbekenntnis formulierte und erst am Schluß auf Einzelprobleme der zeitgenössischen Diskussion einging.[9] Aber das hat nicht verhindern können, daß »Dogma« schließlich der von der Kirche vorgelegte einzelne Glaubenssatz wurde, seit dem Trienter Konzil zudem noch negativ formuliert: »Wenn einer sagt...(nämlich das Gegenteil des Dogma), dann: Anathema sit.«

Die komplizierter werdenden Probleme der kirchlichen Verkündigung haben diese Entwicklung unvermeidlich gemacht – auch wenn man einzelne Entwicklungen als solche unnötig finden mag. Wir werden noch zu bedenken haben, welche Konsequenzen für den Umgang mit dem Dogma der alten Kirche daraus zu ziehen sind. Auf keinen Fall wollen wir hier einer »Alte-Kirche-Romantik« das Wort reden, die am liebsten die Formen kirchlicher Lehrverkündigung auf die ersten Konzilien oder gar auf das Neue Testament zurückschrauben möchte. Um so wichtiger ist es allerdings, gerade angesichts der Entwicklung zum

[7] DS 301–303. Im folgenden stützen wir uns auf A. Grillmeier, Die theologische und sprachliche Vorbereitung der christologischen Formel von Chalkedon, in: Das Konzil von Chalkedon. Geschichte und Gegenwart, hg. von A. Grillmeier und H. Bacht, 3 Bde., Würzburg 1951–1954 (Nachdruck 1962), Bd. 1, 5–202 [die jüngeren Arbeiten von Grillmeier w. o. S. 263 Anm. 63; zur Sachfrage vgl. die beiden christologischen Beiträge w. o. in diesem Band].

[8] Der Vorgang ist sachlich tatsächlich jener umstrittenen »Nota praevia« vergleichbar, die nachträglich der Konstitution des Zweiten Vatikanischen Konzils über die Kirche vorangestellt wurde, um den Konziltext gegen Mißverständnisse, die einige Väter befürchten zu müssen glaubten, abzusichern.

[9] DS 800–802 das Bekenntnis, 803–808 die dogmatischen Zusatzfragen.

»Dogma« im engeren Sinne doch nie aus dem Auge zu verlieren, daß der ursprüngliche Ort der kirchlichen Lehre das *Glaubensbekenntnis im Gottesdienst* ist, nicht der Unterricht für den fragenden Verstand.
Zugleich damit wird ein anderes deutlich und verständlich: Das Wichtige am altkirchlichen Dogma ist die Existenz der Formel selbst und damit die Möglichkeit des *gemeinsamen* Bekenntnisses, nicht die Instanz, die sie erläßt. Entscheidend ist, daß die Gemeinde in der Formel ihren Glauben wiedererkennt – nach der Instanz, die die Formel prägt, wird zunächst gar nicht gefragt. Erst die größer werdende Kirche ist gezwungen, nach der zuständigen Instanz zu fragen und Verfahren der Lehrentscheidung zu entwickeln. Aber noch das erste Ökumenische Konzil von Nikaia (325), auf dem sich die Väter erstmals bewußt werden, die *ganze* Kirche in ihrer Lehre zu vertreten und demgemäß zu verpflichten, ist keine Idee der Bischöfe, sondern des an der Einigung der streitenden Schulen politisch interessierten Kaisers Konstantin.
Der Akzent auf der verbürgenden Instanz, mit dem Ersten Vatikanum so sehr in den Vordergrund gerückt, ist also ursprünglich ebenso wenig vorhanden wie der einseitig lehrhafte Zug des Dogmas. Noch bei Thomas von Aquin, über jeden Verdacht der Illoyalität gegenüber dem Papst erhaben,[10] ist das gedankliche Gefälle das der alten Kirche: Man braucht eine feste Formel (Symbol) wegen der Einigkeit im Glaubensbekenntnis, und man braucht jemanden, der diese Formel letztinstanzlich überwachen muß, und das muß der sein, der auch sonst die Verantwortung für die ganze Kirche trägt, also – für Thomas selbstverständlich – der Papst.[11] Es ist also nicht umgekehrt: Es gibt den Papst, und unter seinen vielen Vollmachten gibt es auch eine, das Symbol zu ordnen und zu erlassen. *Dieses* Gefälle der Aussagen entspringt antireformatorischem Papstenthusiasmus, der das Wesen der Kirche vom Amt des Papstes her zu bestimmen geneigt ist.[12] Darüber mag man denken, wie man will, jedenfalls darf uns das die theologisch richtig ansetzende Frage nach dem Wesen und der Funktion des Dogmas

[10] Vgl. H. Küng, Unfehlbar?, 94–96. Es ist mir fraglich, ob H. Küngs Urteil über Thomas in diesem Zusammenhang historisch gerecht ist. Daß Thomas Opfer der Pseudo-Isidorischen Dekretalien ist, bedarf keiner Frage. Durchaus offen ist aber in der Forschung die Frage, ob die zunehmend papalistischer werdende Ekklesiologie der Thomistenschule sich in diesem Punkte zu Recht als Erbe des Aquinaten versteht. Vgl. O. H. Pesch, »Das heißt eine neue Kirche bauen«. Luther und Cajetan in Augsburg, in: Begegnung. Beiträge zu einer Hermeneutik des theologischen Gesprächs (Festschrift H. Fries), hg. von M. Seckler, O. H. Pesch, J. Brosseder, W. Pannenberg, Graz–Wien–Köln 1972, 645–661 und die dort in Anm. 35 und 41 angeführten Aufsätze von U. Horst, [vgl. die ergänzenden Hinweise auf weitere inzwischen vorliegende Untersuchungen von U. Horst w. o. S. 235 Anm. 97]. Vor allem dürfte Küng den größeren Zusammenhang der Lehre vom Glauben bei Thomas unterbelichtet haben. Der Artikel STh II–II 1,10 ist zentral für Küngs Fragestellung, aber nicht innerhalb des thomanischen Traktates über den Glauben.
[11] STh II–II 1, 9–10.
[12] So etwa in der berühmten Definition der Kirche durch Robert Bellarmin, die die Kirche als die unter der Leitung des Papstes und der Bischöfe geeinten Gläubigen bestimmt. [Dazu, pars pro toto, Y. Congar, Die Lehre von der Kirche. Vom Abendländischen Schisma bis zur Gegenwart (HDG III / 3 c), Freiburg 1971, 53–56 (Lit.); U. Horst, Papst – Konzil – Unfehlbarkeit (s. o. S. 235 Anm. 97), 169–187 (Lit.).]

nicht verstellen. Das eigentliche – auch epistemologische – Problem des Dogmas ist die feste Formel als solche, nicht die Frage, wer sie verbürgt. Die letztere Frage ist eine Frage nach der Kirchenverfassung, und selbst vorausgesetzt, daß wir dazu eine klare Willensäußerung Jesu hätten und erkennen könnten,[13] so ist diese Frage doch sekundär gegenüber der nach der festen Formel als solcher. Denn diese Frage reicht in die Tiefe der Grundfrage hinein, was überhaupt »glauben« heißt, wie sich in den nächsten Thesen zeigen wird.

2. These: Das Dogma ist, negativ betrachtet, eine von der Kirche geprägte Bekenntnis- oder Lehrformel, mit der die Kirche in einer durch neue Denkanstöße und Fragen kritisch gewordenen Situation des Glaubensbewußtseins die Grenzen dessen absteckt, was innerhalb der Kirche vertreten werden kann.

Was die These meint, ist eigentlich geläufig. Immer wieder kann man den Hinweis hören oder gibt ihn selbst, daß die Kirche die meisten Dogmen formuliert, verkündet oder eingeschärft habe, um einer aufgekommenen oder drohenden Häresie beizukommen. *Das Dogma ist eine Krisenmaßnahme der Kirche.*
Weniger geläufig ist, daß sich dieser Charakter des Dogmas auch bis in die Formulierung selbst hinein zur Geltung bringt, und zwar dadurch, daß man mit der positiven Festlegung äußerst zurückhaltend ist. Man steckt wirklich nur Grenzen theologischen Redens ab, aber man entwickelt keine theologische Theorie. Natürlich gebraucht man Worte und Begriffe aus der dem Entscheid vorausgehenden theologischen Auseinandersetzung. Aber man kann sehen, wie diese Worte und Begriffe in der Lehrformulierung fast wie Chiffren gebraucht werden, während das ganze begriffliche Hinterland der Worte und damit die ganze theologische Auseinandersetzung gerade *nicht* übernommen wird. Man kann das gerade an den immer wieder als Modellfall von »Dogma« herangezogenen Dogmen der alten Konzilien sehen, aber auch bei dem viel beredteren Konzil von Trient, und sogar bei den umstrittenen marianischen Dogmen ist es nicht anders. Das Bekenntnis von Nikaia setzt einfach und ohne Erklärung hin: »Gott von Gott, Licht vom Licht, gleichwesentlich mit dem Vater«. Das Erste Konzil von Konstantinopel (381), das den arianischen Streit abschließt, nimmt die theologisch den ganzen Streit entscheidende Unterscheidung zwischen »ousia« (Wesen) und »hypostasis« (Person), die eine Leistung der drei großen Kappadozier Basilius d. Gr., Gregor von Nyssa und Gregor von Nazianz ist, nicht in das verbesserte und erweiterte Symbol auf.[14] In Chalkedon wiederholt man hinsichtlich der Person Christi auf einer neuen Stufe der Terminologie nur die altkirchlichen Antithesen des 2. Jahrhunderts, deren Klänge die Formel einleiten

[13] Natürlich haben wir eine solche Willenserklärung Jesu nicht. Vgl. H. Küng, Die Kirche, Freiburg 1967, 57–127; U. Horst, Umstrittene Fragen der Ekklesiologie, 11–21; 66–95.

[14] Die Worte »ousia« und »hypostasis«, in der Schlußbemerkung von Nikaia immerhin noch (als synonym) erwähnt, fehlen in Konstantinopel ganz, abgesehen von der aus Nikaia übernommenen Verbindung »homoousios«.

und abschließen.[15] Das Konzil von Trient will keine theologische Diskussion mit den Reformatoren führen, sondern zu den Punkten, in denen die Reformation Unruhe und Unsicherheit geschaffen hatte, die katholische Lehre formulieren.[16] Und selbst die marianischen Dogmen von 1854 und 1950 ziehen zwar das Fazit aus einer langen Diskussion, halten sich aber aus allen theologischen Spekulationen im Detail heraus.[17]
Es werden also in der Tat nur Sprachregelungen getroffen, die den gemeinsamen Boden der Verständigung sichern sollen. Die theologischen Verstehensbemühungen werden gerade nicht vorentschieden. Das geschieht gewiß oft mehr aus taktischen und politischen Rücksichten als mit theologischer Bewußtheit,[18] aber es geschieht, und es ist oft geradezu providentiell, wie die unvermeidliche taktische Rücksicht hier mit der theologisch-hermeneutischen Einsicht zusammenstimmt.

3. These: Das Dogma ist, positiv betrachtet, das Resumée einer neuen Erfahrung der Kirche im Umgang mit der zum Verstehen aufgegebenen Heilsbotschaft zu einer bestimmten geschichtlichen Stunde, hat darum unmittelbare Bedeutung für den persönlichen Glauben nur für die Dauer dieser geschichtlichen Stunde.

Indem man die negative Aufgabe versieht, die geistigen Grenzpfähle aufzustellen (2. These), sagt man notwendigerweise auch positiv – anders ist es gar nicht möglich. Bleiben wir beim Beispiel des Konzils von Chalkedon: Indem das Konzil die aus der vorangehenden Diskussion stammenden Begriffe »physis« (Natur) und »hypostais« (Person) übernimmt und in ihnen das gottmenschliche Geheimnis Christi beschreibt, sagt es: Man kann das Geheimnis der Person Christi mit Grundbegriffen der hellenistischen Philosophie bezeichnen, und das

[15] Die Entwicklung der Lehre von Christus hatte im 2. Jahrhundert damit begonnen, daß man den Vers Joh 1,14: »Das Wort ist Fleisch geworden«, durch verstärkende Zusätze kommentiert, im übrigen aber ohne Erklärungsversuch die ganze Spannung des Gegensatzes Wort-Fleisch unabgeschwächt beibehielt: Der eine Jesus Christus ist fleischlich und geistig, gezeugt und ungezeugt, wahrer Mensch und wahrer Gott, sowohl aus Maria als auch aus Gott usw. Instruktive Textbeispiele bei Grillmeier (vgl. Anm. 7) – man vergleiche damit aufmerksam die Formel von Chalkedon.

[16] So der in einem Brief des Kardinals Farnese vom 25. 2. 1547 an die Konzilsväter ausgesprochene Auftrag. Näheres bei A. Stakemeier, Das Konzil von Trient über die Heilsgewißheit, Heidelberg 1947, 72–76 [und bei O. H. Pesch/A. Peters, Einführung in die Lehre von Gnade und Rechtfertigung, Darmstadt 1981, 172–175 (Lit.)].

[17] Noch im letzten Augenblick hat Pius IX. vor der Verkündung des Dogmas von der unbefleckten Empfängnis Mariens eine Klausel gestrichen, die die Erbsündlosigkeit Mariens mit der philosophischen Lehre von der »Eingießung der Seele in den Körper« in Verbindung brachte, so daß der heutige Wortlaut (DS 2803) nur die vorauswirkende Macht der Gnade Christi herausstellt. – Und bei der Definition der leiblichen Aufnahme Mariens in den Himmel hat Pius XII. eine Formulierung gewählt, die von allen, damals heiß diskutierten Einzelheiten absieht (DS 3903).

[18] Vgl. M. Seckler, Über den Kompromiß in Sachen der Lehre, in: Begegnung (vgl. Anm. 9), 45–58 [jetzt in: Ders., Im Spannungsfeld (s. Anm. 4) 99–109].

heißt: Man kann mit dem Kopf eines Griechen Christ sein und Christus bekennen. Ja, es sagt einschlußweise noch mehr: Diese christologische Sprechweise ist eine Art Verlängerung von Joh 1,14 und der einfachen Formeln des 2. Jahrhunderts. Johanneisches und griechisches Christentum sind verwandt.
Von einem so auf seinen gedanklichen Gehalt befragten Dogma sagt nun die These zunächst: Es ist *Resümee* einer Erfahrung der Kirche, also etwas *Nachträgliches.*[19] Zuerst ist immer die Begegnung des Glaubens mit einer geistigen Welt, in der er lebt und leben soll. Am Anfang steht daher immer der Versuch, zu verarbeiten, durchzudenken, in neuer Sprache zu reden – auch und gerade bei denen, die später das Nein der Kirche hören müssen, weil sie zu weit gegangen sind. Erst zuletzt, meist erst, wenn die Situation krisenhaft wird, kommt es zur verbindlichen Formelbildung, die das eine ausschaltet, das andere einbringt, indem sie es »zusammenfaßt«.
Das Dogma ist dann ferner ein Resümee einer *Erfahrung der Kirche* im Umgang mit der Heilsbotschaft zu einer bestimmten geschichtlichen Stunde der Kirche. Damit ist eben dies gemeint, daß im Dogma nichts anderes »resümiert« wird als eben das, was zu einer bestimmten Zeit durch die Begegnung des Evangeliums mit einer bestimmten geistigen Welt aufgrund von längerer Auseinandersetzung spruchreif geworden ist. Das Dogma resümiert, was sich in vorheriger innerkirchlicher gläubiger Meinungsbildung abzeichnet. Diese Meinungsbildung – man könnte von der Formung eines kollektiven Glaubensbewußtseins sprechen – vollzieht sich überall, wo Christen miteinander über ihren Glauben nachdenken und sprechen. Dies geschieht natürlich in qualifizierter Weise, wo die verantwortlichen Repräsentanten der Kirche, etwa in der Bischofsversammlung (Konzil, Synode) das tun – und das um so mehr, je umfassender sie sich bemühen, alle Stimmen zu hören, die in der Kirche laut werden. Grundsätzlich und strukturell ist der Vorgang derselbe. Auch wenn es dabei oft in der Form des Kampfes und des offenen Meinungsstreites zugeht, ändert das nichts an der grundsätzlichen Struktur des Vorgangs. Daß dies immer unter der Prägung durch eine ganz bestimmte geschichtliche Stunde geschieht, ist ganz selbstverständlich. Was liefert denn sonst das Material und den Anlaß der weitergehenden Meinungsbildung, wenn nicht der Anstoß, um nicht zu sagen: die Inspiration der geschichtlichen Stunde? Was sich nun in dieser geschichtlichen Stunde und unter ihrem Einfluß an Möglichkeiten denkenden Glaubens an die überlieferte Botschaft zeigt, wird im Dogma in der beschriebenen Weise resümiert.
Bis dahin dürfte die These kein Problem bieten und keine Unruhe schaffen. Aber dürfen wir daraus die Folgerung ziehen, daß das Dogma *unmittelbare* Bedeutung für den persönlichen Glauben nur hat für die Dauer der geistesgeschichtlichen Stunde, die es formulierte? Die Konsequenz dürfte in der Tat unvermeidlich sein, ist aber bei genauerem Zusehen weniger aufregend, als man zunächst befürchten möchte. Zunächst: Selbstverständlich behält das Dogma immer eine *mittelbare* Bedeutung für den Glauben, sofern es den – oftmals durchaus kurvenreichen – Weg *des* Glaubens zeigt, der auch mein Glaube ist. Davon wird noch zu reden sein. *Unmittelbar* an einem Dogma interessiert aber *kann* nur die Zeit sein, die es formuliert, denn das Dogma ist ja, wie gesagt, das Resümee *ihrer*

[19] Zum folgenden vgl. bes. U. Horst, Umstrittene Fragen der Ekklesiologie, 119–136.

Glaubenserfahrung in Begegnung mit dem Denken und Fragen der eigenen Zeit, die das Formulierungsmaterial für das Resümee bereitstellen. Ist diese Zeit, diese Erfahrung, diese Problemspannung vorüber, dann *kann* das Dogma nicht länger *unmittelbar* dem persönlichen Glauben dienen, weil dieser sich in der neuen Lage nicht mehr so ausdrücken wird wie früher. Er wird ganz von selbst anders sprechen, die Begegnung mit der Zeit wird zu anderen Ansätzen führen – vielleicht bis zu einem neuen Resümee in einem neuen Dogma. Das alte Dogma wird dadurch nicht außer Kraft gesetzt, es wird nicht einmal einfach »übertroffen«. Wollte man es sich so denken, so wäre das genau so unsinnig, wie wenn man sagen wollte, ein an einer zweiten Wegscheide aufgestelltes neues Richtungsschild nach einer Stadt setze ein früheres, an einer ersten Wegscheide aufgestelltes Schild außer Kraft oder überbiete es. Alte und neue Formel haben grundsätzlich gleiches Recht vor der Sache des Glaubens – wenn man doch einen Wertvergleich durchführen will, dann unter anderen Gesichtspunkten als denen des Alters.[20] Eine neue Erfahrung des Glaubens kann sich nicht selbst für unwirklich halten unter Berufung auf das alte Dogma. Wenn es zum Beispiel zutrifft, daß sich uns die Frage nach dem Geheimnis Christi nicht mehr stellt in den Zentralbegriffen des Konzils von Chalkedon, nämlich »Natur« und »Person«, dann kann man diese Tatsache und die Frage an die kirchliche Verkündigung, die in ihr beschlossen ist, nicht durch einen Hinweis auf die Formel von Chalkedon aus der Welt schaffen. Die dogmatische Formel der Vergangenheit kann nicht im voraus alle möglichen Erfahrungen und Fragen der Zukunft bewältigen. Es bleibt nichts anderes übrig, als in der neuen Erfahrung einen neuen Sprechversuch des Glaubens zu wagen.

Die Spannung zu Formeln der Vergangenheit kann dabei unerträglich groß werden. Das für »Maximalisten« in Sachen unwiderrufliches Dogma wohl konsternierendste Beispiel ist der Wandel der kirchlichen Auslegung des Satzes »Außerhalb der Kirche kein Heil«:[21] Im Decretum pro Jacobitis des Konzils von Florenz von 1442, einem zweifelsfrei dogmatisch-definitorischem Dokument, wird mit kaum noch erträglicher Schärfe formuliert, niemand, der nicht zur katholischen Kirche gehört, könne dem höllischen Feuer entgehen, und hätte er selbst sein Blut für Christus vergossen.[22] Wieviel man auch zur Erklärung dieses Satzes vom Kontext und von der historischen Situation her sagen mag, der Wortlaut als solcher – auf den sich ja »Maximalisten« zurückzuziehen pflegen, wenn sie mit historischen Argumenten in die Enge getrieben werden – ist schlechterdings nicht mehr verständlich angesichts einer damals schon 1200jährigen kirchlichen Lehrüberlieferung von der Bluttaufe. Als 1952 der amerikanische Jesuit Feeney, diesmal unter Berufung auf die Enzyklika »Mystici Corporis«, aber mit dem Konzil von Florenz im Rücken, mit dieser Lehre Ernst machte, wurde er vom Sacrum Officium gemaßregelt[23] – von den Texten des Zweiten Vatikanums über

[20] Vgl. w. u. S. 275f.

[21] Vgl. dazu U. Horst, aaO. 170–186 [und w. o. S. 227 Anm. 65].

[22] DS 1351.

[23] Vgl. dazu A. Hoffmann, Die Heilsnotwendigkeit der Kirche nach einer authentischen Erklärung des Hl. Offiziums, in: Die Neue Ordnung 7 (1953) 90–99. Der Text findet sich DS 3866–3873.

das Heil der Nicht-Christen ganz zu schweigen.[24] Jede Deutung dessen, was unfehlbares Lehramt und unwiderrufliches Dogma heißt, muß diesem jederzeit im »Denzinger« oder im »Neuner-Roos« nachprüfbaren Befund standhalten. Schon von hier aus zeigt sich, daß die Abfolge der stets neuen Sprechversuche des Glaubens, die wir im weitesten Sinne »Dogmengeschichte« nennen, zwar ein Prozeß ist, dessen Ende wir gar nicht absehen können, aber kein Prozeß ständiger Vervollkommnung und ständigen Fortschritts, sondern durchaus auch der Abirrungen, der Sackgassen, darum auch des Rückwegs zu alten und neuen Ausgangspunkten.

4. These: Auch abgesehen von der geschichtlichen Bedingtheit jeder dogmatischen Formel ist kein menschliches Wort je imstande, die Fülle der Wahrheit Gottes anders als nur gebrochen wiederzugeben.

Diese These ist heute eine Binsenwahrheit, die man in jedem Handbuch der Dogmatik nachlesen kann. Wir wollen zwar nicht zuviel behaupten, aber heute dürfte man schwerlich einen katholischen Theologen finden, der eine wie auch immer verstandene Unwiderruflichkeit des Dogmas gleichsetzt mit der Behauptung, eine dogmatische Formulierung sage erschöpfend alles, was zur Sache zu sagen ist. Das zu behaupten, hieße ja in der Tat, daß menschliches Denken und Reden sich getraue, den unbegreiflichen Gott zu begreifen.
Immerhin folgt aus dieser These in Verbindung mit den beiden vorhergehenden etwas Entscheidendes für die Wesensbestimmung des Dogmas: Wegen der doppelten Begrenztheit des Dogmas durch die Bindung an eine bestimmte geschichtliche Stunde und die Angewiesenheit auf menschliche Sprache und ihre Grenzen ist das Dogma im Hinblick auf die Wahrheit des Glaubens nie einfachhin »das Beste, was wir sagen können«. Sogar im Rahmen seiner Grenzen muß es keineswegs die unübertreffliche Formulierung der Sache sein.
Noch mehr: Schon seit einiger Zeit gibt man zu bedenken, daß die Verkündung eines Dogmas und mit ihr die Art der Formulierung, unbeschadet der Wahrheit des positiv Ausgesprochenen und des Beistandes des Heiligen Geistes, mit Sünde verbunden sein kann.[25] Oder will man bestreiten, daß sich in die Formulierung und die Verkündung eines Dogmas auch Vorwitz, Ehrfurchtslosigkeit, Prestigebedürfnis, Machtwille, politische Ziele innerhalb und außerhalb der Kirche, Trägheit des Geistes und des Herzens, Blindheit für das Gebot der Stunde und dergleichen mehr einschleichen können? Die oftmals gegenüber Andersdenkenden schlicht beleidigende Sprache alter und auch noch neuzeitlicher dogmatischer Formulierungen ist auch für den, der die Geschichte nicht nur an den Maßstäben des 20. Jahrhunderts mißt, keineswegs nur amüsant, sondern

[24] Vgl. besonders Kirchenkonstitution Nr. 16 und die Erklärung über das Verhältnis der Kirche zu den nichtchristlichen Religionen. Aber schon das Ökumenismus-Dekret ist mit dem Decretum pro Jacobitis nicht zu vereinbaren.

[25] Vgl. z. B. K. Rahner, Was ist eine dogmatische Aussage?, in: Schriften zur Theologie, Bd. V., 54–81, hier: 56–59; W. Kasper, Dogma unter dem Wort Gottes, 137. [Vgl. jetzt aber die vorsichtige Selbstzurücknahme in: W. Kasper, Theologie und Kirche, Mainz 1987, 12.]

auch beschämend. Es mag immer noch sein, daß dieser Gedanke, obwohl er immer häufiger laut wird und auch in bezug auf konkrete Dogmen durchgedacht wird, hier und dort noch fremd erscheint. Aber es gibt keinen theologischen Einwand, der ihn verbietet.

Wenn nicht alles täuscht, hat hier Hans Küngs Buch und die anschließende Diskussion im Problembewußtsein einen Schritt weitergeführt. Wenn die *Gnade* des Heiligen Geistes, die immer bei der Kirche und in ihr gegenwärtig ist, bei der Verkündung eines Dogmas einen *moralischen* Fehler nicht ausschließt, warum soll die *Wahrheit* Christi, in der derselbe Geist die Kirche bewahrt, nicht auch einen *intellektuellen* Fehler, einen Irrtum bei der Verkündung eines Dogmas zulassen können, ohne daß dies ein Einwand gegen seine Präsenz in der Kirche wäre? Wer das grundsätzlich und ausnahmslos bestreitet, steht dann jedenfalls vor der Aufgabe, zu erklären, wie eine Formulierung, die gegebenenfalls unter Sünde zustande kam, nicht auch in ihrem intelligiblen Gehalt davon betroffen sein soll. Umgekehrt scheint es völlig einleuchtend, daß ein sündiges Handeln, wenn es bei der Formulierung einer Lehre die Feder führt, die Formulierung verdirbt, im Endergebnis falsch macht, mag auch eine richtige Intention zu erkennen sein. Wenn man es für möglich hält, daß bei der Verkündung eines Dogmas auch Sünde im Spiel sein kann, dann wird der Einfluß solcher Sünde sich nicht darauf beschränken, *daß* überhaupt ein Dogma verkündet wird – die Frage der sogenannten »Opportunität« –, sondern auch das *Was* und *Wie* der Aussage in Mitleidenschaft ziehen.

Von dieser Überlegung aus würde der Weg geradeaus dahin führen, unfehlbare Dogmen für ein Unding zu halten. Wir meinen aber – ohne die ganzen erkenntnistheoretischen und sprachphilosophischen Basisprobleme hier untersuchen zu können –, daß die Frage, so gestellt, zumindest ein untergeordnetes Problem, wenn nicht gar zu kurz gestellt ist. Denn eine Antwort kann nur gegeben werden, wenn zuvor geklärt ist, was hier »Wahrheit« beziehungsweise »Irrtum« besagen soll. Ist Wahrheit nichts als theoretische Richtigkeit und Irrtum nichts als theoretische Falschheit eines Satzes, dann muß, wer den Irrtum im Dogma für ausgeschlossen hält, die Einflußmöglichkeit der Sünde auf den Willen der Formulierenden beschränken und vom Intellekt ausschließen, und wer den Irrtum für möglich hält, muß sagen, was eine Wahrheit ist, in der man bleiben kann, obwohl man im einzelnen irrt. Beides ist auf der rein erkenntnistheoretischen Ebene schwer zu sagen und vor allem: es läßt die besondere Eigenart des Dogmas außer acht, einem *ganzmenschlichen,* personalen Vollzug des Glaubens zu dienen.[26] Wir dürften weiterkommen, wenn wir uns auch hier auf die pastoraltheologische Dimension der Frage nach Dogma und Unfehlbarkeit besinnen. Auch wenn es salomonisch klingt: Die Frage nach der theoretischen Richtigkeit ist bei einem *Glaubenssatz* nicht so entscheidend wie die Frage nach seinem Gebrauch. Es gibt Dogmen, die inhaltlich uns heute sehr problematisch sind, deren Gebrauch aber sehr viel Gutes – für Glauben und Kirche! – bewirkt hat. Die rigoristische Formel »Außerhalb der Kirche kein Heil« etwa hat ungeheure

[26] Vielleicht ist hier das schwierigste Verständigungsproblem in der Kontroverse zwischen H. Küng und K. Rahner. Vgl. O.H. Pesch, Unfehlbarkeit im Disput (s. Anm. 1), 86–88.

emotionale Energien für die Mission mobilisiert, und noch ist nicht abzusehen, ob die neue Verhältnisbestimmung zwischen Kirche und Nicht-Christen auf dem Zweiten Vatikanum dieselben Energien freisetzt. Umgekehrt hat mancher durchaus richtige Glaubenssatz in seinem Gebrauch Spaltung und Verhärtung zur Folge gehabt. Wichtiger als die Frage, ob ein Dogma irrig sein kann, scheint die andere Frage, was zu *tun* ist, wenn der *Eindruck* aufkommt, ein Dogma könne irrig sein, und was dann von dem, der es verkündet, verlangt werden darf und muß. Verständlicher wird all dies, wenn wir uns verstehen könnten auf eine

5. These: Die Dogmengeschichte ist kein Prozeß kontinuierlich fortschreitender, immer vollkommener Formulierung der Glaubenswahrheit.

Noch während des Zweiten Vatikanischen Konzils konnte man zuweilen hören, das Konzil erfülle eine durch die früheren Konzilien noch nicht gelöste dogmengeschichtliche Aufgabe. Die altkirchlichen Konzilien hätten die Lehre von Gott und Christus endgültig klargestellt, das Trienter Konzil habe die Gnadenlehre geklärt. Übrig bleibe die Klärung der Lehre von der Kirche. Diese Aufgabe sei vom Ersten Vatikanum angepackt worden und harre nun auf dem Zweiten Vatikanum ihres Abschlusses. Man fragte sich angesichts solcher Äußerungen, ob das Zweite Vatikanum dann wohl das letzte Konzil der Kirchengeschichte sein würde und wir nun endlich den Schatz der Glaubenswahrheit lückenlos beisammen hätten und uns getrost in unseren Bemühungen um das Glaubensverständnis zur Ruhe setzen könnten. Niemand wird das im Ernst annehmen, aber es wäre eigentlich unausweichlich, wenn man sich die Geschichte der Dogmen und der Konzilien in der beschriebenen Weise als Prozeß ständiger Vervollkommnung vorstellt.

Indes, ebenso wenig wie die Kirchengeschichte ist die Dogmengeschichte ein Prozeß unaufhaltsamen Fortschritts.[27] Das Fortschrittsmodell taugt nicht zur Deutung der Geschichte. Es kann nur dazu führen, sich ein aus irgendwelchen Gründen gewünschtes Geschichtsbild zu konstruieren und für das, was dazu nicht paßt, bestimmte Jahrhunderte (das »finstere« 10. Jahrhundert, das Spätmittelalter), bestimmte Persönlichkeiten (Arius, Friedrich II., Luther, Karl Marx), bestimmte geistige Bewegungen (Laienbewegungen des Mittelalters, Humanismus, Rationalismus) zu Sündenböcken abzustempeln. Das Verfahren ist ebenso unglaubwürdig, wie es leider beliebt ist. Schuld daran ist die eigentlich nicht recht erklärliche Neigung, sich die Geschichte der Kirche als kontinuierlichen Fortschritt vorzustellen.

Nun soll gewiß nicht geleugnet werden, daß es in der Kirchengeschichte und jetzt speziell in der Dogmengeschichte Fortschritt gibt. Aber es gibt den Fortschritt immer nur auf der Linie *eines* bestimmten Ansatzes. Auf der Linie vom Joh 1,14 zum Beispiel ist die Formulierung des Konzils von Chalkedon ein Fort-

[27] Vgl. I. W. Frank, Das trojanische Pferd in der Kirchengeschichte, in: Wort und Antwort 9 (1968), 106–111 [und M. Seckler, Der Fortschrittsgedanke in der Theologie, in: Ders., Im Spannungsfeld (s. Anm. 4), 127–148].

schritt an Deutlichkeit gegenüber der von Nikaia und erst recht gegenüber den einfältigen Formeln des 2. Jahrhunderts. Selbstverständlich bedeutet das Konzil von Konstantinopel von 381 mit seinem erweiterten Glaubensbekenntnis einen Fortschritt gegenüber dem Konzil von Nikaia. Selbstverständlich ist die mit aristotelischen Begriffen formulierte Transsubstantionslehre der Hochscholastik ein Fortschritt gegenüber der unpräzisen Verwendung des Wortes »transsubstantiatio« beziehungsweise der Begriffe »Substanz« und »Akzidenz« in der frühscholastischen Kontroverse um Berengar von Tours.[28] Aber die Dogmengeschichte als *Ganzes* ist nicht ein ständiger Fortschritt. Sie ist vielmehr eine Geschichte immer neuer Ansätze, die nur selten voneinander ableitbar sind, vielmehr durch neue, unerwartete geistige Situationen erzwungen werden – oft nicht ohne schmerzlichen Bruch mit dem, was vorher war. Man vergegenwärtige es sich an dem klassischen Fall Martin Luther: Heute, nach 450 Jahren, beginnen wir zu ahnen, daß bei diesem Mann ein neuer Ansatz theologischen Denkens aufbrach, der seine christliche Legitimität hat, *obwohl* er damals faktisch nicht zu verkraften war und zum Bruch der Kircheneinheit führte.[29]

Wenn diese Überlegungen richtig sind, kommen wir nicht umhin, den Gesamtbestand der aus der Geschichte der Kirche überlieferten Dogmen mit neuen Augen anzuschauen. Der Vorstellung, alle uns vorliegenden dogmatischen Definitionen lückenlos miteinander begrifflich verrechnen zu können, müssen wir uns verschließen. Um noch einmal an das verwirrendste Beispiel zu erinnern: Das Decretum pro Jacobitis und die Lehre des Zweiten Vatikanischen Konzils über das Heil der Nichtchristen sind nicht miteinander zu vereinbaren, es sei denn, man entschlösse sich zu völlig unglaubwürdigen Ausflüchten, bei denen die Worte nicht mehr sagen dürfen, was sie sagen. Vielmehr müssen wir es uns so denken: Jede kirchliche Lehrformulierung ist an *ihrem* Ort der – mit aller menschlichen Schwäche und Sündhaftigkeit und, je nach Verständnis, Irrtumsfähigkeit belastete – Versuch, das Geheimnis des von Gott uns in Christus geschenkten Heils neu auszusprechen und zu verantworten in der Begegnung mit den Fragen der Zeit und dem Denken der Zeit, mit den Schwerpunkten und Akzenten – und daher auch Einseitigkeiten –, die sich aus der Forderung der Stunde und den nicht manipulierbaren Verstehensbedingungen der Menschen dieser Zeit ergeben.

[28] Vgl. E. Schillebeeckx, Die eucharistische Gegenwart. Zur Diskussion über die Realpräsenz, Düsseldorf ^{2}1968, bes. 7–12. Dort weitere Literatur.

[29] Vgl. O.H. Pesch, Luthers Theologie – Vergangenheit oder Zukunft?, in: W. Seibel/ O.H. Pesch, Luther heute, Kevelaer 1969, 22–38; Ders., Abenteuer Lutherforschung. Wandlungen des Lutherbildes in katholischer Theologie, in: Die Neue Ordnung 20 (1966), 417–430, bes. 423–425; Ders., Luthers theologisches Denken – eine katholische Möglichkeit?, in: Die Neue Ordung 23 (1969), 1–19; Ders., Die Frage nach Gott bei Thomas von Aquin und Luther, in: Die Neue Ordnung 24 (1970), 1–20; Ders., Ketzerfürst und Kirchenlehrer. Wege katholischer Begegnung mit Martin Luther, Stuttgart 1971; Ders., »Das heißt eine neue Kirche bauen« (vgl. Anm. 10). In allen Arbeiten weitere Literatur. [Diese Liste kann jetzt ersetzt werden durch den Hinweis auf meine beiden Bücher: Hinführung zu Luther, Mainz ^{2}1983 (dort Anm. 16, Verzeichnis auch der jüngsten Überblicke), und: Gerechtfertigt aus Glauben. Luthers Frage an die Kirche, Freiburg 1982, bes. 13–55.]

Aufs Ganze gesehen ist die Dogmengeschichte also gleichsam die Gesamtheit einer Anzahl von Wegweisern oder Wegmarkierungen, die an bestimmten Punkten des Geschichtsweges der Kirche für ein begrenztes Wegstück die Richtung weisen. Diese Wegweisung gilt so lange, bis die Richtung an einer neuen strittigen Wegscheide neu angegeben werden muß. So wenig ich nun zum Beispiel den Weg nach Hamburg weiß, wenn man mich in einen Geräteschuppen führt, wo sämtliche Wegweiser nach Hamburg wohlgeordnet beisammenstehen, so wenig weist mir eine von ihrem geschichtlichen Ort abgelöste Zusammenstellung dogmatischer Formulierungen (zum Beispiel im Denzinger) den Weg, wie ich in Verantwortung vor der heutigen geschichtlichen Stunde glauben soll.[30] Die Dogmengeschichte und die Dogmen selbst sind nur dann (und auch dann nur mittelbar) eine Hilfe für den persönlichen Glauben, wenn ich den *Glaubensweg der Kirche*, den sie markieren, mir zeigen lasse, diesen Weg genau kennenlerne und dann aus dem gegangenen Weg die Richtung für die nächsten Schritte entnehme – vielleicht nur für ein ganz kurzes Stück, an dessen Ende ich wieder vor neuen Fragen stehe. *Wenn* man ein Modell zum Verständnis der Dogmengeschichte sucht, dann kann es nicht etwa das wachsende Arsenal naturwissenschaftlicher Erkenntnisse oder technischer Möglichkeiten sein, sondern vielleicht die sich wandelnde Art, wie die Jahrhunderte und Jahrtausende je anders, aber mit gleichem Recht von denselben Grundgegebenheiten des menschlichen Lebens reden, vom Leben und Sterben, von Freude, Liebe und Leid. Ein Liebesgedicht der Sappho ist etwas anderes als das Hohelied des Alten Testamentes, das Liebesgedicht eines spätrömischen Dichters, ein Minnegesang des Mittelalters, ein Liebesroman der Renaissance oder ein moderner erotischer Schlager. Und doch reden sie alle vom selben menschlichen Phänomen. So reden wir heute zwangsläufig – auch noch bei größter Treue zum Wortlaut der Dogmen – unter dem Druck heutiger Fragen mindestens in der Verkündigung und im unmittelbaren religiösen Gespräch anders von Christus, von der Erlösung, von Gott, als die Theologen des 5. Jahrhunderts oder die Marktweiber von Alexandrien, die darüber diskutierten, ob Maria der Titel »Gottesmutter« (theótokos) zukomme. Aber wir reden von demselben Christus, demselben Gott und seiner Gnade, von dem alle Dogmen der Vergangenheit geredet haben. Übrigens: Auch noch das herkömmliche »intellektualistische« Offenbarungs- und Dogmenverständnis ist vielleicht *eine*, zu ihrer Zeit durchaus gültige Art, von der Glaubenswahrheit zu reden. Wenn uns die Lösung von diesem Verständnis, die heute unvermeidlich scheint, besonders schwerfällt, so liegt das daran, daß wir es hier mit der letzten Station des Glaubensverständnisses vor unserer Gegenwart zu tun haben und in der Regel in ihr aufgewachsen und erzogen worden sind.

[30] Dieses treffende Bild spricht sich in den letzten Jahren ein wenig herum. Ich konnte seinen Urheber nicht feststellen. [Zur Sache vgl. O. H. Pesch, Frei sein aus Gnade, Theologische Anthropologie, Freiburg 1983, 105–115; u. w. o. den Beitrag über Fundamentaltheologie und Dogmatik, bes. S. 38 ff, und w. u. S. 286 und Anm. 42.]

6. These: Die Einheit der Dogmengeschichte gründet nicht in einem sich gleichbleibenden, zeit- und geschichtsüberlegenen, alles zusammenfassenden »Supersatz«, sondern in der Bindung des Lebens an den einen, in Christus an uns handelnden Gott, in welchen Formeln sich diese Bindung auch immer ausdrücken mag.

Damit ist in der Tat gesagt, daß Einheit und Kontinuität der Dogmengeschichte zuletzt keine theoretisch nachrechenbare Sache sind. Der Versuch, die Kontinuität der kirchlichen Verkündigung durch begriffliches Nachrechnen sichern und geradezu nachweisen zu wollen, ist eine subtile Art von Rationalismus. Wird er mit dem Anspruch unternommen, dem Glauben geradezu sein Fundament zu verschaffen, so ist das eine Art von Kleinglaube, der naturgemäß durch jede kleinste störende Tatsache der Dogmengeschichte in äußerste Unruhe zu versetzen ist. Wirklicher Glaube aber wird die Führung des Heiligen Geistes gerade auch *in* allen Brüchen menschlicher Formulierungsbemühungen erkennen und bejahen und – gerade daraufhin von aller Beklemmung und Angst vor der Geschichte des Dogmas frei werden, ja geradezu am Dogma Freude gewinnen, weil es Erscheinungsform eines zur Reife gekommenen Glaubens ist, der jederzeit die Verantwortung vor der geschichtlichen Stunde und ihren Verstehensbedingungen hochherzig übernimmt, selbst unter dem Risiko der Unzulänglichkeit, der Aussicht auf Ungenügen für die fernere Zukunft.
Hier können wir zu dem zweiten Kreis von Fragen übergehen, die uns nun beschäftigen müssen: Wie soll der Glaube *heute* fruchtbar mit dem in der *Vergangenheit* formulierten Dogma umgehen?

II. Glaube und kirchliche Lehrformulierung – heute

Haben wir die Überlegungen des ersten Teils in Thesen zusammenfassen können, so werden wir das folgende in Form einiger Aufgaben (positiver und negativer Art) zu formulieren haben.

1. Aufgabe: Das Dogma darf nicht als »Axiom«, als Grund- und Ausgangssatz der theologischen Arbeit angesehen und benutzt werden – jedenfalls darf man niemanden dazu zwingen.

Diese erste – negative – Aufgabe ist nur scheinbar schockierend. Sie wird im Gegenteil fast selbstverständlich, wenn wir an unsere bisherigen Überlegungen, insbesondere an die 2. These zurückdenken und außerdem beherzigen, daß das theologische Nachdenken, also die tagtägliche Arbeit des Theologen an der Aufgabe, dem Denken seiner Zeit glaubwürdig und verständlich, »treffend« im wörtlichen Sinne das Evangelium auszurichten, etwas anderes ist als die Formulierung eines Dogmas oder einer offiziellen kirchlichen Stellungnahme in Fragen der Lehre. Wie soll das treffende Reden vom Evangelium geschehen können durch einfache Rezitation eines unter ganz anderen geistesgeschichtlichen Voraussetzungen formulierten Dogmas?

Wenn wir von allgemeinen Überlegungen ins Detail gehen und unseren Umgang mit den alten Dogmen einmal aufmerksam beobachten, werden wir feststellen, daß wir, ohne viel zu fragen, stets im Sinne der formulierten ersten Aufgabe vorgehen: Wenn wir zu jemandem über den Glauben reden, beginnen wir nie mit dem Zitat des Dogmas. Vielmehr erkunden wir zunächst die »Verkündigungssituation«, sehen zu, wo der Hörer die Botschaft braucht, suchen sie ihm zu sagen in einer Sprache, die er verstehen kann... Bestenfalls am Schluß weisen wir daraufhin: So hat die Kirche immer schon geglaubt – und belegen es mit einem Zitat des Dogmas und gegebenenfalls mit historischem und systematischem Kommentar. Noch das konventionellste Handbuch der Dogmatik verfährt so: Zunächst wird in einer (wenigstens der Absicht nach) dem heutigen Leser angepaßten Sprache der anzueignende theologische Lehrsatz ausgesprochen. Das Dogma fungiert – wenn auch an bevorzugter Stelle unmittelbar nach oder gar vor den Schriftbeweisen – in der Rolle des *Beweismittels.* Zugespitzt gesagt: Am Schreibtisch kann der Theologe sich vielleicht zum Hüter der Orthodoxie ernennen und die dogmatische Formel an den Anfang von allem stellen, sie zum Ausgangs- und Zielpunkt machen. Aber – gottlob – das Reden über den Glauben mit konkreten Menschen, das Mitdenken mit *ihnen* ändert ohne viel Federlesens immer wieder das Gefälle und die Reihenfolge der Fragen. Diese Beobachtung mag eine gewisse »Beruhigung« sein, falls die Formulierung unserer ersten Aufgabe als zu waghalsig erscheint. Aber kommen wir zu den Sachgründen!
Wenn unsere 2. These richtig ist, dann müssen wir das Dogma zunächst einmal hinnehmen als Zeugnis der *Kirchengeschichte.* Es ist ja eine Krisenmaßnahme – unter Umständen mit sehr viel politischem Hintergrund. Als solche steckt sie den betretbaren Boden ab, sichert Grenzen, trifft eine Sprachregelung für das Bekenntnis. Wir haben es an Einzelheiten der altkirchlichen Dogmen skizziert, und dasselbe gilt noch für das Trienter Konzil und für das Erste Vatikanum – obwohl man dort ansonsten viel beredter ist als früher. Steht es aber so, dann *kann* niemals der ganze Reichtum der theologischen Verstehensbemühungen, die im »Resümée« des Dogmas zusammenlaufen, in die Formulierung eingehen. Das Dogma ist eben deshalb kein theologischer Entwurf. Es ist nicht gleichsam ein Malbuch mit Konturen, das der Theologe nur noch bunt auszumalen hätte. Daher ist das Dogma auch kein »Axiom«, kein Ausgangssatz der theologischen Arbeit, der lediglich zu kommentieren wäre. Ein Dogma *kann* auch das einmal sein. Gerade das Dogma von Chalkedon ist in dieser Weise ungeahnt fruchtbar geworden, indem viele Theologen vieler Jahrhunderte bis heute es zum Ausgangspunkt des theologischen Nachdenkens machten, seine Begriffe und Formeln abhörten und ausarbeiten.[31] Aber fruchtbar wurde die chalkedonische Formel nicht, *weil* sie Dogma ist, das heißt nicht kraft ihrer ekklesiologischen Funktion, sondern wegen des in ihr investierten Gedankengutes, genauer: wegen der scharfen Paradoxie, in der sie redet und in der das Geheimnis Christi so zur Sprache kommt, daß es nie rationalistisch aufgelöst wird, sondern bleibend zu denken gibt. Der Normalfall ist das nicht. Das theologisch viel ausführlichere

[31] Vgl. vor allem den 3. Bd. des w. o. in Anm. 7 genannten großen Sammelwerkes über das Konzil von Chalkedon [u. w. o. S. 142ff].

Trienter Konzil ist zum Beispiel in seiner Rechtfertigungslehre nur und erst dann theologisch fruchtbar geworden, als man es – historisch möglicherweise zu Unrecht – auf dem Hintergrund der Theologie des Thomismus las und interpretierte.[32] Die theologische Fruchtbarkeit des Tridentinums wäre also Fruchtbarkeit des Thomismus in der beanspruchten Deckung durch das Trienter Konzil, und der Vorsprung des Thomismus vor den anderen mittelalterlichen Schulen in der Neuzeit beruht zum großen Teil auf diesem Zusammenhang.

Dogmen als verpflichtenden Ausgangspunkt des theologischen Denkens anzusehen und auswerten, heißt also in der Regel ihre innerkirchliche Funktion überfordern. Dogmen sind nicht »Axiome«, sondern gleichsam eine »Wasserwaage«, die *nachträglich* an das Ergebnis der theologischen Arbeit zu Kontroll- und anderen Zwecken herangehalten wird. Die theologische Arbeit selbst dagegen kommt aus anderen Impulsen in Gang: aus der Begegnung des vom überlieferten Evangelium geschaffenen Glaubens mit den Fragen und Verstehensbedingungen der Zeit.

Der Fehler, Dogmen als »Axiome« zu benutzen, ist in der Theologie nicht immer vermieden worden. So sind für Thomas von Aquin die Glaubensartikel des Apostolischen Glaubensbekenntnisses die »principia« der theologischen Wissenschaft, und diese hat die Aufgabe, jene in die »Konklusionen« zu entfalten, sie durch »Schlußfolgerungen« zu kommentieren.[33] Das *kann* man als theologisches Programm natürlich durchführen, aber *muß* es nicht um des Glaubens willen allein auf *diese* Weise tun. Der Wortlaut des Dogmas bekommt dabei jedenfalls eine andere Funktion, als sie das Dogma als solches hat. Gottlob übrigens hat sich Thomas faktisch nicht an dieses Konzept gehalten, man müßte seine Theologie sonst als großen Krampf ansehen.[34]

2. Aufgabe: Das Dogma ist anzunehmen als Zeugnis der Geschichte des Glaubens, der auch der unsrige ist.

Diese Aufgabe entspricht der 3. These. Heutiger Umgang mit dem Dogma bedeutet: Wir müssen es zu einer »Solidarität« mit den Menschen bringen, die zu ihrer Zeit und mit den Mitteln ihrer Zeit so um das Verständnis des Handelns Gottes an uns und unserer Hingabe an Gott gerungen haben, wie wir es tun. Sammlungen dogmatischer Formeln werden völlig steril, wenn wir nicht in der Lage sind, Menschen dahinter zu sehen. Auch Sünder! Man denke etwa an den Patriarchen Kyrillos von Alexandrien, den starken Mann auf dem Konzil von

[32] Vgl. dazu die Kontroverse zwischen H. A. Oberman und H. Rückert, w. o. S. 127 Anm. 37.

[33] Vgl. Thomas von Aquin, STh I 1,2. 8; II–II 1, 6–8.

[34] Die ca. 6000 Artikel der STh als bloßen Kommentar zum Apostolischen Glaubensbekenntnis anzusprechen – und wäre es auch nur im weitesten Sinne –, dürfte mindestens sehr gewaltsam sein. [Zum Theologiebegriff des Thomas vgl. jetzt G. Greshake, Theologie – eine Wissenschaft? Ein Gespräch mit Thomas von Aquin über die Theologie als Wissenschaft vom Heil, in: Ders., Gottes Heil – Glück des Menschen, Freiburg 1983, 353–390; M. Seckler, Theologie als Glaubenswissenschaft, in: Handbuch der Fundamentaltheologie IV (s. Anm. 5), 7. Kapitel.]

Ephesos (431). Schon zwei Jahre nach dem Konzil kann er eine Unionsformel mit seinen Gegnern von der antiochenischen Schule zugeben, die die Lehre von den zwei Naturen in Christus anerkennt[35] – er der Kämpfer für die »mia physis«, die eine Natur in Christus, in der Gottheit und Menschheit vereint sind. Wie soll man da die Schärfe seiner »Anathematismen« von 431[36] rechtfertigen, die zur Verurteilung und Verbannung des Patriarchen Nestorios führten, wenn zwei Jahre später die »häretische« Auffassung zumindest schon diskutabel ist – ganz zu schweigen davon, daß nur zwanzig Jahre später die Formel des Kyrillos durch das Konzil von Chalkedon als nicht mehr zulässig erklärt wurde?[37]
Nur auf dem Wege solcher Solidarität der Glaubenden, die im Umgang mit dem Dogma zu realisieren ist, kann deutlich und glaubhaft werden, warum und in welchem Sinne ein Dogma verpflichtet: Es verpflichtet kraft und im Maß der Gemeinsamkeit des einen Glaubens durch allen Wandel der geistigen Situationen hindurch. Diese Gemeinsamkeit hat man nicht in einer Formel ein für allemal, sondern nur in dem nie endenden Prozeß, die überlieferte Formulierung der Botschaft zur Begegnung mit den geistigen Impulsen der eigenen Zeit zu bringen. Daher ergibt sich die

3. Aufgabe: Im Umgang mit dem überlieferten Dogma ist unsere eigene Situation nicht als Störung zu betrachten, sondern als geistige Aufgabe anzunehmen.

Vor dieser Aufgabe sich drücken und der Kirche den verbitterten Vorwurf machen, sie verstehe nicht mehr zu reden und habe nur die alten Formeln, das ist kein verantwortlicher Umgang mit dem Dogma. Das Dogma ist sowohl an seinem Ursprung als auch in seiner weitergehenden neuen Aneignung und Verarbeitung Sache der Gesamtkirche, wie die Glaubensverkündigung auch. Jeder Christ hat an der Formulierung heutiger Glaubenserfahrung mitzuarbeiten durch das eigene Denken und durch die Erfahrungen, die jeder an seinem Ort im Leben macht. So wirken grundsätzlich alle mit an der Urteilsbildung in der Kirche angesichts der Forderung der heutigen Stunde. Nur so bleibt der Glaube in der Selbigkeit des *Lebens* mit dem Glauben der Alten und nicht in der toten Selbigkeit der rezitierten Formel. Und nur so wird die Voraussetzung dafür geschaffen, daß – wenn das nötig werden sollte[38] – eines Tages auch die Summe *unserer* Glaubenserfahrung eingebracht wird in ein neues Dogma im technischen Sinne des Wortes.

[35] DS 271–273.
[36] DS 250–263.
[37] Auch dies ein Beispiel, wie sehr Vorsicht am Platz ist mit der Behauptung, es gäbe keine Revision dogmatischer Formulierungen, die mehr sei als nur Ergänzung oder Präzisierung.
[38] Die Tatsache, daß das Zweite Vatikanum kein formelles Dogma verkündet hat, obwohl Anträge vorlagen, macht hier nachdenklich [vgl. w. o. S. 42]. Sollte die Lehrverkündigung in der strengen Form des Dogmas eine Notwendigkeit früherer Zeiten gewesen sein, aber nicht mehr der unseren? Wollte man sich auf dem Konzil angesichts der Unüberschaubarkeit heutigen geistigen Lebens die Möglichkeit offen halten, unbehindert auf noch unbekannte neue Fragen der Zukunft einzugehen?

Dogma als Sache der Gesamtkirche: Das schließt natürlich auch ein herzhaftes Ja ein zu einem Antagonismus der Kräfte und Meinungen. Wo Urteilsbildung getrieben wird, da wird auch gekämpft und darf gekämpft werden bis an die Grenzen, die die Liebe zieht. Etwas von solchem Antagonismus, den es allzu lange nicht geben zu dürfen schien und den es deshalb nur getarnt gab, erleben wir heute offen – die einen bestürzt, die anderen erleichtert. Jedenfalls müssen wir uns darauf einstellen und dürfen keine Anstrengung des Begriffes scheuen, im Maß der eigenen Kräfte an dieser kämpferischen Urteilsbildung teilzunehmen. Nur so wird im übrigen auch empirisch greifbar (und bleibt nicht nur theologische Behauptung), daß das Dogma Sache der Gesamtkirche ist und daß der, welcher ein Dogma verkündet, ausspricht, was *die Kirche* glaubt und denkt.[39]

4. Aufgabe: Der ursprüngliche Ort des Dogmas im liturgischen Bekenntnis stellt die Aufgabe, gerade heute darauf zu achten, daß die theologische und zuletzt dogmatische Formulierung in einer unserem Denken angepaßten Bekenntnissprache geschieht.

Ohne Verzicht auf wissenschaftliche Präzision müßte doch die dogmatische Sprache heute mehr denn je vom »Fach-Chinesisch« Abschied nehmen. Das Zweite Vatikanum ist schon mit gutem Beispiel vorangegangen. Wie sehr es möglich ist, ganz moderne Sprechweisen von Christus, die nicht an der Sprache des Konzils von Chalkedon Maß genommen haben, in einer Sprache zu formulieren, die Sprache des gottesdienstlichen Bekenntnisses sein kann, zeigen die holländischen Versuche neuer Hochgebete der Messe, die eben deshalb kein kirchenamtliches Verbot um ihre Sympathien bringen konnte, weil man spürt, daß hier auch in der Liturgie und gerade in ihr so von Christus geredet wird, wie wir auch an ihn glauben und den Zugang zu seinem Geheimnis suchen.[40]

5. Aufgabe: Der Erkenntniswert des Dogmas ist nur zu suchen im Zusammenhang mit der vor-theoretischen Wirklichkeit des lebendigen Glaubens an den in Christus an uns handelnden Gott.

Man könnte nach den bisherigen Überlegungen mit einem gewissen Recht fragen: Welchen Erkenntnisgewinn gibt denn das Dogma noch, angesichts all der Einschränkungen, die wir machen mußten? Wir müssen in mehreren Stufen antworten.

a) Vielleicht ist in bestimmten Grenzen das Dogma als gemeinsame, alle Mei-

[39] Im »Wort der deutschen Bischöfe zur Enzyklika Humanae vitae« ist, über das vorausgehende »Lehrschreiben an alle, die mit der Glaubensverkündigung beauftragt sind« hinaus, diese neue Art der innerkirchlichen Urteilsbildung, u. U. auch in Absetzung von früher formulierter kirchlicher Lehre, erstmalig anerkannt worden. Vgl. w. o. S. 253–265: 264f.

[40] Es wäre eine lohnende Aufgabe, einmal die implizite Christologie dieser Versuche [vgl. A. Schilling, Fürbitten und Kanongebete der Holländischen Kirche, Essen 1969] herauszuarbeiten und sie zu vergleichen einerseits mit der üblichen Christologie der Dogmatik-Handbücher und andererseits mit den christologischen Entwürfen der Gegenwart.

nungen auf einen Nenner bringende Formel möglich oder gar nötig.[41] Vor allem in der alten Kirche war es nötiger, als wir uns wohl noch vorstellen können. So sollten zum Beispiel die chalkedonischen Antithesen den von der stoischen Philosophie geprägten Geistern *und* den Antistoikern gemeinsam das Bekenntnis zu Christus ermöglichen. Aber je länger die Geschichte andauert, je mehr geistige Situationen die Kirche in sich beheimaten muß, desto schwieriger wird es, die alle vereinende Formel zu finden. Auf alle Fälle kann sie nur ganz »formalistisch« sein. Was läßt der Satz: »Jesus ist Gott und Mensch« eigentlich wirklich *begreifen?* Wissen wir denn, was Gott-sein heißt? Oder was haben wir begriffen – Leben weckend begriffen –, wenn wir mit Karl Rahner den Inhalt des Glaubens auf die abstrakte Formel bringen: Das ferne, schweigende Geheimnis hat sich uns als das nahekommende Geheimnis mitgeteilt?[42] Wir könnten tatsächlich den Versuch machen, in allen Dogmen die gemeinte Sache zu lösen von ihren begrifflichen Einkleidungen, die uns vielleicht fremd geworden sind. Das Ende wäre immer diese oder jene abstrakte Formel. Diese brächte ohne Zweifel eine bleibende Grundstruktur der Aussagen des Glaubens und damit die Kontinuität in der Vielfalt der konkreten Entwürfe zur Darstellung, sie wäre für viele geistige Situationen nachsprechbar, und das hat seine Bedeutung und seinen Wert. Aber den entscheidenden Sinn des Dogmas würden solche abstrakten Formeln gerade nicht erfüllen: Sie würden gerade nicht in der konkreten Situation, für konkrete Menschen ein gemeinsames Bekenntnis ermöglichen und einen Weg verstehenden Glaubens weisen. Mit Leerformeln kann man nicht leben und bekennen, sie machen durch ihre Abstraktheit und Zeitlosigkeit die Sache gerade *nicht* lebendig gegenwärtig. Daher muß man urteilen:

b) Nur *in* konkret-inhaltlichen Sätzen ist die Sache des Glaubens lebendig da, nur *in* geschichtlich bedingten und perspektivisch begrenzten Formeln kann sie geschichtsmächtig werden. Die Unterscheidung von »Sache« und begrifflicher, sprachlicher »Einkleidung« hat ihre große Gefahr, weil sie die Vorstellung nahelegt, man könne die Sache auch ohne die Einkleidung haben. Wir kommen nicht daran vorbei, ein konkretes Credo zu sprechen, auch und gerade wenn wir wissen, daß unsere Worte nur ein Stammeln sind vor der Wirklichkeit, die wir bekennen. Aber wie nun, wenn wir ohne Selbstvergewaltigung die *alten* konkretinhaltlichen Sätze eventuell nicht mehr vollziehen können – oder jederzeit mit solch einer Situation rechnen müssen?[43] An dieser Zuspitzung kommt nun heraus, wie wir allein den bleibenden Erkenntniswert der überlieferten Dogmen uns erschließen können:

c) Die Gesamtheit der Formeln weist einen *Weg,* wie wir schon sagten. Diesen Weg kann ich zurückgehen und überblicken. Nach vorwärts gibt er mir eine Richtung an für das Denken und die Selbstformulierung des Glaubens in der

[41] Vgl. den in Anm. 18 genannten Aufsatz von M. Seckler.

[42] Vgl. K. Rahner, Über den Begriff des Geheimnisses in der katholischen Theologie, in: Schriften zur Theologie, Bd. IV, 51–99: 98 [vgl. auch die Hinweise in Anm. 30].

[43] Dieses Problem war Gegenstand einer Tagung der Katholischen Akademie in Bayern und der Evangelischen Akademie Tutzing, deren Referate vorliegen in: P. Brunner/G. Friedrich/K. Lehmann/J. Ratzinger, Veraltetes Glaubensbekenntnis?, Regensburg 1968.

eigenen Zeit. *Das genügt.* Hier müssen nun die neuen Versuche der Sprachregelung gemacht werden, ohne zu fragen, was die Zukunft daraus machen, wie sie darüber denken wird. Im Denken sich an den Schnittpunkt zwischen dem aus der Geschichte (in dogmatischen Formulierungen, aber nicht nur in solchen) auf uns zukommenden Wort der Heilsbotschaft und dem Denken unserer Zeit zu stellen – das heißt gegenwärtiger Umgang mit dem alten Dogma. Man müßte einmal an großen Themen der Theologie durchexerzieren, wie das möglich ist, noch mehr, wie es immer schon geschehen ist, ohne daß man es sich reflex bewußt gemacht hat. Etwa am Verständnis der Sünde, der Erbsünde, der Gnade, des Glaubens, der Lehre von den theologischen Tugenden. Das ist hier nicht möglich – aber es ist möglich und instruktiv. Die Aufgabe heißt dann jedenfalls: Geschichte, Geistesgeschichte und Theologiegeschichte studieren – wer dazu nicht bereit ist, sollte sich nicht zum Thema »Dogma« äußern. Die Aufgabe heißt: sich faszinieren lassen von diesem Ringen um den Glauben auch und gerade in einer uns fremden geistigen Welt. Die Aufgabe heißt: auf diese Menschen, die die alten Dogmen formuliert haben, lauschen – und dann darauf lauschen, was die Tradition im eigenen, glaubenswilligen Geist in Bewegung bringt. Und dann gilt es, auszusprechen versuchen, was sich dabei eröffnet an Wegen des Verstehens. Es handelt sich dabei letztlich um einen Vorgang jenseits bloß rationalen Schlußfolgerns, einen Vorgang, der nicht selten Ähnlichkeit mit dem künstlerischen Einfall hat, der aber nie darauf verzichten kann, sich immer wieder in Begriffen, Worten und Sätzen auszudrücken. Oder nun umgekehrt: Das Dogma beruht zuletzt immer auf einer vorintellektuellen Schicht des gläubigen *Lebens,* des persönlichen Anhangens an Gott, eben des Glaubens, sofern er *mehr* ist als Formulieren und Bejahen dogmatischer Sätze. Der Erkenntniswert, die Erkenntnis- und Verstehenshilfe des Dogmas für den Glauben reicht so weit, als sie diese lebendige Glaubenserfahrung erhellt und ermöglicht, denn nur vor dem Hintergrund dieses Lebens wird verstanden, was das Dogma meint und wovon es spricht. Es ist hier nicht anders wie auch sonst im Verhältnis von Theorie und Erfahrung: *Sätze* über den Tod etwa versteht nur, wer schon irgendwie *erfahren* hat, was Sterben ist.
Wir haben nun alle gedanklichen Elemente beisammen, um uns der delikatesten Aufgabe verantwortlich zu stellen:

6. Aufgabe: Bei der Verkündung eines neuen Dogmas (oder der Einschärfung eines alten) ist die allgemeine Zustimmung zu dem, »was die Kirche glaubt«, selbstverständlich aufgrund der Rückbindung des persönlichen Glaubens an die Gemeinschaft der vor mir schon Glaubenden. Die Integration des (neuen) Dogmas in den gläubigen Lebensvollzug dagegen ist unerzwingbar wie der Glaube selbst.

Die Handbücher der Maroltheologie pflegen bei der Behandlung der »göttlichen Tugend des Glaubens« zu fragen: Wann muß man einen ausdrücklichen Glaubensakt vollziehen? Unter den bei der Antwort aufgezählten Fällen ist an hervorragender Stelle dann zu lesen: Wenn ein neues Dogma verkündet wird.[44] Wie nun aber, wenn das beim besten Willen nicht geht ohne Selbstvergewaltigung? Man pflegte bisher durchschnittlich sehr kühl zu antworten: Dann mußt du es eben auf die Selbstvergewaltigung ankommen lassen – das Wort Gottes wird dir das ja wohl wert sein! Muß es bei dieser Auskunft angesichts dessen, was wir zum Wesen des Dogmas überlegten, einerseits, und im Licht der Einsichten in das Wesen des Glaubens, die uns die Theologie der Gegenwart vermittelt hat, andererseits, sein Bewenden haben? Vielleicht ist folgender Lösungsversuch bedenkenswert:

Wie jederzeit, so wird der in der Kirche glaubende Christ auch bei der Verkündung eines neuen Dogmas dem *Glauben der Kirche im Ganzen* zustimmen. Anders ausgedrückt: Er wird glauben und bekennen, daß die Kirche stets in der Weise in der Wahrheit gehalten wird, daß sie Kirche Christi ist. Und er wird diese Zustimmung bei der Verkündung eines Dogmas auch bewußt geben müssen, denn die Verkündung eines Dogmas wendet sich an den bewußten Glauben. Unter dieser Voraussetzung aber ist es nicht Untreue gegenüber der Kirche und ihrer Lehre, wenn ein Glied der Kirche einem *einzelnen* Dogma gegenüber die Integration der konkreten Formel in den persönlichen Glaubensvollzug zurückstellt, wo sie ihm, jedenfalls in diesem Augenblick, aus ernsten Gründen intellektueller und spiritueller Redlichkeit unmöglich ist.[45]

Konkret und im Blick auf einen der dornigen Fälle: Angesichts des Dogmas von der Aufnahme Mariens in die ewige Verherrlichung wird der Christ, der bewußt zur Kirche gehören will, innerlich bejahen müssen: Ich glaube, daß auch in diesem Dogma und mit diesem Dogma die Kirche in der Wahrheit Christi bleibt; ich glaube, was sich von dieser Wahrheit Christi in diesem Dogma ausspricht. Es muß ihm aber gestattet sein, festzustellen, daß er persönlich eventuell mit dieser konkreten Formel nichts anfangen kann, weder intellektuell – er hat vielleicht große dogmengeschichtliche und theologische Probleme mit ihr – noch in seiner Frömmigkeit – er ist vielleicht kein großer Marienverehrer, und die Kirche verlangt ja auch von ihm in keiner Lehrentscheidung, daß man es sein *müsse.* Man kann nicht von Amts wegen entscheiden, eine solche Unfähigkeit, mit einer konkreten dogmatischen Formel etwas anzufangen, könne nur an bösem Willen, mangelnder Glaubensbereitschaft oder Dummheit liegen und nicht auch lautere Gründe haben. Anders ausgedrückt: Es muß auch angesichts konkreter Dogmen die Möglichkeit und das Recht zu einer Art »fides implicita in fide Ecclesiae«, zu einem unausdrücklichen, im Glauben der Kirche »eingefalteten« persönlichen Glauben geben können, der zwar all sein Nicht-mit-Können mit dem sich im Dogma aussprechenden Resümee der Glaubenserfahrung der Kirche gläubig im Glauben eben dieser Kirche birgt, welcher Glaube mehr ist als die

[44] So noch B. Häring, Das Gesetz Christi, Bd. 2, Freiburg 1966, 66. [Wesentlich zurückhaltender jetzt Ders., Frei in Christus. Moraltheologie für die Praxis des christlichen Lebens, II, Freiburg 1980, 263–265.]

[45] [Dieser Grundgedanke ist inzwischen durchdacht worden im Hinblick auf eine künftige Einheit der getrennten Kirchen: H. Fries/K. Rahner, Einigung der Kirchen – reale Möglichkeit, Freiburg 1983, [5]1985, 42–47; vgl. auch w. o. S. 244f Anm. 122. Er muß dann erst recht auch innerhalb der Kirche gelten.]

konkreten ausdrücklichen Formeln, der sich aber nicht zu jener geistigen Gewaltanwendung gegen sich selbst entschließen muß, die die undurchschaubare Gnadenführung Gottes am Menschen vorentscheiden möchte. Dieses Verhalten genügt als gläubige Loyalität gegenüber der Lehrautorität der Kirche – die ja nie die Gnadenhaftigkeit des Glaubens aufheben kann.

Im Zuge der aktuellen Diskussion um die Unfehlbarkeit des päpstlichen Lehramtes scheint man die Frage noch einmal einen Schritt vorwärts treiben zu müssen. Bis jetzt hatte der Grund für die mangelnde Integration des Dogmas auf seiten des Gläubigen gelegen: *Er* war es, der nicht mitkam, während die Kirche in ihrem Glaubensbewußtsein ihm voraus war. Wie, wenn der Grund auf seiten des Dogmas selbst läge? Wie, wenn es nicht nur so steht, daß eine alte, früher verständliche und hilfreiche Formel heute unverständlich geworden ist und »übersetzt« werden muß oder daß eine neue Formel noch nicht im ersten Augenblick von allen angeeignet werden kann, wenn vielmehr das – alte oder neue – Dogma bereits an seinem eigenen historischen Platz verfehlt, falsch, also ein Irrtum war oder ist? Darf der Christ in der Kirche nur seine eigene Unfähigkeit, folgen zu können, für möglich halten oder nicht auch den Irrtum in der Sache? Ist die Unfähigkeit zur Integration des Dogmas in den Glaubensvollzug nur verzeihlich, oder kann sie auch sachlich begründet sein?

Es scheint, daß die Frage, so gestellt, wiederum zu kurz gerät. Wir haben uns zu erinnern, daß die Frage des Dogmas nicht rein erkenntnistheoretisch entschieden werden kann.[46] Die Frage nach einem Irrtum im Dogma kann also nicht entschieden werden ohne Blick darauf, wie es gebraucht wird, welche Interessen man damit verfolgt, welche praktischen Konsequenzen für das kirchliche Leben man daraus zieht. In diesem Sinne kann noch das richtigste Dogma falsch werden. Und es geben heute auch konsequente Verteidiger des Ersten Vatikanums zu, daß der Gebrauch dieses Dogmas in zahllosen Einzelheiten der Praxis der römischen (und nicht nur der römischen) Kurie nicht durch das Dogma selbst gedeckt ist.

Für den persönlichen Glauben wichtiger ist aber die andere Seite. Wir haben stärkstens betonen müssen,[47] daß das Dogma Sache der Gesamtkirche ist. Dann muß aber auch die Feststellung der eventuellen – wie auch immer verstandenen – Irrigkeit eines Dogmas Sache der Gesamtkirche sein – Resümée einer neuen kollektiven Glaubenserfahrung wie das Dogma auch. Der *einzelne* Glaubende muß sich daher aus Gründen der Sache stets fragen, wie er in einem solchen Fall an die Gewißheit kommt, eine kirchliche Lehrformulierung sei falsch. Daraus folgt noch nicht, daß er unrecht haben muß, wohl aber, daß er es nicht allein entscheiden kann.

Soweit der persönlich-individuelle Glaubensvollzug zur Debatte steht, bleibt es also dabei, daß der Christ in der Kirche ein Recht hat, den Einbezug einer Glaubensformel in seinen Glaubensvollzug zu suspendieren oder besser: in der beschriebenen Weise zu »generalisieren«, wenn es ihm anders aus ernsten Gründen unmöglich ist. Die Unfehlbarkeitsdebatte bedeutet insoweit ein neues Element, als sie ermutigt, die Gründe solcher Unmöglichkeit zu reflektieren und das Er-

[46] Vgl. w. o., 4. These.
[47] Vgl. w. o., 3. Aufgabe.

gebnis dieser Reflexion zu sagen, der Diskussion auszusetzen, in die öffentliche Meinungsbildung einzubringen. Nur so kann auch die Revision kirchlicher Lehrformulierungen Sache der Gesamtkirche bleiben, muß dogmatische Festigkeit nicht individualistische und nur zu leicht emotionale Willkür provozieren.

Daß es auf genau diese Weise Revision von Dogmen in der Kirche gegeben hat – Revision, nicht nur »Ergänzung« oder »Präzisierung« –, sollte nicht mehr bezweifelt werden. Das Schicksal des Satzes »Außerhalb der Kirche kein Heil« und die Revision der christologischen Formel innerhalb von 20 Jahren sind nur zwei eindrucksvolle Beispiele unter einer größeren Zahl. Zu denken geben in diesem Zusammenhang auch andere Tatsachen: Es gibt feierlich verkündete Dogmen, die in der Kirche vergessen wurden – zum Beispiel das Dogma des Zweiten Konzils von Nikaia über die Bilderverehrung aus dem Jahre 787.[48] Es gibt Lehren, die heute als Dogma angesehen werden, aber lange Zeit in der Kirche unbekannt oder vergessen waren – so etwa die Canones des Zweiten Konzils von Orange (529),[49] seit der Karolingerzeit vergessen und erst kurz vor dem Tridentinum wiederentdeckt, wodurch sie einen großen Einfluß bei der Redaktion des Erbsünden- und des Rechtfertigungsdekretes ausübten. Es gibt kirchliche Lehrformulierungen, die zum Zeitpunkt ihrer Verkündung ihren Sinn und ihre Zielrichtung, verglichen mit dem Ursprung, völlig gewandelt hatten – so zum Beispiel die Transsubstatiationslehre[50] und sogar die Lehre von der Unfehlbarkeit des päpstlichen Lehramtes.[51] Wie soll es angesichts dieser Geschichte illegitim und unkirchlich sein, auch gegenüber formulierten Dogmen Fragen zu haben, auf Diskussion zu bestehen und zu erproben, ob die Formel tatsächlich der Glaubenserfahrung der Kirche standhält?

Vom Träger des Amtes muß das Ja zu dieser Freiheit des Fragens gefordert werden. Ihre Verweigerung wäre nur zu begründen, wenn man weder das Wesen des Dogmas noch seine Geschichte ernst nähme – und damit indirekt alle Vorwürfe bestätigte, das Dogma sei nichts anderes als ein heterogenes Glaubensgesetz. Das Wort der Deutschen Bischöfe zur Enzyklika Humanae vitae sagt über die Modalitäten, wie solche Freiheit zu gebrauchen ist, alles mit wünschenswerter Klarheit[52] – man müßte es nur, aus allen genannten Gründen, auch auf direktes Dogma ausdehnen. Der alte Satz, daß etwas erst Dogma ist, wenn es von der Kirche rezipiert ist, bekäme so ein ganz neues und im Grunde wieder das alte Gewicht und wäre befreit von jedem Verdacht des Formalismus, der die Zustimmung der Kirche lediglich in ein Konzilsvotum oder in eine Briefaktion verlegt.

Das alles ist nun doch noch einmal eine *These!* Wer hier das Ende aller Lehrdisziplin befürchtet, möge folgendes bedenken:

[48] DS 600–603.

[49] DS 370–397 (398–400: Konfirmation durch Papst Bonifaz II.!). [Näheres bei O. H. Pesch / A. Peters, Einführung (s. Anm. 16), 34–40.]

[50] Vgl. das in Anm. 28 genannte Buch von E. Schillebeeckx.

[51] Vgl. die Beiträge von B. Tierney und die darauf bezogene Diskussion, w. o. S. 224 Anm. 58.

[52] Vgl. w. o. Anm. 39.

Die These beruht auf der Voraussetzung, daß die Formel nicht einfach *die* Wahrheit der Sache ist. Wollte man die These leugnen, so wäre die Differenz zwischen Formel und Sache eingeebnet. Die Sache des Glaubens wäre in der Formel total verfügbar, so daß sie außerhalb ihrer nicht ergriffen werden könnte, auch in Zukunft nicht. Das wiederum hieße: Eine zukünftige neue Erfahrung der Kirche wäre nicht mehr möglich, die Zukunft wäre, dem Anspruch nach, im vorhinein bewältigt. Es hieße ferner: Die Gnadenhaftigkeit des Glaubens wäre unter die Kontrolle der definierenden Kirche gebracht. Denn wenn nur die bedingungslose Übernahme der Formel bis in den persönlichen Glaubensvollzug hinein dem legitimen Anspruch des Dogmas gerecht würde, dann wäre alles andere Widerstand gegen die Gnade. Außerdem hieße eine Leugnung der These alle früheren Widerstände gegen alte Formeln, die – bis ins Zweite Vatikanum hinein – zu neuen Formulierungen geführt haben, desavouieren. Kurz: Mit dem Moment, wo eine Pluralität von Denkweisen in der Kirche als legitim angesehen wird, *muß* die starre alte moraltheologische Forderung fallen. An ihre Stelle tritt eine neue Forderung, die

7. Aufgabe: Die Kirche lieben.

Die Kirche, die Reformen verschleppt, die ihre besten Kräfte seit langem fordern; die ihre lautersten Theologen unter Sonderzensur stellt oder gar vor moderne Abarten der Inquisitionstribunale zitiert; die alles andere zu beabsichtigen scheint als das, wozu sie da ist: die Menschen zur Freiheit der Kinder Gottes einzuladen; die Kirche, von der man gesagt hat, ihr hervorstechendstes Merkmal sei ihre heraushängende Zunge, mit der sie ständig hinter der Zeit herlaufe.
Diese Kirche also lieben, auch die lehrende. Ein kritisch verbittertes *Gegenüber* zur Kirche wird es nie zum frohen Umgang mit dem Dogma bringen, keine Freiheit *in* der Bindung an das Dogma erreichen. Nur wenn wir mittragen, das Dogma der Kirche als die *eigene* Sache betrachten, weil es, wie unzulänglich auch immer, von *unserem* Glauben Zeugnis ablegt, wird das Dogma aufhören, eine Last zu sein, ja, es wird einen neuen, nicht mehr »triumphalistischen« Stolz wecken auf diese Kirche, die sich in ihm ausspricht.
Die Aufgabe im Nachdenken über den Glauben und in seiner Verkündigung wird dadurch schwerer und leichter zugleich. Schwerer, denn wer mitreden will, wird sich mehr auf den Erwerb sauberer Geschichtskenntnisse verlegen müssen als vielleicht früher. Ohne Dogmengeschichte kann man den Stellenwert eines Dogmas nicht beurteilen und wird immer entweder zum Leichtsinn oder zum Rigorismus neigen. Leichter, denn viele unglaubwürdige Harmonisierungsversuche, komplizierte Distinktionen und Ausflüchte werden unnötig. Das Reden vom Glauben – vom Glauben in der Kirche! – wird den Eindruck größerer Wahrhaftigkeit erwecken.
Davon, ob man in der Kirche den neuen Stil innerkirchlicher Meinungsbildung und auch innerkirchlicher Auseinandersetzung, der mit all dem verbunden ist, beherrschen lernt, wird es abhängen, ob es in der Kirche nur zu einer billigen Sehnsucht nach Freiheit vom »Dogmenzwang« kommt, oder ob durch altes Dogma und neue Lehrformulierung hindurch die wahre Freiheit der Kinder Gottes möglich wird, die das Geschenk des Glaubens ist.

8. Nachbemerkung 1987

Dem was im vorausgehenden Abschnitt gesagt ist, habe ich auch heute nichts hinzuzufügen und schon gar nichts wegzunehmen. – Das gilt auch für den Beitrag im ganzen. Obwohl ich nichts eigentlich falsch finde, bestimmt aber die damalige Problemstellung zu einseitig die Gesamtsicht des Problems. Vielleicht geht die modifizierte Perspektive, unter der ich heute das Problem durcharbeiten würde, schon aus dem Schlußabschnitt des »Bilanz«-Beitrags hervor, der nur aus Gründen des thematischen Aufrisses vorangestellt, aber später geschrieben ist; und ebenso aus meiner theologischen Meditation: Unsicherheit und Glaube. Zur Frage nach dem Halt im Glauben, Zürich 1981, 57–69, sowie aus meinem Beitrag: Das Wort Gottes als objektives Prinzip theologischer Erkenntnis, in: Handbuch der Fundamentaltheologie (s. Anm. 5), Kapitel 1. Hier, im vorliegenden Beitrag, ist nicht nur dem modernen, amtlicherseits ohnmächtig hingenommenen Phänomen der »Partialidentifikation« mit der Kirche, zu dem es inzwischen bereits eine reichhaltige Literatur gibt, theologisch zu wenig Rechnung getragen (einschließlich der damit verbundenen Neubesinnung auf den Begriff der »Häresie«), es ist überhaupt der Begriff »Kirchliche Lehrformulierung« (Dogma) zu sehr »von oben nach unten« und daher das »Lehramt« zu sehr als »Behörde« gedacht. Aber die »kirchliche Lehrformulierung« ist ja nicht nur in dem Sinne »Resümee« einer Glaubenserfahrung der Kirche, daß eine Behörde sie gleichsam notariell beurkundet, in (Rechts-)Kraft setzt und sie *dadurch* erst zur *»kirchlichen* Lehrformulierung« macht, vielmehr ist »Lehramt« grundlegend ein »Amt« der Gesamtkirche, das sie überall ausübt, wo sie der Welt aufgrund ihres Glaubens etwas zu sagen hat, und zwar durch alle Glaubenden, nicht nur durch ihre Amtsträger oder gar nur durch ihre höchsten Amtsträger. *In* diesem unabschließbaren, in immer neuen Sprechversuchen vor sich gehenden Prozeß des Lehrens hat die »Behörde« eine unabdingbare und spezifische Leitungsfunktion, aber sie ist nicht das Ganze. Es so zu sehen, entspricht den Aussagen des Zweiten Vatikanischen Konzils über die Teilnahme aller Getauften am »prophetischen Amt Christi« (Kirchenkonstitution Nr. 12) und schon den Aussagen des Ersten Vatikanischen Konzils über die Unfehlbarkeit, mit der Christus seine *Kirche* ausgestattet wissen wollte und die sich in der letztinstanzlichen Lehrentscheidung des Papstes *ausspricht*. Wenn das aber die Wahrheit ist, dann kann es nicht genügen, »die Kirche zu lieben« und sich durch nichts von dieser Liebe abbringen zu lassen, es ist darüber hinaus zu fordern, daß in der Lehrverkündigung des Amtes auch das *wirkliche* »Resümee« der Glaubenserfahrung der Kirche zur Sprache kommt, und es sind Verfahrensweisen der Machtkontrolle in der Kirche zu entwickeln, die das gewährleisten, soweit menschliche Schwachheit und Beschränktheit das nur irgend zulassen. Der auszutragenden Konflikte werden immer noch genug bleiben – denn so »ein Herz und eine Seele« ist die Kirche ja nicht. Aber letztlich schlichtet ja nicht der juridisch abgesicherte Spruch des Amtes einen Glaubenskonflikt, sondern der Geist, der die *Kirche* in alle Wahrheit einführt und dem allein uneingeschränktes Vertrauen gilt. Es ist menschlich bitter und theologisch am Rande einer Tragödie, wenn man am Ende des 20. Jahrhunderts die Forderung aufstellen muß: Würde sich das kirchliche Amt doch nur an das *Erste* Vatikanische Konzil und die dort gezogenen strengen Grenzen verbindlicher Lehramtsausübung halten! Sucht man dem durch immer weiter vorgetriebene Differenzierung und also Komplizierung des Problems zu begegnen statt durch energische Anstrengungen zu seiner glaubwürdigen Lösung, dann könnte das Ende eine »Beruhigung« der Lage durch Kapitulation vor den Schwierigkeiten sein. Die wachsende Entfremdung zwischen Amt und Gläubigen, gerade den redlichen und intelligenten, wäre dann freilich vorprogrammiert.

BESINNUNG AUF DIE SAKRAMENTE

HISTORISCHE UND SYSTEMATISCHE ÜBERLEGUNGEN UND IHRE PASTORALEN KONSEQUENZEN (1971)

Wenn wir heutzutage über die Sakramente nachdenken, tun wir es unter dem Eindruck einer wachsenden Fremdheit. Diese Fremdheit der Sakramente ist auch da nicht zu verkennen, wo Priester und Gläubige sie in lauterem Gehorsam gegenüber der Stiftung Christi spenden und empfangen; wo Theologen und Prediger alle Schätze großer Sakramententheologie der Vergangenheit und Gegenwart aufbieten, um die Sakramente zu verstehen und sie in mustergültiger Liturgie zu vollziehen. Daß der Eindruck dieser Fremdheit keine pessimistische Einbildung ist, kommt in der Seelsorge an einigen charakteristischen Phänomenen heraus. Z. B. daran, daß der Seelsorger oft und oft fast schon in die Rolle des Einpeitschers gerät, der immer wieder nötigen und drängen muß, daß die Gläubigen zu den Sakramenten kommen. Oder daran, daß die Kirche Minimalforderungen aufstellen mußte, um überhaupt ein Mindestmaß an regelmäßiger Sakramentenpraxis durchzusetzen, und daß demgemäß als praktizierender Christ gilt, wer getreulich dieses selten wirklich spontane Tun durchhält. Gewiß, infolge des wachsenden Priestermangels scheint es heute mit dem Einpeitschen etwas ruhiger geworden zu sein. Es ist ein bitterer, aber wahrer Scherz: Wollten die Gläubigen einer nach Tausenden von Seelen zählenden Großstadtgemeinde bei zwei bis drei Pfarrseelsorgern alle tatsächlich auch tun, was ihnen von der Kirche nahegelegt wird, nämlich jeden Sonntag zur Messe zu kommen und zu kommunizieren und alle vier bis sechs Wochen zu beichten – die Folgen für Leib und Leben der Seelsorger wären verheerend! Aber daß sich die Verhältnisse faktisch eingependelt haben,[1] ändert nichts an der prinzipiellen Lage der Dinge: Der Seelsorger kann nicht mit selbstverständlichem Zutritt zu den Sakramenten rechnen, er muß immer wieder dazu drängen. Das Kirchenvolk aber, wenn das nicht falsch beobachtet ist, lebt vielfach in dem Bewußtsein: Die Hauptsache ist der Glaube und das dem Glauben entsprechende sittliche Leben; die Sakramente werden als eine *Zutat* zum Glauben empfunden, vielleicht gar als etwas ganz besonders dem Glauben Dienliches, als Steigerung, als Höhepunkt des Glaubens und des Lebens aus dem Glauben, aber nicht als etwas, was mit dem Glauben wesensnotwendig verbunden ist. Ein Wort etwa wie das der Liturgiekonsti-

[1] Von diesen »eingependelten Verhältnissen« kann man sich ein Bild machen in: Was glauben die Deutschen? Die Emnid-Umfrage. Ergebnisse und Kommentare. Hg. von W. Harenberg, München-Mainz 1968, bes. 50–60; 100 (Fragen und Ergebnisse); 123–151 (Kommentar). [Ferner inzwischen in der Synoden-Umfrage; s. w. o. S. 207 Anm. 6. – Es geht selbstredend nicht um die Kommunion als solche, denn die ganz überwiegende Zahl der Meßbesucher am Sonntag geht auch zur Kommunion. Es geht um den Gottesdienstbesuch und die Inanspruchnahme der Sakramente überhaupt.]

tution, die Eucharistie sei »Quelle und Höhepunkt« des ganzen christlichen Lebens und des Tuns der Kirche,[2] erscheint als schöne, poetische Verklärung des sakramentalen Tuns der Kirche, aber es kann nicht als treffende Zusammenfassung der faktischen Verhältnisse gelten. Trotz mancher begeisternder Predigten zur Sache und trotz guter, breitenwirksamer Literatur dazu[3] kann man nicht guten Gewissens sagen, die Sakramente seien die fraglose und selbstverständliche Basis und das Rückgrat heutigen gläubigen Daseins. Im Gegenteil: Fragt man im Sinne der klassischen Definition des Sakramentes heute nach den möglichen »Wirkzeichen des Heils«, so werden nicht wenige dem Gottesdienst der Kirche diese Qualität absprechen und sie im Gegensatz dazu ins politische und soziale Engagement verlegen.[4]
Diese Situation gibt Anlaß, sich neu auf das Wesen des Sakramentes zu besinnen. Wenn die Sakramente *propter homines*[5] sind, dann ist das auf die (sich wan-

[2] Konstitution über die heilige Liturgie, Nr. 10.

[3] Hier nur einige Titel zur allgemeinen Sakramentenlehre und zu Fragen der Liturgie: E. Schillebeeckx, Christus, Sakrament der Gottbegegnung, Mainz 1960; B. Fischer, Volk Gottes um den Altar. Trier 1960; K. Rahner, Sendung und Gnade, Innsbruck [3]1961, 128–231; vom selben Verf. die vielen sakramententheologischen Aufsätze in seinen Schriften zur Theologie; W. Dürig, Die Zukunft der liturgischen Bewegung, Mainz 1962; H. Schmidt, Die Konstitution über die heilige Liturgie. Text – Vorgeschichte – Kommentar, Freiburg 1965; M. Einig, Der heutige Mensch und die Liturgie, Augsburg 1968; Glaubensverkündigung für Erwachsene. Deutsche Ausgabe des Holländischen Katechismus, Freiburg 1969, 272–291; 361–457; E. Schillebeeckx, Gott – die Zukunft des Menschen, Mainz 1969, 80–99. [Inzwischen ist vor allem auf folgende neue Darstellungen hinzuweisen: L. Boff, Kleine Sakramentenlehre, Düsseldorf 1976; Th. Schneider, Zeichen der Nähe Gottes. Grundriß der Sakramententheologie, Mainz 1979; H. Becker/R. Kaczynski (Hg.), Liturgie und Dichtung, 2 Bde., St. Ottilien 1983; F.-J. Nocke, Wort und Geste. Zum Verständnis der Sakramente, München 1985; H. Vorgrimler, Sakramentenlehre, Düsseldorf 1987; und natürlich Deutsche Bischofskonferenz (Hg.), Katholischer Erwachsenen-Katechismus, Kevelaer u. a. 1985, 307–397. Dem genus litterarium entsprechend ganz knapp auch bei O. H. Pesch, Kleines katholisches Glaubensbuch, Mainz [11]1984, 72–108. Ebensolche hilfreiche Darstellungen gibt es natürlich über die einzelnen Sakramente. Es ist aber unmöglich, dazu hier auch nur eine Auswahl anzugeben.]

[4] Vgl. auch dazu E. Schillebeeckx, aaO., 80–85. Kennzeichnend für die Situation ist die Diskussion um das sog. »Politische Nachtgebet« in Köln. Vgl. dazu E. Höflich/M. Veit/M. Dohle/D. Sölle, »Politisches Nachtgebet« als Modell. Zu einer Veranstaltung des Ökumenischen Arbeitskreises in der ev. Antoniterkirche am 1. Oktober 1968 in Köln. Blätter für deutsche und internationale Politik, Heft 11/1968, 4–15; Politisches Nachtgebet in Köln. Hg. im Auftrag des ökumenischen Arbeitskreises von D. Sölle und F. Steffensky, Mainz-Stuttgart 1969. [Dieser Hinweis bezieht sich auf die Situation zu Beginn der 70er Jahre, als dieser Beitrag geschrieben wurde. Es gibt Anzeichen, daß heute die Alternative nicht mehr so ausschließlich ist.]

[5] Mit dieser Kurzformel faßt die Moraltheologie herkömmlicherweise die Einsicht der Dogmatik zusammen, daß die Sakramente nicht um Gottes, sondern um der Menschen willen eingesetzt wurden und auch für den Menschen nicht eine absolute, sondern nur konditionale Notwendigkeit besitzen (vgl. w. u. S. 298f), um von daher spezifisch moraltheologische Fragen der Sakramentenverwaltung zu lösen, z. B. die Frage, in welchen besonderen Fällen auch eine nicht völlig sichere sakramentale Materie angewandt werden dürfe: Da die Sakramente *propter homines* seien und nicht umgekehrt, dürfe ein Sakra-

delnde) Situation und die (sich wandelnden) Verstehensbedingungen des zu ihnen hinzutretenden Menschen zu beziehen. Kaum ein theologischer Traktat erträgt es weniger, abseits vom Leben des Glaubens und vom wirklichen Leben und Erleben der Gläubigen abgehandelt zu werden als der Traktat von den Sakramenten. Wir versuchen eine solche Neubesinnung anhand zweier Themen, die zugleich chronische Probleme der Theologie in Vergangenheit und Gegenwart markieren und in der heutigen seelsorglichen Situation von besonderer Aktualität sind. Die beiden Themen lauten:

1. Die »Notwendigkeit« der Sakramente.
2. Wort und Sakrament.

Das erste Thema ist Gegenstand eines ersten Überlegungsganges, das zweite Thema, noch einmal aufgeteilt in eine historische und eine systematische Überlegung, wird uns im zweiten und dritten Abschnitt beschäftigen.

I. DIE »NOTWENDIGKEIT« DER SAKRAMENTE

1. Fixpunkte aus Praxis und Pastoraltheologie

Das Stichwort »Notwendigkeit der Sakramente« läßt uns gewisse »Fixpunkte« in den Sinn kommen, für die Pastoraltheologie und seelsorgliche Erfahrung und im Hintergrund die dogmatische Sakramentenlehre gleicherweise haften. Diese Fixpunkte bilden gewissermaßen eine praktische Axiomatik der Sakramentenlehre, einen Komplex von Lehrsätzen und Verhaltensanweisungen, der durchschnittlich das Verhalten und die Verkündigung im Bereich der Sakramente auch dann noch steuert, wenn daran theoretisch manches fragwürdig sein mag. Es erscheint nützlich, diese Fixpunkte eingangs einmal – ohne sonderliche Mühe um logische Verknüpfung – zusammenzustellen.[6] Denn sie sind, *wenn* es dahin kommt, der unmittelbare Bezugspunkt theologischen und pastoralen Unbehagens und darum der günstigste Ausgangspunkt einer Neubesinnung, wie wir sie uns vorgenommen haben.

ment auch mit einer nicht zweifelsfrei sicheren Materie gespendet werden, wenn ein Mensch dringend des Sakramentes bedarf und eine sichere Materie nicht rasch genug zu beschaffen ist. Ein älteres Beispiel der Berufung auf dieses Prinzip zu solchem Zweck: D. Prümmer, Manuale Theologiae Moralis. Bd. III, Barcelona-Freiburg-Rom [13]1958, 14; ein jüngeres Beispiel: B. Häring, Das Gesetz Christi. Bd. I, Freiburg [8]1967, 229.

[6] Für den dogmatischen Hintergrund konsultiere man den allgemeinen Sakramententraktat in den dogmatischen Handbüchern. Die Handbücher der Moraltheologie und Pastoraltheologie behandeln diese »Fixpunkte« hinsichtlich ihrer praktischen Bedeutung in den Abschnitten über die Sakramente. Vgl. pars pro toto, D. Prümmer, aaO., bes. 2–72; B. Häring, aaO., Bd. II, [8]1967, 148–193. Das Gemeinschaftswerk Handbuch der Pastoraltheologie, hg. von F. X. Arnold u. a., behandelt die Sakramente in Bd. 3, Freiburg 1968, und Bd. 4, 1969.

a) Ein erster solcher Fixpunkt sind einige, anscheinend eindeutige und gar massive Worte der Heiligen Schrift. »Wer glaubt und sich taufen läßt, wird gerettet werden. Wer nicht glaubt, wird verdammt werden«, ist ein solches Wort (Mk 16,16). »Wenn einer nicht wiedergeboren wird aus dem Wasser und dem Heiligen Geist, kann er nicht in das Reich Gottes eingehen« (Joh 3,5), ist ein anderes. Das sind scharfe Texte zur Notwendigkeit der Taufe – in der Tradition wird überhaupt die Notwendigkeit der Sakramente und ihre Problematik am intensivsten am Fall der Taufe durchgefragt, viel weniger am Fall des Bußsakramentes und der Eucharistie und fast gar nicht bei den anderen Sakramenten.[7] Seit Luther ist allerdings der Hinweis in der Welt, daß in der negativen Alternativformulierung von Mk 16,16 die Taufe bezeichnenderweise fehle. Es heißt zwar: »Wer glaubt und sich taufen läßt, wird gerettet werden«; aber Luther beobachtet aufmerksam, daß es im Fortgang des Satzes nur noch heißt: »Wer nicht glaubt, wird verdammt werden« – von der Taufe ist hier nicht mehr die Rede.[8] Wer meint, so dürfe man diesen Text nicht pressen, den muß immerhin die andere Tatsache nachdenklich machen, daß die formgeschichtliche Erforschung des Neuen Testamentes uns darüber in Zweifel versetzt, ob wir es in den beiden genannten Schriftworten mit der *ipsissima vox Jesu* zu tun haben. Es ist dies bei beiden Texten sehr fraglich, wenn nicht ausgeschlossen. Haben wir es doch bei dem ersten Text mit dem nicht-authentischen Markus-Schluß zu tun. Und daß die Jesusworte bei Johannes weithin literarische Gestaltung des Evangelisten, Theologie in Erzählungsform sind, bestreitet heute auch kein katholischer Exeget mehr.[9] Wir müssen also damit rechnen, daß sich in beiden Texten bereits Praxis

[7] Für die Tradition vgl. Thomas, Summa Theologiae (= STh), III 65,4 (allgemein); 68, 1–4. 9–12 (Taufe); 73,3 (Eucharistie); 84, 5–10 (Buße); für Firmung und Krankensalbung wird die Frage nur indirekt behandelt; vgl. aaO., III 72, 7–9; Suppl 30,1. Für die modernen Handbücher der Dogmatik vgl. pars pro toto, M. Schmaus, Katholische Dogmatik, Bd. IV/1. München [6]1964, 203–206; 241 f; 510–516; 664–670; 709–723.

[8] Vgl. Weimarer Ausgabe (= WA) 7/321,9: Grund und Ursach aller Artikel D. M. Luthers, so durch römische Bulle unrechtlich verdammt sind, 1521. – Der Übung in der Lutherforschung entsprechend zitieren wir Luther im folgenden nach der genannten Gesamtausgabe Weimar 1883 ff, und zwar Bandzahl (evtl. Halbband und Abteilung), Seitenzahl und Zeilenzahl, in der der Belegtext beginnt (so daß dahinter jeweils ein »f« bzw. »ff« zu denken ist); der oft sehr lange Titel der Schrift wird in Kurzform vermerkt und das Entstehungsjahr der Schrift beigefügt. Die WA zählt die Bände getrennt nach: Werke, Tischreden, Deutsche Bibel, Briefe. WA ohne Zusatz bedeutet Werke, sonst wird hinzugesetzt TR, DB oder Br. Aus praktischen Gründen wird jeweils auch der Fundort in der (Auswahl-)Schulausgabe von O. Clemen, 8 Bde., Berlin [6]1966 (= Cl) vermerkt, wenn der zitierte Text sich dort findet. Der angeführte Text findet sich Cl 2/66, 33. – Vgl. ferner WA 6/533, 37; Cl 1/468, 1: »Quo monstrat [Christus Mk 16,16], fidem in sacramento adeo necessariam, ut etiam sine sacramento salvare possit« (De captivitate Babylonica, 1520). Allgemeiner und ohne Berufung auf Schriftstellen: WA 2/694, 19; Cl 1/170, 25: Sermon von der Bereitung zum Sterben, 1519; WA 10 III/142, 18: Predigt, 1522; WA 38/231, 9; Cl 4/271, 27: Von der Winkelmesse und Pfaffenweihe, 1533.

[9] Für beide Behauptungen kann man heute jede katholische Einleitung in das NT vergleichen. Vgl. die Zusammenfassungen in LThK, V, 1101 f; VII, 97; [und inzwischen A. Wikenhauser/J. Schmid, Einleitung in das Neue Testament, Freiburg [6]1973, 221–224; 317–321; 335–341.]

und Anschauung der jungen Kirche spiegeln. Immerhin kann man sie nur unter der Voraussetzung als nicht im Sinne Jesu gesagt ansehen, wenn man von dem hyperkritischen und darum, gemessen an den Spielregeln des Historikers, unkritischen Apriori ausgeht, die Auffassung der jungen Kirche könne (hier wie anderswo) natürlich nur die erste gründliche Verfälschung des Willens Jesu sein. Verfällt man diesem Fehler nicht, dann führt kein Weg daran vorbei, daß wir es hier mit Formulierungen der primären Urkunde des Glaubens zu tun haben, die, im Einklang mit dem Willen Christi, die absolute Notwendigkeit der Taufe aussagen. Sie lassen uns allerdings im Stich, wenn wir nach näheren Angaben über die *Art* dieser Notwendigkeit fragen.

b) Ein zweiter Fixpunkt ist dieser: Es geht hier nicht um eine beliebige Notwendigkeit, sondern, wie die scholastische Theologie und die Handbücher bis auf unsere Tage sagen, um eine Notwendigkeit der Sakramente *ex suppositione finis,* also um eine Notwendigkeit, die sich aus der Forderung ergibt, ein bestimmtes Ziel zu erreichen. Das Gegenteil wäre z. B. eine Notwendigkeit, die sich aus der Wirkung einer Wirkursache ergibt, die, *wenn* sie wirkt, unvermeidlich etwas Bestimmtes wirkt. Damit nicht genug – und das eben ist der zweite Fixpunkt –, wird jetzt weiterhin unterschieden zwischen *necessitas medii* und *necessitas praecepti. Necessitas medii* liegt dann vor, wenn es im Wesen eines Zieles begründet ist, daß man es nur mit diesem bestimmten Mittel erreichen kann. Wendet man es nicht an, dann erreicht man das Ziel nicht, gleichgültig, ob man völlig schuldlos oder durch eigene Schuld das Mittel außer acht läßt. *Necessitas praecepti* ist dann gegeben, wenn die Anwendung eines bestimmten Mittels zur Erlangung des Zieles nicht auf einem inneren Zusammenhang zwischen *diesem* Mittel und dem Ziel beruht, sondern auf dem Gebot eines Gesetzgebers, dieses und kein anderes Mittel zu benutzen.
Was bedeutet diese Unterscheidung für die Notwendigkeit der Sakramente? Sicher sind die Sakramente notwendig *necessitate praecepti*, denn der Herr hat sie als Mittel zum Heil gestiftet und damit geboten. Sind sie aber auch notwendig *necessitate medii?* Durchschnittlich sagt man das, vor allem in den älteren Handbüchern –Michael Schmaus allerdings vermeidet im Sakramententraktat seiner »Katholischen Dogmatik« diese Kennzeichnung![10] Aber wie dem auch sei, jedermann ist heute wohl überzeugt, daß Gott mit einem Menschen auch ohne die Sakramente zum Ziel des Heiles kommen kann. Thomas von Aquin schon formuliert bündig und ohne Einschränkung: »Gott hat seine Kraft nicht so an die Sakramente gebunden, daß er die Wirkung der Sakramente nicht auch ohne die Sakramente verleihen könnte.«[11] Und in »aussichtslosen Fällen«, dort also, wo Verhältnisse unter Christen in der sakramentalen Ordnung (aufgrund der ein-

[10] Vgl. M. Schmaus, ebd. (s. Anm. 7). Das hängt bei Schmaus mit dem sehr berechtigten Bestreben zusammen, die Lehre von den Sakramenten aus einer heilsindividualistischen Schau zu befreien, die um den Begriff des »Heilsmittels« kreist. Seine Grundkategorie für die Sakramente lautet: »Wirksames Heilszeichen«. Demgemäß spricht Schmaus da, wo man sonst von »Heilsnotwendigkeit« redet, von der »Heilsbedeutung« des Sakramentes.
[11] STh III 64,7 c.; vgl. 64,3 c. (in fine); 76,6 ad 1.

schlägigen kirchenrechtlichen Bestimmungen) nicht zu regeln sind, pflegt der Seelsorger vielleicht zu sagen: »Empfiehl dich der Barmherzigkeit Gottes!« Und wir sind überzeugt: Wenn ein Mensch das ernsthaft tut, wenn er sich mit all seiner Ohnmacht, Schwäche und Ausweglosigkeit dem Erbarmen Gottes anheimgibt, dann weiß Gott Wege, einen solchen Menschen nicht verloren gehen zu lassen. Gott weiß Wege des Heils und verfügt über Möglichkeiten seiner Gnade, deren Verwaltung er der Kirche und ihrem Amt nicht übertragen hat. Das gilt für das Heil der Nichtevangelisierten [12] ebenso wie für den mit der kirchlichen Institution in Konflikt lebenden Christen.

c) Unter dem Zwang der Sachlage unterscheidet die Tradition noch einmal: Auch die – einmal unterstellte – *necessitas medii* der Sakramente besteht nicht unter allen Umständen für den realen Empfang der Sakramente, sondern gegebenenfalls nur für das ernsthafte *votum sacramenti.* Wir müssen ja heute allenthalben damit rechnen (und tun es auch), daß nicht erst der reale Empfang eines Sakramentes den Menschen in das Heil führt, sondern u. U. schon das Verlangen nach dem Sakrament. Wir unterscheiden also zwischen *necessitas rei* und *necessitas voti.* Wenn man ein wenigstens einschlußweise erwecktes *votum sacramenti* für heilsnotwendig *necessitate medii* hält – wir kommen noch darauf zurück –, dann deshalb, weil man der Überzeugung ist, mit einer noch weiter gehenden Auffassung eigenmächtig an der von Gott verfügten konkreten Heilsordnung vorbeizugehen.

d) Aber damit werden wir der komplizierten Sachlage noch immer nicht vollständig gerecht. Die Unterscheidung zwischen *res* und *votum* wird nämlich gleichsam überkreuzt von der Unterscheidung zwischen »Sakramenten der Lebenden« und »Sakramenten der Toten«, zwischen solchen Sakramenten also, die die Rechtfertigung des Sünders und den Gnadenstand voraussetzen, vor allem der Eucharistie, aber auch Firmung, Ehe, Priesterweihe, und solchen, die die Rechtfertigung und den Gnadenstand, die Befreiung von der Sünde allererst vermitteln, vor allem der Taufe und der Buße. Selbstverständlich sind nur diese letzteren, die »Sakramente der Toten«, wenn überhaupt, dann notwendig *necessitate medii,* nicht aber die »Sakramente der Lebenden«. Jeder Mensch kann das ewige Heil erlangen, auch wenn er nicht die Firmung, die Eucharistie oder gar Ehe oder Priesterweihe empfangen hat.

e) In der Praxis muß man die *via tutior* gehen. Dieses Prinzip stammt bekanntlich aus den moraltheologischen »Systemen« des 17. und 18. Jahrhunderts.[13] Man argumentiert hier so: In moralischen Fragen kann man der Meinung sein, daß schon eine wahrscheinliche, eine »probable« Meinung ein sittlich verantwortliches Handeln gewährleistet, selbst wenn Gegengründe bestehen. Aber es

[12] Vgl. dazu jetzt die einschlägigen Dokumente des Zweiten Vatikanischen Konzils, vor allem die Kirchenkonstitution, Nr. 16, und die Erklärung über das Verhältnis der Kirche zu den nichtchristlichen Religionen, bes. Nr. 1–2.

[13] Darstellung und Charakterisierung der moraltheologischen »Systeme« bei B. Häring, aaO., Bd. I, 58–61; 224–236.

gibt einige wenige Fälle, wo man nicht schon auf eine probable Meinung hin handeln darf, sondern immer den sichersten Weg gehen muß, und zu diesen wenigen Fällen gehören auch an hervorragender Stelle die Sakramente.[14] Auch der leiseste Zweifel, ob die Materie (Brot und Wein) konsekrabel sei, verpflichtet, andere, neue Materie zu beschaffen. Der leiseste Zweifel an der gültigen Taufe verpflichtet zur bedingungsweise vollzogenen Wiederholung – und zur *ad cautelan* zu erteilenden Dispens vom Hindernis der *disparitas cultus* bei Mischehen.[15] Verbindet sich dieses Prinzip mit dem anderen Grundsatz: *In extremis extrema tentanda sunt,*[16]so haben wir die Begründung für die heute noch [?] übliche Sakramentenpraxis in Grenzfällen: Spendung der Krankensalbung und der Absolution auch nach eingetretenem Tod – und bei Autounfall auch ohne daß man weiß, ob es sich überhaupt um einen Katholiken handelt; Spendung der intrauterinen Taufe; Taufe eines Abortus, einer Fehlgeburt, usw. Das alles geschieht aus dem manchmal nur dumpfen Gefühl: Die »Sakramente der Toten« sind so sehr heilsnotwendig, daß man sie auch im Grenzfall am besten auf Verdacht hin spendet, denn man weiß ja nicht, »wozu es noch gut sein kann«. Und man hält sich nicht für berechtigt, in diesem Falle allzu eilfertig zu sagen: Gott wird schon Mittel und Wege wissen.[17]

f) Und schließlich ein letzter Fixpunkt: Selbst wenn alle heilsnotwendige Gnade völlig unabhängig von den Sakramenten und ohne sie zu erlangen wäre, ist man doch überzeugt, der Empfang der Sakramente gewähre mehr und größere Gnade, stelle den Menschen intensiver in das Gottesverhältnis hinein. Man hat es vor etlichen Jahren in einer instruktiven Studie so ausgedrückt, der reale Sakramentenempfang habe eine »komparativische Funktion« gegenüber allen anderen Formen der Erlangung der Gnade Gottes.[18] Thomas von Aquin formuliert, daß die Sakramente auf jeden Fall eine »plenior gratia« vermitteln.[19]

[14] Vgl. DS 2101. Ähnlich ist es in allen anderen Fällen, wo außer der Rechtheit des Gewissens noch ein anderes Gut zu wahren oder ein Übel zu vermeiden ist, z. B. und vor allem bei Gefährdung des Heils oder bei Gefahr schweren Schadens für den Nächsten oder die Gemeinschaft.

[15] Vgl. E. Eichmann/K. Mörsdorf, Lehrbuch des Kirchenrechts. Bd. II, Paderborn[6]1950, 184. [Anders im neuen Kirchenrecht; vgl. J. Listl/H. Müller/H. Schmitz (Hg.), Handbuch des katholischen Kirchenrechts, Regensburg 1983, 763, unter Verweis auf can. 1083 § 3 und 1060.]

[16] Vgl. B. Häring und D. Prümmer an den in Anm. 5 angegebenen Stellen.

[17] Noch aus jüngerer Zeit haben wir römische Warnungen, man dürfe nicht im Namen neuer Ideen über das Schicksal der ungetauft sterbenden Kinder einem Taufaufschub das Wort reden, denn solche neuen Ideen »entbehren jeder Grundlage«. Vgl. das Monitum des S. Officium vom 18. Februar 1958. Acta Ap. Sedis, 50 (1958) 114. – Wie weit die Praxis der intrauterinen Taufe heute noch geübt wird, mag dahingestellt bleiben. K. Mörsdorf, Taufe. Kirchenrechtlich. LThK, IX (1964) 1320–1322, scheint sie noch vorauszusetzen (1321). [Im CIC 1983 ist sie nicht mehr vorgesehen. Vgl. Listl u. a. (Hg.) aaO.(s. Anm. 15), 665. Zu begründetem Taufaufschub vgl. aaO. 662; 666.]

[18] Vgl. H. R. Schlette, Kommunikation und Sakrament. Theologische Deutung der geistlichen Kommunion, Freiburg 1959, 51 f.

[19] STh III 68,2; vgl. 66,11 ad 1; 69,1 ad 2 (zur Taufe); 84,7 ad 2.8 ad 1; 86,2 c. 6 c. ad 3 (zur Buße). Vgl. weitere Texte an den in jeder Ausgabe der STh angegebenen Parallelstellen.

Soweit die »Fixpunkte« aus Praxis und Pastoraltheologie. Es ist bezeichnend, daß sich alle auf die Notwendigkeit der Sakramente hinsichtlich ihres *Empfanges* beziehen. Das entspricht einer unguten, minimalistischen Denkweise – derselben, die z. B. auch meint, das Wesen des Sakramentes sei am reinsten im Grenzfall der Kindertaufe verwirklicht, als ob nicht dies der höchst problematische Sonderfall wäre, wenn er auch in der Praxis das kirchliche Leben beherrscht![20] Dieser Minimalismus, der das Wesen der Sache vom Grenzfall her anleuchtet, entspringt gewiß der Rücksicht auf solche Gläubigen, die fragen: Was müssen wir denn unbedingt tun?, und die wir nicht immer gleich mit dem Ideal überfordern dürfen. Pastoral ist ein solches Vorgehen nicht selten berechtigt und nötig. Aber pastorale Rücksicht darf nicht dazu führen, von (durchaus legitimen) Minimalforderungen aus das Wesen der Sache bestimmen zu wollen. So müssen wir die Frage der Notwendigkeit der Sakramente aus der *Fülle* der sakramentalen Wirklichkeit heraus zu beantworten suchen. Ehe wir die Frage nach der Notwendigkeit des Sakramenten*empfanges* aufwerfen, müssen wir uns daher der anderen Frage zuwenden: Besteht überhaupt eine Notwendigkeit, daß es Sakramente *gibt,* daß sie *eingesetzt* wurden, und welche Art Notwendigkeit ist das?

2. Die »Notwendigkeit« der Einsetzung der Sakramente

Eine Notwendigkeit, daß es Sakramente gibt, besteht nicht. Sie besteht nicht einmal unter Voraussetzung von Inkarnation und Kreuz. Dafür, daß Gott Sakramente wollte, daß Christus Sakramente eingesetzt hat, kann man nur Angemessenheiten, »Konvenienzgründe« anführen. Wenn die Scholastik, und zwar von der Frühscholastik an bis hin zu Thomas, in diesem Zusammenhang sachlich und gar terminologisch von einer *necessitas* der Sakramente spricht und diese *necessitas vor* allen Fragen nach der Notwendigkeit des Sakramentenempfanges behandelt, dann meint sie in einer übersteigernden Ausdrucksweise sachlich in diesen wie in ähnlichen Fällen die Angemessenheit, den guten Sinn dessen, daß es Sakramente gibt.[21]

Gott ist also – das ist Überzeugung der ganzen Tradition – frei, Sakramente zu wollen, anzuordnen oder nicht anzuordnen. Das bedingt, um das von vornherein hinzuzufügen, einen letzten »positivistischen« Zug der Sakramentenlehre, der mit keinen noch so einleuchtenden theologischen Konstruktionen des sakramentalen Kosmos je ganz einzuholen und auszuschalten ist. Die Sakramente der Kirche haben in ihrem Grunde immer etwas an sich, was zunächst einfach Gehorsam fordert; was im Gehorsam gegen die Weisheit der Verfügung Gottes

[20] Vgl. dazu die Bemerkungen bei K. Rahner, Personale und sakramentale Frömmigkeit, in: Schriften zur Theologie II, Zürich 1954, 115–141: 119; 123. [Vgl. inzwischen im selben Sinne W. Kasper, Glaube und Taufe, in: Ders. (Hg.), Christsein ohne Entscheidung oder Soll die Kirche Kinder taufen?, Mainz 1970, 129–159: 157; Th. Schneider, aaO. (s. Anm. 3), 103; und jetzt das herzhafte Plädoyer von B. Snela, Kindertaufe – ja oder nein? Plädoyer für die Erwachsenentaufe, München 1987.]

[21] Vgl. Thomas, STh III 61; 65, 1–3. Zum Gebrauch des Wortes »necessitas« vgl. die Hinweise bei M.-D. Chenu, Das Werk des hl. Thomas von Aquin (Deutsche Thomas-Ausgabe, Erg.-Bd. 2), Heidelberg-Graz 1960 [^{2}1982], 203–210.

anzunehmen ist, auch da, wo das theologische Denken nicht bis zur Einsicht in zwingende Gründe der Sache gelangen kann. Es ist das Privileg der Schwärmer aller Zeiten – nicht nur derer zur Zeit Luthers –, aus der Freiheit Gottes, Sakramente zu verfügen oder nicht, abzuleiten, sie seien daher im Grunde überflüssig und nur irgendwelche beliebigen Zeichen des Glaubens für die, die solcher Zeichen bedürfen.[22]

Für die Einsetzung der Sakramente lassen sich also nur Angemessenheitsgründe finden.[23] Das Problem solcher Angemessenheitsgründe ist nun tiefer als es auf

[22] Das Problem ist in der mittelalterlichen Theologie verdeckt. Der Grund ist vor allem die selbstverständliche Kirchlichkeit dieser Theologie, die eine immanente Kirchenkritik in einem für unsere Verhältnisse staunenerregenden Maße zuläßt, nicht aber eine kritische Grundsatzfrage nach der Funktion der Kirche für den Glauben überhaupt. Ist aber die Kirche selbstverständlich und fraglos, so sind es auch die Sakramente: Der Sakramententraktat versieht ja in der mittelalterlichen Theologie die Funktion des späteren fundamentaltheologischen und dogmatischen Traktates De Ecclesia – zuzüglich des kanonistischen Stoffes, den Thomas bekanntlich in seine dogmatischen Abhandlungen einbaut. Die Selbstverständlichkeit von Kirche und Sakramenten kommt bezeichnend heraus in der Tatsache eines allgemeinen Sakramententraktates und in der Art seiner Gestaltung. Thomas etwa greift in STh III 60, 1–2 mehrfach auf die kirchlichen Selbstverständlichkeiten zurück: Das Wort *sacramentum* kann vom Sprachgebrauch und vom Sachsinn her viel mehr bedeuten als die kirchlichen »Sakramente«, und viel mehr Dinge in der Kirche sind *signum rei sacrae* als nur die sieben Sakramente; die Festlegung des Wortes auf die sieben Sakramente entnimmt Thomas allein dem Sprachgebrauch und der Praxis der Kirche, die nur die bekannten sieben Riten »Sakrament« nennt.
Das Problem der späteren Kontroverse mit gewissen Strömungen der Reformation kommt im Mittelalter allerdings indirekt zur Sprache in der beginnenden Reflexion auf die Siebenzahl: In der Praxis ist sie geläufig; wo Thomas nach ihr fragt, antwortet er sogleich mit der Erörterung ihrer »Konvenienz«, und nicht mit exegetischen Nachweisbemühungen (III 65). Und doch hatten ein Jahrhundert vorher die Waldenser zum erstenmal die Siebenzahl zur Debatte gestellt, so daß im Waldenser-Eid erstmalig in einem kirchlichen Dokument die Gläubigen auf diese sieben Sakramente und nur auf diese sieben eingeschworen wurden (vgl. DS 793–794). Mit der Frage nach der Siebenzahl war auf die Dauer die grundsätzliche Frage nach der positiven, also biblischen Begründung der Sakramente nicht mehr aufzuhalten, vor allem dann nicht, wenn ohnehin die institutionelle Seite der Kirche unter kritischen Beschuß geriet. Scheidet man sich bei der Beantwortung dieser Frage in zwei Parteien, von denen die eine die Sakramente ablehnt und die andere sie bejaht, dann wird für den Anhänger der Sakramente höchstens die Siebenzahl kritisch sein, im übrigen aber die »positivistische« Begründung der Sakramente im Wort der Schrift die unterste Basis der Erörterung und gegebenenfalls der Verteidigung der Sakramente sein. In dieser Situation befindet sich Luther gegenüber dem »linken Flügel« der Reformation, dessen Parteigänger er selbst »Schwärmer« oder »Schwarmgeister« nennt. Vgl. mehr dazu w. u. S. 312ff. [Umfassend informiert J. Finkenzeller, Die Lehre von den Sakramenten im Allgemeinen (Handbuch der Dogmengeschichte IV/1a–b), Freiburg 1980/81.]

[23] Bekanntlich sieht man weithin in dieser Tatsache, daß es für die Einsetzung der Sakramente nur Konvenienzargumente gibt, ein Indiz dafür, daß in der STh des hl. Thomas die Betrachtungsweise von den notwendigen Strukturen des menschlichen Gottesverhältnisses in I a und II a Pars zu den geschichtlich-kontingenten Gaben Gottes in der Heilsgeschichte übergewechselt sei, die Gegenstand der III a Pars seien. Wir halten diese Auffassung nur im Grundsatz für richtig, ansonsten aber für zu undifferenziert. Einmal reden I a und II a Pars keineswegs nur abstrakt von den »notwendigen Strukturen«, sondern von der

den ersten Blick scheint. Wie entstehen denn solche Konvenienzargumente? Sie sind immer das Resultat eines gläubigen Nachdenkens, das in engstem Kontakt mit dem persönlichen und kollektiv-kirchlichen Umgang mit dem fraglichen Gegenstand steht. Der Theologe, der Konvenienzargumente erarbeitet, versucht sich gewissermaßen hineinzudenken in die Gedanken der Weisheit Gottes, und zwar aufgrund dessen, was sein Glaube ihm sagt.[24] Die Folge ist, daß Konvenienzgründe nicht nur nie stringent sind – das ohnehin![25]–, sondern darüber hinaus, daß sie niemals gefunden werden ohne ein außerordentliches existentielles Beteiligtsein. Dieses aber entspricht naturgemäß dem je eigenen Glaubensverständnis, sozusagen dem persönlich oder kollektiv geprägten »Stil« des Gottesverhältnisses. Konvenienzgründe spiegeln darum immer ein persönlich oder kollektiv geprägtes Glaubensleben und seine speziellen Akzente.

Daher ist es auch erklärlich, daß Konvenienzgründe, die früher einmal zündend waren, heute dem Leser nur ein mildes Lächeln, wenn nicht gar ein schallendes Gelächter entlocken. Jeder sein Brevier betende Kleriker weiß davon ein Lied zu singen. Man denke etwa an die Zahlenmystik bei den Kirchenvätern, z. B. bei

konkreten, um Christus zentrierten Heilsgeschichte, zum anderen handelt die III a Pars durchaus auch von »notwendigen Strukturen«. Wahr ist jedoch, daß das concretissimum der faktischen Heilsgeschichte, das Kreuz, in I a und II a Pars ausgespart ist; seine Behandlung ist das Besondere an der III a Pars; der Übergang zur III a Pars ist der Übergang zur thematischen Rede vom Kreuz. Sofern die Sakramente Zeichen und Applikationsform der Frucht des Kreuzes sind, sofern die Sakramente wirken »ex fide passionis Christi« (vgl. III 60,3; 60,7 ad 1; 62,5 ad 2; 79,7 ad 2; und schon III 48,6 ad 2; 49,3 ad 1. 5 c.; 62,6 c.) und sofern das Kreuz tatsächlich auch aus keiner Grundstruktur von Heilsgeschichte mehr abgeleitet werden kann (vgl. III 46, 1–2), fallen die Sakramente tatsächlich außerhalb jeder »notwendigen Struktur«, ihre Einsetzung ist nur noch durch Konvenienzargumente als sinnvoll zu erweisen. Auf den theologischen Sinn dieser Architektur der STh kann hier nicht eingegangen werden. Wir verweisen auf die Berichterstattungen und kritischen Stellungnahmen zu der lebhaften Diskussion: M. Seckler, Das Heil in der Geschichte. Geschichtstheologisches Denken bei Thomas von Aquin, München 1964, 33–47; O. H. Pesch, Um den Plan der Summa Theologiae des hl. Thomas von Aquin. Zu Max Secklers neuem Deutungsversuch. Münchener Theologische Zeitschrift 16 (1965) 128–137 [erw. in: K. Bernath (Hg.), Thomas von Aquin I: Chronologie und Werkanalyse, Darmstadt 1978, 411–437]; Ders., Theologie der Rechtfertigung bei Martin Luther und Thomas von Aquin. Versuch eines systematisch-theologischen Dialogs, Mainz 1967 [[2]1985], 921–933. [Vgl. auch w. o. S. 128 Anm. 38]

[24] Vgl. Thomas, STh I 1,8 ad 2; 32,1 ad 2; II–II 1,5 ad 2; Summa contra Gentiles I, 9 (n. 54); Quodl IV q. 9 a. 3.

[25] Zu beachten bleibt freilich, daß der Begriff der »Konvenienz« sozusagen in sehr verschiedener »Dichte« gebraucht werden kann und sogar die Ebene wirklicher »Notwendigkeit« erreicht. Es ist ein Unterschied, ob ich nach der Konvenienz der Inkarnation frage und sie mit dem Hinweis auf Gottes sich notwendig verströmende Güte bejahe (STh III 1,1), oder ob ich nach der Konvenienz der Kreuzigung Jesu zwischen zwei Räubern frage (III 46,11). Im ersteren Fall besagt »Konvenienz«, daß Gott zwar nicht handeln muß, aber, wenn er handelt, notwendig gemäß seinem Wesen handelt, das reine Güte ist: die Konvenienz impliziert eine notwendige Struktur eines kontingenten göttlichen Handelns. Im zweiten Falle besagt »Konvenienz«, daß absolut keine Notwendigkeit vorliegt, daß es vielmehr auch ganz anders hätte zugehen können, sinnvollerweise aber so zuging, wie es zuging. Vgl. dazu M. Seckler, aaO., 44–47.

Augustinus.[26] Warum wurden die Jünger von Jesus zu zweit zur Predigt geschickt? Antwort des hl. Gregor: weil es zwei Gebote der Liebe gibt und Jesus deutlich machen wollte, daß niemand predigen dürfe, der nicht das Gebot der Liebe erfüllt.[27] Warum wurde Jesus von einer Jungfrau geboren? Antwort des hl. Johannes Chrysostomos: weil das weibliche Geschlecht solches dem männlichen Geschlecht schuldig war; denn der Mann hatte am Anfang der Schöpfung ohne Zutun der Frau eine Frau hervorgebracht, und so war das weibliche Geschlecht nun schuldig, ohne Zutun eines Mannes einen Mann zu gebären.[28] So finden wir auch noch bei Thomas ein Konvenienzargument für die Notwendigkeit der Sakramente, das heute mehr erheitern als überzeugen dürfte: Dadurch, daß das Heil an sinnenhafte Symbole gebunden wird, sollte der Mensch gedemütigt werden, weil er ja auch durch sein Verfallensein an die sinnenhafte Welt gesündigt hatte.[29] Sakramente also als *Strafe* – auf diesen Gedanken dürfte heute kaum jemand verfallen.

Neben solchen Kuriositäten stehen freilich in der großen Tradition der mittelalterlichen Theologie der Sakramente Konvenienzargumente, die bis heute beachtenswert bleiben. So vor allem das Argument aus der Logik der Inkarnation: Wie sich Gott in der Inkarnation sichtbar und sinnfällig greifbar machte und so den Menschen nahe kam, so wird bei den Sakramenten die Gnade Gottes sichtbar, greifbar im sinnfälligen Symbol. So auch das andere Argument aus der Struktur des menschlichen Wesens: Weil der Mensch eine Wesenseinheit aus Leib und Seele ist, ist es sinnvoll, daß das Heil in einer Ganzheit aus leiblichem, sinnenhaftem Symbol und geistnahem Wort den Menschen berührt, daß es, m. a. W., sakramentale Erscheinungsweise annimmt.[30]

Aber auch für diese Argumente gilt wie für alle anderen: Konvenienzgründe können aus ihrer Natur heraus, nämlich wegen ihrer prinzipiellen Bindung an eine bestimmte, durch die geschichtliche Stunde geprägte Glaubensexistenz, keine überzeitliche Geltung haben. Die beiden großen Argumente der Tradition, die wir nannten, das Argument aus der Logik der Inkarnation und das andere aus der Struktur des menschlichen Wesens, sind uns heute weithin fremder, als wir uns vielleicht eingestehen. Denn einerseits ist die christologische Grundaussage: »göttliche und menschliche Natur in der einen göttlichen Person des Logos«, trotz ihrer (scheinbaren!) Klarheit uns heute in *dieser* Sprachgestalt und der dahinterstehenden Denk- und Vorstellungswelt keineswegs so einfach

[26] Vgl. etwa Augustinus, Tract. in Joannem 17, 4–6: PL 35, 1529–1531: Der Kranke am Bethesda-Teich war 38 Jahre krank, weil angedeutet werden sollte, daß die Vollkommenheit der Gesetzeserfüllung, die in der Schrift durch die Zahl 40 symbolisiert ist, nicht ohne das zweifache Gebot der Gottes- und Nächstenliebe zu erreichen ist (Quatember-Freitag in der Fastenzeit). [Notabene: Es handelt sich um das Brevier vor seiner Reform nach dem II. Vaticanum!]

[27] Gregor I., Hom. 17 in Evangelium: PL 76, 1139 A–B (Commune unius Confessoris non Pontificis).

[28] Johannes Chrysostomos, Hom. in Nativ. Domini: PG 56, 389f (Officium B. Mariae Virginis in Sabbato, Lesung für Monat Mai).

[29] STh III 61,1 c.; vgl. auch 65,1 c. (in fine).

[30] Beide Argumente in STh III 60,6 c.

nachsprechbar wie den Christen früherer Zeiten,[31] und andererseits ist die aristotelische Anthropologie mit ihrer schematischen Scheidung von Leib und Geistseele unter den Ergebnissen der empirischen Wissenschaften fragwürdig geworden.[32] Dieses Fremdwerden auch noch der *großen* alten Konvenienzgründe für die Einsetzung der Sakramente dürfte nun gerade mit dem heute festzustellenden Wandel des existentiellen Verhältnisses zu den Sakramenten und ihren Voraussetzungen überhaupt zusammenhängen. Dieser Wandel scheint einbegriffen in dem seit Luther zum Problem gestellten Thema »Wort und Sakrament«. Von dort aus wird daher das Problem der Konvenienz der Sakramente noch einmal neu zu bedenken sein.[33] Wir wenden uns hier zunächst dem zweiten Aspekt unseres Teilthemas zu:

[31] Auch dazu gibt die in Anm. 1 genannte Umfrage: Was glauben die Deutschen? interessante und beunruhigende Auskünfte. Die katholische systematische Christologie reagiert auf diesen Tatbestand bislang nur in dem Maße, als sie sich im Zuge hermeneutischer Besinnung auf Wesen, Funktion und Grenze des Dogmas in der Kirche in eine kritisch-weiterfragende Distanz selbst zum Dogma von Chalkedon zu begeben wagt, das heißt: sie reagiert sehr zaghaft. Ein Beispiel dieses Zögerns: J. Ratzinger, Einführung in das Christentum. Vorlesungen über das Apostolische Glaubensbekenntnis, München [5]1968, 173–185. Weitertreibende Versuche: H. Küng, Menschwerdung Gottes. Eine Einführung in Hegels theologisches Denken als Prolegomena zu einer künftigen Christologie, Freiburg 1970; P. Schoonenberg, Ein Gott der Menschen. Skizzen zur Christologie, Einsiedeln-Zürich-Köln 1969 [und w. o. S. 142 ff]. – Weniger zaghaft ist die evangelische Theologie. Exponent solcher Bemühungen ist seit Jahrzehnten R. Bultmann. Aus jüngster Zeit vgl. die von seinem Denken angeregten und sich zugleich mit ihm kritisch auseinandersetzenden Arbeiten von G. Ebeling, Das Wesen des christlichen Glaubens, Tübingen 1959 (u. ö.); Ders., Was heißt: Ich glaube an Jesus Christus?, in: Ders., Wort und Glaube III, Tübingen 1975, 270–308; Ders., Dogmatik des christlichen Glaubens III, Tübingen 1979; D. Sölle, Stellvertretung. Ein Kapitel Theologie nach dem »Tode Gottes«, Stuttgart [5]1968; W. Pannenberg, Grundzüge der Christologie, Gütersloh [2]1966; [P. Tillich, Systematische Theologie II, Frankfurt am Main 1958, [8]1984 (amerikanisch Chicago 1957)]; J. Moltmann, Der gekreuzigte Gott. Das Kreuz Christi als Grund und Kritik christlicher Theologie, München 1972 u. ö.; R. Schäfer, Jesus und der Gottesglaube, Tübingen 1970; H. Thielicke, Der evangelische Glaube II, Tübingen 1973; H.-R. Müller-Schwefe, Christus im Zeitalter der Oekumene. Ein Entwurf, Göttingen 1986; zur Sache vgl. w. o. S. 141–145.]

[32] Bekanntlich haben u. a. K. Rahner und J. B. Metz die aristotelische Dichotomie mit den Mitteln der Transzendentalphilosophie in Richtung auf eine stärkere Herausstellung der Wesensganzheit des Menschen vertieft. Vgl. K. Rahner, Geist in Welt. München[2] 1957; Zum theologischen Begriff der Konkupiszenz, in: Schriften zur Theologie, I, 377–414; J. B. Metz, Konkupiszenz, in: Handbuch Theologischer Grundbegriffe, hg. von H. Fries. Bd. I, München 1962, 843–851. Diese Bemühungen sind sachlich sehr beachtlich, aber sie sind ja erst möglich, wenn man Aristoteles und Thomas liest mit den Einsichten der empirischen Wissenschaften und der Philosophie des 19. und 20. Jahrhunderts im Kopf, und sie verdecken daher, daß der genuine Aristotelismus und die ihn rezipierende mittelalterliche Theologie sich das Verhältnis von Leib und Seele doch einfältiger vorgestellt haben. Eine ganze Reihe von Äußerungen über den Primat des Geistes, über »höhere« und »niedere« Kräfte im Menschen und vor allem eine ganze Reihe moraltheologischer und aszetischer Konsequenzen wären sonst nicht erklärlich. [Zur Sache vgl. den Beitrag: Gott – die Freiheit des Menschen, w. o. S. 89–114.]

[33] W. u. S. 331 ff.

3. *Die »Notwendigkeit« des Empfanges der Sakramente*

Der Blick auf die »Fixpunkte« aus Praxis und Theologie zeigte: Die Aussage, nach ihrer Einsetzung durch Gott sei der Empfang wenigstens einiger Sakramente notwendig *necessitate medii,* glaubt man dem Rang der Sakramente schuldig zu sein, weil Gott eine rein willkürliche Anordnung der Sakramente, die nicht auch einen inneren Zusammenhang zwischen Sakrament und Ziel des Sakramentes herstellt, nicht zugetraut werden könne. Die komplizierte Sachlage auf seiten der Adressaten der Sakramente zwang zu der doppelten Einschränkung, daß schon das *votum* des Sakramentes als Mittel des Heiles genüge, und daß dieses *votum* im (gar nicht seltenen) Grenzfall keineswegs ein ausdrückliches Verlangen nach dem Sakrament sein müsse, daß sich vielmehr ein *votum sacramenti* schon in jedem guten Gedanken, in jeder ethisch guten Tat, vor allem im mitmenschlichen Dienst, einschlußweise und unausdrücklich ereigne.
Mit dieser doppelten Einschränkung läßt sich zwar auch noch dem Heil des Nichtevangelisierten ein Platz im sakramentalen Kosmos zuweisen. Zugleich zeigt sich hier aber auch die geschichtliche Bedingtheit der ganzen *Votum*-Theorie, und es fragt sich, ob die Decke nicht zu kurz ist, mit der man hier die Blöße von der strengen Lehre von der *necessitas medii* zudecken will.[34] Man prüfe einmal die Belege aus den Kirchenvätern, die in den Handbüchern für die Lehre vom *votum sacramenti* beigebracht werden.[35] Man wird dabei bald feststellen, daß diese Lehre vom *votum sacramenti* in einem ganz bestimmten historisch-theologischen Kontext entstand, nämlich vor dem Hintergrund einer rigoristischen Auffassung des Satzes: »Außerhalb der Kirche kein Heil«. Diesen Satz verstand man im Sinne von: »Außerhalb *der Sakramente* der Kirche kein Heil« – und war dann gezwungen, sich vor allem hinsichtlich *einer* bestimmten Gruppe von Menschen ein Trostwort auszudenken, nämlich der Katechumenen, die während des Katechumenats, vor Empfang der Taufe, nicht durch Martyrium, sondern eines natürlichen Todes starben. Sollen die, die schon auf dem Weg zur Taufe waren, ewig verloren gehen, nur, weil sie real die Taufe noch nicht empfangen haben? Um eine verneinende Antwort zu begründen, entwickelt man den Gedanken des *votum baptismi.* Darüber hinaus erhob dieser Gedanke keine weiteren theologischen Ansprüche, und es gibt auch heute keinerlei Grund zur Beanstandung, solange er innerhalb dieser Grenzen verbleibt.
Immerhin war damit ein Problem aufgeworfen, das die konkrete Situation der sterbenden Katechumenen weitgehend überschritt. Das Mittelalter verdeckte

[34] Diese Frage bleibt auch dann noch bestehen, wenn man die Einwände G. Marons gegen die Ablösung der alten Votum-Lehre durch die Lehre von den »Elementen« der Kirche auf dem Zweiten Vatikanum nicht teilt. Vgl. G. Maron, Kirche und Rechtfertigung. Eine kontroverstheologische Untersuchung, ausgehend von den Texten des Zweiten Vatikanischen Konzils, Göttingen 1969, 107–110. Zu G. Marons kritischem Buch vgl. O. H. Pesch, Aus der Lutherforschung. 453 Jahre Reformation, Theol. Quartalschrift (Tübingen), 150 (1970) 417–432: 425ff.

[35] Als Beispiele etwa: F. Diekamp / K. Jüssen, Katholische Dogmatik nach den Grundsätzen des heiligen Thomas, Münster [13]1954ff, Bd. III, 89; M. Schmaus, Katholische Dogmatik. Bd. IV/1, § 239, II.

zunächst dieses Problem, weil es für das Bewußtsein der Theologen des Mittelalters praktisch keine Heiden mehr gab. Die Frage nach dem Heil der Nichtevangelisierten – also nach Heil ohne Sakramente der Kirche! – entstand für die mittelalterlichen Theologen bis frühestens zu Thomas hin nur in der Gestalt, daß man mit der Ausnahmemöglichkeit rechnete, irgendwo in einem Wald könne ein Mensch aufwachsen, ohne mit der menschlichen Gesellschaft und damit mit der Kirche in Kontakt zu kommen. Die Routine-Antwort der Theologie auf die Frage nach dem Heil eines solchen Menschen lautete: Gott wird Abhilfe schaffen, indem er ihm entweder einen Missionar oder einen Engel oder eine innere Erleuchtung schickt, die ihn belehren, so daß er glauben und damit wenigstens das *votum sacramenti* erwecken kann.[36] Diese Routine-Lösung bröckelt aber im XIII. Jahrhundert – bei Thomas klar erkennbar[37] – ab, und zwar durch den verstärkten Kontakt mit der islamischen und den beginnenden Kontakt mit der fernöstlichen Welt, nicht zuletzt auch durch die Beobachtung, was für seltsame Leute Kaiser Friedrich II. in seinem Heere hatte. Damals hat der christliche Mitteleuropäer vielleicht zum erstenmal Afrikaner gesehen.[38] Man erkannte allmählich, daß der größere Teil der Menschheit noch nicht zur Kirche gehörte. Statt daraufhin in voller Schärfe und in vollem Umfang die Frage nach der Heilsmöglichkeit der Nichtevangelisierten zu stellen, sind die Theologen wie gelähmt – Thomas wäre wieder ein Schulbeispiel. Sie wagen nicht mehr, die frühere Routine-Antwort zu geben, denn soviel Missionare und Engel wird man ja doch nicht aufbieten können, um alle Mohren im Heere Friedrichs II. nach dem Modell des *nutritus in silva* bekehren zu können. So weiß man nur den Rat, sich wieder auf den augustinischen Prädestinationspessimismus zu verlegen und begnügt sich mit der grausamen Auskunft: Wenn diese Menschen verloren gehen, dann ist es Erweis der Gerechtigkeit Gottes, wenn sie gerettet werden, ist es Erweis seines Erbarmens; denn die Gnade ist nicht einklagbar, sie wird aus Erbarmen gegeben und aus Gerechtigkeit verweigert. So zu lesen beispielsweise beim späten Thomas.[39]

In einem Punkt allerdings scheint die Position der mittelalterlichen Theologie zur Frage des *votum sacramenti* weiter als die der alten Kirche. Wir begegnen hier nämlich der ausdrücklichen These, die vor allem in bezug auf das Bußsakrament aufgestellt wird, daß im *Regelfall* der Mensch schon vor Empfang des

[36] Vgl. dazu M. Seckler, Instinkt und Glaubenswille nach Thomas von Aquin. Mainz 1961, 232–240.

[37] Der junge Thomas übernimmt noch die frühscholastische Routine-Antwort; vgl. Sentenzenkommentar (= SK) 3 dist. 25: 2,1 qla. 1 ad. 1; 2,2 qla. 2; De veritate (= Ver) 14,11 ad 1. Der ältere Thomas streicht bei der Beantwortung derselben Frage die Erleuchtung und den Engel; vgl. in Rom 10,18: lect. 3 (n. 849) – das Mirakel, so hat Thomas wohl begriffen, hätte zur Regel werden müssen. Der Vorgang ist übrigens bezeichnend für die Bedeutung, die Thomas der ordentlichen Wortverkündigung beimißt. Vgl. dazu O. H. Pesch, Theologie des Wortes bei Thomas von Aquin. Zeitschrift für Theologie und Kirche, 66 (1969), 437–465; 457f.

[38] Vgl. M.-D. Chenu, Das Werk des hl. Thomas (s. Anm. 21), 3–6.

[39] Vgl. STh II–II 2,5 ad 1; 10,1. Vgl. aber die latenten Ansätze einer weitergehenden Lösung bei Thomas, die M. Seckler, a.a.O., 240–258, aufgedeckt hat.

(Buß-)Sakramentes die Verzeihung der Sünden von Gott erlangt hat.[40] Aber diese Theorie gilt ja *innerhalb* des christlichen, kirchlichen Raumes, sie gilt für gläubige Christen und wird gerade nicht auf das Heil der Nichtevangelisierten angewandt.

Erst im Gefolge der großen geographischen Entdeckungen der Neuzeit tritt das Problem in voller Schärfe ins allgemeine Bewußtsein.[41] Kann die *Votum*-Lehre dieser ins Ungemessene ausgeweiteten Fragestellung noch standhalten? Wenn es dahin kommt, daß es als *votum,* als »Verlangen« nach dem Sakrament genügt, einen guten Gedanken zu hegen, eine gute Tat zu vollbringen, sein Menschsein anzunehmen, oder wie die Formulierungen im Umkreis der These von den »anonymen Christen« sonst lauten mögen,[42] ohne dabei von den Sakramenten auch nur zu wissen, geschweige denn, sie aktuell zu begehren, dann dürfen am Ende die Worte nicht mehr sagen, was sie sagen. Das Postulat, um der göttlichen Stiftung der sakramentalen Ordnung willen müsse jeder Weg zum Heil als wenigstens einschlußweise sakramental aufgefaßt werden, reicht kaum hin, diese terminologischen Gewaltsamkeiten zu legitimieren. Da die Interpretation der Heilsnotwendigkeit der Kirche spätestens seit dem Zweiten Vatikanischen Konzil entschieden neue Wege geht, bei denen der alte Satz: *Extra ecclesiam nulla salus* sich schlicht in sein Gegenteil verkehrt: *Extra ecclesiam salus,*[43] gibt es kein Hindernis mehr, die These von der Notwendigkeit des Sakramentenempfanges *necessitate medii* aufzugeben und im Einklang sowohl mit den Faktizitäten als auch mit den Wegen heutiger Ekklesiologie zu sagen: Der Empfang der Sakramente ist notwendig *necessitate praecepti* für diejenigen, die in der Kirche zum Glauben kommen und also um die Sakramente wissen.

[40] Vgl. STh III 84,7 ad 2.8 ad 1; 86,2 c. 6 c. ad 3; 90,2 ad 1; Ver 28,8 ad 2.

[41] Nikolaus von Kues mit seinem Konzept von der *Una religio in varietate rituum* angesichts der ihm bewußtgewordenen Vielfalt der Religion und der Aussichtslosigkeit, sie alle zum christlichen Glauben zu bekehren, ist wie ein weitblickender Vorläufer der neuen Fragestellung. Vgl. die Hinweise w. o. S. 183.

[42] Vgl. K. Rahner, Die anonymen Christen, in: Schriften zur Theologie, Bd. VI, 545–554; dort sind die weiteren Äußerungen Rahners zur Sache verzeichnet. Vgl. auch K. Riesenhuber, Der anonyme Christ nach K. Rahner. Zeitschrift für kath. Theol., 86 (1964), 286–303. [Vgl. die Ergänzungen w. o. S. 197 Anm. 32.]

[43] *Spätestens* seit dem Zweiten Vatikanum! Die Gedanken des Konzils zum Heil der Nichtchristen sind vorher schon vorgeformt gewesen in der Auseinandersetzung mit der Enzyklika Mystici Corporis. Vgl. – wiederum pars pro toto – K. Rahner, Die Gliedschaft in der Kirche nach der Lehre der Enzyklika Pius' XII. »Mystici Corporis Christi«, in Schriften zur Theologie, Bd. II, 7–94: 40–75; M. Schmaus, Katholische Dogmatik. Bd. III/1, § 177 a; J. Ratzinger, Über die christliche Brüderlichkeit, München 1960, 88–124. – Schon lange vor dem Konzil hatte eine römische Stellungnahme den Satz *Extra ecclesiam nulla salus* im alten Verständnis aufgehoben. Veranlaßt durch Mystici Corporis, hatte der kanadische Jesuit Feeney den zuletzt noch durch das Konzil von Florenz im scharfen alten Verständnis hochgehaltenen Satz (vgl. DS 1351) vertreten und – wurde dafür vom S. Officium gemaßregelt; vgl. DS 3866–3873 und die Hinweise w. o. S. 275 f.

Damit ist allerdings unsere Frage noch nicht am Ende. Denn: Welcher Art ist dieses *praeceptum?* Wir dürfen nun nicht erneut dem naheliegenden Fehler anheimfallen, einzuschränken und einzuschränken, bis nichts Ernsthaftes mehr übrigbleibt, sondern haben zunächst festzuhalten: Gott will den Menschen die Heilswirkung des Kreuzes Christi in der Tat *durch* Taufe, Eucharistie, Buße usw. mitteilen. *Necessitas praecepti* heißt daher auf jeden Fall dies, daß die *Kirche* verpflichtet ist, die Sakramente überall, wo es möglich ist, anzubieten, auszuteilen, dazu einzuladen.

Aber wie steht es mit dem Gebot, Sakramente zu empfangen, für den *Empfänger?* Wir dürfen jetzt eines nicht tun: dieses Gebot, die göttliche Anordnung der Sakramente, isolieren und als *ein* Gebot einer Reihe anderer Gebote hinzuzählen. Das führt nicht nur in einen unfruchtbaren Legalismus, sondern auch in falsche Konsequenzen hinsichtlich des Verständnisses der Sakramente und ihrer Bedeutung. Vielmehr ist das Gebot, Sakramente zu empfangen, einzuordnen in den *Gesamtzusammenhang* der Forderung des Evangeliums. Und nun kann kein Zweifel sein: *Die* Grundforderung des Evangeliums, die alles andere einschließt, heißt *Glaube.*

Wenn man die Texte des Neuen Testamentes auf das Verhältnis von Glaube und Sakrament hin durchsieht, wird eines bald auffallen: Von den Sakramenten ist im Neuen Testament bedeutend selbstverständlicher die Rede als vom Glauben. Der Glaube und die Glaubensforderung wird von den Synoptikern ebenso wie von Paulus und Johannes herausgestellt als das große Neue, das die ganze Existenz des Menschen vor Gott auf eine neue Basis stellt, das man jedenfalls in dieser Grundsätzlichkeit und Ausschließlichkeit bisher nicht gewußt hat. Die Einladung zum Glauben und zum Glauben *allein* ist, trotz aller Vorbildungen im Alten Testament, die große *neue* Grundaussage des Neuen Testamentes, mit der das Neue Testament steht und fällt.[44] Die Sakramente – genauer: die kirchlichen Vollzüge, die später mit dem Sammelnamen »Sakrament« bezeichnet wurden – laufen ziemlich selbstverständlich mit. Sie werden *gedeutet,* in große Gesamtperspektiven des Handelns Gottes in der Geschichte eingerückt, es werden praktische Anweisungen dazu gegeben,[45] es wird auch gelegentlich ihre Notwendigkeit betont,[46] aber daß man sagen könnte, wie man vom Glauben sagen muß: Sie sind Zentrum und Herzstück der neutestamentlichen Botschaft, davon kann keine Rede sein. Man vergleiche einmal nur die einschlägigen Abschnitte in Röm 6 und 1 Kor 11 mit den Aussagen über den Glauben, etwa in den Heilungsgeschichten bei den Synoptikern, in den Aussagen Jesu selbst über den Glauben und seine Macht, oder in den Worten des Römer- und Galaterbriefs über den

[44] Vgl. die Zusammenstellung des Stellenbefundes bei G. Ebeling, Jesus und Glaube, in: Wort und Glaube. Tübingen ^{2}1962, 203–254, bes. 228–238; O. Kuss, Der Römerbrief. 1. Lieferung Regensburg 1957, 131–154 (= Der Glaube in den paulinischen Hauptbriefen, in: O. Kuss, Auslegung und Verkündigung, Regensburg 1963, 187–212).

[45] Vgl. etwa die Abendmahlsberichte; Joh 6, 48–59; Apg 2, 38–42. 46 u. ö.; Röm 6, 1–6; 1 Kor 1, 11–16; 11, 17–34; Gal 3,27; Eph 4,5; Kol 2, 11–13.

[46] Vgl. Joh 3,5; 6,53; Apg 2,37f; Mk 16,16. Zum Ganzen vgl. Kuss, Der Römerbrief, aaO., 307–319 und schon 146f. [Vgl. Einzelheiten bei W. Kasper (s. Anm. 20) und J. Finkenzeller (s. Anm. 22).]

Glauben! Die Sakramente sind für den Christen des Neuen Testamentes offenbar problemlos, von ihnen wird nicht im entferntesten mit jenem Pathos geredet, mit dem die neutestamentlichen Autoren vom Glauben sprechen.
Heute scheint es umgekehrt zu stehen. Wenn man sich überhaupt auf die Zumutung des Glaubens einläßt, dann scheint es ziemlich problemlos, daß nur der Glaube uns zum Heil bringt, und nicht etwa allerlei Anstrenungen des Menschen aus eigener Kraft.[47] Die Sakramente dagegen sind keineswegs selbstverständlich, sie können geradezu als zusätzliche Belastung des Glaubens auf den Plan treten – wie die Kirche als Ganzes überhaupt –, sie sind mindestens, wie schon festgestellt, in ihrer Bedeutung für den Glauben und den Weg zum Heil recht fremd geworden.
Man kann daraus einen falschen Schluß ziehen: Wir können dann vom Glauben etwas problemloser reden, möglichst bald zu den Inhalten und Vollzugsweisen übergehen, brauchen jedenfalls die Grundforderung des Glaubens selbst nicht mehr so einzuschärfen, wie es etwa Paulus im Widerstand gegen seine judaistischen Gegner tun mußte; dagegen müssen wir denn je die Pflicht einschärfen, die von Gott gebotenen Sakramente zu empfangen. Dieser Schluß ist deshalb falsch, weil wir, so sehr sich auch die Umstände und die pastorale Situation heute geändert haben mögen, das existentielle Gefälle des Verhältnisses von Glaube und Sakramente, wie es uns im Neuen Testament begegnet, nicht umkehren können, ohne die Grundforderung des Neuen Testamentes, nämlich den Glauben selbst in Gefahr zu bringen und damit die neutestamentliche Botschaft zu verraten. Denn der Glaube ist im Neuen Testament gewiß Forderung, Zumutung, aber nach dem Tenor aller einschlägigen Aussagen die Forderung, die Zumutung, *sich befreien zu lassen*. Wie man den Sachverhalt auch ausdrücken mag, darin kommen alle Aussagen des Neuen Testamentes überein, daß dem Glauben wesenhaft Befreiungswirkung eignet.[48] Das deutlichste Zeugnis dafür ist der Galaterbrief, aber er ist nicht das einzige Dokument in dieser Sache. *Forderung* ist

[47] Darüber belehrt ein nur flüchtiger Blick in die unabsehbare, für ein breites Publikum geschriebene Kleinliteratur zur gegenwärtigen Glaubenssituation und Glaubensproblematik: Die Grundtendenz dieser Bücher und Aufsätze ist stets, die Möglichkeit des Glaubens in der heutigen Welt und seine Heilskraft nur ja nicht durch allerlei Zusatzprobleme und Zusatzforderungen zu verstellen. Dementsprechend ist ausführlich die Rede von der einfachen Grundstruktur des Glaubens, von seinem anthropologischen Ort, von der glaubenden Gottbegegnung in aller Wirklichkeit, von der »ganz einfachen« Botschaft Jesu, vom gläubigen Weltverständnis, vom Handeln aus dem Glauben u. a. m. Was die Sache kompliziert erscheinen läßt, z. B. die Dogmen, bestimmte Lebensformen der Kirche, wird »erklärlich« gemacht, wenn nicht gar entschuldigt. Im Zuge solcher Gedankenführung wird fast durchweg über die Sakramente geschwiegen: Auch sie sind ja zunächst etwas, was den »einfachen« Glauben kompliziert machen könnte. Wir haben auch unsererseits einen Beitrag zu dieser Literatur zu leisten versucht: O. H. Pesch, Rechenschaft über den Glauben. Mainz 1970 [[3]1983 – dort Verzeichnis weiterer Titel. Vgl. den Versuch einer Analyse in meinem Aufsatz: Glaube als Lebensweisheit. Zum Glaubensbegriff in der gegenwärtigen evangelischen und katholischen Theologie, in: W. Baier/St. O. Horn u.a. (Hg.), Weisheit Gottes – Weisheit der Welt (Festschrift Joseph Kard. Ratzinger), St. Ottilien 1987, 453–492.]
[48] Vgl. O. H. Pesch, a.a.O., 126–138.

der Glaube in Konsequenz nur, soweit ihm der Selbstbehauptungskrampf des Menschen entgegensteht, soweit der Mensch also sich nicht befreien lassen, sondern lieber sich selbst vor Gott befreien, biblisch gesprochen: durch Werke des Gesetzes gerecht werden will. Wird dem Glauben diese befreiende, Zuversicht und Freude schaffende Kraft genommen, z. B. durch belastende Ergänzungsforderungen, dann sind Evangelium und Verkündigung um ihr Wesen gebracht. Daraus folgt: Die Sakramente dürfen in ihrer Deutung und in der Art, wie sie in die Glaubensexistenz einbezogen werden, nicht dahin führen, daß sie dem Glauben seine Befreiungskraft nehmen. Im Neuen Testament ist das nicht der Fall. Eben deshalb ist ja von den Sakramenten nicht als Forderung die Rede, weil man sie gar nicht fordern mußte, weil sie vielmehr selbstverständlich waren als die von Gott gestiftete Form, in der sich gewissermaßen der Glaube in der Kirche verleiblichte. Mit a. W.: Sie wurden gerade nicht als Zwang und Zusatzforderung empfunden, wie etwa die Werke des mosaischen Gesetzes für Christen nur als Zusatzforderung auf den Plan treten. Genau diese Sachstruktur muß in jeder Deutung der »Gebotenheit« der Sakramente unbedingt gewahrt bleiben. So ergibt sich hinsichtlich der *necessitas praecepti* des Sakramentenempfanges folgende Grundthese:
Die Sakramente sind in der Weise geboten und entsprechend in der Weise notwendig, wie sie an der befreienden Kraft des Glaubens an das Evangelium teilhaben, ja diese befreiende Kraft gerade unterstreichen und zum Tragen bringen.
Um die theologische und pastorale Aufgabe, die damit gestellt ist, schärfer zu erkennen, wollen wir auf diese Grundthese hin kurz zwei klassische Deutungen der Sakramente anleuchten.

a) Thomas. Die Deutung der Sakramente bei Thomas beruht auf der augustinischen Grunddistinktion zwischen Zeichen und Wirklichkeit, *signum* und *res.* In der thomanischen Theologie der Sakramente fängt bekanntlich alles an mit der Einordnung der Sakramente »in genere signi«[49] – wir kommen noch einmal darauf zurück. In den Sakramenten bricht gleichsam die Wirklichkeit des unsichtbaren Gottes in unsere sichtbare Welt ein. Aller Akzent liegt daher logischerweise auf der inkarnatorischen Struktur der Sakramente und auf der damit gegebenen Heiligung der materiellen Welt.[50] Die Menschwerdung Gottes breitet sich durch die Sakramente gleichsam über das ganze Leben des Menschen, über die ganze kirchliche Wirklichkeit, ja über die ganze Welt aus.
Dieses Konzept paßt lückenlos in die thomanische Gesamtdeutung der christlichen Existenz, wonach alle Geschöpfe und vorzüglich der Mensch von Gott ausgehen und auf den vielfältigsten Wegen zu Gott als Endziel aller geschöpflichen Unruhe »heimgeholt« werden. Man erkennt das große Thema von *egres-*

[49] STh III 60,1. Zur Sakramentenlehre des hl. Thomas verweisen wir auf O. H. Pesch, Theologie der Rechtfertigung (s. Anm. 23), 793–814. Dort ist die Literatur zur thomanischen Sakramentenlehre verzeichnet und ausgewertet, vor allem das große einschlägige Werk von E. Schillebeeckx, De sacramentele heilseconomie. Theologische bezinning op S. Thomas' sacramentenleer in het licht van de traditie en van de hedendagse sacramentenproblematiek, Antwerpen 1952.
[50] STh III 60, 4–6.

sus und regressus, das den Plan der *Summa Theologiae* bestimmt hat.[51] Die Verbindung zwischen dieser Grundperspektive und der Deutung der Sakramente ist geschaffen durch die Stellung, die Christus in dieser theozentrischen Theologie und dem damit verbundenen Glaubensverständnis einnimmt.[52] Christus wird gesehen unter dem beherrschenden Gesichtspunkt des *instrumentum,* des Werkzeugs; auch als Gottmensch ist er Werkzeug in der Hand Gottes, mit dem Gott den Menschen zu sich heimholt. Die Sakramente sind gleichsam die »Verlängerung« *(instrumenta separata)* dieses Instrumentseins Christi (des *instrumentum coniunctum)* in die Geschichte hinein, und als solche sind sie das Mittel, durch das die Heimkehr des Menschen zu Gott geschieht. *Gott* ist also in allem der Hauptakteur, der mittels der Werkzeuge seiner Heilsliebe den Menschen zu sich zurückbringt. Der Grundakt der Heilsannahme durch den Menschen und der Grundakt seines Gottesverhältnisses überhaupt ist daher die *caritas,* das Einschwingen in das Wirken dieses souverän die Geschichte beherrschenden Gottes, aufgrund der Freundschaft, die Gott mit dem Menschen begründet hat. Man erkennt: Wo diese – hier nur ganz rudimentär gekennzeichnete – Konzeption existentielle Geltung hat, d. h.: wo sie gelebte Glaubensexistenz spiegelt und auslegt, da können die Sakramente niemals Belastung und erschwerende Forderung werden. Sie werden ja erlebt als der selbstverständliche Raum und die Kraftquelle christlicher Existenz, weil sie ganz von dem einen großen Heilszeichen und Heilswerkzeug Christus herkommen und von ihm her verständlich sind. Sie sind die vorzüglichen Geschenke Gottes an die, die ihn lieben.

b) Luther. Ein zweiter, zu Thomas antithetischer Typus im Verständnis der Sakramente ist die Deutung der Sakramente bei Luther.[53] Auch dazu später noch mehr. In unserem Zusammenhang ist folgendes anzumerken: Luther denkt über die Sakramente nach aus seiner persönlichen (und nicht *nur* persönlichen) Situation der Anfechtung heraus.[54] Ihn treibt die Frage um: Wie stehe ich vor Gott, und wie kann ich vor ihm bestehen? Vieles von der freudvoll-optimistischen mittelalterlichen Konzeption zerbricht unter der Wucht dieser Frage, die in der Theologie den Anfang der Neuzeit markiert. Die Sakramente erscheinen daher Luther als Hilfe in der Anfechtung und werden darauf von ihm befragt: Der Glaube an Gott, der so rätselhaft handelt, braucht etwas, woran er sich festhält, und *deswegen* gibt es Sakramente. So ist etwa die Taufe für Luther gleichsam das Dokument, mit dem Gott mich seiner Zusage gewiß macht, daß er mir zeitlebens meine Sünde verzeiht und daß ich zeitlebens wegen meiner Schuld vor Gott

[51] Vgl. die w. o. in Anm. 23 verzeichneten Arbeiten zum Plan der STh.

[52] Vgl. O. H. Pesch, Theologie der Rechtfertigung, 581–584; 864–866; ferner Ders., Die Frage nach Gott bei Thomas und Luther, Die Neue Ordnung 24 (1970), 1–20, bes. 7f = Luther. Mitteilungen der Luther-Gesellschaft, 1970, H. 1, 1–25; [vgl. auch w. o. S. 128–131.]

[53] Zusammenfassende Darstellung und Auswertung der Literatur bei O. H. Pesch, Theologie der Rechtfertigung, 326–353; [und Ders., Hinführung zu Luther, Mainz ^{2}1983, 134–153.]

[54] Vgl. O. H. Pesch, Die Frage nach Gott bei Thomas von Aquin und Luther, 10–14.

keine Angst haben muß.[55] Das Abendmahl wird von Luther gedeutet als Testamentseröffnung zugunsten des Sünders.[56] Sakramente sind solchermaßen »Gewißheitsfaktor« für den Glauben.[57] Gewiß wird später, im Streit mit den Schwärmern, das Konzept Luthers kurzatmiger. Er kann gegen die Schwärmer nur beschränkt in die mittelalterlich-katholische Konzeption zurück, weil er dann die ekklesiologischen Konsequenzen mit übernehmen müßte. Andererseits kann er auch nicht, wie es die Schwärmer tun, die Sakramente für beliebig erklären. So rettet er sich in eine Art Positivismus: Gott hat die Sakramente verordnet, was also hat der Mensch noch dauernd zu räsonnieren und Widerreden anzumelden?[58] Damit wird, wenn ich recht sehe, erstmalig in der Theologiegeschichte das Sakrament als Forderung hingestellt, die zur Not in blindem Gehorsam zu übernehmen ist, ob mir das fühlbar im Glauben hilft oder nicht. Das mindert freilich nicht die bleibende Fruchtbarkeit und Kraft in der Sakramentenlehre des frühreformatorischen Luther, in der er den Mut hat, die Sakramente als Brief und Siegel der Zusage Gottes zu interpretieren und sie damit zur Stütze des Glaubens zu erklären – ein Thema, das trotz aller Umakzentuierung auch beim späten Luther keineswegs fehlt.[59]

[55] Vgl. etwa 2/729, 30; 731, 36; 732, 9; 734, 3; 735, 2; Cl 1/188, 3; 190, 6.17; 192, 11; 193, 8 (Taufsermon, 1519); 8/93, 1; 96, 6 (Wider Latomus, 1521).

[56] So vor allem in dem Sermon von dem Neuen Testament, das ist von der heiligen Messe, 1520: 6/353–378; Cl 1/299–322; und in De captivitate Babylonica, 1520: 6/512–526; Cl 1/443–459.

[57] Vgl. auch die sich auf alle Sakramente beziehenden Texte 2/686,17; Cl 1/162,31 (»zeychen, die zum glauben dienen und reytzen«); 2/692,30; Cl 1/169,2 (»wartzeichen und urkund«); 2/692,37; Cl 1/169,9 (»eyn sichtlich zeichen gotlicher meynung, daran man sich halten soll mit eynem festen glauben«); 2/694,18; Cl 1/170,26 (»ein zeychen gottis... und zusag, daran er seinen glauben uben und stercken mag«) (alle Stellen aus dem Sermon von der Bereitung zum Sterben, 1519); 7/323,4; Cl 2/67,27 (»Sacrament, wilche sein gleich wie zeichen odder sygel seiner wort«: Grund und Urssach aller Artikel, 1521); 10 III/142,8 (»...sein wort mit zeichen als einem sygel darmit seind bestetiget, das wir ja nicht zweifeltten«: Predigt, 1522); 6/529,36; Cl 1/463,19 (»Omnia sacramenta ad fidem alendam sunt instituta«: De captivitate Babylonica, 1520). Weitere Texte bei O. H. Pesch, Theologie der Rechtfertigung, 331f; 336f.

[58] Vgl. 18/136,14: »Die eusserlichen stucke sollen und müssen vorgehen...also das ers [Gott] beschlossen hat, keinem menschen die ynnerlichen stuck zu geben on durch die eusserlichen stucke« (Wider die himmlischen Propheten [= Schwärmer], 1525); 30 I/212,30; Cl 4/79,26 (= Bekenntnisschriften der evangelisch-lutherischen Kirche, Göttingen [4]1956, 692,11): »Denn da ligt die höhiste Macht an, das man die Tauffe trefflich, herrlich und hoch halte, denn darüber streiten und fechten wir allermeist, weil die welt itzt so vol rotten ist, die da schreien, die Tauff sey ein eusserlich ding, eusserlich ding aber sey kein nütz. Aber las eusserlich ding sein als es ymmer kan, da stehet aber Gottes wort und gebot, so die Tauffe einsetzet, gründet und bestetigt. Was aber Gott einsetzet und gebeut, mus nicht vergeblich sondern eitel köstlich ding sein, wenn es auch dem ansehen nach geringer denn ein strohalm were« (Großer Katechismus, 1529); 50/246,24; Cl 4/317,6 (= Bekenntnisschriften, 455,31): »Darumb sollen und müssen wir darauff beharren, daß Gott nicht will mit uns Menschen handeln denn durch sein eusserlich wort und Sacrament. Alles aber was on solch wort und Sacrament vom Geist gerhümet wird, das ist der Teufel« (Schmalkaldische Artikel, 1537).

[59] In seiner überaus freundschaftlichen und zustimmenden Besprechung unserer oben ge-

Wie nimmt sich *unsere* Situation aus, verglichen mit diesen beiden Typen der Sakramentenlehre? Auch für heutiges Verständnis haben die Sakramente selbstverständlich mit dem Glauben, mit der Glaubensexistenz zu tun. Aber im Unterschied zu Thomas ebenso wie zu Luther erleben wir sie weder als *Kraftquelle* noch als *Stütze,* sondern bestenfalls irgendwie als *Vollzugsform* des Glaubens, jedenfalls nicht als etwas, dessen Sinn bereits *vor* dem Glauben einleuchtend

nannten Untersuchung hat A. Peters unsere Darstellung der lutherischen Sakramentsauffassung beanstandet: in einseitigem Blick auf die sakramententheologischen Äußerungen des jungen Luther sei die systematische Zusammenschau der Sakramente innerhalb der »vier grundlegenden Christusstiftungen des geistlichen Regimentes« beim alten Luther (Von den Konziliis und Kirchen; Wider Hans Worst!) unerkannt geblieben (Lutherische Rundschau 18 [1968] 300–306: 301). Den von Peters gerügten Tatbestand als solchen geben wir zu. Zu fragen bleibt allerdings, ob diese systematische Betrachtung der Sakramente in Luthers Spätwerk sachlich soviel einbringt, wie Peters nahelegt. Gewiß, mit dem Stichwort von den »Christusstiftungen« und vom »geistlichen Regiment« ist ein lutherisches Gesamtverständnis von Gott, Mensch und Welt angesprochen, das sich bis in die Lehre von den »Zwei Regimenten« Gottes hinein ausweitet. Ob aber die Sakramentenlehre des späten Luther in ihrem engeren Rahmen, in der Bemühung um das Verständnis dessen, was »Evangelium« bedeutet, reicher und reifer ist als die einschlägige Lehre des jungen Luther, erscheint bestreitbar. Wir finden die aufzählende, etwas »positivistische« Behandlung der Sakramente zusammen mit den anderen »Heilsmitteln« in den von Peters erwähnten Schriften und schon in den Schmalkaldischen Artikeln und den Katechismen – worauf wir in unserer Untersuchung hingewiesen haben (aaO., 329f) – für ein Verständnis der Eigenart des Sakramentes keineswegs so anregend und zukunftsweisend, wie die auf Wort und Glaube konzentrierte Sakramentenlehre Luthers in den Anfängen der Reformation. Und im übrigen sind diese Ansätze ja auch in den späten Schriften Luthers keineswegs aufgegeben, sondern durchgehalten. Wir stimmen damit jenen Forschern zu, die die Bedeutung des Sakramentenverständnisses in der Entwicklung von Luthers reformatorischer Theologie stärkstens unterstreichen. Vgl. E. Bizer, Die Entdeckung des Sakramentes durch Luther, Evangelische Theologie 17 (1957), 64–90; Ders., Fides ex auditu. Eine Untersuchung über die Entdeckung der Gerechtigkeit Gottes durch Martin Luther, Neukirchen [3]1966; 80–91; O. Bayer, Die reformatorische Wende in Luthers Theologie, Zeitschrift für Theol. und Kirche 66 (1969), 115–150; Ders., Promissio. Eine Untersuchung zum Wortverständnis beim frühen Luther. Diss. (Masch.), Bonn 1970 [Göttingen 1971]; vgl. auch die Einleitung von K. G. Steck in: Luther für Katholiken, hg. und eingeleitet von K. G. Steck. München 1969, 11–41. Wir sind der Meinung, daß Luthers neue theologische Ansätze und Grundpositionen tatsächlich im Sakramentsverständnis erstmalig deutlich herauskommen und ihre kritische Sprengkraft entfalten. Eine andere Frage ist, ob damit die »Entdeckung des Sakramentes« identisch ist mit der »reformatorischen Wende« und infolgedessen alle theologischen Äußerungen Luthers, die zeitlich vorausgehen, für »vorreformatorisch« anzusehen gebietet; vgl. dazu O. H. Pesch, Zur Frage nach Luthers reformatorischer Wende. Ergebnisse und Probleme der Diskussion um Ernst Bizer, Fides ex auditu, Catholica 20 (1966), 216–243; 264–280, bes. 275ff. [Nachdruck in: B. Lohse (Hg.), Der Durchbruch der reformatorischen Erkenntnis bei Luther, Darmstadt 1968, 445–505; dazu der Fortsetzungsbericht: Neuere Beiträge zur Frage nach Luthers »reformatorischer Wende«, Catholica 37 (1983), 259–287; 38 (1984), 66–133.] Noch einmal eine andere Frage ist, ob demnach die Sakramentenlehre und damit das Kirchenverständnis damals wie heute den entscheidenden Konfessionsgegensatz und überhaupt die tiefste Originalität der Theologie Luthers als solche zur Sprache bringen; vgl. dazu unsere kritischen Notizen zu K. G. Steck in unserem w. o. Anm. 34 genannten Bericht.

gemacht werden könnte. Das ist eine glaubens- und frömmigkeitsgeschichtliche Feststellung, kein Werturteil über heutiges Denken und Empfinden gegenüber den Sakramenten. Wir haben uns der Tatsache zu stellen, daß die Sakramente heute an der radikal gewordenen Glaubensfrage und Glaubensanfechtung partizipieren. Keine anderen Wege führen zu den Sakramenten als die Wege, die zum Glauben selbst führen.[60]

Und nun gilt es unbedingt konsequent zu bleiben! Wollten wir angesichts dieser Lage der Dinge in der theologischen Reflexion ebenso wie in der Seelsorge allzu rasch Glaube und Sakramente koppeln, etwa so, daß wir sagen: Der Glaube ohne die Sakramente ist ja nichts Halbes und nichts Ganzes; oder: Der Glaube ist nur und erst die »Vorbereitung« für den Empfang der Sakramente – wir würden dann weder eine freudige Sakramentenpraxis noch einen freudigen Glauben erreichen, die Sakramente würden die fremde Zusatzforderung bleiben. Theologische Reflexion und Führung der Gläubigen haben vielmehr so zu geschehen, daß alles auf den Glauben an die befreiende Frohbotschaft abgestellt wird. Die Sakramente müssen in *diesem* Zusammenhang als *Angebot* offen gehalten werden, als Geschenk ohne Zwang, als Weg des ausdrücklich kirchlichen Vollzugs des Glaubens, zu dem aber niemand von außen genötigt wird. Die Sakramente müssen sich aus dem Glauben und aus seiner befreienden Not-wendigkeit sozusagen spontan ergeben – nur dann sind sie nicht das Kodizill, das dem Testament der Verheißung nachträglich und widerrechtlich hinzugefügt wird (vgl. Gal 3, 15–17). *Wann* die Sakramente in einer christlichen Existenz zur konkreten Form des Glaubens werden, ist theologisch und pastoral sekundär; jedenfalls darf man *vor* dem Zeitpunkt, wo es von selbst dazu drängt, nie dazu nötigen. Auch die Sakramentenpraxis eines Christen ist ein Stück Gnadengeschichte Gottes mit einem Menschen, und diese muß keineswegs überall gleich und nach dem gleichen Zeitplan verlaufen.

Wir haben damit noch keine theoretisch-theologische Zuordnung von Glaube und Sakrament geleistet – das wird im folgenden geschehen müssen. Aber das Gesagte folgt schon allein aus dem Befreiungscharakter des Glaubens. Nur wer den Glauben als Befreiung ernst nimmt, hat in Theologie und Seelsorge für alles übrige die Weichen richtig gestellt.

Was bedeutet also »Notwendigkeit« der Sakramente? Wir können nun unsere schon formulierte These noch einmal anders formulieren:

Die Notwendigkeit der Sakramente ist eine innere Notwendigkeit des Glaubens, oder sie ist überhaupt keine Notwendigkeit; ist sie aber eine innere Notwendigkeit des Glaubens, dann sind die Sakramente ebenso geboten wie der Glaube und ebenso frei und unerzwingbar wie der Glaube.

[60] In Anwendung auf Taufe und Eucharistie haben wir das in einigen kleineren Aufsätzen des näheren darzustellen versucht. Vgl. O.H. Pesch, Taufe und Ostern, Wort und Antwort 7 (1966), 33–40; Sakramentenempfang oder Sakramentenkonsum?, aaO., 8 (1967), 8–14; »Wirkliche Gegenwart Christi«. Zum Verständnis der Eucharistie, aaO., 8 (1967), 78–83; Taufe und Glaube, aaO., 11 (1970), 1929–135. [Vgl. auch: Kleines Katholisches Glaubensbuch (s. Anm. 3); ferner in: J. Feiner/L. Vischer (Hg.), Neues Glaubensbuch. Der gemeinsame christliche Glaube, Freiburg 1973, 17 1984, 379–392. Zum Bußsakrament vgl. den folgenden Beitrag.]

Dieser Glaube aber ist stets das Ganze des Geschehens zwischen Gott und Mensch, ob es schon zur Ausdrucksform der Sakramente geführt hat oder noch nicht.

4. Pastorale Konsequenzen

Besinnung auf pastorale Konsequenzen steht einer systematisch-theologischen Bemühung wohl an. Denn systematische Theologie reflektiert den Glauben konkreter Menschen und wird um seinetwillen betrieben. Wir versuchen daher am Ende dieses ersten Überlegungsganges, Schlußfolgerungen für Seelsorge und gläubiges Leben zu ziehen, soweit sie mit der Frage nach »Notwendigkeit« bzw. »Zwanglosigkeit« der Sakramente zusammenhängen. Zum Teil können wir sie nur als Frage formulieren, weil sie in heiß umstrittene Probleme hineinführen.

a) Die einzig sachgemäße Formulierung, die hinsichtlich der Sakramente in Verkündigung und Seelsorge zur Anwendung kommen darf, kann nicht lauten: Du *mußt,* sondern: Du *darfst.* Wenn wir dennoch einmal von den Sakramenten reden als von etwas, das *gefordert* ist, müssen wir stets deutlich machen, daß es sich insoweit um *kirchliche, kirchenrechtliche* Forderungen handelt, deren theologische Legitimität denn auch stets zur Debatte stehen können muß. Immerhin, die Sakramente sind nicht nur individuelles Heilsgeschehen zwischen Gott und Einzelmensch, sondern auch und sogar zuvor Gemeinschaftshandlung der Kirche. Sofern die Kirche Gemeinschaft ist, kann es naturgemäß in ihr Verbindlichkeiten und also auch Forderungen geben, so etwa die Forderung der sonntäglichen Teilnahme an der Eucharistiefeier, der Jahresbeichte, der Osterkommunion.[61]Dies alles sind gleichsam Spielregeln des Gemeinschaftslebens im Bereich der Sakramente, gewachsen aus oft jahrhundertealter Erfahrung. Man wird jedoch, bei Gefahr für die Freiheit des Glaubens selber, stets den eigentlichen ekklesiologischen Sachgrund solcher Forderungen klarstellen müssen. Der Satz: Wenn du zur Kirche gehörst, mußt du dich auch durchschnittlich in ihre Lebensformen einfügen, darf faktisch niemals auf den Satz hinauskommen, der das Wesen des Glaubens zerstört: Du mußt glauben.

b) Eine zweite Konsequenz kann nur als Frage gestellt werden: Wann »muß« man beichten? Ist die dem Katholiken vertraute Forderung, bei schwerer Sünde müsse der Empfang des Bußsakramentes dem Empfang der Eucharistie vorausgehen, eine *dogmatische,* also aus dem Wesen der Sache folgende oder nur eine – wie gut auch immer begründete – *positiv-kirchenrechtliche* Verpflichtung? Die Erkenntnisse zur Geschichte des Bußsakramentes, über die wir heute verfügen, und ebenso ein Bedenken des Wesens beider Sakramente[62] setzen die Hypo-

[61] [Zur »Sonntagspflicht« vgl. K. Rahner, Das Sonntagsgebot in der Industriegesellschaft, in: Schriften zur Theologie XIV, 238–247; und jetzt R. Baerenz, Das Sonntagsgebot. Gewicht und Anspruch eines kirchlichen Leitbildes, München 1982.]

[62] Auf folgende grundlegenden Arbeiten muß hier verwiesen werden: B. Poschmann, Poenitentia secunda. Die kirchliche Buße im ältesten Christentum bis Cyprian und Origenes. Eine dogmengeschichtliche Untersuchung, Bonn 1940; Ders., Buße und Letzte Ölung

these, es handle sich hier um eine kirchenrechtliche Verpflichtung, überkommen aus der altkirchlichen Verknüpfung von Bußsakrament und Exkommunkations- bzw. Rekonziliationsverfahren, keineswegs von vornherein ins Unrecht. Daß wir mit dieser hier nur angedeuteten Frage mitten in der Diskussion um das Verhältnis von »Bußandacht« und Bußsakrament stehen, wird man leicht bemerken – genauer und dogmatisch gesprochen: mitten in der Frage, ob die seit einem Jahrtausend gewohnte Form der Ohrenbeichte notwendig die *einzige Form* des Bußsakramentes sein und bleiben müsse.

c) Eine weitere Konsequenz in Form einer Frage: Wann »muß« man kirchlich trauen? In der gegenwärtigen kirchlichen Praxis ist im Fall der Eheschließung etwas erlaubt, was sonst bei keinem Sakrament statthaft ist: Man darf es trotz mangelnder Disposition, ja offenkundig Unwilligen zukommen lassen. Ist es vom Wesen des Sakramentes und vom Wesen christlicher Existenz her zulässig, unwilligen Brautpaaren die kirchliche Trauung geradezu nachzuwerfen aus dem einzigen Grunde, die juristische Gültigkeit der Ehe zu sichern? Ist mit der kirchlich-juristischen Gültigkeit der Ehe als solcher denn schon etwas zugunsten einer christlich gelebten Ehe geschafft? Wiederum streng dogmatisch und sakramententheologisch gefragt: Ist der auf geschichtlichen Entwicklungen und auf der sog. Konsenstheorie beruhende Zusammenfall von Ehevertragsabschluß und Vollzug des Ehesakramentes nicht geeignet, institutionell das Sakrament dem Mißbrauch, dem unwürdigen Empfang auszusetzen? Legt es sich nicht nahe, Vertrag (und damit Gültigkeit der Ehe) und Spendung des Ehesakramentes um des Sakramentes willen wieder zu trennen? Oder ist etwa die Präsenz der Kirche beim Eheabschluß – herkömmlicherweise das theologische Argument für den Zusammenfall von Vertrag und sakramentaler Handlung – nur gegeben, wenn der Ehevertrag im Rahmen der gottesdienstlichen Handlung geschlossen wird?[63]

d) Eine andere Konsequenz ist nun keine Frage, sondern eine These: Trotz aller Wandlungen in Praxis und theologischem Denken werden wir immer noch damit zu tun haben, die Vorstellung abzubauen, als sei schon etwas geschafft, wenn eine Gemeinde wieder einmal möglichst vollzählig gebeichtet und kommuniziert hat. Gewiß, soweit kirchliches Leben und kirchliche Seelsorge auch ihre greifbare Außenseite haben, ist wirklich etwas geschafft, wenn eine Gemeinde zu lebendigem sakramentalem Leben geführt werden konnte. Aber was an wirklich gläubiger Existenz darin zustande kommt, entzieht sich jeglicher Konstatierbarkeit, und dieser Umstand verpflichtet zu einem gesunden Maß an selbstkritischem Mißtrauen. Es kann sich unter einer äußerlich sehr lebendigen Sakramentenpraxis auch ein gefährlicher Leerlauf verbergen, der fehlenden

(Handbuch der Dogmengeschichte, IV/3), Freiburg 1951; P. Anciaux, La théologie du sacrement de pénitence au XIIe siècle, Louvain 1949; K. Rahner, Vergessene Wahrheiten über das Bußsakrament, in: Schriften zur Theologie, Bd. II, 143–183. [Weitere Angaben w. u. S. 375f.]

[63] [Dazu jetzt Genaueres bei O. H. Pesch, Ehe im Blick des Glaubens, in: F. Böckle u. a. (Hg.), Christlicher Glaube in moderner Gesellschaft Bd. 7, Freiburg i. Br. 1981, 8–43; 76–86.]

Glauben kaschiert. Die Reformation ist nicht an zuwenig, sondern an zuviel »Sakramentenpraxis« entstanden.

e) Eine letzte Konsequenz: Vom Priester, vom Amtsträger im sakramentalen Bereich, ist mehr zu fordern als vom Christen ohne Amt. Einem Gläubigen muß der Seelsorger mit größter Behutsamkeit die Wege zum Sakrament bahnen, darf mit ihm keinen zweiten Schritt vor dem ersten tun, muß ihn in aller Ehrfurcht *seinen* eigenen Weg mit Gott gehen lassen. Vom Priester gilt das nicht schlechthin. Denn der Priester ist nicht »nur« Christ, sondern auch Diener der Kirche, d. h. Diener der anderen Christen und muß ihnen zur Verfügung stehen, notfalls ohne Rücksicht auf seine eigene religiöse Verfassung.[64] Selbst da, wo ein Priester vielleicht in einer extremen Glaubensanfechtung steht, wo ihm persönlich die Sakramente sehr fremd geworden sein mögen, wird er daraus nicht das Recht ableiten dürfen, für einige Zeit auf Zelebration, Beichthören etc. zu verzichten, wenn die Gläubigen seinen Dienst brauchen. Die Kirche fordert vom Priester in diesem Fall sogar die Zelebration bei ungebeichteter schwerer Sünde.[65] Sie urteilt also hier anders als im Fall des Gläubigen ohne Amt. Der Priester *muß* nicht nur, sondern *darf* also auch dann, wenn ihm gar nicht danach zumute ist, wenn er meint, gar nicht das erforderliche persönliche Engagement aufbringen zu können, trotzdem die Eucharistie feiern, lossprechen, seinen Dienst der Sakramente tun.

II. WORT UND SAKRAMENT. HISTORISCHE BEOBACHTUNGEN

Das Thema »Wort und Sakrament« wurde in dieser Form bekanntlich von den Reformatoren und speziell von Luther gestellt. Es empfiehlt sich daher, mit einer etwas vereinfachenden Problemskizze unsere historischen Beobachtungen an dieser Stelle zu beginnen.

1. Luther

Gehen wir aus von drei Texten Luthers. Zunächst
a) von Luthers programmatischer Erklärung, die er 1532 im Zusammenhang der Auslegung von Ps 51 (50) gibt. Er sagt dort, er wolle von den Sakramenten so handeln, daß er das Wort »treibt«: »Wir wollen die Beichte und die Sakramente so behandeln, daß wir das Wort betonen... Das Hauptstück der Beichte, des (Altars-)Sakramentes ist das, was wir hören.«[66]

b) In einer – ziemlich gleichzeitigen – Tischrede erklärt Luther, daß für sein Verständnis die Predigt das Hauptgnadenmittel sei. »Wenn einer die Vollmacht

[64] Vgl. O.H. Pesch, Der Priester im Glaubenszweifel. Klerusblatt, München, 50 (1970) 39–42.
[65] Vgl. CIC, can. 807; auch can. 856. [Inhaltlich identisch jetzt can. 916 CIC 1983.]
[66] »Nos confessionem, sacramenta sic tractamus, ut ipsum verbum urgeamus... Caput confessionis, sacramenti sit ipsa vox auditus« (40 II/411,4.8).

hat zu lehren, so hat er auch die Vollmacht, die Sakramente zu spenden, denn wir halten das Sakrament geringer denn das Predigen.«[67] Derselbe Gedanke begegnet wenige Jahre später erneut in der hochoffiziellen Formulierung der Schmalkaldischen Artikel. In der Aufzählung der Heilsmittel steht die Predigt an erster Stelle: »Erstlich [schenkt Gott uns das Heil] durchs mündlich Wort, darin gepredigt wird Vergebung der Sünde in aller Welt, welches ist das eigentliche Amt des Evangelii«.[68]Es *folgt* dann die Aufzählung der Sakramente.

c) In Luthers Hauptschrift über die Sakramente, in *De captivitate Babylonica ecclesiae* (1520) stellt Luthers Argumentation ganz auf das Stiftungswort Jesu ab. Und dieses Stiftungswort ist Verheißung und Zuspruch des Evangeliums.[69] Besonders eindringlich wird dieser Gedanke entwickelt am Fall des Abendmahles.[70] Der Akzent auf dem Stiftungswort kann so stark werden, daß das Zeichen, das, was Luther das »Sakrament« nennt, notfalls entbehrlich wird.[71] Einmal macht Luther sogar die Aussage, wer im Abendmahl die Stiftungsworte gläubig hört, der hat schon das Sakrament empfangen, auch wenn er das Zeichen nicht empfängt.[72] Das Zeichen, das sakramentale Element, ist entbehrlich, das Wort nie.

Was bedeutet in diesen drei Texten jeweils »Wort«? Zum ersten Text: Wenn hier nicht das Wort gegen die Sakramente ausgespielt werden soll – was Luther keinesfalls will –, wenn also der Text nicht meint: Wir wollen über die Sakramente so handeln, daß wir sie zugunsten des Wortes hintansetzen, dann kann der Sinn nur der sein, daß das Wort hier etwas ist, was *im* Sakrament zur Sprache kommt. Im zweiten Text handelt es sich um den Vergleich zweier gottesdienstlicher Handlungen, von denen eine, die Predigt, für wichtiger erklärt wird. Im Gegensatz zum ersten Text ist also hier das Wort nicht etwas, was *im* Sakrament zum Ausdruck kommt, sondern ein Gegenbegriff, ein Gegenüber zum Sakrament. Sehr eng dagegen ist das »Wort« gefaßt in dem dritten Text: Hier ist es speziell das Stiftungswort, insonderheit beim Abendmahl – nicht von ungefähr schließt sich ja dann die Interpretation des Abendmahls als Testamentseröffnung zugunsten des Sünders an.[73] Das »Wort« ist also hier das rezitierte Einsetzungswort Christi.

Diese vielschichtige Bedeutung von »Wort« in den einschlägigen Texten bei Luther warnt uns also von vornherein vor einer schematischen Gegensatzführung zwischen Wort und Sakrament. Gemeinsam ist all diesen Bedeutungen von »Wort« in unserem Zusammenhang dies, daß es sich um jenes Sprachgeschehen

[67] TR 1/234,11.
[68] 50/240,27; Cl 4/314,4 (= Bekenntnisschriften, 449,6).
[69] Vgl. 6/512ff; 527ff; Cl 1/443ff; 461ff.
[70] Vgl. 6/513–519; Cl 1/444–451.
[71] Vgl. 6/518,10; Cl 1/449, 36–450, 12. Vgl. auch 38/231,9; Cl 4/271, 27: »...denn die Sacrament on das Wort nicht sein können, aber wol das Wort on die Sacrament. Und zur not einer on Sacrament, aber nicht on das Wort kündte selig werden, als die, so da sterben, ehe sie die begerte Tauffe erlangen« (Von der Winkelmesse, 1533).
[72] An den in Anm. 71 angegebenen Stellen aus De captivitate Babylonica.
[73] Vgl. w. o. S. 313 (Anm. 56).

handelt, in dem verständlich und wirksam Heil zugesprochen wird, Vergebung der Sünde, Gotteskindschaft usw., sei es im rezitierten Wort Jesu, sei es in seiner Auslegung durch die Predigt, sei es in der sakramentalen Handlung selbst unter der beherrschenden Funktion des Stiftungswortes.

Nun kommt alles darauf an, daß wir hier das Wort in seiner Vielschichtigkeit nicht als bloße Information verstehen. Dann wäre Luthers Lehre allerdings eine »Verdünnung«, verglichen mit dem, was die katholische Theologie herkömmlicherweise dem Sakrament zuerkennt. Luther schreibt dem Wort, auch und gerade dem Predigtwort, so ziemlich all das zu, was die Tradition dem Sakrament zuzuschreiben pflegt. Das Wort wirkt nach Luther kraft des Heiligen Geistes das Heil. Es deutet die Geschichte Jesu, vor allem Kreuz und Auferstehung, setzt sie gegenwärtig, appliziert sie hier und jetzt. Ohne das Wort gibt es kein wirksames Angebot und keine wirkliche Mitteilung der Gnade Gottes.[74]

Warum verlagert Luther all diese Qualitäten gerade in das Wort? Eine befriedigende Antwort könnte nur ein umfassender Blick auf Luthers Theologie des Wortes sein. Hier ist nur eine thetische Zusammenfassung dessen möglich, was wir dabei im einzelnen zu sehen bekämen. Auf die exegetischen Gründe, die Luthers Betonung des Wortes veranlassen, kommen wir noch kurz zurück. Der unmittelbare Grund liegt zunächst in Luthers eigener theologischer Entwicklung:[75]Die Konzentration seines Denkens auf die Korrelation von Wort und Glaube, genauer: von Verheißungswort *(promissio* – im Unterschied zu Gesetzes- und Gerichtswort) und Heilsglaube (im Unterschied zum nur »historischen« Glauben) ist gerade der Kern seiner reformatorisch-theologischen Neuorientierung, das, womit er nach eigener Meinung und nach der Meinung seiner Gegner mit der kirchlichen Lehrüberlieferung brach. Der Ablaßstreit, also die Auseinandersetzung um das Verständnis des (Buß-)Sakramentes hat die Präzisierung dieses Kerngedankens provoziert, der Umbau des Sakramentsverständnisses ist daher die notwendige erste Konsequenz dessen, was man den »reformatorischen Durchbruch« nennt. Da Luther nicht daran denkt, die Sakramente zu verwerfen, ist ihre Deutung vom Verheißungswort her die einzige Alternative. Fragt man weiter nach dem *sachlichen* Grund, der diese Entwicklung Luthers gesteuert hat, so zeigt auch er sich wieder gerade im Blick auf Sakramentenverständnis und Sakramentenpraxis, die Luther vor sich hatte: Nach Luthers Meinung sichert allein die Verlegung der Heilsmitteilung in das Wort, daß das Heil ausschließlich *von außen* den Menschen zukommt und in keiner Weise aus den Möglichkeiten des Menschen eduziert wird, eine Vorstellung, die in Luthers Augen mit der traditionellen Konzeption von der instrumentalen Vermittlung der Gnade durch die Sakramente zwangsläufig verbunden ist.[76]

[74] Durchblick durch das einschlägige Textmaterial und die vielschichtigen Gedankengänge Luthers sowie ihre Verarbeitung in der heutigen lutherischen Theologie bei O. H. Pesch, Theologie der Rechtfertigung, 198–204; 223–231; 257–260; 326f.

[75] Vgl. w. o. S. 313f Anm. 59 und die dort verzeichneten Arbeiten.

[76] Auch dies kann nur durch ein ausführliches Eingehen auf Luthers Lehre von der Gerechtigkeit extra nos und seine Ablehnung der scholastischen Lehre von der Gnade als qualitas in anima belegt werden. Der Nachweis würde sich zuspitzen auf Luthers Lehre von Gesetz und Evangelium. Wir müssen uns hier wiederum begnügen mit dem Hinweis

So ist das Wesen des Sakramentes für Luther nicht zusammengefaßt in der augustinischen Formel vom *verbum visibile,* sondern in der Formel vom *verbum actuale,* worin die Lutherforschung den Unterschied zwischen Augustinus und Luther zum Ausdruck bringt: Das Sakrament ist ein in eine Handlung gekleidetes Wort.[77] *Warum* Gott diesen Weg des Sakramentes, des Wortes, das sich in eine Handlung kleidet, gewollt hat, ist letztlich unbefragbarer Wille Gottes. Allerdings kann das gläubige Nachdenken auch nach Luther einiges von den Gründen dieser Verfügung Gottes entdecken. Gott hat Sakramente vor allem eingesetzt – wir sprachen schon davon – zur Stärkung des Glaubens: Die Sakramente sind wie das Siegel Gottes unter das Evangelium. Wir begegnen bei Luther ferner dem traditionellen Argument von der »Leibhaftigkeit« des Heils: Auch der Leib soll das Heil berühren, soll selbst heil werden, und daher soll das Heil in sinnfälligen Symbolen zugeeignet werden. Und schließlich gibt es noch einen »typisch lutherischen« Grund, über den wir noch einmal nachdenken müssen: Das Sakrament stellt im Gegensatz zur mündlichen, an die Allgemeinheit ergehenden Predigt den *einzelnen* Christen unausweichlich vor das Gnadenangebot Gottes, spricht *ihm* ganz persönlich und unvertretbar das Heil zu, engagiert ganz individuell *seinen* Glauben.[78]
Soweit zur Problemstellung Luthers! Wieso konnte es eine *Problem*stellung sein? Das zeigt sich, wenn wir auf das Urteil der Tradition in dieser Sache einen Blick werfen.

2. Wort und Sakrament in der Tradition

a) Die Heilige Schrift. Auch hier können wir nur thetisch einige Bemerkungen machen, die eigentlich durch ausführliche Darstellung des biblischen Wortverständnisses zu belegen wären.[79] Gemeinsamer Nenner in allem, was mit dem biblischen Wortverständnis zusammenhängt, ist dies: Vom Verständnis des Wortes als Geschichtsmacht in den historischen Schriften des Alten Testamentes

auf unsere größere Untersuchung, 31–66; 141–146; 151–193; 231–247. Vgl. auch O.H. Pesch, Gesetz und Evangelium. Luthers Lehre im Blick auf das moraltheologische Problem des ethischen Normenzerfalls, Theol. Quartalschrift Tübingen 149 (1969) 313–335; [und Ders., Gerechtfertigt aus Glauben. Luthers Frage an die Kirche, Freiburg 1982, 56–94.]

[77] Die Formel vom »verbum actuale« bei F. Brunstäd, Theologie der lutherischen Bekenntnisschriften, Gütersloh 1951, 139; P. Althaus, Die Christliche Wahrheit, Lehrbuch der Dogmatik, Gütersloh [4]1958, 542; E. Kinder, Zur Sakramentslehre, Neue Zeitschr. f. syst. Theol. 3 (1961), 141–174: 156.

[78] Textbelege zu all diesen Gedanken Luthers bei H. O. Pesch, Theol. der Rechtfertigung, 331–333; 340.

[79] Zum biblischen Wortverständnis vgl. den ausgezeichneten Durchblick bei H. Schlier, Wort. Biblisch, in: Handbuch Theologischer Grundbegriffe, hg. von H. Fries. Bd. II, München 1963, 845–867 (Lizenzausgabe im dtv, 1970). Dort weitere Literatur. Vgl. auch D. Arenhoevel, Die Bedeutung der Heiligen Schrift, Wort und Antwort 10 (1969), 116–121; 146–148; 173–179; 11 (1970), 13–17; 39–44; 87–90 (vor allem die beiden letzten Abschnitte); [und jetzt K. Kertelge / E. Biser, Wort Gottes, in: P. Eicher (Hg.), Neues Handbuch theologischer Grundbegriffe Bd. 4, München 1985, 296–317 (Lit.).]

und bei den Propheten angefangen über das Wort als kosmische Macht (Schöpfungsbericht) bis hin zum Verständnis der kirchlichen Verkündigung ist kein Gedanke dem biblischen Denken fremder als der Gedanke: »Nur« ein Wort, aber keine Wirklichkeit. Für uns ist ein Gegensatz von Wort und Wirklichkeit keineswegs fremd, sondern naheliegend. Das Wort, denkt man, ist dazu da, Wirklichkeit zu bezeichnen, abzubilden. Im biblischen Verständnis aber ist das Wort in der überwiegenden Zahl der Fälle nicht da, Wirklichkeit abzubilden, sondern zu schaffen. Auf das Vorverständnis von Wirklichkeit überhaupt, das in diesem Wortverständnis impliziert ist, kommen wir noch zurück. Jedenfalls haben wir uns der Tatsache auszusetzen, daß die erdrückende Zahl der Texte, die die Heilige Schrift uns zum Thema »Wort« an die Hand gibt, es schlechthin unverständlich erscheinen läßt, wie man die beherrschende Stellung des Wortes in der Schrift so fast vergessen konnte. Nichts von dem, was uns herkömmlicherweise am Wort wichtig ist, kommt im biblischen Wortverständnis zu kurz, weder sein Charakter als Lehre, noch der festumrissene Inhalt, noch das Bekenntnis. Aber es kommt viel mehr in ihm zum Tragen. Das Wort ist sozusagen die Realitätssphäre, in der Gott, der in Christus an uns handelt, uns während der irdischen Abwesenheit Jesu begegnet und den Glauben schafft.

Nun ist auffällig, daß es in diesem biblischen und jetzt speziell neutestamentlichen Wortverständnis an keiner Stelle zu einer Alternative zwischen Wort und Sakrament kommt. Wir sprachen schon von der Selbstverständlichkeit, mit der die Sakramente im Neuen Testament mitlaufen, verglichen mit dem Pathos der Rede vom Glauben.[80] Die Zweiheit von Wort und Sakrament ist also im Neuen Testament gegeben, aber eben nicht als *Problem*. Erst als Luther, und, wie wir eingestehen müssen, zu Recht, die Bedeutung des Wortes in der Schrift wiederentdeckte und neu zur Geltung brachte, und zwar nun vor dem Hintergrund einer traditionellen Sakramentenlehre, die die Wortemphase des Neuen Testamentes *nicht* aufnahm, kommt es zum *Problem* von »Wort und Sakrament«. Da das Neue Testament selbst dieses Problem nicht kennt, bietet es auch zu seiner systematischen Ausarbeitung keine direkte Hilfe.

Ins Zentrum des Problems führt nun die Frage: Wie kommt es denn überhaupt zu einem solch wortfernen Sakramentsverständnis? Wir nannten schon das Stichwort »Vorverständnis«. Hier ist nun der schon zum Schlagwort abgesunkene Hinweis auf den Unterschied zwischen biblischem und abendländisch-griechischem bzw. griechisch beeinflußtem Denken zu wiederholen. Biblisches Denken – als semitisches Denken – ist von vornherein und im vorhinein zu allem konkreten Glaubensbekenntnis am Hören orientiert. Das Verständnis von Wirklichkeit, insonderheit das Verständnis des Menschen, ist daher vom Wort, vom Hören und zuletzt vom Glauben her geprägt. Der Mensch ist Mensch dadurch, daß er angerufen, angeredet wird und antwortet. Im abendländisch-griechischen Raum steht nicht das Hören, sondern das Sehen im Vordergrund. Das Wirklichkeitsverständnis ist daher nicht vom Wort her geprägt, sondern von der *res*, von der Sache, von der »Realität«.[81]

[80] Vgl. w. o. S. 309f.

[81] Das klassische Buch zu diesem Thema ist nach wie vor: T. Boman, Das hebräische Denken im Vergleich mit dem griechischen, Göttingen ^{2}1954; vgl. jetzt auch L. Wachin-

Mit etwas geistesgeschichtlicher Phantasie kann man sich nun geradezu ausmalen, was geschehen wird, wenn das Wort von den Sakramenten aus der Einbettung in ein am Hören orientiertes Wirklichkeitsverständnis überwechselt in das am Sehen, an der *res* orientierte Wirklichkeitsverständnis im abendländischen Raum. Die Wirklichkeit, die die Sakramente bewirken oder mitbewirken sollen, nämlich die von Gott begnadete Existenz des Menschen, wird nun selbst als *res* verstanden. Selbstverständlich differenziert man: nicht irgendeine *res*, schon gar nicht eine grob-sinnliche, sondern vielleicht eine Bewegung, eine Kraft, Aktualität, oder schließlich *qualitas in essentia animae*. Die Weise der Mitteilung dieser *res* an den Menschen wird diskutiert im Verstehensfeld zwischen *productio* aus bereits vorgegebener Wirklichkeit und *creatio ex nihilo*. Die Sakramente selbst werden Zeichen, aber nicht für ein Wort, sondern für die *res*, die sie mitteilen. Sie sollen nicht etwas hörbar, sondern etwas sichtbar machen. Die starken neutestamentlichen Texte, daß das Heil *durch* das Sakrament mitgeteilt wird, legt man konsequent aus in einer Lehre von der Instrumentalursächlichkeit der Sakramente, wobei dann in der Scholastik höchstens darum gestritten wird, ob es sich hierbei um eine »dispositive« oder eine »perfektive« Instrumentalursächlichkeit handelt, also um eine Ursächlichkeit, die den Menschen nur vorbereitet auf den Empfang der Gnade, die ihrerseits unmittelbar von Gott kommt, oder eine solche, die selbst konstitutiv in die Mitteilung der Gnade eingeht. Entsprechend ist der die Sakramente empfangende Glaube nicht mehr im neutestamentlichen und übrigens schon alttestamentlichen Sinne verstanden als Sich-Gründen in den Gott, der uns seine Verheißung gegeben und in Tod und Auferstehung Jesu das Wort der Versöhnung in Kraft gesetzt hat; Glaube ist jetzt ganz streng die Überzeugung von dem, was man nicht sieht (Heb 11,1); im Rahmen der Sakramente heißt das: das Ergreifen des unschaubaren Geheimnisses im sichtbaren Symbol.[82] Das Wort muß unter dem Druck dieser Konzeption zum »bloßen« Wort werden – zumal dann, wenn auf der anderen Seite die alte Wunde des pelagianischen Streites noch nicht zugeheilt ist, in dem das Wort in Gegensatzstellung zum innerlichen Wirken der Gnade Gottes im Menschen geraten war. Die Predigt kann nicht weiter als heilswirksam verstanden werden, sondern nur als vorbereitende Katechese – so groß man auch im Mittelalter von der Predigt immer gedacht hat.[83] Kurz gesagt: Die Sakramente sind nun, weit entfernt

ger, Der Glaubensbegriff Martin Bubers, München 1970. Dagegen halte man die Selbstverständlichkeit, mit der Thomas, STh I 82,3 Sehen und Farbe für vornehmer als Hören und Ton, den Intellekt für ranghöher als den Willen erklärt, und die Art und Weise, wie er mit dieser Grundoption den biblisch bezeugten Vorrang der Liebe harmonisiert.

[82] Für all dies ist die allgemeine Sakramentenlehre des hl. Thomas ein treffendes Beispiel. Vgl. bes. STh III 60 und 62. Man beachte auch die hervorragende Stellung von Heb 11,1 im Traktat des hl. Thomas über den Glauben: Heb 11,1 ist für Thomas die biblische Definition der Tugend des Glaubens schlechthin (STh II–II 4) – die sachlichen Schwierigkeiten der durch diesen Text erschwerten Unterscheidung von Glaube und Hoffnung werden brillant und tiefsinnig gemeistert; die, gemessen am Anspruch aristotelischer Logik, fehlende formale Korrektheit der Definition wird gnädig verziehen (II–II 4,1).

[83] Vgl. zum theologischen Problem der Predigt bei Thomas vor dem Hintergrund der Frühscholastik O. H. Pesch, Theologie des Wortes bei Thomas von Aquin (s. w. o. Anm. 37).

von neutestamentlichen Vorstellungen, die *Überbietung* des Wortes. Bezeichnend dafür ist, daß die Sakramente – wie schon vermerkt – von der *Inkarnation* her gedeutet werden: als Verlängerung der Selbsterschließung des unsichtbaren Gottes in sichtbarer Gestalt in die Geschichte hinein. Man vergleiche das mit dem Befund im Neuen Testament: Hier werden – man denke wieder besonders an Röm 6 und 1 Kor 11 – die Sakramente nicht von der Inkarnation, sondern von Kreuz und Auferstehung her verstanden. Es gibt keine Stelle im Neuen Testament, wo die Sakramente von der Inkarnation her interpretiert werden – so groß und fruchtbar dieser mittelalterliche und übrigens bereits patristische Gedanke auch ist.

So ist also, grob gekennzeichnet, die klassische, die scholastische Sakramentenlehre entstanden, ausgehend von den augustinischen Ansätzen. Wie interessant dieser Vorgang nun auch sein mag, so ist er doch an sich theologisch kaum sonderlich aufregend, vielmehr im höchsten Grade legitim und selbstverständlich. Jede Zeit – anders ist es gar nicht möglich – muß die Botschaft der Schrift mit *ihren* Denkvoraussetzungen geistig verarbeiten. Denkvoraussetzungen sind nur sehr bedingt nach Wunsch herstellbar, sie sind geschichtliche Mitgift, mit der man aufwächst, die geistige Luft, die man einatmet. Zu richten hat man nicht über diese Denkvoraussetzungen, sondern über die Macht, mit der sich *in* ihnen das Evangelium zur Sprache zu bringen vermochte oder eben – infolge mangelnder selbstkritischer Hörbereitschaft – *nicht* zur Sprache zu bringen vermochte. Im übrigen: Nicht die biblische Denkform ist Offenbarung, sondern das *in* dieser Denkform ergehende und uns aufbewahrte Wort Gottes. Wenngleich die biblische Denkform als Denkform der primären Glaubensurkunde stets eine privilegierte Stellung einnimmt und alle anderen Denkformen der Theologie zur ständigen selbstkritischen Aufmerksamkeit anhält, so ist »das Biblische« nicht einfach identisch mit »dem Christlichen«. Es sei denn, das christliche Wort bestünde in der bloßen Rezitation von Bibelworten.[84]

Wozu aber hält die biblische Denkform in Sachen des Wortverständnisses den Theologen für immer an? Vor allem dazu, nicht aus dem Auge zu verlieren, daß das Heil des Menschen zutiefst eine *personale Beziehung* ist, Gemeinschaft zwischen Gott und Mensch, biblisch: der Bund. Daß diese Beziehung auf dem Wort steht, bedeutet, daß sie unverfügbar bleibt, daß sie nicht wie ein Ding oder auch nur wie ein geistiger Besitz in meine Verfügungsgewalt übergeht. Umgekehrt ist, wie man zugeben muß, das scholastisch-abendländische *signum-res*-Denken mindestens in der *Gefahr*, aus dem von Gott geschenkten Heil eine verfügbare, von Gott heimlich ablösbare Entität zu machen. Diese Gefahr ist nicht schon dadurch gebannt, daß man mit Recht darauf hinweist, die großen Repräsentan-

[84] Entgegen einem vielfach zu beobachtenden Trend sowohl in der evangelischen wie in der katholischen Theologie denken wir also nicht daran, mit dem geistesgeschichtlichen Hinweis auf den Unterschied zwischen semitischem und abendländischen Denken eine Art »Unterscheidung des Christlichen« zu verbinden oder in irgendwelche Klagen über die »Hellenisierung des christlichen Glaubens« einzustimmen. Wir pflichten in dieser Hinsicht vollauf den kritischen Bemerkungen von M. Seckler bei: Das Heil in der Geschichte. Geschichtstheologisches Denken bei Thomas von Aquin, München 1964, 151–153.

ten dieses Denkens seien dieser Gefahr nicht erlegen. Die Geschichte des Thomismus, in der aus der bei Thomas überaus vorsichtig entwickelten These von der Gnade als *quaedam (!) qualitas*[85] die Lehre vom *habitus entitativus*, aus der Neuschöpfung des Menschen *durch* die Gnade die »Hervorbringung« der Gnade *im* Menschen wird[86] und in der man, damit ganz im Einklang, das Sakrament als *signum* wieder vor dem Sakrament als *causa* vergessen hat, ist ein Schulbeispiel dafür, daß ein noch so großer Ahnherr nicht für seine Nachfahren haften kann. Gilt dieses schon für die Theologie, dann kann man sich erst recht nicht wundern, wenn in der spätmittelalterlichen Frömmigkeit (und nicht erst in dieser!) aus dem Heil, aus der Gnade ein Ding wird, das man am Ende sogar kaufen kann.[87]

Entdeckt unter solchen Umständen ein Mann wie Luther neu das biblische Pathos des Wortes, dann *muß* Alternative und Gegensatz entstehen. Luthers Schriftbefund ist ja nicht zu leugnen. Andererseits steht man in der Kirche seit 1000 Jahren hinsichtlich der Sakramente unter einer Art Denkzwang. Und vom NT her oder aus der unmittelbar nachneutestamentlichen Zeit gibt es keine Hilfe, keine Vorformen einer Lösung des Problems, die es erlaubt hätten, Luthers Wortemphase als ein gutes Stück Tradition zu identifizieren. Der Übergang vom Wort zur *res* hatte sich zu schnell vollzogen, weil sich der Übergang der christlichen Botschaft in die hellenistischen Denkvoraussetzungen zu schnell vollzogen hatte, als daß Zeit geblieben wäre, die Schärfe des Problems überhaupt zu spüren. Was also heute, wo wir uns der echten *Geschichte* des Glaubensverständnisses und des legitimen Pluralismus der Denkformen bei der Artikulation der Glaubensbotschaft reflex bewußt geworden sind, Anlaß zu ruhiger, kritischer Besinnung gäbe, das mußte historisch zwangsläufig im 16. Jahrhundert als Gegenposition erscheinen, die nur ein Entweder-Oder zuließ.[88] Allerdings kann der katholischen Theologie der damaligen Zeit der Vorwurf nicht

[85] STh I–II 110,1–2.

[86] So etwa in der Katholischen Dogmatik von F. Diekamp (auch noch in der Neubearbeitung durch K. Jüssen) – hier besonders charakteristisch, weil diese Dogmatik ihrer Absicht nach gemäß den »Grundsätzen des hl. Thomas von Aquin« gearbeitet ist. [Vgl. auch w. o. S. 138f.]

[87] Vgl. die scharfe Polemik Luthers gegen die Kommerzialisierung der Sakramente in De captivitate Babylonica, 6/512,7; Cl 1/443,6.

[88] Das gilt in der theologiegeschichtlichen Würdigung Luthers nicht nur in der Sakramentenlehre, sondern auch in vielen anderen Problemkreisen. Eine mit dieser Beobachtung ernst machende – und daher durchaus in einem gewissen Sinne »präkonfessionelle« und unbefangene – theologiegeschichtliche Würdigung Luthers käme vermutlich zu ganz anderen theologischen Urteilen über Luther und die Reformation, als eine herkömmliche Kontroverstheologie, die mit der Urteilsbildung über Luther immer zugleich die Reflexion auf den Konfessionsgegensatz und das katholische Kirchenverständnis verbinden zu müssen sich verpflichtet fühlt. Wir hoffen, uns bald dazu mit einer ausführlicheren Studie zu Wort melden zu können. Vgl. vorerst O.H. Pesch, Abenteuer Lutherforschung. Wandlungen des Lutherbildes in katholischer Theologie, Die Neue Ordnung 20 (1966) 417–430, bes. 423–425; Luthers theologisches Denken – eine katholische Möglichkeit?, aaO., 22 (1968) 1–19. [Die »Studie« ließ noch ein Jahrzehnt auf sich warten. Es handelt sich um: Hinführung zu Luther (s. Anm. 53).]

erspart werden, daß sie das Selbstverständlichste jedenfalls *nicht* tat, nämlich unter dem Druck der Fragen Luthers, die immerhin die Anfragen der Schrift selbst waren, die eigene Tradition einmal genauer zu befragen.[89] Hätte nämlich das traditionell-scholastische Sakramentsverständnis *gar nichts* über die Heilsbedeutsamkeit des Wortes zu sagen, dann allerdings wäre Luthers Protest voll und ganz im Recht. Aber so liegen die Dinge nicht, und um das zu zeigen, sei in diesen historischen Beobachtungen zu unserem Thema Thomas von Aquin als Musterfall herangezogen.

b) *Thomas von Aquin*. Wir übergehen hier, daß Thomas selbstverständlich mit seiner Zeit und seiner (frühscholastischen) Tradition vom Sakrament als *causa instrumentalis* redet.[90] Wir übergehen auch die damit verbundenen Interpretations- und Sachprobleme gerade bei Thomas selbst. Sie bestehen vor allem darin, daß Thomas seinen höchst fruchtbaren Ansatz beim Sakrament als *signum* beim Übergang zur Interpretation der instrumentalen Ursächlichkeit der Sakramente nicht durchhält und nur noch blaß formalisierend vom »hauptursächlichen« Wirken Gottes und von der »instrumentalursächlichen« *actio propria* des Sakramentes spricht, statt die inhaltliche Fülle des Zeichens und die besondere Wirkweise gerade des Zeichens konkret in den formalen Begriff der *causa instrumentalis* einzubringen.[91]

Wir konzentrieren uns hier auf die Frage nach dem *Wort* im Sakramentsverständnis. Das Wort kommt dort sogleich dadurch zum Zuge, daß Thomas in der *STh* den Traktat von den Sakramenten gerade nicht mit der Frage nach dem Sakrament als *causa gratiae* eröffnet, obwohl er von Anfang an diesen Ansatz als möglich und legitim zugibt.[92] Vielmehr wählt er unter Rückgriff auf Augustinus den Einstieg bei der Betrachtung des Sakramentes als *signum*, als Zeichen einer heiligen Sache, *signum rei (!) sacrae*. Da es aber mehr Zeichen heiliger Dinge gibt, als in der Kirche von »Sakramenten« gesprochen wird, muß Thomas präzisieren: Zeichen einer heiligen Sache in Ausübung ihrer Heiligungwirkung am Menschen – *signum rei sacrae inquantum sanctificans hominem*.[93] Die bezeich-

[89] Das ist eindrucksvoll zugegeben und belegt worden von J. Lortz, Wert und Grenzen der katholischen Kontroverstheologie in der ersten Hälfte des 16. Jahrhunderts, in: Um Reform und Reformation. Zur Frage nach dem Wesen des »Reformatorischen« bei Martin Luther, hg. von A. Franzen, Münster 1968, 9–32. [Ich würde das heute, durch neuere Arbeiten eines besseren belehrt, nicht mehr so scharf und nicht mehr so einseitig sagen. Vgl. pars pro toto H. Jedin, Wo sah die vortridentinische Kirche die Lehrdifferenzen mit Luther?, Catholica 21 (1967) 85–100; V. Pfnür, Einig in der Rechtfertigungslehre? Die Rechtfertigungslehre der Confessio Augustana (1530) und die Stellungnahme der katholischen Kontroverstheologie zwischen 1530 und 1535, Wiesbaden 1970; E. Iserloh, (Hg.), Katholische Theologen der Reformationszeit, 4 Bde. Münster 1984–1987. Vgl. auch O. H. Pesch / A. Peters, Einführung in die Lehre von Gnade und Rechtfertigung, Darmstadt 1981, 169–175; H. Fries / O. H. Pesch, Streiten für die eine Kirche, München 1987, 100–102.]

[90] STh III 62,1.3–4.

[91] Vgl. STh III 60,1–3 mit 62,1.

[92] STh III 60,1.

[93] STh III 60,2.

nete heilige Sache ist eine dreifache: Christus und sein Todesleiden, die gegenwärtige Wirklichkeit der Gnade und die zukünftige Herrlichkeit, und diese drei in ihrer inneren Zuordnung: Christus und sein Kreuz als *Grund* der Heiligung, Gnade und Tugend als *Wesen und Wirklichkeit* der Heiligung, ewiges Leben als *Ziel* der Heiligung.[94]Zusammengezogen und die eigentlich erforderlichen verbindenden Gedankenschritte überspringend formuliert: Das Sakrament bezeichnet das aktuelle Betroffenwerden des Menschen vom Christusmysterium und ist so Unterpfand der eschatologischen Vollendung.[95]
Welche Bedeutung hat gerade dieser Einstieg? Das zeigt sich bei einem Blick auf die Lehrentwicklung bei Thomas, die in der *STh* zum Abschluß kommt. Zwei Punkte seien herausgehoben: Das eine: Wenn das Sakrament als *signum* die je aktuelle Betroffenheit vom Heilswerk Christi bezeichnet, so setzt es sie auch gegenwärtig – oder das Sakrament wäre nicht mehr Zeichen eines *aktuellen*, je jetzt geschehenen Betroffenwerdens vom Heilswerk Christi. An dieser Stelle führt Thomas – wie schon vermerkt: nicht ganz ohne Bruch – die *sacramentum-causa*-Linie in die *sacramentum-signum*-Linie ein: Je *jetzt* wird kraft der Allmacht Gottes das *damalige* Christusereignis Gegenwart, wird der Sakramentenempfänger, geheimnisvoll Zeit und Raum überwindend, mit Christus gleichzeitig.
Das andere: Der frühscholastische Gedanke des Sakramentes als *remedium* gegen die Sünde tritt zurück; an seine Stelle tritt der Aspekt der kultischen Gemeinschaftshandlung. Die Zweiheit *cultus et sanctificatio* ist als Schlüsselunterscheidung für die Sakramentenlehre jedenfalls des späten Thomas charakteristisch.[96] Man erkennt sofort, daß hier fundamental der anthropologische, soziale und letztlich ekklesiologische Aspekt in die Definition des Sakramentes selbst eintritt. Das Auszeichnende der neutestamentlichen Sakramente liegt also darin: In ihnen konzentrieren sich Kult als kirchliche Gemeinschaftshandlung, persönliche Heiligung bzw. Geheiligtwerden – *sanctificatio* ist bei Thomas in diesem Zusammenhang identisch mit *iustificatio*[97] – und überzeitliche Präsenz des geschichtlichen Heilswerkes Jesu in einem einzigen Vorgang. Wie steht nun in diesem Vorgang das Wort? Thomas fragt, ob zum Sakrament wesentlich bestimmte Worte, *determinata verba* gehören. Seine Antwort:[98] Das Sakrament als Zeichen ist eine bestimmte, von Gott angeordnete sinnfällige Handlung. Das Zeichen, wohlgemerkt, ist nicht nur das Element, sondern die mit dem Element vorgenommene kultische Handlung.[99] Aus drei Gründen bedarf es dazu des bestimmten Wortes. Einmal aus Gründen der Logik der Inkarnation: Auch in der Menschwerdung verband sich das göttliche Wort mit der sinnfälligen Men-

[94] STh III 60,3.
[95] Hierzu und zum folgenden vgl. die Literaturhinweise w. o. S. 311 Anm. 49.
[96] STh III 60,5 c.; 62,5 c.; 63,1 c. 2 c. 3 c. 4 c.; 65,1 c.
[97] Das erhellt aus der Beschreibung dessen, was mit *sanctificatio* gemeint ist: alle Elemente der *iustificatio* aus dem Gnadentraktat (I–II 109–114) finden sich dabei wieder. Vgl. folgende Stellen: STh III 60,2 c. ad 1. ad 2. 3 c. ad 2. 4 c. 5 c. ad 2. ad 3. 6 c.; 61,3 c.; 66,1 c.; 68,2 c. 11 c.; 72,4 ad 3; 73,1 ad 3. 3 c.
[98] STh III 60,6–7.
[99] Vgl. STh 60,6 ad 2; 84,1 ad 1.

schennatur. Zum zweiten aus Gründen der Wesensstruktur des Menschen: Geist und Leib müssen je auf ihre Weise das Heil berühren. Und drittens aus Gründen der Eindeutigkeit des sakramentalen Zeichens. Der erste und der zweite Grund sind Angemessenheitsgründe, die eigentlich für die ganze sakramentale Ordnung überhaupt gelten. Der letzte Grund hingegen fordert stringent das Wort. Das Wort erst enthebt das sinnfällige Zeichen aller Vieldeutigkeit. Eine Übergießung mit Wasser kann vielerlei symbolisieren. Erst die Worte: »Ich taufe dich im Namen des Vaters, des Sohnes und des Heiligen Geistes« machen aus dieser Übergießung mit Wasser das eindeutige Zeichen des Taufsakramentes. Das Wort also macht die sinnfällige Handlung unmißverständlich, das heißt aber: Das Wort macht die Handlung zur *Heilsverkündigung*, gleichsam zu konzentriertester Predigt. Mit »Wort« ist im übrigen, wie man sofort sieht, die sakramentale Formel gemeint, in der Fachsprache: die *forma sacramenti* im Unterschied zur sinnfälligen Zeremonie als der *materia*.[100]

In dieser Sinndeutung der forma sacramenti steckt in der scholastischen Sakramentenlehre die Lösung des Problems von Wort und Sakrament. Einen Gegensatz von Wort und Sakrament kann es hier aus der Struktur der Sache heraus gar nicht geben, weil es ein Sakrament als Zeichen ohne das nach Art einer *forma* wirksame sakramentale Deutewort gar nicht geben kann.

Zugleich ist damit auch das Grundverhältnis zwischen Sakrament und Glaube klar. Das sakramentale Wort versteht und empfängt nur der Glaube. Thomas macht unter Berufung auf ein Augustinuswort eine Aussage, die einen nachreformatorischen katholischen Theologen geradezu aufregen muß: Das Wort wirkt im Sakrament nicht, weil es gesprochen, sondern weil es geglaubt wird.[101] Welche Nähe zu Luthers Formulierung in seiner Hebräerbriefvorlesung, nicht das Sakrament rechtfertige, sondern der Glaube an das Sakrament![102] Nur deswegen jedenfalls, weil nach Thomas das Sakrament selbst konzentrierteste Heilsverkündigung auf Glauben hin ist, wirft es keine sachlichen Probleme auf,

[100] Zur Unterscheidung von materia und forma sacramenti vgl. STh 60,6 ad 2. 7c. 8c. ad 2. Anwendung auf die einzelnen Sakramente: 66,3–5 (Taufe); 72,2.4 (Firmung); 74; 78 (Eucharistie); 84,1 ad 1. ad 2.3c. (Buße); Suppl 29,4–9 (Krankensalbung); 34,3–5 (Weihe); 42,1 ad 1. ad 2 (Ehe).

[101] STh III 60,7 ad 1. [Das Wort im Zeichen wirkt also, weil sein Zuspruch *empfangen* wird. Die aristotelische Analogie bestimmt nicht das Sakramentsverständnis im Sinne eines falsch verstandenen *opus operatum*, vielmehr bestimmt das Sakramentsverständnis Sinn und Grenze der herangezogenen aristotelischen Analogie. Dies gegen die freundliche Kritik bei H. Thielicke, Theologie des Geistes, Tübingen 1978, 335f.]

[102] »Inde fit, ut nullus consequatur graciam, quia absolvitur aut baptizatur aut communicatur aur inungitur, sed quia credit sic absolvendo, baptizando, communicando, inungendo se consequi graciam. Verum enim est illud vulgatissimum et probatissimum dictum: ›Non sacramentum, sed fides sacramenti iustificat‹« (57 [Heb] / 169,23; vgl. 170,12; 171,3; 291f, 23; 206,4; Cl 5/359,24; 360,7.15). Der Text ist ein eindrucksvoller Beleg aus den Anfängen des neuen Sakramentsverständnisses im Licht der erreichten Konzentration auf Verheißungswort und Glaube. Vgl. O. Bayer, Die reformatorische Wende (s. o. Anm. 59) 143 Anm. 119; [vgl. auch die in Anm. 59 angegebene Literatur zur »reformatorischen Wende« sowie Pesch, Hinführung zu Luther (s. Anm. 53), 92–98.]

wenn er die Predigt im üblichen Verständnis, also die gottesdienstliche Predigt nur als vorbereitende Katechese verstehen will.[103]
An sich ist diese Lösung bedeutend organischer als die Lösung Luthers. Luther ist in der ständigen Gefahr, das sakramentale Zeichen abzuwerten bzw. es rein positivistisch zu begründen, und das liegt gerade daran, weil er sich für die Unterschiede von Materie und Form des Sakramentes merkwürdig wenig interessiert. Daher ist auch der Begriff *sacramentum* bei ihm fluktuierend. Innerhalb derselben Schrift *De captivitate Babylonica* bedeutet *sacramentum* bald das sinnfällige Element für sich genommen, bald das Ganze aus Wort und Element.[104] »Wort« ist dabei, wie schon angedeutet, immer *Evangelium*, im engsten Sinne konzentriert im Stiftungswort Jesu, aber eben nicht im Sinne der *forma sacramenti*, d. h. des Wortes, wie es im faktischen sakramentalen Geschehen wirklich vorkommt. Die Deutung des Wortes im Form-Materie-Schema – es kommt nicht auf dieses Schema an, aber auf die darin einbegriffene gesamte Problemanalyse – hält jedenfalls Wort und Sakrament aufs schönste zusammen, und zwar ganz im Sinn der fundamentalen Anliegen Luthers, daß das Sakrament nichts ist ohne das Wort, daß das Wort im Sakrament Verkündigung des Evangeliums ist und daß das Sakrament nichts ist unabhängig vom Glauben: »Non quia dicitur, sed quia creditur.«

Von hier aus können wir nun in die systematischen Überlegungen überleiten. Die Aufgabe kann nicht, wie heute vielfach in der katholisch-theologischen Literatur zu beobachten ist, die sein, ausgerechnet die Schwäche von Luthers Sakramentsverständnis zu honorieren, indem man auf irgendeine Weise versucht, dem Wort und insbesondere der Predigt eine eigene quasi-sakramentale Qualität zuzusprechen.[105] Auch bei Luther heißt ja *solo verbo* keineswegs dasselbe wie *sola praedicatione*. Die Antwort auf die reformatorische Anfrage zum Thema »Wort und Sakrament« kann nur darin bestehen, die Worthaftigkeit des Sakramentes mit allem Nachdruck herauszustellen und eben dadurch allen halbmagischen und verdinglichenden Vorstellungen *a limine* zu wehren, die auch den legitimen Sinn der Lehre vom *opus operatum* nicht selten unterhöhlen. Es gilt, das Wort *in* den Sakramenten als Verkündigung zu verstehen und die Predigt als Explikation der sakramentalen Verkündigung, d. h. dessen, was in den sakramentalen Deuteworten gesagt ist. Einige Schritte solcher Bemühung sind nun zu versuchen.[106]

[103] STh III 64,1 ad 1; 67,1 ad 1.
[104] Vgl. etwa 6/512, 26ff; Cl 1/443, 30ff mit 6/518, 15ff; Cl 1/450,2ff.
[105] Hier hätten wir Vorbehalte etwa gegen die Bemühungen von K. Rahner, Wort und Eucharistie, in: Schriften zur Theologie, Bd. IV, 313–355, bes. 321–348, oder von L. Scheffczyk, Von der Heilsmacht des Wortes, München 1966, 264–272 (dort weitere Stimmen aus der Literatur, die in die gleiche Richtung gehen); oder von A. Brandenburg, Martin Luther gegenwärtig. Katholische Lutherstudien, Paderborn 1969, 145.
[106] Zusammenstellung der wichtigsten katholischen Arbeiten dazu im Handbuch Theologischer Grundbegriffe, hg. von H. Fries. B. II, München 1963, 768; 876 (überarbeitet und ergänzt in der Lizenzausgabe im dtv. 1970); und bei O. H. Pesch, Theol. der Rechtfertigung, 816 Anm. 6. [Dazu die Arbeiten in der Ergänzung zu Anm. 3 und Anm. 79.]

1. *Zum Ansatz*

Wenn die letzten Bemerkungen eine gewisse Kritik an Luther anzumelden hatten, so soll das nicht heißen, daß seine Verhältnisbestimmung von Sakrament und Wort uns nichts mehr zu sagen und weiterzuhelfen hätte. Es steht nicht so, daß Luther lediglich das Opfer eines degenerierten Sakramentsverständnisses wäre und daß die katholische Theologie eigentlich, nähme sie nur ihre eigene Tradition ernst, es immer schon besser gekonnt hätte. Es ist nicht damit getan und sogar nicht einmal möglich, Luthers neue Problemstellung und seine neuen Perspektiven einfach in die klassische Sicht zu integrieren. Denn es wird dabei gegenüber der Tradition immer ein Überhang bleiben, nämlich die Konzentration auf die beherrschende Funktion des Wortes überhaupt. Läßt man sich davon anregen und versucht man, sich von daher auf die Worthaftigkeit des Sakramentes zu besinnen, dann zeigt sich, daß die Tradition das Ergebnis dieser Bemühung keineswegs immer schon gewußt hat, vielmehr wird dann aus dem scholastischen Konzept bei aller gedanklichen Kontinuität doch etwas durchaus Neues. Sich auf diesen Versuch einzulassen, ist im übrigen völlig unbedenklich, wenn man sich vergegenwärtigt, daß die entscheidenden theologischen Gründe für Luthers Konzentration auf das Wort in den Sakramenten, die Externität und die Personalität der Gnade, heute für katholisches Denken kein Problem mehr bilden: Niemand denkt mehr daran, sich auch die »geschaffene«, innermenschliche Wirklichkeit der Gnade in einer Weise vorzustellen, bei der der radikale Geschenkcharakter der Gnade in den Schatten geriete – der Begriff der »geschaffenen Gnade«, wenn man ihn überhaupt für sachgemäß hält, dient der Herausstellung des schöpferischen Charakters der Heilsliebe Gottes und ist somit eine Frage des *Gottesbildes*, und nichts weniger als eine Bekräftigung autonomer menschlicher Möglichkeiten vor Gott.[107] Und niemand denkt auch mehr daran, unter Berufung auf die Gnade als *qualitas in essentia animae* die unbedingte Personalität des Heils zu übersehen – der Begriff der *qualitas* will in der klassischen Konzeption gerade den anthropologischen Grund der Möglichkeit des personalen Gottesverhältnisses in Erkenntnis und Liebe beschreiben[108], er will nichts weniger als die Gnade, mit Luther zu reden, zu einem »gemalten Brett in der Seele«[109], zu einem unterpersonalen, leblosen Ding machen. Wenn der theologische Personalismus heute schon etwas in Mißkredit geraten ist, dann nur, soweit er die christliche Existenz zur weltlosen reinen Ich-Du-Beziehung zwischen Gott und Mensch verengt, nicht aber, weil er etwa grundsätzlich mit einer falschen Kategorientafel arbeitete. Unseren sakramententheologischen Bemühungen eilt aber Luther keineswegs allein zu Hilfe. Das theologische Verständnis des Wortes erfährt heute beträchtliche Hilfe von seiten vielfältiger philosophischer Bemühung um das menschliche

[107] Vgl. die Analyse der Lehre des hl. Thomas in dieser Sache bei O. H. Pesch, aaO., 628–633; [und bei O. H. Pesch/A. Peters, aaO. (s. Anm. 87), 84–90].

[108] Vgl. ebd., 634–659.

[109] 10 I 1/114f., 20 (Weihnachtspostille, 1522); weitere Texte bei O. H. Pesch, aaO., 700 Anm. 164; und 187–193.

Wesen des Wortes. Eine vertiefte Analyse zeigt das Wort als Quelle und Motor zwischenmenschlichen Geschehens.[110] Schon das Wort als Vehikel von *Information* wirkt weit über die Informationsfunktion hinaus. Jede Information verändert die Situation, wandelt zwischenmenschliche Verhältnisse. Welche Macht z. B. läßt sich gerade heute durch bloße Informationssteuerung, Informationsmanipulation ausüben! Welche Erlösung oder auch welche Katastrophe kann das bloße Eintreffen einer Nachricht heraufführen! Welche Auswirkungen für das zwischenmenschliche Miteinander, für die Zusammenarbeit, für Arbeitsteiligkeit, ja sogar für Zeitersparnis hat etwa der funktionierende wissenschaftliche Informationsaustausch, selbst noch in der technisierten, dem Uneingeweihten nicht mehr verständlichen Kürzelsprache einer Spezialdisziplin!
Erst recht erweist sich der zwischenmenschliche Geschehenscharakter, die situationsschöpferische und situationsverändernde Bedeutung des Wortes dort, wo es im eigentlichen Sinne in seiner Funktion *zwischenmenschlicher Verständigung* auftritt. Man denke etwa an die Funktion des Wortes im Bereich der Rechtsprechung, an das Gespräch unter Liebenden, an die Bedeutung des Wortes in der Politik usw.
Mit *diesem* biblisch und philosophisch zugleich gesicherten Wortverständnis also wäre das Wesen des Sakramentes und des Wortes im Sakrament zu befragen. Und es kann, umgekehrt, kein Zweifel sein, daß das Wortverständnis der mittelalterlichen Theologie das Wort stark auf seinen informativen und signifikativen Charakter, auf seine Bezeichnungsfunktion reduziert hat.[111] Selbst da, wo das Wort einmal Wirklichkeit *schaffenden* Charakter hat, im sakramentalen Wort, ist dieser schöpferische Charakter des Wortes an seine Bezeichnungsfunktion gebunden: Das Wort ist ja deswegen im Sakrament notwendig, damit das *signum* (!) eindeutig ist.
Wie läßt sich nun ein Verständnis des Sakramentes entwickeln, das die Anregungen aus Luther und aus dem modernen Wortverständnis aufgreift und damit die heutige Verstehenssituation gebührend ins Spiel bringt und andererseits auf die Vorzüge der mittelalterlichen Konzeption nicht verzichtet? Wir versuchen vier Gedankenschritte, die vielleicht eine Richtung markieren können.

2. Um eine neue Wesensauffassung des Sakramentes

a) Das Sakrament als Geste Gottes. Die erste fundamentale Aufgabe ist der Versuch, die scholastische Konzeption und die Stellung des sakramentalen Wortes in ihr auf den neu erkannten personalen Geschehenscharakter des Wortes hin aufzuschließen. Das Wort und das sakramentale Zeichen, besser: das aus Wort

[110] Vgl. G. Ebeling, Gott und Wort, Tübingen 1966, bes. 35–52 [jetzt in: Ders. Wort und Glaube II, Tübingen 1969, 396–432, bes. 408–415]; O.H. Pesch, Sprechender Glaube. Entwurf einer Theologie des Gebetes, Mainz 1970, 45–54; dort S. 105 f. Hinweise auf weitere philosophische Arbeiten zur Sache. [Vgl. dazu auch die wo. o. S. 246 f Anm. 127 verzeichneten Arbeiten zur Sprachphilosophie; auch O.H. Pesch, Frei sein aus Gnade. Theologische Anthropologie, Freiburg i. Br. 1983, 58–65; W. Pannenberg, Anthropologie in theologischer Perspektive, Göttingen 1983, 328–384; und w. u. S. 350.]
[111] Vgl. unseren Aufsatz zur Worttheologie bei Thomas (s. w. o. Anm. 37).

und Handlung gebildete sakramentale Zeichen ist nicht Zeichen einer sachhaften Wirklichkeit – der Gnade, des Christusmysteriums oder wessen auch immer –, sondern schöpferisches, Gemeinschaft begründendes Zeichen eines personalen Handelns Gottes an uns. Natürlich bleibt es dabei: Das Wort klärt den Sinn der Handlung, die Handlung verleiblicht diesen Sinn. Aber es geschieht mehr. Die vom Wort beherrschte Gesamthandlung läßt nicht nur etwas verstehen und erkennen, sondern sie läßt etwas wirklich werden: Gemeinschaft des Menschen mit Gott. Wir können es mit P. Schoonenberg[112] erhellen durch die Unterscheidung zwischen dem bloß dem Erkennen zugeordneten »Signal« und dem gemeinschaftsstiftenden Zeichen: Letztere sind nie »nur« Zeichen oder Symbol, sondern stets Wirklichkeit setzend, und zu dieser Gruppe gehören die Sakramente. Wir können auch in einer gewagten Formulierung sagen: Die Sakramente sind *Gesten* Gottes an uns. So wie ein Blumenstrauß, verbunden mit einem Glückwunsch, ein intensiveres Freundschaftswort ist als ein Glückwunsch allein, wie ein Handschlag ein mündlich gegebenes Einverständnis bekräftigt, so ist das Sakrament als Geste gleichsam einfach die vollmenschliche Art, wie das Wort Gottes uns begegnet und uns einfordert. Die glücklichsten Vergleichsfälle haben wir, so merkwürdig es klingen mag, im Bereich der Rechtsvorgänge. Die Unterzeichnung eines Vertrages etwa ist ja nicht nur die Information darüber, daß man einverstanden ist, sondern die durch den Namenszug worthaft gemachte Geste des *jetzt, in diesem Augenblick*, beginnenden und verläßlichen Einverständnisses. Der Ehevertrag wird wirksam durch den Handschlag und die dabei gesprochenen Worte. Gerade unter dem Aspekt verleiblichter Worthaftigkeit haben solche Rechtsvorgänge eine bedeutsame Nähe zum Wesen des Sakramentes.[113]
Schon im Licht dieser, noch ganz auf den göttlichen Pol des Geschehens konzentrierten Überlegung – die eigentlich nichts anderes ist als das klassische Verfahren der Analogiensuche[114] – zeigt sich der Beziehungsreichtum der Sakramente. Das Gesten-Machen ist urmenschlich. Das »reine« Wort gibt es im Grund gar nicht. Wenn wir uns vergegenwärtigen, daß schließlich Stimmklang, Tongebung, Tempo ebenso zur Gestik des Wortes gehören, wie die vielfältigen bildlichen Assoziationen, die jedes Wort hervorruft und die wir zum Teil sogar direkt anstreben, dann gibt es grundsätzlich kein Wort ohne seine leibliche Seite in irgendeiner Form. Wenn wir also das Sakrament als Geste verstehen und diese Geste als Leib des Wortes aus anthropologischen Gründen für sinnvoll, wenn nicht gar notwendig erachten, dann haben wir damit das klassische Konvenienzargument für die Sakramente, das aus der Wesensstruktur des Menschen heraus argumentiert, sprachphilosophisch neu formuliert.

[112] Vgl. P. Schoonenberg, Inwieweit ist die Lehre von der Transsubstantiation historisch bestimmt? Concilium 3 (1967) 305–311, bes. 309 ff.

[113] [Dies ist einer der Gründe, aus denen der evangelische Kirchenrechtler und Theologe H. Dombois seit Jahrzehnten seine These von den juristischen Verstehenszusammenhängen der Rechtfertigungslehre vorgetragen und ausgebaut hat: Das Recht der Gnade. Ökumenisches Kirchenrecht, I, Witten 1961, ²1969; II, Bielefeld 1974; III, Bielefeld 1983.]

[114] Zum Verfahren theologischer Analogie bei Thomas vgl. o. H. Pesch, Theol. der Rechtfertigung, 606–628.

Ist das Sakrament aber Geste, dann ist es personale Tat auf menschliche Weise, das heißt, es ist personale Beziehungsstiftung, die den Menschen als Person engagiert. Bedenkt man nun hinzu, daß diese Geste vollzogen wird in der Kult feiernden Gemeinde und durch sie, und daß der verstehbare Gehalt dieser Geste, das, *was* sie ausdrückt, das durch Christus uns erworbene Heil in seiner aktuellen Präsenz ist, dann zeigt sich schon von hier aus in einem sachlichen Sinne das Sakrament als objektiver Höhepunkt der Begegnung Gottes mit dem Menschen, weil deren objektive Konzentration nach all ihren Sachmomenten.

b) Das Sakrament als Feier. Dem ist nun der subjektive, menschliche Pol entgegenzuhalten. Haben wir bisher in analoger Weise zu beschreiben versucht, was Gott im Sakrament tut, so muß nun phänomenologisch beschrieben werden, wie der Mensch das realisiert. Es genügt nicht zu sagen: im Glauben. Da der Glaubende überall in seinem Leben das Nahekommen Gottes in seinem Glauben zu realisieren hat, wäre dann das ganze Leben Sakrament. Der Versuch, von der menschlichen Seite her das Spezifische des sakramentalen Geschehens zu beschreiben, stößt auf den Begriff der Feier. Feiern heißt nicht, aus dem normalen Leben fliehen und es vergessen, wohl aber, aus dem für kurze Zeit gewollten Abstand vom Alltag heraus der wahren Tiefe und Bedeutung des Lebens innewerden, und zwar in einer Gemeinschaftsaktivität.

Auf das Sakrament angewandt heißt das: Der Glaube wird hier nicht etwa aus der Pflicht des Alltags entlassen, aber er darf in einer Gemeinschaftshandlung der Glaubensgemeinschaft, also der Kirche, der wahren Tiefe und Bedeutung seiner selbst inne werden.[115] Der Glaube, der sonst ständig den Fragen, Anfechtungen und Aufgaben des Lebens ausgesetzt ist, darf in der Sakramentshandlung ganz konzentriert und fraglos einmal bei sich selber, und das heißt: bei seinem Gegenüber, bei Gott sein, indem hier zusammenfassend und ohne Verständigungsschwierigkeiten unter Gleichgesinnten ausgesprochen und im Zeichen vollzogen wird, worum es im Glauben geht.

Versteht man das Sakrament so als *Feier des Glaubens*, dann wird deutlich erstens: daß das Sakrament, wie es Zeichen Gottes ist, so auch zugleich Glaubenszeichen der Glaubensgemeinschaft ist, *ohne* daß schwärmerische Konsequenzen in Richtung auf eine Beliebigkeit dieses Zeichens die sofortige Folge sein müßten; zweitens: daß das Sakrament Ausdrucksform des Glaubens in konzentrierter Weise ist, weil hier ungebrochen und gesammelt das gehört, bekannt, in der Gemeinschaft vollzogen wird, was des Glaubens ist; drittens: daß das Sakrament von der beherrschenden Funktion des Wortes lebt, ohne deshalb je auf die äu-

[115] Unter diesem Aspekt hat B. Langemeyer eine tiefe Wesensdeutung des Sakramentes und des kirchlichen Gottesdienstes überhaupt vorgelegt: Der Gottesdienst der Pilger und Fremdlinge. Lebendiges Zeugnis, Oktober 1966, Heft 2/3/4, 124–144. [Den Gedanken B. Langemeyers habe ich aufgenommen in: Das Gebet, Augsburg 1972, 80–83; Mainz ^{2}1980, 71–74; Kleines katholisches Glaubensbuch (s. Anm. 3), 77f; Neues Glaubensbuch (s. Anm. 60), 376f; Eucharistie heute. Ehrlicher Versuch eines Rückwegs nach vorn, bibel und kirche 31 (1976) 102–112: 108–112 (vgl. auch – wegen der damals entstandenen heftigen Kontroverse um diesen Aufsatz – den Nachtrags-Aufsatz: Der vierte Abendmahlsstreit findet nicht statt, aaO. 32 (1977) 101f.]

ßere Symbolik verzichten zu können, denn keine Feier kann auf ihre Symbolik, ihr Zeremoniell verzichten, und dieses Zeremoniell schafft anderseits gerade dem Wort die besondere Situation, in der es gesammelter als sonst laut werden und tiefer als sonst treffen kann; viertens: daß das Sakrament eine innere Notwendigkeit des Glaubens ist, ohne zur Zusatzforderung zu werden, denn alle und gerade die tiefgehendsten menschlichen Grundvollzüge bedürfen von Zeit zu Zeit der Rückbesinnung auf das eigene Wesen, sozusagen des Urlaubs bei sich selbst, um den Belastungsproben der Wirklichkeit standhalten zu können. So zeigt sich das Sakrament auch nach seiner subjektiven Seite als Höhepunkt der Glaubensexistenz, nicht weil es einer besonders hochgespannten, affektiven Bewegung zu seinem Empfang bedürfte, sondern weil im Sakrament in gesammelter Form alles vorkommt, was die Glaubensexistenz des Menschen ausmacht. Von hierher läßt sich denn auch noch im Bereich des unausdrücklichen und gar des anonymen Glaubens die (uninstitutionelle) Sakramentalität entdecken, nämlich in allen Formen von Symbolik und Feier, in denen sich eben jene Vollzüge auf sich selbst besinnen, denen die traditionelle Lehre die Qualität des *votum sacramenti* zuspricht.[116]

c) Sakrament als individualisiertes Heilswort. In diese zunächst auf die Gemeinschaftshandlung blickende Interpretation des Sakramentes läßt sich nun mühelos der Gedanke Luthers vom Sakrament als individualisiertem Heilswort aufnehmen. Die *Gemeinschaft* trägt und entfaltet zwar die Feier, aber sie tut es zuletzt zugunsten des *einzelnen* Teilnehmers *als* einzelnen: Jeder einzelne tritt zum Sakrament hinzu. Damit wird in der Tat eine bestimmte Schwäche der Predigt aufgehoben. In der Predigt kann ich mich innerlich davonstehlen, kann sagen: Ich bin nicht gemeint, mir gilt das nicht. Empfange ich das Sakrament, dann kann ich das nicht. Vor der Gemeinde wird mir individuell das Wort des Heiles zugesprochen, wird es mir im Symbol ganz individuell zugeeignet. Der Empfänger, den Fall der Fiktion ausgenommen, vollzieht als Hinzutretender sein individuelles Glaubensbekenntnis, zum Teil in worthafter Zustimmung – man denke an das *Amen* beim Kommunionempfang.

d) Das Sakrament als Interpretation von Wort und Glaube. Nimmt man das Gesagte zusammen, dann bringen die Sakramente letztverbindlich das Wesen des Wortes Gottes einerseits und des ihm antwortenden Glaubens anderseits heraus. [117] Sie bringen heraus, daß Wort und Glaube nicht etwas Allgemeines sind, nicht irgendwo gesagt und irgendwo in einer Art Kollektivgedächtnis der Kirche aufbewahrt – heiße es nun Lehramt oder *depositum fidei* –, sondern sich

[116] Jede Symbolik der Liebe, des Vertrauens, der Gemeinschaft usw. wäre in diesem Sinne »anonymes Sakrament«.

[117] Vgl. dazu G. Ebeling, Erwägungen zum evangelischen Sakramentsverständnis, in: Wort Gottes und Tradition. Studien zu einer Hermeneutik der Konfessionen (= Gesammelte Aufsätze), Göttingen 1964, 217–226. Wir verdanken diesem Aufsatz wichtige Anregungen für unseren systematischen Versuch. [Dies gilt trotz meiner kritischen Vorbehalte, in: Das katholische Sakramentsverständnis im Urteil gegenwärtiger evangelischer Theologie, w. u. S. 340–361: 347–349; 358 f.]

je und je beim konkreten Menschen in konkreter Situation ereignend, welche Situation stets eine zwischenmenschliche Situation ist. Hier trifft das Wort Gottes den Menschen, stellt ihn und wird *so* beantwortet oder eben nicht beantwortet. Fragt man nach der Eigenbedeutung oder nach der »Notwendigkeit« des Sakramentes neben dem »bloßen« Glauben, dann möchte man im Sinne des scholastischen Konvenienzbeweises sagen: Wegen dieser Situationsbezogenheit, auf die es gerade bei Wort und Glaube ankommt, »muß« es Sakramente geben, weil die Predigt an die Allgemeinheit allein das noch nicht letztverbindlich deutlich macht.

Diese theoretischen Überlegungen können wir abschließen, indem wir nun noch einmal die Frage stellen: Bringen die Sakramente eine *plenior gratia*? Es muß dies jetzt als eine schlechte Fragestellung erscheinen. Natürlich kann man sagen: *Ceteris paribus*: Ja! Aber dieses *ceteris paribus* gibt es faktisch nicht. Ein Glaube, der noch nicht von innen heraus zur vertiefenden, sammelnden Form der Feier drängt, wird eben deshalb auch aus der Sakramentsfeier keine Frucht für eine intensivere Glaubensexistenz gewinnen können. Weil, wie gezeigt, der Glaube und überhaupt das gesamte subjektive Mittun des Sakramentenempfängers nicht etwa nur »Vorbedingung« für den »fruchtbaren Empfang«, sondern Wesensteil des Sakramentes selbst ist, deshalb ist alles, was im Sakrament geschieht, in die ganze Unwägbarkeit der Gnadenführung Gottes an einen Menschen hineingestellt, so daß ich *in concreto* nie sagen kann, ob ein Sakramentenempfang einen Menschen auf dem Wege zu Gott weitergebracht hat, als der Glaube ihn ohnehin schon gebracht hat. Daß das Sakrament eine größere Gnade gibt als der »bloße« Glaube, kann ich also nur unter Absehung von der unkonstatierbaren subjektiven Komponente des Sakramentes sagen. Welchen theologischen Sinn und welch eine praktische Bedeutung kann aber solch eine abstrakte Aussage dann noch haben? Wir haben theologisch und seelsorglich die Sakramente innerhalb der Relation von Wort und Glaube so tief wie möglich zu verstehen und zu verankern, alles andere ist Gottes Sache.

3. Pastorale Konsequenzen

a) Die richtige Form des Umgangs mit den Sakramenten kann niemals eine Art »Sakramentenkonsum« sein. Gemeint ist damit jene gelangweilt-gleichgültige Routine, die sich die Sakramente, vor allem Buße und Eucharistie, bei jeder Gelegenheit verschafft, ohne sich viel zu denken oder sie in persönlichem Mitvollzug buchstäblich zu »empfangen«. Gemeint ist aber auch jene gutgemeinte Geschäftigkeit, die meint, gerade eine solche Sakramentenpraxis der »Objektivität« der Sakramente schuldig zu sein. Nicht gemeint ist jene freudige Wertschätzung, die sich durchaus auch in häufigem Zutritt äußern kann. Gemeint ist nur der häufige Empfang um jeden Preis. Hinter dem »Sakramentenkonsum« steht letztlich ein irriges Verständnis von der Objektivität des Sakramentes. Die objektive Gültigkeit des Sakramentes liegt in seiner göttlichen Stiftung, die der Mensch auch nicht durch Mißbrauch vereiteln kann. Sie beruht sozusagen auf der Treue Gottes zu seinen Anordnungen. »Objektivität« bedeutet aber niemals Dispens vom persönlichen, höchst »subjektiven« Mittun. Der in diesem Zusammenhang eingeführte Begriff der Wirksamkeit der Sakramente *ex opere operato*[118] entbindet nicht von der persönlichen Tat im Sakramentenempfang, sondern will den Empfänger vor dem *unwürdigen Spender* schützen, will also besagen: Weil das Sakrament gültiges Zeichen Christi ist, erleidet der Empfänger keine Einbuße durch eine etwaige schlechte subjektive Verfassung des Spenders.

Ziel der Seelsorge kann also allein ein solcher Zutritt zu den Sakramenten sein, bei dem der beschriebene sachliche Höhepunkt der Glaubensexistenz gelingen kann, der das Sakrament selber ist. Das bedeutet – um einen vielleicht naheliegenden Einwand zugleich mitzubeantworten –: Auch die psychologische Seite der Sache kann gar nicht aus der Debatte herausgehalten werden. Mittun, persönlicher Mitvollzug geschehen nicht jenseits der psychischen Anlagen und Kräfte eines Menschen, sondern mit und in ihnen. Und das Maß der psychischen Kräfte kann verschieden sein von Mensch zu Mensch, ja in einer gewissen Durchschnittlichkeit von Epoche zu Epoche. Die Frage also: Was kann ich, als Sakramentenempfänger, schaffen? ist gerade im Licht der Situationsgezieltheit der Sakramente keineswegs des »Subjektivismus« verdächtig, sondern überaus legitim. Und die Antwort kann sehr verschieden sein. Es ist Pflicht des Seelsorgers, dabei zu helfen, in Ehrfurcht vor den Wegen Gottes die rechte Form zu finden und nicht alles über den Leisten der praktischen Regelmäßigkeit schlagen zu wollen, auch wenn dadurch der ohnehin nur scheinbar kontrollierbare »Erfolg« wacklig wird. Vom Wesen des Sakramentes her ist kein Kriterium für die Häufigkeit des Sakramentenempfanges zu gewinnen.

b) Eine weitere pastorale Konsequenz läßt sich zusammenfassen unter dem Stichwort »Formechtheit«. Wenn die Sakramente all das sein sollen, was wir beschrieben haben, dann müssen ihre Symbole *verständlich* sein, und zwar möglichst spontan, ohne die Notwendigkeit eines langen Kommentars. Das ist sehr schwer, weil die Riten der Sakramente alt sind und in ihrer Form, selbst in ihrem rituellen Grundbestand, aus einem fremden Kulturkreis stammen. Ein Handschlag sagt uns ohne lange Erklärung etwas, und ein Blumenstrauß sagt mir, was gemeint ist, ohne daß ich erst seine Bestandteile analysieren muß. Um aber die Symbolik einer Salbung mit Öl zum Sprechen zu bringen, müßte einem ja erst einmal im Sonnenbrand der Wüste die Haut ausgedörrt und zersprungen sein, weil man vergessen hat, sich einzucremen. Oder: um die mehrschichtige Taufsymbolik zu verstehen, dürften wir ja nicht in wenigen Stunden den Großen Teich überqueren können, dürfte uns eine Luxusdampferfahrt über den Ozean nicht als einer der größten Genüsse gelten; wir müßten vielmehr das Wasser als Inbegriff des Grauens und des Untergangs erlebt haben; höchstens eine Überschwemmungskatastrophe jagt uns vielleicht noch Gefühle ein, die denen angesichts des Meeres ähnlich sind. Umgekehrt – die Taufsymbolik ist ja mehrschichtig – müßte es etwa, wie z. B. in Taiwan, zur normalen Höflichkeit gegenüber Gästen gehören, ihnen beim Eintritt ins Haus ein erfrischendes Bad anzubieten,

[118] Vgl. dazu, was die Lehre der Scholastik angeht, O. H. Pesch, Theol. der Rechtf., 805; 815. Dort weitere Literatur und Stellennachweise. Zur Geschichte des Begriffes vgl. Deutsche Thomas-Ausgabe, Bd. 31, Heidelberg-Graz 1962, 465–468. [Vgl. w. u. S. 343f.]

und sei es auch nur durch einen Wasserüberguß seitens der Dame des Hauses.[119] So aber erleben wir, daß die Sakramente uns aufgrund ihres Rituals fremd und manchmal geradezu lebensfern sind. Wir müssen dann »erklären«, wir müssen aus Geschichte und Theologie lange Kommentare zusammenstellen, müssen fragen: Was bedeutet das? Wir bekommen darauf eine Antwort, und dann »verstehen« wir. Aber ein Blumenstrauß verliert seinen Reiz, wenn ich erst erklären muß, was er bedeutet. Und auch einen Liebesbrief analysiere ich ja nicht erst auf Satzbau und Wortwahl, ehe ich ihn verstehe. So erschwert uns das Alter und die Fremdheit der Kultsymbole der Sakramente das spontane Verstehen, das eigentlich solchen Symbolen einzig angemessen wäre.

Hier ist nun einfach nicht alle Not zu beheben – wenngleich die Tiefenpsychologie uns heute über die erstaunlich tiefe psychische und archetypische Verankerung der sakramentalen Grundsymbole belehren und dadurch vor allzuviel Pessimismus hinsichtlich der vielberufenen »Kultunfähigkeit« des modernen Menschen ebenso warnen kann wie vor einer Bilderstürmerei innerhalb der Liturgiereform! Immerhin, um der Kontinuität und Einheit der Kirche willen ist stets einiges an den Sakramenten, eben vor allem die Grundsymbole – Wasser, Brot, Öl usw. – auch trotz gewisser Fremdheiten einfach hinzunehmen.[120] Aber viel wäre erreicht, wenn im übrigen die Form der Symbole so echt wie nur möglich gemacht werden könnte. Sie ist heute oft so stilisiert, daß es sich nur noch um Symbole von Symbolen handelt. Die praktischen Probleme, die hier entstehen, mag man sich ausrechnen. Die Liturgiereform hat wenigstens den Weg zu ihrer Lösung betreten. Die Fragen erstrecken sich von der Form und Machart der Hostien über die Gestalt der Zeremonien, die liturgische Sprache, die Frage ganz neuer Formen (Hauseucharistie usw.) bis hin jetzt endlich – hier hat Luther seit 1520 ein wahres Anliegen vergeblich gepredigt – zum landessprachlichen Kanon, der deshalb von so unabsehbarer Bedeutung ist, weil die Verkündigung des Erbarmens Gottes mit den Menschen: »Das ist mein Leib, der für euch hingegeben wird«, endlich wieder hörbar ist.[121] Nicht alles ist hier auf einmal zu erreichen. Es wird auch einen legitimen Pluralismus je nach Regionen geben müssen. Aber daß die Formechtheit eines der wichtigsten Probleme sachgemäßen Sakramentenvollzugs ist, kann vom Wesen des Sakramentsgeschehens her gar nicht bestritten werden. Sonst bleiben die Sakramente für immer ohne Chance, der Raum zu werden, in dem sich der Höhepunkt der Glaubensexistenz ereignen kann.

c) Als letzte pastorale Konsequenz nennen wir die Frage der »Institutionalisierung« des Sakramentenempfangs und damit den ganzen Komplex von Gewohnheit und Herkommen in der Sakramentenpraxis. Nicht selten wirkt gerade dieses Institutionelle für die Sakramentenpraxis so belastend. Nicht nur, daß die

[119] [So nach dem persönlichen Bericht eines Taiwan-Missionars, bestätigt durch meinen Schüler und Doktoranden Lien-Fu-Long aus Taiwan.]

[120] [Ähnlich wie bei den überlieferten Bekenntnisformeln; vgl. w. o. S. 158 f.]

[121] 1520 taucht bei Luther zum erstenmal die Forderung nach dem landessprachlichen Kanon auf, nämlich im Sermon von dem neuen Testament, d. i. von der heiligen Messe, WA 6/353–378: 362 (»Zum sechzenten«); Cl 1/299–322: 307 f.

Sakramente nach festen Vorschriften, nach »Rubriken« vollzogen werden müssen. Es sind darüber hinaus feste Regelmäßigkeiten des Empfanges vorgeschrieben und gefordert. Ein vielfältiges »Du mußt« scheint die Sakramente einzurahmen. Wenigstens einmal jährlich Kommunionempfang, und zwar zur österlichen Zeit, heißt die Minimalforderung. Nach schwerer Sünde zuerst Beichte, dann erst Kommunion, heißt die eiserne Regel. Kirchliche Trauung, bei Gefahr der Nichtigkeit, sagt das kirchliche Rechtsbuch. Und auch wo nicht gleich »Nichtigkeiten« auf dem Spiel stehen, gibt es das »Du mußt« und »Du solltest eigentlich«. Sonntäglicher Kommuniongang und 4–6 wöchige Beichte machen noch immer den »guten Katholiken«, sonntäglicher Meßbesuch immerhin noch den »praktizierenden«. Kann das gut sein, die Sakramente, die die kirchliche Ausdrucksgestalt des unerzwingbaren Glaubens sind, unter ein »Muß« zu stellen? Kann es gut sein, mit den Sakramenten so umzugehen, wie man regelmäßig ein Bad nimmt und nach einigen Tagen die Wäsche wechselt?
Nun, was das »Du mußt« anbelangt, so werden wir uns tatsächlich an einigen neuralgischen Punkten der Sakramentenpraxis noch einige mutige theologische Gedanken machen müssen.[122] Immerhin, die Ablehnung jeder Version eines »Du mußt« einerseits und die Zurückweisung des »Sakramentenkonsums« anderseits sollen kein Plädoyer für einen sakramentalen Minimalismus sein. Wir sagten schon: Die Einsicht, das Sakrament sei Höhepunkt der Glaubensexistenz, bedeutet nicht, es dürfe nur empfangen werden, wenn intensivster seelischer Mitvollzug möglich ist. Wann ist das schon der Fall, und vor allem: wann wissen wir vorher, daß es der Fall sein wird? Das Sakrament ist Höhepunkt der Glaubensexistenz in einen *sachlichen* Sinne, sofern alle Momente der Begegnung zwischen Mensch und Gott hier in einem einzigen Vorgang zusammenlaufen. Auch der nüchtern und ohne seelische Hochgestimmtheit im Alltag sich bewährende und manchmal schier sich verschleißende Glaube hat im Sakrament diesen sachlichen Höhepunkt. Es gibt auch einen alltäglichen Umgang mit den Sakramenten, der mit Sakramentenkonsum nichts zu tun hat. Für diesen alltäglichen Umgang ist gerade das Institutionalisierte, die feste Regel in Form und Häufigkeit zuletzt nicht Last, sondern befreiende Wohltat. Sie befreit von der erdrükkenden Notwendigkeit, jeden Zutritt zu den Sakramenten stets nach allen Faktoren aus letzter personaler Entscheidung aufbauen zu müssen. Man kann die Forderung nach solch letzter, personaler Entscheidung, die »je jetzt« geschehen müsse, mit viel Pathos erheben. Gewachsen ist ihr kein Mensch. Schon in allgemein menschlichen Dingen nicht und auch nicht im christlichen Leben. Ehrliche Selbsteinschätzung wird also die »Entlastungsfunktion der Institution« (A. Gehlen), die entlastende Hilfe der regelmäßigen Form nicht hochmütig von sich weisen.[123] Das scheint z. B. auch die stärkste Legitimation des Sonntagsgebotes zu sein – nur darf man dabei im Fall des Zuwiderhandelns nicht gleich mit der Hölle drohen. Es ist also ein echter Ausgleich zwischen Institution und personalem Mitvollzug anzuzielen, der jeden »Konsum« ausschließt. Dieser Ausgleich

[122] Vgl. w. o. S. 316ff.

[123] Zur »Entlastungsfunktion der Institution« vgl. die anthropologischen Analysen bei A. Gehlen, Anthropologische Forschung. Zur Selbstbegegnung und Selbstentdeckung des Menschen (rowohlts deutsche enzyklopädie, 138), Hamburg ^{5}1965, 69–77.

kann nicht noch einmal institutionalisiert werden. Er muß in der Freiheit der Kinder Gottes gefunden werden und er kann schon innerhalb ein und desselben Christenlebens verschiedene Formen annehmen. Die einzige Orientierung wird immer bleiben müssen; Sakramente wollen nicht konsumiert, sondern empfangen werden. Nur so stehen dann die Sakramente selbst am stärksten dafür ein, daß der Mensch nichts als Empfangender ist, den Gott beschenkt.

Der rote Faden, der unsere ganzen Überlegungen durchzog, war der Blick auf die moderne, angefochtene Glaubenssituation und daher die Notwendigkeit, auch das Wort von den Sakramenten auf die Frage des Glaubenkönnens und Glaubendürfens zu konzentrieren. Die Schärfe und Ausschließlichkeit, mit der sich christliche Existenz heute auf die Frage des Glaubenkönnens zuspitzt, hat auf den ersten Blick etwas Bedrückendes. Man scheint in so etwas wie eine zu dünne Luft zu geraten, unendlich viel an schöner, gewachsener Tradition und lebendigem kirchlichem Brauchtum scheint zugrunde gehen zu müssen, weil es in der Konzentration auf die Glaubensfrage keinen rechten Ort mehr hat. Umgekehrt tauchen Unruhe stiftende neue Fragen auf, die früher keiner auch nur zu denken gewagt hätte. Man darf als Christ und Theologe nicht mutlos werden. Man darf vor allem dem Ernst dieser Fragen nicht ausweichen unter Hinweis darauf, »wie schön es doch früher war«. Das Ende könnte sein, daß das Haus der Kirche, das »voll Glorie schauet«, sehr leer ist, das Fremdenheim nebenan aber überfüllt.[124]
Wir dürfen sogar umgekehrt sagen: Selbst um den Preis einer gewissen Distanzierung von viel gewachsener kirchlicher Tradition ist die Konzentration auf die Frage des Glaubenkönnens auch eine Chance. Wer möchte denn etwa in der zweiten Hälfte des 19. Jahrhunderts Christ oder gar Seelsorger gewesen sein? Unsere Chance ist, alles, was der Glaube zu sagen oder zu bekennen hat, heute zu sagen wie Variationen über ein einziges großes Thema, das etwa formuliert werden könnte: Zur Freiheit hat uns Christus befreit. Oder: Gnade und Friede euch – in einer Welt ohne Frieden; oder ganz einfach: Fürchtet euch nicht! Auch das Wort von den Sakramenten, von ihrer »Notwendigkeit«, von ihrem worthaften Wesen, muß dieses eine große Thema des Glaubens heute unüberhörbar zum Klingen bringen.

[124] [Man denke an die durch die Umfragen belegte (s. Anm. 1) wachsende Kirchendistanziertheit bei gleichzeitig wachsender außerkirchlicher Religiösität. Vgl. dazu, pars pro toto, E. Klinger (Hg.), Christentum innerhalb und außerhalb der Kirche, Freiburg 1976 (ganz dem Thema des »anonymen Christen« bei K. Rahner gewidmet); G. Schiwy, Der Geist des Neuen Zeitalters. New-Age-Spiritualität und Christentum, München 1987; K. Walf (Hg.), Stille Fluchten. Zur Veränderung des religiösen Bewußtseins, München 1983; N. Mette, Kirchlich distanzierte Christlichkeit. Eine Herausforderung für die praktische Kirchentheorie, München 1982; und J. Sudbrack, Neue Religiösität. Herausforderung für die Christen, Mainz 1987.]

DAS KATHOLISCHE SAKRAMENTSVERSTÄNDNIS IM URTEIL GEGENWÄRTIGER EVANGELISCHER THEOLOGIE

(1982)

Im Jahre 1969 brachte Karl Gerhard Steck eine Luther-Auswahlausgabe heraus unter dem – soll man sagen: provozierenden?, soll man sagen: süffisanten? – Titel: »Luther für Katholiken«[1]. In das Buch nahm der Herausgeber hauptsächlich Schriften Luthers zur Sakramentslehre auf und begründete das damit, daß in der Auseinandersetzung um das Sakramentsverständnis und, darin impliziert, um das Kirchenverständnis bei Luther »die stärkste Leidenschaft im Spiele ist«[2], die in der Polemik nicht selten pathologische Züge aufweist. Dabei ist es zwischen evangelischer und katholischer Theologie bis heute geblieben – abgesehen von der Pathologie. Zwar sind die thematischen Auseinandersetzungen mit der katholischen Sakramentenlehre aus evangelischer Feder – in Dogmatiken, Monographien oder Aufsätzen – nicht übermäßig zahlreich. Umgekehrt übrigens auch nicht.[3] Für sich betrachtet, scheint die Sakramentenlehre zur Zeit nicht im Mittelpunkt des Interesses zu stehen. Was aber tatsächlich in den vorliegenden

[1] Luther für Katholiken, hg. und eingel. v. K. G. Steck, München 1969. – Das Folgende wurde ursprünglich mehrfach mündlich vorgetragen. Die Veröffentlichung des überarbeiteten Textes sei ein Zeichen der Verehrung für Gerhard Ebeling, dessen Lutherinterpretation mich ebenso wie sein systematisch-theologisches Denken seit Beginn meiner kontroverstheologischen Arbeit herausgefordert und geprägt haben. Daß aus dem Lesen von Aufsätzen und Büchern bald auch persönliche Begegnung, Wegweisung des Erfahrenen für den Anfänger und freundschaftliche Verbundenheit wurden, war und ist mir für immer Grund zu Freude und Dank.

[2] AaO. 22.

[3] Die einzelnen evangelischen Titel im Folgenden. Katholische Überblicke und Auseinandersetzung: L. Bouyer, Wort – Kirche – Sakrament in evangelischer und katholischer Sicht, Mainz 1961; A. Skowronek, Sakrament in der evangelischen Theologie der Gegenwart, Paderborn 1971. Immer im Blick auf die evangelische Theologie, wenn auch nur gelegentlich in direkter Auseinandersetzung: Concilium 4, 1968, H. 1: Zur Theologie der Sakramente; M. Schmaus, Der Glaube der Kirche, 2 Bde, München 1969/70, II, 269–297; [6 Bde in 13, St. Ottilien ²1979–1982, V/3–4]. R. Schulte, Die Einzelsakramente als Ausgliederung des Wurzelsakramentes, MySal IV/2, 46–155; Th. Schneider, Zeichen der Nähe Gottes. Grundriß der Sakramententheologie, Mainz 1979. Ganz im innerkatholischen »Regelkreis« dagegen bleiben J. Auer, Das Mysterium der Eucharistie, und: Die Sakramente der Kirche (= J. Auer/J. Ratzinger, Kleine Katholische Dogmatik VI u. VII, Regensburg 1971 (²1974) u. 1972; und (bedingt durch die Themenstellung?) A. Ganoczy, Einführung in die katholische Sakramentenlehre, Darmstadt 1979. Vorweggenommen sei, daß die beiden jüngsten evangelischen Dogmatiken die Sakramentenlehre betont in ihrer kontroverstheologischen Problematik behandeln: H. Thielicke, Theologie des Geistes (= Der evangelische Glaube III), Tübingen 1978, 315–399; G. Ebeling, Dogmatik des christlichen Glaubens III, Tübingen 1979, 295–330.

Publikationen, und was darüber hinaus in Nebenbemerkungen und Kurzhinweisen in thematisch benachbarten Zusammenhängen zur Sache gesagt wird, zeigt unter den gepflegten Formen modernen ökumenischen Gespräches die gleiche unerbittliche Leidenschaft, manchmal geradezu den alten furor protestanticus wie zur Zeit der Reformation. Und man weiß nicht recht, ist es Folge oder ist es Ursache, wenn man zuweilen auch in der historischen Lutherforschung den »reformatorischen Durchbruch« bei Luther in der Neuformulierung des Sakramentsverständnisses erblickt?[4]
Die katholische Theologie kann also die Auseinandersetzung um das Sakramentsverständnis weder für erledigt halten noch hoffen, sie werde sich im Zuge des Konsenses in anderen Streitfragen von selbst erledigen. Im Gegenteil, das Sakramentsverständnis wird zur Testfrage, an der herauskommen soll, was ein erreichter Konsens wert ist. Damit sind wir beim Thema, das ich in fünf Schritten angehe. Die ersten vier analysieren das evangelische Urteil über das katholische Sakramentsverständnis in chronologisch und sachlich fortschreitender Befragung, der fünfte soll in Thesenform die Richtung einer antwortenden Auseinandersetzung andeuten. Es versteht sich von selbst, daß die ersten vier Schritte *Gesichtspunkte* und *Gedankenlinien* auseinanderzuhalten versuchen, aber nicht Personen und theologische Positionen säuberlich gegeneinander abgrenzen können. Eine bestimmte theologische Position ist vielleicht durch einen bestimmten Gedanken *typisiert*, aber deshalb keineswegs schon *erschöpfend* gekennzeichnet.

I. Sakrament und Sakramente oder: Die alten Fronten

Der uralte Vorwurf der evangelischen Theologie gegen das katholische Sakramentsverständnis lautet, dieses sei »magisch« oder zumindest »halbmagisch«. Luthers Kritik, das katholische Sakramentsverständnis käme unter vielfältigen Aspekten, vor allem im Blick auf die Meßopferlehre, auf »Werkerei« hinaus[5], wird damit zu einem religionswissenschaftlichen Urteil stilisiert. Man sollte meinen, heutzutage sei an dieser Stelle die alte Front zurückgenommen. Doch ist diese erleichternde Feststellung leider noch nicht erlaubt. Gewiß muß man es

[4] Vgl. E. Bizer, Die Entdeckung des Sakramentes durch Luther, EvTh 17 (1957) 64–90. Zum »reformatorischen Durchbruch« vgl. O. H. Pesch, Zur Frage nach Luthers reformatorischer Wende. Ergebnisse und Probleme der Diskussion um Ernst Bizer, Fides ex auditu, Catholica [M] 20 (1966) 216–243. 264–280; abgedr. in: Der Durchbruch der reformatorischen Erkenntnis bei Luther, hg. v. B. Lohse, Darmstadt 1968, 445–505. Die Diskussion ist auch nach 1966 weitergegangen. Jüngste (knappe) Stellungnahme bei B. Lohse, Martin Luther. Eine Einführung in sein Leben und sein Werk, 1981, 157–160; ebd. 205 sind die wichtigsten Titel seit 1966 verzeichnet. Eigenartig, nämlich mit »umgekehrtem Vorzeichen«, ist Bizers These wieder aufgenommen bei W. Schwab, Entwicklung und Gestalt der Sakramententheologie bei Martin Luther, Bern-Frankfurt am Main 1977, 84–105; 126–144; 365 f. [Zur Diskussion nach 1966 vgl. auch meinen w. o. S. 314 Anm. 59 genannten Forschungsbericht.]
[5] Vgl. WA 6, 512,6 ff; 522,14 ff; 40/I, 219,3 ff; auf der Linie Luthers: BSLK 93,22; 94,29 (CA); 199,86; 255,12; 295,18.23; 350,5; 352,12; 356,25 u. ö. (Apol).

nicht mehr als repräsentativ betrachten, wenn etwa Erich Seeberg 1929 im ersten Band seiner Theologie Luthers den Vorwurf der »Magie« wörtlich erhebt – und zwar speziell gegen Thomas von Aquin – und dem im zweiten Band 1937 die Feststellung folgen läßt, die katholische Sakramentenfrömmigkeit sei letzten Endes indogermanisch.[6] Man wird auch keine besondere Nachwirkung mehr befürchten, wenn der sonst über Scholastik ebenso wie über katholische Theologie allgemein viel differenzierter urteilende Werner Elert 1931 in seiner »Morphologie des Luthertums« von der »römischen Theologie« spricht, »die das Sakrament überhaupt von der Haltung des Empfangenden unabhängig wirken läßt«.[7] Ernster muß man es nehmen, wenn Gleiches in Büchern zu lesen steht, die Hunderte von heute amtierenden evangelischen Pfarrern während ihres Studiums als Handbücher benutzt haben und die auch heute noch nicht nur von Interessenten an moderner Theologiegeschichte gelesen werden. Hier ist etwa an die mißverstehende Polemik Regin Prenters gegen den Begriff des »signum efficax« zu denken.[8] Oder, noch gewichtiger, an Sätze in der »Christlichen Wahrheit« von Paul Althaus, wie diese: »Rom aber versteht die Sakramente nicht als Gestalten des Evangeliums, der persönlichen Zuwendung Gottes zu dem Sünder, sondern unterscheidet sie davon und gibt ihnen eine andere Bedeutung als die der gnädigen Begegnung Gottes mit dem Menschen. Ihre Objektivität ist nicht die der göttlichen Berufung, sondern die eines übernatürlichen Naturgeschehens. Die durch sie vermittelte Gnade kann daher… auch ohne den persönlichen Heilsglauben empfangen werden. Die Sakramente wirken auf das Personleben, aber nicht auf personhafte Weise. Hier ist das Evangelium überfremdet durch Einflüsse aus der heidnischen Religion, dem Mana-Denken, vermittelt durch die Mysterienkulte und stoische Gedanken. Wir können also von *Paganismus* sprechen.«[9] Der große alte Mann der neuen »Erlanger Schule« hat also auch 1965 noch nicht modifiziert, was er schon 1929 mit Worten wie »Sakramentarismus«, »Verdinglichung der Gottesgemeinschaft«, »dinglich-seinshaft«, »statisch«, »unterpersönlich« über die katholische Sakramentenlehre zum Ausdruck brachte,[10] und es tröstet nur wenig, wenn zwar das Wort »magisch« nicht fällt, statt dessen aber das katholische Sakramentsverständnis am Maßstab personalen Denkens gewogen und zu leicht befunden wird. Es wird dann nicht verwundern, daß der andere große alte Mann der lutherischen Dogmatik, Rudolf Hermann, nicht zurücksteht und mit einem seiner bekannten querköpfigen Argumente aufwartet, wonach im katholischen Verständnis das Sakrament das Heil allererst *verwirkliche*, während es nach reformatorischer Lehre das ein für alle-

[6] E. Seeberg, Luthers Theologie. Motive und Ideen I: Die Gottesanschauung, Göttingen 1929, 6; 110; II: Christus. Wirklichkeit und Urbild, Stuttgart 1937, 185; 230; 317; 434.

[7] W. Elert, Morphologie des Luthertums, 2 Bde, (1931/32) Nachdr. München 1958, I, 260.

[8] R. Prenter, Spiritus Creator. Studien zu Luthers Theologie, München 1954, 254–264, bes. 262.

[9] P. Althaus, Die Christliche Wahrheit. Lehrbuch der Dogmatik, Gütersloh [7]1965, 232 (letzte von Althaus selbst durchgesehene Auflage, identisch mit [3]1952); vgl. aaO. 538; 542; 558; 563.

[10] P. Althaus, Theologische Aufsätze I, Gütersloh 1929, 74–118 (Theologie des Glaubens): 91 f; 104 Anm. 1. Vgl. Ders., Was ist die Taufe? Göttingen 1950, 6 f.

mal *geschehene* Heil *übermittle*.[11] Es wird ebensowenig verwundern, wenn Rudolf Bultmann die sakramentale Praxis und die Theologie der Sakramente rundweg aus den Mysterienkulten ableitet, und wenn etwa in der Diskussion um die (Kinder-)Taufe, die Karl und Markus Barth in den 50er Jahren ausgelöst haben, es genügt, ein bestimmtes Verständnis der Taufe als »sakramental« zu bezeichnen, um es für erledigt halten zu dürfen.[12] Heerscharen von evangelischen Theologiestudenten haben das gelesen und daran ihr Vorverständnis von »Sakrament« geformt, mit dem sie nun katholische Äußerungen zur Sache lesen oder sonstwie zur Kenntnis nehmen.

Diese Urteile haben ihre wichtigste Stütze in der katholischen Lehre, daß die Sakramente »ex opere operato«, »durch den Vollzug selbst« wirken. Beharrlich und trotz aller katholischen Dementis wird diese bekannte Formel des Trienter Konzils und der Schuldogmatik als Dispens vom persönlichen Glauben verstanden[13], und dafür wiederum glaubt man sich auf den anderen definierten Satz der Schuldogmatik berufen zu können, daß die sakramentale Gnade denen zuteil

[11] R. Hermann, Ges. Studien zur Theologie Luthers und der Reformation, Göttingen 1960, 342–366 (Zum evangelischen Begriff von der Kirche): 364.

[12] Vgl. R. Bultmann, Theologie des Neuen Testamentes (UTB 630), Tübingen [7]1977, 135–155; Ders., Das Evangelium des Johannes, Göttingen [19]1968, 164–177; 359–361. – Zur Taufe: K. Barth, Die kirchliche Lehre von der Taufe (ThEx N.F. 4), München 1947; M. Barth, Die Taufe – ein Sakrament?, Zürich 1951; zur innerevangelischen Auseinandersetzung vgl. P. Althaus, Was ist die Taufe?; und umfassend C.H. Ratschow, Die eine christliche Taufe, Gütersloh 1972 (ausführliches Literaturverzeichnis); katholische Stellungnahme: B. Neunheuser, Taufe und Firmung (HDG IV, 2), Freiburg 1956, 1–19; H. Küng, Die Kirche, Freiburg 1967, 244–253; R. Schulte (s. Anm. 3), 136–158; Aufarbeitung des exegetischen Diskussionsstandes jetzt bei U. Wilckens, Der Brief an die Römer. 2. Teilband (Röm 6–11) (EKK VI/2), Neukirchen-Zürich 1980, 42–62; zur gegenwärtigen Lage unter theologischem und außertheologischem Aspekt vgl. Concilium 15 (1979). H. 2: Strukturkrise christlicher Initiation; und schon ThQ 156 (1976), H. 1: Probleme der christlichen Initiation. [Vgl. auch die Literaturhinweise w. o. S. 301 Anm. 20.] – Es ließe sich zeigen, daß sich beim Herrenmahl die Probleme ebenso wie die »erkenntnisleitenden Interessen« wiederholen; vgl. pars pro toto auf evangelischer Seite die schon »klassischen« gegensätzlichen Positionen von H. Lietzmann, Messe und Herrenmahl. Eine Studie zur Geschichte der Liturgie, Berlin (1926) [3]1955, und J. Jeremias, Die Abendmahlsworte Jesu, Göttingen (1935) [4]1967 (stark überarbeitet); katholische Überblicke bei H. Küng, aaO.253–269; J. Betz, Eucharistie. In der Schrift und Patristik (HDG IV/4a), 1979, 1–23; Th. Schneider (s. Anm. 3), 147–157.

[13] Vgl. DS 1608; zur Schuldogmatik vgl. M. Schmaus, Kath. Dogmatik IV/1: Die Lehre von den Sakramenten, München [5]1957, 72–81; J. Auer (s. Anm. 3) VI, 76–79; zur gegenwärtigen Interpretation der Formel vgl. M. Schmaus (s. Anm. 3) II, 269–271 [[2]1982, V/3, 20–24]; R. Schulte (s. ebd.), 145– 150; Th. Schneider (s. ebd.), 64–66; evangelische Polemik: z.B. W. Jetter, Die Taufe beim jungen Luther, Tübingen 1954, 62; R. Prenter (s. Anm. 8), 257; Ders., Schöpfung und Erlösung II, Göttingen 1960, 495f; E. Kinder, Zur Sakramentslehre, NZSTh 3 (1961) 141–174: 152; R. Hermann, Theologie Luthers, hg. v. H. Beintker, Göttingen 1967, 184f; vgl. auch P. Althaus (s. Anm. 9), 537f. – Thomas von Aquin gebraucht übrigens die Formel nur in seinem Sentenzenkommentar; zu ihrem Sachsinn und ihrer mittelalterlichen Geschichte vgl. E. Schillebeeckx, De sacramentele heilseconomie, Antwerpen 1952, 641–646; und in: Deutsche Thomas-Ausgabe, Bd. 31: Das Sakrament der Buße, Graz 1962, 465–468.

wird, die ihr keinen »obex«, keinen »Riegel« vorschieben – die also einfach nichts *dagegen* tun, was eben nicht einschließe, daß sie etwas *dafür* tun müssen.[14] Der Grundfehler der katholischen Sakramentenlehre liege daher in einer *metaphysischen*, von der persönlichen Haltung des Menschen unabhängigen Verbindung von Heilsgabe und Sakrament. Über die Zuständigkeit der Kirche für die Verwaltung der Sakramente gerät dieses metaphysisch in sich selbst heilskräftige Sakrament dann in die Verfügung der rechtlich verfaßten Kirche, so daß das Sakramentsverständnis zum klassischen Exempel der katholischen »Vergesetzlichung des Evangeliums« wird.[15]

Was man dann demgegenüber als Wesensmerkmale lutherischen Sakramentsverständnisses akzentuiert, präzisiert indirekt noch einmal die an die katholische Adresse erhobenen Vorwürfe. Man teilt gewissermaßen mit der anderen Hand noch einmal Ohrfeigen aus[16]: Man dürfe auf keinen Fall von einem allgemeinen Sakramentenbegriff ausgehen und daraus Wesen und Zahl der Sakramente deduzieren; der Sakramentsbegriff sei vielmehr ganz aposteriorisch gewonnen und habe die Funktion eines formalen Hilfsbegriffs, der abkürzend auf die mit der Christusoffenbarung gesetzten, der Kirche eingestifteten, de facto und dem Neuen Testament gemäß von Anfang an in der Kirche gefeierten besonderen gottesdienstlichen Handlungen der Taufe und des Herrenmahls hinweise; es sei gefährlich, wenn aus einem formalen Hilfsbegriff ein Interpretationsbegriff werde; die Geschichtlichkeit und Kontingenz der »Sakramente« genannten Handlungen werde dadurch ausgeblendet; vor allem aber: die Sakramente seien in keiner Weise selbständige Heilsmittel, vielmehr Gestalten, tathafte Ausformungen des *Wortes* als des eigentlichen Heilsmittels; die Heilsgabe des Sakraments sei daher keine andere als die des Wortes und schon gar keine größere; man könne höchstens nach dem besonderen Sinn gerade dieser Gestalt des Wortes fragen – welche Frage freilich in der letztlichen Unbefragbarkeit der Stiftung Gottes enden müsse; weil Gestalt des Wortes, könne das Sakrament auch nichts bewirken unabhängig vom Glauben des Empfängers; das bedeute freilich nicht, der Glaube *bewirke* die Wirksamkeit des Sakramentes; der Glaube mache nicht das Sakrament, er empfange es; weil aber nichts anderes als das Wort im Sakrament wirke, eben deshalb könne nur der Glaube es zum Heile empfangen; und eben dadurch stehen die Sakramente dafür, daß der Mensch vor Gott nichts als Empfangender ist. Ist es so beruhigend, daß mitten unter solchen Peitschenhieben das Wort »magisch« nicht mehr erklingt?

Verglichen mit dieser Grundkontroverse war und ist der Streit um die Zahl der Sakramente sekundär.[17] Er wird freilich auf der Linie der Grundkontroverse

[14] Vgl. DS 1606 und schon 1451: erster der »Errores Martini Lutheri«, mit Anspielung auf WA 1, 544, 35–38. – Auch diese Formel bei Thomas nicht mehr in der Summa Theologiae und nur selten im Sentenzenkommentar; vgl. E. Schillebeeckx, 588 Anm. 132; zu beiden Formeln auch O. H. Pesch, Theologie der Rechtfertigung bei Martin Luther und Thomas von Aquin, Mainz 1967 [^{2}1985], 334f (Luther); 804f (Thomas).

[15] Vgl. P. Althaus (s. Anm. 9), 231–233; auch G. Ebeling (s. Anm. 3), 314f.

[16] Das Folgende im Anschluß an Kinder (s. Anm. 13); vgl. aber auch P. Althaus, 536–547; H. Thielicke (s. Anm. 3), 336–347.

[17] So mit Recht G.Ebeling, Worthafte und sakramentale Existenz, in: Ders., Wort Gottes

ausgetragen. Der Akzent auf der radikalen Kontingenz der Sakramente, ja der »positivistische« Grundzug evangelischer Sakramentenlehre läßt in der Frage nach der Zahl nur biblische Argumente gelten – und dann können es eben nur zwei, allenfalls, je nach dem Urteil über die Absolution, drei Sakramente sein. Beweisführungen zur Siebenzahl, wie sie etwa Thomas von Aquin[18] oder in unseren Tagen Karl Rahner in seinem Buch »Kirche und Sakramente« und neuerdings wieder in seinem »Grundkurs des Glaubens« vortragen[19], machen auf den evangelischen Theologen nicht den geringsten Eindruck, im Gegenteil, sie sind Indiz einer systematischen Deduktion der Sakramente, die den aposteriorischen und formalen Charakter des Sakramentsbegriffs und damit die geschichtliche Positivität der Sakramente nicht ernstnimmt. Freilich ist die evangelische Theologie neuerdings etwas in Verlegenheit gebracht worden, als kein geringerer als Gerhard Ebeling sich für einen systematischen Aufweis der lutherischen Zweizahl der Sakramente stark machte.[20] Ob man mit Thomas und Rahner und anderen die Siebenzahl aus den sieben existentiellen Entscheidungssituationen herleitet, in denen die Kirche sich an ihren Gliedern total engagiert, oder ob man mit Ebeling die Zweizahl aus der Notwendigkeit ableitet, die zwei Grundsituationen der Erscheinung Jesu als Grundsituationen der Existenz im Glauben zu bezeugen, die mit der Taufe im Jordan beginnt und mit der Hingabe des Lebens und in der Auferstehung für uns endet – beidemal ist doch nur erwiesen, daß eine systematisch-theologische Spekulation für sich allein unfähig ist, die Frage der Zahl der Sakramente zu entscheiden, ohne auf historische Positivitäten »gläubig anerkennend« (Kinder) zurückzugehen.

Was diese aber betrifft, so ist inzwischen deutlich, daß höchstens noch beim Herrenmahl mit einer direkten Stiftung durch Jesus selbst gerechnet werden kann.[21] Gemessen an dem Widerspruch Luthers gegen die Siebenzahl, sitzen

und Tradition. Studien zu einer Hermeneutik der Konfessionen, Göttingen 1964, 197–216: 198; 201f; vgl. Ders. in: RGG³ IV, 504; und Ders., Dogmatik III, 308f.

[18] STh III, 65, 1–2.

[19] K. Rahner, Kirche und Sakramente, Freiburg 1960, 37–67; Ders., Grundkurs des Glaubens, Freiburg 1976, 396–412; vgl. auch Schulte (s. Anm. 3), 134–139; Th. Schneider (s. ebd.), 49–54. Zur historischen Entwicklung vgl. J. Finkenzeller, Die Zählung und die Zahl der Sakramente. Eine dogmatische Untersuchung, in: Wahrheit und Verkündigung (Festschrift M. Schmaus), hg. v. L. Scheffczyk u. a., Paderborn-München 1967, II, 1005–1033. Zur Interpretation der einschlägigen Aussagen des Trienter Konzils (DS 1601) vgl. M. Seybold, Die Siebenzahl der Sakramente, MThZ 27 (1976) 113–138.

[20] G. Ebeling, Erwägungen zum evangelischen Sakramentsverständnis, in: Wort Gottes und Tradition (s. Anm. 17), 217–226: 225; vgl. Dogmatik III, 310–314; vgl. aber auch P. Althaus, aaO.537; H. Thielicke dagegen, neben G. Ebelings Dogmatik die jüngste Wortmeldung zur Sache, stellt die Frage nach der Zahl der Sakramente als solche gar nicht mehr, plädiert vielmehr für eine Abschaffung des Sakramentenbegriffs überhaupt, aaO. 342 – so radikal will wiederum G. Ebeling nicht sein, aaO., 307.

[21] Das für die Taufe negative und für das Herrenmahl offengehaltene Urteil bei G. Ebeling, aaO., 316f, unterscheidet sich kaum von den katholischen Stellungnahmen bei K. Rahner, Grundkurs, 398; und bei Th. Schneider, aaO., 59–62 (allgemein); 82–87 (Taufe); 147–154 (Eucharistie). Es versteht sich von selbst, daß dies nicht genauso für die älteren, hier referierten Äußerungen gilt, und daß wir Nachwirkungen der älteren, »historisieren-

also heute die Theologien *beider* Kirchen im gleichen Boot. Auf diese oder auf jene Weise kann nur ein Rückverweis auf die Praxis der Kirche und die theologische Tradition über die Sakramentenzahl entscheiden. Die katholische Theologie macht daraus keinen Hehl. Wenn die evangelische Theologie hier nicht mehr auf Stiftungsworte Jesu, sondern auf die »mit dem Christusereignis gesetzten«, »von Anfang an« in der Kirche gefeierten Gottesdienste rekurriert, tut sie dasselbe – mit Worten, die die Struktur des Verfahrens einerseits verschleiern, andererseits das andere Kirchenverständnis deutlich machen. So läuft der Streit um die Zahl der Sakramente eine neue Phase der Grundkontroverse zurück und wird uns da noch beschäftigen.

Zuvor darf jedoch, den ersten Schritt beschließend, eine doppelte Nachbemerkung nicht unterbleiben. Es mehren sich in neuerer Zeit in der evangelischen Theologie sakramentsfreudigere Äußerungen, die die bisherige Theologie und Praxis einer Verkürzung bezichtigen.[22] Vor Optimismus auf katholischer Seite

den« Frage nach der »Einsetzung« beider Sakramente auch in der Gegenwart noch begegnen. Vgl. den Überblick über denWandel in der evangelischen Tauflehre bei C. Ratschow (s. Anm. 12), 46–54; zum Herrenmahl vgl. Betz (s. ebd.), 7–15. Die »klassische« katholische Auffassung unter der Pflicht des Tridentinums vertritt noch J. Auer (s. Anm. 3), VI, 83–86.

[22] Etwa (und besonders) P. Brunner, Zur Lehre vom Gottesdienst der im Namen Jesu versammelten Gemeinde, in: Leiturgia I, Kassel 1954, 83–364, bes. 220–254; Ders., Pro Ecclesia. Ges. Aufs. zur dogmatischen Theologie I, Berlin 1962, 129–137 (Das Wesen des christlichen Gottesdienstes); 138–164 (Die evangelisch-lutherische Lehre von der Taufe); 183– 202 (Vom heiligen Abendmahl. Zum Verständnis des 10. Artikels der Augsburgischen Konfession); II, 1966, 325–334 (Aufbruch einer neuen Dimension in der evangelischen Abendmahlslehre?); ferner E. Schlink, Der kommende Christus und die kirchlichen Traditionen. Beiträge zum Gespräch zwischen den getrennten Kirchen, 1961, 116–125 (Der Kult in der Sicht evangelischer Theologie); Ders., Die Lehre von der Taufe, 1969 (= Leiturgia V, 1970, 641–808); A. Peters, Realpräsenz. Luthers Zeugnis von Christi Gegenwart im Abendmahl, Berlin-Hamburg (1960) [2]1966, W. Pannenberg, Ethik und Ekklesiologie. Ges. Aufs., Göttingen 1977, 268–285 (Ökumenisches Amtsverständnis); 286–292 (Das Abendmahl – Sakrament der Einheit); 293–318 (Die Problematik der Abendmahlslehre aus evangelischer Sicht); W. Lotz, Das Mahl der Gemeinschaft. Zur ökumenischen Praxis der Eucharistie, Kassel 1977; auf seine eigene (nicht lutherische) Weise auch J. Moltmann, Kirche in der Kraft des Geistes, München 1975, 222–315; vgl. Bericht über weitere evangelische Äußerungen bei A. Skowronek (s. Anm. 3), 142–222. [Unverzeihlich ist, daß ich 1982 den damals schon »sakramentsfreudigsten« unter den lutherischen Theologen unerwähnt ließ: U. Kühn; vgl. von ihm u. a.: Amt und Ordination (12 Thesen), in: Theologische Versuche II, Berlin (DDR) 1970, 193–214; Lehre und Ordnung der Taufe in der Zeit der Hochscholastik, NZSTh 12 (1970) 196–220; Das Abendmahlsgespräch in der ökumenischen Theologie der Gegenwart (= Abendmahl IV), in: TRE I (1977) 145–212; Versöhnung feiern. (Evangelische) Anmerkungen zum (katholischen) Sakrament der Buße, ThLZ 108 (1983) 1–16. Inzwischen liegt sein umfassendes Buch vor: Sakramente (Handbuch Systematischer Theologie Bd. 11), Gütersloh 1985, wo weitere Arbeiten U. Kühns verzeichnet sind. Freilich, aaO 19 räumt Kühn selbst ein: »Man kann nicht sagen, daß das Nachdenken über die Sakramente der Kirche im Zentrum der evangelisch-theologischen Arbeit der Gegenwart steht ...... die eigentlichen Bewegungen, Interessen, Entscheidungen der evangelischen Theologie des 20. Jahrhunderts fanden und finden nicht im Bereich der Theologie der Sakramente statt.« Und Insider wissen, daß U. Kühns mutiger –

ist aber zu warnen. Diese neuen Tendenzen bleiben völlig auf dem Boden des evangelischen Sakramentsverständnisses in der Grundrelation von Wort und Glaube, ihre Korrekturen bleiben bruchlos innerevangelisch – so wie es ja auch auf katholischer Seite eine neue Diskussion um »Wort und Sakrament« gibt, die zwar von der Existenz einer evangelischen Worttheologie veranlaßt ist, in ihrer Durchführung aber auf die detaillierten evangelischen Vorhaltungen überhaupt nicht direkt eingeht.[23]

Die andere Nachbemerkung: Die katholischen Klarstellungen zum wahren Sinn der Formel vom »opus operatum« waren doch nicht ganz erfolglos. Gab es schon früher evangelische Darstellungen, die den *Sachsinn* der Formel, nämlich die Unzerstörbarkeit der Christusstiftung durch den unwürdigen *Spender* und damit den Schutz des *Empfängers* vor diesem, unter Berufung auf Luthers antischwärmerische Äußerungen unterstrichen, so kann man inzwischen auch formelle evangelische Auseinandersetzungen mit der Formel lesen[24], die das alte Mißverständnis auszuräumen geeignet sind. Und ein Mann wie Jörg Zink, ein Außenseiter gewiß, verteidigt die archetypische Verankerung der christlichen Sakramente im »kollektiven Unbewußten« und damit mögliche mythische Elemente in der sakramententheologischen Tradition und in der kirchlichen Praxis. Wenn *wir* heute damit Schwierigkeiten hätten, sei das ein Problem unserer rationalistischen Grundstimmung.[25] So gesehen, könnte also Rudolf Bultmann ruhig recht haben mit seiner Herleitung der christlichen Sakramente aus der griechischen und orientalischen Mythologie...

II. Sakramentale Existenz oder: Alte Fronten, neu befestigt

Im Jahre 1962 stellte der Evangelische Bund für seine Generalversammlung Gerhard Ebeling das Vortragsthema »Worthafte und sakramentale Existenz. Ein Beitrag zum Unterschied zwischen den Konfessionen«.[26] Das Ergebnis war eine

auch ökumenisch mutiger – Vorstoß im Herausgeberkreis des Handbuchs nicht unumstritten war; vgl. die Andeutung von U. Kühn selbst, aaO 21.]

[23] Vgl. stellvertretend und repräsentativ zugleich H. Volk, Wort III: Theologisch (Wort Gottes), in: HThG II, 867–876 (in Verbindung mit dem Artikel »Sakrament«, aaO. 451–465); oder J. Auer (s. Anm. 3), 295–304. Der Abstand zu den in Anm. 41 zu nennenden Arbeiten springt in die Augen.

[24] Vgl. K. B. Ritter, Zur Lehre vom opus operatum, Una Sancta 14, 1959, 34–39). Der Sachsinn der Formel ist denn auch genau getroffen in den Ausführungen Luthers über den unwürdigen Spender der Taufe und des Abendmahls, BSLK 701, 53f; 710,15f (Großer Katechismus). Überflüssig, zu betonen, daß damit auch katholischerseits die Bedenken gegen die Formel als solche nicht ausgeräumt sein müssen. Vgl. K. Rahner, Kirche und Sakramente (s. Anm. 19), 24.

[25] Vgl. J. Zink, Erfahrung mit Gott. Einübung in den christlichen Glauben, Stuttgart 1974, 285f; vgl. auch G. van der Leeuw, Sakramentales Denken. Erscheinungsform und Wesen der außerchristlichen und christlichen Sakramente, Kassel 1959. Katholische Theologen sind hier ohnehin vom Ansatz her unbefangener.

[26] Siehe Anm. 17.

der vergleichsweise wenigen Äußerungen Ebelings zur Sakramententheologie, und sie stellt eine höchst bemerkenswerte neue Phase evangelischer Auseinandersetzung mit dem katholischen Sakramentsverständnis dar, obwohl oder gerade weil Ebeling alte Fronten neu befestigt.[27]

Ebeling setzt ein mit Hinweisen auf die aufgebrochene Situation des interkonfessionellen Dialogs einerseits und die in der säkularen Welt geforderte Verantwortung des christlichen Glaubens andererseits. Dadurch ist es weder erlaubt, die Sakramentsfrage nur innerkirchlich, noch, sie auch nur innerchristlich zu verhandeln. Die kontroverstheologische Frage nach den Sakramenten ist erst zu ihrer vollen Tiefe vorgetrieben, wenn sie sich zuspitzt zu der Frage: »Inwiefern sind Wort und Sakrament existenznotwendig?«[28] Mit anderen Worten: Auch und gerade die Sakramentsfrage erweist sich als Variation der hermeneutischen Grundfrage zwischen den Konfessionen, ja zwischen den Weltanschauungen: Wie versteht sich christliche, wie versteht sich menschliche Existenz? Von daher ist es für Ebeling ein leichtes, die traditionelle evangelische Kritik am »magischen« Sakramentsverständnis der katholischen Kirche als kurzschlüssig zurückzuweisen – obwohl er den Haftpunkt dieser Kritik, die Formel vom »opus operatum«, *hier* wenigstens, nach alter Sitte mißversteht.[29] Er nimmt damit das katholische Sakramentsverständnis radikal ernst als Ausdruck der Grundweise, wie die katholische Kirche sich selbst und wie sie christliche Existenz versteht. Dies herauszuarbeiten stützt sich Ebeling vor allem auf drei – die damals jüngsten – katholische Äußerungen zur Sache.

Ausführlich setzt er sich zunächst mit der Darstellung des reformatorischen Christentums durch W. H. van de Pol[30] auseinander mit dem Ergebnis, daß dessen Unterscheidung zwischen Wortoffenbarung und Wirklichkeitsoffenbarung – das reformatorische Christentum glaube an den Eintritt der Wirklichkeit Gottes in diese Welt nur im einmaligen Ereignis der Inkarnation, im übrigen an die Anrede des Menschen durch Gott in seinem Wort, während der Katholizismus die Inkarnation in der Kirche und ihren Sakramenten als bleibend gegenwärtig glaube – zwar an das entscheidende Problem rühre, es aber versäume, die Frage nach »Wirklichkeit« gerade im Horizont von Sprache und Wort zu stellen, was zu ganz anderen Urteilen hätte führen müssen. Über dieses Versäumnis hilft Ebeling auch Karl Rahner mit seiner großen Abhandlung über »Wort und Eucharistie« nicht hinweg.[31] Abgesehen von überraschenden Parallelen zu Gedan-

[27] Zu G. Ebelings Sakramentenlehre vgl. die eindringliche Untersuchung von M. Raske, Sakrament, Glaube, Liebe. Gerhard Ebelings Sakramentsverständnis – eine Herausforderung an die katholische Theologie, Essen 1973. – In seiner Dogmatik hat G. Ebeling seine damalige Stellungnahme eher vertieft als aufgelockert; vgl. III, 301–325.

[28] Worthafte und sakramentale Existenz, 198.

[29] AaO. 203.

[30] W. H. van de Pol, Das reformatorische Christentum in phänomenologischer Betrachtung, Einsiedeln 1956.

[31] K. Rahner, Wort und Eucharistie, in: Schriften zur Theologie IV, 313–355. Vgl. von K. Rahner weiter Schriften zur Theologie III, 349–375 (Priester und Dichter); IX, 1970, 366–372 (Der theologische Ansatzpunkt für die Bestimmung des Wesens des Amtspriestertums); Was ist ein Sakrament?, in: E. Jüngel/K. Rahner (s. Anm. 53), 67–85, bes. 67–75.

ken van de Pols[32] bleibe es auch bei Rahner dabei, daß das Wort am Maßstab des Sakramentes bewertet, das Sakrament unter dem Gesichtspunkt der Leibhaftigkeit und Geschichtlichkeit zur Überbietung des »bloßen«Wortes, die Eucharistie zum »Absolutfall« des Wortes werde.[33] »Wir erkennen, wie der Weg von einem völlig unüblichen Ausgangspunkt aus und durch neu entdecktes Gelände mit Sicherheit in das definierte Dogma und die Wirklichkeit der katholischen Kirche einmündet.«[34] Da ist sie wieder, die alte Front: die Offenbarung Gottes in der Verfügung der Kirche, das Sakrament als wortferne, das Wort überbietende, es umfangende Wirklichkeit. Es habe sich *sachlich* nichts geändert – an der katholischen Sakramentenlehre nicht, und nicht am evangelischen Vorbehalt gegen sie.[35]

Dieser Tatbestand verschärft sich für Ebeling aber noch beim Blick in die Wort- und Sakramentstheologie bei Otto Semmelroth.[36] Für ihn bleibt Gottes Wort nicht ohne die Antwort des Menschen, und die Antwort, die »aufsteigende Linie« ist das »opus operatum« des Sakraments. Wort und Sakrament sind eine Wirkeinheit, in der das Wort Gottes beim Menschen ankommt und den Menschen in einem gottgestifteten Tun engagiert. Damit ist aber in aller Schärfe die Frage nach dem Wesen des Glaubens im Spiel. Man kann Semmelroth in gar keinem Fall mehr die alten Vorwürfe machen, er lasse das Sakrament unabhängig vom Verhalten, das heißt: vom Glauben des Menschen wirken. Aber eben dieser Glaube impliziert gottgewirkte und zugleich eigentätige Mitwirkung des Menschen. »Sakramentale Existenz« heißt also nach Ebeling, in bruchloser Kontinuität mit der katholischen Tradition, Existenz vor Gott im *Wirken*. Sakramentale Existenz heißt, wenn auch durch Gottes Geschenk, »etwas aus sich machen«[37], was anschließend dem Wirkenden zugehörig ist und bleibt. Ob man nun noch von »Werkerei« spricht – was sich für Ebeling schon aus Gründen des Taktes und des Respektes vor dem Gesprächspartner verbietet –, oder ob man es anders ausdrückt, das katholische Sakramentsverständnis erweist sich auch auf dem damaligen Höchststand als Teil der konfessionellen Grunddifferenz. Nur wenn der Glaube »allein« ist, ist er nach evangelischem Verständnis Glaube, und nur wenn das »Wort allein«, in ausschließlich absteigender Linie, durch das Sakrament den »Glauben allein« als reines Empfangen schafft, ist das Sakrament Wirkform des Evangeliums und bleibt Gott im Sakrament Gott. Und nur dann, fügt Ebeling hinzu, kann es den Menschen heil machen, indem es ihn erlöst aus dem Zwang, etwas aus sich zu machen, und ihm den Mut gibt, sich in der Fülle der Aufgaben, Fragen, Erfolge und Mißerfolge, Erfahrungen und Ratlosigkeiten Gott in die

[32] G. Ebeling verweist auf K. Rahner, Schriften zur Theologie IV, 379f – in seinem Aufsatz: Die Gegenwart Christi im Sakrament des Herrenmahles, aaO.357– 385.

[33] So auch wieder in: Grundkurs (s. Anm. 19), 410–412.

[34] G. Ebeling, aaO. 210.

[35] Vgl. aaO.214.

[36] O. Semmelroth, Wirkendes Wort. Zur Theologie der Verkündigung, Frankfurt 1962; vgl. auch Ders., Theologische Deutung der Verkündigung des Wortes Gottes, Catholica 14 (1960) 270–291; Ders., Wortverkündigung und Sakramentenspendung als dialogisches Zueinander, aaO. 15 (1961) 43–60.

[37] G. Ebeling, aaO.216; vgl. jetzt auch Dogmatik III, 310–314 – dazu u. Anm. 69.

Arme zu werfen.[38] Fürwahr, man steht noch immer an den alten Fronten, ja, die Gräben sind noch tiefer ausgehoben, noch genauer befestigt.

III. Sakrament und Amt oder: Die neuen Fronten

Die katholische Theologie durfte erwarten, daß die weitere Entwicklung ihrer Sakramententheologie nun endlich die sicheren und abgesicherten alten Urteile der evangelischen Theologie ins Wanken brächte. Die katholische Sakramententheologie ist ja in der Tat nicht bei Rahner und Semmelroth stehengeblieben, so unentbehrlich ihre Aufbrüche und Durchbrüche auch waren (die ihre Initiatoren übrigens selbst inzwischen überschritten haben[39]). Die Einschaltung katholischer Theologie in die Hermeneutik-Diskussion durchbricht die latente oder offene signifikationshermeneutische Verengung des Wortverständnisses, wonach das Wort nur Zeichen und Transportmittel für einen intelligiblen Gehalt ist.[40]Der Geschehenscharakter des Wortes kommt in Sicht, die Diskussion um

[38] G. Ebeling verweist hier auf das Gespräch mit einem französischen Priester, über das D. Bonhoeffer berichtet, Widerstand und Ergebung, 1951, 248f [Hamburg-München [2]1965, 183].

[39] Für K. Rahner vgl. den Anm. 31 genannten Aufsatz aus Schriften IX (dort ist auf weitere Beiträge K. Rahners verwiesen), die vielen Aufsätze zur Sakramentenlehre in den Schriften zur Theologie nach 1960, und schließlich Grundkurs, 396–413. Für Semmelroth vgl. MySal IV/1, 1972, 309–356 (Die Kirche als Sakrament des Heils), bes. 349ff.

[40] Zur katholischen Hermeneutik-Diskussion vgl. (z. B.) H. Fries, Bultmann, Barth und die katholische Theologie, Stuttgart 1955; R. Marlé, Bultmann und die Interpretation des Neuen Testamentes, Paderborn (1959) erw. 1967; A. Brandenburg, Gericht und Evangelium. Zur Worttheologie in Luthers erster Psalmenvorlesung, Paderborn 1960; G. Hasenhüttl, Der Glaubensvollzug. Eine Begegnung mit Rudolf Bultmann aus katholischem Glaubensverständnis, Essen 1963; G. Greshake, Historie wird Geschichte. Bedeutung und Sinn der Unterscheidung von Historie und Geschichte in der Theologie Rudolf Bultmanns, Essen 1963; D. Eickelschulte, Hermeneutik und Theologie bei Rudolf Bultmann. Zu den Möglichkeiten eines Gespräches mit der katholischen Theologie, Scholastik 40 (1965) 23–54; O.H. Pesch, Der hermeneutische Ort der Theologie bei Thomas von Aquin und Martin Luther und die Frage nach dem Verhältnis von Philosophie und Theologie, ThQ 146 (1966) 159–212; P. Knauer, Verantwortung des Glaubens. Ein Gespräch mit Gerhard Ebeling aus katholischer Sicht, Frankfurt 1969; R. Kösters, Dogma und Bekenntnis bei Gerhard Ebeling . Zur kontroverstheologischen Problematik des Begriffs der kirchlichen Lehre, Catholica 24 (1970) 51–66; E. Biser, Theologische Sprachtheorie und Hermeneutik, Freiburg 1970; Ders., Glaubensverständnis. Grundriß einer hermeneutischen Fundamentaltheologie, Freiburg 1975; B. Casper, Sprache und Theologie. Eine philosophische Hinführung, Freiburg 1975; und jüngst die kritische Untersuchung von H. G. Stobbe, Hermeneutik – ein ökumenisches Problem. Eine Kritik der katholischen Gadamer-Rezeption, Zürich-Gütersloh 1981. Selbst mit der für Theologen so abweisenden analytischen Sprachphilosophie wird ein konstruktiver Dialog gesucht; vgl. pars pro toto W. A. de Pater, Theologische Sprachlogik, München 1971; H.J. Weber, Wort und Sakrament. Diskussionsstand und Anregung zu einer Neuinterpretation, MThZ 23 (1972) 241–274; J. Ladrière, Rede der Wissenschaft – Rede des Glaubens, München 1972; A. Grabner-Haider, Glaubenssprache. Ihre Struktur und Anwendbarkeit in Verkündigung und Theologie, Freiburg 1975; A. Ganoczy (s. Anm. 3), 106–135.

»Wort und Sakrament« kommt aus der gewissen Introversion in ihre traditionelle Sprach- und Begriffsgestalt heraus.[41] Dabei werden auch und gerade die positiven Impulse der sakramententheologischen Äußerungen Gerhard Ebelings unter direkter Bezugnahme aufgenommen und verarbeitet, am entschiedensten und gründlichsten in der einschlägigen Monographie von Michael Raske: »Sakrament, Glaube, Liebe«[42]. Das Sakrament als »Wortgeschehen« zu kennzeichnen ist nicht länger verdächtig[43], es als »Verkündigungshandlung« – also, mit Paul Althaus, als »verbum actuale«[44] – zu verstehen wird geläufig.[45] Gleichzeitig bemüht sich ein konsequent fundamentaltheologisch-anthropologischer Ansatz um den Begriff des »Zeichens« und sorgt für sakramententheologische Eindeutigkeit dieses ehrwürdigen, aber zugleich sehr ambivalenten Zentralbegriffs der Sakramentenlehre. Das Ergebnis ist eine Theologie des Realsymbols, in der das Tun des Menschen als glaubendes Verstehen, als antwortender Kult, als »Gottesdienst« und als Bei-sich-Sein des Glaubens zu stehen kommt.[46] Das ist etwas anderes als die »mitwirkende« Antwort, die Ebeling in der Konzeption Semmelroths vom Sakrament als dialogischem Geschehen kritisiert. Durch die Verdeutschung aller Sakramentshandlungen einschließlich der Eucharistiefeier im Zuge der Liturgiereform und durch manche neuen Texte –

[41] Die älteren Arbeiten sind verzeichnet bei O.H. Pesch (s. Anm. 14), 816 Anm. 16 – hervorzuheben ist bes. L. Scheffczyk, Von der Heilsmacht des Wortes, München 1966; vgl. ferner F. Sobotta, Die Heilswirksamkeit der Predigt in der theologischen Diskussion der Gegenwart, Trier 1968; H. Jakob, Theologie der Predigt. Zur Deutung der Wortverkündigung durch die neuere katholische Theologie, Essen 1969; W. Kasper, Wort und Sakrament, in: Ders., Glaube und Geschichte, Mainz 1970, 285–310; O. H. Pesch, Besinnung auf die Sakramente. Historische und systematische Überlegungen und ihre pastoralen Konsequenzen in diesem Band, S. 294–339, bes. 318ff. und die in Anm. 3 genannten Arbeiten von Schulte, bes. 113–122. 145-150; Th. Schneider, bes. 54–59.

[42] Siehe Anm. 27; vgl. auch w.o. 330–335.

[43] Etwa bei M. Raske, K. Rahner, O. H. Pesch.

[44] Vgl. P. Althaus (s. Anm. 9), 542; vgl. E. Kinder (s. Anm. 13), 156; H. Thielicke (s. Anm. 3), 336.

[45] Vgl. die in Anm. 41 verzeichneten Arbeiten. Das Sakrament als »Verkündigungshandlung« zu verstehen, hatte schon 1958 H. Fries gefordert: Antwort an Asmussen, Stuttgart 1958, 43–52; vgl. auch M. Schmaus, Kath. Dogmatik IV/1 (s. Anm. 13), 19–35; Glaube der Kirche (s. Anm. 3) II, 271–273 [^{2}1982, V/3, 25–29].

[46] So schon G. Söhngen, Symbol und Wirklichkeit im Kultmysterium, Bonn ^{2}1940 und (ihm folgend) M. Schmaus, Dogmatik IV/1, 19–35; bahnbrechend für die weitere Diskussion (und für seine eigenen späteren Äußerungen) dann K. Rahner, Zur Theologie des Symbols, in: Schriften zur Theologie IV, 275–311; E. Schillebeeckx (s. Anm. 13); Ders., Christus, Sakrament der Gottbegegnung, Mainz 1960; Ders., Die eucharistische Gegenwart. Zur Diskussion über die Realpräsenz, Düsseldorf 1968, bes. 61–102; P. Schoonenberg, Inwieweit ist die Lehre von der Transsubstantiation historisch bestimmt?, Concilium 3 (1967) 305–311, bes. 309ff; W. Kasper (s. Anm. 41); und von dort aus wie selbstverständlich in den schon (Anm. 3) genannten Arbeiten von Schulte, bes. 113–129. 142–145; Th. Schneider, bes. 17–41. Zum Hintergrund in der neueren Thomasforschung vgl. O.H. Pesch (s. Anm. 14), 793–808; kritisch weiterführend jetzt F. Schupp, Glaube – Kultur – Symbol. Versuch einer kritischen Theorie sakramentaler Praxis, Düsseldorf 1974. [Weitere jüngere Stimmen S. 295 Anm. 3.]

man denke vor allem an die »Verkündigungsformel« der Gemeinde nach dem Einsetzungsbericht im Hochgebet der Messe: »Deinen Tod, o Herr, verkünden wir, und deine Auferstehung preisen wir, bis du kommst in Herrlichkeit« – bekommt dieser theologische Aufbruch höchst wertvolle kirchenamtliche Schützenhilfe und einen »Sitz im Leben« dazu. Er steht zudem im verschärfenden Zusammenhang mit der seit Beginn der 60er Jahre voll entbrannten Diskussion um das Verständnis der Gegenwart Christi im Herrenmahl:[47] Wer den Begriff der »Transsubstantiation« aus mancherlei Gründen für nicht mehr verantwortbar hält und zugleich entschieden an der realen Gegenwart Christi unter den eucharistischen Gaben festhält, muß ja mit allen Mitteln einen »wirklichkeitsgefüllten« Begriff vom »gemeinschaftsstiftenden Zeichen« entwickeln[48], oder er verfällt allen Verdikten des Trienter Konzils (und seiner Anwälte) in bezug auf eine Gegenwart Christi »tantum ut in signo«.[49]
Gegenüber dieser »neuen« Sakramententheologie seit spätestens Mitte der 60er Jahre lassen sich offenkundig die alten Frontlinien der evangelischen Theologie nicht mehr verteidigen. Weder die grundlegende Bedeutung des Wortes noch die Undispensierbarkeit personalen Glaubens im Sakramentsgeschehen sind hier übersehen. Der Vorwurf einer »halbmagischen«, automatischen, selbstmächtigen Wirksamkeit des Sakramentes muß ins Leere gehen. Der Positivität der Sakramente, also ihrer prinzipiellen systematischen Unableitbarkeit, ist man sich im Zuge genauerer dogmengeschichtlicher Besinnung auf die Genesis des Sakramentsbegriffs ebenfalls bewußt geworden.[50] Um so gespannter ist man auf evangelische Reaktionen. Aber – diese sind seltsam zögernd. Zwar beobachtet man mit Spannung und Sympathie die innerkatholische Eucharistiediskussion.[51]

[47] Statt zahlloser Titel sei auf folgende Berichte und Überblicke verwiesen: L. van Hout, Fragen zur Eucharistielehre in den Niederlanden, Catholica 20 (1966) 179–199; E. Schillebeeckx, Die eucharistische Gegenwart, 58–81; Th. Schneider, Die neuere katholische Diskussion über die Eucharistie, EvTh 35 (1975) 479–524; [und Ders., Deinen Tod verkünden wir. Gesammelte Studien zum erneuerten Eucharistieverständnis, Düsseldorf 1980]. Hervorzuheben sind E. Schillebeeckx, aaO., und A. Gerken, Theologie der Eucharistie, München 1973; [und Schneider selbst, ebd; vgl. ferner W. Kasper, Theologie und Kirche, Mainz 1987, 300–320 (Einheit und Vielfalt der Aspekte der Eucharistie).]
[48] Vgl. P. Schoonenberg (s. Anm. 46).
[49] DS 1651.
[50] Vgl. bes. W. Kasper (s. Anm. 41), 291–293; J. Finkenzeller (s. Anm. 19) und umfassend Ders. in: HDG IV/1 a: Die Lehre von den Sakramenten im allgemeinen. Von der Schrift bis zur Scholastik, 1980; vgl. auch die Hinweise o. in Anm. 20.
[51] Vgl. V. Vajta, Einige Bemerkungen zur Enzyklika »Mysterium Fidei«, Concilium 2 (1966) 308–313. Man bittet den Katholiken Th. Schneider, in der »Evangelischen Theologie« zu berichten (s. Anm. 47); vgl. auch die verschiedenen Berichte in MdKI, hier vor allem 19 (1968) H. 2; Interesse und Diskussion klingen denn auch nach in dem katholisch-lutherischen Dokument »Das Herrenmahl«, Paderborn-Frankfurt 1978, 85–114 (Exkurse), und in: Confessio Augustana. Bekenntnis des einen Glaubens. Gemeinsame Untersuchung lutherischer und katholischer Theologen, hg. v. H. Meyer u. H. Schütte, Paderborn-Frankfurt 1980, 198–227 (E. Iserloh u. V. Vajta) – sowie in der lebhaften Diskussion um beide Veröffentlichungen, die zu bilanzieren hier zu weit führen würde. [Zum aktuellen Stand vgl. H. Schütte, Ziel: Kirchengemeinschaft. Zur ökumenischen Orientierung, Paderborn 1985, 119–133.]

Und schon vorher hatte man mit Staunen zur Kenntnis genommen, daß ausgerechnet Regin Prenter in seiner Dogmatik »Schöpfung und Erlösung« vor lutherischer Polemik gegen die Meßopferlehre warnte und den Opfergedanken in der Deutung des Herrenmahls für unverzichtbar erklärte.[52] Zu einer *grundlegenden* Auseinandersetzung, die etwa den Wortmeldungen von Ernst Kinder oder Gerhard Ebeling zu Beginn der 60er Jahre an die Seite zu stellen wäre, kommt es aber, so weit ich sehe, kaum. Eine gewichtige und wagemutige Ausnahme ist allerdings der Beitrag von Eberhard Jüngel in der gemeinsam mit Karl Rahner publizierten Schrift »Was ist ein Sakrament?«[53]. Jüngel übt zunächst einmal massive Kritik am *evangelischen* Sakramentsverständnis und fordert und vollzieht dann genau das, was Ernst Kinder ein Jahrzehnt vorher verboten hatte: die Bemühung um einen allgemeinen Sakramentenbegriff, weil sonst für die Theologie die Sakramente ohne verstehbaren Zusammenhang mit der Heilswirklichkeit und im Belieben willkürlicher Setzung verblieben, für die inzwischen aufgrund der exegetischen Forschung auch nicht mehr die Deckung durch ausdrückliche Stiftungsworte Jesu besteht.[54] Anschließend variiert Jüngel auf seine Weise – ohne ausdrückliche Bezugnahme und natürlich mit anderen Worten – die These von Christus als dem Ur-Sakrament: Die kirchlichen Sakramente sind Feiern des einen Sakramentes der Welt, das Christus selber ist, in denen der Glaube sich selbst verständlich wird, wobei die Frage der Zahl im Anschluß an Ebeling gelöst wird.[55]

Wäre Jüngel repräsentativ für evangelische Theologie und, was wichtiger ist, für evangelisch-kirchliches Selbstverständnis, die »Vorstöße zur Verständigung« (so der Untertitel des Büchleins) hätten im Grundsätzlichen ihr Ziel fast erreicht. Aber Jüngel ist nicht repräsentativ. Die Breite der evangelischen Theologie baut eine neue Frontlinie auf, und sie findet ihren Anhaltspunkt in einer tatsächlich vorhandenen wichtigen Eigentümlichkeit der modernen katholischen Sakramententheologie: Diese betont ganz entschieden den Gemeinschaftscharakter, also die ekklesiale Dimension des Sakramentes. Sakramente sind Handlungen der *Kirche*. Natürlich der konkreten *katholischen* Kirche, wie sie geworden und gewachsen ist – was soll ein katholischer Theologe denn sonst sich dabei denken oder assoziieren? Von Haus aus impliziert dieser Gedanke aber keineswegs eine Betonung ihrer sichtbaren rechtlichen Struktur mit hierarchisch verstandenem Amt. Unter dem Gesichtspunkt des Sakramentsverständnisses könnte die Kirche auch ganz anders aussehen, der Gedanke bliebe dennoch schlüssig. Die Betonung der ekklesialen Dimension des Sakramentes will denn auch nicht etwa das Kirchenrecht absichern, sondern das Sakramentsverständnis aus der unse-

[52] AaO. (s. Anm. 13) II, 466.

[53] E. Jüngel, Das Sakrament – was ist das? Versuch einer Antwort, in: E. Jüngel/K. Rahner, Was ist ein Sakrament? Vorstöße zur Verständigung, Freiburg 1971, 7–61. Zu erwähnen ist ferner die schon einige Jahre vorher erarbeitete, bei der Veröffentlichung im Vorwort durch den Verf. selbst wieder relativierte Studie von M. Köhnlein, Was bringt das Sakrament? Disputation mit Karl Rahner, Göttingen 1972 – eine Rahner-Kritik etwa auf der Linie G. Ebelings (und G. Marons, vgl. Anm. 67).

[54] Vgl. E. Jüngel, aaO. 24–40. 44ff.

[55] AaO. 36–40. 50–61. Im Ergebnis (nicht im Argumentationsweg) verwandt auch das Urteil bei H. Thielicke (s. Anm. 3), 342f.

ligen individualistischen Verengung des bloßen »Heilsmittels« herausführen. Doch hilft das dem katholischen Theologen nichts. Das Stichwort ist gefallen, und in evangelischen Augen mündet auch die neue Sakramententheologie, mit Ebeling zu sprechen, »mit Sicherheit in das definierte Dogma und die Wirklichkeit der katholischen Kirche« ein.[56] Sakrament – das heißt jetzt zwar Wort, Glaube, Ereignis, Begegnung, aber es heißt nach wie vor: Amt, kirchliche »Verfügung« über Gottes Gnade. Hier verläuft die neue Frontlinie – und man sieht von hier aus noch sehr gut die alte.[57] Die Rückzugslinie war schon 1955 vorbereitet worden, als Walther von Loewenich in seinem Buch »Der moderne Katholizismus« am Ende eines langen und sympathiegetragenen Berichts über die liturgische Bewegung und die Enzyklika »Mediator Dei« seine evangelischen Leser vor Konversionsneigungen warnt: »Die katholische Kirche besteht nicht bloß aus Liturgie [auf unser Thema abgewandelt: aus Sakramenten]. Sie ist auch die Rechtskirche, die Kirche des unfehlbaren Lehramts, des absoluten Dogmas... Katholisch ist nicht, wer sich für die kirchliche Liturgie begeistert, sondern wer sich dem Lehramt unterwirft.«[58]

Für diese neue Tendenz, die Sakramentenkontroverse auf die Ekklesiologie zurückzuführen – was übrigens sachlich ja gar nicht falsch und jedenfalls um vieles besser ist als die zahllosen Unterstellungen rund um das »opus operatum«! –, gab es dann in den letzten Jahren eine beachtliche Verstärkung, fast ein Geschenk des Himmels an evangelische Kontroverstheologen: die Debatte über die Abendmahlsgemeinschaft. In der Tat, wenn kein Argument gegen die offene Kommunion zwischen katholischer und evangelischer Kirche mehr weiterhilft, dann bleibt dieses ehern bestehen: Die evangelischen Kirchen haben keine gültig, das heißt in der »apostolischen Sukzession« geweihten Priester, sie können also kein gültiges Herrenmahl feiern, das heißt ein solches, in dem Christus kraft der Stiftungsworte real gegenwärtig wird. Und manchmal sind alle anderen Argumente – etwa aus dem unterschiedlichen Sakramentsverständnis, aus der Uneinigkeit über die Trienter Eucharistielehre – ohnehin nur Vorbereitungsargumente, um dieses Kernargument in die Debatte zu werfen.[59] Mögen auch viele

[56] G. Ebeling, Worthafte und sakramentale Existenz, 210.

[57] Das kommt besonders bezeichnend heraus in den mitunter etwas krampfhaft wirkenden Bemühungen, die Möglichkeit einer gegenseitigen Anerkennung der Ämter theologisch zu begründen. Die »progressiven« katholischen Voten schließen sich dabei faktisch der evangelischen Lockerung des Zusammenhangs von Amt und rechtmäßiger Sakramentsverwaltung an, die »restriktiven« spiegeln und bestätigen zugleich die evangelischen Vorbehalte. Vgl. exemplarisch: Reform und Anerkennung kirchlicher Ämter. Ein Memorandum der Arbeitsgemeinschaft ökumenischer Universitätsinstitute, München-Mainz 1973, bes. die »Vorstudien« C, D und E, 123–207 (mit umfassenden Literaturangaben); H. Häring, Anerkennen wir die Ämter, Zürich 1974; Confessio Augustana (s. Anm. 51), 140–197 (A. Dulles, G. Lindbeck, H. Meyer, H. Schütte). Vgl. auch schon G. Ebeling, Das Priestertum in protestantischer Sicht, in: Ders., Wort Gottes und Tradition (s. Anm. 17), 183–196. Vgl. auch die Hinweise im Folgenden.

[58] W. v. Loewenich, Der moderne Katholizismus, Witten 1955, ^{4}1959, 218; erweitert unter dem Titel: Der moderne Katholizismus vor und nach dem Konzil, 1970, 227.

[59] Die Literatur ist unübersehbar; vgl. H. Helbling u. a., Interkommunion. Hoffnungen –

katholische Theologen – darunter keineswegs nur »Progressisten« und »Wühlarbeiter«! – mit diesem Argument die Debatte keineswegs als beendigt, sondern gerade erst eröffnet sehen, die kirchlichen Amtsträger bis hin zur Würzburger Synode stützen auf dieses Argument ihre bislang unnachgiebige Haltung und die entsprechenden kirchenamtlichen Verbote.[60] Man darf sich dann freilich nicht wundern, wenn evangelische Theologen die neue Betonung des »Wortgeschehens« in der katholischen Sakramentenlehre als – nun, »Wortgeklingel« empfinden. Was ist das Geschehen von Gottes Wort noch, wenn ein kirchliches Amt es kanalisieren zu dürfen beansprucht? Gewiß ist das auch wieder eine Unterstellung, aber läßt sie nicht fragen, ob die katholische Theologie schon hinreichend begriffen und in ihrer Argumentation verarbeitet hat, daß sie hier dem evangelischen Mitchristen und Mittheologen noch ein weiteres Wort und sogar noch mehr als nur Worte schuldet?

IV. Sakramentale Kirche oder: Neue Fronten, doppelt befestigt

Die evangelische Theologie macht inzwischen allerdings deutlich, daß sie nur noch geringe Hoffnung auf ein solches Wort hat. Der Streit um die Kompetenz und Unersetzlichkeit des Amtes in der Sakramentenverwaltung erscheint nur als die Spitze des Eisbergs. Mehr und mehr verlagern sich die Vorbehalte und kritischen Einsprüche von den (einzelnen) Sakramenten auf den Begriff der »Sakramentalität« überhaupt. Sakramentalität bedeutet: das Heil hat leibhaftige, greifbare, geschichtliche, inkarnatorische und gesellschaftliche Struktur. Gott begegnet uns nicht rein geistig, sondern in weltlichen Strukturen. Kurzum, Sakramentalität heißt: realsymbolische *Repräsentation*. Aber schon 1967 schrieb Joachim Lell in seinem Büchlein »Mischehen«, die katholische Kirche könne sich nicht dazu verstehen, »daß sich Gottes Wahrheit wohl verkündigen, nicht aber repräsentieren läßt«.[61] Die katholische Kirche aber will nach ihrem eigenen Selbstverständnis Gottes Heil in dieser Welt geschichtlich repräsentieren. Unter diesem Begriff sucht denn evangelische Theologie nicht selten das Proprium ka-

zu bedenken (ÖBFZPhTh 5), Freiburg/Schw. 1971 (Beiträge und Bibliographie bis 1971 – über 1100 Titel!); K. Lehmann, Dogmatische Vorüberlegungen zur Interkommunion, in: Ders., Gegenwart des Glaubens, Mainz 1974, 229–273 (Lit.); Amt und Eucharistie, hg. v. P. Bläser, Paderborn 1973; Catholica 26 (1972) (wichtige Beiträge im Laufe des ganzen Jahrgangs); Um Amt und Herrenmahl. Dokumente zum evangelisch/römisch-katholischen Gespräch, hg. v. G. Gassmann, Frankfurt am Main 1974; K. Rahner, Vorfragen zu einem ökumenischen Amtsverständnis, Freiburg 1974, 79–92; Th. Schneider (s. Anm. 3), 171–183. In einem schriftlichen Schlußbericht, den ich bei einem Seminar über »Amt und Herrenmahl« im Sommersemester 1978 vorlegte, habe ich einmal »stur« bilanziert und kam auf 50 Argumente für, 21 gegen die Abendmahlsgemeinschaft – wobei zahlreiche Argumente sich wie Ja und Nein verhalten.

[60] Dokumentation (Konzil, Ökumenisches Direktorium, Synode) bei Th. Schneider aaO. 174f.

[61] J. Lell, Mischehen? Die Ehe im evangelisch-katholischen Spannungsfeld, München–Hamburg 1967, 159.

tholischen Kirchenverständnisses zu erfassen[62], und sie hat ja gute katholische Zeugen dafür[63] – besonders charakteristisch, wo die Sakramentalität der Ehe verhandelt wird.[64] Das aber bedeutet nicht weniger als: Die Kirche selbst ist »Sakrament« – das »Ursakrament«[65], und es entbehrt nicht der Ironie, daß es auf katholischer Seite eine Zeitlang gebraucht hat, bis man bemerkte, daß man ja gleichzeitig auch Christus als das Ursakrament bezeichnete – und nun sich doch veranlaßt sah, zwischen dem *Ur*sakrament Christus und dem *Grund*sakrament Kirche terminologisch zu unterscheiden.[66]

Gegen diese »Sakramentalisierung« der Kirche aber läuft die evangelische Theologie Sturm und sieht in ihr das entscheidende Hindernis theologischer und kirchlicher Verständigung, mehr noch: die Bestätigung, daß man gut daran tat, auf noch so faszinierende Annäherungen dialogbereiter katholischer Theologen eher zurückhaltend zu reagieren. Was hier im Spiele ist und warum es im Spiele ist, läßt sich nirgends besser verdeutlichen als anhand des polemischen Buches von Gottfried Maron über das Zweite Vatikanische Konzil unter dem Titel: Kirche und Rechtfertigung.[67] Maron analysiert die Ekklesiologie des Konzils und

[62] Vgl. P.E. Persson, Repräsentatio Christi. Der Amtsbegriff in der neueren römisch-katholischen Theologie, Göttingen 1966; J. Lell, Evangelische Fragen an die römisch-katholische Kirche, Göttingen 1967, 22–28; M. Köhnlein (s. Anm. 53), 97–99.

[63] Der Gedanke von der Kirche als der leibhaftigen, geschichtlichen Repräsentation der siegreichen Gnade Gottes in Christus zieht sich z. B. durch alle einschlägigen Äußerungen bei K. Rahner, von Kirche und Sakramente, Freiburg 1960, bis zu den geradezu feierlichen Formulierungen in Grundkurs des Glaubens, Freiburg 1976, 396–398. Vgl. auch etwa W. Beinert, MySal IV/1, 287–308: Der Sinn der Kirche. [Und neuerdings die überraschende Bestätigung bei G. Greshake, Priestersein. Zur Theologie und Spiritualität des priesterlichen Amtes, Freiburg 1982, 31–106. Greshakes Thesen ist von katholischen Kritikern z. T. heftig widersprochen worden, worauf einzugehen hier nicht möglich ist.]

[64] Vgl. dazu jetzt O. H. Pesch, Ehe, in: Christlicher Glaube in moderner Gesellschaft, hg. v. F. Böckle u. a., Bd. 7, Freiburg 1981, 8– 43; 76–80, bes. 17–24.

[65] Die beiden bahnbrechenden Bücher dazu sind O. Semmelroth, Die Kirche als Ursakrament, Frankfurt ^{3}1963, und wiederum K. Rahner, Kirche und Sakramente.

[66] Vgl. die in Anm. 65 genannten Titel mit O. Semmelroth, Die Kirche als Sakrament des Heils, MySal IV/1, 309–348, bes. 318ff (Die Kirche als Wurzelsakrament), und K. Rahner, Grundkurs, 396–398 (Die Kirche als Grundsakrament...). Der Gedanke ist inzwischen fest in der katholischen Ekklesiologie verankert, vor allem, wie die angeführten katholischen Untersuchungen zeigen, bei der Verhältnisbestimmung von Kirche und Sakramenten. Das II. Vatikanum hat ihn bekanntlich in seine Ekklesiologie in zentraler Funktion aufgenommen; vgl. Kirchenkonstitution Nr. 1 u. ö. Zur Vorgeschichte vgl. die Hinweise bei O. Semmelroth, 322–328. Die Terminologie ist im übrigen noch wesentlich variantenreicher; vgl. die Dokumentation bei M. Köhnlein (s. Anm. 53), 93–95. [Zum II. Vatikanum vgl. W. Kasper (s. Anm. 47), 237–254 (Die Kirche als universales Sakrament des Heils).]

[67] G. Maron, Kirche und Rechtfertigung. Eine kontroverstheologische Untersuchung, ausgehend von den Texten des Zweiten Vatikanischen Konzils, Göttingen 1969; vgl. dazu meine kritische Besprechung in ThQ 150 (1970) 425–428; kritisch wie G. Maron, aber auf anderen Wegen urteilt E. Käsemann, Zur ekklesiologischen Verwendung der Stichworte »Sakrament« und »Zeichen«, in: Wandernde Horizonte auf dem Weg zu kirchlicher Einheit, hg. v. R. Groscurth, Frankfurt 1974, 119–136.

geht dabei von der gleich zu Anfang begründeten These aus, die Grundkategorie der konziliaren Ekklesiologie sei – entgegen durchschnittlicher Beurteilung – nicht »Volk Gottes«, sondern (»Ur-)Sakrament«. Dieser Begriff aber ermögliche die totale, gegen jedes kritische Moment abgeschirmte Integration der Heilswirklichkeit in den ekklesialen Rahmen, ermögliche vor allem den Eintritt der Kirche in das Rechtfertigungsgeschehen selbst, das heißt: in die Unmittelbarkeit des Menschen zu Gott. Jede Selbstbegrenzung der Kirche kann entfallen. Die Kirche des Zweiten Vatikanums hat sich Christus gegenüber nicht begrenzt, denn sie setzt sich mit ihm und seinem Wirken in der Welt (bzw. mit dem Wirken des Heiligen Geistes) gleich. Sie hat sich dem einzelnen Glaubenden gegenüber nicht begrenzt, denn sie hält alle Ansprüche des Ersten Vatikanums aufrecht, ordnet sich dem einzelnen vor und unterbricht sein unmittelbares Gottesverhältnis durch den Gedanken der »participatio ecclesiae«. Sie hat sich auch der Welt gegenüber nicht begrenzt, denn sie hat durch die Lehre von den »Elementen« der Kirche (statt der bisherigen »Votum«-Lehre) den alten Satz, daß außerhalb der Kirche kein Heil sei, nicht etwa aufgehoben, sondern im Gegenteil bekräftigt. Dies alles hängt am Selbstverständnis der Kirche als »Sakrament«, als »Repräsentation« Christi. Das Endergebnis ist eine »vereinnahmende Ekklesiologie«, die den evangelischen Christen mehr denn je vor die Frage stellt: Kirche *oder* Rechtfertigung, Einheit *oder* Wahrheit.
Was für ein Verständnis von den Sakramentshandlungen wird ein so denkender evangelischer Theologe von dieser »sakramentalen« Kirche und ihren Theologen erwarten? Kann etwas anderes herauskommen als in der Tat der sakramentale »Selbstvollzug« dieser Kirche am einzelnen Glaubenden, dem sie konstitutiv vorgeordnet ist? Man wundert sich nach der Lektüre dieses Buches und vieler anderer gleichlautender Urteile, wie unbefangen und selbstverständlich ein Mann wie Karl Rahner, dem niemand ökumenische Dialogbereitschaft absprechen wird, diese problem- und ressentimentbefrachteten Begriffe von der Kirche als »Repräsentation« Christi und von ihrem »radikalen Selbstvollzug« in den Sakramenten erst jüngst wieder in seinem »Grundkurs des Glaubens« als Zentralbegriffe seiner Ekklesiologie und Sakramentenlehre gebrauchen kann.[68] Und manchmal wünscht man sich die guten alten Zeiten zurück, da man die ganze Sakramentenkontroverse an so »harmlosen« Problemen wie dem richtigen Verständnis des »opus operatum« oder der Bedeutung des Glaubens beim Sakramentenempfang festmachen konnte. Damit stehen wir vor der Frage nach Schlußfolgerungen.

V. Was denken? Was tun?

1) Der rote Faden der evangelischen Kritik am katholischen Sakramentsverständnis lautet: Wort und Glaube gegen Werk und Wirken. Die jüngste Entwicklung hin zu dem Motto: Wort und Glaube gegen Kirche und Amt, variiert nur die alte Melodie, die schon Luther komponiert hat. Dies klar zu erkennen

[68] Vgl. Anm. 66. Und dies trotz der neuen und traditionskritischen Perspektiven zum Amtsverständnis in: Vorfragen (s. Anm. 59), 15–76.

hat eine entscheidende Konsequenz: Katholische Theologen werden den evangelischen Kollegen auch mit den schönsten Früchten katholisch-theologischer Neubesinnung auf die Sakramente nicht schon dann überzeugen, wenn sie personalistisch statt ontologisch, anthropologisch statt naturalistisch, geschichtlich statt metaphysisch reden und denken. Man wird erst dann auf den Boden der Kontroverse kommen, wenn man in Theorie und Praxis zu zeigen vermag, daß die Verbindung von Sakrament und Kirche, Sakrament und Amt das Sakrament nicht zum »gewirkten Werk« und zum verfügbaren Gnadenmittel macht. Nicht Kirche und Amt als solche stören den evangelischen Theologen. Auch die evangelische Kirche kennt Amt und Kirchenrecht, und beide schlagen unter Umständen genauso zu, wie es in der katholischen Kirche geschieht – so daß die Theorie vom antihierarchischen Kirchenverständnis von der Praxis nur zu oft Lügen gestraft wird. Aber immerhin *Lügen* gestraft! Der katholischen Kirche aber gerät, in evangelischen Augen, auch in der *Theorie*, im Selbstverständnis, alles zum »Werk«, wo Gott doch ohne Werke den Menschen annimmt, zur »Vermittlung«, wo Gott ihm unmittelbar nahe ist. Wer diesen Verdacht nicht überzeugend auszuräumen versteht, hat mit allen weiteren Konsensbemühungen auf Sand gebaut.

2) Katholische Theologen werden menschliches und theologisches Verständnis für das evangelische Ressentiment haben müssen. Katholiken sind »Insider«. Was den evangelischen Beobachter und Leser bis zum Zorn aufregt, belastet den Katholiken kaum, weil er die Akzente seines Empfindens anders setzt, weil ihm anderes vergleichsweise wichtiger ist, oder einfach, weil Rom weit ist, ein guter, intelligenter und humaner Pfarrer aber nahe. Und vor allem: weil der *Katholik* ja nicht dauernd darüber nachdenkt, warum man *nicht* katholisch sein könnte, sondern eher, warum es sich trotz allem als gut erweist, daß man zu dieser Kirche gehört. Katholiken werden also verstehen müssen, daß ein evangelischer Theologe Vorbehalte hat, die sie sachlich vielleicht sogar teilen. Es kostet sie aber weder ihre Würde noch ihre intellektuelle Redlichkeit, wenn sie trotzdem die Vorbehalte nicht so wichtig nehmen können wie er, oder besser: wenn sie sich von ihnen nicht zur *grundsätzlichen* Distanzierung von der Kirche motivieren lassen zu müssen glauben.

3) Nachdem dies alles hoffentlich deutlich genug gesagt ist, darf nun auch die redliche Kampfansage – man denke an Gottfried Maron[69]! – aufgenommen wer-

[69] Und man denke nun auch an G. Ebeling! In Dogmatik III, 315 schreibt er – nach einer gnadenlosen Kritik am katholischen Kirchen- und Sakramentsverständnis –, »daß rebus sic stantibus eine Kirchengemeinschaft mit der römischen Kirche nicht möglich ist«. Denn das katholische Sakramentenverständnis stehe für die Verweigerung der ekklesiologischen Fundamentalunterscheidung zwischen der Kirche und Christus. G. Ebeling hat sich oft so eindeutig, aber selten so direkt ausgedrückt. Ich antworte mit gleichem Freimut: Ich kann nicht beweisen, daß es keinen Katholiken auf der Welt gibt, der die Kirche im Sinne G. Ebelings für den »Christus prolongatus« hält. Aber es muß und darf traurig stimmen, wenn man in dem, was G. Ebeling hier als katholisches Sakramentsverständnis und dessen ekklesiologische Implikationen vorstellt, nichts von dem wiedererkennt, was man von gegenwärtiger katholischer Sakramententheologie glaubt begriffen zu haben, und, was schwerer wiegt, nichts von der eigenen, doch hoffentlich noch katholischen Sakramentenfrömmigkeit wiederfindet.

den. Geduldige, aber nachdrückliche Aufklärungsarbeit ist im interkonfessionellen Dialog noch immer nicht überflüssig. Selbst geachtete Köpfe des ökumenischen Gesprächs sind erweislich auch vor groben Fehlverständnissen nicht sicher. Auch Ernst Kinder nicht. Auch Peter Brunner nicht. Auch Gerhard Ebeling nicht. Auch Gottfried Maron nicht. Oft sagen sie arglos als ihre eigene Meinung, was auch katholische Lehre ist – aber etwas anderes halten sie dafür. Übrigens gilt das gleiche umgekehrt für Katholiken. Es muß aber mit allen Mitteln verhindert werden, daß die weitere Entwicklung der Kontroverstheologie zum Kampf gegen einen Popanz wird. Und mag der evangelische Protest tausendfach in ungeschützten, ahnungslosen, ungeschickten Formulierungen der katholischen Theologie und in einer unerleuchteten sakramentalen Praxis seinen Anlaß und scheinbar seine Begründung finden – es ist dennoch ein Popanz, dem er gilt.

4) Die katholische Theologie wird sich überlegen müssen, ob es nicht so etwas wie eine »schwarze Liste« verhängnisvoller theologischer Begriffe gibt, und ob nicht in unserem Themenbereich einige darauf gehören. Gemeint sind Begriffe, die sachlich und aufgrund ihrer Tradition durchaus sachgemäß und erhellend interpretiert werden können, aber irgendwann – und gewiß aufgrund von Mißverständnissen und Vergröberungen – entgegen ursprünglichen Intentionen eine verhängnisvolle Rolle zu spielen begannen und, weil dies nicht mehr ungeschehen zu machen ist und sich nun spontane Assoziationen daran heften, sie immer noch spielen. Ein klassisches Beispiel ist der Begriff »Verdienst«, ein anderes der »Ablaß«.[70] Sehe ich recht, daß der Verdienstbegriff außer in historischen Monographien seit geraumer Zeit keine Rolle mehr spielt, und daß trotz der neuen Instruktion von 1967 die Ablaßpraxis zurückgeht und die Ablaßtheologie kein Interesse mehr weckt? Rechtens ist das deshalb, weil man das Gemeinte auch anders ausdrücken kann und es auch tut. Sollte ähnliches im Bereich der Sakramentenlehre fällig sein? Der Begriff des »Zeichens« *könnte* dazu gehören – ich bezweifle, ob die moderne Theologie des Realsymbols ihn faktisch im allgemeinen Bewußtsein noch einmal so wird inhaltlich füllen können, daß er weder dem rationalistischen noch dem ritualistischen Mißverständnis ausgesetzt sein wird. Sicher wird der Begriff »Sakrament« als solcher *nicht* dazu gehören – dazu besteht spätestens seit Eberhard Jüngel gar kein Anlaß mehr. Wohl aber der Begriff von der Kirche als »Ur-« oder »Grundsakrament«. Rundheraus gesagt: Ich halte diese Redeweise (obwohl richtig!) für gefährlich, weil gerade die Art, wie sie durchschnittlich interpretiert wird – in der Absicht, für einen großen Gedanken zu werben! –, schier unüberwindliche Hindernisse und Ressentiments beim

[70] Zu »Verdienst« vgl. O. H. Pesch, Die Lehre vom »Verdienst« als Problem für Theologie und Verkündigung, in diesem Band S. 377–416; zum »Ablaß« vgl. K. Rahner, Zur heutigen kirchenamtlichen Ablaßlehre (in: Schriften zur Theologie VIII, 488–518) – die Ausführungen sind so schwierig, daß sie, für die Frömmigkeitspraxis ernstgenommen, faktisch kontraproduktiv gegen die Absicht des Verfassers wirken müssen. [Gleiches gilt auch für die zurückhaltende Darstellung beider Themen in: Katholischer Erwachsenen-Katechismus, hg. von der Deutschen Bischofskonferenz, Kevelaer u. a. 1985, 244f; 372–374: Bisherige Frömmigkeitspraxis ist durch diese Sachdarstellung jedenfalls weder gedeckt noch motiviert.]

evangelischen Gesprächspartner aufbaut. Das braucht nach der Lektüre von Maron nicht mehr bewiesen zu werden. Kann man also den nur zu notwendigen Gewinn, das Wesen der Kirche anders als in juridischen Kategorien auszudrükken, nicht auch auf eine Weise in die Scheuern fahren, die beim Gesprächspartner nicht gerade den Verdacht verstärkt, den zu überwinden man doch angetreten ist? Katholische Theologen müssen jedenfalls heute wissen, was sie tun, wenn sie gerade diesen Begriff des Grundsakramentes in bezug auf die Kirche in den Mittelpunkt rücken.[71] Als »würdelos« und »nachgiebig« dürfte eine solche Rücksicht wohl nur der verdächtigen, der den evangelisch-katholischen Dialog ohnehin am liebsten beendet sähe. Überflüssig, an dieser Stelle zu bemerken, daß man eine analoge Überlegungsfolge auch dem evangelischen Partner nahelegen möchte.

5) Der »schwarzen Liste« muß der positive Versuch entsprechen, sich dem Partner besser zu verdeutlichen – gerade dann, wenn man die eigene Position eher karikiert als beschrieben findet. Dazu gehört zunächst die Mahnung, sich nicht in Scheinalternativen zu verirren. Das goldene Wort Joachim Lells von der Wahrheit Gottes, die nur verkündet, aber nicht repräsentiert werden kann[72], könnte ja auch ein Irrlicht sein – dann nämlich, wenn durchaus strittig wäre, was denn mit »repräsentieren« gemeint sein soll. Ich möchte den zumindest methodischen Versuch vorschlagen, all die für evangelische Ohren so anstößigen Formeln von »Repräsentation«, »Sakramentalität«, »Licht der Völker«, »geschichtliche Gegenwart des Heils« u. ä. einmal konsequent worttheologisch zu interpretieren, so wie es heute unter den Anregungen der evangelischen Theologie in bezug auf die einzelnen Sakramente längst geschieht. Ist die Kirche eben doch nicht ein »Ding« und eine »Wirklichkeit« eigenen Rechts und *als solche* selbstmächtiges Zeichen der Gegenwart des Gottesheils in dieser Welt, ist sie eben *nicht* mit Christus und dem Geist identisch, ist die mystifizierende Redeweise von »der Kirche«, zu der manche katholische Theologen neigen, eher ein religionspsychologisches Problem, sachlich aber eine Abstraktion[73] – worauf kommt dann die »Repräsentation« des Gottesheils durch sie anders hinaus als darauf, daß sie die *Zusage* und *Ankündigung* dieses Gottesheils für die Men-

[71] Der diesbezüglichen Warnung bei M. Köhnlein (s. Anm. 53), 97 ist zuzustimmen. Es ist denn auch kein Zufall, sondern ebenfalls eine kaum verhüllte Warnung, wenn sowohl G. Ebeling, Dogmatik III, 305f als auch H. Thielicke (s. Anm. 3), den Begriff »Sakrament« am liebsten Christus vorbehalten möchten. Schon E. Jüngel ließ eine solche Neigung erkennen, aaO. (s. Anm. 53) 36f; 50–55. Soll man den katholischen Beitrag von W. Breuning, Jesus Christus als universales Sakrament des Heils, in: Absolutheit des Christentums, hg. v. W. Kasper, Freiburg 1977, 105–130, als Einschwenken auf diese Linie werten? Eine innerkatholische, aber dem lutherischen Theologen sympathisch klingende Kritik an der »sakramentalen« Kirche jetzt bei S. Dianich, Wo steht die Ekklesiologie?, Concilium 17 (1981) 522–527, bes. 523f; [und eine lutherische, aber dem katholischen Theologen nachvollziehbare Kritik bei E. Jüngel, Die Kirche als Sakrament?, ZThK 80 (1983) 432–457].

[72] Siehe Anm. 61.

[73] Es fällt schwer, im Blick auf die Lehre von der Kirche als »Grundsakrament« hier J. Lell (s. Anm. 61), 72f, nicht recht zu geben. Man darf nur zurückfragen: Ist nicht manche evangelische Redeweise vom »Wort (Gottes)« genauso mystifizierend, »überpersönlich« und abstrakt?

schen und die Menschengemeinschaft *hörbar* macht und *vernehmlich* hält – und wäre es auch manchmal durch die schallschluckenden Wände ihrer sehr menschlichen Geschichte?[74] Man sollte nach dieser Methode einmal ein systematisch-theologisches Gegenbuch zu Maron schreiben – es wäre ein beachtliches Stück ökumenischer Wirkungsgeschichte des Zweiten Vatikanums.

6) Und endlich: Das gerade Überlegte kann natürlich nur glaubwürdig sein, wenn ihm eine sakramentale und überhaupt kirchliche Praxis entspricht, die an nichts anderem interessiert ist, als den Menschen befreiend die Nähe Gottes in Christus zu verkünden. Und die nicht in einem falschen Sinne meint, zwischen Gott und Mensch »vermitteln« zu müssen, sondern unter »Vermittlung« nichts anderes versteht als eben die »Mitteilung« des Wortes Gottes in Verkündigung und sakramentaler Verkündigungshandlung. Ein guter, klarsichtiger, seine »Vollmacht« durchaus vergessender Pfarrer kann selbst theoretische und kirchenrechtliche Restposten eines gegenreformatorisch verengten (oder übersteigerten!) Kirchenverständnisses vergessen machen, wenn er in seiner Sakramentenverwaltung dies deutlich werden läßt: Wie Worte und Glaube, so sind auch die Sakramente Ereignis jener unverfügbaren Geschichte des einzelnen und der Kirche mit Gott, welche die Überschrift trägt: Die herrliche Freiheit der Kinder Gottes.[75]

[74] Vgl. O. H. Pesch, Gottes Gnadenhandeln als Rechtfertigung und Heiligung des Menschen, in: MySal IV/2, 831–913, bes. 865–871; (und Ders., Frei sein aus Gnade. Theologische Anthropologie, Freiburg 1983, 239–249).

[75] Vgl. O. H. Pesch, Besinnung, w. o. S. 309–316; 330–339.

BUSSFEIER UND BUSSGESCHICHTE[1]

(1976)

I. Tatsachen

Über die Frage, wann und wie in der zweiten Hälfte der 60er Jahre des 20. Jahrhunderts die »Bußfeier« aufgekommen ist, sich verbreitet hat, aber auch auf Widerstand stieß, wird vermutlich dereinst ein Kirchengeschichtler eine Doktorarbeit schreiben. Schon jetzt, nach einer »Geschichte« der Bußfeier von etwa einem Jahrzehnt, drohen sich die Anfänge für das Gedächtnis der katholischen Christen im Dunkeln zu verlieren. Es gibt bereits eine kleine Bibliothek von Büchern und Aufsätzen über Sinn und Problematik der Bußfeier, aber nirgends erfahren wir noch etwas über die Anfänge.

Das zweite Vatikanische Konzil jedenfalls hat nicht von der Bußfeier gesprochen. Im Gegenteil, selbst im Rahmen der Konstitution über die Heilige Liturgie, dem ersten großen Dokument, welches das Konzil verabschiedete, glaubte man ursprünglich, sich zur Thematik des Bußsakramentes überhaupt nicht äußern zu sollen, denn im Gegensatz zu anderen Bereichen der Liturgie sah man hier keinen Grund zur Reform. Erst ziemlich zum Schluß hat man auch noch einen mageren Satz über das Bußsakrament eingefügt: »Ritus und Formeln des Bußsakramentes sollen so revidiert werden, daß sie Natur und Wirkung des Sakramentes deutlicher ausdrücken« (Nr. 72). Mit diesem Satz wollte das Konzil wenigstens grundsätzlich eine Handhabe schaffen für den Fall, daß zu einem späteren Zeitpunkt unerwarteterweise doch einmal Probleme mit dem Bußsa-

[1] [Es mag auffallen, daß nach zwei Beiträgen zur allgemeinen Sakramentenlehre nur ein einziger Beitrag zu einem Einzelsakrament folgt – zu Fragen des Bußsakramentes. Es hat dennoch einen ganz einfachen Grund: Die w. o. S. 295 Anm. 3 verzeichneten jüngeren und jüngsten Gesamtdarstellungen der Sakramentslehre gehen auf alle Einzelprobleme im erforderlichen Umfang und so zupackend ein, verzeichnen auch gezielt die einschlägige Fachliteratur, daß ich dem nichts wirklich Weiterführendes hinzuzufügen hätte. Ich möchte also die Leserinnen und Leser nicht durch den Abdruck von Beiträgen zu fast allen Einzelsakramenten – bei sich bietender Gelegenheit ist in den Anmerkungen der vorangehenden Beiträge ja darauf hingewiesen – von der Konsultation der erwähnten Gesamtdarstellungen abhalten. Das gilt besonders für die Arbeiten von Th. Schneider (s. w. o. S. 295 Anm. 3 und S. 351 Anm. 47).
Zum Verhältnis und zur Problematik von Bußfeier und Bußsakrament habe ich mich kurz hintereinander zweimal zu äußern gehabt in Beiträgen, die sich inhaltlich teilweise überschneiden (vgl. die Angaben im Literaturverzeichnis am Schluß dieses Beitrags). Ich habe mich für den nachfolgenden Beitrag zum Wiederabdruck entschieden, weil er sein Thema näher bei den Problemen der Praxis behandelt – und die ist ja hier wohl das Thema des Themas. Die reichhaltigeren theologiegeschichtlichen Resumées in dem Aufsatz von 1972 sind leicht auch durch die angegebene Literatur zu ersetzen. Die redaktionelle Gestaltung der Erstveröffentlichung, die keine Anmerkungen vorsah, wurde im folgenden beibehalten, die Literaturliste am Schluß jedoch beträchtlich erweitert.]

krament auftauchen sollten. Die 1964 erschienene Instruktion zur ordnungsgemäßen Durchführung der Konstitution über die Heilige Liturgie tut immerhin einen ersten Schritt zu der vom Konzil geforderten Revision: Sie erlaubt die Spendung des Bußsakramentes in der Muttersprache (Nr. 61). Über die Bußfeier auch in diesem Dokument kein Wort!

Aber viele katholische Christen und zumal viele Seelsorger werden sich erinnern, daß etwa um diese Zeit, also 1964/65/66, die ersten »Versuche« einer Bußfeier auftauchen – und natürlich bald ins Gerede kommen. Denn die Frage läßt naturgemäß nicht lange auf sich warten: Muß man, wenn man an der Bußfeier teilgenommen hat, hinterher »auch noch« beichten? Erlangt man durch die Bußfeier ebenso wie durch die gültig empfangene Lossprechung in der Beichte von Gott die Vergebung der Sünde? Mit anderen Worten: Ist auch die Bußfeier ein *Sakrament*?

Die Praxis überholt die Theorie. Ohne daß man eine alles klärende Antwort auf diese Fragen abwartet, wird die Bußfeier in zahllosen Gemeinden zur festen Einrichtung, vor allem innerhalb der Fastenzeit und vor den Hochfesten. Manche Seelsorger wagen es, ihren Gemeinden forsch zu verkünden, die Bußfeier, in der richtigen Gesinnung der Umkehr mitvollzogen, habe dieselbe Wirkung wie die Einzelbeichte. Ja, man dürfe sie getrost sakramental verstehen. Andere halten zwar ebenfalls Bußfeiern in ihren Gemeinden ab, äußern sich aber hinsichtlich ihrer sakramentalen Bedeutung zurückhaltender oder gar ausweichend. Die einen wie die anderen jedoch nehmen die fühlbare Entlastung des Beichtstuhls vor allem vor den Hochfesten nicht nur in Kauf, sondern wollen genau dies, eingestanden oder uneingestanden, auch erreichen.

Die theologische Besinnung auf die mit der Praxis der Bußfeier gestellten Fragen hinkt allerdings kaum nach. Der 1966 im holländischen Original erschienene »Holländische Katechismus« spricht in seinem Kapitel über die Buße noch nicht von der Bußfeier. Aber 1968 (soweit ich sehe) tauchen erste Aufsätze zu dieser Thematik in Zeitschriften auf. 1969 widmet die vor allem mit Problemen der Seelsorge befaßte Zeitschrift »Diakonia« das ganze vierte Heft des Jahrgangs der Problematik des Bußsakramentes, 1971 folgt ihr darin die internationale theologische Zeitschrift »Concilium« in ihrem ersten Heft. Schon im März 1969 hatten Theologen in einem internationalen Gespräch in Aachen fast einmütig die Bischöfe um eine als Sakrament anerkannte Bußfeier gebeten (KNA-Meldung vom 12.3.1969). Von jetzt an häufen sich die theologischen und seelsorglichen Meinungsäußerungen. Gleichzeitig wächst die Unruhe in den Gemeinden und bei vielen Seelsorgern. Man fürchtet das Aussterben der Einzelbeichte in absehbarer Zeit. Man fürchtet eine unerträgliche »Preisermäßigung« der Buße, der dann jeglicher Ernst verlorengehen müsse. Plakate erscheinen an Kirchentüren unter fettgedruckten Titeln wie: »Bußfeier ist nicht Beichte.« In überwiegend katholischen Gegenden kann es geschehen, daß – etwa aus Anlaß einer umstrittenen Bußfeier – die Diskussion sogar in den Leserbriefspalten von Tageszeitungen geführt wird. Bischöfe melden sich mit Hirtenbriefen und Lehrschreiben zu Wort. Priestergruppen veröffentlichen Denkschriften und Kommentare dazu (so 1971 der »Freckenhorster Kreis«). Schließlich, 1972, schaltet sich Rom mit einer Erklärung der Glaubenskongregation ein, die die einschlägige Lehre des Trienter Konzils in seinem Dekret über das Bußsakrament (25. Nov. 1551) neu

einschärft, derzufolge jeder katholische Christ seine schweren Sünden einzeln dem Priester in der Ohrenbeichte bekennen muß, um dann, Reue und guten Vorsatz vorausgesetzt, die Lossprechung zu empfangen. Eine kirchenamtliche Anerkennung der Bußfeier als sakramental und gleichrangig mit der Ohrenbeichte ist somit vorerst nicht zu erwarten. Die neue »Bußordnung« vom 2.12.1973 läßt daran keinen Zweifel.
Nun sind die römischen Verlautbarungen keineswegs in der Form eines Dogmas, als verbindliche Entscheidung des Lehramtes abgegeben worden. Die Trienter Lehre wird hochgehalten, aber die Bußfeier wird nicht verworfen, und die modernen Probleme mit der Ohrenbeichte sind allein mit deren Einschärfung im Sinne des Trienter Konzils auch nicht vom Tisch gebracht. Nichts hindert also grundsätzlich, daß die Debatte um die Bußfeier weitergeht. Und sie geht auch weiter. Aber die durch Rom heraufgeführte »Pattsituation«, wenn man so sagen darf – keine Anerkennung der Bußfeier als sakramentale Handlung, aber auch keine Lösung für die Probleme der Ohrenbeichte –, hat doch bereits ihre Folgen. Die Teilnahme der Gläubigen an der Bußfeier hat nachgelassen, ohne daß die Inanspruchnahme der Ohrenbeichte wieder zugenommen hätte. Diese Entwicklung kann man nicht tatenlos hinnehmen. Denn Umkehr und Buße gehören unverzichtbar zum Leben im christlichen Glauben, und das Gefühl dafür darf in der Kirche auf keinen Fall aussterben. In diesem Zusammenhang muß auch weiter über Sinn und Bedeutung der Bußfeier nachgedacht werden. Hier nun unter dem besonderen Gesichtspunkt: Wie nimmt sich die Bußfeier aus, wenn man sie im Licht der Geschichte des kirchlichen Bußwesens betrachtet?

II. Elemente der Bußfeier in der Bußgeschichte

Zunächst eine Bemerkung zur Verständigung über den Sprachgebrauch. Für dieselbe gottesdienstliche Feier sind heute vier deutsche Worte in Gebrauch: »Bußfeier«, »Bußandacht«, »gemeinsame Buße«, »Bußgottesdienst«. »Gemeinsame Buße« scheint die Sache am besten zu treffen – aber der Ausdruck ist zu umständlich, schon allein durch die *zwei* Worte, und wird sich kaum einbürgern. »Bußandacht« weckt irreführende Erinnerungen an eine ältere Gottesdienstform, an deren Stelle heute weithin das getreten ist, was wir einfach als »Wortgottesdienst« bezeichnen. »Bußfeier« erscheint aus Gründen der Sache sehr unglücklich, denn der Gottesdienst, dessen mögliche Gleichrangigkeit mit der Einzelbeichte man diskutiert, darf alles werden, nur keine »Feier«. So würden wir am liebsten konsequent »Bußgottesdienst« sagen, und wenn man bedenkt, daß ein »Gottesdienst« immer Sache der Gemeinschaft ist, so käme das sachlich und sprachlich auf dasselbe hinaus wie »gemeinsame Buße«. Doch läßt sich der Sprachgebrauch selten nach den Regeln der Logik kommandieren, und so scheinen sich ungeachtet aller möglichen Bedenken inzwischen die Ausdrücke »Bußfeier« und »Bußandacht« durchzusetzen. Bleiben wir daher bei »Bußfeier« – nicht ohne noch einmal darauf hinzuweisen, daß ein solcher Gottesdienst, wenn es darin mit rechten Dingen zugeht, nichts »Feierliches« an sich hat, vielmehr eine sehr nüchterne und eher harte Angelegenheit sein muß.

Die Bußfeier, wie wir sie heute kennen und wie sie, aufgrund vieler Erfahrungen und zahlreicher auch veröffentlichter guter Vorschläge, fast schon einen festen Ritus entwickelt hat, ist historisch neu, das heißt: sie ist als solche nicht einfach die Wiederbelebung einer älteren und zeitweilig vergessenen Gottesdienstform. Am ehesten hat sie noch eine Vorform im Rahmen der schon erwähnten »Andachten«, die bis vor wenigen Jahren vor allem an den Sonntagnachmittagen, aber auch in der Woche in fast allen Pfarrkirchen gehalten wurden und an die sich nicht nur die Älteren, sondern auch die mittlere Generation unserer Zeit noch erinnert. In dieser Form der Andacht gab es auch eine »Bußandacht«, die vor allem in der Fastenzeit gehalten wurde. Die dafür in den Gebetbüchern angebotenen Texte enthielten eine allgemeingehaltene oder auch ins einzelne gehende Gewissenserforschung, eine Erweckung von Reue und Vorsatz, die Vergebungsbitte an Gott und ähnliches mehr – also wesentliche Elemente der heutigen Bußfeier. Sie waren allerdings als reine Gebetsgottesdienste konzipiert, so etwas wie eine Lossprechung durch den Priester sahen sie nicht vor, und so brachten sie auch niemanden auf die Frage, ob ihnen etwa sakramentaler Charakter zukäme.

Dem gegenüber enthält die heutige Bußfeier fast alle Wesensmerkmale des Bußsakramentes: ins einzelne gehende Gewissenserforschung (unter Umständen unter Mithilfe des Priesters oder eines anderen Gottesdienstleiters, der einen konkreten »Beichtspiegel« vorlegt), Besinnung auf die Schuldhaftigkeit des eigenen Tuns, Erweckung von Reue und Vorsätzen für einen neuen Anfang in der Zukunft, öffentliches Sündenbekenntnis, Zuspruch der Vergebung Gottes durch den Priester und Entlassung mit dem Friedensgruß. Nur eines ist anders gegenüber der Ohrenbeichte, und das ist entscheidend: Das Sündenbekenntnis, soweit es hörbar ist, bleibt allgemein, ist nicht persönlich, und demgemäß wird auch die Lossprechung nicht jedem persönlich, sondern allen zusammen gegeben.

Die Einwände gegen eine Sakramentalität solcher Bußfeiern sind bekannt: Nach der Lehre des Konzils von Trient ist das Bußsakrament als eine Art Gerichtsakt zu verstehen; zu diesem Zwecke ist das persönliche, individuelle Bekenntnis aller einzelnen schweren Sünden aus Gründen der Sache unerläßlich, weil der Beichtvater, in diesem Fall in der Funktion des »Richtenden«, wissen muß, worüber er zu richten hat; aus demselben Grund muß der Freispruch – oder auch die Verweigerung des Freispruchs – in diesem »Gerichtsakt« jedem persönlich gegeben werden. Kurzum: Abgesehen von eng umgrenzten Notfällen (Todesgefahr, großer Andrang etwa in Missionsgebieten) erfüllt nur die individuelle Ohrenbeichte die Bedingungen der sakramentalen Buße. Andere Formen der Buße, auch die Bußfeier, werden dadurch nicht etwa wertlos, aber Sakrament können sie nicht sein.

Auf diese Einwände wird zurückzukommen sein. Auf jeden Fall wird der erste Schritt einer Antwort darin bestehen müssen, hinter das Trienter Konzil zurückzufragen und festzustellen, wieweit die Bußfeier, die die Bedingungen des Bußsakramentes im Trienter Sinne nicht erfüllt, vor dem Hintergrund der Geschichte des kirchlichen Bußwesens doch in einem anderen Licht erscheint und mehr sein kann als nur eine mindere Form kirchlicher Buße, die höchstens auf die Einzelbeichte vorbereiten, nicht aber ihr Konkurrenz machen könnte. Anders gefragt: Wieweit hat das Trienter Konzil – gewollt oder ungewollt – Formen der kirchlichen Buße zum Absterben gebracht, die auf der Linie der heutigen Bußfeier lagen? Ein einfacher Rückgriff auf die Geschichte ist die Bußfeier nicht, wie wir schon sahen. Aber die Bußgeschichte kennt viele, wenn nicht alle ihre Elemente, und vor allem: sie hat sie hochgeschätzt, oft trotz und neben der Praxis der Ohrenbeichte. Da Überblicke über die Geschichte der kirchlichen Buße hinreichend vorliegen (s. die angegebene Literatur), können wir die Elemente der Bußfeier sogleich quer durch die Jahrhunderte zusammentragen. Der allgemeine Überblick kann dadurch teils ergänzt, teils veranschaulicht werden.

1. Negative, d. h. nicht-ausschließende Elemente

a) Als erstes haben wir uns zu erinnern, daß in den ersten Jahrhunderten nicht alle objektiv und subjektiv schweren Sünden, sondern nur die öffentlich bekannten oder möglicherweise bekannt werdenden schweren Sünden der »kanonischen« Buße, also der altkirchlichen Form des Bußsakramentes unterlagen. Das lag nicht daran, daß man etwa weniger genau in der Beurteilung dessen war, was schwere Sünde ist. Schon bei Origenes finden wir die Auffassung, daß gerade die inneren Sünden zu den schlimmsten zu rechnen sind, daß also zum Beispiel der Hochmut schlimmer ist als die Unkeuschheit. Erst recht rechnet ein Theologe, der die Sünde so ernstgenommen hat wie kaum ein anderer der Kirchenväter, nämlich Augustinus, mit der Möglichkeit schwerer Gedankensünden wie zum Beispiel unzüchtiger Begierden. Aber weder bei Origenes noch bei Augustinus wird ihre Vergebung dem kirchlichen Bußinstitut unterstellt. Vielmehr »genügt« zu ihrer Tilgung die allgemeine Buße, von der gleich noch zu reden sein wird. Was wirklich ausschließlich durch die große Kirchenbuße bereinigt werden kann, ist von Gegend zu Gegend und oft von Ort zu Ort verschieden. Seit Tertullian († nach 220) schälen sich als hauptsächlicher Gegenstand der Kirchenbuße drei Sünden heraus: Glaubensabfall, Mord, Ehebruch. Gelegentlich wird zwar die Forderung erhoben, auch geheime Sünden dem kanonischen Bußwesen zu unterstellen, aber das hat dann noch nichts mit der Auffassung des Trienter Konzils zu tun, vielmehr wird das Bekenntnis der geheimen Sünden zu dem Zwecke gefordert, im Falle einer Unklarheit festzustellen, ob ein Vergehen der Kirchenbuße zu unterstellen sei, was bei geheimen Sünden vor allem dann gegeben war, wenn die akute Gefahr bestand, daß sie nicht geheim bleiben konnten, sondern bekannt wurden, etwa im Falle eines Ehebruchs.
Vergleichen wir diese Praxis und ihre Begründung mit der Lehre des Konzils von Trient, so springt sofort in die Augen, daß die Notwendigkeit des Bußsakramentes in der alten Kirche anders begründet wird. Beidemal besteht zwar kein Zweifel daran, daß die schwere Sünde, gleichviel ob eine geheime oder gar nur eine Gedankensünde oder eine äußere Tat, von Gott und von seinem Heil trennt. *Aber nur da, wo ein Sünder durch seine Tat auch öffentlich und für jedermann erkennbar seinen Christenstand kompromitiert hat, wird die öffentliche Wiedergutmachung durch das kirchliche Bußverfahren gefordert.* Im Hintergrund steht dabei eine hohe Meinung der Kirche von sich und eine entsprechend hohe Anforderung an sich selbst: Sie ist die Gemeinschaft der Heiligen und hat Gottes

Heil in dieser Welt zu verkünden und darzustellen. Sie muß sich daher durch das rigorose kirchliche Bußverfahren ganz deutlich vom Sünder distanzieren, damit für jedermann innerhalb und außerhalb der Kirche klar wird, daß die Sünden nicht dem Glauben zur Last gelegt werden können, den die Kirche verkündet, und auch nicht der Wirklichkeit des neuen Lebens, in dem die Christen kraft der Gnade des Heiligen Geistes leben.
Man könnte also so sagen: Das Trienter Konzil begründet die Notwendigkeit des Bußsakramentes im Sachverhalt der Sünde selbst, die alte Kirche begründet sie in deren negativer Rückwirkung auf den Eindruck der Glaubensverkündigung und der Selbstdarstellung der Gemeinschaft der Heiligen. Es hat also einmal eine Zeit in der Kirche gegeben – und sogar eine ziemlich lange Zeit –, in der nicht alle schweren Sünden die kanonische Form der Buße notwendig machten. Es hat freilich nie eine Zeit in der Kirche gegeben, in der Buße und Sündenvergebung sich rein privat, getrennt und unabhängig von der Gemeinschaft der Kirche vollzogen. Im Blick auf die Geschichte des kirchlichen Bußwesens kann also die Möglichkeit nicht von vornherein verschlossen sein, daß sogar schwere Sünden, erst recht aber »läßliche« Sünden in der Kirche vergeben werden, ohne das dies mit der öffentlichen Form der kirchlichen Buße, heute also mit dem Einzelbekenntnis vor dem Amtsträger der Kirche verbunden sein muß.

b) Damit hängt ein anderes negatives Element der Bußgeschichte zugunsten der Bußfeier zusammen. Das Bekenntnis der (schweren) Sünden, das das Trienter Konzil im Gerichtscharakter des Bußsakramentes begründet und eben darum als sachlich unumgänglich notwendig ansieht, hat im Laufe der Bußgeschichte eine sehr verschiedene Bedeutung und einen sehr verschiedenen Sinn gehabt. In der alten Kirche beichtete man persönlich (und zwar nicht öffentlich) dem Amtsträger, damit dieser, vor allem wenn die Sünde noch nicht öffentlich bekannt war, über die Notwendigkeit des Bußverfahrens und die Höhe der Bußauflagen befinden konnte. Bei Beginn der kirchlichen Buße beichtete man dann öffentlich vor der Gemeinde, aber nur in allgemeiner Form und im Zusammenhang mit der Übernahme des Büßerstandes. Diesmal war der Sinn, öffentlich Gottes Verurteilung der Sünde anzuerkennen und seine Barmherzigkeit zu preisen. In der vor allem in der Ostkirche gepflegten Beichte bei charismatisch begabten Mönchen oder auch Laien beichtete man zu dem Zweck, dem Beichtvater Einblick in die eigene Situation zu geben, damit dieser in angemessener Weise raten und weiterführen konnte. Als unter dem Einfluß der irisch-schottischen Missionare im frühen Mittelalter auch in der Westkirche die wiederholte und sogar regelmäßige Beichte üblich wurde, diente das Sündenbekenntnis – neben seiner Bedeutung für die Bemessung der Bußauflagen – der seelsorglichen und aszetischen Führung der Gläubigen und nicht zuletzt, vor allem in von der Häresie bedrohten Gebieten, der Kontrolle der Rechtgläubigkeit. Im frühen und Hochmittelalter wurde das Sündenbekenntnis und die damit verbundene Beschämung zum hauptsächlichen Bußwerk des Sünders, weil inzwischen von den harten Bußauflagen der alten Kirche und auch den frühen Formen der Ohrenbeichte kaum noch etwas übriggeblieben war. »Die Scham selbst ist ein Grund zur Vergebung... Durch die Tatsache, daß jemand einem Priester seine Schuld bekennt und die Scham durch die Furcht Gottes überwindet, erlangt man Vergebung für

sein Vergehen... Gerade weil die Scham eine ansehnliche Strafe ist, wird man der Milde würdig, wenn man vor Christus die Scham erträgt. Deshalb wird man um so leichter die Gnade der Vergebung erlangen, je öfter man seine Sünden in der Hoffnung auf Vergebung bekennt« – so lesen wir in dem pseudo-augustinischen Traktat »Über die wahre und falsche Buße« aus dem 11. Jahrhundert (Zitat nach Anciaux in seinem unten genannten Buch, S. 69).
Wer also unter Berufung auf das Konzil von Trient eine sakramentale Bußfeier für ausgeschlossen hält, muß zweierlei voraussetzen: Er muß *eine* bestimmte Sinndeutung des Bekenntnisses als unverzichtbar für die sakramentale Buße hinstellen, und er muß aus dieser Deutung dann die Notwendigkeit eines *individuellen* Bekenntnisses folgern und jede andere Form des Bekenntnisses als unzureichend erklären. Beide Schlußfolgerungen erscheinen im Licht der Bußgeschichte als weder notwendig noch erlaubt.

c) Es gibt bis ins hohe Mittelalter hinein kirchliche, sogar als sakramental anerkannte Bußformen (sofern nicht schon diese *Frage* hier ein Anachronismus ist!) ohne die Mitwirkung eines kirchlichen Amtsträgers. Möglicherweise sind sogar die zunächst sehr umstrittenen Anfänge unserer Ohrenbeichte in solchen Formen der »Laienbeichte« zu suchen. Im Osten aufgekommen, drangen sie besonders wegen ihrer pädagogisch-charismatischen Vorzüge auch in die Westkirche ein – vor allem in den Klöstern. Sie als »sakramental« anzusehen war möglich, weil einmal die besondere Bedeutung der priesterlichen Lossprechung lange Zeit noch unsicher war und weil zum anderen, wie erwähnt, im Westen die Beschämung des Bekenntnisses sich als *das* sündentilgende Bußwerk durchgesetzt hatte – und das war bei der Beichte vor dem Priester und bei der Laienbeichte gleich. Noch Thomas von Aquin läßt die Laienbeichte als sakramentale Buße gelten, allerdings nur im Notfall (Summa Theologiae, Suppl. 8,2). Erst Duns Scotus hebt die priesterliche Absolution und deren richterliche Funktion so hervor, daß von da an in Theologie und kirchlicher Praxis sich das ganze Bußverfahren darauf allein zuspitzt. Wenn diese Deutung sich dann noch mit einer Theorie vom leichteren und sichereren Weg zur Sündenvergebung im Vergleich mit dem weniger sicheren und schwierigeren Weg durch »bloße« persönliche Reue verbindet, sinken die Laienbeichte und alle anderen Bußformen auf das Niveau außersakramentaler frommer Übungen ab. Auf *diesem* Entwicklungsstand spielen sich die Diskussionen in Trient ab – und nehmen das »Sicherheitsargument« der Skotisten *nicht* auf. Vor der *Bußgeschichte* also sollte sich eine Bußform, die hinter Skotus zurückgreift und die sogar ausdrücklich unter Leitung des Amtsträgers stattfindet, eigentlich nicht verteidigen müssen.

d) Man kann schwerlich bestreiten, daß das Bußsakrament im Zuge seiner geschichtlichen Entwicklung mindestens die *Gefahr* eines gewissen »Leistungsdenkens« heraufbeschworen hat, ihr nicht selten sogar erlegen ist. In Verbindung mit einem gewissen verdinglichenden Denken bei den Germanen konnte dann die Vorstellung aufkommen, es komme nicht so sehr auf die persönliche Umkehr an, sondern auf das zu leistende Bußwerk als solches. Wir haben Nachrichten, daß zum Beispiel ein Herr, dem 100 Tage Fasten auferlegt waren, sich eine entsprechende Anzahl Knechte kommen ließ – und in drei Tagen war die ganze Buße »weggefastet«. Auch gab es die »Umwandlung« der Buße in gute Werke – und viele Klöster und Stiftungen verdanken sich der umgewandelten Buße eines Sünders, der die Umwandlung bezahlen konnte.

Angesichts eines solchen, in der Struktur der Sache begründeten und bis heute weiterwirkenden negativen Elementes der Bußgeschichte verdient jeder Reformversuch theologische und amtliche Sympathie, der darauf aus ist, alles auf den persönlichen Charakter der Umkehr abzustellen, das Urteil darüber Gott allein zu überlassen (weil wirkliche Umkehr ja auch in der Ohrenbeichte nicht bis zur Gewißheit zu »kontrollieren« ist), für die kirchliche Gemeinschaft keine Vorleistungen zu fordern außer im Falle öffentlicher Absage an diese Gemeinschaft, im übrigen aber durchaus für eine Form öffentlichen Eingeständnisses des Versagens zu sorgen.

Es darf nicht dahin kommen, daß Buße und Bußsakrament (Ohrenbeichte) unter der Hand aufgrund ihrer Struktur und ihres Zusammenhangs mit dem übrigen kirchlichen Leben als eine Art Vorleistung (an die Kirche? an Gott?) aufgefaßt werden, aufgrund derer dem Sünder wiederum kirchliche Gemeinschaft und Teilnahme an der Eucharistie wie eine gerechte Gegenleistung zuteil werden und auch zustehen. Weder das innere Wesen der Buße als neuerlicher Umkehr noch das Leben in der kirchlichen Gemeinschaft und die Teilnahme an der Eucharistie lassen eine solche Auffassung zu. Die Forderung, durch eine Änderung der kirchlichen Bußdisziplin diese Gefahr soweit wie möglich abzubauen oder ihr jedenfalls nicht weiter Vorschub zu leisten, ist daher kein Plädoyer für eine Buße zu ermäßigten Preisen, sondern will dem Schutz des Bußsakramentes vor einem legalistischen Mißbrauch dienen – von seiten des Pönitenten ebenso wie von seiten des Amtsträgers. In der Bußfeier wird dieser Notwendigkeit Rechnung getragen.

Ziehen wir ein Fazit aus den Elementen der Bußgeschichte, die eine sakramentale Bußfeier nicht ausschließen, so müssen wir sagen: Die Lehre und die disziplinarischen Festlegungen des Konzils von Trient bezüglich der Ohrenbeichte als einziger Form des Bußsakramentes bedeuten eine äußerste Reduktion einer Vielfalt anerkannter kirchlicher Bußformen auf eine einzige – veranlaßt zudem durch die Fragestellung der skotistischen Bußlehre, wenn auch nicht unter deren Anerkennung. Eine sakramentale Bußfeier wäre ein Schritt zurück in eine größere Vielfalt der Buße in der Kirche, die erst seit gut 400 Jahren abgebrochen ist. Ob dieser Schritt zurück möglich erscheint, hängt davon ab, wie man die in Trient vollzogene Reduktion beurteilt. Darauf ist zurückzukommen, nachdem wir zunächst unser Augenmerk auf die *positiven* Elemente gerichtet haben, die in der Bußgeschichte auf die heutige Bußfeier verweisen.

2. Positive Elemente

a) Wir wissen heute, daß die Anfänge der »kanonischen« Buße in der Kirche nicht ohne Diskussion und Auseinandersetzung in Gang gekommen sind. Das Echo dieser Auseinandersetzungen ist uns schon in den späten Schriften des Neuen Testaments greifbar: Wo der Hebräerbrief die Möglichkeit einer »zweiten Umkehr« in Zweifel zieht, nachdem einer die erste verraten hat (10,26–31), empfiehlt sie der Verfasser der Johannesoffenbarung mit großem Nachdruck

(2,5.16; 3,3.19f). Das heißt nun keineswegs, daß die Christen jemals dem »verstiegenen Ideal« (B. Poschmann) einer absoluten Sündlosigkeit angehangen wären. Vielmehr ist Buße von allem Anfang an ein Grundvollzug christlichen und kirchlichen Lebens gewesen, weil dieses von einer unaufhebbaren Spannung durchzogen ist. Denn auf der einen Seite sind die Christen die Gemeinde derer, die Christus aus der Macht des Bösen befreit und zur Heiligkeit berufen hat. Auf der anderen Seite muß jeder Christ und muß die Kirche als ganze eingestehen, daß sie immer wieder dem Bösen in sich Raum gibt. Alle schönen Worte von der Kirche, daß sie in dieser Welt das Zeichen der Liebe Gottes und seiner Versöhnung mit der Menschheit sei, gelten nur von der Kirche in dieser Spannung. Ihrer großen Aufgabe und Verantwortung darf sie sich nur freuen, insofern sie die vergebende, aber auch richtende Gegenwart des göttlichen Heils nicht nur anderen, sondern zuerst sich selbst verkündet. »Sie ist zugleich heilig und stets der Reinigung bedürftig und geht so immerfort den Weg der Buße und Erneuerung« (Kirchenkonstitution des Zweiten Vatikanischen Konzils, Nr. 8). »Nicht eine Gemeinde sektenhaft-elitärer Heiligkeit, sondern eine büßende Kirche, die ihr Versagen eingesteht, sich immer neu aus ihrer Trägheit, Alltäglichkeit und Verbrauchtheit erhebt und auf den Weg der Heiligkeit begibt, ist das Zeichen des jetzt schon wirksamen eschatologischen Heils in dieser Weltzeit. Darum gehören Eingeständnis der Schuld, gegenseitige Zurechtweisung, Vergebung untereinander, Wiedergutmachung zugefügten Schadens, Einübung in größere Wachsamkeit vor dem Bösen durch Gebet, Fasten, Selbstüberwindung und vor allem gegenseitige Ermunterung zu ständigem Neubeginn und Wachstum in der Gottes- und Nächstenliebe wesentlich zum Leben der Kirche« (G. Greshake).

Es ist fast selbstverständlich, daß die Kirche dieser Spannung auch in den Formen ihres Gottesdienstes Ausdruck verliehen hat – von Anfang an, lange vor der Ausbildung einer »kanonischen« Bußpraxis. So haben wir schon in den frühesten nachneutestamentlichen Schriften deutliche Hinweise darauf, daß das Böse im Alltag des Christen Vergebung erhoffen darf, wenn es durch das Gute überwunden wird. Und wir erhalten auch Hinweise auf gottesdienstliche Formen der Umkehr, die alle wesentlichen Elemente unserer heutigen Bußfeiern enthalten zu haben scheinen. Bereits die Didaché (4,6) und der Barnabas-Brief (19,10) fordern dazu auf, Almosen »als Lösepreis für die Sünden« zu geben. »Hast du geschmäht? So segne! Hast du betrogen? So erstatte! Hast du dich betrunken? So faste! Spieltest du den Großen? So mach' dich wieder klein!«, lesen wir bei Basilius (in den Erläuterungen zu Ps 32,2). Origenes spricht der apostolischen Arbeit für die Gemeinden die Wirkung zu, von der Sünde zu befreien. Und ein allgemeines Sündenbekenntnis, dem man in Verbindung mit der Bitte um Vergebung die Befreiung von aller Schuld zuschrieb, hat bereits in frühester Zeit in Verbindung mit der Eucharistiefeier einen festen Platz (vgl. Didaché 4,14; 15,1). Und da klingt ja nur nach, was schon im Jakobus-Brief geschrieben steht (5,16).

Im übrigen ist dieses allgemeine Sündenbekenntnis nicht nur Vorbereitung der Eucharistiefeier. Vielmehr ist diese selbst wesentlich Sakrament der Versöhnung. Denn im Gedächtnis der Hingabe Jesu für uns führt sie die durch die Sünde zerstrittenen Menschen zur Gemeinschaft zusammen und läßt ihre Selbstherrlichkeit im Blick auf Jesus zerbrechen. In den Liturgien der Ostkirche

ist dieser Gedanke von der versöhnenden Wirkung der Eucharistie bis heute lebendig. Und noch Thomas von Aquin erklärt ausdrücklich: »In sich betrachtet, hat dieses Sakrament der Eucharistie die Macht, alle Sünden zu vergeben...« (Summa Theologiae III 79,3). Mit anderen Worten: Wenn der Christ die Sünden im Bußsakrament bekennen »muß«, so nicht deshalb, weil die anderen Sakramente und besonders die Eucharistie etwa nicht die Kraft hätten, Gottes Vergebung mitzuteilen, sondern aus anderen Gründen – die mit den schon dargestellten Entwicklungen der Bußgeschichte zusammenhängen.
Wenn also heute die Situation der Kirche und die Situation der Menschen in der Kirche es angezeigt sein lassen, Bußgottesdienste einzurichten und anzubieten, so kann man sich dabei auf älteste kirchliche Vorbilder berufen. Wenn man fragt, ob in diesen Gottesdiensten nicht genauso wie bei der Einzelbeichte unter der sichtbaren Form unsichtbar Gottes Vergebung zugesagt und mitgeteilt wird, so hat man die selbstverständliche Überzeugung der ersten Christengenerationen auf seiner Seite.

b) Ein weiterer positiver Hinweis in Richtung auf die Bußfeier ergibt sich aus der *Bußpraxis der Ostkirche*. Auch in der Ostkirche gibt es selbstverständlich die kanonische Buße. Auch in der Ostkirche ist man überzeugt, daß Vergebung der Sünde durch Gott nur durch die Kirche und in ihrer Glaubensgemeinschaft zu erlangen ist. Aber die Entwicklung der Bußpraxis in der Ostkirche und überhaupt die andere theologische Grundtendenz der Ostkirche brachten es mit sich,daß neben der Buße, die der Amtsträger vollzog, die Buße durch den Geistbegabten, den Charismatiker, den Pneumatiker immer in besonderer Weise gepflegt wurde, ja geradezu vor der amtlichen Buße im Vordergrund stand. Dahinter stehen nicht zuletzt Impulse, die aus dem Mönchtum kommen und sich auch bei eifrigen Christen außerhalb der Klöster durchsetzen. Im Zweifelsfalle war es wichtiger, daß der Beichtvater den »Geist« hatte, dadurch in die Herzen blicken und den Büßenden pädagogisch-geistlich beraten und führen konnte, als daß er Amtsträger war. So hat schon Origenes auch den geistbegabten Nichtpriestern die Fähigkeit zur Lösung von den Sünden zugesprochen, und in der Ostkirche hat das kirchliche Amt eine auf dieser Überzeugung gründende Praxis nicht oder kaum beanstandet.
Aus demselben Grund steht auch die Gemeindebuße in der Ostkirche mehr im Vordergrund als in der Westkirche. Der Ritus der Gemeindebuße im Rahmen der Eucharistiefeier ist, verglichen mit der Westkirche, ungleich ausführlicher.
Die katholische Dogmatik war bis in die jüngste Vergangenheit gegenüber diesen Formen einer nicht mit der Beichte vor dem Amtsträger verbundenen Buße in der Ostkirche recht ungnädig, sah darin mehr oder weniger rudimentäre Formen der Buße, wenn sie ihnen nicht sogar bloß einen vorbereitenden, aszetischen Charakter zuschrieb. Heute scheint diese Beurteilung überwunden. Statt dessen nimmt man die Tatsache ernst, daß hier – und zwar geschützt und gefördert durch das Amt – eine größere Freiheit und ein größerer Formenreichtum kirchlicher Buße herrschte als in der Westkirche. Das ist abermals ein wichtiger Hinweis, daß keine theologischen Gründe dagegen angemeldet werden können, wenn man auch in der Westkirche den Versuch macht, über ein Monopol der Ohrenbeichte im gewohnten Sinne hinauszukommen.

c) Das dritte positive Element in der Bußgeschichte, das auf die Bußfeier hinweist, ist die im Mittelalter geübte Praxis der sogenannten *Generalabsolutionen*. Hier sind vier Stadien zu unterscheiden. Das erste Stadium ist die Situation, wo Sündenbekenntnis und Rekonziliation mit der Kirche zeitlich auseinanderliegen. Man beichtete zum Beispiel am Anfang der Fastenzeit, und am Gründonnerstag, nach Verrichtung der Bußauflage, fand die Wiederversöhnung mit der Kirche statt. Diese öffentliche und individuell gewährte Rekonziliation betraf natürlich nur die, die Sünden begangen hatten, die der öffentlichen, kanonischen Buße unterlagen. Für die Sünden, die einer öffentlichen Buße nicht bedurften, gab man gleichzeitig eine Absolution über die Gesamtgemeinde, eben die Generalabsolution.

Das zweite Stadium war, daß Sündenbekenntnis und kirchlich-amtliche Absolution zeitlich immer mehr zusammenrückten, ja schließlich in ein und demselben Vorgang zusammentrafen. Da war es dann kein weiter Schritt mehr, die Generalabsolution für die nicht der kanonischen Buße unterstehenden Sünden auch nicht erst am Gründonnerstag, sondern zum Beispiel bereits zu Anfang der Fastenzeit zu geben, ja sie schließlich immer wieder bei allen sich bietenden Anlässen zu erteilen, etwa bei Bischofsbesuchen oder nach Predigten. Es kam auf diese Weise zu einer wahren Inflation solcher Generalabsolutionen.

Drittes Stadium: Diese Häufung veränderte Sinn und Einschätzung der Generalabsolution. Der Ritus der Generalabsolution ähnelte der Form der schon erwähnten Laienbeichte, die im Mittelalter vielfach als sakramentale Form der Buße eingeschätzt wurde: Erhebung der Hände als Zeichen des Willens zur Umkehr, allgemeines Sündenbekenntnis, Erteilung einer Bußauflage und schließlich eine Absolutionsformel in Form eine Fürbittgebetes. Wenn man nun schon der Beichte vor einem Laien Vergebungskraft zuschrieb, wie sollte man nicht denken, daß eine solche Generalabsolution durch den Amtsträger ebenfalls versöhnende Kraft hatte?

Viertes Stadium: Erst zu Beginn des 12. Jahrhunderts, als die Einzelbeichte und die in ihr gegebene autoritative Lossprechung sich durchgesetzt hatten, sinkt der Wert der Generalabsolution. Die Priester werden angewiesen, dem Volk zu erklären, daß die Generalabsolution nur für läßliche oder unwissentlich begangene Sünden gilt. Schwere Sünden gehören in die Einzelbeichte. Aber immerhin: Die Generalabsolution betrachtet man nach wie vor als einen Weg der sakramentalen Lösung von Sünden, die aufgrund ihres Charakters nicht der Pflicht zur Einzelbeichte unterliegen. So waren die Generalabsolutionen tatsächlich eine der Hauptformen der Buße im Mittelalter. Erst Thomas von Aquin bestreitet nachdrücklich und folgenreich die Sakramentalität solcher Absolutionen. Zu seiner Zeit waren allerdings auch viele Mißbräuche eingerissen, zum Beispiel Ausrufung der Generalabsolution über alle möglichen Lebenden und Verstorbenen, Anwesende und Abwesende und ganze Völker und Reiche, erbeten oder unerbeten. Jetzt erst werden die Generalabsolutionen immer mehr als nichtsakramentale Gebets- und Segensformeln aufgefaßt. Aber für den *Notfall* leben sie bis heute – und jüngst erst wieder von Rom bestätigt – als Form sakramentaler Sündenvergebung weiter, zum Beispiel in der Mission. Sollte es also nicht möglich sein, zu einer nicht mißbräuchlichen Form der Generalabsolution als sakramentaler Buße zurückzukehren, zumal die Bußfeier in ihrer Form, vor allem was die

Unterweisung der Gewissen und die persönliche Gewissensforschung betrifft, weit weniger »allgemein« ist als die mittelalterlichen Generalabsolutionen?

d) Ein letztes positives Element schließlich ist das Verständnis davon, wie sich *kirchliche Rekonziliation und göttliche Vergebung* zueinander verhalten. Zwar hat man über dieses Verhältnis in den ersten Jahrhunderten nicht mit der Akribie nachgedacht, wie das später im Mittelalter der Fall war. Soviel wir aber erkennen können, herrschte zunächst die Auffassung, daß die Wiederversöhnung mit der Kirche einen deklarativen Charakter in bezug auf die Versöhnung mit Gott hat, das heißt: Man gewährt die Wiederversöhnung erst, wenn man sich sicher glaubt, daß Gott seine Vergebung gewährt hat. Die Wiederaufnahme in die volle kirchliche Gemeinschaft ist somit die öffentliche Erklärung, daß Gott dem Sünder vergeben hat. Aber schon am Ausgang des Altertums finden wir andere Auffassungen, zum Beispiel bei Gregor dem Großen die Meinung, daß die Wiederaufnahme des Büßers in die kirchliche Gemeinschaft sich auf den Nachlaß der durch die Sünde verdienten Strafe beschränkt. Gleichzeitig aber gibt es auch schon Auffassungen, die der Rekonziliation eine irgendwie geartete Ursächlichkeit im Blick auf die göttliche Vergebung zusprechen, sich also bereits auf der Linie der späteren mittelalterlichen Auffassung bewegen. Doch für alle diese Ansichten einschließlich der mittelalterlichen ist zu beachten, daß die Verzeihung durch Gott nie einfach als »automatische« Folge des kirchlichen Handelns angesehen wird. Niemals identifiziert die Kirche ihr eigenes Tun unmittelbar mit dem Tun Gottes. Wenn man von einer »Ursächlichkeit« der kirchlichen Lossprechung in bezug auf Gottes Vergebung spricht, so ist es eine »Ursächlichkeit« des Gebetes, der Fürbitte, des Vertrauens. Bekanntlich zeigt sich das ja bis in die Form der Lossprechung hinein, die bis Thomas von Aquin nur die Form des fürbittenden Gebetes hat.
Wir sind also bis ins hohe Mittelalter hinein weit entfernt von der späteren These der Skotisten, mit der sich das Konzil von Trient auseinanderzusetzen hatte und die es nicht aufgenommen hat: daß die kirchliche Buße – als Einzelbuße – der einzig sichere und garantierte Weg sei, Gottes Vergebung zu erlangen, während alle anderen Weisen der Buße dahinter zurückblieben. Auch und gerade die nicht aufhebbare Differenz zwischen Gottes Tun und dem Tun der Kirche sollte also davor warnen, die Einzelbeichte in einer Weise zu betonen, andere Formen der Buße in einer Weise abzuwerten, daß der Eindruck entsteht, es ginge hier um eine mehr oder weniger große »Sicherheit« der Sündenvergebung. Man hätte ja dann nachträglich noch indirekt die These der Skotisten bestätigt, auf die sich das Trienter Konzil nicht eingelassen hat.

III. Bußfeier im Licht der Bußgeschichte

Wir können zusammenfassen:
1) Die Bußgeschichte zeigt eine Fülle von Formen kirchlich anerkannter Buße. Soll man die Entwicklung, die zum Trienter Konzil hinläuft und von ihm herkommt, nur als Fortschritt zu immer größerer Eindeutigkeit und Präzision verstehen? Auf anderen Gebieten der Dogmengeschichte ist man längst davon ab-

gekommen, sich die Geschichte des christlichen Glaubensverständnisses einseitig nach dem Modell organischen Fortschritts vorzustellen. Zu sehr scheitert dieses Modell an allerlei Störfaktoren, zu groß ist die Gefahr der Geschichtskonstruktion [vgl. auch w. o. S. 278 ff]. Man sollte also den Mut haben, die in Trient kulminierende und von ihm abschließend sanktionierte Entwicklung der Bußgeschichte als Reduktion, ja als Verarmung zu bezeichnen. Sieht man es so, dann ist die Bußfeier nicht ein illegitimer Sproß am Baum der Bußgeschichte, sondern die – veränderte und umgestaltete – Wiederbelebung von Bußformen, die in der Kirchengeschichte schon einmal anerkannt und angeboten waren.

2) Eine wichtige Einsicht ist, daß die Änderungen in der kirchlichen Bußpraxis, die gar nicht zu bestreiten sind, durch die seelsorgliche Situation erzwungen wurden. Das ist gerade bei der Einzelbeichte besonders wichtig: Ursprünglich eine Nebenform der kirchlichen Buße, von den Amtsträgern argwöhnisch betrachtet, teilweise sogar von Synoden scharf verurteilt, wird sie schließlich *die* Form kirchlicher Buße in der Westkirche, seit dem IV. Laterankonzil 1215 für jeden katholischen Christen jährlich vorgeschrieben. Wer geschichtlich denken kann, der kann sich wohl vorstellen, daß es einst der Bußfeier hinsichtlich ihrer Anerkennung als sakramentaler Form der Buße ähnlich ergehen könnte.

3) Von großer Wichtigkeit ist der neu erwachte Zug zum *personalen Verständnis der Buße*, der sich vom mehr und mehr amtlich ritualisierten Bußvorgang des zweiten christlichen Jahrtausends wieder absetzt, dabei aber sachlich an die Situation in manchen Teilen der alten Kirche anknüpft. Eine von der Institution selbst anerkannte und getragene »Entinstitutionalisierung« der Buße scheint also sowohl vor der seelsorglichen Situation als auch vor der Bußgeschichte legitim und geraten.

4) Es kann selbstverständlich keine Rede davon sein, die Bußfeier zur *Alternative* der Einzelbeichte aufzubauen. Nicht um Alternative und Ersatz geht es, sondern um Ergänzung. Die Bußfeier kann gewisse abträgliche Elemente der Einzelbeichte auffangen, die Einzelbeichte kann helfen, daß die Bußfeier nicht am Ende zur Buße zu ermäßigten Preisen wird.

5) Auch und gerade im Licht der Bußgeschichte muß man die *Grenzen* der Bußfeier sehen und anerkennen. Die Bußfeier, selbst die sakramental anerkannte Bußfeier, ist nicht *die* Lösung aller Probleme zeitgemäßer kirchlicher Buße und Bußerneuerung. Wenn nur ein Ritual das andere ersetzt, hat man den Teufel durch Beelzebub ausgetrieben. Sowohl Einzelbeichte als auch Bußfeier können nur zur Erneuerung der Buße in der Kirche beitragen, wenn noch viele andere Formen der Buße, sakramentale und nichtsakramentale, hinzutreten. Vor allem die Umkehr- und Versöhnungsbereitschaft da, wo die Schuld geschehen ist und ich sie wirklich wieder gutmachen muß und sie mir nicht durch ein Ritual einfach vom Halse schaffen kann. Das Problem einer zeitgemäßen Reform des Bußsakramentes ist erst dann wirklich gelöst, wenn wir Formen der Auseinandersetzung und der Versöhnung zwischen Gemeinde und Sünder – und das heißt: zwischen Sündern und Sünder – finden, die auf der Höhe heutiger psychologi-

scher, soziologischer, anthropologischer und theologischer Einsichten in das Wesen und das Zustandekommen von Schuld und Schuldbewältigung stehen.

Literaturhinweise

Kirchenamtliche Texte:

Konzil von Trient, Dekret über das Sakrament der Buße, DS 1667–1715 = NR 641–674. (Vgl. auch Rechtfertigungsdekret, DS 1542f; 1579f = NR 812f; 847f)

Ordo Paenitentiae vom 2.12.1973, deutsch unter dem Titel: Die Feier der Buße, Freiburg-Einsiedeln 1974.

Beschluß: Schwerpunkte heutiger Sakramentenpastoral, in: Gemeinsame Synode der Bistümer in der Bundesrepublik Deutschland, Offizielle Gesamtausgabe, Freiburg 1976, I, 238–275, hier: 260–268; 272–274.

Sekretariat der Deutschen Bischofskonferenz (Hg.), Der Priester im Dienst der Versöhnung, Bonn (14. November) 1977.

Apostolisches Schreiben im Anschluß an die Bischofssynode: Reconciliatio et paenitentia, 2. Dezember 1984; deutsch: Verlautbarungen des Apostolischen Stuhls 60, hg. von der Deutschen Bischofskonferenz, Bonn 1984.

Historische Überblicke und Untersuchungen:

P. Anciaux, La Théologie du Sacrement de Pénitence au XIIe siècle, Louvain 1949.

P. Anciaux, Das Sakrament der Buße. Geschichte und Form der kirchlichen Buße, Mainz 1961.

H.-P. Arendt, Bußsakrament und Einzelbeichte. Die tridentinischen Lehraussagen über das Sündenbekenntnis und ihre Verbindlichkeit für die Reform des Bußsakramentes, Freiburg 1981.

O. Bayer, Promissio. Geschichte der reformatorischen Wende in Luthers Theologie, Göttingen 1971, 164–202.

I. W. Frank, Von der öffentlichen Kirchenbuße zur Privatbeichte, Wort und Antwort 14 (1973) 78–85.

H. Jorissen, Die Bußtheologie der Confessio Augustana. Ihre Voraussetzungen und Implikationen, Catholica 35 (1981) 58–89.

L. Klein, Evangelisch-Lutherische Beichte, Paderborn 1961.

B. Lohse, Die Privatbeichte bei Luther, KuD 14 (1968) 207–228.

B. Poschmann, Poenitentia secunda. Die kirchliche Buße im ältesten Christentum bis Cyprian und Origenes. Eine dogmengeschichtliche Untersuchung, Bonn 1940.

B. Poschmann, Buße und Letzte Ölung (HDG IV/3), Freiburg 1951.

K. Rahner, Schriften zur Theologie, 16 Bde., Zürich 1953–1984, bes. II, 143–183; VIII, 447–471 und Bd. 11 (ganz).

W. Schwab, Entwicklung und Gestalt der Sakramententheologie bei Martin Luther, Frankfurt am Main – Bern 1977.

H. Vorgrimler, Buße und Krankensalbung (HDG IV/3 [Neubearbeitung]), Freiburg 1978.

Aktuelle (systematisch-theologische, ökumenische, pastorale) Erschließung:

L. Bertsch (Hg.), Buße und Beichte, Frankfurt 1967.

K. Baumgartner (Hg.), Erfahrungen mit dem Bußsakrament, 2 Bde., München 1979.

Concilium 22 (1986) H. 2; 23 (1987) H.2.

Diakonia 4 (1969) H.4.

A. Exeler u. a., Zum Thema Buße und Bußfeier, Stuttgart 1971.

E. Gruber, Bußgottesdienste. Überlegungen und Modelle, München 1972.
B. Häring, Die große Versöhnung. Neue Perspektiven des Bußsakramentes, Salzburg 1969.
J. Imbach, Vergib uns unsere Schuld. Sünde, Umkehr und Versöhnung im Leben des Christen, Mainz 1978.
W. Kasper, Wesen und Formen der Buße. Gedanken zur Erneuerung der kirchlichen Bußpraxis, in: ders., Glaube und Geschichte, Mainz 1970, 311–329.
T. Koch, Schuld und Vergebung, Pastoral-Theologie 76 (1987) 280–296.
U. Kühn, Versöhnung feiern. (Evangelische) Anmerkungen zum (katholischen) Sakrament der Buße, ThLZ 108 (1983) 1–16.
K. Lehmann / W. Pannenberg (Hg.), Lehrverurteilungen – kirchentrennend? Rechtfertigung, Sakrament und Amt im Zeitalter der Reformation und heute, Freiburg – Göttingen 1986, 63–72.
O. H. Pesch, Bußandacht und Bußsakrament. Dogmatische Überlegungen zu einem pastoralen Problem, FZPhTh 19 (1972) 311–330.
O. H. Pesch, Buße konkret – heute, Zürich 1974.
Revue des sciences philosophiques et théologiques 52 (1968) 119–142: Crise et redécouverte du Sacrement de Pénitence (Literaturbericht).
A. K. Ruf, Sünde – Buße – Beichte. Werkbuch für die Verkündigung, Regensburg 1976.
J. Werbick, Schulderfahrung und Bußsakrament, Mainz 1985.
P. M. Zulehner, Umkehr: Prinzip und Verwirklichung. Am Beispiel Beichte, Frankfurt 1979 (Lit.).

DIE LEHRE VOM »VERDIENST« ALS PROBLEM FÜR THEOLOGIE UND VERKÜNDIGUNG

(1967)

Es scheint in der Theologie Begriffe und Gedanken zu geben, die allein dadurch, daß man sie ausspricht, gefährlich, wenn nicht gar in einem tieferen Sinn falsch werden – mögen sie auch in sich richtig sein oder doch richtig verstanden werden können. Ein solcher Begriff ist der des »Verdienstes«. Mehrfach in der Geschichte des christlichen Glaubens war der Verdienstgedanke Angelpunkt weitläufiger theologischer Kontroversen und wahrlich nicht unbedenklicher religiöser Praktiken. Die Auseinandersetzung um Pelagianismus und Semipelagianismus war wesentlich ein Kampf um die Verdienstlehre. Und der Frontalangriff der reformatorischen Theologie gegen den Verdienstgedanken zeitigt seine Auswirkungen bis heute. Luther konnte sein gesamtes Neuverständnis der Heilsbotschaft in der Verwerfung des meritum zusammenfassen[1], und bis zur Stunde können lutherische Theologen alle Vorwürfe gegen die katholische Gnadenlehre, vom Eudämonismus über die Selbstbehauptung des Menschen vor Gott bis zur Heilsungewißheit, im Protest gegen den Verdienstgedanken vereinen.[2]

[1] »[Iustitiarii] gratiam et vitam aeternam non volunt gratis accipere ab eo [sc. Deo], sed illa mereri suis operibus« (WA 40I,224,30: Großer Galaterkommentar, 1531, Druck 1535). »Impie philosophantur contra Theologiam..., qui dicunt, hominem faciendo quod in se est, posse meteri gratiam Dei et vitam« (39 I,176,21: Disputatio de homine, Januar 1536). »... Gott selber anbeut und spricht: Lieber, da hast du zweene wege für dir, nim und wele doch einen, wilt du lieber mein Gnade und ewige Seligkeit umb sonst haben geschenkt und heimgetragen one alle kost und arbeit oder mit deinen Wercken darnach stehen zuvordienen und doch nicht erlangen?« (28,746,28: Predigt über Dt 9, Dezember 1529). »... darumb lerne, wer lernen kan, das er bey leib keine verdienst noch eigen Gerechtigkeit suche, Ja mit keinem Werck zu schaffen habe, das er für Gott wolle bringen, sondern lauffe und fliehe dafur, als fur dem Teufel selber« (28,747,31: ebd.). »Si enim ex meritis res pendet, nunquam possumus esse certi, quando satis meritorum habeamus. Igitur periculo damnationis carere non possumus. Quid igitur movet Papistas, quod malunt operibus et meritis niti, quam promissione et gratia?« (43,178, 34: Große Genesisvorlesung, 1535–1545). Weitere das meritum ablehnende Texte: 39 I,104, 22 ff: Disputatio de iustificatione, Januar (Oktober?) 1535; 39 I,306, 14: Zirkulardisputation de veste nuptiali, Juni 1537; 40 III,444, 20: Kommentar zu den Gradualpsalmen, 1532–1533, Druck 1540; 18,769–771: De servo arbitrio, 1525.

[2] Einige Beispiele: E. Schott, Luthers Lehre vom servum arbitrium in ihrer theologischen Bedeutung, ZSTh 7 (1930) 399–430: 428; P. Althaus, Die Christliche Wahrheit. Lehrbuch der Dogmatik, Gütersloh [4]1958, 651–654; R. Hermann, Gesammelte Studien zur Theologie Luthers und der Reformation, Göttingen 1960, 66 f; 133 f; 341; H.-J. Iwand, Glaubensgerechtigkeit nach Luthers Lehre, München [3]1959, 45; Ders., Um den rechten Glauben. Gesammelte Aufsätze, München 1959, 28 f; W. Joest, Gnade Gottes. Dogmatisch, in: RGG[3], II (1958), 1640–1645: 1641; A. Peters, Glaube und Werk. Luthers Rechtfertigungslehre im Lichte der Heiligen Schrift, Berlin-Hamburg 1962, 19–21; 186 f; Ders.,

Distanzierung von der Verdienstlehre wird dem katholischen Bekenntnis zum sola gratia wie ein Schibboleth abgefordert, weil eine »synergistische« Heilslehre anders nicht ausgeschlossen werden könne.[3] Nach dem Vorgang Luthers[4] soll das nicht den neutestamentlichen *Lohn*gedanken aufheben, wohl aber den *Verdienst*gedanken, will sagen: die Entsprechung von Lohn und (Mit-)Leistung des Menschen. Es wird daraufhin lutherischerseits dem hochverehrten Jubilar [Michael Schmaus], dem diese Festschrift gewidmet ist, als besonderer Vorzug angerechnet, daß er in seiner Katholischen Dogmatik die Verdienstlehre außerordentlich knapp behandelt und damit schon durch die quantitativen Verhältnisse zu erkennen gibt, daß er das sachliche Gewicht dieses Lehrstückes nicht sehr hoch veranschlagt.[5]

Andererseits sieht sich die katholische Theologie um der unverkürzten Ausrich-

Reformatorische Rechtfertigungsbotschaft zwischen tridentinischer Rechtfertigungslehre und gegenwärtigem evangelischen Verständnis der Rechtfertigung, LuJ 31 (1964) 77–128: 125–127; [und jüngst J. Heinz, Justification and Merit. Luther vs. Catholicism, Berrien Springs, Michigan, 1984]. Vgl. auch die programmatischen Erklärungen bei H. Asmussen, Rom – Wittenberg – Moskau. Zur großen Kirchenpolitik, Stuttgart 1956, Schlußfragen; dazu die Entgegnung von H. Fries, Antwort an Asmussen, Stuttgart 1958, 84–95. – Als vorerst große Ausnahme unter den evangelischen Theologen darf das Urteil von U. Kühn gewertet werden, Via caritatis. Theologie des Gesetzes bei Thomas von Aquin, Berlin-Göttingen 1964/65, 216–218; 262f. Natürlich wird nicht selten ausdrücklich anerkannt, daß die katholische Theologie den Verdienstbegriff ganz von der Wirklichkeit der Gnade her deute; vgl. außer U. Kühn auch W. Joest, Rechtfertigung. Dogmengeschichtlich, in: RGG³, V (1961), 828–834: 831f; E. Kähler, Gnade Gottes. Dogmengeschichtlich, in: RGG³, II (1958), 1637–1640: 1639; G. Bornkamm, Der Lohngedanke im Neuen Testament, in: Studien zu Antike und Urchristentum (Gesammelte Aufsätze Band II), München ²1963, 69–92: 70 (geschrieben 1943!). Das hebt aber die Vorbehalte nicht auf. – Wie U. Kühn in bezug auf Thomas, so ist P. Brunner die große Ausnahme in der Beurteilung der Verdienstlehre des Tridentinums: Die Rechtfertigungslehre des Konzils von Trient, in: Pro veritate. Ein theologischer Dialog. Festgabe für Erzbischof L. Jaeger und Bischof W. Stählin. Hg. von E. Schlink und H. Volk, Münster-Kassel 1963, 59–96: 95f (geschrieben 1949!) [Abdruck in Ders., Pro Ecclesia. Gesammelte Aufsätze zur dogmatischen Theologie, 2 Bde., Berlin 1962/1966, II, 141–169].

[3] Vgl. aus der in Anm. 2 genannten Literatur vor allem J. Asmussen; zum Ganzen auch die subtile Studie von E. Wolf, Sola Gratia? Erwägungen zu einer kontroverstheologischen Formel, in: Peregrinatio. Studien zur reformatorischen Theologie und zum Kirchenproblem [Ges. Aufs., Bd. I], München ²1962, 113–134.

[4] Vgl. 18,692, 1–696, 34: De servo arbitrio, 1525. »Si dignitatem spectes, nullum est meritum, nulla merces... Si sequelam spectes, nihil est, sive bonum, sive malum, quod non suam mercedem habeat« (18,693, 38; 694, 5).

[5] So bei W. Joest, Die tridentinische Rechtfertigungslehre, in: KuD 9 (1963) 41–69: 59. Auch sonst wird von W. Joest aaO., passim, die Nähe der Schmaus'schen Darstellung der Gnadenlehre zu evangelisch-lutherischen Vorstellungen nachdrücklich gewürdigt – bis hin zu vorsichtigen Zweifeln gar, ob M. Schmaus noch vollauf katholisch denke! Vgl. ebenso P. Althaus, Christliche Wahrheit, 653f; E. Wolf, aaO., 125. Bei M. Schmaus: Kath. Dogmatik, III/2, § 221. [Noch knapper jetzt in Ders., Der Glaube der Kirche, 2. Aufl. 6 Bde. in 13, St. Ottilien 1979 – 1982, VI/1, 326 – 338. 327: »Im übrigen ist jedoch die Frage heute nicht vordringlich.« – Dieselbe Tendenz wird jetzt gleichsam zwischenkirchlich-halboffiziell festgestellt in: K. Lehmann/W. Pannenberg (Hg.), Lehrverurtei-

tung der Heilsbotschaft willen mit einer nachgerade hilflosen Beharrlichkeit an den Verdienstgedanken gebunden, ob sie auf die lutherischen Einwände immer eine überzeugende Antwort hat oder nicht. Die entscheidende Voraussetzung dabei ist die Überlegung, daß der Begriff »Lohn«, soll er ernst gemeint sein, den Begriff des »Verdienstes« impliziert, so daß, wer den letzteren ausschließt, den ersteren nicht aufrechterhalten kann. So urteilen ausdrücklich Rivière[6], gestützt auf Bellarmin[7] und Thomas von Aquin[8]; so urteilt im Grunde schon Tertullian, der als erster eine Theologie des meritum ausarbeitet.[9] In der Heiligen Schrift, im Neuen Testament, sagt man, werden ausdrücklich Werke gefordert, und zwar als Voraussetzung des jetzigen und endgültigen Heilsempfangs; genau entsprechend diesen Werken wird der Mensch von Gott gerichtet. Der Begriff »Verdienst« ist dann doch nichts anderes als eine Abbreviatur dieser Zusammenhänge. Er ist nicht um der Freiheit der Gnade Gottes willen *aufzugeben*, sondern zu ihr in die rechte (und gewiß paradoxe) *Beziehung* zu setzen, was dann am besten gelungen ist, wenn, entgegen allem lutherischen Pathos der Diskontinuität, zwischen Gnade und Verdienst perfekte Harmonie waltet. Wie es nach durchschnittlicher katholischer Auffassung in den klassischen Ausformungen der Verdienstlehre (Augustinus, Thomas, Duns Scotus, Tridentinum) der Fall ist!

Ist also in der Debatte um das Verdienst überhaupt noch vorwärtszukommen? Wir möchten dazu eine mehrgliedrige These aufstellen und durch die folgenden Ausführungen zu erhärten suchen:

1. Die Verdienstlehre hat mindestens in *einer* ihrer klassischen Gestalten, nämlich der des Thomas von Aquin, nicht das (Mit-)Wirken des *Menschen* zum Thema, sondern die Teleologie der Gnade *Gottes*; sie ist nicht anthropozentrisch, sondern theozentrisch gewendet.
2. Selbst noch in dieser Gestalt, erst recht in allen anderen Gestalten, ist die Verdienstlehre *als solche*, unbeschadet ihrer langen Tradition und ihrer Bestätigung durch das Trienter Konzil, nicht unverzichtbares Glaubensgut, sondern ein Theologumenon, das ohne Verkürzung der Heilsbotschaft entfallen bzw. durch bessere Theologumena und Analogien ersetzt werden kann.
3. In keiner ihrer Gestalten darf die Verdienstlehre Thema der Verkündigung oder der moralisch-aszetischen Paränese werden.
4. Bewähren sich diese Behauptungen, dann ergibt sich als nicht unwesentliche Nebenfolge, daß der interkonfessionelle Streit um das meritum eingestellt werden darf und sollte.

lung – kirchentrennend? I: Rechtfertigung, Sakramente und Amt im Zeitalter der Reformation und heute, Göttingen – Freiburg 1986, 73f.]

[6] J. Rivière, Mérite, in: DThC, X,1 (1928), 574–785: 577: »... quand on prend le mérite, ainsi que le demande la logique, au sens d'une valeur morale dont le droit à la sanction est tout à la fois le signe et la conséquence«.

[7] »Merces et meritum relativa sunt« (Bellarmin, De justificatione, lib. 5, cap. 2: Opera, Paris 1873, tom. VI, 344).

[8] »Meritum et merces ad idem referuntur« (STh I–II 114, 1 c.).

[9] Vgl. die diesbezüglichen Ausführungen w. u.

Zur Erhärtung unserer These versuchen wir zunächst einen Blick auf die wichtigsten dogmengeschichtlichen Stationen der Verdienstlehre.[10] Anschließend ziehen wir daraus systematische Konsequenzen.

[10] Wir gehen nicht auf *alle* Detailfragen der Verdienstlehre ein, sondern nur auf solche, die für die Erhärtung unserer These wichtig sind. – Eine zugleich historische und systematische Monographie über das Verdienstproblem liegt aus jüngster Zeit nicht vor. Die materialreichste und umfassendste Darstellung, zugleich die jüngste unter den älteren Monographien, ist immer noch der schon genannte Artikel von J. Rivière (s. Anm. 6) – die neuesten Lexikonartikel fußen in ihrem dogmengeschichtlichen Teil erkennbar auf dem französischen Vorgänger, etwa RGG³, VI (1962), 1266–1270 (E. Schott); LThK², X (1965), 677–680 (A. Forster). Über die einzelnen Stationen der Geschichte der Verdienstlehre als solche sind wir aber aus neuerer Zeit trotz mancher Lücken (und immer zu erwartender Kritik im einzelnen) ziemlich gut unterrichtet. Folgende Arbeiten dienen uns im Folgenden als Grundlage des geschichtlichen Durchblicks: G. Bornkamm, Der Lohngedanke (s. Anm. 2); J. Schmid, Der Lohngedanke im Judentum und in der Lehre Jesu, in: RNT, I, Regensburg ⁴1959, 287–294; W. Pesch, Der Lohngedanke in der Lehre Jesu, verglichen mit der religiösen Lohnlehre des Spätjudentums, München 1955; A. M. Landgraf, Dogmengeschichte der Frühscholastik, I/1, Regensburg 1952, 141–201; 238–302; I,2, Regensburg 1953, 75–110; J. Auer, Die Entwicklung der Gnadenlehre in der Hochscholastik. 2 Bde., Freiburg 1942/51, bes. II, 58–202; W. Dettloff, Die Lehre von der acceptatio Divina bei Johannes Duns Scotus mit besonderer Berücksichtigung der Rechtfertigungslehre, Werl 1954; Ders., Die Entwicklung der Akzeptations- und Verdienstlehre von Duns Scotus bis Luther mit besonderer Berücksichtigung der Franziskanertheologen, Münster 1963; L. Grane, Contra Gabrielem. Luthers Auseinandersetzung mit Gabriel Biel in der Disputatio contra scholasticam theologiam 1517, Gyldendal (Dän.) 1962; H. A. Oberman, Spätscholastik und Reformation. Bd. I: Der Herbst der mittelalterlichen Theologie, Zürich 1965 (engl.: The Harvest of Medieval Theology. Gabriel Biel and Late Medieval Nominalism, Cambridge [Mass.] 1963); Ders., Das tridentinische Rechtfertigungsdekret im Lichte spätmittelalterlicher Theologie, ZThK 61 (1964) 251–282; H. Jedin, Geschichte des Konzils von Trient. II, Freiburg 1957, 139–164; 201–268; A. Forster, Gesetz und Evangelium bei Girolano Seripando, Paderborn 1963, 96–123. Speziell für Luther im Vergleich mit Thomas dürfen wir hinweisen auf unsere Untersuchung: Theologie der Rechtfertigung bei Martin Luther und Thomas von Aquin. Versuch eines systematisch-theologischen Dialogs, Mainz 1967 [²1985], 317–322; 771–789. Aus LThK², X 680, entnehmen wir den Hinweis auf M. Flick - Z. Alszeghy, Il vangelo della grazia, Florenz 1964, 638–683; das Werk war uns leider nicht zugänglich. [Eine Liste der neueren Veröffentlichungen zum Thema seit 1967 nähme beträchtlichen Umfang in Anspruch. Daher genüge der Hinweis auf Literatur [und den sachlichen Durchblick] bei O. H. Pesch/A. Peters, Einführung in die Lehre von Gnade und Rechtfertigung, Darmstadt 1981, 24; 55–63; 103–107; 110–118; 199–208; O. H. Pesch, Frei sein aus Gnade. Theologische Anthropologie, Freiburg 1983, 389–403 – und der erneute Hinweis auf die jüngste Untersuchung von J. Heinz (s. Anm. 2); und auf H. A. Oberman, The Dawn of the Reformation. Essays in Late Medieval and Early Reformation Thought, Edinburgh 1987. Zur Exegese und Exegese-Geschichte vgl. U. Wilckens, Der Brief an die Römer I (EKK VI/1), Zürich-Neukirchen 1978, 127–137; 142–153; 203–233.] – Es sei eigens vermerkt, daß wir uns bei den genannten Arbeiten nur auf das erhobene historische Material stützen. Die systematischen Aprioris, die nicht selten – vor allem bei J. Rivière und A. Landgraf – die Untersuchung leiten und das Urteil bestimmen, möchten wir gerade nicht teilen, sondern überwinden.

I. Dogmengeschichtlicher Durchblick

1. *Die Lehre des Neuen Testamentes*

Das Neue Testament desavouiert allerdings fürs erste gerade die Überlegung, von der die katholische Verdienstlehre herkömmlicherweise ausgeht: daß der Lohngedanke den Verdienstgedanken logisch notwendig einschließt. Diese Überlegung deckt sich nämlich mit der nur von wenigen Rabbinen zuweilen durchbrochenen Grundvorstellung des Spätjudentums in Sachen des Lohngedankens – wenngleich anzuerkennen ist, daß sie auf christlichem Boden in der Praxis nie solch grobe Lohnrechnerei zur Folge hatte wie dort.[11] Die *Lohnlehre Jesu* und des Neuen Testamentes aber ist eine einzige Absage an diese Grundvorstellung. Darüber herrscht in den jüngsten und repräsentativsten exegetischen Stellungnahmen von katholischer und evangelischer Seite, nämlich in den Arbeiten von W. Pesch und G. Bornkamm, volle sachliche Übereinstimmung.[12] Die Absage an die spätjüdische Lohnlehre erfolgt bei Jesus selbst allerdings dergestalt, daß er ihre Gedankenwelt und ihr Begriffsmaterial weitestgehend übernimmt – wie es geschickter Pädagogik entspricht. Die Parallelstellen nicht mitgezählt, begegnet das Wort μισθός bei den Synoptikern zwölfmal, immer im Munde Jesu, und zwar meistens im Sinne eines göttlichen Lohnes an den Menschen (Mk 9,41; Mt 5,12; Lk 6,33–35; Mt 6,1.2.5.16; 10,41). Mit größter Unbefangenheit spricht Jesus in den damals geläufigen Bildern der Vergeltungslehre,

[11] Zum Lohndenken »kaufmännischen« Stils im Judentum vgl. etwa Tob 4,8–12. Ferner den rabbinischen Text, den W. Pesch, aaO., 5 Anm. 24 zitiert: »Meine Väter haben Schätze für unten gesammelt, ich habe Schätze für oben gesammelt... Meine Väter haben Schätze gesammelt, die keine Zinsen tragen, ich habe Schätze gesammelt, die Zinsen tragen« (H. Strack/P. Billerbeck, Kommentar zum Neuen Testament aus Talmud und Midrasch. Hg. von H. L. Strack. München 1922ff, I, 430). – Angesichts der Erhebungen bei A. Landgraf, aaO., II, 75–110, über die frühscholastische Diskussion um das »Verdienstquantum« sollte man allerdings die »Überlegenheit« mancher »christlichen« Praxis nicht zu sehr hochspielen. Es ist übrigens befremdend, daß A. Landgraf gegenüber diesen Spekulationen offensichtlich keinerlei Hemmung empfindet und in ihnen in schöner Folgerichtigkeit die rechte katholische Lehre vom Verdienst sich herausbilden sieht.

[12] S. die in Anm. 10 genannten Arbeiten. Die kleinen Kontroversen (W. Pesch, 11 Anm. 11; 133 Anm. 3; dagegen G. Bornkamm, 89f Anm. 31) beruhten auf terminologischen Mißverständnissen. Genüßlich wird der Lehrer J. Schmid gegen den Schüler W. Pesch von G. Bornkamm, aaO., ausgespielt. Umgekehrt ergeben sich bei W. Pesch unter dem Zwang der Texte fast wie von selbst geradezu »lutherische« Formulierungen, auch sie von Bornkamm mit Befriedigung vermerkt: »Jesus sagt den Pharisäern [sc. in der Parabel Mt 20,1–15] auf ihre Vorwürfe: Wer gegen die schenkende Liebe Gottes murrt, verkennt die wesentlichen Eigenschaften des göttlichen Handelns und greift überdies die Souveränität Gottes an, den er in ein Verdienst-Lohn-Schema [!] zwängen will« (W. Pesch, aaO., 12). »So steht die Parabel in scharfem Gegensatz zur Lohn- und Verdienstrechnerei [!] -« (W. Pesch, aaO., 22, zu Lk 17,10). Vgl. ferner die Zusammenfassung bei W. Pesch, aaO., 119 u.ö.; oder man halte das Bultmannzitat bei G. Bornkamm, aaO., 81 Anm. 18: »Jesu Haltung ist in der Tat paradox: er verheißt denen Lohn, die gehorsam sind nicht um des Lohnes willen«, mit der Darstellung der Reaktion Jesu gegen den Egoismus der spätjüdischen Lohnlehre bei W. Pesch, aaO., 3–5.

vom »Schatz im Himmel« (Mt 6,19–21)[13], vom »Joch« als Bild für religiös-sittliche Pflichten (Mt 11,28 ff), vom »Sitzen auf zwölf Thronen« zur Herrschaft über Israel als Lohn für die Apostel (Mt 19,28), vom doppelten Maß der Gerechtigkeit und Barmherzigkeit im Endgericht (Mt 6,12. 14f; 7,1 ff; 18,23 ff). Die für die Lohnlehre wichtigen Gleichnisse vom Hausbau (Mt 7,24 ff), von der Wahl der Plätze (Lk 14,7 ff), und die Rede vom Weltgericht (Mt 25,31 ff) haben spätjüdische Parallelen. Jesus empfiehlt ausdrücklich Frömmigkeitsübungen, die in der jüdischen Lohnlehre eine große Rolle spielten (Mt 6,1–6. 16–18). Es kann auch keinem Zweifel unterliegen, daß nach der Lehre Jesu Gottes Gericht jeden Menschen gemäß seinen Werken ereilt, daß auf jeden Fall die Strafe für die Bösen wahrhaft »verdient« ist und daß der Empfang des Lohnes die sittliche Anstrengung des Menschen voraussetzt.[14] Aber eben, nur die *Strafe* ist »verdient«, nicht der *Lohn*.[15] Denn einmal ist Gott nicht Schuldner des Menschen: Das Verhältnis des Menschen zu Gott ist nicht das des Mietarbeiters zum Arbeitgeber, sondern das des Sklaven zu seinem Herrn. Der Sklave ist totales Eigentum des Herrn (deshalb kann er nicht *zwei* Herren dienen: Mt 6,24), der Herr kann seine Arbeitskraft völlig beanspruchen, der Sklave kann daraus keinerlei Anspruch ableiten, tut er doch nur das Selbstverständliche (Lk 17,7–10). Von ihm gilt, im Gegensatz zum Mietarbeiter, gerade *nicht*, daß jeder Arbeiter seines Lohnes wert ist (Lk 10,7). Natürlich kann der Herr seine Knechte einmal »belohnen« (Mt 25,14 ff; Lk 12,35 ff; 19,11 ff), aber die Überschwänglichkeit und die Besonderheit des Lohnes (»ich will dich über vieles setzen«: erhöhter Vertrauensbeweis) zeigen zugleich, daß es sich bei dieser *Belohnung* nicht um eine dingliche *Entlohnung* handelt.

Das Zweite: Selbst wenn es um Gott und Mensch von Grund auf anders stünde, so wäre immer noch zu sagen, daß alles mögliche Verdienst vor Gott längst verwirkt ist durch die Sünde, und das gilt für *alle* Menschen, wie Jesus besonders angesichts der verbreiteten Bezugsetzung zwischen irdischem Unglück und Sünde einerseits sowie irdischem Wohlergehen und Verdienst andererseits betont (Lk 13,1–5). Daher bringt Jesus jenen Menschen Seligpreisung und Lohnverheißung, die ihre Misere, ihre Angewiesenheit auf Gottes Erbarmen und ihre Bereitschaft, daraus gegenüber anderen Menschen in Vergebung und Barmherzigkeit die Konsequenzen zu ziehen, zum Fundament ihrer Frömmigkeit machen (Mt 5,3 ff: Makarismen; 18,23 ff: Gleichnis vom unbarmherzigen Knecht; Lk 18,9–14: Pharisäer und Zöllner; u. a.).

Das Dritte: Der Lohn wird gerade denen verheißen, die *nicht* um seinetwillen,

[13] Eine geradezu »gefährliche« Übernahme, wie der in Anm. 11 zitierte rabbinische Text zeigt! – Jesus verschmäht nicht einmal das Klugheitsargument: Wollt ihr einen Schatz, der verdirbt, oder einen der nicht verderben kann?

[14] Mit Recht stellt G. Bornkamm, aaO., 73 mit Nachdruck fest, daß der Gerichtsgedanke die unübersteigbare Grenze aller autonomen Ethik ist, die das Gute nur um seiner selbst willen tun will. Dahinter kann sich sogar eine grenzenlos hochmütige Selbstbehauptung des Menschen gegenüber dem personal fordernden Gott tarnen.

[15] Das ergibt sich aus dem genauen Vergleich der Texte; vgl. bei W. Pesch, aaO., 50–52. Über Röm 6,23, einen Text, der neben anderen in der Folgezeit immer wieder zu einer Art Fußangel optimistischer Verdiensttheorien wurde, ist diese Grundtatsache des Neuen Testaments in der Geschichte der Verdienstlehre präsent und wirksam geblieben.

sondern selbstlos gut handeln, wie schon aus den Ausführungen der Bergpredigt (gerade mitten in den *an sich empfohlenen* jüdischen Frömmigkeitsübungen: Mt 6,1 ff), vor allem aber aus der großen Bildrede vom Weltgericht (Mt 25, 31 ff) hervorgeht: Der Umstand, daß die Gerichteten an Lohn gar nicht denken *konnten*, weil sie um den objektiven Bezug ihres Tuns zu Jesus nicht wußten – es wird hier von der Heilsmöglichkeit *aller* Menschen, nicht nur der Juden geredet –, erbringt hier einen besonders reinen Modellfall dessen, worauf es im Handeln des Jüngers Christi ankommt: selbstloses barmherziges Dienen.

Will man sich aber, viertens, unter allen Umständen das Verhältnis zwischen Gott und Mensch nach dem Muster des gerechten Arbeits- und Lohnvertrages vorstellen, so erklärt Jesus ohne Umschweife, daß dann das Handeln Gottes völlig unverständlich wird, denn Gott *durchbricht* geradezu provozierend die Prinzipien irdischer zwischenmenschlicher Gerechtigkeit. Das wird besonders deutlich in den Gleichnissen vom gütigen Arbeitsherrn (Mt 20,1–15)[16], vom liebevollen Vater (Lk 15,11–32), vom verlorenen Schaf (Lk 15,4–7), von den Drachmen (Lk 15,8–10) und in der Beispielerzählung vom Pharisäer und Zöllner. »Dem Gott der juristisch gedachten Gerechtigkeit, der für jede Sünde Strafe, für jede Leistung Lohn geben muß, dem Partner des Menschen, der wie dieser an die Tora gebunden ist, dem vergeltenden Gott der Pharisäer und des späten Judentums stellt Jesus den Gott der Barmherzigkeit und der überfließenden Gnade gegenüber. Gott sagt Ja zu dem Sünder, der jede menschliche Hoffnung fallen läßt.«[17]

Zusammengehalten und im tiefsten begründet sind Jesu Aussagen über Gottes Vergeltung dadurch, daß das Thema seiner Lehre vom Lohn zugleich das Thema seiner ganzen Verkündigung ist: die Königsherrschaft Gottes.[18] Die Aufnahme in die Königsherrschaft Gottes, damit letztlich Gott selbst, ist der Lohn, nicht eine dingliche Abfindung. Der Lohn ist daher eschatologisch, nicht innergeschichtlich; er ist transzendent, nicht irdischen Verhältnissen gemäß; er wird individuell gewährt, nicht etwa aufgrund der Zugehörigkeit zum auserwählten Volk; er ist nicht eine Sache, sondern personal, d. h. er besteht in der Gemeinschaft mit Gott. Eben deshalb kann er, wie die Gottesherrschaft selbst, unbeschadet seines eschatologischen Charakters, schon jetzt beginnen, zwar unter Verfolgung und Trübsal, aber dem Glauben erfahrbar. *Daher* zuletzt ist der Lohn überschwänglich, denn die Königsherrschaft Gottes ist mit keinen Möglichkeiten dieser Welt zu verdienen, zu erobern, zu berechnen. Die Entscheidung fällt eben damit nicht an der Tora, sondern an der Stellungnahme zu Jesus, zu seiner Botschaft von der anbrechenden Herrschaft Gottes, die Freudenkunde, Gabe *und* Ruf zur Umkehr in Denken und Leben *zugleich* ist.

[16] Die von G. Bornkamm, aaO., 83–88, diskutierten, auch von W. Pesch, aaO., 11 Anm. 11 scharf abgelehnten katholischen Deutungen der Parabel sind zu deutlich von dem Bemühen gezeichnet, eine bestehende Systematik der Verdienstlehre exegetisch zu rechtfertigen. Es fragt sich, wessen Schuld dabei größer ist, die der Systematiker oder die der Exegeten!

[17] W. Pesch, aaO., 16 f.

[18] Hierzu ist der Gesamtbefund bei G. Bornkamm und W. Pesch zu überblicken, vgl. bei G. Bornkamm bes. 77–79; bei W. Pesch bes. 122–131.

Es kann somit nicht zweifelhaft sein: Jesu Lohnlehre durchbricht die behauptete Implikation des Verdienstgedankens im Lohngedanken.[19] Im übrigen Neuen Testament bleibt es zwar beim »Gericht nach den Werken«[20], aber ebenso beim Ausschluß jeglichen Verdienstes. Schon der Begriff »Lohn« begegnet außerhalb der palästinensischen Umgebung, vor allem also bei *Paulus* und *Johannes*, kaum noch.[21] Was bei Jesus »Lohn« heißt, das heißt bei Paulus Lob Gottes (Röm 2,27ff; 13,3; 1 Kor 4,5), Ehre (Röm 2,7), Gottes Herrlichkeit (Röm 5,2), Gerechtigkeit (Gal 5,5), Kranz, Krone, Siegespreis (1 Kor 9,25; 9,24; Phil 3,14; vgl. auch 2 Tim 4,7. 8; Apk 3,11). Was den Eintritt in das neue Gottesverhältnis betrifft, so steht alles unter dem ehernen Vorzeichen des Satzes: »Dem aber, der Werke tut, wird der Lohn nicht angerechnet nach Gnade, sondern nach Schuldigkeit. Wer jedoch keine Werke tut, sondern an den glaubt, der den Sünder rechtfertigt, dem wird angerechnet sein Glaube zur Gerechtigkeit (Röm 4,4f). »... wenn aber durch Gnade, dann nicht aufgrund von Werken, sonst wäre Gnade nicht mehr Gnade« (Röm 11,6). Alle sittliche Forderung jedoch, die erhoben wird, alle »Früchte des Geistes« (Gal 5,22), die nicht ausbleiben dürfen und auf die das »Gericht nach den Werken« antwortet, stehen unter der paradoxen Überschrift: »Wirkt mit Furcht und Zittern euer Heil, *denn Gott ist es,* der in euch das Wollen und Vollbringen bewirkt zu seinem Wohlgefallen« (Phil 2,12f): *Weil* Gott Wollen und Vollbringen wirkt, gilt es nun nicht, Gott mit Werken aufzuwarten, die wir aus uns selbst vollbracht hätten, sondern nur furchtsam darauf zu achten, daß wir aus dem Gotteswerk nicht herausfallen.[22]
Soviel kann schon vorweg gesagt werden: Jede mögliche Verdienstlehre kann nur unter der Bedingung legitim sein, daß sie die vom Neuen Testament zurückgewiesene Vorstellung von einer Verhältnisgleichheit zwischen des Menschen Werk und Gottes Lohn nicht nachträglich wieder aufrichtet. Indes fragt es sich vorerst, wie es angesichts dieser biblischen Lehre überhaupt noch einmal zu einer »Verdienstlehre« kommen konnte.

2. Von den Apostolischen Vätern bis zur Hochscholastik

In der Tat ist zunächst für fast zwei Jahrhunderte von einer »Verdienstlehre« keine Rede. Die *Apostolischen Väter*, die *Apologeten*, die *Antignostiker* – vor allem Irenäus – betonen, je nach Absicht und theologischem Zusammenhang[23],

[19] »So bleibt es dabei, daß dieses Gleichnis [sc. das vom gütigen Arbeitsherrn] gerade auf dem Hintergrund menschlicher Begriffe von Gerechtigkeit, Lohn und Leistung das Wunder göttlicher Gerechtigkeit und Güte bezeugt und den Lohngedanken endgültig von dem Verdienstgedanken trennt« (G. Bornkamm, aaO., 88). Vgl. die Zitate aus W. Pesch in Anm. 12.

[20] Vgl. Mt 5,12. 19; 25,14ff; Lk 16,19ff; Röm 2,1ff; 1 Kor 3,14f; 2 Kor 5,10; 1 Tim 4,8; 2 Tim 4,8; Hebr 10,35; 11,6. 26; Apk 11,18; 22,12; u.a.

[21] Die Stellen sind: Röm 4,4; 1 Kor 3,8; 9,17f; Jak 5,4; 2 Joh 5,8; Jud 11; Apk 11,18; 22,12.

[22] Vgl. G. Bornkamm, aaO., 91f.

[23] Die apostolischen Väter mehr unter seelsorglichem, die Apologeten mehr unter spekulativem Interesse.

die Bezogenheit der Werke auf Lohn und Strafe.[24] Auffällig ist, daß die Paradoxität des *Lohnes*, gerade im *Unterschied* zur durchaus »gerechten« *Strafe*, nicht so scharf im Blick steht, wie in den Schriften des Neuen Testamentes. Dafür begegnen wir vor allem bei Irenäus[25] dem Hinweis auf die menschliche Freiheit als Voraussetzung und Ermächtigung zur Entscheidung für jene Werke, die den Lohn eintragen – ein Problem, das in den Entscheidungsforderungen der Schrift zwar irgendwie impliziert, aber in keiner Weise reflektiert, nun aber im Klima der spätantiken Philosophie thematisch und überhaupt der Motor jener Entwicklung wird, in der aus dem umfassenden Gnadenbegriff der Schrift ein formalisierter Gnadenbegriff und damit eine »spezielle Gnadenlehre« entsteht. Gelegentlich und ohne Technizität fällt bei Irenäus auch das Wort mereri (meritus), und zwar beschränkt auf die Strafe des Bösen; sowohl für Gute als auch für Böse wird das Wort dignus gebraucht.

Schöpfer einer thematischen Verdiensttheorie ist *Tertullian*. Mancherlei Gründe mögen dabei maßgeblich sein: Abwehr der Angriffe des Marcion auf den Gott des Alten Testamentes, aszetischer Rigorismus, angeborene Hochschätzung römischen Rechtsdenkens – jedenfalls liegt in Tertullians Verständnis des Evangeliums aller Akzent darauf, daß Gott sein Gesetz offenbart und sein Gericht angekündigt hat ad utriusque meriti dispunctionem.[26] Nicht Handeln aus Lohnsucht soll damit legitimiert werden. Gut sein heißt ohne Rücksicht auf Eigennutz den

[24] Didache, 1–6. 16; Klemens von Rom, Brief an die Korinther, 10,7; 11,1; 33,8; 34,3; die Absicherungen: 30,3. 6; 32,4; 40,1f; Ignatius von Antiochien, Brief an die Magnesier,4; an die Römer,3,2; an die Epheser, 11,1; an Polykarp, 1,3; an die Smyrnenser, 9,2; an die Trallenser, 12,3; an die Philadelphier, 8; Polycarp, Brief an die Philipper, 2,1; 5,2; 6,3; 8,1; Hirt des Hermas, Similitudines, 2,5; 3,3; 5,2; 10,4; Mandata, 4,4; 12,3–5 (alles Nötige zu den verschiedenen Ausgaben der genannten Väter ist zu finden bei B. Altaner, Patrologie, Freiburg [5]1958 [jetzt: B. Altaner/A. Stuiber, Patrologie, Freiburg [8]1978]; viele Zitate bei J. Rivière, aaO., 614–617). Justinus, Dial., 88: PG 6,685–688; Apol. I,10: PG 6,340–341; I,43: 392f; II,7: 456; II,14: 468; Irenäus: »Liberum eum [sc. hominem] fecit Deus ab initio... Posuit autem in homine potestatem electionis..., uti hi quidem qui obedissent iuste bonum sint possidentes, datum quidem a Deo, servatum vero ab ipsis. Qui autem non obedierunt iuste non invenientur cum bono et meritam poenam percipient« (Adv. haer., 4,37,1: PG 7, 1099). »Gratuito quidem donat in quos oportet, secundum autem meritum dignissime distribuit adversus ingratos et non sentientes benignitatem eius iustissimus retributor« (ebd., 4,36,6: 1096). »Qui ergo regnum praeparavit iustis Pater, in quod assumpsit Filios eius dignos, hic et caminum ignis praeparavit in quem dignos mittent... angeli« (4,40,2:1113). »...iusto iudicio Dei ad omnes aequaliter perveniente et in nullo deficiente... Unus et idem Pater manifestissime ostenditur... praeparans utrisque quae sunt apta, quemadmodum et unus iudex utrosque in aptum mittens locum« (ebd., 5,24, 2: 1187). »... omnibus divisum esse a Patre secundum quod quis est dignus aut erit« (ebd., 5,36,1–2: 1222f). – Hinweis auf die menschliche Freiheit auch schon bei Justinus und im Hirten des Hermas.

[25] Vgl. die Texte in Anm. 24.

[26] Tertullian, Apologeticum, 18: PL 1, 434f.

Willen Gottes erfüllen.[27] Dennoch stellt sich für Tertullian das Verhältnis des Menschen zu Gott als ein überschaubares Rechts- und gar »kaufmännisches« Verhältnis dar: Der Gute hat Gott zum Schuldner, der Böse ist Schuldner Gottes, falls er nicht durch Buße »kompensiert«.[28] Aber auch unter den Guten gibt es dem Grad der Gutheit proportional entsprechende Belohnung.[29] Ursprungsgrund des Verdienstes im Menschen ist seine Freiheit, die Tertullian zuweilen geradezu gegen vermeintliche Überwältigung durch das Wirken Gottes verteidigen zu müssen glaubt – wobei sich quantifizierende, zwischen Gott und des Menschen Wirken aufteilende Formulierungen ergeben.[30] Dabei betont Tertullian aber, daß kein gutes, also verdienstliches Werk ohne Gnade möglich ist.[31]

Die Gedanken Tertullians werden aufgenommen von *Cyprian*, der allerdings mehr als jener die Prävalenz der Gnade herausstellt, und dies zuweilen bereits in ganz augustinisch klingenden Formulierungen.[32]

Der *Osten* hat weder gleichzeitig noch später jemals die mit Tertullian beginnende Systematisierung der Verdienstlehre mitvollzogen. Wie die Apostolischen Väter verblieben die Theologen und Väter der Ostkirche dabei, die Notwendigkeit der Werke zu betonen und vom je zukommenden Lohn der Guten und der Bösen zu sprechen. Die große Ausnahme dieser Lehrtradition – deren Einzelheiten wir hier übergehen müssen – ist *Origenes*. Einerseits spricht er von der gerechten Vergeltung im Gericht in Formulierungen, die seinem lateinischen Übersetzer Rufinus wie von selbst das Wort meritum in die Feder fließen las-

[27] »Neque enim quia bonum est auscultare debemus, sed quia Deus praecepit. Ad exhibitionem obsequii prior est maiestas divinae potestatis, prior est auctoritas imperantis quam utilitas servientis« (De poenitentia, 4: 1344).

[28] »Bonum factum Deum habet debitorem [!], sicuti et malum, quia iudex omnis remunerator est causae« (ebd., 2: 1340). »Poenitentiae compensatione [!] redimendam proponit [sc. homo] impunitatem« (ebd., 6: 1347). Hier kommt Tertullians Satisfaktionslehre ins Spiel.

[29] »Quomodo multae mansiones apud Patrem si non pro varietate meritorum? Quomodo et stella a stella distabit in gloria nisi pro diversitate radiorum?« (Scorpiace, 6: PL 2, 134). »Par factum par habet meritum« (De Poen., 10: PL 1, 1376). »Maiora certamina maiora sequuntur praemia« (Ad Scapulam, 4: PL 1, 782).

[30] »Non est boane et solidae fidei sic omnia ad voluntatem Dei refere... ut non intelligamus esse aliquid in nobis ipsis« (De exhortatione castitatis, 2: PL 2,915). »Quaedam enim sunt divinae libertatis, quaedam nostrae operationis« (Ad uxorem, 1,8: PL 1,1400).

[31] Vgl. De anima, 21: PL 2,684f; De poenitentia,1: ebd. 1361.

[32] Texte bei J. Rivière, aaO., 623f, und bei M. Schmaus, Dogmatik, III,2 §221, IV. Ein »augustinischer« Text vor Augustinus: »[Deus] adiuvat dimicantes, vincentes coronat, retibutione bonitatis ac pietatis paternae remunerans in nobis quidquid ipse praestitit et honorans quod ipse perfecit« (Epistola 76,4).

sen[33]; sogar das »kaufmännische« Begriffsfeld fehlt nicht[34]; eben deshalb verteidigt er lange und ausführlich die menschliche Freiheit.[35] Andererseits durchkreuzt Origenes diese Position gelegentlich der Erklärung von Röm 4,4; 6,23; 8,18; 10,38 durch Formulierungen, die jedes Verdienst ausschließen wollen, weil alles, was als menschliches Verdienst angesprochen werden mag, in Wirklichkeit Gnade Gottes ist. [36] Origenes hat keine theoretische Lösung dieser Divergenz seiner Ausführungen zum Wert der menschlichen Werke gegeben. Aber er hat scharfsinnig genau das Problem formuliert, dem jede Verdienstlehre standhalten muß, dem die Lehre Tertullians *nicht* standhielt und mit dem alle Verdiensttheorien der Folgezeit von Augustinus bis zum Tridentinum sich auseinandersetzen mußten. Und er hat es gestellt eben anhand jener neutestamentlichen Texte (vor allem Röm 6,23), die, weil sie die Paradoxien neuestamentlicher Lohnlehre in sich sammeln, sich immer wieder einer zu üppig ins Kraut schießenden Verdienst-Theologie warnend in den Weg stellten.

Die nächste große Zeit der Verdienstlehre ist die Auseinandersetzung zwischen *Augustinus* und dem *Pelagianismus* sowie die kirchliche Überwindung des *Semipelagianismus*. Augustinus muß gegen Pelagius im Gegensatz zu Tertullian nicht den Gott des Gesetzes, sondern den Gott des ungeschuldeten, allwirksamen Erbarmens verteidigen. Die erste Aussage in Sachen des Verdienstes muß für Augustinus daher lauten, daß der Mensch nicht nur an der Peripherie seines Seins, sondern wesenhaft auf Gnade und Hilfe Gottes angewiesen ist, und zwar

[33] »Et primo quidem excludantur haeretici qui dicunt bonas vel malas animarum naturas et audiant quia non pro natura unicuique Deus sed pro operibus suis reddet. Secundo in loco aedificentur fideles, ne putent sibi hoc solum sufficere posse quod credunt, sed sciant iustum iudicium Dei reddere unicuique secundum opera sua« (In Rom., 2,4: PG 14,878). »Dubium non est in die iudicii futurum quod separentur boni a malis et iusti ab iniustis, et singuli quique pro merito per ea loca quibus digni sunt distribuantur iudicio Dei« (De principiis, 2,9,8: PG 11, 232). »Anima... cum ex hoc mundo discesserit pro suis meritis dispensabitur« (ebd., 1, prol., 5: 118). »Si autem inanem non feceris gratiam, multiplicabitur tibi gratia et tamquam mercedem boni operis gratiarum multitudinem consequeris« (In Rom., 8,7: PG 14, 1179). »Quaerentibus, inquit [sc. Paulus] gloriam et honorem et incorruptionen [Röm 2,7] pro boni operis patientia vita aeterna dabitur (ebd., 2,5: 880; vgl. 881 und 887).

[34] »Debitores enim effecti sumus secundum illum qui primitus acceptum immortalitatis et incorruptibilitatis censum in paradiso perdidit... Idcirco ergo et praecepta donantur ut debita persolvamus...Verbi causa virginitas non ex debito solvitur, neque enim per praeceptum expetitur, sed supra debitum offertur« (In Rom., 10,14: PG 14, 1275).

[35] De principiis, 3,1: PG 11,249–303.

[36] »Sed ego... vix mihi suadeo quod possit ullum opus esse quod ex debito remunerationem Dei deposcat, cum etiam hoc ipsum quod agere aliquid possumus, vel cogitare, vel proloqui, ipsius dono et largitione faciamus. Quod ergo erit debitum illius cuius erga nos foenus praecessit?« (In Rom., 4,1: PG 14, 963f, zu Röm 4,4). »Stipendia, inquit [sc. Paulus] peccati mors et non addidit ut similiter diceret: Stipendia autem iustitiae vita aeterna, sed ait: gratia autem Dei vita aeterna, ut stipendium , quod utique debito et mercedi simile est, retributionem poenae esse doceret et mortis, vitam vero aeternam soli gratiae consignaret« (ebd., 964, zu Röm 6,23). »Sciendum sae est quod omne quod habent homines a Deo gratia est. Nihil enim ex debito habent« (In Rom., 10,38: 1287).

schon der Mensch vor dem Sündenfall[37], erst recht aber der gefallene Mensch, der aus sich nichts als Lüge hat und verdientermaßen zur Schar der Verdammten gehört.[38] Die unmittelbare Folgerung ist die Lehre von der Prädestination ante praevisa merita.[39] Alle Verdienste sind daher allein Gott zuzusprechen[40], und wenn Gott jemandem etwas »schuldig« ist, dann nur sich selbst aufgrund seiner Verheißung.[41] *Innerhalb* dieses Vorzeichens aber kann dann Augustinus in theologischen wie in katechetischen Zusammenhängen mit größter Unbefangenheit von den merita des Menschen sprechen.[42] Zwar tritt die Berufung auf die

[37] »Quamvis sine gratia nec tunc [sc. in statu innocentiae] ullum meritum esse potuisset« (Enchiridion, 106: PL 40,282).

[38] »Plane cum data fuerit gratia, incipiunt esse etiam merita nostra bona, per illam tamen. Nam si se illa subtraxerit, cadit homo, non erectus sed praecipitatus libero arbitrio« (De gratia et lib. arb., 6,13: PL 44,889). »Pretium quod nobis debebatur supplicium est« (Enarr. in Ps. 70,2,1: PL 36,891). Zahllos sind von daher die Texte, in denen Augustinus die absolute Priorität der Gnade vor jeglichem Verdienst betont: »Ne forte dicas: Promerui et ideo accepi. Non putes te promerendo accepisse, qui non promerereris nisi accepisses. Gratia praecessit meritum tuum; non gratia ex merito, sed mertium ex gratia... Omnia merita praecedis, [Deus], ut dona tua consequantur merita mea« (Sermo 169,3: PL 38,916f). »Quare gratia? quia gratis datur. Quare gratis datur? quia merita tua non praecesserunt, sed beneficia Dei te praevenerunt« (Enarr. II in Ps. 30,1,6: PL 36,234). »His et talibus testimoniis divinis probatur gratiam Dei non secundum merita nostra dari, quandoquidem non solum nullis bonis verum etiam multis meritis malis praecedentibus videmus datam et quotidie dari videmus« (De gratia et lib. arb., 6,13: PL 44,889; vgl. den ganzen Abschnitt 5, 10–6, 15:887–891). »Illud unde incipit omne quod merito accipere dicimur sine merito accipimus, id est ipsam fidem« (De gratia Christi, 1,31,34: PL 44,377).

[39] »Vocatio non meritorum nostrorum sed benevolentiae et misericordiae Dei est« (Enarr. in Ps. 5,17: PL 36,89; vgl. ebd., 788). Bekanntlich exemplifiziert Augustinus dies am Problem der ungetauft sterbenden Kinder.

[40] »Quapropter, nec quando coeperit homo habere merita, debet sibi tribuere illa sed Deo« (De gratia et lib. arb., 6,13: PL 44,889). »Nihil huic sensui tam contrarium est quam de suis meritis sic quemquam gloriari tanquam ipse sibi ea fecerit, non gratia Dei« (De praed. sanct., 5,10: ebd., 968). »Ipsam fidem non humano... tribuamus arbitrio nec ullis praecedentibus meritis, quoniam inde incipiunt bona quaecumque sunt merita, sed gratuitum donum Dei esse fateamur« (Epistola 194, 9: PL 33,877). »Ipsum hominis meritum donum est gratuitum, nec a Patre luminum, a quo descendit omne datum optimum, boni aliquid accipere quisquam meretur nisi accipiendo quod non meretur« (Epist. 186, 10: PL 33,820).

[41] »Debitor enim factus est [sc. Deus], non aliquid a nobis accipiendo, sed quod ei placuit promittendo... Illo ergo modo possumus exigere Dominum nostrum ut dicamus: Redde quod promisisti quia fecimus quod iussisti« (Sermo 158,2: PL 38,863).

[42] Vgl. die schon zitierten Texte. Weitere Aussagen: »Cum hinc exieris, recipieris pro meritis et resurges ad recipienda quae gessisti« (Sermo 170,10: ebd., 932). Die Menschen werden auferstehen »ad recipienda pro bonis meritis praemia, pro malis luenda supplicia« (De praed. sanct., 12,24: PL 44,977). Es gibt »pro meritis praemiorum etiam gradus honorum atque gloriarum« (De civ. Dei, 22,30,2: PL 41,802). »Nullane igitur sunt merita iustorum? Sunt plane, quia iusti sunt. Sed ut iusti fierent merita non fuerunt« (Epist. 194,6: PL 33,876). »... Non quia nullum est meritum, vel bonum piorum, vel malum impiorum. Alioquin quomodo iudicabit Dominus mundum?« (Epist. 214,4: ebd., 970 – auch Augustinus formuliert also die logische Implikation des Verdienstgedankens im Vergeltungsge-

menschliche Freiheit, ein Hauptthema in seinem Kampf gegen die Manichäer, in der Auseinandersetzung mit den Pelagianern zurück[43], aber das hindert Augustinus nicht, sich das Gericht Gottes nach strenger Gerechtigkeit ablaufend vorzustellen, den Werken des Menschen also einen ihnen *innerlichen* Verdienstwert zuzugestehen.[44]Die augustinische Verdienstlehre entwickelt sich also vor dem Hintergrund einer Konzeption vom Zusammenwirken zwischen Gott und Mensch oder besser: vom Mitwirken des Menschen mit dem wirkenden und führenden Gott.[45] Das Problem des Origenes kann Augustinus – ebenfalls in Auslegung von Röm 6,23 – nun »lösen«: Das ewige Leben ist im Hinblick auf die Werke des Menschen merces pro iustitia, das aber ist gleichbedeutend mit gratia pro gratia.[46]

Noch während seines Lebens hatte sich Augustinus mit Mißdeutungen seiner

danken!). – Man sieht: Das Gefälle der Texte fluktuiert. Augustinus kann je nach Publikum und gegenwärtiger Absicht bald jene, bald diese Seite der komplexen Wirklichkeit des meritum betonen. Auf keinen Fall aber ist die Häufigkeit des meritum-Begriffes Zufall oder Unachtsamkeit! [Die Hervorhebung der Verantwortlichkeit des Menschen als Sinn der Verdienstlehre Augustins wird auch festgestellt bei K. Lehmann/W. Pannenberg, aaO. (s. Anm. 5), 73.]

[43] Das hat schon Thomas von Aquin genau beobachtet: »Nam in suis libris quos post exortam Pelagianorum haeresim edidit, cautius [Augustinus] locutus est de potestate liberi arbitrii quam in libris quos edidit ante praedictae haeresis ortum, in quibus libertatem arbitrii contra Manichaeos defendens, aliqua protulit quae in sui defensionem erroris assumpserunt Pelagiani, divinae gratiae adversantes« (Opusc. Contra errores Graecorum, prooem.: ed. Marietti [Opuscula Theologica, I, Turin 1954] n. 1029).

[44] Vgl. von den vorstehend zitierten Texten vor allem diejenigen, in denen vom Unterschied der Verdienste je nach den Werken die Rede ist.

[45] »Quando enim cum Spiritu Dei operante spiritus hominis cooperatur, tunc quod Deus iussit impletur... [Gratia Dei] non solum operatur remissionem peccatorum, sed etiam cooperantem sibi facit hominis spiritum in opere bonorum factorum... Credere in Deum, credendo adhaerere ad bene cooperandum bona operanti Deo« (Enarr. in Ps. 78,8: PL 36,988). »Nemo quasi tribuat Deo quia est et sibi tribuat quia iustus est... Totum illi da, in toto ipsum lauda... Quid ergo? nos non bene operamur? Immo operamur. Sed quomodo? Ipso in nobis operante, quia per fidem locum damus in corde nostro ei qui in nobis et per nos bona operatur« (Enarr. in Ps. 144,10: PL 37,1875f).

[46] »Si vita bona nostra nihil aliud est quam Dei gratia, sine dubio et vita aeterna, quae bonae vitae redditur, Dei gratia est. Et ipsa enim gratis datur, quia gratis data est illa cui datur. Sed illa cui datur tantummodo gratia est; haec autem quae illi datur, quoniam praemium eius est, gratia est pro gratia, tanquam merces pro iustitia, ut verum sit, quoniam verum est, quia reddet unicuique Deus secundum opera eius« (De gratia et lib. arb., 8,20: PL 44,893). Augustinus traut sich daraufhin sogar zu, den Wortlaut des Paulus in Röm 6,23 korrigieren zu können: »Quia, sicut merito peccati tanquam stipendium redditur mors, ita merito iustitiae tanquam stipendium vita aeterna... Quapropter, o homo, si accepturus es vitam aeternam, iustitiae quidem stipendium est, sed tibi gratia est cui gratia est et ipsa iustitia« (Epist. 194,20. 21: PL 33,881; vgl. ebd. 19: 880f). – In diesem Zusammenhang fällt dann auch das berühmte Wort: »Cum Deus coronat merita nostra, nihil aliud coronat quam munera sua« (Epist. 194,19: ebd.). Vgl. auch: »Si ergo Dei dona sunt bona merita tua, non Deus coronat merita tua tanquam merita tua, sed tanquam dona sua« (De gratia et lib. arb., 6,15: PL 44,891). Ähnliche Formulierungen noch öfter – Augustinus hat sie offenbar geliebt; vgl. PL 36,895; 37,1264; 38,932.

Lehre auseinanderzusetzen. Den Mönchen von Hadrumetum, die aus seiner Prädestinationslehre die Leugnung von Freiheit und Verdienst herauslasen, schrieb er einen die Freiheit betonenden, beruhigenden Brief.[47] Auch die Mönche von Marseille warfen ihm vor, er hebe die menschliche Freiheit auf und verfochten daraufhin eine Lehre von den Fähigkeiten des menschlichen Willens auch ohne die Gnade (deren Vorrang im übrigen nicht bestritten werden sollte). *Johannes Cassianus* ist der bemerkenswerteste Zeuge dieser ersten Phase des Semipelagianismus.[48]Hiergegen mußte Augustinus nun umgekehrt nicht die Freiheit, sondern die Gnade verteidigen. Er schrieb gegen diese Lehren seine Traktate *De praedestinatione sanctorum* und *De dono perseverantiae*, wo er die These von möglichen merita vor der Begnadung strikt ablehnt.[49]

Trotz dieser Klärungen flammte der Streit um dieselben Thesen, vor allem um die Macht des freien Willens, den ersten Schritt auf das Heil hin zu tun, während Fortsetzung und Vollendung Sache der Gnade sei, ein gutes halbes Jahrhundert später noch einmal auf und führte im Zuge der Kontroverse zwischen *Faustus von Reji* einerseits[50], *Fulgentius von Ruspe* und *Caesarius von Arles* andererseits[51] *zum zweiten Konzil von Orange* 529. Diese Synode, die von *Papst Boni-*

[47] Ohne von seinen bisherigen Positionen Abstriche zu machen, muß Augustinus nun den Wert der Freiheit und die Bedeutung der Werke einschärfen: »... Eo quod quidam in vobis sic gratiam praedicent ut negent hominis esse liberum arbitrium et quod est gravius dicant quod in die iudicii non sit redditurus Deus unicuique secundum opera eius« (Epist. 214,1: PL 33,969; vgl. Epist. 215,1: ebd., 971). Gegen solche Mißdeutungen schrieb Augustinus seine Abhandlungen De gratia et libero arbitrio und De correptione et gratia.

[48] Zwar sichert er den Vorrang der Gnade: »... summam salutis nostrae non operum nostrorum merito sed caelesti gratiae deputandum« (Collationes, 13,18: PL 49,945). Aber Tenor ist die Betonung der Kraft des freien Willens: »Unde cavendum est nobis ne ita ad Dominum omnia sanctorum merita referamus ut nihil nisi quod malum atque perversum est humanae naturae« (ebd., 13,12: 927). Gleichwohl bleibt stets der gewaltige Abstand zwischen unseren Werken und dem göttlichen Lohn: »Quantumlibet enisa fuerit humana fragilitas, futurae retributioni par esse non poterit, nec ita laboribus suis divinam imminuit gratiam ut non semper gratuita perseveret« (ebd., 13,13: 934).

[49] Vgl. die schon zitierten Texte. Die hauptsächliche Last des Abwehrkampfes trug freilich Augustins Schüler Prosper von Aquitanien in seiner Schrift Liber contra collatorem (= Cassianus): »Impium est velle meritis ante gratiam existentibus locum facere« (Lib. contra coll., 3,1: PL 51,222). Natürlich leugnet Prosper nicht die Bedeutung der Werke und des Verdienstes: »Habebant isti fidem, habebant et opera charitatis quae nec laude poterant carere nec merito« (ebd., 16,2: 260). – In diese Zeit fällt auch die Entstehung des berühmten »Indiculus de gratia Dei«, einer Sammlung von Papstautoritäten, die dem 21. Brief Coelestins I. nachträglich, aber noch im 5. Jahrhundert beigefügt wurden und deren Verfasser wahrscheinlich auch Prosper ist. Dieser Text ist deshalb wichtig, weil er einer der wenigen dem Mittelalter bekannten Zeugnisse aus dem semipelagianischen Streit ist, aber gleichwohl damals – mit Thomas als Ausnahme, vgl. w. u. – nicht unter diesem Aspekt »entziffert« wurde. Für unseren Zusammenhang vgl. die capp. 5 und 9: DS 243 und 248.

[50] »Si opera cessabunt, honorem merita non habebunt... Multum et remunerantis gloriae et remuneratoris iustitiae derogabitur, si summi et illustres viri per quietem et desidiam coronabantur« (De gratia Dei, 1, 11: PL 58,800) »... ut cum famulus exhibuisset in labore obedientiam dominus ostenderet in remuneratione iustitiam« (ebd., 1,17: 810).

[51] Fulgenitus pocht wieder auf Röm 6, 23: »Cur autem mors stipendium vita vero aeterna gratia dicitur, nisi quia illa redditur, haec donatur?... In sanctis igitur coronat Deus iusti-

faz II. bestätigt wurde[52], bekennt sich in den Fragen um das Verdienst voll und ganz zu Augustinus – unter Vermeidung seiner scharfen prädestinatianischen Aussagen. Nicht *unser* Verdienst ist es, wenn Gott uns liebt; keinerlei Verdienst geht dem Geschenk der Gnade voraus; *Gott* beginnt sein Werk in uns, indem er den Glauben in uns schafft, die Liebe zu sich weckt und uns durch die von ihm gestifteten Sakramente befähigt, zu erfüllen, was er von uns fordert, und dafür dereinst den Lohn zu empfangen.[53]

Es ist wie eine Bosheit der Theologiegeschichte, daß die Formulierungen von Orange, heute einer der wichtigsten dogmatischen loci für die Gnadenlehre, bald in Vergessenheit gerieten und es für gut ein Jahrtausend blieben, bis sie kurz vor dem Trienter Konzil wiederentdeckt und dann der große Traditionszeuge (und das große Handicap!) bei der Redaktion des Erbsünden- und des Rechtfertigungsdekretes wurden.[54] Man kann sich nur schwer vorstellen, daß die verwirrende Diskussion um das meritum in der *Frühscholastik*[55] – und ebenso in der Hoch- und Spätscholastik – so verlaufen wären, wie sie verlaufen sind, hätte man um die Canones von Orange gewußt.[56] Es ist unmöglich, hinsichtlich der frühscholastischen Diskussion hier auch nur skizzenhaft ins Detail zu gehen. Aus dem in der Forschung zusammengetragenen Material[57] vermerken wir nur folgendes:

a) Die Verdienstlehre wird sachgemäß *ein* Anlaß, sich mit dem ursprünglichen Pelagianismus auseinanderzusetzen.

b) Von Augustinus her und, durch ihn vermittelt, im Anschluß an Röm 3,24 und 11,6 wird »Unverdienbarkeit« die erste, allgemeinste Definition des sich langsam klärenden formalen Gnadenbegriffs, eine Definition, die sich über *Petrus Lombardus* in der Hochscholastik durchsetzt.

tiam quam eis gratis ipse tribuit, gratis servavit, gratisque perfecit« (Ad Monimum, 1,10,13: PL 65,159. 162).

52 Der Bestätigungsbrief an Caesarius von Arles: DS 398–400.

53 DS 382, 388, 397.[So arglos wie 1967 – damals ganz im Einklang mit der üblichen Darstellungsweise in den Handbüchern – kann ich heute nicht mehr vom »zweiten Konzil von Orange« und seiner »Bestätigung« durch Bonifaz II. sprechen. Die Sache ist kirchengeschichtlich viel spannender, theologie- und dogmengeschichtlich viel delikater und darum für eine gegenwärtige Hermeneutik von Lehrkontinuität in der Kirche viel bedeutsamer, als die damals üblichen harmlosen Formulierungsmuster verraten. Vgl. O. H. Pesch / A. Peters, aaO. (s. Anm. 10), 34–40; auch w. o. S. 290.]

54 Vgl. dazu H. Bouillard, Conversion et grâce chez saint Thomas d' Aquin, Paris 1944, 98–102; 114f; M. Seckler, Instinkt und Glaubenswille nach Thomas von Aquin, Mainz 1961, 84; 95–97. Zur Auseinandersetzung der Väter von Trient mit den Canones von Orange vgl. Brunner, Die Rechtfertigungslehre des Konzils von Trient (s. Anm. 2), 61f und die immerhin noch reichlich stehengebliebenen Zitate aus dem Arausicanum im Trienter Erbsündendekret: DS 1511–1515.

55 Wir übergehen wieder die Zwischenzeit; Rivière, aaO., 657, kennzeichnet sie als »paisible épanouissement de la foi catholique«.

56 Die Forscher geben für diese Zeit (semi-)pelagianisch klingende Aussagen durchaus zu, verweisen freilich mit Recht auf ihre »Entschärfung« im Kontext. Vgl. etwa Landgraf, aaO., I,1, 302; Seckler, aaO., 174 (für den jungen Thomas); Dettloff, Die Lehre von der acceptatio Divina, 227–229 u. ö.; für die Spätscholastik vgl. w. u.

57 Wir stützen uns im Folgenden auf Landgraf, aaO. und Rivière, aaO., 662–678.

c) Die Frage nach dem Verdienst ist der Motor der Ausarbeitung eines ontologischen (nicht nur psychologischen) Begriffes des Übernatürlichen, und zwar dergestalt, daß die für das Verdienst entscheidende caritas aufgrund ihres *Objektes*, das nur der gnadengeschenkte Glaube ihr vermittelt, als den natürlichen Kräften unerreichbar erkannt wird, und zwar grundsätzlich, nicht nur wegen ihrer durch die Sünde bedingten psychologischen Schwäche.
d) Wo der Verdienstbegriff im Licht der nicht angezweifelten augustinischen Vorentscheidungen ganz ernst genommen wird, gerät er unweigerlich in das bekannte Problem des Origenes: Wie kann man noch von meritum reden, wenn alles Gnade ist? So besonders bei *Abaelard*. Die Schule des *Gilbert de la Porrée* geht daraufhin z. T. so weit, das Verdienst als Prärogative Christi anzusehen und dem Christen abzusprechen, mindestens im Sinne einer proportionalen Entsprechung von Verdienst und Lohn.
e) Nicht zuletzt pastorale Sorge scheint dem Verdienstgedanken ein solches Gewicht gegeben zu haben, daß im 12. Jahrhundert die Frage des Verdienst*grades* und seiner Abhängigkeit – außer von der Liebe – von der Intention, von der Anstrengung, von der »Übergebührlichkeit« des Werkes mit einer im 13. Jahrhundert schon nicht mehr gekannten Akribie diskutiert wurde, und daß Petrus Lombardus, seine Kommentatoren zu stets neuer Auseinandersetzung herausfordernd, die Gewißheit der christlichen Hoffnung gewissermaßen paritätisch an die barmherzige Allmacht Gottes *und* an die menschlichen Verdienste bindet – und damit eben zur Hoffnungs*un*gewißheit macht.
f) Das folgenreichste Ergebnis der frühscholastischen Diskussion freilich ist der Gedanke des meritum de congruo. Aufgrund von Schriftworten, die von einer Betätigung des Menschen *vor* der Rechtfertigung und auf ihren Empfang *hin* reden – jedenfalls nach dem Verständnis der Zeit –, etwa Ez 18,21 in Verbindung mit 33,12; ferner Is 45,22; Joel 2,12, Zach 1,3 (noch bei Thomas ein locus classicus), sieht man sich veranlaßt, über die Bedeutung der Werke vor und außerhalb der Rechtfertigungsgnade nachzudenken. Weil man die entsprechenden Verdikte von Orange[58] nicht kannte, sieht man unbeschadet der Unverdienbarkeit der »ersten«, d. h. der Rechtfertigungsgnade keine Schwierigkeit, von einer – im einzelnen verschieden gedeuteten[59] – rein passiven, mit keinerlei Anspruch verbundenen habilitas für die Gnade zu sprechen, deren Beschreibung sich in dem schon in der Väterzeit anklingenden, im Kreis um Abaelard und bei den Porretanern terminologische Festigkeit gewinnenden Axiom verdichtet: Facienti quod in se est, Deus non denegat gratiam. Dieses Facere quod in se est wird, weil niemand die Vorbereitung auf die Gnade als ein rein menschliches Werk ansehen mochte, schon im 12. Jahrhundert auf eine eigene, mit der gratia iustificans nicht identische Gnade zurückgeführt. Damit aber steht nichts im Wege, hier auch von einem Verdienst zu sprechen, das sich vom *eigentlichen* Verdienst genauso

[58] Vgl. vor allem DS 374–379; 383f; 389–394.
[59] Es werden im wesentlichen folgende Lösungsversuche gemacht: a) Die guten Werke sind in dem Sinne Vorbereitung auf die Gnade, daß sie sie nicht hindern; b) sie sind causa sine qua non oder occasio; c) sie sind removens prohibens; d) sie verpflichten Gott aufgrund seiner Selbstbindung durch sein Versprechen (Landgraf, aaO., I,1, 239f; 257–262).

unterscheidet wie die genannte Vorbereitungs- von der heiligmachenden Gnade, und von der reinen Unverdienstlichkeit genauso wie die Vorbereitungsgnade vom allgemeinen Bewegungseinfluß Gottes auf die reinen Naturkräfte des Menschen: das meritum de congruo, terminologisch als solches in der Porretanerschule fixiert. Diese Theorie von der »mittleren« Gnade und vom meritum de congruo gelangt ins 13. Jahrhundert und wird hier ununterbrochene Tradition vor allem der Franziskanerschule bis hin zu Gabriel Biel – und hernach entscheidender Adressat von Luthers Angriffen.

3. *Thomas von Aquin*

Auf die Lehre des *hl. Thomas* müssen wir um unserer These willen etwas ausführlicher eingehen.[60] Was die selbstverständliche Häufigkeit in der Anwendung der Wortgruppe mereri[61] betrifft, tritt Thomas die Erbschaft des 12. Jahrhunderts an: In einer keineswegs unbedenklichen Weise werden meritum und meritorius in allen möglichen Zusammenhängen zur technisch-formelhaften Kennzeichnung der Heilsbewandtnis des menschlichen Tuns überhaupt. Aber Thomas hat um 1260 bei der Abfassung der Summa contra Gentiles auf indirektem Wege, nämlich durch scharfsichtige Originallektüre der Spätschriften Augustins und durch Bekanntschaft mit dem *Indiculus* Coelestins I. die Existenz des historischen Semipelagianismus entdeckt.[62] Dies, die spätaugustinischen Argumentationen *gegen* den Semipelagianismus und die Entdeckung des aristotelischen Liber de bona fortuna[63] hindern ihn, der in seinem Frühwerk die Theorie von der mittleren Gnade und vom meritum de congruo zwar nicht angenommen, dafür aber dem freien Willen allein die Kraft zur Vorbereitung auf die

[60] Für die übrige Hochscholastik vgl. J. Auer, aaO., (s. Anm. 10). – Weil Thomas mehr als alle anderen Scholastiker in bequemen Handausgaben vorliegt, dürfen wir hier auf umfängliche Zitate verzichten und uns mit der Angabe der Belegstellen begnügen. Ausführlichere Textanalyse und Vergleich mit Luther in unserer größeren Untersuchung (s. Anm. 10).

[61] Vgl. die Stellenregister zu mereor, meritum, meritorius bei B. J. Deferrari / M. I. Barry, A complete Index of the Summa Theologica of St. Thomas Aquinas, Baltimore 1956; und bei R. J. Deferrari / M. I. Barry / J. I. McGuiness, A Lexicon of St. Thomas Aquinas based on the Summa Theologica and selected Passages from his other Works, Washington 1954.

[62] Vgl. H. Bouillard, aaO., 91–140: M. Seckler, aaO., 90–114. Seit Summa contra Gentiles III 147, 149, 155, 157 spricht Thomas vom error Pelagianorum (= Semipelagianismus) im Unterschied zur haeresis Pelagiana (= Pelagianismus): vgl. ebd. IV 50 und bes. deutlich Quodl. I7 (q. 4 a.2). Die – nicht sehr helle – Erkenntnis des geschichtlichen Sachverhaltes hat sich zunächst nicht durchgesetzt und wurde bald wieder vergessen. [Vgl. die etwas ausführlichere Vorstellung dieses Forschungsergebnisses bei O. H. Pesch / A. Peters, aaO. (s. Anm. 10), 64–67.]

[63] Der Liber de bona fortuna ist ein im Mittelalter in Umlauf gekommener Text, bestehend aus dem vierzehnten Kapitel des siebten Buches der aristotelischen Eudemischen Ethik (1246 b 37 – 1248 b 11) und dem achten Kapitel des zweiten Buches der von einem Peripatetiker des 2. Jahrhunderts vor Christus stammenden Magna Moralia (1206 b 30–1207 b 19). Näheres und weitere Literatur bei M. Seckler, aaO. 104–108.

Gnade zugeschrieben hatte[64], in seinem Spätwerk an dem Verdienstoptimismus seiner frühscholastischen Vorläufer festzuhalten und erbringen mitten im aristotelischen Formular der Gnadenlehre einen Augustinismus, der den der erklärten zeitgenössischen Augustinisten hinter sich läßt.

Vermerken wir, vor einem genaueren Blick auf die Verdienstlehre und unter Hinweis auf anderweitige ausführlichere Darstellung[65] zunächst folgende Besonderheiten gegenüber der Frühscholastik.

a) Gegen den Lombarden betont Thomas, daß die Gewißheit der Hoffnung allein auf Gottes allmächtigem Erbarmen und nicht (auch) auf unseren Verdiensten gründet.[66]

b) Das Facere quod in se est wird von Thomas eingebaut in die ganz von Gott beherrschte und darum unfehlbare Vorbereitung des Menschen auf die Gnade, d. h. es interessiert gerade nicht unter dem Aspekt, was der *Mensch* auf den Empfang der Gnade hin tun könne und müsse, sondern unter dem Betracht, wie *Gott in* und *mit* des Menschen Freiheit mit seinem Gnadenwirken unausweichlich zum Ziel kommt.[67] Damit ist mindestens das Anliegen, wenn nicht gar der Sinn des frühscholastischen und zeitgenössischen Axioms verändert. Von meritum de congruo wird dabei nicht mehr geredet.

c) Thomas übernimmt auch nicht mehr einfach die augustinische Konzeption vom wirkenden Gott und dem mitwirkenden Menschen. Die Aussage, das Verdienst sei »effectus gratiae cooperantis«[68], muß in ihrem Kontext genau erfaßt werden: Thomas greift hier zurück auf die früher entwickelte Unterscheidung von gratia operans und gratia cooperans.[69] Dort hatte er erklärt, die habituelle Gnade werde insofern »mitwirkende« genannt, als sie Prinzip des verdienstlichen Handelns sei, das »auch (etiam) aus dem freien Willen hervorgeht«. Das Verdienst ist »Effekt« der Rechtfertigungsgnade, sofern deren Wirksamkeit mit einem Hervorgang desselben (verdienstlichen) Aktes aus einer Bewegung der Freiheit koinzidiert. Die Lehre vom Verdienst ist damit thematisch Aussage über die *Gnade*, nicht über den freien Willen: Die *Gnade* »kooperiert« – von sich aus – mit der Freiheit, nicht umgekehrt. Dieses alles Folgende beherrschende Gefälle ist genau zu beachten. Es geht weder um zwei womöglich paritätisch »kooperierende« Faktoren noch gar um autonome »Mitwirkung« des

[64] Vgl. auch dazu H. Bouillard, aaO., 19–87 (mit ausführlicher Darstellung des historischen Kontextes!); M. Seckler, aaO., 77–89; 171–184.

[65] O. H. Pesch, Theologie der Rechtfertigung (s. Anm. 10), 596–792; [ergänzend: O. H. Pesch/A. Peters, aaO., 55–107].

[66] STh II–II 18,4; vgl. In Sent. 3 d.26: 2,4; De spe 1 ad 10. 2 ad 4. Die argumenta in den genannten Texten weisen auf die Diskussion um die These des Lombarden hin. – Übrigens lehnen auch Bonaventura (III Sent., d. 26 a. 1 q. 5: ed. Quaracchi, tom. 3, 566–568) und Albert (III Sent. d. 26 a. 4 ad 3: ed. Borgnet, tom. 28, 499) die These des Lombarden ab. Nähere Darstellung der Kontroverse bei St. Pfürtner, Luther und Thomas im Gespräch. Unser Heil zwischen Gewißheit und Gefährdung, Heidelberg 1961, 45–49.

[67] STh I–II 112,2. 3.

[68] STh I–II 113,1 prooem.; 114,1 prooem.

[69] STh I–II 111,2; vgl. In Sent. 2 d. 26: 1,5. 6 ad 2; De veritate 27,5 ad 1. ad 2. Die Unterscheidung geht auf Augustinus zurück: De gratia et lib. arb., 17: PL 44,901.

Menschen mit der Gnade.[70] Vielmehr signalisiert das cooperans die Zweierleiheit von Gnadenform und liberum arbitrium, das, einmal begnadet, in den darauffolgenden Akten nicht außer Funktion gesetzt wird: Eben deswegen kann im Gesamt des begnadeten Handelns der Gnadenform keine Alleinigkeit zugeschrieben werden, muß sie vielmehr »zusammenwirkend« genannt werden. Die nähere Verhältnisbestimmung beider im »verdienstlichen« Handeln ist damit an dieser Stelle noch gar nicht vorentschieden, sondern (wieder einmal) zur Debatte gestellt – lediglich die Erstinitiative der Gnade läßt sich schon erkennen. Die Beurteilung der thomanischen Verdienstlehre darf daher nicht einfach bei dem Stichwort cooperans ansetzen und von daher die »Mitwirkung« als Thema des Lehrstücks unterstellen, sie muß vielmehr den genauen Sinn des cooperans im Rahmen der Verdienstlehre erst untersuchen.

Diese aber setzt ein mit der fundamentalen Feststellung, daß es *eigentlich* kein Verdienst des Menschen bei Gott gibt. Thomas[71] führt den Begriff des Verdienstes auf den der Gerechtigkeit zurück, diesen aber auf den der Gleichheit. Von irgendeiner auch nur verhältnisweise aussagbaren Gleichheit aber kann zwischen Gott und Mensch, zwischen Gottes und des Menschen Wirken keine Rede sein. Jede zugestandene derartige Entsprechung wird stets durchkreuzt durch den unendlichen Abstand zwischen Schöpfer und Geschöpf, demzufolge Gott auch noch alle Entsprechungen zu seinem Geschöpf aus sich selbst hat, während der Mensch sie radikal Gott verdankt. *Wenn* es also »Verdienst« gibt, dann nur aufgrund einer göttlichen Anordnung, derzufolge das, was der Mensch in von Gottes Kraft getragenem Handeln erlangt, den Charakter eines Lohnes haben soll. Aber auch durch diese ordinatio wird Gott nicht unser, sondern höchstens sein eigener Schuldner, sofern er sich selbst die Durchführung seiner Anordnung schuldet.[72]

Man erkennt, wie hier alle juridischen Vorstellungen fallen. Daß »Verdienst« auf keinen Fall Anspruch gegenüber Gott bedeutet, ist so offensichtlich, daß die Beibehaltung des Verdienstbegriffes in der Tat nur durch die »Lohnworte« der Schrift begründet werden kann, die die Verdienstlehre auslegen will.[73] Der von Thomas im gleichen Atemzug hervorgehobene Zusammenhang zwischen Verdienst und menschlicher Freiheit kann diese Grundaussage nicht aufheben. Das Verdienst ist tatsächlich an den *menschlichen* Akt und dessen Proprietäten geknüpft, d. h.: was die menschliche Seite angeht, kommt das Verdienst nicht dadurch zustande, daß der Mensch tut, was er schuldet, auch nicht *allein* dadurch,

[70] Nicht von ungefähr spricht Thomas sehr selten und niemals an »feierlichen« Stellen vom cooperari des Menschen mit Gott; zwei dieser seltenen Stellen sind etwa STh III 84,5 c.; 85,2 ad 3. Bezeichnend ist auch, wie das cooperari des Willens in In Sent 4 d. 17: 1,2 qla. 1 ad 1 an den Parallelstellen STh I–II 55,4 ad 6; 111,2 ad 2; 113,3 sed. c. und c. durch consentire und acceptare ersetzt wird.

[71] STh I–II 114,1.

[72] Ebd., ad 3; vgl. 111,1 ad 2; I 21,1 ad 3.

[73] Thomas beruft sich auf Lohnworte wie Jer 31,16; 2 Tim 4,8; Röm 8,17 u. a.; vgl. STh I–II 114,1 sed c.; 114,3 sed c. und c. Vgl. auch R. Völkl, Die Selbstliebe in der Hl. Schrift und bei Thomas von Aquin, München 1956, 251–264 – ein scharfsinniger Vergleich zwischen der Lehre des Aquinaten und der des NT, wenn auch sachlich und methodisch nicht in allen Einzelheiten unanfechtbar.

daß er von Gott bewegt wird – sonst könnten auch die vernunftlosen Geschöpfe »verdienen« –, sondern dadurch, daß er per liberum arbitrium, propria voluntate vollbringt, was er schuldet.[74] Damit ist nur gesagt, daß das verdienstliche Handeln wie jedes Handeln fürs erste nach dem allgemeinen Gesetz der Begegnung zwischen Gottes Wirken und menschlicher Freiheit vor sich geht, dem wir hier nicht näher nachgehen können[75], daß es also *ohne* Freiheit kein Verdienst gibt. Aber nicht *deshalb* schon, weil das menschliche Handeln diesem Gesetz folgt, heißt es nach Thomas »verdienstlich«, dies vielmehr allein aufgrund der göttlichen Festsetzung. Man könnte also sagen: Die Freiheit ist der *Ort* des Verdienstes, wenn man will: seine *Bedingung*, aber nicht sein *Grund*. Oder anders: Die Freiheit ist Grund – *ein* Grund – des verdienstlichen *Werkes*, aber nicht Grund der *Verdienstlichkeit* des verdienstlichen Werkes.

Damit wird ein weiteres deutlich, was schon anklang: Es steht hier nicht, wie gern behauptet wird, das Verhältnis von Gnade und Freiheit zur Debatte, mit dem Akzent auf der Mitbeteiligung der Freiheit am Heilsprozeß.[76] Dieses Verhältnis wird vielmehr aus anderen Zusammenhängen als geklärt (bzw. als in seiner Paradoxität umschrieben) vorausgesetzt. Der Verdienstgedanke will *etwas darüber hinaus* festhalten: dies nämlich, daß der Zusammenhang zwischen des Menschen Handeln und seinem Zielgewinn einerseits und Gottes Handeln andererseits in den Kategorien von causa prima und causa secunda, von movens und motum, ja selbst von Gnadenform und liberum arbitrium nur unzureichend beschrieben ist, wenn nicht dazugesagt wird, daß es sich um eine Antwort der Treue auf Treue, d. h. *um eine Begegnung von Personen und auf personale Weise handelt.*[77] *Dies ist der erste und alles weitere beherrschende Sinn der Verdienstlehre*: Nicht den *Grund* (oder Teilgrund) unseres Heiles will sie kennzeichnen, sondern *einen* Aspekt der *Art und Weise*, wie Gott es uns schenkt.

Ein Blick auf das, was der Mensch bei Gott verdienen kann, und vor allem: was er *nicht* verdienen kann, zeigt einen weiteren und gar den eigentlichen Sinn der Verdienstlehre. Noch ist nämlich nicht vom Verhältnis zwischen *Gnade* und Verdienst die Rede gewesen. Dies geschieht sofort, wo Thomas erklärt, der Mensch könne zwar auf keinen Fall ohne die Gnade, in der Kraft der Gnade aber

[74] STh I–II 114,1 c. (in fine); vgl. ad 1. Später spricht Thomas sogar von einer doppelten ratio merendi: »...: primo quidem et principaliter, ex divina ordinatione, secundum quod actus dicitur esse meritorius illius boni ad quod homo divinitus ordinatur; secundo vero, ex parte liberi arbitrii, inquantum scilicet homo habet prae ceteris creaturis ut per se agat, voluntarie agens« (ebd., 114,4 c.; vgl. schon 3 c.).

[75] Vgl. in unserer Untersuchung (s. Anm. 10), 510–516; 659–670; 679–686; 771–773; 855–864.

[76] Dies gegen die Darstellung bei J. Auer, aaO., II,74–77; 153–155; 187f. Nach ihm ist gerade in der Verdienstlehre der Leistungsgedanke verankert, die Freiheit gesichert, die notwendige »Erweichung« nur im Gerechtigkeitsbegriff vorgenommen; das Problem »Freiheit und Gnade« wird daher für ihn in der Verdienstlehre nicht als entschieden vorausgesetzt, sondern allererst entschieden. Bedeutet aber nicht schon rein logisch die »Erweichung« des Gerechtigkeitsbegriffes, daß eben der »Leistungsgedanke« gerade nicht gesichert werden kann?

[77] Auch dies gegen J. Auer, aaO.; II, 63–66.

wahrhaft und wirklich das ewige Leben verdienen.[78] Denn eben die göttliche ordinatio, von der alle Verdienstlichkeit abhängt, verfügt zugleich, daß es dabei nicht ungereimt zugeht. Nicht ein dem ewigen Ziel nicht gewachsenes, sondern nur ein durch die Gnade auf das Niveau des ewigen Lebens erhobenes Handeln macht Gott durch seine ordinatio verdienstlich – äußerlich-»positivistische« und innerlich-ontische Begründung des Verdienstes vereinen sich hier in einem unumkehrbaren Bedingungsverhältnis.

Ebenso wie das ewige Leben kann der Begnadete die Vermehrung der Gnade, die Vertiefung der Liebe verdienen[79], denn da das kraft der Gnade verdienbare ewige Leben nichts als die zur Vollendung ihres Wachstums gekommene Gnade und Liebe ist, so fällt ihre fortschreitende Mehrung wie ein »Zwischenlohn«[80] ebenfalls unter das Verdienst.

Gleicherweise kann der Mensch zeitliche Güter verdienen, wenn sie durch und durch gut sind, was sich wiederum daran entscheidet, ob sie zur Erlangung des ewigen Lebens beitragen.[81]

Nicht verdienen kann der Mensch die »erste Gnade«, d. h. die Rechtfertigung, denn der Grund des Verdienstes kann nicht selbst Gegenstand des Verdienstes sein.[82]Auch einem anderen Menschen kann man nicht die erste Gnade verdienen, denn nur bei Christus – aufgrund seiner Stellung als Haupt der Menschheit –, nicht aber sonst bei den Menschen erstreckt sich die verdienstbegründende Wirksamkeit der Gnade über ihren Empfänger hinaus.[83]

Erst recht gibt es kein Verdienst der Wiederbegnadigung nach möglicher zukünftiger Sünde[84], keine »Ausfallbürgschaft gegen seine eigene Schwäche«[85]; aus ähnlichen Gründen kann sich niemand die Beharrlichkeit im Guten verdienen:[86] Beides liefe, recht bedacht, wieder darauf hinaus, die Gnade, den *Grund* des Verdienstes, zu dessen *Gegenstand* zu machen.

Die notierten Aussagen des Aquinaten zeigen: Eigentlicher und im Grunde einziger Gegenstand des Verdienstes ist das ewige Leben – alles andere nur aufgrund

[78] STh I–II 114,2.3; vgl. 109,5; In Sent. 2 d.28: 1,1; d. 29: 1,1; Summa c. Gent. III 147; *Quodl.* 17 (q. 4 a. 2). – Die ganze Paradoxie dieses Gedankens, das ewige Leben sei durch Gnade verdienbar, ist zusammengefaßt in einer auf Augustinus zurückgehenden Glosse des Petrus Lombardus, die Thomas STh I–II 109, 5 ad 2 zitiert.

[79] STh I–II 114,8; vgl. In Sent. 2 d. 27: 1,5: Zum Wachstum der Liebe vgl. STh II–II 24,4–7.

[80] Vgl. STh I–II 114,8 ad 1.

[81] STh I–II 114,10; vgl. II–II 122,5 ad 4; III 89,6 ad 3; De potentia 6,9 c.

[82] STh I–II 114,5; vgl. schon 112,2 ad 1. Thomas gibt mehrere Begründungen dieser Aussage: Die Gnade wäre nicht mehr ungeschuldetes Geschenk, könnte sie verdient werden (STh I–II 114,5 c., mit Berufung auf Röm 11,6); die Gnade zu verdienen übersteigt die Kraft der Natur und wird durch die Sünde vollends unmöglich gemacht (ebd., vgl. auch 2 c.); nur aufgrund vorausgehender Begnadung kann der Mensch weitere Gnade verdienen, denn Gott macht uns durch die Gnade weiterer Gnade würdig (STh I–II114,5 ad 2).

[83] STh I–II 114,6.

[84] STh I–II 114,7.

[85] Th.-A. Deman, Der neue Bund und die Gnade. Kommentar zu STh I–II 106–114. Deutsche Thomas-Ausgabe, Bd. 14, Heidelberg-Graz 1955, 432.

[86] STh I–II 114,9; vgl. II–II 137,4; De veritate 24,13 ad 3.

einer Teilhabe daran oder eines Bezuges dazu. Dieses Verdienst aber ist unmöglich ohne Gnade, ist aber auch dann noch *Verdienst* nur deshalb, weil das, was dem Menschen im Ineinander-Zusammen von Gnade und Freiheit zuteil wird, nach Gottes positiver ordinatio den Charakter des Lohnes haben soll. Ein Blick auf das, was für Thomas »Gnade« bedeutet, muß daher nun den eigentlichen Sinn seiner Verdienstlehre erschließen. Gnade heißt nach den ausdrücklichen Darlegungen des hl. Thomas: [87] Gott liebt den Menschen dahin, daß er selbst sich ihm als ewiges Gut schenkt. Die Vollgestalt der Gnade ist eben damit das ewige Leben. Weil Gottes ewige Liebe aber stets schöpferisch ist, geht sie nicht erst dereinst, sondern jetzt schon stets einher mit einer innerlichen Umwandlung des Menschen – die wir im engeren, technischen Sinne »Gnade« nennen und die Thomas in Analogie zu einer qualitas animae zu begreifen sucht. »Ordnet« Gott nun »an«, daß einem menschlichen Akt aufgrund seines Getragenseins von der Gnade das ewige Leben als »Lohn« zuteil wird, dann heißt das jetzt: Gott verfügt, daß ein menschliches Tun mit der Vollwirklichkeit dessen beantwortet wird, was dieses Tun allererst hervorgebracht und geführt hat, mit der Vollwirklichkeit der Selbsthingabe Gottes als des ewigen Gutes. Daraus folgt: Die göttliche Anordnung, die jegliches Verdienst des ewigen Lebens begründet, ist nicht ein *besonderer* göttlicher Akt *neben* dem der Begnadigung, sondern sie fällt mit der ewigen Liebe Gottes zusammen, durch die Gott sich selbst schon in der Zeit zum Gnadengeschenk für die Ewigkeit gibt. »Von unten nach oben« gesehen ist daher Gnade als innermenschliche Realität »Bedingung« und gar Formalgrund für das Verdienst des ewigen Lebens. Sie ist aber nicht Bedingung für die göttliche ordinatio, vielmehr ist diese das Unbedingte, weil mit Gottes ewiger Liebe identisch. Diese stellt das Bedingte, die ewige Seligkeit des Menschen, in einen *zusätzlichen* Bedingungszusammenhang mit einer Vorform ihrer selbst, die *mit* der zugehörigen Vollwirklichkeit das radikale Bedingtsein von der Unbedingtheit der göttlichen Liebesanordnung teilt.

Damit werden Sinn und Eigenart der thomanischen Verdienstlehre deutlich: Sie soll – im Bild einer Art »Kaufkraft«; Thomas spricht von pretium und hat keine Scheu vor den »kaufmännischen« Bildern der Tradition – *die innere Teleologie der Gnade auf ihre Entfaltung zur ewigen Gemeinschaft mit Gott hin zur Sprache bringen. Wir können auch sagen: Sie soll in einer paradoxen Formel – paradox, weil hier die Begriffe »Gnade« und »Verdienen« zusammengebracht werden – festhalten, daß Gott in personaler Weise vollendet, was er am Menschen im Geschenk seiner Gnade, die zuletzt er selber ist, begonnen hat.* Die Verdienstlehre redet daher zuerst und zuletzt von der Reichweite des Handelns *Gottes* und nur sekundär vom Wert des menschlichen Tuns. Die Wirklichkeit des Verdienstes besteht nur als Tendenz der Vorform der Gemeinschaft mit Gott zu ihrer Vollwirklichkeit. Das *Ganze* aus Vorform und Vollwirklichkeit aber kann der Mensch in keiner Weise verdienen.

Dem bleibt noch zweierlei hinzuzufügen.

a) In diese Sicht fügt sich, bestätigend und von ihr her ihren Sinn gewinnend, die traditionelle Unterscheidung von meritum ex condigno und meritum congrui

[87] STh I–II 110,1.2; dazu O. H. Pesch, Theologie der Rechtfertigung, 628–633.

ein.[88] Alle »Kondignität«, alle unausweichliche Entsprechung zwischen Lohn und Verdienst und in *diesem* Sinne alle »Schuldigkeit« wird von Thomas ausdrücklich allein auf die göttliche Seite des Verdienstes zurückgeführt. *Hier* die Kondignität bestreiten kann nur, wer nicht weiß, was Gnade ist, was die Kraft des Heiligen Geistes im Menschen vermag und was es heißt, daß wir durch die Gnade Kinder Gottes und Miterben Christi sind.[89] – Das meritum congrui folgt formell der menschlichen Seite des verdienstlichen Tuns.[90] Es geht aber dabei, und das ist bedeutsam, *nicht* darum, die Möglichkeit eines Verdienstes, wenn auch nur im abgeschwächtesten Sinne, zu behaupten, das seinen Grund nicht in der Gnade, sondern allein in der menschlichen Leistung, in ihrer »Proportion« zur »Leistungsfähigkeit« der göttlichen Kraft hätte, sondern es geht um einen *Aspekt* des »echten«, d. h. immer aus der Gnade stammenden meritum ex condigno. Nur wenn der menschliche Akt in *diesem* Zusammenhang steht, ist es »angemessen«, daß Gott ihn mit dem ewigen Leben belohnt. Ein *unabhängiges* meritum congrui kennt Thomas nicht.[91] Thomas begründet das damit, daß das meritum congrui kein Rechts-, sondern ein *Freundschaftstitel* ist, sofern erst die Freundschaft mit Gott die »Proportion« zwischen Gottes und des Menschen Handeln erstellt und es »angemessen« macht, daß Gott die Bitte des Freundes erfüllt.[92]Damit hört das meritum congrui im Grund auf, ein »Verdienst« zu sein. Es appelliert in keiner Weise mehr an Gottes Treue zu seiner ordinatio und damit

[88] Vgl. STh I–II 114,3.6.7.8. Zur Geschichte dieser – gar nicht so alten – Unterscheidung vgl. J. Rivière, Sur l'origine des formules »de condigno«, »de congruo«, in: Bull. litt. eccl. 7 (1927) 75–88; dazu die Präzisionen von M.-D. Chenu, in: Bull. Thomiste, 4 (1927) 214f; ferner A. Landgraf, aaO., I,1,268–280.

[89] »Si autem loquamur de opere meritorio secundum quod procedit ex gratia Spiritus Sancti, sic est meritorium vitae aeternae ex condigno. Sic enim valor meriti attenditur secundum virtutem Spiritus Sancti moventis nos in vitam aeternam; secundum illud Ioan. 4: ›Fiet in eo fons aquae salientis in vitam aeternam‹. Attenditur etiam pretium operis secundum dignitatem gratiae, per quam homo, consors factus diviane naturae, adoptatur in filium Dei, cui debetur hereditas ex ipso iure adoptionis, secundum illud Rom. 8: ›Si filii, et heredes‹« (STh I–II 114,3 c.).

[90] »Sed est ibi congruitas, propter quamdam aequalitatem proportionis: videtur enim congruum ut homini operanti secundum suam virtutem, Deus recompenset secundum excellentiam suae virtutis« (ebd.). – Thomas spricht hier nur einfach von congruitas. Erst 114,6 verfestigt sich die Terminologie zu meritum congrui bzw. meritum de congruo.

[91] Deshalb kann auch merito congrui die Gnade nicht verdient werden; vgl. STh I–II 114,5. Thomas lehnt daher die franziskanische Gegenthese ab. Vgl. H. Bouillard, aaO., 153f; M. Seckler, aaO., 174–197; gegen I. Rivière, der (Mérite, 696f) meint, Thomas lehre sachlich dasselbe wie die Franziskaner, nur habe er auf den Ausdruck meritum de congruo verzichtet. Es geht hier um mehr als ein terminologisches »Versäumnis«, es geht um eine andere Sicht der Sache, sowohl des meritum de congruo, das bei Thomas ganz auf die heiligmachende Gnade gegründet ist, wie auch des Problems der Vorbereitung auf die Rechtfertigung. Vgl. bes. die subtile Interpretation bei Seckler, aaO.

[92] Eben deshalb gibt es ein meritum congrui, das nur als solches wirksam wird, nur für andere (wobei auf seiten dessen, der merito congrui verdient, die Gnade und damit für ihn persönlich das meritum ex condigno vorausgesetzt ist!): »Quia enim homo in gratia constitutus implet Dei voluntatem, congruum est, secundum amicitiae proportionem, ut Deus impleat hominis voluntatem in salvatione alterius: licet quandoque possit habere impedi-

an seine *Gerechtigkeit*, sondern ist eine Bitte an seine *Barmherzigkeit*.[93] Nur der Umstand, daß das Motiv solcher Bitte, die Freundschaft mit Gott, auf derselben Gnade beruht, die auch das meritum ex condigno trägt, rechtfertigt sachlich die Beibehaltung des gemeinsamen Namens »Verdienst«.
b) Damit ist schon ein Letztes angeklungen. Wie beim meritum congrui, so ist in den beiden anderen Fällen, wo ein Verdienst nicht in Frage kommt, die Rede vom *Bitten:* Verzeihung nach möglichem zukünftigem Fall und Beharrlichkeit kann der Mensch nicht verdienen, aber jederzeit erbitten! Wir müssen nicht alles verdienen, es genügt, daß wir alles von Gott erbitten können.[94] Das ist das letzte Wort des Aquinaten zur Verdienstlehre. Denn nach Thomas gibt es Verdienst ja allein *innerhalb* des schon bestehenden, von Gott geschenkten gnadenhaften Gottesverhältnisses. An den Entscheidungspunkten der menschlichen Existenz, da also, wo es darauf ankommt, ob der Mensch überhaupt von Gott auf die Bahn zum ewigen Leben gebracht, ob er Kind Gottes und Miterbe Christi wird, ob Gott ihn aus der Sünde errettet – da kann der Mensch nur ohne allen Anspruch bitten und hoffen.

4. *Von Duns Scotus bis zum Konzil von Trient*

Für die Folgezeit, beginnend mit der nächsten wichtigen Station der Verdienstlehre, *Duns Scotus*, müssen wir uns wieder mit knappen Hinweisen begnügen. Duns Scotus[95] entwickelt seine Verdienstlehre ganz im Rahmen der von ihm ausgebildeten Theorie von der acceptatio Divina – wenn man nicht sogar sagen muß, daß diese Theorie ausgebildet wurde, *um* ein rechtes Verständnis des Verdienstes zu gewährleisten. Der Begriff der acceptatio Divina signalisiert dabei die beherrschende Grundidee im Gottesbild des Scotus, Gottes absolute *Freiheit*: Kein Geschöpf kann auf Gott irgend einen bewegenden, ihn zum Handeln nötigenden Einfluß nehmen; wenn es doch geschieht, wenn es so etwas gibt wie ein Hin und Her zwischen actio des Menschen und reactio Gottes, dann nur deswegen, weil Gott das Tun des Menschen »akzeptiert«, d. h. es völlig frei und ungenötigt sich selbst zum Grund seines Handelns am Menschen macht. Das ist

mentum ex parte illius cuius aliquis sanctus iustificationem desiderat« (STh I–II 114,6 c. in fine).

[93] STh I–II 114,6, angedeutet schon im c., deutlich in ad 2.

[94] »Etiam ea quae non meremur, orando impetramus. Nam et peccatores Deus audit, peccatorum veniam petentes, quam non merentur: ut patet per Augustinum (...) [In Ioan., tr. 44: PL 35, 1718 B] super illud Ioan. 9...; alioquin frustra dixisset publicanus: ›Deus, propitius esto mihi peccatori‹, ut dicitur Luc. 18. Et similiter perseverantiae donum aliquis petendo a Deo impetrat vel sibi vel alii, quamvis sub merito non cadat« (STh I–II 114,9 ad 1). – Vgl. zum Ganzen auch O. H. Pesch, Hoffnung und »Verdienst«, in: Wort und Antwort, 6 (1965) 121–127.

[95] Wir stützen uns hier auf die Scotus-Arbeit von W. Dettloff (s. Anm. 10), die das schwierige Denken des Scotus nicht nur historisch wie systematisch gleich behutsam erhebt und gegen Mißverständnisse absichert, sondern überdies in vorbildlicher didaktischer Durchsichtigkeit darzustellen versteht. Zum Vergleich mit der übrigen Hochscholastik vgl. wieder J. Auer, aaO., II., [und inzwischen B. Hamm, Promissio, Pactum, Ordinatio. Freiheit und Selbstbindung Gottes in der scholastischen Gnadenlehre, Tübingen 1977.].

der Sinn des scotischen Axioms: Nihil creatum formaliter a Deo est acceptandum.[96] Diese Konzeption muß Scotus bewähren an den von ihm nicht bezweifelten Aussagen der Tradition, daß es ein Verdienst des ewigen Lebens bei Gott für den Menschen gibt und daß dieses Verdienst an den habitus caritatis gebunden ist. Er tut dies durch die doppelte Unterscheidung zwischen potentia Dei absoluta und potentia Dei ordinata einerseits[97] und zwischen substantia actus und ratio meriti andererseits.[98] Potentia Dei absoluta meint Gottes Macht in ihrer ungenötigten Freiheit, potentia Dei ordinata Gottes Macht in ihrer verläßlichen Selbstbindung an die weisheitsvoll von ihm faktisch verfügte Heilsordnung. Es ist dabei nicht an zwei unterschiedliche *wirkliche* Verhaltensweisen Gottes gedacht, vielmehr ist der Begriff der potentia Dei absoluta ein Hilfsbegriff, der – mit allen daran anknüpfenden Aussagen – die Funktion versieht, die völlige Ungezwungenheit und also Freiheit der *einen* faktischen Heilsordnung zu sichern. Freiheit *und* Verläßlichkeit Gottes sind also gleicherweise gewahrt, wenn Scotus nun erklärt, de potentia Dei ordinata werde Gott *immer* und *nur* die von der caritas getragenen Akte des Menschen mit dem ewigen Leben belohnen, de potentia Dei absoluta brauche das aber nicht so zu sein, vielmehr könne Gott auch ein Tun, das nicht dem habitus caritatis entspringe, »akzeptieren« und mit dem ewigen Leben belohnen.[99] Diese hypothetischen und subsidiären Gedanken[100] haben nun die reale Folge, daß der Verdienstcharakter eines mensch-

[96] »Nihil aliud est personam esse acceptam Deo quam Deum acceptare eam. Sed nihil in creaturis potest esse ratio, quare Deus acceptet aliquam personam, cum acceptare Divinum dicat actum intrinsecum Deo, et nihil creatum possit esse ratio actus intrinseci in Deo« (Report. Paris. I, d. 17., q. 2, zitiert bei W. Dettloff, aaO., 81 Anm. 232). »... nihil formale est in persona, quare Deus acceptet eam, quia acceptatio dicit actum intrinsecum...« (ebd., ad 1 in opp., zitiert bei W. Dettloff, aaO., 92 Anm. 257). »... Nunc autem nihil aliud est actum acceptari a voluntate Divina sic, quam voluntatem sic acceptare actum; nihil autem causatum potest esse ratio formalis voluntati, quod sic acceptet actum (Quodl., q. 17, Antwort auf das argumentum principale, zitiert bei W. Dettloff, 118 Anm. 329; vgl. 78 Anm. 224).

[97] Zusammenstellung charakteristischer Zitate bei W. Dettloff, aaO., 204–207; und bei J. Auer, aaO., II, 158ff Anm. 27 (mit Hinweisen zur geschichtlichen Entwicklung dieses Lehrstücks).

[98] »Ideo dico, quod in actu meritorio est considerare actum, ut actus est, et est considerare actum, ut meritorius est« (Lect. prima, I, d. 17,1, W. Dettloff, aaO., 35 Anm. 113; vgl. ebd. die Texte 53 Anm. 169; 148 Anm. 414).

[99] »Unde si Deus acceptet, quod quis levaret festucam, hoc esset meritorium; et in lege fuit actus meritorius, immolare vitulos Deo, quia tunc fuit acceptum a Deo, et modo non est meritorium, quia non acceptum a Deo. Licet autem ratio meriti non sit aliquid absolutum causatum in actu, sed tantum ordo ad voluntatem Divinam acceptantem, tamen ratio meriti convenit actui ex duabus causis, ita quod illa acceptio in actu a voluntate Divina est propter hoc, quod ille actus est a voluntate simul a caritate, nec est tantum a voluntate nec tantum a caritate« (Lect. prima, ebd., W. Dettloff, aaO., 45 Anm. 141ff; vgl. ebd. 73f Anm. 216f).

[100] Man muß immer wieder diesen subsidiären Charakter betonen! Das Gottesbild des Scotus ist nicht das des Willkürgottes. Nicht einmal ein wirkliches Handeln Gottes de potentia absoluta wäre willkürlich, weil nie außerhalb seiner Gerechtigkeit und Weisheit. Vgl. W. Dettloff, aaO., 207.

lichen Aktes nicht in einer diesem *innerlichen* Qualität begründet werden kann, sondern allein in der – de potentia absoluta ungenötigten, de potentia Dei ordinata gewissen und sogar durch die caritas bedingten! – »acceptatio« Gottes. Mit anderen Worten: Verdienst ist ein *Beziehungsbegriff*, der auf die »Angenommenheit« eines Aktes durch Gott verweist: Deshalb ist – auch im Horizont der potentia Dei ordinata! – zu unterscheiden zwischen substantia actus, wozu auch der »formierende« Einfluß der caritas als Partialursache gehört, und der ratio meriti, die allein in der göttlichen Annahme besteht.[101] Anders ausgedrückt: Ein Akt ist formell nicht schon dadurch, daß er ein actus caritate formatus ist, auch ein actus meritorius. Nicht die Vergleichgültigung der caritas, nicht eine Gleichrangigkeit des actus caritate formatus mit dem actus naturalis wird hier statuiert – alle hier gegen des Scotus angeblichen schleichenden Pelagianismus erhobenen Vorwürfe treffen nicht[102] –, wohl aber wird hier ein radikal theozentrisches Verständnis des Verdienstes formuliert.[103]

Es erhellt bald, daß *innerhalb* dieser Konzeption vom Verdienst des Gerechtfertigten eine Unterscheidung zwischen meritum de condigno und meritum congrui gegenstandslos wird. Basiert sie doch auf der Voraussetzung, daß es einen wie auch immer gedeuteten *inneren* Grund des Verdienstes im menschlichen Werk gibt, der demgemäß das Unterscheidungskriterium gegenüber abgeschwächten Formen des Verdienstes darstellt. Scotus aber leugnet solchen immanenten Grund des Verdienstes – alles, was die traditionelle Lehre von der Kondignität festhalten will: die absolute Sicherheit und Selbstverständlichkeit, mit der dem verdienstlichen Werk sein Lohn wird, wird bei Scotus gleichsam in die personale Zuverlässigkeit des akzeptierenden bzw. seine Akzeptation de potentia ordinata zusagenden Gottes verlegt. Kennt Scotus aber wie die Franziskanerschule vor ihm das meritum congrui auf die Rechtfertigung? Eine klare Antwort auf diese Frage ist nicht möglich, einmal, weil nach Ausweis der Forschung Scotus sich auf die traditionelle Fragestellung, ob die Vorbereitung auf die Gnade notwendig die Rechtfertigungsgnade nach sich zieht, nicht einläßt, und zum anderen, weil sporadische Scotus-Texte, in denen vom meritum congrui die Rede ist, textkritischen Bedenken unterliegen.[104]

[101] »Et dico..., quod voluntas cum habitu caritatis concurrunt ut duo agentia partialia ad actum diligendi eliciendum, qui est meritorius...« (Lect. Prima, ebd. W. Dettloff, aaO., 35 Anm. 115; vgl. 157– 160, zur Lehre der Ordinatio).

[102] Vgl. W. Dettloff, 227–229 und die Darstellung des reziproken Rang- und Beeinflussungsverhältnisses zwischen voluntas und caritas nach Scotus, aaO., 35–44.

[103] Vgl. W. Dettloff, aaO., passim; J. Auer, aaO., II, 156–166.

[104] Vgl. W. Dettloff, aaO., 228; J. Rivière, Mérite, 704f – J. Rivière, aaO., 705, zitiert folgenden Text: »Aut de peccatis commissis bene se habet [peccator], quantum potest ex naturalibus, vel male. Si bene, hoc est displicet sibi quantum tenetur ex naturalibus, ex congruo meretur gratiam gratis datam. Et si bene utitur ipsa, cito dabitur sibi gratia gratum faciens«, und gibt an: Report. Paris, II, 38, 1 n. 9: ed. Lyon (Wadding), 1639, tom. 11,377. Dettloff geht auf diesen Text nicht ein, vermutlich, weil er sich an die Handschriften hält, obwohl er aaO., 104, weniger scharf über die Lyoner Ausgabe urteilt als F. Pelster, auf den er sich, 59, beruft. Auch J. Auer, aaO., II, 57; 85f, geht in dieser Frage so gut wie gar nicht auf Scotus ein. Wir können nicht entscheiden, ob der Text echt ist. Auf keinen Fall formuliert er eine Hauptlinie des skotischen Denkens.

Um so deutlicher werden hier allerdings die *Theologen nach Scotus*, Skotisten ebenso wie zum größten Teil die Vertreter der anderen Schulen.[105] Die Grundkonzeption der Verdienstlehre mit dem Ausgangsaxiom, den beiden skizzierten Unterscheidungen und deren Funktionen im Ganzen des Systems bleibt im wesentlichen die gleiche wie bei Scotus. Daß dabei der Gedanke der potentia Dei absoluta sich mehr und mehr aus seiner subsidiären Funktion löst, das Hauptinteresse beansprucht und die de potentia Dei ordinata verfügte wirkliche Heilsordnung in die Rolle des Anhangs drängt, ist gewiß folgenreich[106], aber eine Sache für sich, die die Deutung des Verdienstes nicht unmittelbar berührt. Wichtig aber ist das neue Interesse am meritum de congruo. Die Spätscholastik lehrt ausdrücklich, daß der Mensch – auch der *Sünder* – aus seinen (verbliebenen) natürlichen Kräften es dahin bringen könne, den Akt der (natürlichen) Gottesliebe über alles zu vollziehen. Dieser Akt ist Inhalt des facere quod in se est. Um ihn *fortzusetzen* und *durchzuhalten*, ist der habitus der caritas, also die Gnade nötig. Aber die kann auch nicht ausbleiben, denn dieser Akt der natürlichen Gottesliebe ist zugleich die vollkommene Disposition auf die Gnade, die mit der Eingießung der Gnade koinzidiert. Auch hier sei man vorsichtig mit dem Verdacht des Pelagianismus! Die spätscholastischen Theologen fühlen sich davor vollkommen in Sicherheit. Alles gilt ja nur de potentia Dei ordinata – weil Gott selbst es so gewollt hat. Es gilt aber, wie man aufgrund der Schrift überzeugt ist, auch *wirklich* so wie geschildert. Die Akzeptationstheorie selbst mit der Unterscheidung von potentia Dei absoluta und potentia Dei ordinata schützt vor dem Pelagianismus, indem alles *Müssen* im Bereich der vollkommenen natürlichen Gottesliebe, der Vorbereitung auf die Rechtfertigung und des meritum de congruo über Gottes freie Akzeptation in ein gnädiges *Dürfen* hinüberwechselt. Immerhin konnte und mußte man nun sagen (was man weder bei Thomas noch bei Scotus sagen konnte): Geh hin und erwirb, verdiene dir die Gnade! Nun brauchte aber nur jemand aufzutreten, der gerade innerhalb der *bestehenden* Heilsordnung, der potentia Dei ordinata, über die Möglichkeiten des natürlichen Menschen pessimistischer denkt als Skotisten und Nominalisten[107], dann *muß* ihm die spätscholastische Lehre vom meritum de congruo als Pelagianismus erscheinen.[108]Auf eben diese Weise fordert sie Luthers Protest heraus, auf den wir nun einen kurzen Blick werfen.

Luthers Protest gegen den Verdienstgedanken ist das Spiegelbild seines Recht-

[105] Vgl. zum Folgenden die in Anm. 10 genannten Arbeiten von W. Dettloff, Die Entwicklung..., L. Grane und H. Oberman, Spätscholastik... (bes. 31–56; 115–175); auch O.H. Pesch, Theologie der Rechtfertigung, 708–714; [und die Ergänzungen bei O.H. Pesch/A. Peters, Einführung (s. Anm. 10), 110–118].

[106] Folgenreich für das wachsende Nichtverstehen des genuinen Sinnes der hochscholastischen, bes. der thomanischen Konzeption von der Gnade als qualitas und damit für die Formung von Luthers antischolastischem Gnadenbegriff.

[107] So etwa Gregor von Rimini, der, obwohl auf dem Boden der Akzeptationstheorie stehend, die Vertreter der via moderna des Pelagianismus bezichtigt; vgl. den bei L. Grane, aaO., 207f Anm. 9 zitierten Text. Ähnlich Thomas Bradwardina, Wiclif, Hus; Nachweis bei H. Oberman, Das tridentinische Rechtfertigungsdekret (s. Anm. 10), 258f.

[108] Vgl. den bei L. Grane, ebd. zitierten Text des Gregor von Rimini, der die Vertreter der via moderna des Pelagianismus bezichtigt.

fertigungsverständnisses, näherhin seiner Ablehnung jeglicher cooperatio des Menschen mit Gott in Sachen des eigenen Heils. Zur Begründung mag hier einmal folgende Zusammenfassung der Rechtfertigungslehre Luthers hingenommen werden: Die Rechtfertigung ist, erstens, Wirklichkeit allein auf seiten Gottes, nämlich als Gottes vergebendes Zugewandtsein zum Menschen um Christi willen. Der Glaube, zweitens, der das vergebende Zugewandtsein Gottes individuell ergreift und realisiert, ist unverfügbar, nicht Möglichkeit des Menschen, sondern ganz Gottes Geschenk. Das dem Glauben notwendig entspringende Werk, drittens, sowie der ganze Prozeß auch seinshafter, mit der Rechtfertigung unlöslich verbundener, aber nicht mit ihr formell identischer Erneuerung des Menschen bedürfen, sofern sie Werk des *Menschen* sind, ob der Wirklichkeit des simul iustus et peccator der dauernden göttlichen Vergebung, sind also *gutes* Werk und *gutes* Sein des Menschen nur als von Gott angenommenes Werk und damit überhaupt ganz Gottes Werk in und durch uns. Daraus folgt konsequent die Ablehnung jeder selbsteigenen Mitwirkung des Menschen und die Zurückführung allen menschlichen Tuns auf Gott allein.[109] Eben damit ist auch jedes Verdienst ausgeschlossen: Gibt es keine cooperatio bei der Rechtfertigung, dann auch keine Möglichkeit, etwas vorzuweisen, worauf sich auch nur der Schatten eines Anspruches auf die Rechtfertigung gründen könnte. Die Beziehung der Werke zum Heil wird von Luther nicht verkannt und unter den verschiedensten Rücksichten dichter verstanden als in der von Melanchthon beeinflußten reformatorischen Theologie nach Luther[110], aber das bedeutet nicht, daß die Werke das Heil *verdienen*.[111] Wie es allerdings in bezug auf das Werk Gottes in der *Welt*

[109] Diese Position wird programmatisch verfochten in der Schrift De servo arbitrio. Der freie Wille »non cooperatur ad iustitiam« (18,766, 24). Eine »Mitwirkung« gibt es nur bei Gottes Handeln in und an der Welt, und *diese* »Kooperation« ist sogar Ziel der werklosen Rechtfertigung. Sie wird daher gerade auch in der Schrift vom unfreien Willen energisch vertreten. Streng genommen darf man nicht von einer Ablehnung, sondern muß von einer Umgestaltung des Kooperationsgedankens sprechen. Eine mustergültige Untersuchung dieser Umgestaltung liegt vor in der Arbeit von M. Seils, Der Gedanke vom Zusammenwirken Gottes und des Menschen in Luthers Theologie, Gütersloh 1962; vgl. ferner die nicht weniger bedeutende Arbeit von H. Vorster, Das Freiheitsverständnis bei Thomas von Aquien und Martin Luther, Göttingen 1965, 371–399. Texte s. Anm. 112.

[110] Vgl. A. Peters, Glaube und Werk (s. Anm. 2); M. Seils (s. Anm. 109); O. Modalsli, Das Gericht nach den Werken. Ein Beitrag zu Luthers Lehre vom Gesetz, Göttingen 1963; P. Manns, Fides absoluta – Fides incarnata. Zur Rechtfertigungslehre in Luthers Großem Galaterkommentar, in: Reformata Reformanda (Festgabe für H. Jedin). Hg. von E. Iserloh und K. Repgen. Bd. I, Münster 1965, 265–312; R. Kösters, Luthers These »Gerecht und Sünder zugleich«. Zu dem gleichnamigen Buch von Rudolf Hermann, in: Cath 18 (1964) 48–77; 193–217; 19 (1965) 138–162; 171–185. Zu ganz ähnlichen Ergebnissen kommt aber schon R. Bring, Das Verhältnis von Glauben und Werken in der lutherischen Theologie, München 1955 (schwed.: Abo 1933!). [Vgl. jetzt auch O.H. Pesch, Hinführung zu Luther, Mainz [2]1983, 154–175; dort auch die jüngere Literatur.]

[111] Vgl. die Texte in Anm. 1. Es heißt nur die Konsequenzen bis in die Terminologie hinein ziehen, wenn Luther in seinen späten Disputationen alle Redeweise von »Tun«, »Handeln«, »Heilsnotwendigkeit« unerträglich findet und seinen Schülern verbietet: »Facere, operari et necessarium esse ad salutem statim includunt meritum et debitum, quod non est

eine echte »Mitwirkung« des Menschen gibt[112], so gibt es auf *dieser* Ebene auch Lohn, – wie überhaupt Luther den Lohngedanken als solchen nicht zu kurz kommen lassen, ihn lediglich vom Gedanken des *Anspruchs* reinigen will.[113] Luther kann sogar in solchem Zusammenhang von »Verdienst« sprechen, sofern nur sofort hinzugefügt wird, daß es, nicht anders als der Lohn, allein von Gott kommt.[114] Es scheint indes, daß die Verdienstfrage Luther nur auf der Ebene der – eben unverdienbaren – Rechtfertigung selbst interessiert: *Hier* finden wir seine emphatischen Proteste. Auf der Ebene des der Rechtfertigung entspringenden erneuerten Handelns, das per definitionem den anderen und der Welt gilt, nicht dem eigenen Heil, fehlt die emphatische Auseinandersetzung, ist Luther sogar, unter Wahrung seiner Grundaussagen, tolerant in der Sprachregelung.

Richten wir, den historischen Durchblick beschließend, einen Blick auf die einschlägigen Lehrentscheidungen des *Trienter Konzils*. Das Caput 8 des Rechtfertigungsdekretes[115] formuliert, das »gratis« in Röm 3,24 sei dahin zu verstehen, daß nichts von dem, was der Rechtfertigung vorausgeht, die Gnade der Rechtfertigung selbst verdiene. Das Caput 16, das ex professo vom Verdienst redet[116], hat folgendes Gedankengefälle: Die Gerechtfertigten sind zu »überströmendem« guten Handeln zu ermahnen (mit Berufung auf 1 Kor 15,58; Hebr 6,10; 10,35; Mt 10,22). Denen, die dieser Mahnung folgen, gut handeln und ihre Hoffnung auf Gott setzen, soll das ewige Leben *sowohl* als Gnade *wie auch* als Lohn und »Krone« (Zitat 2 Tim 4,7f) vorgestellt werden, und *beides* aufgrund der Verheißung Gottes in Christus. Das Zugleich von Gnade und Lohn in bezug auf das ewige Leben wird unter Hinweis auf die Bilder von Haupt und Gliedern sowie von Weinstock und Reben (Eph 4,15; Jo 15,5) damit begründet, daß Christus den Gerechtfertigten beständig seine Kraft eingießt, die einerseits alle ihre guten Werke von Anfang bis Ende trägt und an die aller Verdienstcharakter gebunden ist, die aber andererseits eben deshalb nicht erlaubt zu denken, es könne den Gläubigen noch etwas fehlen, wodurch sie am Ende Gottes Gebote nicht erfüllt und, den Tod in der Gnade vorausgesetzt, das Leben nicht »wahrhaft verdient« hätten. Das widerspräche nämlich dem Herrenwort Joh 4,14. Es folgen Absicherungen: Diese Lehre bedeutet keinerlei Aufrichtung eigener Gerechtigkeit, da sie ganz von Gott durch Christus stammt; trotz der starken Lohnworte der Schrift (Zitat Mt 10,42; 2 Kor 4,17) darf der Christ weder auf sich vertrauen noch sich rühmen, denn es ist reine Güte Gottes, daß er seine eigenen Gaben uns zu Verdiensten machen wollte; es gilt daher, angesichts unse-

ferendum. Proinde moneo, ut ab eiusmodi vocibus abstineatis« (39 I,257, 1: Disputation, Juni 1537).

112 »Gott wirkt in uns nicht ohne uns, weil er uns nämlich dazu geschaffen und erhalten hat, damit er in uns wirke und wir mit ihm zusammenwirken« (18,754, 4: De servo arbitrio, 1525; vgl. den ganzen Abschnitt 754, 1–17). Gott hat die Heilsordnung so eingerichtet, wie sie ist, »damit er uns zu seinen Mitarbeitern [cooperatores] habe« (18,695,29: ebd.).

113 Vgl. 18,682,1–705, 13.

114 »Deus vere solus per spiritum suum operatur in nobis tam meritum quam praemium« (18,696, 6). Vgl. auch 32,543, 1 ff: Predigt über Mt 7 (wann?).

115 DS 1532.

116 DS 1545–1549.

rer Sünde, auf Gottes Gericht ebenso wie auf sein Erbarmen bedacht zu sein und auch bei gutem Gewissen allein Gott das rechte Urteil zuzutrauen. – Die Canones 26 und 32 fassen diese Lehre zusammen.[117]

Die gewöhnliche Deutung dieser Texte geht dahin, daß das Konzil ohne Festlegung auf Schulthesen und Schulterminologie im wesentlichen die augustinisch-thomistische Verdienstlehre bestätigt habe.[118] Jedes Verdienst vor der Rechtfertigung wird ausgeschlossen, also auch das meritum de congruo. Mit Recht weist man auf die impliziten Augustinuszitate und die Koinzidenz von Gnade und Verdienst hin: Gottes Geschenke sind nach seinem Willen und seiner Verheißung auch Verdienste, so ist das Gefälle, nicht umgekehrt. Zu beachten ist ebenfalls[119], daß die Werke Verdienst werden durch Gottes *Barmherzigkeit* und dadurch, daß ihnen das meritum Christi zugeeignet, sie selbst also gleichsam dessen Erscheinungsform werden. Auffällig ist ferner die Begründung des »wahrhaften« Verdienstes in bezug auf das ewige Leben durch den Hinweis auf Joh 4,14, einen Text, durch den weniger der »Rechtswert« oder die »Kaufkraft« der Gnade als vielmehr ihre Teleologie zum ewigen Leben hin belegt wird.[120] Schließlich werden sorgfältig alle eventuellen falschen religiösen Konsequenzen aus dem Verdienstgedanken abgewehrt – damit übrigens dessen Risiken in eindrucksvoller Weise zugegeben.

Nun hat jüngst H. A. Oberman mit einer anderen, aber bestechend begründeten Deutung des Caput 8 überrascht. Oberman beobachtet, daß dort nicht das einfache Wort mereri, sondern das Kompositum promereri verwandt wird.[121] Beide Worte sind, wie die Akten der Verhandlungen zeigen, nicht identisch, vielmehr sagt man promereri, wo man an das meritum de condigno der Thomistenschule denkt. Indem ein promereri der Rechtfertigung ausgeschlossen wird, hat man also das meritum de condigno ausgeschlossen, aber gerade noch *nicht* das meritum de congruo der Spätscholastiker. Die Akten zeigen nach Oberman, daß die Wortwahl genau mit dieser Absicht getroffen wurde. Erst Dominikus Soto interpretiert später das promereri als mereri und setzt damit nachträglich eine tho-

[117] DS 1576, 1582.

[118] Vgl. H. Rückert, Die Rechtfertigungslehre auf dem Tridentinischen Konzil, Bonn 1925; E. Stakemeier, Glaube und Rechtfertigung. Das Mysterium der christlichen Rechtfertigung aus dem Glauben, dargestellt nach den Verhandlungen und Lehrbestimmungen des Konzils von Trient, Freiburg 1937; auch H. Küng, Rechtfertigung. Die Lehre Karl Barths und eine katholische Besinnung, Einsiedeln [4]1964 [Neudruck München 1986]; M. Schmaus, Dogmatik, III,2.

[119] Darauf macht P. Brunner aufmerksam, Die Rechtfertigungslehre des Konzils von Trient (s. Anm. 2), 95.

[120] Das liegt auf der Linie der von uns vorgetragenen Deutung der Verdienstlehre des hl. Thomas. Dieser zitiert ja denselben Text STh I–II 114,3 c. – vgl. Anm. 89!

[121] H. Oberman, Das tridentinische Rechtfertigungsdekret (s. Anm. 10). Dasselbe Wort promereri übrigens auch DS 1546, wo ganz eindeutig das Verdienst gemeint ist, das nach Thomas meritum ex condigno heißen muß. – Dennoch ist W. Dettloff, Die Lehre von der acceptatio divina, 214–217, zuzustimmen, daß die Väter, obwohl in der Mehrzahl Anhänger der Lehre vom meritum ex condigno, dieses Wort nicht und dafür das vieldeutigere »vere promereri« aus dem Grund gewählt haben, um die Lehre des Scotus nicht zu verurteilen, der die Kondignität des meritum nicht kennt.

mistische Interpretation des ursprünglich spätscholastisch gemeinten Konzilstextes durch.
Auf diese für die übliche – evangelische wie katholische – Deutung beunruhigende These hat sehr bald E. Schillebeeckx reagiert.[122] Er akzeptiert Obermans historische Befunderhebung, beurteilt sie aber anders. Nicht von einem Sieg der Nominalisten auf dem Tridentinum müsse man sprechen, sondern von »minimalistischen« Formulierungen, mit denen das Konzil sich aus dem Streit der Schulen habe heraushalten wollen, mit denen es de facto aber zugunsten der Nominalisten geredet habe. Die aus dem späteren und heutigen Glaubensbewußtsein vollzogene thomistische und also weitergehende Interpretation des Konzilstextes – die kirchenamtlich nie angefochten wurde! – ist daher gegenüber der *Absicht* des Konzils, das durch den minimalistischen Wortlaut nur eine Parteinahme im Streit der Schulen vermeiden wollte, nicht illegitim.
Die Diskussion kann hier nicht entschieden werden.[123] Wir halten nur fest: Hat Oberman unrecht, dann bleibt es bei der gegebenen Interpretation im Namen des *Textes*. Hat er recht, dann darf es bei ihr bleiben im Namen der *Absicht* der Väter und *muß* mehr oder weniger bei ihr bleiben im Namen des *heutigen* Glaubensbewußtseins der Kirche – wobei dann diese Interpretation über ihren unmittelbaren dogmatischen Ertrag hinaus auch noch ein bedeutsamer Modellfall für die Ausbildung einer sachgerechten Hermeneutik dogmatischer Aussagen würde!

II. Systematische Konsequenzen

1. *Lutherische und katholische Theologie*

Das erste Glied der eingangs aufgestellten These ist, so hoffen wir, trotz der fragmentarischen Kürze einigermaßen erhärtet: Die Verdienstlehre hat in der Gestalt, die Thomas von Aquin ihr gegeben hat, nicht das (Mit-) Wirken des *Menschen* zum Thema, sondern die Teleologie der Gnade *Gottes*; sie ist in diesem Sinne nicht anthropozentrisch, sondern theozentrisch gewendet. In Verbindung damit wenden wir uns zunächst dem vierten Glied unserer These zu: Der Streit um das meritum zwischen katholischer und lutherischer Theologie – wobei die letztere hier, pars pro toto, für die reformatorische Theologie im ganzen stehe – darf und sollte eingestellt werden.

[122] E. Schillebeeckx, Das tridentinische Rechtfertigungsdekret in neuer Sicht, in: Concilium 1 (1965) 452–454.

[123] [Sie ist im übrigen weitergegangen; vgl. die Hinweise w. o. S. 127f; auch O. H. Pesch/A. Peters, aaO. (s. Anm. 10), 206–208. – Persönlich neige ich der gegen H. Oberman bekräftigten These H. Rückerts zu, und zwar im Hinblick auf DS 1552 (can. 2 des Rechtfertigungsdekretes). Hier – also im entscheidenden, dogmatisch verbindlichen Text wird wiederum das Wort »promereri« gebraucht, zugleich aber *jede* Möglichkeit des liberum arbitrium, ohne Gnade gerecht zu leben und das ewige Leben zu verdienen, ausgeschlossen – also auch noch jene rein natürliche »Gottesliebe über alles«, auf der nach spätscholastischer (nominalistischer) Theorie das »meritum de congruo« beruht.]

Wir haben an anderer Stelle[124] die Vereinbarkeit der Lehre Luthers mit der Verdienstlehre des hl. Thomas nachzuweisen versucht und wollen das hier nicht wiederholen. Bleiben wir bei den Aussagen des Tridentinums – von denen wir sagten, daß niemanden kirchenamtliche Maßregelung oder Verdacht der Abweichung vom Dogma trifft, der sie im thomistischen Sinne auslegt.[125] Dann ist als erstes klar, daß niemand die Rechtfertigung verdienen kann.[126] Nichts, was der Rechtfertigung an menschlichem Tun vorhergeht, hat den Rang des Verdienstes, und die unmißverständliche Begründung dafür lautet, daß das Gegenteil der Aufhebung des Begriffes »Gnade« gleichkäme – mit Berufung auf Röm 3,24 und 11,16, bekanntlich loci classici in der Geschichte der Verdienstlehre! Diese Aussage des Konzils ist schon im voraus abgesichert durch die Erklärung der »Vorbereitung« auf die Rechtfertigung:[127] Auch der erste Anfang des Heilsweges verdankt sich ohne vorausgehende Verdienste allein einer zuvorkommenden Gnade Christi. Mit dieser »wirkt« freilich der Mensch »zusammen« – hier fällt das Wort »cooperari«. Doch dessen nähere Beschreibung kann alle Vorbehalte Luthers zerstreuen: Das Wort wird gewählt, um zu signalisieren, daß der Mensch »nicht nichts tut«, wenn er diese bewegende Gnade Gottes empfängt, sondern zustimmt, obwohl er ablehnen kann, wobei er aber doch die Bekehrung – also das Zustimmen, das Nicht-Ablehnen! – nur kraft jener Gnade zustande bringt.[128]

124 Theologie der Rechtfertigung, 784–789; vgl. auch U. Kühn (s. Anm. 2).

125 Das Verhältnis des Tridentinums zu Thomas muß gemäß den hermeneutischen Regeln beurteilt werden, die auch sonst auf das Verhältnis einer definitorischen Formulierung zu einer ganz bestimmten Theologie anzuwenden sind: Selbst wenn das Formulierungsfeld aus einer bestimmten Theologie stammt, selbst wenn bestimmte Thesen verbotenes übernommen werden, ist damit niemals einfach das betreffende theologische System dogmatisiert. Von einer Theologie geht grundsätzlich in das Dogma nur soviel ein, wie die dogmatische Formulierung zu ihrem besonderen Zweck benötigt; oft werden dabei theologische Begriffe mit einem großen theologischen Kontext fast zu Chiffren, die die Grenzen des Geheimnisses abstecken, ohne einen positiven Deutungsversuch zu machen. Das hängt mit der kritischen, abwehrenden, sichernden, Richtung weisenden Funktion des Dogmas zusammen, das eben deshalb, allen Versuchungen zum Trotz, niemals als theologischer Entwurf oder auch nur Zusammenfassung eines Glaubensbewußtseins nach seiner ganzen inhaltlichen Fülle, sondern als Kriterium, als »Wasserwaage« für theologische Entwürfe ausgegeben werden muß. Man könnte das am Tridentinum genau so gut exemplifizieren wie etwa an den altkirchlichen Dogmen. Hat also das Tridentinum Thomas bestätigt? Ja, denn es hat ihn nicht verurteilt, und es gibt bei Thomas nichts, was der Wasserwaage der Trienter Dekrete nicht standhielte. Das ist alles, was verlangt werden muß. Daß, um diese Behauptung zu rechtfertigen, das Tridentinum Thomas positiv einholen müßte, wäre eine Überforderung der innerkirchlichen Funktion einer dogmatischen Definition. – Dies ist ein Einwand sowohl gegen H. Vorster, Das Freiheitsverständnis (s. Anm. 109), 15–18; 313–337, als auch gegen das mit der historischen Befunderhebung verbundene systematische Urteil bei H. Oberman, [das ich auch heute noch aufrechterhalte. Vgl. w. o. S. 127f und speziell zum Tridentinum O. H. Pesch / A. Peters, aaO. 172–176. Ähnlich – ohne hier auf Einzelheiten eingehen zu können – wäre die Auseinandersetzung mit J. Heinz (s. Anm. 2) zu führen.]

126 DS 1532. [Vgl. auch K. Lehmann / W. Pannenberg (Hg.), aaO. (s. Anm. 5), 72–75.]

127 DS 1525.

128 Dies noch einmal vom Inhaltlichen her gegen H. Vorster und H. Oberman. Gemäß den

Das cooperari also, das das Tridentinum bejaht, ist nicht das cooperari der Spätscholastik, das Luther bekämpft. In der Sache ist man einig.[129]
Zweitens ist zu beachten, daß das Caput 16[130] die Verdienstlehre in den Rahmen einer Ermahnung stellt, Früchte der Rechtfertigung zu bringen und von guten Werken »überzuströmen«. Daß dagegen von seiten Luthers kein Einwand besteht, bedarf keiner Frage, es sei denn, man wollte sämtliche paränetischen Äußerungen Luthers als unlutherisch streichen.
Auch das ewige Leben als »Lohn« kann Luther nicht kritisieren, zumal das Konzil diese Aussage mit demselben Wort erläutert, das auch Luther in diesem Zusammenhang gebraucht: promissio.[131] Noch weniger gibt es Anlaß zum Protest gegen die betonten Aussagen des Konzils, daß alle Kraft zu guten Werken von Christus kommt; daß das Verdienst *Christi* in ihnen wirksam ist; daß darum niemand das Recht zum Selbstvertrauen und zum Selbstruhm hat. Auch der Hinweis auf das Gericht, in dessen Licht der Christ die Werke ansehen soll, rennt bei Luther offene Türen ein, wie uns jüngste Untersuchungen gezeigt haben.[132]
Es bleibt demnach als einziger und allerdings entscheidender Kontroverspunkt, daß das Konzil für die Werke des Gerechtfertigten, die er in der Kraft Christi vollbringt, auf dem Begriff »Verdienst« besteht – *wahrhaft* haben die in der Gnade Sterbenden das ewige Leben *verdient*. Zur rechten Beurteilung ist aller Nachdruck darauf zu legen, daß diese Aussage mit einem Schrifttext, nämlich Joh 4,14 begründet wird, der gerade *nicht* den »Wert« der Gnade, sondern ihre Teleologie belegt, und daß aus dem Ganzen sofort die Konsequenz gezogen wird, hier werde nicht die iustitia nostra propria aufgerichtet, denn eben die Gerechtigkeit, durch die wir gerecht sind, sei identisch (illa eadem) mit der Gerechtigkeit Gottes, die uns durch Christi Verdienst geschenkt wird. Was auch immer nun »Verdienst« bedeuten mag, jedenfalls wird der Verdienstbegriff hier dem Leistungsgedanken – nicht der Paränese! – vollkommen entzogen und allein an *Gottes* Wirken im Menschen gebunden. Luther aber protestiert gegen das Verdienst gerade deswegen, weil es ihm das deutlichste Signal gerade eines religiösen Leistungsdenkens ist. Wiederum also sind Luther und das Tridentinum nicht das Nein und Ja zur selben Sache. Bis zum Erweis des Gegenteils, d. h. bis ein Text erbracht werden kann, in dem Luther eindeutig gegen den Verdienstbegriff kämpft, *weil* und *insofern* er an *Gottes* Handeln gebunden wird, kann die Vereinbarkeit der Lehre Luthers mit der des Tridentinums behauptet werden.[133]

in Anm. 125 skizzierten Spielregeln kann die Doktrin des Aquinaten hier gut und gern als »aufgenommen« gelten.

[129] Daß mit den tridentinischen Formulierungen im übrigen die Unterscheidung zwischen gratia actualis und gratia habitualis zur Diskussion steht, ist eine innerkatholische Angelegenheit, die den eigentlichen Kontroverspunkt mit der lutherischen Lehre nicht berührt. Es ist bezeichnend, daß weder P. Brunner noch W. Joest in ihren Analysen des Tridentinums daran »Anstoß nehmen«. [Vgl. aber O. H. Pesch / A. Peters, aaO., 187–191!]

[130] DS 1545–1549.

[131] Vgl. 18,693,20 (De servo arbitrio, 1525).

[132] Vgl. vor allem das Buch von O. Modalsli (s. Anm. 110).

[133] Luther kann in diesem Zusammenhang den Verdienstgedanken auf Gott bzw. das Reich Gottes selber anwenden (und damit in unbewußter Weise ganz tief an Thomas an-

Der zu erwartende Einwand, nicht jeder katholische Theologe werde diese Interpretation des Trienter Konzils akzeptieren (man habe deshalb die Behauptung des consensus solange zu suspendieren, bis das »Lehramt«, d. h. der Papst sich selber offiziell geäußert habe)[134], schlägt nicht durch, denn er verkennt die Modalitäten innerkatholischer theologischer Lehrbildung, auf die der lutherische Theologe sich einlassen muß, wenn er den katholischen als Gesprächspartner akzeptiert. Die Frage eines consensus im hier skizzierten Sinne wird nicht Gegenstand einer feierlichen Lehräußerung, also einer dogmatischen Definition werden. Dann aber bleibt es hier wie in vielen anderen Fällen dabei, daß das, was »katholisch« ist, *positiv* gar nicht so leicht eindeutig greifbar ist, *negativ* ausgedrückt: eine gewisse Variationsbreite zuläßt, innerhalb deren *nicht* gesagt werden darf, eine Aussage sei *nicht* katholisch. Man braucht und darf also gar nicht eine einhellige Interpretation des Trienter Konzils abwarten, um den festgestellten Konsens zu garantieren. Es genügt, daß Konsens mit *einer* Interpretation erwiesen wird, die kirchenamtlich und von der öffentlichen theologischen Meinung in der Kirche nicht als unkatholisch abgewiesen wird. In diesem Fall kann der lutherische Theologe sich mit *der katholischen Lehre* im Einklang fühlen, selbst wenn er *einzelne Gestalten* dieser Lehre aus tiefster Glaubensüberzeugung ablehnen muß. Übrigens: Wo ist *lutherische* Lehre verbindlich greifbar?

2. Kritik der Verdienstlehre

Es besteht also kein Grund zum trennenden Anathema zwischen Luthers Rechtfertigungsverständnis und der Verdienstlehre des Tridentinums. Soll das nun heißen, es bestünden demgemäß gegen die – von allen Mängeln gereinigte, gegen alle Mißverständnisse abgesicherte – Verdienstlehre keine weiteren Bedenken mehr? Mit dieser Frage wenden wir uns dem zweiten Glied unserer These zu: Selbst in der durch das Tridentinum bestätigten Gestalt bei Thomas von Aquin, geschweige denn in allen anderen Gestalten, ist die Verdienstlehre als solche, unbeschadet ihrer langen Tradition, nicht unverzichtbares Glaubensgut, sondern ein Theologumenon, das ohne Verkürzung der Heilsbotschaft entfallen bzw. durch bessere Theologumena ersetzt werden kann. Genauer: Die *Sache* der Verdienstlehre ist verbindliche Glaubensaussage, aber der Verdienst*begriff* und die Verdienst*lehre* sind *als solche nicht* definiert, sondern ein Ausdrucksmedium für die Sache, entnommen aus einer unglücklichen und gefährlichen theologischen Analogienbildung, an die die Sache nicht innerlich gebunden ist. Zur Be-

knüpfen, wenn unsere Deutung zutrifft!): »Regnum enim non paratur, sed paratum est, filii vero regni parantur, non parant regnum, hoc est, regnum meretur filios, non filii regnum« (18,694,26: De servo arbitrio, in Anknüpfung an Mt 25,34). – Es ist im übrigen bemerkenswert, daß P. Brunner in seinem Aufsatz über das Tridentinum weder beim Verdienst noch sonst bei der Frage nach den natürlichen Kräften des Sünders die Einwände teilt, die W. Joest gegen das Tridentinum erhebt.

[134] Vgl. die beunruhigte Verwunderung bei W. Joest, Die tridentinische Rechtfertigungslehre, über die gegensätzlichen Interpretationen des Tridentinums bei M. Schmaus und H. Küng einerseits und bei dem spanischen Theologen Gonzalez andererseits.

gründung sind folgende Tatsachen, die der geschichtliche Überblick ergab, zu beherzigen.

a) Die neutestamentliche Exegese hat gezeigt, daß eben der Ausgangsgedanke, von dem die gesamte Verdienstlehre lebt, nämlich die logische Implikation des Verdienstbegriffs im Lohnbegriff, die ausdrückliche *Gegenposition* der neutestamentlichen Lehre darstellt. Es ist daher nicht von ungefähr, wenn auch die nüchterne, kritische katholische Exegese – also nicht eine solche, die erkennbar von dogmatischen Aprioris geführt ist – in Sachen des Lohngedankens in schöner Zwangsläufigkeit und Selbstverständlichkeit zu deutlich »lutherischen« Formulierungen gelangt. Nun scheint die dogmatische Reflexion des Bestürzenden dieser Sachlage noch gar nicht recht innegeworden zu sein. Auf keinen Fall aber kommt sie daran vorbei, sich ihr zu stellen, d. h. die Verdienstlehre im Licht dieser Ergebnisse neu durchzudenken. Das Problem ist nämlich mit dem Hinweis auf die lange Tradition der Verdienstlehre keineswegs abgetan. Selbst wenn man zugeben könnte, daß man sich *so* einfach am klaren Befund des Neuen Testamentes vorbeischleichen dürfte – natürlich darf man es *nicht* zugeben! –, so bliebe immer noch bestehen, daß eben diese exegetischen Erkenntnisse *ein* Moment an dieser Tradition sind: Sie gehören in das heutige Glaubensbewußtsein hinein, damit zur heute wirksamen »Tradition« als objektivem Gesamtbestand des in der Kirche lebendigen Glaubens und damit für alle Zukunft zur überlieferten Lehre.

b) Die Verdienstlehre kommt, mit den Augen des Historikers gesehen, in einer recht zufälligen Weise auf: bedingt durch die polemische Situation, den geistigen Ursprung, die charakterliche Eigenart und die pastoralen Anliegen *eines* bestimmten Mannes – Tertullians. Von da an war dieses Lehrstück in der Kirche – in der Westkirche vor allem! – und wurde weitergegeben, bis es als unabdingbar galt, nicht mehr zu diskutieren, sondern nur noch recht zu interpretieren. Diese Situation ist noch nicht bei Origenes, wohl aber schon bei Augustinus gegeben. Die *pastoralen* Anliegen Tertullians und zuweilen bestimmte Züge seiner Denkart haben dann die Verdienstlehre bis heute durch die Jahrhunderte getragen und ihr ihre praktische Wirksamkeit gesichert.[135]

c) Kritisch wurde aber die Verdienstlehre gerade immer dann, wenn mit der praktisch-pastoralen Bedeutung der Verdienstlehre existentiell Ernst gemacht wurde, wenn also die Verdienstlehre zum Appell an den religiösen Leistungswillen des Menschen benutzt und dementsprechend im Glaubensvollzug realisiert wurde. So vor allem in der pelagianischen und semipelagianischen Auseinandersetzung und in der Spät-, z. T. auch in der Frühscholastik. Auf der theoretischen Ebene führte das sofort zu Verwahrungen im Namen der Gratuität der Gnade und zu anschließenden immer umständlicheren Abklärungen und Absicherungen, wenn nicht gar zum Protest gegen das ganze Lehrstück.

Auf der praktischen Ebene führte es zur Resignation und, mit Luther zu reden,

[135] Typisch dafür ist der große Artikel von J. Rivière: Wo im NT Werke gefordert sind, Bewährung, Buße, da sieht er sogleich den Verdienstgedanken impliziert. Bedeutet denn die Aufgabe des Verdienstgedankens sofort den Quietismus? Noch im Verdienst-Artikel des neuen LThK ist diese Tendenz zu spüren.

trostlosen Heilsungewißheit, aus der dann nur *neue* Wege herausführten.[136]

d) Man könnte daher die Geschichte der Verdienstlehre als den immer neuen Versuch kennzeichnen, dieses Lehrstück mehr oder weniger entschieden seinem *praktischen* Sinn zu entziehen und zu einer rein theoretischen Aussage (über Gott, über die Struktur der Gnade) zu machen. Augustinus, Thomas und Scotus sind die bedeutendsten Beispiele dafür. Das *konnte* kaum endgültig gelingen. Denn seinem Bild- und seinem unausweichlichen Sachsinn nach ist nun einmal der Verdienstgedanke ein *praktischer* Gedanke, der es mit dem Handeln des Menschen zu tun hat. In der Spätscholastik gelang dem Verdienstgedanken denn auch, was ihm in semipelagianischer Zeit nicht gelungen war: sich ohne Rücksicht auf die Konsequenzen für Gottesbild und Erlösungsverständnis in seiner vollen praktischen Kraft durchsetzen und dabei im Windschutz der Akzeptationstheorie erfolgreich seine Katholizität vindizieren zu können. Thomas und Scotus haben das nicht verhindern können.

Aber selbst *wenn* es gelänge, den Verdienstgedanken theoretisch zu isolieren und damit zu neutralisieren – wie es dem Tridentinum tatsächlich geglückt ist –, was wäre dann erreicht? *Nur dies, daß man dann eigentlich nicht mehr weiß, warum man den Verdienstbegriff noch verwenden muß.* Der Verdienstbegriff insinuiert logisch den Gedanken des Rechtsverhältnisses – aber man muß gerade das aus ihm heraushalten! Er insinuiert den Appell an die größere Leistung für größere Herrlichkeit bei Gott – aber man muß sich vor dieser Konsequenz hüten! Wozu dient also der Begriff noch? Wir sind damit an der kritischsten Stelle unserer These. Ein Vergleich zwischen Thomas und Scotus mag erhellen, was wir meinen.

Man hat wohl nicht unrecht mit dem Urteil, Scotus habe mit seiner These von der acceptatio Divina als ratio meriti die thomanische ordinatio divina als Grund des Verdienstes aufgenommen und radikalisiert:[137] *Beide* Theologen verankern damit den Verdienstbegriff in einer positiven Setzung Gottes, wie es große Tradition der Verdienstlehre ist und im Tridentinum sanktioniert wird: »... ut eorum *velit* esse merita, quae sunt ipsius dona.« *Beide* Theologen schließen den *Anspruch* des Menschen aus, übrigens ohne den Ernst der menschlichen Anstrengung dadurch zu verkürzen. Damit verbindet aber Thomas eine Deutung, die eine *innerliche* Entsprechung zwischen Werk und Lohn aussagen kann, d. h. eine echte Kondignität, die als Teleologie interpretiert wird. Thomas hat damit den Begriff des Verdienstes so ernst genommen, wie es unter Ausschaltung des juridischen Anspruches eben noch anging. Scotus geht in der »Entrechtlichung«

[136] Oder Theorie und Existenz trennen sich: J. Rivière bringt das bezeichnende Beispiel des Anselm von Canterbury, der als Theologe eine Verdienstlehre entwickelt, als Beter aber an seinen Verdiensten verzweifelt (aaO., 667f) – womit J. Rivière einschlußweise einräumt, daß die Verdienstlehre nicht in die Sprache des Gebetes zu übersetzen ist. Dieses Eingeständnis führt, zu Ende gedacht, zu Luther, der (vgl. die in Anm. 1 zitierten Texte) als einen Haupteinwand gegen die Verdienstlehre geltend macht, sie verhindere die vertrauende Gewißheit des Heiles – womit er sich mit den von J. Rivière aaO. zitierten Anselm-Texten berührt!

[137] Mit J. Rivière, aaO., 702, gegen A. Auer, aaO., II, 63–66; 159 Anm. 27.

des Verdienstbegriffes noch einen Schritt weiter, indem er die *innere* Verbindung zwischen caritas und vita aeterna zerschneidet und sie in ein de potentia Dei ordinata positiv verfügtes faktisches Bedingungsverhältnis verwandelt.[138] Der Preis dafür ist, daß Bild- und Sachsinn des Verdienstbegriffes noch mehr verblassen. Wie gesagt, was soll ein »Verdienst«-Begriff, wenn er jedes auch nur quasirechtliche Moment, also eben jede Kondignität ausschließt und nur noch auf einen personalen Gnadenakt Gottes hinweist? Man muß also urteilen, daß Thomas den Verdienstbegriff unter Wahrung alles Erforderlichen ernster nimmt, daß aber Scotus mit seinem blasseren Verdienstbegriff näher beim vollen Ausschluß des Verdienstgedankens im Neuen Testament steht. Es zeigt sich also: *Je mehr man sich auf den Lohngedanken des Neuen Testamentes einläßt, um so mehr wird der Bild- und Sachsinn des Begriffes verblassen, wird der Begriff zum bloßen Wort werden. Auf jeden Fall*[139] *kann der christliche Theologe – können Augustinus, Thomas, Scotus – den Verdienstbegriff nur aufrechterhalten, indem sie ihm Entscheidendes abbrechen.* Oder anders ausgedrückt: Das Neue Testament scheidet Lohn und Anspruch. Das ist sogar im alltäglichen Sprachgebrauch keineswegs von vornherein ungereimt. Soll das in einer Verdienstlehre ausgedrückt werden, die der Sache des Neuen Testamentes treu bleibt, so muß man nun *Verdienst* und Anspruch scheiden. Das geschieht in der großen theologischen Tradition – und es ist das lutherische Mißverständnis bis heute, dies nicht zu sehen. Aber der Verdienstbegriff wird damit ein Paradox. Ist es nicht beherzigenswert, wenn ein moderner lutherischer Theologe urteilt, das Verdienst als paradoxes und risikoreiches Wort über unser Gottesverhältnis könne akzeptiert werden, aber es hätte nie eine Verdienst*lehre* daraus werden dürfen?[140]

Aus den vorstehenden Überlegungen ziehen wir nun folgenden Schluß, der an das Ziel unserer Überlegungen führt: Wenn es zutrifft, daß der Verdienstbegriff nur unter ziemlicher Entleerung seines Bild- und Sachsinnes theologisch verwendbar ist, wenn er insbesondere gerade nicht das Leitmotiv des gelebten Gottesverhältnisses werden darf, sondern theoretisch isoliert werden muß, wenn es ferner möglich ist, alle mit seiner Hilfe realisierten Anliegen auch auf andere Weise zur Geltung zu bringen, also vor allem den Appell an die Bereitschaft zum christlichen Handeln, die Beschreibung des Zusammenhangs zwischen irdischer Gnadenwirklichkeit und himmlischer Glorie, den Gedanken an das göttliche Gericht, dann darf man urteilen, daß der Verdienstgedanke als solcher sowohl

[138] Daß dabei der Begriff der gratia als qualitas einen nicht unbedenklichen Wandel durchmacht, steht auf einem anderen Blatt. Für Scotus knüpft sich nun an die habituelle Gnadenwirklichkeit die Frage, ob und in welcher Weise sie Voraussetzung für die göttliche Annahme sei. Für Thomas ist sie nichts anderes als ein inneres Moment am ewigen, sich in der Zeit schöpferisch auswirkenden Akte der »Annahme« selbst – die Frage nach einem Voraussetzungsverhältnis ist hier gegenstandslos. Vgl. O. H. Pesch, Theologie der Rechtfertigung, 708–714.

[139] Wir wandeln damit ein Urteil H. Vorsters, Das Freiheitsverständnis, ab, das wir für die thomanische *Freiheitslehre nicht* gelten lassen können. Vgl. dazu auch: O.H. Pesch, Thomas von Aquin im Licht evangelischer Fragen. Zu drei neuen Thomas-Monographien, Catholica 20 (1966) 54–78: 74f.

[140] P. Althaus, Christliche Wahrheit (s. Anm. 2), 653f.

ein unglückliches Analogat als auch ein entbehrliches Theologumenon ist.[141] Die folgenden abschließenden Hinweise sollen wenigstens noch andeuten – mehr ist hier nicht möglich –, daß die *Sache* der Verdienstlehre anders und besser verwaltet werden kann. Sie sind daher theologische Aussage und zugleich Forderung an Theologie und Verkündigung.

3. *Neuformulierung der Sache*

Daß der Verdienstgedanke – wir kommen auf das dritte Glied unserer These zurück – kein Thema der Verkündigung ist, bedarf nun kaum noch langer Erläuterung. Jede »Verkündigung« des Verdienstes macht aus einem höchst riskanten theologischen Reflexionsbegriff jene praktische Anweisung, die ihn (und mit ihm das christliche Handeln) notwendig verdirbt. Denn die theologisch einzig legitime (weil nicht schleichend pelagianische) Verdienstlehre sagt gerade *nicht*: Erwirb dir Verdienste, sondern sie sagt im Indikativ: Du verdienst – selbst wenn du es gar nicht weißt –, einfach dadurch, daß du aus dem Geschenk der Gottverbundenheit heraus handelst. *Das* darf man natürlich auch sagen, aber wer garantiert, daß der Indikativ nicht in den Imperativ umgewandelt wird? *Kann* das überhaupt unterbleiben, wenn das Verdienst Thema der Verkündigung wird? Aus pastoralen Gründen, die auf theologischen Gründen beruhen, ist also das Verdienst kein Thema der Verkündigung.
Die Rücksicht auf das interkonfessionelle Gespräch kommt hinzu. Ein Begriff, der zu so viel Mißverständnissen und Kontroversen geführt hat, wie der Verdienstbegriff, und der außerdem theologisch zugleich ebenso belastet wie entbehrlich ist, sollte nicht gerade heute in Pastoral und Verkündigung einen Ehrenplatz einnehmen dürfen.[142]
Wie aber kann und soll die *Sache* der Verdienstlehre bewahrt und theologisch neu formuliert werden? In der Verdienstlehre ging es, zusammengefaßt, um die Verbindung zwischen der jetzigen Gnadenwirklichkeit und dem ewigen Leben sowie um die Bedeutung des guten Handelns vor Gott. Was das erste anlangt, so ist in der theologischen Reflexion die Vorstellung eines Rechtsverhältnisses – selbst eines »disproportionierten« – zwischen Gott und Mensch nur radikal auszuschalten, indem betont wird, daß es *jetzt* um das *Ganze* der Gottesgemeinschaft geht, die im ewigen Leben nur Offenbarkeit und damit Steigerung der Intensität ihrer Erfahrung gewinnt, wobei aber auch diese Steigerung nur in die ewige Endgültigkeit einbringt, was in der Zeit an Gottesgemeinschaft angenommen und realisiert wurde.[143] Nicht um eine Aufnahmeprüfung geht es auf Erden, die, wenn bestanden, mit dem Einlaß ins ewige Leben belohnt wird, son-

[141] Wir sind uns bewußt, damit einen Schritt weiter zu gehen als in: Theologie der Rechtfertigung, 771–789; [vgl. jetzt auch O.H. Pesch, Frei sein aus Gnade (s. Anm. 10), 404–410].

[142] Vgl. dazu schon die berühmten Worte bei Thomas von Aquin über die immer größere Vorsicht der Sprachregelung, die im Laufe der Dogmengeschichte notwendig wird, Opusc. Contra errores Graecorum, prooem. (ed. Marietti, n. 1029); vgl. Anm.43.

[143] Vgl. dazu K. Rahner, Trost der Zeit, in: Schriften zur Theologie III, 169–188.

dern um diesen Einlaß und dieses ewige Leben selbst.[144] Wenn im Zuge dieses Gefälles vom ewigen Leben als »Lohn« die Rede ist, so ist dieses Wort im Blick auf die personale Treue Gottes zu deuten, der hält, was er verspricht, indem er vollendet, was er beginnt. Der Lohngedanke hat dabei sogar die unentbehrliche Funktion, den Zusammenhang von irdischer Gnadenwirklichkeit und ewigem Leben vor der abwegigen Vorstellung einer Art naturgesetzlicher oder »organologischer« Zusammengehörigkeit zu bewahren.[145] Doch darf man getrost der »organologischen« Seite – in der Schrift etwa im Bild von Saat und Ernte ausgedrückt – den Primat zuerkennen. Denn es ist stärkstens zu betonen, daß der Lohn keine Sache, sondern Gott selbst ist, daß also das ewige Leben die volle Offenbarkeit Gottes als des Lohnes ist, den wir hier und jetzt schon buchstäblich für nichts empfangen. Von der theoretischen auf die existentielle Ebene übersetzt bedeutet dies: vertrauende Erwartung gegenüber Gottes zielsicherem Handeln und vertrauende Bitte an seine Güte.

Die Richtung für die Deutung des christlichen Handelns ist damit schon gewiesen. Die »Werke« können weder Vor- noch Nachbedingung der Gnade und des Lohnes sein, sie können nicht – auch nicht nachträglich – auf das Heil *hin* geschehen, sondern kommen von ihm *her*. Sie sind also zu verstehen im Horizont des biblischen Bildes der Fruchtbarkeit, in eine personale Begrifflichkeit übersetzt: Sie sind zu verstehen als *Antwort*. Der Gerichtsgedanke ist auf diesen Antwortcharakter der Werke zu beziehen: Bleibt die Antwort aus, dann verfällt der Mensch *verdientermaßen* dem strafenden Zorn Gottes, der nichts als die Rückseite seiner Liebe ist. Wird sie aber frei und spontan gegeben, dann ist sie eben, *weil* sie Antwort ist, nicht gleichzeitig »Rechtstitel«, sondern *Gnade*, weil ganz von Gottes Geschenk in der Antwortfähigkeit des Menschen erwirkt. Der Grundansatz der Moraltheologie wäre von hier aus zu überdenken. Unser geschichtlicher Durchblick hat gezeigt, daß die große Tradition der Theologie mitten in der Reflexion eines nicht glücklichen Analogons gerade dazu nicht stumm ist.[146]

Wollen wir diese kurzen Andeutungen und ihre Anforderungen an das theologische Denken zusammenfassen, so drängen sich die beiden Stichworte »Hoffnung« und »Dankbarkeit« auf. In der Tat, unter diesen beiden Leitbegriffen könnten Dogmatik, Moraltheologie und – die Verkündigung das Erbe der Verdienstlehre antreten.

4. Nachbemerkung 1987

Ich habe seit 1967 bis heute für diesen Beitrag – zu dem sich ja Parallelen zu anderen kontroverstheologisch bedeutsamen Themen der Theologie denken ließen! – weder einen frontalen Einspruch noch gar die Äußerung eines Häresieverdachts hinzunehmen gehabt, wohl aber viel (persönlich geäußerte) Zustimmung von Fachleuten sowohl für die historischen wie systematischen Probleme

[144] Das »aequalis gloriae in virtute« als Kennzeichnung der Gnade bei Thomas (STh I–II, 114,3, ad 3) ist vielleicht noch etwas zu schwach.
[145] Vgl. P. Althaus, aaO., 652.
[146] Vgl. V. Kühn, Via caritatis, bes. 240–252.

des Themas. Erkennbare Wirkungen hat er aber auch nicht gezeitigt. Die relative Abwertung des Themas, die schon damals zu beobachten war, hat sich fortgesetzt, wie die neueren Dogmatiken zeigen.[147] Auf den Verdienstgedanken verzichten will aber bisher niemand in der katholischen Dogmatik. Zumindest als theologischer Reflexionsbegriff gilt er nach wie vor als brauchbar, und auch der offizielle neue Katechismus will trotz fast kontraproduktiver Formulierungen nicht auf ihn verzichten.[148]

Man wird also weitersehen müssen. Zwar könnte man sagen: An den Worten liegt nichts, wenn die Sache klar ist. Doch haben die Worte, wie uns die Sprachphilosophie belehrt, nicht nur informativen, sondern unvermeidlich auch »performativen«, also Motivationen und Handeln auslösenden Charakter. Und die evangelische Theologie fragt mit Recht nach verborgenen Absichten, wenn die katholische den Begriff beibehalten *will*, obwohl sie gleichzeitig versichert, daß sie seine Sache auch anders ausdrücken *könnte*.

So wird unter anderem auch der Verdienstbegriff zur Testfrage an die Ernsthaftigkeit, mit der die katholische Dogmatik in unseren Jahrzehnten den Weg aus dem intellektuellen Elfenbeinturm in die reflektierende Verantwortung für die Orientierung konkret gelebten Glaubens und christlichen, kirchlichen Handelns angetreten hat und weitergeht.[149] Möge auch in diesem Buch – wenn man seine Beiträge etwa in der Reihenfolge ihres ersten Erscheinens liest – etwas von diesem Weg nachvollziehbar geworden sein. Es ist dies jedenfalls meine Hoffnung.

[147] Vgl. V. Schmaus, Der Glaube der Kirche (wie Anm. 5); J. Auer, Das Evangelium der Gnade (= J. Auer/J. Ratzinger, Kleine Katholische Dogmatik V), Regensburg 1970, 215–235; MySal IV,2 (1973), 977-982.

[148] Deutsche Bischofskonferenz (Hg.), Katholischer Erwachsenen-Katechismus, Kevelaer u. a. 1985, 244 f.

[149] Vgl. w. o. S. 38–46; und W. Kasper, Theologie und Kirche, Mainz 1987, 7–22; auch O. H. Pesch, Sachliteratur zur katholischen Theologie (s. w. o. S. 50).

NACHWEIS DER ERSTVERÖFFENTLICHUNGEN

Fundamentaltheologie und Dogmatik:

J. Brantschen, P. Selvatico (Hg.), Unterwegs zur Einheit. Festschrift für Heinrich Stirnimann, Fribourg/Schw. – Freiburg 1980, 445–475.
(Vorform: Vortrag vor der Jahrestagung des Verbandes der Katholischen Buchhändler und Verleger.)

Gotteserfahrung heute:

Beitragsfolge in: Wort und Antwort 24 (1983) 1–8; 33–38; 60f.; 65–72; 97–104; 129–131.
(Vorform: Gastvorlesung am Fachbereich Katholische Theologie der Gesamthochschule Duisburg; Vortrag vor der Jahrestagung des Verbandes der Katholischen Buchhändler und Verleger und vor katholischen Bildungseinrichtungen.)

Gott – die Freiheit des Menschen:

W. Breuning (Hg.), Seele. Problembegriff christlicher Eschatologie, Freiburg 1986, 192–224.
(Ursprünglich: Referat vor der Tagung der Arbeitsgemeinschaft katholischer Dogmatiker und Fundamentaltheologen.)

»Um Christi willen ...«:

Catholica 35 (1981) 17–57.
(Ursprünglich: Ungekürzter Text eines Referates auf einem Symposion der Vereinigten Evangelisch-Lutherischen Kirche Deutschlands in der Evangelischen Akademie Tutzing zum Thema: Die Confessio Augustana und die Lutherische Kirche; in dieser Form auch Gastvorlesung an der Katholisch-Theologischen Fakultät der Universität Bonn.)

Das Geheimnis Jesu Christi:

Unveröffentlicht. Näheres siehe die Vorbemerkungen.

Einheit der Kirche – Einheit der Menschheit:

O.H. Pesch (Hg.), Einheit der Kirche – Einheit der Menschheit. Perspektiven aus Theologie, Ethik und Völkerrecht, Freiburg 1978, 15–49; 156–163.
(Ursprünglich: Vortrag im Rahmen einer Veranstaltungsreihe der Katholischen Akademie Hamburg zusammen mit dem Fachbereich Evangelische Theologie der Universität Hamburg; der genannte kleine Sammelband ist die Dokumenta-

tion dieser Veranstaltungsreihe; danach noch mehrfach vor katholischen und evangelischen Bildungseinrichtungen wiederholt.)

Bilanz der Diskussion um die vatikanische Primats- und Unfehlbarkeitsdefinition:

Arbeitsgemeinschaft ökumenischer Universitätsinstitute (Hg.), Papsttum als ökumenische Frage, München – Mainz 1979, 159–211.
(Ursprünglich: Schriftliches Referat für ein Symposion der Arbeitsgemeinschaft ökumenischer Universitätsinstitute zum Thema des Sammelbandes, der die Referate und Diskussionen des Symposions dokumentiert.)

Über die Verbindlichkeit päpstlicher Enzykliken:

A. Görres (Hg.), Ehe in Gewissensfreiheit, Mainz 1969, 23–36 = erweiterte Fassung von Wort und Antwort 9 (1968) 138–146.

Kirchliche Lehrformulierung und persönlicher Glaubensvollzug:

H. Küng (Hg.), Fehlbar? Eine Bilanz, Zürich 1973, 249–279.
(Vorform: Vortrag auf mehreren Fortbildungstagungen für Priester und Religionslehrer.)

Besinnung auf die Sakramente:

Freiburger Zeitschrift für Philosophie und Theologie 18 (1971) H.1–2 = O. H. Pesch/H.-D. Langer (Hg.), Festgabe für Mannes Dominikus Koster, 266–321.
(Vorform: Gastvorlesungen an der Katholisch-Theologischen Fakultät der Universität Fribourg; Vorlesungen an der Philosophisch-Theologischen Hochschule Walberberg; Vorträge vor Fortbildungstagungen für Priester.)

Das katholische Sakramentsverständnis im Urteil gegenwärtiger evangelischer Theologie:

E. Jüngel/J. Wallmann/W. Werbeck (Hg.) Verifikationen. Festschrift für Gerhard Ebeling, Tübingen 1982, 317–340.
(Ursprünglich: Gastvorlesung an der Katholisch-Theologischen Fakultät der Universität Mainz.)

Bußfeier und Bußgeschichte:

A. K. Ruf (Hg.), Sünde – Buße – Beichte. Ein Werkbuch für die Verkündigung, Regensburg 1976, 58–72.

Die Lehre vom »Verdienst« als Problem für Theologie und Verkündigung:

L. Scheffczyk/W. Dettloff/R. Heinzmann (Hg.), Wahrheit und Verkündigung. Festschrift für Michael Schmaus, 2 Bde. München – Paderborn 1967, II, 1865–1907.

ABKÜRZUNGEN

AAS	Acta Apostolicae Sedis
AFP	Archivum Fratrum Praedicatorum
AHC	Annuarium historiae conciliorum
Apol	Apologia Confessionis Augustanae (Melanchthons Apologie des Augsburger Bekenntnisses)
BSLK	Bekenntnisschriften der Lutherischen Kirche, Göttingen ^{4}1959 u. ö.
Bull. litt. eccl.	Bulletin de littérature ecclésiastique
Bull. Thomiste	Bulletin Thomiste
c.	corpus articuli
CA	Confessio Augustana (Augsburger Bekenntnis)
CG	Thomas von Aquin, Summa contra Gentiles
CGG	F. Böckle u. a. (Hg.), Christlicher Glaube in moderner Gesellschaft. Enzyklopädische Bibliothek in 30 Teilbänden, Freiburg 1980–1982
Cl	O. Clemen (Hg.), Luthers Werke in Auswahl, 8 Bde. Berlin ^{6}1966
DS	Denzinger-Schönmetzer, Enchiridion symbolorum, Freiburg ^{33}1965 u. ö.
DThA	Deutsche Thomas-Ausgabe. Vollständige, ungekürzte deutsch-lateinische Ausgabe der Summa Theologiae. Übersetzt und kommentiert von Dominikanern und Benediktinern Deutschlands und Österreichs, Salzburg–Leipzig, seit 1950: Heidelberg– Graz, gegenwärtig: Graz 1933 ff (noch nicht abgeschlossen)
DThC	Dictionnaire de théologie catholique, Paris 1923 ff
EKK	Evangelisch-Katholischer Kommentar zum NeuenTestament, Neukirchen–Zürich 1969 ff (bisher 4 Hefte Vorarbeiten und 14 Kommentarbände)
EThR	Etudes théologiques et religieuses
EvTh	Evangelische Theologie
FZPhTh	Freiburger Zeitschrift für Philosophie und Theologie
GuL	Geist und Leben
HDG	Handbuch der Dogmengeschichte, Freiburg 1956 ff (noch nicht abgeschlossen)
HFTh	W. Kern / J. Pottmeyer / M. Seckler (Hg.), Handbuch der Fundamentaltheologie, 4 Bde. Freiburg 1985–1988
HK	Herder-Korrespondenz
HKG	H. Jedin (Hg.), Handbuch der Kirchengeschichte, 7 Bde. in 10, Freiburg 1962–1979
HThG	H. Fries (Hg.), Handbuch theologischer Grundbegriffe, 2 Bde. München 1962/63, dtv-Taschenbuch-Ausgabe in 4 Bden. München 1970
IKZ	Internationale kirchliche Zeitschrift
KuD	Kerygma und Dogma
LThK	Lexikon für Theologie und Kirche (2. Auflage), Freiburg 1955–1965
LuJ	Luther-Jahrbuch
MThZ	Münchener theologische Zeitschrift
MySal	J. Feiner / M. Löhrer (Hg.), Mysterium Salutis. Grundriß heilsgeschichtlicher Dogmatik, 5 Bde. in 7, Zürich 1965–1976, Erg.-Bd. 1981
NR	J. Neuner / H. Roos, Der Glaube der Kirche in den Urkunden der Lehrverkündigung, Neubearbeitung von K. Rahner und K. H. Weger, Regensburg ^{9}1971
NZSTh	Neue Zeitschrift für systematische Theologie
ÖBFZPhTh	Ökumenische Beihefte zur FZPhTh
PG	Migne, Patrologia, Series Graeca

Ph Jb	Philosophisches Jahrbuch
PL	Migne, Patrologia, Series Latina
qla.	quaestiuncula
Quodl	Quodlibetum (Quaestio quodlibetalis)
RGG	Die Religion in Geschichte und Gegenwart (3. Aufl.), Tübingen 1956–1962
RNT	Regensburger Neues Testament
RSPhTh	Revue des sciences philosophiques et théologiques
RSR	Revue des sciences religieuses
RThom	Revue Thomiste
SK	Sentenzen-Kommentar
STh	Thomas von Aquin, Summa Theologiae
StdZ	Stimmen der Zeit
ThEx	Theologische Existenz heute, München 1933–1941, Neue Folge 1946ff
ThGl	Theologie und Glaube
ThLZ	Theologische Literaturzeitung
ThQ	Theologische Quartalschrift (Tübingen)
ThRv	Theologische Revue
ThZ	Theologische Zeitschrift
TRE	Theologische Realenzyklopädie, Berlin 1974ff (noch nicht abgeschlossen)
UTB	Uni-Taschenbücher
Ver	Thomas von Aquin, Quaestio disputata De veritate
WA	D. Martin Luthers Werke. Kritische Gesamtausgabe, Weimar 1883ff = »Weimarer Ausgabe«
WuA	Wort und Antwort. Zeitschrift für Fragen des Glaubens
ZKG	Zeitschrift für Kirchengeschichte
ZNW	Zeitschrift für neutestamentliche Wissenschaft
ZSTh	Zeitschrift für systematische Theologie
ZThK	Zeitschrift für Theologie und Kirche

PERSONENVERZEICHNIS

(Biblische Personen nur, wenn sie als »Autoren« auftreten)

SACHVERZEICHNIS

Im folgenden Sachverzeichnis bezeichnen *kursiv* gedruckte Seitenzahlen eine ausführlichere thematische Erörterung des betreffenden Stichwortes; für diese Seiten entfallen weitere, unmittelbar zum Hauptstichwort gehörige Gliederungsstichworte – es werden also für diese Seiten nur noch solche Stichworte aufgeführt, die im Rahmen der thematischen Erörterung des Stichwortes nicht ohnehin zu erwarten sind. Wird ein Stichwort nur in einer Anmerkung angesprochen, so wird diese Anmerkung durch eine hochgestellte Ziffer angegeben. Unter einem bestimmten Stichwort werden nicht selten auch solche Stellen aufgeführt, wo zwar nicht das Stichwort fällt, wohl aber von der gemeinten Sache die Rede ist. Außertheologische Sachverhalte / Stichworte sind jeweils auch hinsichtlich ihrer Beziehung zu theologischen Sachverhalten unter ihrem eigenen Namen aufgeführt – also nicht unter »Theologie und...«, »Glaube und...« usw. Gleichsinnige oder eng zusammengehörige Stichworte sind durch / verbunden.